DIE HOMERISCHEN HYMNEN

Elibron Classics series.

© 2006 Adamant Media Corporation.

ISBN 0-543-95509-5 (paperback)
ISBN 0-543-95508-7 (hardcover)

This Elibron Classics Replica Edition is an unabridged facsimile of the edition published in 1886 by B. G. Teubner, Leipzig.

Elibron and Elibron Classics are trademarks of Adamant Media Corporation. All rights reserved.

This book is an accurate reproduction of the original. Any marks, names, colophons, imprints, logos or other symbols or identifiers that appear on or in this book, except for those of Adamant Media Corporation and BookSurge, LLC, are used only for historical reference and accuracy and are not meant to designate origin or imply any sponsorship by or license from any third party.

DIE
HOMERISCHEN HYMNEN.

HERAUSGEGEBEN UND ERLÄUTERT

VON

DR. ALBERT GEMOLL,
REKTOR DES PROGYMNASIUMS ZU STRIEGAU.

LEIPZIG,
DRUCK UND VERLAG VON B. G. TEUBNER.
1886.

HERRN

GYMNASIAL-DIREKTOR Dr. R. VOLKMANN

IN JAUER

IN VEREHRUNG UND LIEBE ZUGEEIGNET.

Οὖλέ τε καὶ μέγα χαῖρε, θεοὶ δέ τοι ὄλβια δοῖεν.

VORREDE.

*Ὁ μὲν θέλων μάχεσθαι,
πάρεστι γάρ, μαχέσθω.*

Die gegenwärtige Ausgabe der homerischen Hymnen soll die für ihre Zeit sehr verdienstliche Baumeisters (Hymni Homerici recensuit, apparatum criticum collegit, adnotationem cum suam, tum selectam variorum subiunxit Augustus Baumeister Lipsiae in aedibus B. G. Teubneri MDCCCLX) ablösen. Sie enthält wie jene einen Text, einen kritischen Apparat, und einen erklärenden Kommentar. Über alle drei Bestandteile sei es mir gestattet, an dieser Stelle Rechenschaft abzulegen.

Was zunächst meinen Text anbelangt, so wünschte ich wohl, daſs man denselben als einen wesentlich verbesserten anerkennen möchte. Der Leser wird auf den ersten Blick bemerken, daſs der eingeklammerten Verse hier viel weniger sind, als in wohl allen anderen Ausgaben, und daſs die Unzahl der Lücken fast ganz verschwunden ist. Die Begründung muſs natürlich der Kommentar geben. Hier bemerke ich nur soviel, daſs ein langjähriges Studium der anerkannt schlechten Überlieferung mich gelehrt hat, daſs man die vorhandenen Verderbnisse nicht durch Zerreiſsung des überlieferten Zusammenhangs, sondern durch Interpretation und Emendation zu heilen suchen muſs. Nur in zwingenden Fällen, und auch da nur ungern, habe ich mich entschlossen, die starken Mittel der Athetese und der Ansetzung einer Lücke zu gebrauchen. Die wichtigste Änderung dürfte die sein, daſs ich den Apollinischen Hymnus, welcher seit Ruhnken-Ilgen in einen h. Apoll. Del. und einen h. Ap. Pythii geteilt wurde, auf Grund nicht allein der handschriftlichen, sondern überhaupt der antiken Überlieferung wieder zusammengezogen habe. Ich hoffe mir dadurch auch den Dank derer verdient zu haben, die den Hymnus in mehrere kleinere Stücke zerteilen. Denn soviel ist doch klar, daſs für alle die, welche auf den

VORREDE.

Wegen von Schneidewin und Lehrs wandeln, die Zweiteilung des Hymnus mindestens überflüssig ist. In der Orthographie habe ich mich mit gutem Grunde an Bücheler angeschlossen. Der kritische Apparat sollte nach meiner Absicht ursprünglich nur zur Sicherung und Begründung des Textes dienen; es war mir namentlich darum zu thun, dafs an den kritisch bedenklichen Stellen der Leser eine Übersicht über die handschriftliche Entwicklung des Textes erhielt. Wenn ich nunmehr weiter gegangen bin, so hat das folgende Gründe. Erstens fehlte Baumeister die Kenntnis des Cod. Estensis (E von mir genannt) überhaupt. Es schien mir daher wünschenswert, die Lesarten dieses Codex möglichst vollständig zu geben. Ich durfte für den Apollinischen Hymnus eine Kollation von Prof. v. Wilamowitz in Göttingen benutzen, die durch eine zweite, von Oberlehrer Herrn. Hollander in Osnabrück, erwünschte Ergänzung fand. Die Hymnen II, III, V verglich in liebenswürdigster Weise Direktor Treu in Breslau für mich an Ort und Stelle; für die übrigen trat dann wieder Hollanders fleifsige Hand ein. Da mir ferner der letztere Gelehrte zugleich seinen gesamten Apparat zur Verfügung stellte, so war es mir möglich, vielfache Ungenauigkeiten in den Angaben Baumeisters über die Handschriften L und D zu verbessern. Den gleichen Dienst leisteten für M Büchelers Ausgabe des h. Cer. und Thieles Nachkollation des Moscoviensis im Philol. 43.

Somit hatte ich für die Haupthandschriften (ELDM) einen weit besseren Grund unter den Füfsen als Baumeister. Das gleiche war der Fall mit der anderen Handschriftenklasse. Zwar die Angaben über ABC gehen auf Baumeisters Kommentar zurück; aber von den zahlreichen italienischen Vertretern dieser Klasse hatte Baumeister kaum eine Ahnung. Ich durfte auch für sie die teils vollständigen, teils unvollständigen Kollationen Hollanders benutzen. Wo mir gegenüber den Angaben Baumeisters eine Mitteilung erwünscht schien, habe ich dieselbe so genau als möglich gegeben. Bei dieser Gelegenheit bemerke ich, dafs die Marke „auch E" bedeuten soll, dafs es eine andre Lesart nicht giebt. Ebenso will ich hier einem Wunsche Baumeisters nachkommen, und noch ausdrücklich erklären, was eigentlich schon aus S. 1 meiner Einleitung hervorgeht, dafs die Verwechslung von L und D, welche ihm passiert ist, durch die ihm vorliegende Art der Kollationierung veranlafst war, ohne alle seine Schuld geschehen ist. Ich freue mich nach manchen Angriffen, dem verdienten Gelehrten diese Gerechtigkeit widerfahren lassen zu können.

Mitten im Druck meiner Ausgabe überraschte mich Prof. E. Abel mit einem Exemplar seiner Hymni Homerici. Dieselbe bietet unter Verzicht auf die Lesarten der Pariser Klasse die Varianten von ELDM. Eine genaue Vergleichung seines kritischen Apparates mit den mir zu Gebote stehenden Kollationen ergab für meine Ausgabe manche erwünschte Bestätigung, aber auch manchen neuen Zweifel. Abel benutzte für LD die Kollationen von E. Eberhard, die sich als recht genau und sorgfältig erweisen. Dagegen ist die Kollation von E, welche ihm Herr Cappelli in Modena besorgt hat, weder vollständig noch genau genug. Abweichende Angaben Abels sowohl über LD wie über E habe ich mit der Bezeichnung (Abel) in einem besonderen kritischen Anhange nachgetragen. Dort finden sich aufser einigen Verbesserungen des Apparats auch noch eine Anzahl teils wichtiger, in der Mehrzahl unwichtiger Varianten, welche ich die ersteren unabsichtlich, die letzteren absichtlich weggelassen hatte. Somit enthält meine Ausgabe nunmehr einen in jeder Beziehung revidierten kritischen Apparat, der zugleich vollständiger ist als der irgend einer anderen Ausgabe. Weggelassen habe ich allerdings alle Angaben über das ν ἐφελκυστικόν und das Iota subscriptum. Auch die fehlerhaften Accente sind nur notiert, wo eine Reihe von Handschriften dieselben gemeinsam haben.

Hier ist auch der Ort, der wissenschaftlichen Kontroverse zu gedenken, in welche ich, wie ich sehe, mit H. Hollander und E. Abel über den Wert und die Stellung der Handschriften geraten bin. Ich hatte in meinem Programm (Homerische Blätter Striegau 1886, S. 10 ff.) meine Ansichten über die handschriftliche Überlieferung auseinandergesetzt. Dieselben sind im ganzen und grofsen unverändert in der nachfolgenden Einleitung wieder abgedruckt. Das Resultat ist, 1. dafs alle unsre Handschriften aus einem durchkorrigierten Exemplar stammen (p. 12), 2. dafs sie in Bezug auf ihre Treue in drei Klassen zerfallen: a) ELD (Mut. 51, Laur. 31, 32), b) die Pariser Klasse und c) M (p. 6). 3. In der ersten Klasse zeichnen sich durch ihre Treue EL aus (p. 6). 4. E aber ist die bessere Handschrift, weil sie die alten Rand- und Interlinearglossen nicht im Text enthält (p. 11). In seinem oben erwähnten Programm hat Hollander die Überlieferung der homerischen Hymnen einer neuen sorgfältigen Untersuchung ausgesetzt, worin er namentlich das verwandschaftliche Verhältnis der Handschriften behandelte. So hat er ein für allemal festgestellt, daſs der Mut. 51 und Laur. 31, 32 von D abhängen, desgleichen der Laur. 70, 35 und Riccard. 53 von Pal. 179. Den letzteren Codex bezeichnet er mit Recht als den wertvollsten Vertreter der Pariser Klasse. In Bezug auf die vier Haupthandschriften, hält auch er ELM für die treuesten, die Frage, welche die bessere sei, fast für eine müſsige (p. 15), entscheidet sich aber doch für L als die treuere; D erklärt er für eine Abschrift von L unter Mitbenutzung der Vorlage von E und der Pariser; M steht ihm gleichwertig neben der Stammhandschrift der übrigen Codices, so daſs die gröſsere oder geringere Übereinstimmung mit M der beste Wertmesser für die übrigen Handschriften ist (p. 10). Er giebt folgendes Stemma:

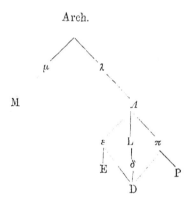

Zu meinem groſsen Bedauern bin ich auſser stande, diesen Stammbaum unterschreiben zu können. Nach meiner durch nochmalige Nachprüfung bestärkten Überzeugung gehören ELD nebeneinander. D ist nicht aus L abzuleiten; schon die Annahme einer Mitbenutzung der Vorlage von E und P ist überaus künstlich; dabei ist noch zu bemerken, daſs D wichtige Berührungspunkte auch mit M hat ($\tilde{\iota}\xi\alpha\varsigma$ D, $\varepsilon\tilde{\iota}\xi\alpha\varsigma$ M I 223, $\tilde{\alpha}\lambda\tau o$ II 65. $\dot{\varepsilon}\gamma\acute{\omega}\ \sigma\varepsilon$ II 460, $\varepsilon\dot{v}\vartheta\alpha\varrho\sigma\dot{\varepsilon}o\varsigma$ VII 9), sodaſs also auch noch eine Mitbenutzung der Vorlage von M zu statuieren wäre, die sich ja natürlich von selbst verbietet, da die Vorlage von M schwerlich jemals den Westen Europas gesehen hat. Dafs diese Varianten zum Teil aus Randglossen stammen, die dem Archetypus beigeschrieben waren, hat Hollander selbst gesehen (p. 29). Da sie D aus L nicht nehmen konnte, weil sie dort nicht stehen, so hätte er sie aus ε oder π nehmen müssen, wo sich ebensowenig eine Spur findet. Es ist daher am geratensten, D unmittelbar aus derselben Handschrift wie E und L abzuleiten. Denn auch in Bezug auf diese beiden Handschriften kann ich wenigstens insofern Hollander nicht beistimmen, dafs er L unmittelbar, E mittelbar aus A ableiten will. Im h. Ap. 151 hält E ἀνήρ und αἰεί noch auseinander, L konfundiert beides (s. meine Einl. p. 7 Nr. 3); ebenso E h. Ap. 55 (s. m. Einl. p. 7 Nr. 1). In beiden Fällen ist dadurch der Vers zu lang geworden. H. Merc 254 (s. m. Einl. p. 9 Nr. 15) hat in L eine erklärende Glosse κλίνη den echten Text (λίκνῳ) verdrängt, ebenso E h. XXXII, 14 (s. m. Einl. p. 11 Nr. 30). Infolgedessen hat Hollander auch brieflich schon mir gegenüber die Zwischenhandschrift aufgegeben (vgl. Abel p. VI). Auf diese Weise rückt E dicht neben L heran, ebenso wie D. Dafs E mit gröfserem Verständnis des Textes, als L, also bisweilen auch mit gröfserer Freiheit abgeschrieben ist als L, will ich nach den Ausführungen Hollanders (p. 11) nicht mehr bestreiten. Für die Konstituierung des Textes hat diese Konzession gar keine praktische Bedeutung, da LE, wie sich unten ergeben wird, aufs allerengste zusammen stehen. Die wichtigsten Varianten sind h. Merc. 478 γλυκύφωνον, h. Ap. 59 βόσκοις περίτας und h. Ap. 479 ἐμὸν καλλοῖσιν (vgl. Hollander p. 13). Unter diesen Umständen kann man die Frage nach der gröfseren Zuverlässigkeit der einen oder der andern allerdings eine fast müfsige nennen (Holl. p. 11).

Mir scheint aber auch M in seinem Ursprung nicht gar so weit von ELD abzuliegen. Zwar dafs M eine Anzahl Rand- oder Zwischenlesarten von L im Text aufweist (vgl. m. Einl. p. 7 ff. Nr. 3, 6, 10, 12, 13, 15, 16, 22, 27, 28), braucht noch nicht auf denselben Codex zu führen; aber wenn h. Ap. 78, wo M fehlt, EL ein und denselben Fehler infolge falscher Wortteilung zeigen (ἀκηδέ[α] ἄχη τειλάων), so finden wir h. Ap. 272 ganz dasselbe in M προσάγοι ἐνηεῖ (statt προσάγοιεν ἰη[παιήονι]). Nachstehend gebe ich eine Zusammenstellung von einigen wichtigen Varianten, durch welche ich das Gewicht und die Beweiskraft der vier in der Einl. p. 5 f. angeführten Stellen verstärken möchte,

X VORREDE.

I. 17. κυνθείον L, κύνθειον ED, die Pariser?, κύνιον M = κύνθιον.
46. εἴ τις σοι γ. ELD, εἴ τις γαιαών die Par., M fehlt = εἴ τις οἵ γ.
83. ὄμοσεν EL, ὄμωσεν D, ὄμοσσεν die Par., M? = ὀμόσσεν.
171. ὑφ' ὑμέων E, ἀφ' ἡμέων LDM, ἀφ' ὑμῶν die Par.
213. ἐνέλειπεν EA, ἐνέλιπεν LD Par., ἐλέλιψεν M.
214. ἢ ς L, ἢ καὶ E, ἢ ὡς D Par., M?
223. ἴξες EL Par. ἴξας D, εἶξας M.
269. παρνασσοῖο EL Par., παρνασοῖο D, παρνησοῖο M (richtig).
326. καὶ νῦν μὲν τοὶ γὰρ E (τοι γὰρ) LD καὶ νῦν τ. γ. Par., καὶ νῦν μέντοι ἔγω γ' M. Derselbe Fall wie in vs. 46.
339. ἢ πόσσον ELD, ἢ παρόσον Par., ἔστιν ὅσον M.
402. ἐπεφράσσατο ED, ἐπιφράσσατο L, ἐπιφράσσαιτο Par., ἐπεφράσατο M.
420. ἢ ἐν ὁδὸν E, ἤεν ὁ. L, ἦεν D Par., ἤϊ M (richtig).
423. ἐυκτίσμενον E, ἐυκτίμενον LD, εὔκτιτον M (richtig).
496. δέλφειος EL, δέλφιος D, δελφίνιος M.

II. 65. ὦτο EL, ἆλτο DM, ὦρτο Par.
91. πολὺ οἰμήσεις ELD, π. οἱ μήσεις Par., πολὺ οἰνήσεις M.
100. μεγαμη(η? aus αι)δείοιο E, -δείδοιο L, -δείαο D, -δείδαο Par. μέγα μηδείδαο M (Thiele).
400. ἦχ' οὐ δὴ EL (L. ohne Acc. in ἦχ'), ἦχ' οὖ (?) δὴ D, ἦχ' οὐ P, ὄχου δὲ M.
530. ἀκήριον (-ιον aus -αον) L, ἀκήριον DM, ἀκήραον Par.

III. 20. πόλις ELD, πόνος Par., πόλεις M = πτόλις.
175. βύρε E, ἤυρε LP Ricc. 53 L², ἦρε D, ἦρε ABC, κῦρε M (richtig).
204. ἥρπασ' ἐνὸν EL, ἥρπασ' ἐὸν D Par. (richtig), ἦ. αἰνὸν (st. ἐνὸν) M.

V. 12. κοσμίσθην ELD, κοσμείσθην Par., κοσμήσθην (statt κοσμίσθην) M.

Ich kann auf Grund dieser Liste nur meine oben schon dargelegte Ansicht empfehlen. Das Verzeichnis zeigt wieder, dafs EL die Überlieferung am treuesten wiedergeben, D sich nahe an sie anschliefst, nicht ohne abweichende Lesarten (EL gegenüber) wie I 223 ἴξας, II 100 μεγαμηδείαο, aber auch nicht ohne leichte Schlimmbesserungen wie I 420 ἦεν, II 400 ἦχ' οὗ, III 175 ἦρε (soll heifsen ἧρε), 204 ἐόν. Dahin gehört auch h. Ap. 75 ἀδῆ (soll heifsen ἄδη), 515 das barbarische ἀγατὸν (s. m. Einl. p. 6). Weitere Interpolationen s. Einl. p. 2. D geht in Fehlern mit L zusammen I 171, 420 (?), 423, II 254 (κλίνη Einl. p. 9), mit E I 17, 402, mit M an den obengenannten Stellen, mit den Parisern nur in kleinen Besserungen wie III 204. In schwereren Fällen gehen D und die Pariser total verschiedene Wege, wie auch die drei Beispiele der Einl. p. 6 zeigen. Dafs die Pariser Klasse auf einer selbständigen Redaktion der Überlieferung beruht, ist bekannt (Einl. p. 1). Von den obigen Beispielen zeigen das I 46, 171, 326, 339, II 91, III 20. Dafs die Vorlage dieselbe war wie die von ELD, beweist namentlich der alte Fehler ἀκήραον II 530, ferner I 59, wo das verstümmelte Versende einfach fortgelassen ist (Einl. p. 5). Da wir überall treuere Handschriften haben, so hat Abel methodisch ganz richtig gehandelt, wenn er die Lesarten dieser Klasse in seiner Ausgabe unberücksichtigt liefs; dieselben können in der That nur als Fingerzeige für die Emendation benutzt werden. Ähnlich steht es mit M. Alle oben und Einl. p. 8 erwähnten Varianten zeigen das durchgehende Bestreben, auf Grund der heillos verdorbenen Überlieferung einen lesbaren Text herzustellen, was mitunter zu neuen Fehlern Veranlassung giebt. Vgl. I 213 ἐλέλιψεν, 339 ἔστιν ὅσον, II 400 ὄχου, III 20 πόλεις, 204 αἰνὸν. Die Grundlage ist ganz dieselbe als bei den übrigen Handschriften, wie I 326, 339, II 100 und I 75, 152 (Einl. p. 6) sattsam darthun. Demnach ist zwar nicht in Abrede zu stellen, dafs M auf gutem handschriftlichem Grunde ruht; aber alle seine Änderungen können, auch wenn sie sich sinnentsprechend und angemessen erweisen, doch nur den Wert von guten Konjekturen beanspruchen. Selbst den Versuch Hollanders (a. O. p. 32 f.), abweichende Lesarten von M auf Rhapsodenvarianten zurückzuführen, mufs ich zurückweisen. τ' ἠδὲ πότησι (II 544), μάκαιρα κυθήρης (IX 4) und die Änderungen im h. XIV 4—6 verdienen durchaus nicht anders als die im h. III 18, h. Merc. 87 und h. Ap. 272 angesehen zu werden. Namentlich legt Hollander auf XIV 4—6 Gewicht. Doch erkennt man bei genauerem Zusehen, dafs ὅς ῥὰ ἠμὲν aus ὅς πρὶν μὲν durch Itacismus zu erklären ist, ἔξοχα ἔργα in vs. 6, wie Baumeister bemerkte, eine Erklärung von ἀτάσθαλα ist, die zu Unrecht in den Text geraten ist, wie der Anfang des Verses zeigt, der auch hier lautet: πολλὰ μὲν αὐτὸς κτλ., wofür Ilgen πολλὰ καὶ αὐτὸς einsetzte, um die Variante schmackhaft zu machen.

Endlich muſs ich noch ein Wort über die Rand- und Interlinearglossen des Cod. L sagen. Meine Darstellung (im Programm p. 15 und Einl. p. 11) mufste vielleicht den Glauben erwecken, und hat ihn erweckt (Abel Praef. p. X), dafs ich sämtliche Glossen ohne alle Ausnahmen für gute alte Überlieferung hielte. Ich darf jetzt darauf hinweisen, dafs ich von den 30 in Frage kommenden Stellen in 5 (Nr. 4, 9, 20, 26, 29) der Vulgata gefolgt bin. Baumeister behielt die Lesart der Vulgata auch in Nr. 1, 2, 10, 14, 23. Würde er E gekannt haben, so hätte er sicherlich auch hier der Lesart der Glosse den Vorzug gegeben. Abel (a. O.) hat sich mehr an Baumeister angeschlossen, nur dafs er in Nr. 10, wie ich, die Glosse, in 18 die Vulgata seinem Text zu Grunde legt, weil die Übereinstimmung mit M das zu fordern schien (Abel p. XII unten). Eine sehr sorgfältige und eingehende Behandlung hat Hollander den Glossen zu teil werden lassen. Er trennte zunächst (p. 6 ff.) die 20 Randlesarten von L von den 10 Zwischenlesarten (er hat mit Recht auch die einzelnen Buchstaben hinzugenommen in h. Ap. 59 [Einl. p. 5], 202 und h. Merc. 530) und wies nach, dafs beide, Rand- wie Zwischenlesarten, auf die gemeinsame Stammhandschrift zurückgehen (p. 31, übrigens s. meine Einl. p. 12). In Bezug auf die eventuelle Aufnahme derselben in den Text ist zu sagen, dafs Hollander die Glossen in Nr. 4, 20, 26 ebensowenig wie ich aufnehmen, 1, 2, 10, 23 ebensowenig verwerfen würde; auch in Nr. 18 hält er nicht wie Abel die Vulgata für das Ursprüngliche, nur in Nr. 13 bleibt er der Vulgata treu. Was die Entstehung der Glossen anbelangt, so hat Hollander das Verdienst, zuerst verschiedenen Ursprung derselben nachgewiesen zu haben. Doch hat er hierbei eine weniger glückliche Hand gehabt. Ich erwähne hier nur, dafs die Nr. 3, 15, 20, 30 mir auf gleichen Ursprung, nämlich aus einer erklärenden Glosse zu deuten scheinen. In Nr. 3 war ἀνήρ an den Rand geschrieben, in 15 κλίνη als Erklärung zu λίκνῳ, in 20 βλέπων zu λάων, in 30 ἀνέμους zu ἀέλλας. Über das verschiedene Verfahren der Handschriften s. die Einl. p. 7 ff. Auf eine andre Lesung der verdorbenen Überlieferung führen Nr. 4 (βαμβαλιαστύν), 5 (ἀμαρύνθω), 6 (ἢ μα[γ]υιήνας), 9 (ἀμαλδύναι; vgl. πετρήδεσα L h. Ap. 44), 10, 11, 14 (νέον λοχάων gegenüber verdorbenem νεόλλοντος Hollander p. 29), 16 (vgl. h. Merc. 58), 26. Auf diesen Stellen ruht der Wert der Glossen. Denn sie sind uns die Bürgschaft, daſs auch an den übrigen Abweichungen, wo die Änderung eine willkürliche ist, die Glosse die treuere Überlieferung vertritt. Die Entstehung der nun noch übrigen Textlesarten (Nr. 8, 12, 13, 14, 17, 18, 19, 21, 22, 24, 27) geht aber nicht auf handschriftliche Quellen zurück, führt auch nicht in die alexandrinische Zeit, oder gar die der Rhapsoden, wie Hollander (p. 25 und 30) annimmt, sondern sie beruht einzig und allein auf derselben Lust am Ändern, welche in den Handschriftengruppen D, M und der Pariser Klasse hervortritt. Die Gründe der Änderung habe ich zumeist schon in der Einleitung angegeben. Hier will ich nur noch auf Nr. 17 (h. Merc. 288) eingehen. Nach Hollander (p. 27) liegt hier eine Rhapsodenvariante vor, nach Baumeister eine Glosse. Man wolle bemerken, daſs die Randlesarten etwas ungleichmäſsig Rinderherden und Schafe, nicht Schafherden nennt, um zu erkennen, daſs diese Vulgata diese Ungleichmäſsigkeit aufzuheben bestimmt ist. An manchen Lesarten der Vulgata (wie XIV 24) wird die verdorbene Überlieferung schuld haben.

Kürzer kann ich mich über den Kommentar fassen. Die Erklärung ist von mir neu und selbständig ausgearbeitet. Sie war der weitaus mühevollste, aber auch der interessanteste Teil meiner Arbeit. Als Muster schwebte mir der treffliche Kommentar von Ameis-Hentze zu den homerischen Gedichten vor. Daher ist auch die Abfassung in deutscher, nicht in lateinischer Sprache erfolgt. Ob ich mein Vorbild erreicht habe oder nicht, das zu beurteilen ist Sache der Kritik. Ausdrücklich bemerke ich noch, daſs an Parallelstellen nur ganze Verse und gröſsere Versteile angegeben sind. Ein Notieren einzelner Worte und Verspartikelchen ist wertlos, weil selten beweisend, ja sogar störend, da dergleichen massenhafte Angaben die Aufmerksamkeit von den wirklich wichtigen Stellen eher ablenken. In dieser Richtung hat Bücheler des Guten viel zu viel gethan. Auch Hinrichs würde sicherlich zu einem andern Resultat in Bezug auf das Verhältnis der Chryseisepisode zum h. Apoll. (Hermes XVII

p. 109) gekommen sein, wenn er seinen Blick mehr auf wirklich eine Abhängigkeit erweisende Stellen gerichtet gehalten hätte. Die Masse allein macht bei derartigen Untersuchungen gar nichts aus. Eine solche Flickarbeit übrigens, wie sie Hinrichs und vor ihm andre dem Verfasser der Chryseisepisode zutrauen, ist absolut undenkbar.

Lehrreich ist das beigegebene griechische Register, in welchem durch das beigesetzte (?) die verdorbene Überlieferung mit einem Blicke erkennbar wird.

Leider fehlt auch ein Druckfehlerverzeichnis am Schlusse nicht. Für die bezeichneten und etwaige andre Versehen kann ich mich nur auf Pindars Wort berufen: ἀμφὶ δ' ἀνθρώπων φρασὶν ἀμπλακίαι ἀναρίθμητοι κρέμανται.

Striegau, August 1886.

A. G.

I. DER TEXT.

Einleitung.

Die Überlieferung der homerischen Hymnen.

Die grofse Ausgabe A. Baumeisters (Leipzig 1860) beruht bekanntlich auf dem von Schneidewin zusammengebrachten Apparat. Baumeister giebt die Lesarten

1. von drei Pariser Handschriften (A B C bei Baum.). Aus der gemeinsamen Subskription δευρὶ πέρας λάχε τῶν εἰς δαίμονας ὕμνων Ὁμήρου und einer Anzahl gemeinsamer Varianten schlofs Baum. (p. 93), dafs sie aus einer gemeinsamen und zwar interpolierten Quelle entstammen. Bei näherer Einsicht in die Überlieferung hat sich mir allerdings ergeben, dafs sowohl die Subskription als die Varianten, welche Baum. anführt, einer ganzen Reihe von Handschriften gemeinsam sind. So ist mir h. Apoll. 78 ἕκαστά τε φῦλα νεπούδων aufser in A B C noch in 8 anderen Handschriften bezeugt; s. z. St. Übrigens benutzte Baum. (p. 92) eine Kollation von Coraes, welche der nötigen Genauigkeit entbehrt [Guttmann, de hymnorum hom. hist. crit. Gryph. 1869 p. 11], doch hat die Sache nicht viel auf sich, da eine genauere Kenntnis der interpolierten Handschriften, wo wir die Überlieferung in reinerer Gestalt haben, ziemlich wertlos ist.

2. giebt Baum. die Lesarten eines Mailänder Codex (Ambros. 98 = D bei Baum.). Er benutzte eine Kollation von H. Keil, welche ebenfalls nicht genau genug ist [Guttmann a. a. O. S. 12]. Verhängnisvoll wurde für Baumeister namentlich der Umstand, dafs er (p. 93) glaubte, resp. nach seinen Kollationen glauben mufste, die Handschrift endige mit h. VI, 33. Das ist eine Verwechslung mit der Florentiner

Handschrift (L bei Baum.). In der That gehören die Varianten, welche Baumeister von VI 33 an unter L bringt, zu D. Das Richtige hat zuerst Guttmann a. a. O. S. 11 auf Grund einer Einsichtnahme Studemunds auseinandergesetzt. Daran läfst sich nach der mir vorliegenden Kollation von Hollander gar nicht zweifeln. Dafs übrigens D der folgenden Handschrift L näher steht, hat Baumeister (p. 97) durch einige mitgeteilte Varianten zu erweisen gesucht. Dieselben finden sich aber sämtlich auch im E(stensis III E 11) und zeigen, dafs D der echten Überlieferung sehr nahe steht. Die D eigenen besonderen Lesarten sind aber mit Vorsicht aufzunehmen, da, wie schon Baumeister sah (p. 97), auch diese Handschrift nicht frei von Interpolationen ist, wenn dieselben auch nicht den Grad erreichen, wie bei A B C und den übrigen dahingehörigen Handschriften. Ich erwähne $ἤλαννον$ h. Merc. 103, $βούλεται$ h. Merc. 540, $ξηνός$ $τε$ h. XXIV, 1; h. Ap. 41 folgt in D nach 35 [ebenso im Mut. II B 14 = 51 und Laur. 31, 32].

3. giebt Baumeister die Lesarten einer Florentiner Handschrift (L bei Baum.), nämlich des Laurentianus XXXII, 45. Diese nun ist es, welche nur bis VI 33 reicht, ursprünglich sämtliche Hymnen enthalten hat (O. Schneider Callim. I p. XL, v. Wilamowitz Callim. p. 7 n., Hollander die hdschr. Überl. der hom. Hymnen, Osnabrück 1886, p. 4). Baumeister benutzte eine Kollation von H. Keil, die sich ebenfalls als ungenau erwiesen hat. Vergl. Eberhard, Die Sprache der hom. Hymnen, Husum 1873 p. 1. L ist nach Baumeister (p. 97) die zuverlässigste aller Handschriften, sie giebt die Fehler, wo andere bessern, und die Lücken, wo andere ausfüllen. Darin kommt ihr allerdings E(stensis III, E 11) zum mindesten gleich, welchen Baumeister nicht kannte. Der wertvollste Schatz der Florentiner Handschrift waren für Baumeister die in demselben enthaltenen Randglossen, während Schmitt (J. J. 73 S. 149) dieselben für wertlos hält. Dieselben haben sich auch bei E teils im Text, teils ebenfalls in Randglossen wiedergefunden. Das Genauere siehe unten.

4. bringt Baumeister ebenfalls ungenau die Lesarten einer früher Moskauer, jetzt Leidener Handschrift (M). Eine

bedeutend genauere Kollation giebt Thiele, Philol. 34 p. 190 ff.
Derselbe schliefst (p. 206) aus der Besserung h. Ap. 392 *νῆα
θοὴν* statt des in allen übrigen Handschriften überlieferten
ἡμαθόην, dafs die Besserungen zweiter Hand aus der ed. princeps stammen. Wie mag hier der Reginus lesen? Dieselbe
weicht dadurch von allen übrigen Handschriften ab, dafs sie
gleich vorn das Fragment des Bacchushymnus und dahinter
den Hymnus auf Demeter bietet, zwei Stücke, welche sonst in
keiner Handschrift überliefert sind. Dahinter folgen dann
die übrigen Hymnen bis XVII 4 [Schneidewin Phil. 3 S. 660].[1])
Was die Würdigung der Handschrift anbelangt, so hält Baumeister (p. 95) von derselben wenig, da sie von einem gelehrten Manne, doch nicht dem Schreiber der Handschrift,
interpoliert sei. Auch Cobet urteilt (Mnemos. X 310) sehr
abfällig über den Codex, da er von Schreibfehlern und Interpolationen wimmele. Ähnlich hält ihn Schmitt (J. J. 73
S. 149 f.) für durchaus neuerungssüchtig. Erst Windisch
(De hymnis h. maioribus, Lips. 1868 p. 51 A. 40) erkannte,
dafs die Handschrift bisweilen doch die echte Lesart enthalte.[2]) Einen gewissen Wert spricht der Handschrift auch
Dittmar, proll. ad h. in Cer. p. 1—16 zu. Zu weit aber geht
Guttmann (a. a. O. p. 10), wenn er den Codex allen anderen
vorzieht. Vergl. h. in Ven. min. (IX) 3 f. h. Herc. XIV, 5 f.
und dazu Baum. p. 348. Ferner h. Ven. (III) 18. Weiterhin
wird sich ergeben, dafs M allerdings bisweilen die gute Überlieferung vertritt. Immerhin ist aber seine Willkür so grofs,
dafs wir, wo nur er allein vorliegt, niemals bestimmt sagen
können, was Überlieferung und was Konjektur ist. In M sind
mehr h. Merc. 422, 457 f. Dagegen fehlen h. Apoll. 23—73,
232, 568, h. Merc. 136, 218 f., 499, 510, h. Ven. 68—112.
Daraus schlofs Thiele (Philol. 34 p. 205), dafs die Vorlage
45—51 Verse auf der Seite gehabt habe und in Majuskeln
geschrieben gewesen sei.

---

1) Hymn. in Ven. (IX) und in Min. (X) haben in M ihre Stellen getauscht.

2) h. Ven. maj. (III) 136 hat auch M nach Baum. (Thiele schweigt) den Vers 137, welchen Baum. unter den Text gesetzt hat.

5. giebt Baumeister die Lesarten der ed. princeps des Demetrius Chalkondylas von 1488. Er hält (p. 93) dieselbe irrtümlicherweise für eben so wichtig, als eine Handschrift. Schon Schneidewin (Phil. 3, 659) suchte ihre Quelle in L. Ähnlich behauptet Guttmann (a. a. O. p. 12), der übrigens nachwies, dafs auch die Kollation dieser Ausgabe bei Baumeister ungenau ist, die Lesarten der ed. princeps stammen meist aus L, manchmal aus D. Richtiger aber hat Thiele (a. a. O.) F aus D abgeleitet.

Das war alles kritische Material, welches Baumeister für seine Ausgabe benutzen konnte. Dafs seine Quellenangaben nicht immer zuverlässig sind, haben wir gesehen. Aber sein Material war auch nicht vollständig genug. So ist es namentlich zu bedauern, dafs Baumeister den Codex E(stensis III, E 11) in Modena nicht kannte, über welchen ich in Kürze verweisen kann auf U. v. Wilamowitz' Vorrede zum Kallimachos S. 7 f. Die Handschrift ist von G. Valla selbst geschrieben; auch die später hinzugefügten Verbesserungen stammen von seiner Hand und aus demselben Codex (Wilamowitz a. a. O. S. 8). Sie hat dieselben Lücken im Text wie L, nur dafs der Schreiber von E stellenweise ein paar Buchstaben mehr las, so h. Ap. 59 βόσκοις περίτας (doch s. den Kommentar), h. Ap. 515 ἔχων, aber auch weniger h. Merc. 79 σάνδαλα ... ἔριψεν. Dafs E und L nicht direkt von einander abhängig sind, sieht man daraus, dafs h. Ap. 144 f. 480, h. Merc. 215, h. Bacch. 9 in E stehen, in L fehlen, h. Ap. 261—89 und noch 7 andere Stellen [Hollander, Die hdschrftl. Überlieferung der hom. Hymnen, Osnabrück 1886, p. 15] in L stehen und in E fehlen. Auch die berühmten Randlesarten von L finden sich hier wieder. Dieselben werden weiter unten genauer besprochen werden und namentlich dazu dienen, den Wert von E ins rechte Licht zu setzen.

Was ferner die Klasse der Pariser Handschriften betrifft, so ist ihre Anzahl bedeutend gröfser, als Baumeister vermuten läfst. Zu derselben gehört P(alatinus 179), der dieselbe Subskription hat wie jene. Mir hat eine Kollation Hollanders vorgelegen. Guttmann rechnet (a. a. O. p. 10) mit

Recht, wie sich bald (p. 6 II) ergeben wird, noch hierher Ambros. S. 31, dessen Subskription bei Baumeister (p. 94) deutlich bezeugt ist, Laurentianus 70, 35, von welchem Eberhard [Die Sprache der hom. Hymnen, Husum 1873 p. 74] einige Lesarten unter der Chiffre L² gegeben hat, zwei Riccardiani 52, 53. Nach Hollander befinden sich noch in Florenz Laurent. 32, 4 und 31, 32. Davon gehört nur der erste zur Klasse der Parisini, 31, 32 zur L E Klasse, also im ganzen 6 Handschriften, wie Thiele (Phil. 34, S. 194) richtig angiebt. Zur Klasse der Parisini ist auch der Monacensis 333 zu zählen (Hollander a. a. O. p. 6), desgl. der Marcianus 456 (Hollander a. a. O.). Guttmann rechnet ferner einen Leidensis 18, 74 C hierher. In Modena giebt es aufser dem wertvollen III E 11 noch einen wertlosen (II B 14), der zu E L gehört. U. v. Wilamowitz beschreibt ihn mir als chart. 4⁰ saec. XV. Nach der Subskription war er ebenfalls ehemals Eigentum von G. Valla, später von Albertus Pius. Dazu kommt in Rom noch der Reginus 91. Guttmann (a. a. O. p. 10) vermutete, er könne von Wert sein. Aber nach einer Notiz Hollanders ist er 1488 in Florenz geschrieben und enthält, wie keine andere Handschrift, h. Ap. 136—138 im Text, ganz wie die ed. princeps. Ebenso hat der Reg. h. XIX 7 κάρηνα mit D. Zweifelhaft ist, wohin der Matritensis (Schneider, Callim. I, p. XXXVI) gehört.

Damit der Leser sich selbst ein Urteil über das Verhältnis der Handschriften bilden könne, teile ich folgendes aus den Schätzen Hollanders mit:

a. h. Apoll. 59 hat L δηρὸν ἄναξ εἰ βόσκοις ...... σ᾽ ἔχωσιν E δηρὸν ἄναξ εἰ βοσκοις περίτας .... σ᾽ ἔχωσιν. Am Rande steht εἰ βόσκοισθε οἶκε σ᾽ ἔχωσι. Diese Randlesart ist aufgenommen in D [F] δηρὸν ἄναξ εἰ βόσκοις θεοὶ (θεοί F) κε σ᾽ ἔχωσιν. Ähnlich, aber schon weiter abliegend, schreibt Laur. 31, 32 δηρὸν ἄναξ εἰ βόσκεις θεοίκε σ᾽ ἔχωσιν, dann Mutin. 51 δηρ᾽ ἄνακτ [steht auch am Rande von F] εἰ βόσκεις δὴ ῥὰ θεοίκε σ᾽ ἔχωσι. Dagegen haben weiter nichts als δηρὸν ἄναξ εἰ βόσκοις Pal., die Riccardiani, Laur. 70, 35 [= L² Eberhard], Venetus (Marc. 456), Laur. 32, 4, Ambros.

S. 31. Ähnlich liest Paris. C δηρὸν ἄναξ εἰ βόσκεις, dagegen Paris. A B δηρὸν ἄνακτ' εἰ βόσκεις.

b. Eine andere Lücke in der Überlieferung findet sich h. Apoll. 515. Dort hat L φόρμιγγ' ἐν χείρεσσιν ἔχω ατὸν κιθαρίζων E φόρμιγγ' ἐν χείρεσσιν ἔχων ατὸν κιθαρίζων. D [F] füllen die Lücke aus ἔχων ἀγατὸν κιθαρίζων. Anders M ἔχων ἐρατὸν κιθαρίζων. Das ατὸν geben ganz auf die drei Parisini und der Pal., die Riccard., der Ven., der Ambros. S. 31 und Laur. 70, 35 und schreiben ἔχων χρυσῆν κιθαρίζων. Athenaeus 1, 22 c [und Eustath. 1602, 25] cit. χαρίεν κιθάριξε.

c. h. Apoll. 75 hat L ἢ κεν ἀδὴ οἷ, E ἢ κεν ἀδὴ οἷ D [F und der Reg.] ἢ κεν ἀδῆ οἵ, Laur. 31, 32 und Mut. 51 ἢ κε ἀδῆ οἵ. Dagegen Pal. ἢ κεν ἀ̔δοι und ihm folgend die Pariser A B C, der Ambros., die Riccard., Laur. 70, 35 (L²) Laur. 32, 4, Ven. (Marc. 456) ἢ κεν ἀδοίη. Für sich steht wieder M, welcher mit ἢ κεν ἀΐδης eine Konjektur versucht.

d. h. Apoll. 152 gehen zusammen L E D [F] Laur. 31, 32, Mut. 51 mit der Lesart οἳ τότ' ἐναντία σεῖο τ' ἰάονες ἀθρόοι εἶεν. Es ist οἳ verlesen statt ὅς und das Folgende falsch auseinander gezogen statt ἐναντιάσει' ὅτ'. Ein δὴ hinter οἳ schieben ein die Parisini und Pal. Ambros. S. 31 (οἵ), Riccard., Laur. 70, 35 (οἵ), Laur. 32, 4 (οἵ). Wiederum für sich steht M mit οἳ τότ' ἐναντιᾶσι τ' ἰάονες κτλ.

Diese vier Proben genügen meines Erachtens vollständig, um zu erkennen, dafs die Handschriften in folgende drei Klassen zerfallen:

I. E L und ihre Anhänger D [F], Mut. II B 14 = 51 und Laur. 31, 32;

II. die der Parisini A B C, wozu kommen P(al.), Ambros. S. 31, R(icc.), Laur. 32, 4, L² (= Laur. 70, 35), V(enet);

III. M.

Ferner sieht man, dafs E L sich begnügen, ihre Vorlage so gut als möglich zu kopieren. Dafür noch ein paar schlagende

Beispiele: h. Apoll. 78 sind die Worte ἀκήδεα χήτει λαῶν in L so wiedergegeben: ἀκηδεάχητει λάων, in E ἀκήδε ἄχη τειλάων. h. Apoll. 403 hat L ἀνασσείσ̄κε, E ἀνασσείσας κετίνασσε. Ebenso klar ist, daſs die übrigen Handschriften weniger Achtung vor der Überlieferung haben, am wenigsten M. Von den beiden treuesten Handschriften ist aber E die bessere, wie schon von Wilamowitz (Callimach. praef. p. 7) gesehen hat. Es läſst sich das aus der Besprechung der obenerwähnten Randlesarten nachweisen, in welche ich jetzt eintrete.

1. h. Ap. 55 τρύγην οἴστεῖς (Hollander οἴσεις Wilamowitz) πολλὸν E, οἴστεῖς οὔτ L $\overset{πολλὴν}{}$. Es scheint also doch πολλὴν in den Vers zu gehören; dann dürfte derselbe gelautet haben: οὐδὲ τρύγην πολλὴν οὔτ᾽ ἄρ φυτὰ μυρία φύσεις. Die Einschwärzung von οἴσεις würde also das echte πολλὴν verdrängt haben. Übrigens ist hier in E Glosse und Vulgattext zusammengetreten, während L beides gesondert behält.

2. h. Apoll. 136—138 fehlen in sämtlichen Handschriften mit Ausnahme des Reginus, von dem schon oben die Rede war. Am Rande sind sie nachgetragen in LED. In LE steht davor: ἐν ἑτέρῳ καὶ οὗτοι οἱ στίχοι κεῖνται [E ἐν ἑτέρῳ κεῖνται κτλ.]. Diese Verse stören hinter 135 allerdings den Zusammenhang, namentlich ist unsinnig die Zusammenstellung χρυσῷ... βεβρίθει καθορῶσα κτλ. Baumeister war daher in seinem Rechte, wenn er sie dort ausstieſs, aber sie sind deshalb noch nicht als Erfindung eines grammaticus nugans zu betrachten. Sie haben nach 139 eine ganz angemessene Stelle.

3. h. Apoll. 151 giebt L folgendermaſsen: φαίη κ᾽ ἀθανάτους καὶ ἀγήρως ἔμμεναι ἀνὴρ αἰεί. Hier ist Vulgattext und Glosse zusammengeraten, wie sich aus E ergiebt, welches αἰεί am Rande hat. M und die Pariser Gruppe haben αἰει im Text, D dagegen nur ἀνήρ.[1]) ἀνήρ scheint mir die Erklärung resp. die Interpolation jemandes zu sein, der Beziehung zu dem folgenden ὅς wünschte.

---

1) Mutin. 51 hat ἄνδρας, Laur. 31, 32 ἀνήρ im Texte, am Rande ἄνδρας. Vergl. auch die Übereinstimmung auf S. 2.

EINLEITUNG.

4. h. Apoll. 162 steht in L am Schlufs des Verses κρεμβαλιαστὺν ^{βαμ}. E hat im Text den alten Fehler βαμβαλιαστὺν bewahrt.

5. h. Apoll. 211 steht auch in E wie in den übrigen Codd. L D M ἢ ἅμα Φόρβαντι Τριόπω (Τριοπῶ M) γένος ἢ ἅμ᾽ ἐρευθεῖ (ἐρεχθεῖ M). Am Rande von L steht γρ. ἢ ἅμα Φόρβαντι τριοπο^{ω,}; ἢ ἀμαρύνθω: offenbar ein zweiter Versuch die schwer zu entziffernde Vorlage zu lesen. In der Pariser Klasse fehlt der Vers (auch A B C?).

6. h. Apoll. 217 ist der Versschlufs in L, D und der Klasse der Pariser Handschriften ἢ μαγνηίδας. Am Rande von L steht γρ. ἢ μανιήνας. Ähnlich hat E im Texte ἢ μαγνιήνας. Auch M hat dieselbe Lesart vor Augen, indem er schreibt ἠδ᾽ ἀγνιήνας.

7. h. Apoll. 326 ist die vulgate Überlieferung nach E L folgende: καὶ νῦν μὲν τοὶ [τοι L] γὰρ ἐγὼ τεχνήσομαι ὦσκε γένηται. So auch D. Die Klasse der Parisini läfst das μέν weg, um den Vers zu heilen, M dagegen das γάρ. Auch hier ist wieder eine Glosse in den Text geraten; wahrscheinlich stand τοί über μέν und es ist zu lesen: καὶ γὰρ νῦν μέν ἐγώ κτλ. Die Lesart Baumeisters καὶ νῦν μέν τοι ist unerträglich, weil ὀπίσσω und καὶ νῦν nicht in der dort beliebten Weise aufeinander folgen können. In L E findet sich nun zu 325 noch folgende Glosse: γρ. καὶ οὕτως [οὕτως om. E.] φράζεο νῦν μήτι τοι [τοι om. E] κακὸν μητίσομ᾽ ὀπίσσω. Hier liegt derselbe Fall vor, wie in Nr. 2. Es ist kein Grund vorhanden, dem Verse die Aufnahme zu verweigern.

8. h. Apoll. 523 ist die vulgate Lesart αὐτοῦ δάπεδον ζάθεον καὶ πίονα νηόν. Am Rande von L steht γρ. ἄδυτον ζάθεον. E aber hat wieder im Text αὐτοῦ ἄδυτον ^{ζάθεον} ζάθεον. Valla war also, da ζάθεον später übergeschrieben worden ist, im Zweifel, ob das erste Wort in seiner Vorlage ἄδυτον oder ζάθεον hiefse. Vergl. Nr. 29.

9. h. Merc. 45 steht im Vulgattext am Ende des Verses ἀμαρυγαί, am Rande von L der Fehler γρ. ἀμαλδύναι. Letzteres hat E im Text.

10. h. Merc. 86 lesen L D [F] αὐτοπρεπὴς ὣς. Am Rande von L steht γρ. αὐτοτεοπήσας (sic). Dafs dies statt αὐτοπρεπὴς stehen soll, sieht man aus E, welches im Text αὐτοτροπήσας ὣς zu stehen hat. M und die Klasse der Pariser haben das letztere Wort ὣς fallen lassen und schreiben αὐτοτροπήσας. Eine sichere Heilung ist noch nicht gefunden. Siehe den Kommentar.

11. L hat h. Merc. 168 ἅπαστοι̇̀. Wieder hat E ἄλιστοι im Text, während M und D ἄπαστοι aufweisen.

12. h. Merc. 212 schreiben E L im Text κίε Φοῖβος Ἀπόλλων und am Rande γρ. μῦθον ἀκούσας. In M steht das Letztere im Text. Der Name des Apollon ist eine offenbare Interpolation jemandes, dem die Beziehung des ὃ δέ nicht klar genug angedeutet schien. In der That wird kurz vorher Hermes erwähnt.

13. h. Merc. 224 steht in L im Text κενταύρου λασιαύχενος ἤστην ὁμοῖα, am Rande γρ. ἔλπομαι εἶναι. Wieder hat E [und mit ihm M] diese Randlesart im Text. Ich sehe keinen rechten Grund ein, wenn ἔστιν ὁμοῖα das Ursprüngliche war, in ἔλπομαι εἶναι zu ändern. Wenn aber ἔλπομαι εἶναι eher da war, konnte sich jemand veranlafst fühlen, daran im Zusammenhange Anstofs zu nehmen. Doch will ich das nicht für gewifs behaupten.

14. h. Merc. 241 bietet der Text sämtlicher Handschriften δή ῥα νεόλλουτος. Am Rande von E L steht: ἐν ἄλλω οὕτως· θῆρα νέον λοχάων προκαλεύμενος ἡδύ. Hier sehen wir in der Textlesart etwas unverständliches gebessert und den Vers ausgefüllt.

15. h. Merc. 254 haben L D fehlerhaft im Text ἐν κλίνῃ; am Rande von L und wieder im Text von E steht ἐν λίκνῳ.

16. h. Merc. 280 schreibt L ὣς μῦθον ἀκούων τὸν, E D M geben nur τὸν, die Pariser Gruppe ὣς τὸν [P. ὣς ὃν A ὣς τὸ].

17. h. Merc. 288 ist die vulgate Lesart ἀντήσῃς [E ἀντήσεις, L ἀντήσῃς] ἀγέλῃσι [E L — ῃσι] βοῶν καὶ πώεσι μήλων [μῆλον E]. Der Rand von E und L giebt γρ. ἄντην

[αντην] βουκολίοισι καὶ εἰροπόκοις ὀίεσσιν [— ην L]. Ich kann mir nur denken, dafs das verdorbene ἄντην die Änderung veranlafst hat.

18. h. Merc. 322 lesen L D M αἶψα δὲ τέρθρον ἵκοντο, E, der Rand von L und die Pariser αἶψα δ' ἵκοντο κάρηνα. Hier handelt es sich nicht um Herstellung eines verdorbenen Textes, sondern um willkürliche Abänderung. Vielleicht sollte das unhomerische τέρθρον hineingebracht werden. Ähnlich steht es mit der folgenden Nummer.

19. h. Merc. 326 steht im Text von L ἄφθιτοι ἠγερέθοντο ποτὶ πτύχας Οὐλύμποιο und am Rande γρ. μετὰ χρυσόθρονον ἠῶ. Diese Lesart hat E im Text, während die übrigen die Textlesart von L bieten. Wieder kann ich mir nur denken, dafs die Randlesart in ihrer ungewöhnlichen Ausdrucksweise Anstofs erregte, nicht die vulgate.

20. h. Merc. 360 bietet L λάων^(βλέπων), E wie die übrigen Handschriften haben λάων.

21. h. Merc. 366 hat L im Text Ἑρμῆς δ' αὖθ' ἑτέρωθεν ἀμειβόμενος ἔπος ηὔδα, am Rande γρ. ἑρμῆς δ' ἄυλλον [E ἄλλον] μῦθον ἐν ἀθανάτοισιν ἔειπεν. So hat E im Text. Die übrigen Handschriften geben denselben Text wie L.

22. h. Merc. 451 geben E L im Text οἶμος ἀοιδῆς und am Rande γρ. καὶ ὕμνος. Die übrigen Handschriften geben οἶμος, was eine offenbare Besserung ist statt des fast tautologischen ὕμνος ἀοιδῆς.

23. h. Merc. 473 beginnt in den Hdschrr. mit καί. Am Rande von L steht τῶν, ebenso im Text von E.

24. h. Merc. 563 heifst es bei E L im Text πειρῶνται δ' ἤπειτα πάρεξ ὁδὸν ἡγεμονεύειν und bei beiden am Rande ψεύδονται δ' ἤπειτα δι' ἀλλήλων δενέουσαι [δενέουσαι auch E]. Auch hier ist die Textlesart eine Besserung des alten Fehlers.

25. h. Ven. 68 bietet E im Text μητέρα θεῶν, am Rande γρ. θηρῶν. Hier hat L den alten Fehler nicht bewahrt.

26. h. Ven. 99 hat L πείσεα^(βη), E und alle übrigen βήσεα, d. h. den alten Fehler.

27. h. Ven. 214 schliefst ἥματα πάντα. In E M und am Rande von L findet sich ἶσα [E ἴσα] θεοῖσι. Dafs dies das Ursprüngliche und jenes eine homerische Reminiscenz ist, liegt wohl auf der Hand. Wenigstens kann ich mir keinen Grund denken, ein ursprüngliches ἥματα πάντα in ἶσα θεοῖσι zu verändern.

28. h. Ven. 244 hat L κάτα (τάχα überschrieben), während E das Richtige (τάχα) im Text giebt.

[29. h. Tell. (XXIX) 13 hat E wie die übrigen παῖδες im Text. Am Rande steht von 1. Hand ἢ πάντες, Valla war also wohl nur über die Überlieferung seiner Vorlage im Zweifel.]

30. h. Diosk. (XXXII) 14 ἀνέμων ... ἀνέμους E im Text; am Rande γρ. ἀέλλας. Das Richtige ist in den anderen Handschriften erhalten.[1])

Dafs diese 30 Stellen Überreste der guten, alten Überlieferung bieten, welche in den meisten Handschriften einer jüngeren Platz gemacht hat, ist daraus zu erkennen, dafs die Randglossen und die ihnen entsprechenden Lesarten noch in vielen Fällen [Nr. 1, 3, 8, 9, 10, 13, 14, 17, 24, 26] den Fehler zeigen, während die vulgate Lesart sich als eine beabsichtigte Besserung dieses Fehlers erkennen läfst. Die Annahme, dafs die vulgate Lesart den besseren Text enthalte, welche ich selbst einmal hegte, scheitert eben daran, dafs der Fehler sich öfter gar zu deutlich als die ursprüngliche Lesart herausstellt. Übrigens bietet in vier Fällen [15, 25, 28, 30], welche allerdings wenig bedeutsam sind, die Vulgata ein offenbares Versehen, während die alte Überlieferung das Richtige aufwies.

In 19 von diesen 30 Beispielen [1, 4, 5, 6, 8, 9, 10, 11, 13, 15, 16, 18, 19, 20, 21, 23, 26, 27, 28] hat E die alte Überlieferung im Text, L glossematisch, an 7 Stellen [2, 7, 12, 14, 17, 22, 24] haben E und L das Alte gleichmäfsig als Glosse, und nur an 2 Stellen [3, 25] hat L das Alte im Text, E in der Glosse. Das ist der beste Wertmesser

---

1) Hierher gehört auch h. Ven. 136 (Vergl. m. Kommentar).

EINLEITUNG.

für die Abschätzung der beiden Handschriften unter einander. Eine Anzahl dieser Stellen findet sich auch in anderen Handschriften, z. B. acht [3, 5, 6, 10, 12, 13, 16, 27] in M, vier [3, 10, 16, 18] sogar in den Parisern und ihrer Sippe. Daraus folgt, dafs auch den wertlosesten Handschriften die echte Überlieferung nicht ganz abhanden gekommen ist. Es scheinen demnach, wie schon Guttmann (p. 14) sah, alle unsere Codices aus einem durchkorrigierten Exemplar zu stammen. Diese Korrekturen haben dann allmählich, am wenigsten in E, den echten Text verdrängt. Schon E bietet ihn in 8 Fällen [3, 12, 14, 17, 22, 24, 25, 30] in der Glosse, L in weiteren 16, die übrigen haben ihm auch dieses letzte Refugium geraubt.

Baumeister [p. 98, als neu vorgebracht von Cobet Mnemos. XI 294] schlofs übrigens aus der Verderbnis h. Apoll. 243 ἅμαρτον statt ἁλίαρτον auf eine Minuskelvorlage, Thiele (Phil. 34 p. 205) aus δραυλοὺς für δ' ἀγραυλοὺς auf einen Archetypus in Majuskeln. Offenbar hat Baumeister recht.[1]

---

[1] Vorstehende Einleitung ist ein revidierter Wiederabdruck meiner Programmabhandlung Homerische Blätter, Striegau 1885, S. 12 bis 20. Erst nach der Drucklegung kamen mir die beiden ersten Aushängebogen der wertvollen Abhandlung von H. Hollander „Die handschriftliche Überlieferung der hom. Hymnen", Osnabrück 1886 Pr. zu. Dieselbe ist, so weit es ging, noch berücksichtigt worden. Verfasser giebt zunächst eine Zusammenstellung und teilweise Besprechung sämtlicher (20) Codices. Darauf folgt die Klassifizierung derselben, welche genau der oben gegebenen entspricht und die Besprechung der Randlesarten. Daran schliefst sich eine vergleichende Schätzung der Haupthandschriften E L D. Entgegen der Ansicht von Wilamowitz (Callim. praef. p. 7 n.) und der obigen Darstellung sucht (p. 16) Hollander die gröfsere Treue in L; er schiebt zwischen den Archetypus und E noch eine Zwischenhandschrift, wofür der Beweis, der sich nur auf h. Ap. 59 stützt, keineswegs genügt. S. m. Kommentar. Mit Recht aber betont Verf. (p. 9) nachdrücklich, dafs die Randglossen auf eine gemeinsame Stammhandschrift weisen (s. oben 12). Diese war für die italischen Handschriften möglicherweise der Codex des Aurispa (O. Schneider Callim. I p. VII, v. Wilamowitz Callim. praef. p. 6 sq., Hollander p. 9).

I.
ΕΙΣ ΑΠΟΛΛΩΝΑ.

Μνήσομαι οὐδὲ λάθωμαι Ἀπόλλωνος ἑκάτοιο,
ὅν τε θεοὶ κατὰ δῶμα Διὸς τρομέουσιν ἰόντα·
καί ῥά τ' ἀναΐσσουσιν, ἐπισχεδὸν ἐρχομένοιο,
πάντες ἀφ' ἑδράων, ὅτε φαίδιμα τόξα τιταίνῃ.
Λητὼ δ' οἴη μίμνε παραὶ Διῒ τερπικεραύνῳ, 5
ὄφρα βιόν τ' ἐχάλασσε καὶ ἐκλήϊσε φαρέτρην.
καί οἱ ἀπ' ἰφθίμων ὤμων χείρεσσιν ἑλοῦσα
τόξον ἀνεκρέμασε πρὸς κίονα πατρὸς ἑοῖο,
πασσάλου ἐκ χρυσέου, τὸν δ' ἐς θρόνον εἷσεν ἄγουσα.
τῷ δ' ἄρα νέκταρ ἔδωκε πατήρ, δέπαϊ χρυσείῳ, 10
δεικνύμενος φίλον υἱόν, ἔπειτα δὲ δαίμονες ἄλλοι.
ἔνθα καθίζουσιν· χαίρει δέ τε πότνια Λητώ,
οὕνεκα τοξοφόρον καὶ καρτερὸν υἱὸν ἔτικτεν.
[Χαῖρε, μάκαιρ' ὦ Λητοῖ, ἐπεὶ τέκες ἀγλαὰ τέκνα,
Ἀπόλλωνά τ' ἄνακτα καὶ Ἄρτεμιν ἰοχέαιραν, 15
τὴν μὲν ἐν Ὀρτυγίῃ, τὸν δὲ κραναῇ ἐνὶ Δήλῳ,
κεκλιμένη πρὸς μακρὸν ὄρος καὶ Κύνθιον ὄχθον,
ἀγχοτάτω φοίνικος, ἐπ' Ἰνωποῖο ῥεέθροις.]
Πῶς τ' ἄρ σ' ὑμνήσω, πάντως εὔυμνον ἐόντα;
(πάντῃ γάρ τοι, Φοῖβε, νομοὶ βεβλήατ' ἀοιδῆς, 20

---

1. ὁμήρου ὕμνοι εἰς ἀπόλλωνα E Reg. 91 τοῦ αὐτοῦ ὁμήρου ὕμνος εἰς ἀπόλλωνα M. ὁμήρου ὕμνος (Lücke D) εἰς ἀπόλλωνα LD — ὕμνοι ὁμήρου εἰς τὸν ἀπ. die Pariser Klasse.
3. ῥάτε Hermann, ῥάγ' auch E. — 4. φαίδιμος E | τιταίνῃ Gemoll, τιταίνει die Hdschrr. Vgl. v. 73 u. ö. — 6. ὄφρα Bücheler, ἢ ῥα die Hdschrr. — 7. λ ρεσσιν L. — 8. πρὸ EL Mut. 51. — 14—18. S. den Kommentar. — 17. πρὸ L | κύνθειον ED, κυνθεῖον L, κύνιον M. — 18. ἐπ' Reiz, ἰνωποῖο Lobeck, ὑπϊνόποιο EL, ὑπ' ἰνόποιο D, ὑπϊνώποιο M. — 19. τ' ἄρ' A. Matthiae, γάρ auch E. — 20. νομοὶ βεβλήατ' ἀοιδῆς Ilgen, νόμος (μόνος L) βεβλήαται ᾠδῆς die Hdschrr.

14 Α. ΕΙΣ ΑΠΟΛΛΩΝΑ.

ἠμὲν ἀν' ἤπειρον πορτιτρόφον ἠδ' ἀνὰ νήσους·
πᾶσαι δὲ σκοπιαί τοι ἄδον καὶ πρώονες ἄκροι
ὑψηλῶν ὀρέων ποταμοί θ' ἅλαδε προρέοντες
ἀκταί τ' εἰς ἅλα κεκλιμέναι λιμένες τε θαλάσσης)
ἦ ὥς σε πρῶτον Λητὼ τέκε, χάρμα βροτοῖσιν,   25
[κλινθεῖσα πρὸς Κύνθου ὄρος κραναῇ ἐνὶ νήσῳ]
Δήλῳ ἐν ἀμφιρύτῃ (ἑκάτερθε δὲ κῦμα κελαινὸν
ἐξήει χέρσονδε λιγυπνοίοις ἀνέμοισιν),
ἔνθεν ἀπορνύμενος πᾶσι θνητοῖσιν ἀνάσσεις;
Ὅσσους Κρήτη τ' ἐντὸς ἔχει καὶ δῆμος Ἀθηνέων,   30
νῆσός τ' Αἴγίνη ναυσικλείτη τ' Εὔβοια,
Αἰγαὶ Πειρεσιαί τε καὶ ἀγχιάλη Πεπάρηθος,
Θρηΐκιός τ' Ἀθόως καὶ Πηλίου ἄκρα κάρηνα,
Θρηϊκίη τε Σάμος Ἴδης τ' ὄρεα σκιόεντα,
Σκῦρος καὶ Φώκαια καὶ Αἰγοκάνης ὄρος αἰπύ,   35
Ἴμβρος ἐϋκτιμένη καὶ Λῆμνος ἀμιχθαλόεσσα,
Λέσβος τ' ἠγαθέη, Μάκαρος ἕδος Αἰολίωνος,
καὶ Χίος, ἣ νήσων λιπαρωτάτη εἰν ἁλὶ κεῖται,
παιπαλόεις τε Μίμας καὶ Κωρύκου ἄκρα κάρηνα,
καὶ Κλάρος αἰγλήεσσα καὶ Αἰσαγέης ὄρος αἰπύ,   40
καὶ Σάμος ὑδρηλὴ Μυκάλης τ' αἰπεινὰ κάρηνα,
Μίλητός τε Κόως τε, πόλις Μερόπων ἀνθρώπων,
καὶ Κνίδος αἰπεινὴ καὶ Κάρπαθος ἠνεμόεσσα,
Νάξος τ' ἠδὲ Πάρος Ῥήνειά τε πετρήεσσα,
τόσσον ἐπ' ὠδίνουσα Ἑκηβόλον ἵκετο Λητώ,   45
εἴ τίς οἱ γαιέων υἱεῖ ἐθέλοι οἰκία θέσθαι.
αἳ δὲ μάλ' ἐτρόμεον καὶ ἐδείδισαν, οὐδέ τις ἔτλη
Φοῖβον δέξασθαι, καὶ πιοτέρη περ ἐοῦσα·

22. ἄδον Stephanus, ἅδον auch E. — 26. Den Vers strich Lenz | Κύνθου Holsten, Κύνθος die Hdschrr. — 28. ἐξήει D und die Pariser, ἐξείει EL. — 30. τ' fehlt auch in E, setzte hinzu Hermann. — 31. Αἰγίνη Barnes, Αἴγινα E | ναυσικλείτη ELD, wohl alle. — 32. Πειρεσιαί Ruhnken, τ' εἰρεσίαι die Hdschrr. | ἀγχιάλη auch E. — 33. Ἀθόως Barnes, ἄθως die Hdschrr. — 35. Αἰγοκάνης Matthiae, αὐτοκανής die Hdschrr. — 36. Ἴμβρος Hermann, Ἴμβρος τ' die Hdschrr., ἐϋκτισμένη E. — 39. Κορύκου auch E. — 44. Ῥήνειά Lobeck, ῥηναία ELD. — 45. ἐπ' ὠδίνουσα Barnes, ἐπωδίνουσα auch E. — 46. εἴ τίς οἱ γαιέων Mutin. 51 (Accent auf τις fehlt), εἴ τις σοι ELD, Reg., Laur. 31, 32, εἴ τις γαιάων C und sämtl. ital. Hdschrr. der Par. Klasse | θέλει auch E. S. d. Kommentar.

1. ΕΙΣ ΑΠΟΛΛΩΝΑ.

πρίν γ' ὅτε δή ῥ' ἐπὶ Δήλου ἐβήσετο πότνια Λητώ,
καί μιν ἀνειρομένη ἔπεα πτερόεντα προσηύδα· 50
Δῆλ', εἰ γάρ κ' ἐθέλοις ἕδος ἔμμεναι υἷος ἐμοῖο,
Φοίβου Ἀπόλλωνος, θέσθαι τ' ἐνὶ πίονα νηόν·
ἄλλος δ' οὔ τις σεῖό ποθ' ἅψεται, οὐδέ σε τίσει,
οὐδ' εὔβουν σε ἔσεσθαι ὀίομαι, οὔ τ' εὔμηλον,
οὐδὲ τρύγην πολλήν, οὔτ' ἄρ φυτὰ μυρία φύσεις. 55
αἰ δέ κ' Ἀπόλλωνος ἑκαέργου νηὸν ἔχῃσθα,
ἄνθρωποί τοι πάντες ἀγινήσουσ' ἑκατόμβας,
ἐνθάδ' ἀγειρόμενοι· κνίση δέ τοι ἄσπετος αἰεὶ
†δημόν, ἄναξ, εἰ βόσκοισθε, οἵ κέ σ' ἔχωσιν
χειρὸς ἀπ' ἀλλοτρίης· ἐπεὶ οὔ τοι πῖαρ ὕπ' οὖδας. 60
Ὣς φάτο· χαῖρε δὲ Δῆλος, ἀμειβομένη δὲ προσηύδα·
Λητοῖ, κυδίστη θύγατερ μεγάλου Κοίοιο,
ἀσπασίη κεν ἔγωγε γονὴν ἑκάτοιο ἄνακτος
δεξαίμην· αἰνῶς γὰρ ἐτήτυμόν εἰμι δυσηχὴς
ἀνδράσιν· ὧδε δέ κεν περιτιμήεσσα γενοίμην. 65
ἀλλὰ τόδε τρομέω, Λητοῖ, ἔπος, οὐδέ σε κεύσω·
λίην γάρ τινά φασιν ἀτάσθαλον Ἀπόλλωνα
ἔσσεσθαι, μέγα δὲ πρυτανευσέμεν ἀθανάτοισιν
καὶ θνητοῖσι βροτοῖσιν ἐπὶ ζείδωρον ἄρουραν.
τῷ ῥ' αἰνῶς δείδοικα κατὰ φρένα καὶ κατὰ θυμόν, 70
μή, ὁπότ' ἂν τὸ πρῶτον ἴδῃ φάος ἠελίοιο,
νῆσον ἀτιμήσῃ, ἐπειὴ κραναήπεδός εἰμι,
ποσσὶ καταστρέψας δ' ὤσῃ ἁλὸς ἐν πελάγεσσιν.

---

49. ἐβήσετο E und die Pariser (AB?), ἐβήσσατο L, ἐβήσατο (ἐβ verschlungen) D, βήσατο Mut. 51. — 51. ἐθέλοις Giphanius, κεθέλεις auch E | ἐμοῖο Stephanus, ἐμεῖο auch E. — 53. τίσει Ernesti, λίσσει auch E. — 54. εὔβουν die ganze Pariser Klasse. — 55. οἰστεῖς πολλὸν
E (Hollander, οἴσεις Wilam.) οἰστεῖς οὔτ L. Vergl. Einl. S. 7 Nr. 1. —
57. ἀγινήσουσ' Barnes, ἀγινήσουσι auch E. — 58. κνίση Spitzner,
κνίσσῃ die Hdschrr. — 59. δηρὸν ἄναξ εἰ βόσκοις περίτας σ' ἔχωσιν E
im Text; am Rande εἰ βόσκοισθε οἶκε σ' ἔχωσι. Vergl. Einl. S. 5 a. — 60.
πεῖαρ ED, πείαρ L. — 61. δὲ fehlt vor Δῆλος E. — 62. μεγάλου Κοίοιο
Barnes, μεγάλοιο Κρόνοιο auch E. — 63. κεν auch ELD, also mit
Recht von Wolf aufgenommen. — 65. γενοίμην die Pariser, γ' ἐροίμην
ELDM(?). — 71. ἴδης ELD Laur. 31, 32. Reg. Welche Hdschr. hat
ἴδῃ? — 72. ἀτιμήσω EL, ἀτιμήσω D, ἀτιμήσῃ Mut. 51, Reg. — 73.
καταστρέψας δ' Franke, καταστρέψας die Hdschrr., ὤσῃ B, ὤσει die andern.

ἔνθ' ἐμὲ μὲν μέγα κῦμα κατὰ κρατὸς ἅλις αἰεὶ
κλύσσει· ὃ δ' ἄλλην γαῖαν ἀφίξεται, ἥ κεν ᾅδῃ οἱ 75
τεύξασθαι νηόν τε καὶ ἄλσεα δενδρήεντα·
πουλύποδες δ' ἐν ἐμοὶ θαλάμας φῶκαί τε μέλαιναι
οἰκία ποιήσονται ἀκηδέα, χήτεϊ λαῶν.
ἀλλ' εἴ μοι τλαίης γε, θεά, μέγαν ὅρκον ὀμόσσαι,
ἐνθάδε μιν πρῶτον τεύξειν περικαλλέα νηόν, 80
ἔμμεναι ἀνθρώπων χρηστήριον, αὐτὰρ ἔπειτα
πάντας ἐπ' ἀνθρώπους, ἐπειὴ πολυώνυμος ἔσται.
Ὣς ἄρ' ἔφη· Λητὼ δὲ θεῶν μέγαν ὅρκον ὄμοσσεν·
ἴστω νῦν τάδε Γαῖα καὶ Οὐρανὸς εὐρὺς ὕπερθεν,
καὶ τὸ κατειβόμενον Στυγὸς ὕδωρ, ὅς τε μέγιστος 85
ὅρκος δεινότατός τε πέλει μακάρεσσι θεοῖσιν·
ἦ μὴν Φοίβου τῇδε θυώδης ἔσσεται αἰεὶ
βωμὸς καὶ τέμενος, τίσει δέ σέγ' ἔξοχα πάντων.
Αὐτὰρ ἐπεί ῥ' ὄμοσέν τε, τελεύτησέν τε τὸν ὅρκον,
Δῆλος μὲν μάλα χαῖρε γονῇ ἑκάτοιο ἄνακτος· 90
Λητὼ δ' ἐννῆμάρ τε καὶ ἐννέα νύκτας ἀέλπτοις
ὠδίνεσσι πέπαρτο. θεαὶ δ' ἔσαν ἔνδοθι πᾶσαι,
ὅσσαι ἄρισται ἔσαν, Διώνη τε Ῥείη τε,
Ἰχναίη τε Θέμις καὶ ἀγάστονος Ἀμφιτρίτη,
ἄλλαι τ' ἀθάναται, νόσφιν λευκωλένου Ἥρης· 95
μούνη δ' οὐκ ἐπέπυστο, μογοστόκος Εἰλείθυια· 97
ἦστο γὰρ ἄκρῳ Ὀλύμπῳ ὑπὸ χρυσέοισι νέφεσσιν,
Ἥρης φραδμοσύνης λευκωλένου, ἥ μιν ἔρυκεν
ζηλοσύνῃ, ὅ τ' ἄρ' υἱὸν ἀμύμονά τε κρατερόν τε 100
Λητὼ τέξεσθαι καλλιπλόκαμος τότ' ἔμελλεν.
Αἳ δ' Ἶριν προὔπεμψαν ἐϋκτιμένης ἀπὸ νήσου,

ἦστο γὰρ ἐν μεγάροισι Διὸς νεφεληγερέταο. 96

74. κατὰ κρατὸς die Pariser, κατὰ κράτος *ELDM.* — 75. Einl. S. 6 c.
— 78. ἀκηδέα ἄχη τειλάων *E*, ἀκηδὲ — ἄχη τειλάων *L*, ἕκαστά τε φῦλα
νεπούδων die Pariser *ABC* und ihre Sippe *Ambros.* S. 31, *Ricc., Laur.*
70, 35, 32, 4, *Ven.* 456, *Pal.* 179, *Monac.* 333. — 82. ἐπίη (Accent!)
ELD, ἐπιὴ *M* | ἔσται *M.* — 83. ὄμοσεν *EL*, ὄμωσεν *D*, ὄμοσσεν die
Par. Klasse. — 86. τε fehlt in *ED.* — 87. αἰεὶ *Barnes*, αἰὲν auch *E.* —
88. δέ σ' ἔξοχα *E.* — 89. ὄμοσσεν *E.* — 90. γονῇ *Franke*, γόνῳ auch
E. — 93. ῥέη alle (*ABC*?). — 96 fehlt in *EM.* — 99. φραδμοσύνης
Baumeister, φραδμοσύνῃ die Hdschrr. — 102. Ἶριν *E* immer, aber
auch alle übrigen (*ABC*?).

1. ΕΙΣ ΑΠΟΛΛΩΝΑ.

ἀξέμεν Εἰλείθυιαν, ὑποσχόμεναι μέγαν ὅρμον,
χρύσεον ἠλέκτροισιν ἐερμένον, ἐννεάπηχυν·
νόσφιν δ' ἤνωγον καλέειν λευκωλένου Ἥρης, 105
μή μιν ἔπειτ' ἐπέεσσιν ἀποστρέψειεν ἰοῦσαν.
αὐτὰρ ἐπεὶ τόγ' ἄκουσε ποδήνεμος ὠκέα Ἶρις,
βῆ ῥα θέειν, ταχέως δὲ διήνυσε πᾶν τὸ μεσηγύ.
αὐτὰρ ἐπεί ῥ' ἵκανε θεῶν ἕδος, αἰπὺν Ὄλυμπον,
αὐτίκ' ἄρ' Εἰλείθυιαν ἀπὲκ μεγάροιο θύραζε 110
ἐκπροκαλεσσαμένη, ἔπεα πτερόεντα προσηύδα,
πάντα μάλ', ὡς ἐπέτελλον Ὀλύμπια δώματ' ἔχουσαι.
τῇ δ' ἄρα θυμὸν ἔπειθεν ἐνὶ στήθεσσι φίλοισιν·
βὰν δὲ ποσί, τρήρωσι πελειάσιν ἴθμαθ' ὁμοῖαι.
εὖτ' ἐπὶ Δήλου ἔβαινε μογοστόκος Εἰλείθυια, 115
δὴ τότε τὴν τόκος εἷλε, μενοίνησεν δὲ τεκέσθαι.
ἀμφὶ δὲ φοίνικι βάλε πήχεε, γοῦνα δ' ἔρεισεν
λειμῶνι μαλακῷ· μείδησε δὲ γαῖ' ὑπένερθεν·
ἐκ δ' ἔθορε πρὸ φόωσδε· θεαὶ δ' ὀλόλυξαν ἅπασαι.
Ἔνθα σε, ἤϊε Φοῖβε, θεαὶ λόον ὕδατι καλῷ, 120
ἁγνῶς καὶ καθαρῶς· σπάρξαν δ' ἐν φάρεϊ λευκῷ,
λεπτῷ, νηγατέῳ· περὶ δὲ χρύσεον στρόφον ἧκαν.
οὐδ' ἄρ' Ἀπόλλωνα χρυσάορα θήσατο μήτηρ,
ἀλλὰ Θέμις νέκταρ τε καὶ ἀμβροσίην ἐρατεινὴν
ἀθανάτῃσιν χερσὶν ἐπήρξατο· χαῖρε δὲ Λητώ, 125
οὕνεκα τοξοφόρον καὶ καρτερὸν υἱὸν ἔτικτεν.
Αὐτὰρ ἐπειδή, Φοῖβε, κατέβρως ἄμβροτον εἶδαρ,
οὔ σέγ' ἔπειτ' ἴσχον χρύσεοι στρόφοι ἀσπαίροντα,
οὐδέ τι δέσματ' ἔρυκε, λύοντο δὲ πείρατα πάντα.
αὐτίκα δ' ἀθανάτῃσι μετηύδα Φοῖβος Ἀπόλλων· 130
Εἴη μοι κίθαρίς τε φίλη καὶ καμπύλα τόξα,
χρήσω δ' ἀνθρώποισι Διὸς νημερτέα βουλήν.

---

104. χρύσεον ἠλ. ἐερμένον Barnes, χρυσείοισι λίνοισι ἐεργμένον die Hdschrr. — 105. ἤνωγεν E. — 110. ἀπὲκ E Mut. 51, die Pariser Klasse (ABC?), ἀπεκ LD Laur. 31, 32. — 114. ἴθμαθ' Giphanius, ἴσμαθ' EL, ἴδμαθ' D Mut. 51, Laur. 31, 32, ἴσθμαθ' die übrigen (ABC?). — 116. δὴ τότε τὴν Ilgen, τὴν τότε δὴ die Hdschrr. — 120. σε ἧϊε ED, σ' ἧϊε E, σ' ἵηε M | λόον Stephanus, λοῦον auch E. — 125. ἀθανάτῃσιν E (Wilam. -ῃσιν Hollander). — 128. ἀσπαίροντες E. — 129. δέσματ' Hermann, δεσμάτ' ELDM, δεσμά σ' die Pariser Klasse. — 130. ἀθανάτῃσι MA, ἀθανάτοισι die andern (E?).

Gemoll, die hom. Hymnen. 2

18 Α. ΕΙΣ ΑΠΟΛΛΩΝΑ.

Ὣς εἰπὼν ἐβίβασκεν ἐπὶ χθονὸς εὐρυοδείης
Φοῖβος ἀκερσεκόμης, ἑκατηβόλος· αἳ δ' ἄρα πᾶσαι
θάμβεον ἀθάναται· χρυσῷ δ' ἄρα Δῆλος ἅπασα 135
ἤνθησ', ὡς ὅτε τε ῥίον οὔρεος ἄνθεσιν ὕλης 139
βεβρίθῃ, καθορῶσα Διὸς Λητοῦς τε γενέθλην, 136
γηθοσύνῃ, ὅτι μιν θεὸς εἵλετο οἰκία θέσθαι
νήσων ἠπείρου τε, φίλησε δὲ κηρόθι μᾶλλον.
αὐτὸς δ', ἀργυρότοξε ἄναξ, ἑκατηβόλ' Ἄπολλον, 140
ἄλλοτε μέν τ' ἐπὶ Κύνθου ἐβήσεο παιπαλόεντος,
ἄλλοτε δ' αὖ νηούς τε καὶ ἀνέρας ἠλάσκαζες.
πολλοί τοι νηοί τε καὶ ἄλσεα δενδρήεντα,
πᾶσαι δὲ σκοπιαί τε φίλαι καὶ πρώονες ἄκροι
ὑψηλῶν ὀρέων, ποταμοί θ' ἅλαδε προρέοντες· 145
ἀλλὰ σὺ Δήλῳ, Φοῖβε, μάλιστ' ἐπιτέρπεαι ἦτορ·
ἔνθα τοι ἑλκεχίτωνες Ἰάονες ἠγερέθονται,
αὐτοὶ σὺν παίδεσσι καὶ αἰδοίης ἀλόχοισιν·
οἳ δέ σε πυγμαχίῃ τε καὶ ὀρχηθμῷ καὶ ἀοιδῇ
μνησάμενοι τέρπουσιν, ὅτ' ἂν στήσωνται ἀγῶνα. 150
φαίη κ' ἀθανάτους καὶ ἀγήρως ἔμμεναι αἰεί,
ὃς τότ' ἐπαντιάσει', ὅτ' Ἰάονες ἀθρόοι εἶεν·
πάντων γάρ κεν ἴδοιτο χάριν, τέρψαιτο δὲ θυμόν,
ἄνδρας τ' εἰσορόων καλλιζώνους τε γυναῖκας,
νῆάς τ' ὠκείας ἠδ' αὐτῶν κτήματα πολλά. 155
πρὸς δὲ τόδε μέγα θαῦμα, ὅου κλέος οὔποτ' ὀλεῖται,
κοῦραι Δηλιάδες, Ἑκατηβελέταο θεράπναι·
αἵτ' ἐπεὶ ἂρ πρῶτον μὲν Ἀπόλλων' ὑμνήσωσιν,
αὖτις δ' αὖ Λητώ τε καὶ Ἄρτεμιν ἰοχέαιραν,
μνησάμεναι ἀνδρῶν τε παλαιῶν ἠδὲ γυναικῶν 160
ὕμνον ἀείδουσιν, θέλγουσι δὲ φῦλ' ἀνθρώπων·
πάντων δ' ἀνθρώπων φωνὰς καὶ κρεμβαλιαστὺν

---

133. ἐπὶ *A. Matthiae,* ἀπὸ auch *E.* — 139. τε ῥίον die Pariser Klasse, τεῤῥίον *E* (*Wilam.*; nach *Hollander* ὅ τέ τεῤῥίον) *D*, ῥῖον *M.* — 136—138 setzte hinter 139 *Bothe.* S. Einl. S. 7 No. 2. | βεβρίθῃ *Gemoll,* βέβριθει die Hdschrr. — 141. ἐβήσεο *Cobet,* ἐβήσαο die Hdschrr. — 142. νηούς τε *Baumeister,* νήσους τε die Hdschrr. — 151. αἰεί *E* am Rande, im Text ἀνήρ. Vergl. Einl. S. 7 Nr. 3. — 152. ὃς τότ' ἐναντιάσει' *Ilgen,* οἳ τότ' ἐναντία σεῖο τ' *E.* Cf. Einl. p. 16 Nr. 2. — 153. τέρψαντο *E.* — 154. τε *E* am Rande. — 156. ὅου *E,* ὃ οὔ *L,* ὃ οὐ *D.* — 162. βαμβαλιαστύν *E* (nach *Hollander,* βεμβ. nach *Wilam.*). Vergl. Einl. S. 6ᵈ.

1. ΕΙΣ ΑΠΟΛΛΩΝΑ.

μιμεῖσθ᾽ ἴσασιν· φαίη δέ κεν αὐτὸς ἕκαστος
φθέγγεσθ᾽· οὕτω σφιν καλὴ συνάρηρεν ἀοιδή.
Ἀλλ᾽ ἄγεθ᾽, ἱλήκοι μὲν Ἀπόλλων Ἀρτέμιδι ξύν, 165
χαίρετε δ᾽ ὑμεῖς πᾶσαι· ἐμεῖο δὲ καὶ μετόπισθεν
μνήσασθ᾽, ὁππότε κέν τις ἐπιχθονίων ἀνθρώπων
ἐνθάδ᾽ ἀνείρηται, ξεῖνος ταλαπείριος ἐλθών·
ὦ κοῦραι, τίς δ᾽ ὔμμιν ἀνὴρ ἥδιστος ἀοιδῶν
ἐνθάδε πωλεῖται, καὶ τέῳ τέρπεσθε μάλιστα; 170
ὑμεῖς δ᾽ εὖ μάλα πᾶσαι ὑποκρίνασθε † ἀφήμως·
τυφλὸς ἀνήρ, οἰκεῖ δὲ Χίῳ ἔνι παιπαλοέσσῃ,
τοῦ πᾶσαι μετόπισθεν ἀριστεύσουσιν ἀοιδαί.
ἡμεῖς δ᾽ ἡμέτερον κλέος οἴσομεν, ὅσσον ἐπ᾽ αἶαν
ἀνθρώπων στρεφόμεσθα πόλιας ἐῦ ναιεταούσας· 175
οἳ δ᾽ ἐπὶ δὴ πείσονται, ἐπεὶ καὶ ἐτήτυμόν ἐστιν.
Αὐτὰρ ἐγὼν οὐ λήξω ἑκηβόλον Ἀπόλλωνα
ὑμνέων ἀργυρότοξον, ὃν ἠΰκομος τέκε Λητώ.
Ὦ ἄνα, καὶ Λυκίην καὶ Μῃονίην ἐρατεινὴν
καὶ Μίλητον ἔχεις, ἔναλον πόλιν ἱμερόεσσαν· 180
αὐτὸς δ᾽ αὖ Δήλοιο περικλύστης μέγ᾽ ἀνάσσεις.
Εἶσι δὲ φορμίζων Λητοῦς ἐρικυδέος υἱὸς
φόρμιγγι γλαφυρῇ πρὸς Πυθὼ πετρήεσσαν,
ἄμβροτα εἵματ᾽ ἔχων, τεθυωμένα· τοῖο δὲ φόρμιγξ
χρυσέου ὑπὸ πλήκτρου καναχὴν ἔχει ἱμερόεσσαν. 185
ἔνθεν δὲ πρὸς Ὄλυμπον ἀπὸ χθονός, ὥστε νόημα,
εἶσι Διὸς πρὸς δῶμα, θεῶν μεθ᾽ ὁμήγυριν ἄλλων·
αὐτίκα δ᾽ ἀθανάτοισι μέλει κίθαρις καὶ ἀοιδή.
Μοῦσαι μέν θ᾽ ἅμα πᾶσαι, ἀμειβόμεναι ὀπὶ καλῇ,
ὑμνεῦσίν ῥα θεῶν δῶρ᾽ ἄμβροτα, ἠδ᾽ ἀνθρώπων 190
τλημοσύνας, ὅσ᾽ ἔχοντες ὑπ᾽ ἀθανάτοισι θεοῖσιν

---

163. μιμεῖσθ᾽ Barnes, μιμεῖσθαι alle Hdschrr. — 165. ἄγεθ᾽ ἱλήκοι Thuc. III 104, ἀλλ᾽ ἄγε δὴ λητώ μὲν auch E, nur M ἀλλάγε λητώ μὲν καὶ. — 166. μετόπισθεν auch E. — 171. ὑποκρίνασθε ἀφήμως Thuc. III 104, ἀφ᾽ ἡμῶν Aristides II p. 409, ὑποκρίνασθε ὑφ᾽ (Wilam., ἀφ᾽ Hollander) ὑμέων E, ἀφ᾽ ἡμέων LDM, ἀφ᾽ ὑμῶν die Pariser. — 172. ἐν E, ἐνὶ LD. — 173. πᾶσαι — ἀριστεύουσιν auch E. — 174. ἡμέτερον LED, Laur. 31, 32. — 175. πόλιας Eberhard, πόλεις die Hdschrr., ἐῦ ναιεταούσας Gemoll, εὐναιεταώσας vulgo. — 176. ἐπειδὴ EM, ἐπιδὴ L, ἐπὶ δὴ D, Laur. 31, 32. Mut. 51, die andern ἐπὶ δήν. — 180. μήλιτον E, Mut. 51. — 183. πυθὼ D, πυθῶ ELM(?). — 184. ἔχων τε θυώδεα auch E. — 189 fehlt in der Pariser Klasse (A?).

2*

A. ΕΙΣ ΑΠΟΛΛΩΝΑ.

ζώουσ' ἀφραδέες καὶ ἀμήχανοι, οὐδὲ δύνανται
εὑρέμεναι θανάτοιό τ' ἄκος καὶ γήραος ἄλκαρ.
αὐτὰρ ἐϋπλόκαμοι Χάριτες καὶ ἐΰφρονες Ὧραι,
Ἁρμονίη θ', Ἥβη τε, Διὸς θυγάτηρ τ' Ἀφροδίτη, 195
ὀρχεῦντ', ἀλλήλων ἐπὶ καρπῷ χεῖρας ἔχουσαι·
τῇσι μὲν οὔτ' αἰσχρὴ μεταμέλπεται, οὔτ' ἐλάχεια,
ἀλλὰ μάλα μεγάλη τε ἰδεῖν καὶ εἶδος ἀγητή,
Ἄρτεμις ἰοχέαιρα, ὁμότροφος Ἀπόλλωνι.
ἐν δ' αὖ τῇσιν Ἄρης καὶ ἐΰσκοπος Ἀργειφόντης 200
παίζουσ'· αὐτὰρ ὁ Φοῖβος Ἀπόλλων ἐγκιθαρίζει,
καλὰ καὶ ὕψι βιβάς· αἴγλη δέ μιν ἀμφιφαείνει,
μαρμαρυγαί τε ποδῶν καὶ ἐϋκλώστοιο χιτῶνος.
οἳ δ' ἐπιτέρπονται, θυμὸν μέγαν εἰσορόωντες,
Λητώ τε χρυσοπλόκαμος καὶ μητίετα Ζεύς, 205
υἷα φίλον παίζοντα μετ' ἀθανάτοισι θεοῖσιν.

Πῶς τ' ἄρ σ' ὑμνήσω, πάντως εὔυμνον ἐόντα;
[ἠέ σ' ἐνὶ μνηστῇσιν ἀείδω καὶ φιλότητι,
ὅππως μνωόμενος ἔκιες Ἀζαντίδα κούρην,
Ἴσχυ' ἅμ' ἀντιθέῳ, Ἐλατιονίδῃ εὐΐππῳ; 210
ἢ ἅμα Φόρβαντι, Τριόπεω [γένος], ἢ Ἀμαρύνθῳ,
ἢ ἅμα Λευκίππῳ καὶ Λευκίπποιο δάμαρτι
πεζός, ὁ δ' ἵπποισιν· οὐ μὴν Τρίοπός γ' ἐνέλειπεν.]
ἢ ὡς τὸ πρῶτον χρηστήριον ἀνθρώποισιν
ζητεύων κατὰ γαῖαν ἔβης, ἑκατηβόλ' Ἄπολλον; 215
Πιερίην μὲν πρῶτον ἀπ' Οὐλύμποιο κατῆλθες·
Λάκμον τ' Ἠμαθίην τε παρέστιχες, ἠδ' Ἐνιῆνας,

---

192. ἀφραδέες M, ἀμφαδέες auch E. — 193. γήρας E, verbessert
von ders. Hand. γηας L. — 194. καὶ fehlt L. — 197. οὔτ' ἐλάχεια
A B C, οὔτε λάχεια L D (E?) M. — 198. ἄδος L. | ἀγαυη M. — 200. ἔνθ'
αὖ E, ἔνθα αὔτησιν L, ἔνθ' αὖ τῇσιν D, ἐνδ' αὐτῇσιν M. — 202. ἀμφι-
φαείνει E, ἀμφιφαείνει H L, ἀμφιφαείνει D. Cf. vs. 72 f. — 203. μαρ-
μαρυγαί auch E. | ἐϋκλώστοιο E, ἐϋκλώτοιο L. — 208. μνηστῇσιν Bothe,
μνηστῇσιν [ῇσιν] die Hdschrr. — 209. ὅππως Wolf, μνωόμενος Martin,
ὁππόσ' ἀνωώμενος auch E, ganz abweichend M ὁππόταν ἵεμενος . . . .
Ἀτλαντίδα. — 211. Über diesen Vers s. Einl. S. 7 No. 5. — 213. Τρίοπος
γ' E. | ἐνέλειπεν EA, ἐνέλιπεν L D, ἐλέλιψεν M. — 214. ἢ καὶ E, ἦ ς' L,
ὡς die übrigen. — 216. Πιερίην M, Πιερίης ED, (Πιερίη L), Πιερίη
die Pariser Klasse. — 217. Λάκμον Baumeister, τ' Ἠμαθίην τε Matthiae,
Λέκτον τ' ἠμαθόεντα auch E. | ἢ μαγνιήνας E. Cf. Einl. S. 8 No. 6.

1. ΕΙΣ ΑΠΟΛΛΩΝΑ. 21

καὶ διὰ Περραιβούς· τάχα δ' εἰς Ἰαωλκὸν ἵκανες,
Κηναίου τ' ἐπέβης ναυσικλείτης Εὐβοίης.
στῆς δ' ἐπὶ Ληλάντῳ πεδίῳ· τό τοι οὐχ ἅδε θυμῷ   220
τεύξασθαι νηόν τε καὶ ἄλσεα δενδρήεντα.
ἔνθεν δ' Εὔριπον διαβάς, ἑκατηβόλ' Ἄπολλον,
βῆς ἀν' ὄρος ζάθεον, χλωρόν· τάχα δ' ἶξες ἀπ' αὐτοῦ
ἐς Μυκαλησὸν ἰὼν καὶ Τευμησὸν λεχεποίην·
Θήβης δ' εἰσαφίκανες ἕδος καταειμένον ὕλῃ·   225
οὐ γάρ πώ τις ἔναιε βροτῶν ἱερῇ ἐνὶ Θήβῃ,
οὐδ' ἄρα πω τότε γ' ἦσαν ἀταρπιτοὶ οὐδὲ κέλευθοι
Θήβης ἂμ πεδίον πυρηφόρον, ἀλλ' ἔχεν ὕλη.

Ἔνθεν δὲ προτέρω ἔκιες, ἑκατηβόλ' Ἄπολλον·
Ὀγχηστόνδ' ἶξες, Ποσιδήϊον ἀγλαὸν ἄλσος·   230
ἔνθα νεοδμὴς πῶλος ἀναπνέει, ἀχθόμενός περ,
ἕλκων ἅρματα καλά· χαμαὶ δ' ἐλατὴρ ἀγαθός περ,
ἐκ δίφροιο θορών, ὁδὸν ἔρχεται· οἳ δὲ τέως μὲν
κείν' ὄχεα κροτέουσιν, ἀνακτορίην ἀφιέντες,
εἰ δέ κεν ἅρματ' ἀγῇσιν ἐν ἄλσεϊ δενδρήεντι,   235
ἵππους μὲν κομέουσι, τὰ δὲ κλίναντες ἐῶσιν.
ὣς γὰρ τὰ πρώτισθ' ὁσίη γένεθ'· οἳ δὲ ἄνακτι
εὔχονται, δίφρον δὲ θεοῦ τότε μοῖρα φυλάσσει.

Ἔνθεν δὲ προτέρω ἔκιες, ἑκατηβόλ' Ἄπολλον·
Κηφισὸν δ' ἄρ' ἔπειτα κιχήσαο καλλιρέεθρον,   240
ὅστε Διλαίηθεν προχέει καλλίρροον ὕδωρ.
τὸν διαβάς, Ἑκάεργε, καὶ Ὠκαλέην πολύπυργον,
ἔνθεν ἄρ' εἰς Ἁλίαρτον ἀφίκεο ποιήεντα.
βῆς δ' ἐπὶ Τελφούσης· τόθι τοι ἅδε χῶρος ἀπήμων
τεύξασθαι νηόν τε καὶ ἄλσεα δενδρήεντα·   245
στῆς δὲ μάλ' ἄγχ' αὐτῆς, καί μιν πρὸς μῦθον ἔειπες·

---

218. Ἰαωλκὸν Barnes, Ἰωλκὸν L E D. — 219. ναυσικλείτης die Hdschrr.
(E? A B C?). Cf. vs. 31. — 223. ἶξες ἐπ' αὐτοῦ E L, ἶξας D, εἴξας M.
— 226. πω E D M, πως L. | ἐν Θήβῃ E, -ῃ L. — 227. πω τότε D, πώποτε
γ' E L M. | κέλευθον E(?). — 228. ὕλῃ Barnes, ὕλην auch E. — 230.
Ὀγχηστόνδε Baumeister, Ὀγχηστόνδε die Hdschrr. — 231. ἀναπνείει
auch E. — 232 fehlt M B. — 233. οὐδ' ἑτέως μὲν E, οὐδὲ L D M. —
234. κεῖν' D. — 235. ἀγῇσιν Cobet, ἄγῃσιν die Hdschrr. — 243. ἁλίαρτον
Martin, ἅμαρτον M, ἅμαρτον die übrigen. — 244. Τελφούσης Baumeister,
Δελφούσης alle Hdschrr. A B C können kaum Τελφ. haben, da die verwandten Ambros. S. 31, Riccard. 52. 53, Laur. 70, 35, Ven. 456 Δελφούσης
überliefern. Ebenso 247. 256. S. aber 276. | τοι ἅδε M, οἱ ἅδε E L D.

Τελφοῦσ', ἐνθάδε δὴ φρονέω περικαλλέα νηόν,
ἀνθρώπων τεῦξαι χρηστήριον, οἵτε μοι αἰεὶ
ἐνθάδ' ἀγινήσουσι τεληέσσας ἑκατόμβας,
ἠμὲν ὅσοι Πελοπόννησον πίειραν ἔχουσιν, 250
ἠδ' ὅσοι ἤπειρόν τε καὶ ἀμφιρύτας κατὰ νήσους,
χρησόμενοι· τοῖσιν δέ κ' ἐγὼ νημερτέα βουλὴν
πᾶσι θεμιστεύοιμι, χρέων ἐνὶ πίονι νηῷ.
Ὣς εἰπὼν διέθηκε θεμείλια Φοῖβος Ἀπόλλων,
εὐρέα καὶ μάλα μακρὰ διηνεκές· ἡ δὲ ἰδοῦσα 255
Τελφοῦσα κραδίην ἐχολώσατο, εἶπέ τε μῦθον·
Φοῖβε, ἄναξ ἑκάεργε, ἔπος τί τοι ἐν φρεσὶ θήσω·
ἐνθάδ' ἐπεὶ φρονέεις τεῦξαι περικαλλέα νηόν,
ἔμμεναι ἀνθρώποισι χρηστήριον, οἵ δέ τοι αἰεὶ
ἐνθάδ' ἀγινήσουσι τεληέσσας ἑκατόμβας — 260
ἀλλ' ἔκ τοι ἐρέω, σὺ δ' ἐνὶ φρεσὶ βάλλεο σῇσιν·
πημανέει σ' αἰεὶ κτύπος ἵππων ὠκειάων,
ἀρδόμενοί τ' οὐρῆες ἐμῶν ἱερῶν ἀπὸ πηγέων.
ἔνθα τις ἀνθρώπων βουλήσεται εἰσοράασθαι
ἅρματά τ' εὐποίητα καὶ ὠκυπόδων κτύπον ἵππων 265
ἢ νηόν τε μέγαν καὶ κτήματα πόλλ' ἐνεόντα.
ἀλλ' εἴ μοί τι πίθοιο (σὺ δὲ κρείσσων καὶ ἀρείων
ἐσσί, ἄναξ, ἐμέθεν, σεῦ δὲ σθένος ἐστὶ μέγιστον),
ἐν Κρίσῃ ποίησαι ὑπὸ πτυχὶ Παρνησοῖο.
ἔνθ' οὔθ' ἅρματα καλὰ δονήσεται, οὔτε τοι ἵππων 270
ὠκυπόδων κτύπος ἔσται εὔδμητον περὶ βωμόν·
ἀλλὰ καὶ ὣς προσάγοιεν ἰηπαιήονι δῶρα
ἀνθρώπων κλυτὰ φῦλα, σὺ δὲ φρένας ἀμφιγεγηθὼς
δέξαι' ἱερὰ καλὰ περικτιόνων ἀνθρώπων.
Ὣς εἰποῦσ', Ἑκάτου πέπιθε φρένας, ὄφρα οἱ αὐτῇ 275
Τελφούσῃ κλέος εἴη ἐπὶ χθονί, μηδ' Ἑκάτοιο.

---

251. ἤπειρόν *Reiz*, εὐρώπην die Hdschrr. Cf. 291. | ἀμφιρύτους *M.* Cf. 291. — 252. τοῖσιν δέ κ' *Ilgen*, τοῖσιν δέ τ' die Hdschrr. Cf. 292. — 253. θεμιστεύμι *E*, verbessert von ders. Hand. — 255. δὲ ἰδοῦσα *Hermann*, δ' ἐσιδοῦσα die Hdschrr. Cf. 341. — 259. ἀνθρώποισι *ELDM*. | οἵ δέ τοι auch *E*. — 261—89 fehlen *E*. — 267. εἴ μοι *A. Matthiae*, εἰ δή die Hdschrr. — 270. οὔτ' *L*, wohl auch die andern. — 272. ἀλλά τοι ὡς προς ἄγοι ἐνηεὶ παιήονι *M*. — 274. δέξαι' *Matthiae*, δέξαιο die Par. Klasse, δέξαι *LDM*. — 276. δελφ. *L*, δελφ. *D*, τελφ. *M*.

Ἔνθεν δὲ προτέρω ἔκιες, ἑκατηβόλ' Ἄπολλον·
ἷξες δ' ἐς Φλεγύων ἀνδρῶν πόλιν ὑβριστάων,
οἳ Διὸς οὐκ ἀλέγοντες ἐπὶ χθονὶ ναιετάασκον
ἐν καλῇ βήσσῃ, Κηφισίδος ἐγγύθι λίμνης. 280
ἔνθεν καρπαλίμως προσέβης, πρὸς δειράδα θύων·
ἵκεο δ' ἐς Κρίσην ὑπὸ Παρνησὸν νιφόεντα,
κνημὸν πρὸς ζέφυρον τετραμμένον, αὐτὰρ ὕπερθεν
πέτρη ἐπικρέμαται, κοίλη δ' ὑποδέδρομε βῆσσα,
τρηχεῖ'· ἔνθα ἄναξ τεκμήρατο Φοῖβος Ἀπόλλων 285
νηὸν ποιήσασθαι ἐπήρατον, εἶπέ τε μῦθον·
Ἐνθάδε δὴ φρονέω τεύξειν περικαλλέα νηόν,
ἔμμεναι ἀνθρώποις χρηστήριον, οἵ τε μοι αἰεὶ
ἐνθάδ' ἀγινήσουσι τεληέσσας ἑκατόμβας,
ἠμὲν ὅσοι Πελοπόννησον πίειραν ἔχουσιν, 290
ἠδ' ὅσοι ἤπειρόν τε καὶ ἀμφιρύτας κατὰ νήσους,
χρησόμενοι· τοῖσιν δ' ἂν ἐγὼ νημερτέα βουλὴν
πᾶσι θεμιστεύοιμι, χρέων ἐνὶ πίονι νηῷ.
Ὣς εἰπὼν διέθηκε θεμείλια Φοῖβος Ἀπόλλων,
εὐρέα καὶ μάλα μακρὰ διαμπερές· αὐτὰρ ἐπ' αὐτοῖς 295
λάϊνον οὐδὸν ἔθηκε Τροφώνιος ἠδ' Ἀγαμήδης,
υἱέες Ἐργίνου, φίλοι ἀθανάτοισι θεοῖσιν·
ἀμφὶ δὲ νηὸν ἔνασσαν ἀθέσφατα φῦλ' ἀνθρώπων
ξεστοῖσιν λάεσσιν, ἀοίδιμον ἔμμεναι αἰεί.
ἀγχοῦ δὲ κρήνη καλλίρροος, ἔνθα δράκαιναν 300
κτεῖνεν ἄναξ, Διὸς υἱός, ἀπὸ κρατεροῖο βιοῖο,
ζατρεφέα, μεγάλην, τέρας ἄγριον, ἣ κακὰ πολλὰ
ἀνθρώπους ἔρδεσκεν ἐπὶ χθονί, πολλὰ μὲν αὐτούς,
πολλὰ δὲ μῆλα ταναύποδ', ἐπεὶ πέλε πῆμα δαφοινόν.
[καί ποτε δεξαμένη χρυσοθρόνου ἔτρεφεν Ἥρης 305
δεινόν τ' ἀργαλέον τε Τυφάονα, πῆμα βροτοῖσιν,
ὅν ποτ' ἄρ' Ἥρη ἔτικτε, χολωσαμένη Διὶ πατρί,

---

278. ἷξες *LD*, ἴξες *M*. — 284. ἐπικρέμαται die Pariser und *M*, ὑποκρέμαται *LD*. — 291. ἤπειρόν Reiz, εὐρώπην die Hdschrr. Cf. 251. | ἀμφιρύτας *M*, ἀμφιρύτους die andern. Cf. 251. — 292. τῇσιν δ' ἂν *ELD*, τοῖσιν δ' ἄρ' *M*. Cf. 252. — 295. μάλα καλὰ *M*. | διαμπερές alle (aufser *M* διηνεκές. Cf. 253). — 297. υἱέεσεργίνου *LDM*. — 299. ξεστοῖσιν Ernesti, κτιστοῖσιν auch *E*. — 306. τυφλόν πῆμα *E*, (τυφλὸν *LD*), τυφλόν τε *M*. — 307. ἤνεκ' ἄρα *M*.

εὖτ' ἄρα δὴ Κρονίδης ἐρικυδέα γείνατ' Ἀθήνην
ἐκ κορυφῆς· ἡ δ' αἶψα χολώσατο, πότνια Ἥρη,
ἠδὲ καὶ ἀγρομένοισι μετ' ἀθανάτοισιν ἔειπεν· 310
Κέκλυτέ μευ, πάντες τε θεοί, πᾶσαί τε θέαιναι,
ὡς ἔμ' ἀτιμάζειν ἄρχει νεφεληγερέτα Ζεὺς
πρῶτος, ἐπεί μ' ἄλοχον ποιήσατο κέδν' εἰδυῖαν·
καὶ νῦν νόσφιν ἐμεῖο τέκε γλαυκῶπιν Ἀθήνην,
ἣ πᾶσιν μακάρεσσι μεταπρέπει ἀθανάτοισιν· 315
αὐτὰρ ὅγ' ἠπεδανὸς γέγονεν μετὰ πᾶσι θεοῖσιν
παῖς ἐμός, Ἥφαιστος, ῥικνὸς πόδας, ὅν τέ ποτ' αὐτὴ
ῥῖψ' ἀνὰ χερσὶν ἑλοῦσα, καὶ ἔμβαλον εὐρέϊ πόντῳ·
ἀλλά ἑ Νηρῆος θυγάτηρ, Θέτις ἀργυρόπεζα,
δέξατο καὶ μετὰ ᾗσι κασιγνήτῃσι κόμισσεν, 320
ὡς ὄφελ' ἄλλο θεοῖσι χαρίζεσθαι μακάρεσσιν.
σχέτλιε ποικιλομῆτα, τί νῦν μητίσεαι ἄλλο;
πῶς ἔτλης οἶος τεκέειν γλαυκῶπιν Ἀθήνην;
οὐκ ἂν ἐγὼ τεκόμην; καὶ δὴ κεκλημένη ἔμπης
ἦν ἄρ' ἐν ἀθανάτοισιν, οἳ οὐρανὸν εὐρὺν ἔχουσιν. 325
φράζεο νῦν, μή τοί τι κακὸν μητίσομ' ὀπίσσω. 325ᵇ
καὶ νῦν μέν τοι ἐγὼ τεχνήσομαι, ὥς κε γένηται
παῖς ἐμός, ὅς κε θεοῖσι μεταπρέποι ἀθανάτοισιν,
οὔτε σὸν αἰσχύνασ' ἱερὸν λέχος, οὔτ' ἐμὸν αὐτῆς.
οὐδέ τοι εἰς εὐνὴν πωλήσομαι, ἀλλ' ἀπὸ σεῖο
τηλόθ' ἐοῦσα, θεοῖσι κοτέσσομαι ἀθανάτοισιν. 330
Ὣς εἰποῦσ', ἀπονόσφι θεῶν κίε χωομένη κῆρ.
αὐτίκ' ἔπειτ' ἠρᾶτο βοῶπις πότνια Ἥρη,
χειρὶ καταπρηνεῖ δ' ἔλασε χθόνα, καὶ φάτο μῦθον·
Κέκλυτε νῦν μοι, Γαῖα καὶ Οὐρανὸς εὐρὺς ὕπερθεν
Τιτῆνές τε θεοί, τοὶ ὑπὸ χθονὶ ναιετάουσιν 335

---

309. ἐκ κορυφῆς Barnes, ἐν κορυφῇ auch E. — 313. ἐποήσατο L, ἐποιήσατο E und die übrigen (ABC?). — 317. τέ ποτ' Gemoll, τέκοντή E, verbessert von dern. Hand in τέκον αὐτή. — 318. ἔμβαλεν ELD. — 320. κόμισεν auch E. — 321. χαρίσασθαι M. — 322. μητίσεαι M, μήσεαι ELD, ἔτι μήσεαι vulgo. — 323. γλαυκῶπιν Hollander, vgl. 314, γλαυκώπιδ' die Hdschrr. — 325. ἦν ἄρ' ἐν ed. princ., ἣ ῥ' ἐν E. — 325ᵇ hat EL am Rande; Einl. S. 8 No. 7. — 326. καὶ νῦν μέν τοι M, καὶ νῦν μέντοι γὰρ ELD. — 327. ἐμός auch E. — 328. αἰσχύνασ' Barnes, αἰσχύνας die Hdschrr. — 330. τηλόθ' ἐοῦσα Hermann, τηλόθεν οὖσα die Hdschrr. | κοτέσσομαι Gemoll, μετέσσομαι die Hdschrr. — 331. ἀπονόσφι LME(?), ἀπὸ νόσφι D, ἀπόνοσφι die andern. | κῆρ Barnes, περ LD(E?).

1. ΕΙΣ ΑΠΟΛΛΩΝΑ.

Τάρταρον ἀμφὶ μέγαν, τῶν ἒξ ἄνδρες τε θεοί τε·
αὐτοὶ νῦν μευ πάντες ἀκούσατε, καὶ δότε παῖδα
νόσφι Διός, μηδέν τι βίην ἐπιδευέα κείνου·
ἀλλ' ὅγε φέρτερος εἴη, ὅσον Κρόνου εὐρύοπα Ζεύς.
Ὣς ἄρα φωνήσασ' ἵμασε χθόνα χειρὶ παχείῃ· 340
κινήθη δ' ἄρα γαῖα φερέσβιος· ἢ δὲ ἰδοῦσα
τέρπετο ὃν κατὰ θυμόν· ὀίετο γὰρ τελέεσθαι.
ἐκ τούτου δὴ ἔπειτα τελεσφόρον εἰς ἐνιαυτὸν
οὔτε ποτ' εἰς εὐνὴν Διὸς ἤλυθε μητιόεντος,
οὔτε ποτ' ἐς θῶκον πολυδαίδαλον, ὡς τὸ πάρος περ, 345
[αὐτῷ ἐφεζομένη πυκινὰς φραζέσκετο βουλάς],
ἀλλ' ἥγ' ἐν νηοῖσι πολυλλίστοισι μένουσα
τέρπετο οἷς ἱεροῖσι βοῶπις πότνια Ἥρη.
ἀλλ' ὅτε δὴ μῆνές τε καὶ ἡμέραι ἐξετελεῦντο,
ἄψ περιτελλομένου ἔτεος, καὶ ἐπήλυθον ὧραι, 350
ἢ δ' ἔτεκ' οὔτε θεοῖς ἐναλίγκιον, οὔτε βροτοῖσιν,
δεινόν τ' ἀργαλέον τε Τυφάονα, πῆμα βροτοῖσιν.
αὐτίκα τόνδε λαβοῦσα βοῶπις πότνια Ἥρη,
δῶκεν ἔπειτα φέρουσα κακῇ κακόν, ἢ δ' ὑπέδεκτο.
ὃς κακὰ πόλλ' ἔρδεσκε κατὰ κλυτὰ φῦλ' ἀνθρώπων.] 355
ὅς τῇγ' ἀντιάσειε, φέρεσκέ μιν αἴσιμον ἦμαρ,
πρίν γέ οἱ ἰὸν ἐφῆκεν ἄναξ, ἑκάεργος Ἀπόλλων
καρτερόν· ἢ δ' ὀδύνῃσιν ἐρεχθομένη χαλεπῇσιν
κεῖτο μέγ' ἀσθμαίνουσα, κυλινδομένη κατὰ χῶρον.
θεσπεσίη δ' ἐνοπὴ γένετ' ἄσπετος· ἢ δὲ καθ' ὕλην 360
πυκνὰ μάλ' ἔνθα καὶ ἔνθα ἑλίσσετο, λεῖπε δὲ θυμόν,
φοινὸν ἀποπνείουσ'· ὃ δ' ἐπεύξατο Φοῖβος Ἀπόλλων·
Ἐνταυθοῖ νῦν πύθευ ἐπὶ χθονὶ βωτιανείρῃ·
οὐδὲ σύγε ζώουσα κακὸν δήλημα βροτοῖσιν
ἔσσεαι, οἳ γαίης πολυφόρβου καρπὸν ἔδοντες 365

— 335. τοι fehlt L. | ναιετάουσιν Ilgen, ναιετάοντες die Hdschrr. — 337. αὐτοὶ auch EM. — 338. μηδ' ἀντιβίην M. — 339. εἴη ὅσον Hermann, ἡ πόσσον ELD, ἢ παρόσον die Pariser, ἔστιν ὅσον M. — 341. δὲ ἰδοῦσα M, δ' ἐσιδοῦσα die andern Hdschrr. Cf. 255. — 343. δὴ ἔπειτα Ilgen, δ' ἤπειτα auch E. — 344 fehlt E mit der ganzen Pariser Klasse. — 346 strich Baumeister.] φραζάσκετο LD(E?). — 348. ἱεροῖς E. — 349. μῆνες M, νύκτες die anderen. — 354. κακῇ Groddeck, κακῷ die Hdschrr. — 355. ὃς auch E, wie alle. — 360. ἠδὲ E. — 362. ἐπεύξατο Wolf, ἐπηύξατο die Hdschrr. — 363. πουλυβοτείρῃ D. — 364. ζώουσα Ilgen, ζωοῖσι auch E. — 365. πολυφόβου L.

ἐνθάδ' ἀγινήσουσι τεληέσσας ἑκατόμβας·
οὐδέ τί τοι θάνατόν γε δυσηλεγέ' οὔτε Τυφωεὺς
ἀρκέσει, οὔτε Χίμαιρα δυσώνυμος, ἀλλὰ σέγ' αὐτοῦ
πύσει γαῖα μέλαινα καὶ ἠλέκτωρ Ὑπερίων.
Ὣς φάτ' ἐπευχόμενος· τὴν δὲ σκότος ὄσσε κάλυψεν. 370
τὴν δ' αὐτοῦ κατέπυσ' ἱερὸν μένος ἠελίοιο·
ἐξ οὗ νῦν Πυθὼ κικλήσκεται· οἱ δὲ ἄνακτα
Πυθῶον καλέουσιν ἐπώνυμον, οὔνεκα κεῖθι
αὐτοῦ πῦσε πέλωρ μένος ὀξέος ἠελίοιο.
καὶ τότ' ἄρ' ἔγνω ᾗσιν ἐνὶ φρεσὶ Φοῖβος Ἀπόλλων, 375
οὕνεκά μιν κρήνη καλλίρροος ἐξαπάφησεν·
βῆ δ' ἐπὶ Τελφούσης κεχολωμένος, αἶψα δ' ἵκανεν·
στῆ δὲ μάλ' ἄγχ' αὐτῆς, καί μιν πρὸς μῦθον ἔειπεν·
Τελφοῦσ', οὐκ ἄρ' ἔμελλες ἐμὸν νόον ἐξαπάφουσα,
χῶρον ἔχουσ' ἐρατόν, προχέειν καλλίρροον ὕδωρ. 380
ἐνθάδε δὴ καὶ ἐμὸν κλέος ἔσσεται, οὐδὲ σὸν οἴης.
Ἦ, καὶ ἐπὶ ῥόον ὦσεν ἄναξ, ἑκάεργος Ἀπόλλων.
πέτρῃσι προχυτῇσιν, ἀπέκρυψεν δὲ ῥέεθρα,
καὶ βωμὸν ποιήσατ' ἐν ἄλσεϊ δενδρήεντι,
ἄγχι μάλα κρήνης καλλιρρόου· ἔνθα δ' ἄνακτι 385
πάντες ἐπίκλησιν Τελφουσίῳ εὐχετόωνται,
οὕνεκα Τελφούσης ἱερῆς ᾔσχυνε ῥέεθρα.
Καὶ τότε δὴ κατὰ θυμὸν ἐφράζετο Φοῖβος Ἀπόλλων,
οὕστινας ἀνθρώπους ὀργίονας εἰσαγάγοιτο,
οἳ θεραπεύσονται Πυθοῖ ἔνι πετρηέσσῃ. 390
ταῦτ' ἄρ' ὅγ' ὁρμαίνων, ἐνόησ' ἐπὶ οἴνοπι πόντῳ
νῆα θοήν· ἐν δ' ἄνδρες ἔσαν πολέες τε καὶ ἐσθλοί,
Κρῆτες ἀπὸ Κνωσσοῦ Μινωΐου, οἵ ῥά τ' ἄνακτι
ἱερά τε ῥέζουσι, καὶ ἀγγέλλουσι θέμιστας
Φοίβου Ἀπόλλωνος χρυσαόρου, ὅττι κεν εἴπῃ, 395

---

367. δυσκλέε *M.* — 371. ἵμερον *EL*, ἵμερον die andern aufser *M* (ἵμερον). — 373. *Πυθῶον* Bergk, *Πύθιον* die Hdschrr. — 375. ἐνὶ *ELDM*.
— 377. *Τελφούσῃ ELDM.* | κεχολωμένον *E.* — 382. ῥόον Gemoll, ῥίον die Hdschrr. ᾖσεν *E.* — 383. πέτρῃσι προχυτῇσι auch *E.* — 385. ἐνθάδ' ἂν *E.* — 389. ὀργίοτας *E.* — 390. ἐνὶ *LD(E?).* — 391. ἄρ' ὅγ' Schneidewin, ἄρα *LD.* — 392. νῆα θοὴν bessert *M*, ἡμαθῶ῀Ε, ἡμαθόην alle, auch *M.* — 393. Κνωσσοῦ *ED*, κνωσοῦ *LM.* — 394. τερρέξουσι *E*, τερρέξουσι *L.* | ἀγέλουσι *E.*

1. ΕΙΣ ΑΠΟΛΛΩΝΑ.

χρείων ἐκ δάφνης γυάλων ὕπο Παρνησοῖο.
οἳ μὲν ἐπὶ πρῆξιν καὶ χρήματα νηΐ μελαίνῃ
ἐς Πύλον ἠμαθόεντα Πυληγενέας τ' ἀνθρώπους
ἔπλεον· αὐτὰρ ὃ τοῖσι συνήντετο, Φοῖβος Ἀπόλλων.
ἐν πόντῳ δ' ἐπόρουσε, δέμας δελφῖνι ἐοικώς, 400
νηΐ θοῇ, καὶ κεῖτο πέλωρ μέγα τε δεινόν τε.
† τῶν δ' ὅστις κατὰ θυμὸν ἐπεφράσσατο νοῆσαι,
† πάντοθ' ἀνασσείσασκε, τίνασσε δὲ νήϊα δοῦρα.
οἳ δ' ἀκέων ἐνὶ νηΐ καθείατο δειμαίνοντες·
οὐδ' οἵγ' ὅπλ' ἔλυον κοίλην ἀνὰ νῆα μέλαιναν, 405
οὐδ' ἔλυον λαῖφος νηὸς κυανοπρώροιο,
ἀλλ' ὡς τὰ πρώτιστα κατεστήσαντο βοεῦσιν,
ὣς ἔπλεον· κραιπνὸς δὲ νότος κατόπισθεν ἔπειγεν
νῆα θοήν. πρῶτον δὲ παρημείβοντο Μάλειαν,
πὰρ δὲ Λακωνίδα γαῖαν Ἕλος τ', ἔφαλον πτολίεθρον, 410
ἷξον καὶ χῶρον τερψιμβρότου Ἠελίοιο,
Ταίναρον, ἔνθα τε μῆλα βαθύτριχα βόσκεται αἰεὶ
Ἠελίοιο ἄνακτος, ἔχει δ' ἐπιτερπέα χῶρον.
οἳ μὲν ἄρ' ἔνθ' ἔθελον νῆα σχεῖν, ἠδ' ἀποβάντες
φράσσασθαι μέγα θαῦμα, καὶ ὀφθαλμοῖσιν ἰδέσθαι, 415
εἰ μενέει νηὸς γλαφυρῆς δαπέδοισι πέλωρον.
ἦ εἰς οἶδμ' ἅλιον πολυΐχθυον αὖτις ὀρούσει.
ἀλλ' οὐ πηδαλίοισιν ἐπείθετο νηῦς εὐεργής,
ἀλλὰ παρὲκ Πελοπόννησον πίειραν ἔχουσα
ἤϊ' ὁδόν· πνοιῇ δὲ ἄναξ, ἑκάεργος Ἀπόλλων, 420
ῥηϊδίως ἴθυν'· ἡ δὲ πρήσσουσα κέλευθον
Ἀρήνην ἵκανε καὶ Ἀργυφέην ἐρατεινήν,
καὶ Θρύον, Ἀλφειοῖο πόρον, καὶ εὔκτιτον Αἶπυ,
καὶ Πύλον ἠμαθόεντα Πυληγενέας τ' ἀνθρώπους·

---

398. ἠμαθόην E. — 399. συνήντετο E, συνήντο L. — 402. ὅστις auch E, οὗτις nur M. | ἐπεφράσσατο νοῆσαι ΕΜ (mit einem σ), ἐπιφρ. L. — 403. ἀνασσείσας κετίνασσε auch E, (ἀνασσείσ¯κε L). — 406. οὐδ' ἔλυον ΕΜ, οὐδὲ λύον LD. — 407. τὰ πρώτιστα M, πρῶιν (?) E, πρῶτα die übrigen. — 408. ἔπειγεν Ruhnken, ἔγειρε auch E. — 410. ἕλος τ' ἔφαλον A. Matthiae, ἁλιστέφανον E wie alle übrigen. — 411. ἷξον LD. — 414. ἤθελον E. — 416 fehlt in der Pariser Klasse (ABC, Pal. Ambros. S. 31, Ricc. 53. 52, Laur. 70, 35. — 417. πολυΐχθυον E. | αὖτις Pierson, ἀμφισορούσει LM, die übrigen ἀμφὶς ὀρούσει. — 419. ἔχουσα auch E. — 420. ἢ ἐν ὁδὸν E, ἤεν L, ἤεν D, ἧι M. — 423. εὔκτιτον M, εὔκτισμενον E, εὐκτίμενον LD. | αἶπύ E (-ὺ) L, αἶπυ die andern.

Α. ΕΙΣ ΑΠΟΛΛΩΝΑ.

βῆ δὲ παρὰ Κρουνοὺς καὶ Χαλκίδα καὶ παρὰ Δύμην, 425
ἠδὲ παρ' Ἤλιδα δῖαν, ὅθι κρατέουσιν Ἐπειοί·
εὖτε Φεράς ἐπέβαλλεν, ἀγαλλομένη Διὸς οὔρῳ
καί σφιν ὑπὲκ νεφέων Ἰθάκης τ' ὄρος αἰπὺ πέφαντο,
Δουλίχιόν τε Σάμη τε καὶ ὑλήεσσα Ζάκυνθος.
ἀλλ' ὅτε δὴ Πελοπόννησον παρενίσσετο πᾶσαν, 430
καὶ δὴ ἐπὶ Κρίσης τάχ' ἐφαίνετο κόλπος ἀπείρων,
ὅστε διὲκ Πελοπόννησον πίειραν ἐέργει,
ἦλθ' ἄνεμος Ζέφυρος, μέγας, αἴθριος, ἐκ Διὸς αἴσης.
λάβρος ἐπαιγίζων ἐξ αἰθέρος, ὄφρα τάχιστα
νηῦς ἀνύσειε θέουσα θαλάσσης ἁλμυρὸν ὕδωρ. 435
ἄψορροι δὴ ἔπειτα πρὸς Ἠῶ τ' Ἠέλιόν τε
ἔπλεον, ἡγεμόνευε δ' ἄναξ, Διὸς υἱὸς Ἀπόλλων·
ἷξον δ' ἐς Κρίσην εὐδείελον, ἀμπελόεσσαν,
ἐς λιμέν'· ἡ δ' ἀμάθοισιν ἐχρίμψατο ποντοπόρος νηῦς.
Ἔνθ' ἐκ νηὸς ὄρουσεν ἄναξ, ἑκάεργος Ἀπόλλων, 440
ἀστέρι εἰδόμενος μέσῳ ἤματι· τοῦ δ' ἀπὸ πολλαὶ
σπινθαρίδες πωτῶντο, σέλας δ' εἰς οὐρανὸν ἷκεν·
ἐς δ' ἄδυτον κατέδυνε διὰ τριπόδων ἐριτίμων.
ἐν δ' ἄρ' ὅγε φλόγα δαῖε, πιφαυσκόμενος τὰ ἃ κῆλα,
πᾶσαν δὲ Κρίσην κάτεχεν σέλας· αἱ δ' ὀλόλυξαν, 445
Κρισαίων ἄλοχοι καλλίζωνοί τε θύγατρες,
Φοίβου ὑπὸ ῥιπῆς· μέγα γὰρ δέος εἷλεν ἕκαστον.
ἔνθεν δ' αὖτ' ἐπὶ νῆα, νόημ' ὥς, ὧρτο πέτεσθαι
ἀνέρι εἰδόμενος αἰζηῷ τε κρατερῷ τε,
πρωθήβῃ, χαίτῃς εἰλυμένος εὐρέας ὤμους· 450
καί σφεας φωνήσας ἔπεα πτερόεντα προσηύδα·
Ὦ ξεῖνοι, τίνες ἐστέ, πόθεν πλεῖθ' ὑγρὰ κέλευθα;
ἦ τι κατὰ πρῆξιν, ἦ μαψιδίως ἀλάλησθε,
οἷά τε ληϊστῆρες, ὑπεὶρ ἅλα, τοί τ' ἀλόωνται

---

431. ἐπὶ Κρίσης M, ἐπεὶ die anderen | τάχ' ἐφαίνετο Schneidewin,
κατεφαίνετο auch E. — 432. διεκ LDM(E?). — 436. δ' ἤπειτα auch E.
— 438. Κρίσσην immer mit σσ E. — 439. λιμέν' L. — 441. ἤματι
μέσω E, verbessert v. G. Valla. — 442. ἵκεν Barnes, ἤκειν E, ἤκεν
die andern. — 443. κατέδυνε Wolf, κατέδυσσε LD, κατέδυσε die andern.
— 444. φλόγα δαῖε auch E, φλόγ' ἔδαιε M. — 446. Κρισαίων Hermann,
κρισσαγῶν die Hdschrr. (L? κρισαγῶν M). — 447. ὑποῤῥιπῆς L. | ἔμβαλ'
ἑκάστῳ M. — 448. ὧρτο Windisch, ἆλτο die Hdschrr. — 452. τίνες
ed. pr., πόθεν auch E.

1. ΕΙΣ ΑΠΟΛΛΩΝΑ. 29

ψυχὰς παρθέμενοι, κακὸν ἀλλοδαποῖσι φέροντες; 455
τίφθ᾽ οὕτως ἧσθον τετιηότες, οὐδ᾽ ἐπὶ γαῖαν
ἐκβῆτ᾽, οὐδὲ καθ᾽ ὅπλα μελαίνης νηὸς ἔθεσθε;
αὕτη μέν γε δίκη πέλει ἀνδρῶν ἀλφηστάων,
ὁππότ᾽ ἂν ἐκ πόντοιο ποτὶ χθόνα νηΐ μελαίνῃ
ἔλθωσιν, καμάτῳ ἀδηκότες· αὐτίκα δέ σφεας 460
σίτοιο γλυκεροῖο περὶ φρένας ἵμερος αἱρεῖ.
Ὣς φάτο, καί σφιν θάρσος ἐνὶ στήθεσσιν ἔθηκεν·
τὸν καὶ ἀμειβόμενος Κρητῶν ἀγὸς ἀντίον ηὔδα·
Ξεῖν᾽, ἐπεὶ οὐ μὲν γάρ τι καταθνητοῖσιν ἔοικας,
οὐ δέμας, οὐδὲ φυήν, ἀλλ᾽ ἀθανάτοισι θεοῖσιν, 465
οὖλέ τε καὶ μέγα χαῖρε, θεοὶ δέ τοι ὄλβια δοῖεν.
καί μοι τοῦτ᾽ ἀγόρευσον ἐτήτυμον, ὄφρ᾽ ἐΰ εἰδῶ·
τίς δῆμος, τίς γαῖα, τίνες βροτοὶ ἐγγεγάασιν;
ἄλλῃ γὰρ φρονέοντες ἐπεπλέομεν μέγα λαῖτμα,
ἐς Πύλον ἐκ Κρήτης, ἔνθεν γένος εὐχόμεθ᾽ εἶναι· 470
νῦν δ᾽ ὧδε ξὺν νηῒ κατήλθομεν οὔ τι ἑκόντες,
νόστου ἱέμενοι, ἄλλην ὁδόν, ἄλλα κέλευθα·
ἀλλά τις ἀθανάτων δεῦρ᾽ ἤγαγεν οὐκ ἐθέλοντας.
Τοὺς δ᾽ ἀπαμειβόμενος προσέφη ἑκάεργος Ἀπόλλων·
ξεῖνοι, τοὶ Κνωσὸν πολυδένδρεον ἀμφινέμεσθε 475
τὸ πρίν, ἀτὰρ νῦν οὐκ ἔθ᾽ ὑπότροποι αὖτις ἔσεσθε
ἔς τε πόλιν ἐρατὴν καὶ δώματα καλὰ ἕκαστος,
ἔς τε φίλας ἀλόχους· ἀλλ᾽ ἐνθάδε πίονα νηὸν
ἕξετ᾽ ἐμόν, πολλοῖσι τετιμένον ἀνθρώποισιν.
εἰμὶ δ᾽ ἐγὼ Διὸς υἱός, Ἀπόλλων δ᾽ εὔχομαι εἶναι· 480
ὑμέας δ᾽ ἤγαγον ἐνθάδ᾽ ὑπὲρ μέγα λαῖτμα θαλάσσης,
οὔτι κακὰ φρονέων, ἀλλ᾽ ἐνθάδε πίονα νηὸν
ἕξετ᾽ ἐμόν, πᾶσιν μάλα τίμιον ἀνθρώποισιν·
βουλάς τ᾽ ἀθανάτων εἰδήσετε, τῶν ἰότητι
αἰεὶ τιμήσεσθε διαμπερὲς ἤματα πάντα. 485

---

456. τετιηότες auch E. — 457. ἐκ μὴ τοῦδε M. — 459. ὁππόταν auch M. | χθόνα A. Matthiae, χθονὶ die Hdschrr. — 460. ἀδηκότες auch E. — 466. θεοὶ γάρ τοι L. — 467. ταῦτ᾽ E. — 468. ἐγγεγάασιν Ilgen, ἐκγεγάασκεν E, ἐκγεγάασσιν L, ἐκγεγάασι D und die andern. — 476. τοπρὶν ELD | οὐκέθ᾽ auch EL, wohl alle | αὖτις Hermann, αὖθις die Hdschrr. — 479. ἐμὸν καλλοῖσι τετιμενὸν E (Hollander, τετιμένον v. Wilamowitz) ἐμ\\ λλοῖσι τετιμένον L, τετιμένον wohl alle. — 480 fehlt L.

ἀλλ' ἄγεθ', ὡς ἂν ἐγὼν εἴπω, πείθεσθε τάχιστα·
ἱστία μὲν πρῶτον κάθετον, λύσαντε βοείας·
νῆα δ' ἔπειτα μέλαιναν ἐπ' ἠπείρου ἐρύσασθε,
ἐκ δὲ κτήμαθ' ἕλεσθε καὶ ἔντεα νηὸς ἐΐσης,
καὶ βωμὸν ποιήσατ' ἐπὶ ῥηγμῖνι θαλάσσης·   490
πῦρ δ' ἐπικαίοντες, ἐπί τ' ἄλφιτα λευκὰ θύοντες,
εὔχεσθαι δὴ ἔπειτα, παριστάμενοι περὶ βωμόν.
ὡς μὲν ἐγὼ τὸ πρῶτον ἐν ἠεροειδέϊ πόντῳ,
εἰδόμενος δελφῖνι, θοῆς ἐπὶ νηὸς ὄρουσα,
ὣς ἐμοὶ εὔχεσθαι Δελφινίῳ· αὐτὰρ ὁ βωμὸς   495
αὐτὸς Δέλφειος καὶ ἐπόψιος ἔσσεται αἰεί.
δειπνῆσαι δ' ἄρ' ἔπειτα θοῇ παρὰ νηΐ μελαίνῃ,
καὶ σπεῖσαι μακάρεσσι θεοῖς, οἳ Ὄλυμπον ἔχουσιν.
αὐτὰρ ἐπὴν σίτοιο μελίφρονος ἐξ ἔρον ἧσθε,
ἔρχεσθαί θ' ἅμ' ἐμοί, καὶ ἰηπαιήον' ἀείδειν,   500
εἰσόκε χῶρον ἵκησθον, ἵν' ἕξετε πίονα νηόν.
Ὣς ἔφαθ'· οἱ δ' ἄρα τοῦ μάλα μὲν κλύον, ἠδ' ἐπίθοντο.
ἱστία μὲν πρῶτον κάθεσαν, λῦσαν δὲ βοείας·
ἱστὸν δ' ἱστοδόκῃ πέλασαν, προτόνοισιν ὑφέντες·
ἐκ δὲ καὶ αὐτοὶ βαῖνον ἐπὶ ῥηγμῖνι θαλάσσης.   505
ἐκ δ' ἁλὸς ἤπειρόνδε θοὴν ἀνὰ νῆ' ἐρύσαντο
ὑψοῦ ἐπὶ ψαμάθοις, παρὰ δ' ἕρματα μακρὰ τάνυσσαν,
καὶ βωμὸν ποίησαν ἐπὶ ῥηγμῖνι θαλάσσης·
πῦρ δ' ἐπικαίοντες, ἐπί τ' ἄλφιτα λευκὰ θύοντες,
εὔχονθ', ὡς ἐκέλευε, παριστάμενοι περὶ βωμόν.   510
δόρπον ἔπειθ' εἵλοντο θοῇ παρὰ νηΐ μελαίνῃ,
καὶ σπεῖσαν μακάρεσσι θεοῖς, οἳ Ὄλυμπον ἔχουσιν.
αὐτὰρ ἐπεὶ πόσιος καὶ ἐδητύος ἐξ ἔρον ἕντο,
βάν ῥ' ἴμεν· ἦρχε δ' ἄρα σφιν ἄναξ, Διὸς υἱὸς Ἀπόλλων,
φόρμιγγ' ἐν χείρεσσιν ἔχω[ν, ἐρ]ατὸν κιθαρίζων,   515

486. ἐγὼν Matthiae, ἐγὼ die Hdschrr. — 488. μέλαιναν ἐπ' Matthiae, θοὴν ἐπὶ auch E. — 489. ἐΐσσης wohl alle (E? ABC?). — 490. ἐπὶ ῥηγμῖνι L. — 491. πῦρ δ' Ilgen, πῦρ die Hdschrr. (auch E). — 492. δ' ἤπειτα auch E | περὶ die Hdschrr. Cf. 510. — 493. ἠερροειδέι L. — 495. εὔχεσθε D. — 496. δέλφειος E, δέλφει L B C Riccard. 53. 52, Laur. 70, 35, Ven. 456, δέλφιος D A Ambros. S. 31. δελφίνιος M. — 497. δ' ἄρ' Matthiae, τ' ἄρ' die Hdschrr. — 502. ἔφατ' οἳ L D (E?). — 503. λύσαν L D M. — 505. ἐπιρρήγμινι E, ἐπιρρηγμῖνι L. — 506—508 fehlt E. — 507. παρὰ die Hdschrr. (περὶ M). — 510. περὶ Ernesti, παρὰ

1. ΕΙΣ ΑΠΟΛΛΩΝΑ.

καλὰ καὶ ὕψι βιβάς· οἳ δὲ ῥήσσοντες ἕποντο
Κρῆτες πρὸς Πυθώ, καὶ ἰηπαιήον᾽ ἄειδον,
οἷοί τε Κρητῶν παιήονες, οἷσίτε Μοῦσα
ἐν στήθεσσιν ἔθηκε θεὰ μελίγηρυν ἀοιδήν.
ἄκμητοι δὲ λόφον προσέβαν ποσίν, αἶψα δ᾽ ἵκοντο   520
Παρνησὸν καὶ χῶρον ἐπήρατον, ἔνθ᾽ ἄρ᾽ ἔμελλον
οἰκήσειν πολλοῖσι τετιμένοι ἀνθρώποισιν.
δεῖξε δ᾽ ἄγων ἄδυτον ζάθεον καὶ πίονα νηόν.
τῶν δ᾽ ὠρίνετο θυμὸς ἐνὶ στήθεσσι φίλοισιν·
τῷ καὶ ἀνειρόμενος Κρητῶν ἀγὸς ἀντίον ηὔδα·   525
Ὦ ἄνα, εἰ δὴ τῆλε φίλων καὶ πατρίδος αἴης
ἤγαγες — οὕτω που τῷ σῷ φίλον ἔπλετο θυμῷ —
πῶς καὶ νῦν βεόμεσθα; τό σε φράζεσθαι ἄνωγμεν.
οὔτε τρυγηφόρος ἥδε γ᾽ ἐπήρατος, οὔτ᾽ εὐλείμων,
ὥστ᾽ ἀπό τ᾽ εὖ ζώειν καὶ ἅμ᾽ ἀνθρώποισιν ὀπηδεῖν.   530
Τοὺς δ᾽ ἐπιμειδήσας προσέφη Διὸς υἱὸς Ἀπόλλων·
νήπιοι ἄνθρωποι, δυστλήμονες, οἳ μελεδῶνας
βούλεσθ᾽, ἀργαλέους τε πόνους καὶ στείνεα θυμῷ·
ῥηΐδιον ἔπος ὔμμ᾽ ἐρέω, καὶ ἐπὶ φρεσὶ θήσω.
δεξιτερῇ μάλ᾽ ἕκαστος ἔχων ἐν χειρὶ μάχαιραν   535
σφάζειν αἰεὶ μῆλα (τὰ δ᾽ ἄφθονα πάντα παρέσται),
ὅσσ᾽ ἂν ἐμοί γ᾽ ἀγάγωσι περικλυτὰ φῦλ᾽ ἀνθρώπων·
νηὸν δὲ προφύλαχθε, δέχεσθε δὲ φῦλ᾽ ἀνθρώπων
ἐνθάδ᾽ ἀγειρομένων, † καὶ ἐμὴν ἰθύν τε μάλιστα,
ἠέ τι τηΰσιον ἔπος ἔσσεται, ἠέ τι ἔργον,   540
ὕβρις θ᾽, ἣ θέμις ἐστὶ καταθνητῶν ἀνθρώπων.
ἄλλοι ἔπειθ᾽ ὑμῖν σημάντορες ἄνδρες ἔσονται,
τῶν ὑπ᾽ ἀναγκαίη δεδμήσεσθ᾽ ἤματα πάντα.
εἴρηταί τοι πάντα· σὺ δὲ φρεσὶ σῇσι φύλαξαι.
Καὶ σὺ μὲν οὕτω χαῖρε, Διὸς καὶ Λητοῦς υἱέ·   545
αὐτὰρ ἐγὼ καὶ σεῖο καὶ ἄλλης μνήσομ᾽ ἀοιδῆς.

auch *E*. — 515. Cf. Einl. p. 6 b). — 516. ῥήσσοντες *M*, φρίσσοντες auch
E. — 521 f. ἔμελλον... τετιμένοι Pierson, ἔμελλεν τετιμένος auch *E*, cf.
479. — 523. S. Einl. Nr. 8. — 525. τῷ *Valckenaer*, τῶν *ELD*. — 526. ὦ
ἄνα εἰ δὴ *Hermann*, ὦ ἄν᾽ ἐπειδὴ die Hdschrr. — 528. βεόμεσθα Wolf,
βιόμεσθα die Hdschrr. — 532. μελεδώνας *L*. — 534. ὕμμ᾽ *EDM*. —
537. ὅσσ᾽ ἂν ἐμοί γ᾽ *Gemoll*, ὅσσα ἐμοί κ᾽ die Hdschrr., αἰὲν ἐμοί *M*. —
538 fehlt *M* u. d. Par. Klasse. | νηὸν τε *E*, τε auch *LD* | δέχεσθε *Gemoll*,
δέδεχθε die Hdschrr. — 540. ἢ ἔτι *EL*, ἠέ τι die übrigen, ἠέ τ᾽ ἐτηΰ-
σιον *M*. — 541. κατὰ θνητῶν die Hdschrr.

II.

ΕΙΣ ΕΡΜΗΝ.

Ἑρμῆν ὕμνει, Μοῦσα, Διὸς καὶ Μαιάδος υἱόν,
Κυλλήνης μεδέοντα καὶ Ἀρκαδίης πολυμήλου,
ἄγγελον ἀθανάτων ἐριούνιον, ὃν τέκε Μαῖα,
νύμφη ἐϋπλόκαμος, Διὸς ἐν φιλότητι μιγεῖσα·
αἰδοίη· μακάρων δὲ θεῶν ἠλεύαθ᾽ ὅμιλον,   5
ἄντρου ἔσω ναίουσα παλισκίου· ἔνθα Κρονίων
νύμφῃ ἐϋπλοκάμῳ μισγέσκετο νυκτὸς ἀμολγῷ,
ὄφρα κατὰ γλυκὺς ὕπνος ἔχοι λευκώλενον Ἥρην,
λήθων ἀθανάτους τε θεοὺς θνητούς τ᾽ ἀνθρώπους.
ἀλλ᾽ ὅτε δὴ μεγάλοιο Διὸς νόος ἐξετελεῖτο   10
(τῇ δ᾽ ἤδη δέκατος μεὶς οὐρανῷ ἐστήρικτο),
ἔς τε φόως ἄγαγεν, ἀρίσημά τε ἔργα τέτυκτο·
καὶ τότ᾽ ἐγείνατο παῖδα πολύτροπον, αἱμυλομήτην,
ληϊστῆρ᾽, ἐλατῆρα βοῶν, ἡγήτορα φωρῶν,
νυκτὸς ἐπωπητῆρα, πυληδόκον, ὃς τάχ᾽ ἔμελλεν   15
ἀμφανέειν κλυτὰ ἔργα μετ᾽ ἀθανάτοισι θεοῖσιν.
ἠῷος γεγονώς, μέσῳ ἤματι εὖ κιθάριζεν,
ἑσπέριος βοῦς κλέψεν ἑκηβόλου Ἀπόλλωνος,
τετράδι τῇ προτέρῃ, τῇ μιν τέκε πότνια Μαῖα.
ὃς καὶ ἐπειδὴ μητρὸς ἀπ᾽ ἀθανάτων θόρε γυίων,   20
οὐκέτι δηρὸν ἔκειτο μένων ἱερῷ ἐνὶ λίκνῳ·
ἀλλ᾽ ὅγ᾽ ἀναΐξας ζήτει βοῦς Ἀπόλλωνος,
οὐδὸν ὑπερβαίνων ὑψηρεφέος ἄντροιο·
ἔνθα χέλυν εὑρὼν ἐκτήσατο μυρίον ὄλβον.
Ἑρμῆς τοι πρώτιστα χέλυν τεκτήνατ᾽ ἀοιδόν,   25
ἥ ῥά οἱ ἀντεβόλησεν ἐπ᾽ αὐλείῃσι θύρῃσιν,

II. ὕμνος δεύτερος εἰς ἑρμῆν E rot, Circumfl. schwarz verbessert; εἰς ἑρμῖν L (ἑρμῆν) D; τοῦ αὐτοῦ ὕμνοι (?) εἰς ἑρμῆν M. εἰς τὸν ἑρμῆν P.
1 ὑμνεῖ ED, ὑμνείουσα L. — 5. ἠλεύατ᾽ ὅμιλον ELD (ὅμιλον). — 6. ἄντρου ... παλισκίου Baumeister, ἄντρον ... παλίσκιον auch E. —
11. ἐστήρικτῳ E. — 12. αγαγ᾽ M. — 13. τότε γ. alle aufser DB. — 14. ἡγήτορα φωρῶν Gemoll, ἡγήτορ᾽ ὀνείρων. — 15. πολύδοκον M. |
ἔμελλε E. — 17. εὖ κιθάριξεν Bergk, ἐγκιθαρίζει E, ἐγκιθάριξεν die andern. — 18. ἔκλεψεν M. — 20. καὶ fehlt M. — 21. ἱερῶς E. — 22. βοῦς Gemoll, βόας die Hdschrr. — 26. αὐλίησι (-ῃσι) ELDMP.

2. ΕΙΣ ΕΡΜΗΝ.

βοσκομένη προπάροιθε δόμων ἐριθηλέα ποίην,
σαῦλα ποσὶν βαίνουσα· Διὸς δ' ἐριούνιος υἱὸς
ἀθρήσας ἐγέλασσε καὶ αὐτίκα μῦθον ἔειπεν·
Σύμβολον ἤδη μοι μέγ' ὀνήσιμον· οὐκ ὀνοτάζω.   30
χαῖρε, φυὴν ἐρόεσσα, χοροίτυπε, δαιτὸς ἑταίρη,
ἀσπασίη προφανεῖσα· πόθεν τόδε καλὸν ἄθυρμα;
αἰόλον ὄστρακόν ἐσσι, χέλυς ὄρεσι ζώουσα·
ἀλλ' οἴσω σ' ἐς δῶμα λαβών· ὄφελός τί μοι ἔσσῃ·
[οὐδ' ἀποτιμήσω· σὺ δέ με πρώτιστον ὀνήσεις.   35
οἴκοι βέλτερον εἶναι, ἐπεὶ βλαβερὸν τὸ θύρηφιν.]
ἢ γὰρ ἐπηλυσίης πολυπήμονος ἔσσεαι ἔχμα
ζώουσ'· ἢν δὲ θάνῃς, τότε κεν μάλα καλὸν ἀείδοις.
Ὣς ἄρ' ἔφη· καὶ χερσὶν ἅμ' ἀμφοτέρῃσιν ἀείρας,
ἂψ εἴσω κίε δῶμα, φέρων ἐρατεινὸν ἄθυρμα.   40
ἔνθ' ἀναπιλήσας γλυφάνῳ πολιοῖο σιδήρου
αἰῶν' ἐξετόρησεν ὀρεσκώοιο χελώνης.
ὡς δ' ὁπότ' ὠκὺ νόημα διὰ στέρνοιο περήσῃ
ἀνέρος, ὅντε θαμειαὶ ἐπιστρωφῶσι μέριμναι,
ὡς δ' ὅτε δινηθῶσιν ἀπ' ὀφθαλμῶν ἀμαρυγαί,   45
ὣς ἅμ' ἔπος τε καὶ ἔργον ἐμήδετο κύδιμος Ἑρμῆς.
πῆξε. δ' ἄρ' ἐν μέτροισι ταμὼν δόνακας καλάμοιο,
τετρήνας διὰ νῶτα λιθορρίνοιο χελώνης·
ἀμφὶ δὲ δέρμα τάνυσσε βοὸς πραπίδεσσιν ἑῇσιν,
καὶ πήχεις ἐνέθηκ', ἐπὶ δὲ ζυγὸν ἤραρεν ἀμφοῖν·   50
ἑπτὰ δὲ συμφώνους ὀίων ἐτανύσσατο χορδάς.
Αὐτὰρ ἐπειδὴ τεῦξε, φέρων ἐρατεινὸν ἄθυρμα,
πλήκτρῳ ἐπειρήτιζε κατὰ μέρος· ἢ δ' ὑπὸ χειρὸς

---

28. σκῦλα M. — 29. ἐγέλασε DM. — 31. χοροίτυπε Matthiae, χοροιτύπε auch EL — 34. εἴσω E. — 35 f. strich Groddeck. — 36. τὸ M, fehlt ELD. — 37. εἰ γὰρ M. | ἔχμα Ruhnken, αἴχμα E, αἰχμὰ LD — 38. ζώουσ' ἦν LE(?), ζώουσα· ἦν D, ζώουσι δὲ M | θάνοις EBP | τότε κεν Hermann, τότε ἂν ELD, τότ' ἂν M | ἀείδεις E. ^οις — 41. ἀναπιλήσας (E?) Hermann, ἀναπηλήσας die Hdschrr. — 42. αἰὼν, Rd. γρ. ὡς δοκεῖ μοι ἀγῶν ἐξετὸ (sic). | ὀρέσκω (Raum v. 4 Buchst.) λώνης EL. — 43. περήσῃ Franke, περήσει auch E. — 44. θαμειαὶ Barnes, θαμιναὶ auch E. — 45. αἳ ὅτε ELD, ἢ ὅτε M, ἃς ὅτε ABCP. | ἀμαλδύναι E. — Cf. Einl. S. 8 Nr. 9. — 47. λαβών, Rd. γρ. ταμὼν D. — 48. τετρήνας Matthiae, πειρήνας auch E | λιθορρίνοιο Pierson, διὰ ῥινοῖο auch E. — 50. πήχυς M | δὲ fehlt M. — 52. φέρων auch E.

Gemoll, die hom. Hymnen.   3

σμερδαλέον κονάβησε· θεὸς δ' ὑπὸ καλὸν ἄειδεν,
ἐξ αὐτοσχεδίης πειρώμενος, ἠΰτε κοῦροι 55
ἡβηταὶ θαλίῃσι παραιβόλα κερτομέουσιν,
ἀμφὶ Δία Κρονίδην καὶ Μαιάδα καλλιπέδιλον,
ὡς πάρος ὠρίζεσκον ἑταιρείῃ φιλότητι,
ἥν τ' αὐτοῦ γενεὴν ὀνομακλήδην ὀνομάζων·
ἀμφιπόλους τ' ἐγέραιρε καὶ ἀγλαὰ δώματα Νύμφης, 60
καὶ τρίποδας κατὰ οἶκον, ἐπηετανούς τε λέβητας.
καὶ τὰ μὲν οὖν ἤειδε, τὰ δὲ φρεσὶν ἄλλα μενοίνα.
καὶ τὴν μὲν κατέθηκε φέρων ἱερῷ ἐνὶ λίκνῳ,
φόρμιγγα γλαφυρήν· ὃ δ' ἄρα κρειῶν ἐρατίζων
ἆλτο κατὰ σκοπιὴν εὐώδεος ἐκ μεγάροιο, 65
ὁρμαίνων δόλον αἰπὺν ἐνὶ φρεσίν, οἷά τε φῶτες
φηληταὶ διέπουσι μελαίνης νυκτὸς ἐν ὥρῃ.
Ἥλιος μὲν ἔδυνε κατὰ χθονὸς Ὠκεανόνδε
αὐτοῖσίν θ' ἵπποισι καὶ ἅρμασιν· αὐτὰρ ἄρ' Ἑρμῆς
Πιερίης ἀφίκανε θεῶν ὄρεα σκιόεντα· 70
ἔνθα θεῶν μακάρων βόες ἄμβροτοι αὖλιν ἔχεσκον,
βοσκόμεναι λειμῶνας ἀκηρασίους, ἐρατεινούς.
τῶν τότε Μαιάδος υἱός, ἐΰσκοπος Ἀργειφόντης,
πεντήκοντ' ἀγέλης ἀπετάμνετο βοῦς ἐριμύκους.
πλανοδίας δ' ἤλαυνε διὰ ψαμαθώδεα χῶρον, 75
ἴχνι' ἀποστρέψας· δολίης δ' οὐ λήθετο τέχνης,
ἀντία ποιήσας ὁπλάς, τὰς πρόσθεν ὄπισθεν,
τὰς δ' ὄπιθεν πρόσθεν· κατὰ δ' ἔμπαλιν αὐτὸς ἔβαινεν.
σάνδαλα δ' αὐτίκ' ἔραψεν ἐπὶ ψαμάθοις ἁλίῃσιν,
[ἄφραστ' ἠδ' ἀνόητα διέπλεκε θαυματὰ ἔργα] 80
συμμίσγων μυρίκας καὶ μυρσινοειδέας ὄζους.
τῶν τότε, συνδήσας νεοθηλέος ἄγκαλον ὕλης,

---

54. κονάβισσε *ELP*, κονάβισε *D*. — 55. ἥντε κόραοι *M*. — 58. ὡς *Ernesti*, ὃν auch *E* | καὶ ἕταιρ. *M*. — 59. ὀνομακλήδην *Schmitt*, ὄνομα κλυτὸν auch *EM* | ἐξονομ. *M*. — 65. ὦτο *EL*, ἆλτο *DM*, ὦρτο *ABCP*. — 66. φῶντες *E*. — 67. φιληταὶ *M*. — 70. θεῶν *ELM*, θέων *D*. — 72. ἀκειρασίους *EL*, ἀκεερ. *D*. | ἐργατεινούς *L*. — 74. ἀγέλας *M*. — 76. ἴχνι' *Hermann*, ἴχνη die Hdschrr. — 78. ὄπιθεν πρώτας *M*. — 79. ἔραψεν *Matthiae*, σάνδαλα ἔριψεν *E*, σάνδαλα [Lücke von 5 Buchst.] κ' ἔριψεν *L*, σάνδαλα δ' αὐτίκ' ἔριψεν die übrigen. — 80 strich *Matthiae*. θαύματα *M*. θαυματὰ auch *P*. — 82. νεοθηλέαν ἀγκαλώρης *M*.

2. ΕΙΣ ΕΡΜΗΝ.

εὐλαβέως ὑπὸ ποσσὶν ἐδήσατο σάνδαλα κοῦφα
αὐτοῖσιν πετάλοισι, τὰ κύδιμος Ἀργειφόντης
ἔσπασε Πιερίηθεν, ὁδοιπορίην ἀλεγύνων, 85
† οἷά τ' ἐπειγόμενος δολιχὴν ὁδὸν αὐτοτροπήσας.
Τὸν δὲ γέρων ἐνόησε, καμὼν ἀνὰ γουνὸν ἀλωῆς,
ἱέμενον πεδίονδε δι' Ὀγχηστὸν λεχεποίην.
τὸν πρότερος προσέφη Μαίης ἐρικυδέος υἱός·
Ὦ γέρον, ὅς τε φυτὰ σκάπτεις ἐπικαμπύλος ὤμους, 90
ἦ πολυοινήσεις, εὖτ' ἂν τάδε πάντα φέρῃσιν.

* * *

καί τε ἰδὼν μὴ ἰδὼν εἶναι καὶ κωφὸς ἀκούσας
καὶ σιγᾶν, ὅτε μή τι καταβλάπτῃ τὸ σὸν αὐτοῦ.
Τόσσον φὰς συνέσευε βοῶν ἴφθιμα κάρηνα.
πολλὰ δ' ὄρη σκιόεντα καὶ αὐλῶνας κελαδεινοὺς 95
καὶ πεδί' ἀνθεμόεντα διήλασε κύδιμος Ἑρμῆς.
[Ὀρφναίη δ' ἐπίκουρος ἐπαύετο, δαιμονίη νύξ·
ἡ πλείων, τάχα δ' ὄρθρος ἐγίγνετο δημιοεργός·]
ἡ δὲ νέον σκοπιὴν προσεβήσατο, δῖα Σελήνη,
† Πάλλαντος θυγάτηρ, Μεγαμηδείοιο ἄνακτος· 100
τῆμος ἐπ' Ἀλφειὸν ποταμὸν Διὸς ἄλκιμος υἱὸς
Φοίβου Ἀπόλλωνος βοῦς ἤλασεν εὐρυμετώπους.
ἀκμῆτες δ' ἵκανον ἐς αὔλιον ὑψιμέλαθρον
καὶ ληνούς, προπάροιθεν ἀριπρεπέος λειμῶνος.
ἔνθ' ἐπεὶ οὖν βοτάνης ἐπεφόρβει βοῦς ἐριμύκους, 105
καὶ τὰς μὲν συνέλασσεν ἐς αὔλιον ἀθρόας οὔσας,
λωτὸν ἐρεπτομένας ἠδ' ἐρσήεντα κύπειρον,
σὺν δ' ἐφόρει ξύλα πολλά, πυρὸς δ' ἐπεμαίετο τέχνην.
δάφνης ἀγλαὸν ὄζον ἑλὼν ἐπέλεψε σιδήρῳ,

---

83. εὐλαβέως Schneidewin, ἀβλαβέως auch *E*. — 85. ἀλεγύνων Windisch, ἀλεεινων die Hdschrr. — 86. αὐτοτροπήσας ὣς *E*. Vergl. Einl. S. 9 Nr. 10. — 87. καμὼν ἀνὰ γουνὸν ἀλωῆς Gemoll, δόμων αἴθουσαν ἀλωὴν *ELDP*, δέμων ἀνθοῦσαν *M*. — 88. λεχεποίων *M*. — 90. γέρων *E*. ἐπικαμπύλα ξύλα *M*. — 91. πολυοινήσεις Ilgen, πολὺ οἰμήσεις *ELD*, πολὺ οἱ μήσεις *ABCP*. Die Lücke bezeichnete Groddeck. — 93. μηκέτι *D*. — 94. φὰς συνέσευε ed. pr., φασίν ἔσσευε *EP*, φασὶν ἔσκευε *L*, φασὶν ἔσενε *DAB*. — 98. ἐγίνετο *LM*. — 100. Vergl. den Comm. — 103. ἀκμῆτες Ilgen, ἀδμῆτες die Hdschrr. | ἤλαυνον *D* | ἐς auch *E*. — 105. ἔπει *EDP*, ἐπει *L* | οὖν Gemoll, εὖ die Hdschrr. — 109. ἐπέλετε *L*, ἐπέλεψε auch *E*.

3*

36   Β. ΕΙΣ ΕΡΜΗΝ.

ἄρμενον ἐν παλάμῃ· ἄμπνυτο δὲ θερμὸς ἀϋτμή.   110
['Ερμῆς τοι πρώτιστα πυρήϊα πῦρ τ' ἀνέδωκεν.]
πολλὰ δὲ κάγκανα κᾶλα κατουδαίῳ ἐνὶ βόθρῳ
οὖλα λαβὼν ἐπέθηκεν ἐπηετανά· λάμπετο δὲ φλὸξ
τηλόσε φῦσαν ἱεῖσα πυρὸς μέγα δαιομένοιο.
ὄφρα δὲ πῦρ ἀνέκαιε βίῃ κλυτοῦ Ἡφαίστοιο,   115
τόφρα δ' ἐριβρύχους ἕλικας βοῦς ἕλκε θύραζε
δοιὰς ἄγχι πυρός· δύναμις δέ οἱ ἔπλετο πολλή.
ἀμφοτέρας δ' ἐπὶ νῶτα χαμαὶ βάλε φυσιοώσας,
†ἐγκλίνων δ' ἐκύλινδε, δι' αἰῶνάς τε τορήσας·
ἔργῳ δ' ἔργον ὄπαζε· ταμὼν κρέα πίονα δημῷ·   120
ὤπτα δ' ἀμφ' ὀβελοῖσι πεπαρμένα δουρατέοισιν,
σάρκας ὁμοῦ καὶ νῶτα γεράσμια καὶ μέλαν αἷμα,
ἐργμένον ἐν χολάδεσσι· τὰ δ' αὐτοῦ κεῖτ' ἐπὶ χώρης.
ῥινοὺς δ' ἐξετάνυσσε καταστυφέλῳ ἐπὶ πέτρῃ,
†ὡς ἔτι νῦν τάμετ' ἄσσα πολυχρόνιοι πεφύασιν,   125
δηρὸν δὴ μετὰ ταῦτα καὶ ἄκριτον. αὐτὰρ ἔπειτα
Ἑρμῆς χαρμόφρων εἰρύσσατο πίονα ἔργα
λείῳ ἐπὶ πλαταμῶνι καὶ ἔσχισε δώδεκα μοίρας
κληροπαλεῖς· τέλεον δὲ γέρας προσέθηκεν ἑκάστῃ.
ἔνθ' ὁσίης κρειῶν ἠράσσατο κύδιμος Ἑρμῆς·   130
ὀδμὴ γάρ μιν ἔτειρε καὶ ἀθάνατόν περ ἐόντα
ἡδεῖ'· ἀλλ' οὐδ' ὥς οἱ ἐπείθετο θυμὸς ἀγήνωρ,
καί τε μάλ' ἱμείροντι †πέρην ἱερῆς κατὰ δειρῆς.
ἀλλὰ τὰ μὲν κατέθηκεν ἐς αὔλιον ὑψιμέλαθρον,
δημὸν καὶ κρέα πολλά· μετήορα δ' αἶψ' ἀνάειρεν   135
σήματα ἧς φωρῆς· ἐπὶ δὲ ξύλα κάγκαν' ἀγείρας,
οὐλόποδ', οὐλοκάρηνα πυρὸς κατεδάμνατ' ἀϋτμῇ.

---

110. ἄμπνυτο δὲ *M*, ἀνα δ' ἄμπνυτο *EP*, ἀνὰ δ' ἄμπνυτο *LD*. — 112. κάλα κατ' οὐ. *ELD*, καλὰ κατ' οὐ. *M* (*Thiele*). — 114. φύσαν *E*, φύξαν *LDP*, ἱεῖσα *ELD*. — 116. ὑπὸ βρυχίας auch *E*. — 119. ἐκκρίνας | αἰῶνος die Par. Klasse. — 120. πίονι auch *E*; em. *M*. — 122. γ' ἐράσμια *M*. — 123. ἐργμένον *LDE*(?). — 124. ἐξετάνυσε *M*. — 125. μετ' ἄσσα *E*, τάμετ' ἄσσα *D*, τάμετ' ἄσσα *LP*, τάμε τ' ἄσσα *ABC*, τὰ μέτασσα *M*. — 127. χαρμόφρων *H. Stephanus*, χαρμοφέρων *ELD*, χάρμα φέρων *ABCP*. | εἰρύσσατο *LD*, εἰρύσ. die andern (*E*?). — 130. κρειῶν *Gemoll*, κρεάων die Hdschrr. | ἠράσατο *DM*. — 132. ἡδεῖ' *Ruhnken*, ἤδει (ᾔ) die Hdschrr. | ὡς ἐπεπείθετο *M*. — 133. ἱμείροντι πέρην *E*, πέρην *DL*, πέρην *PABC*. περῆν *M*. — 136. φωρῆς *Hermann*, φωνῆς auch *E*, ἀγείρας *Ilgen*, ἀείρας auch *E*.

2. ΕΙΣ ΕΡΜΗΝ.

αὐτὰρ ἐπειδὴ πάντα κατὰ χρέος ἤνυσε δαίμων,
σάνδαλα μὲν προέηκεν ἐς Ἀλφειὸν βαθυδίνην,
ἀνθρακιὴν δ' ἐμάρανε, κόνιν δ' ἀμάθυνε μέλαιναν   140
παννύχιος· καλὸν δὲ φόως ἐπέλαμπε Σελήνης.
Κυλλήνης δ' ἂψ αὖτις ἀφίκετο δῖα κάρηνα
ὄρθριος, οὐδέ τίς οἱ δολιχῆς ὁδοῦ ἀντεβόλησεν,
οὔτε θεῶν μακάρων οὔτε θνητῶν ἀνθρώπων·
οὐδὲ κύνες λελάκοντο. Διὸς δ' ἐριούνιος Ἑρμῆς   145
δοχμωθεὶς μεγάροιο διὰ κλήϊθρον ἔδυνεν,
αὔρῃ ὀπωρινῇ ἐναλίγκιος, ἠΰτ' ὀμίχλη.
ἰθύσας δ' ἄντρου ἐξίκετο πίονα νηόν,
ἦκα ποσὶ προβιβῶν· οὐ γὰρ κτύπεν, ὥσπερ ἐπ' οὔδει.
ἐσσυμένως δ' ἄρα λίκνον ἐπῴχετο κύδιμος Ἑρμῆς,   150
σπάργανον ἀμφ' ὤμοις εἰλυμένος, ἠΰτε τέκνον
νήπιον ἐν παλάμῃσι, παρ' ἰγνύσι λαῖφος ἀθύρων.
κεῖτο χέλυν ἐρατὴν ἐπ' ἀριστερὰ χειρὸς ἑέργων.
μητέρα δ' οὐκ ἄρ' ἔληθε θεὰν θεός, εἶπέ τε μῦθον·
τίπτε σύ, ποικιλομῆτα, πόθεν τόδε νυκτὸς ἐν ὥρῃ   155
ἔρχῃ, ἀναιδείην ἐπιειμένε; νῦν σε μάλ' οἴω
ἢ τάχ' ἀμήχανα δεσμὰ περὶ πλευρῇσιν ἔχοντα
Λητοΐδεω ὑπὸ χερσὶ διὲκ προθύροιο περήσειν,
ἢ σὲ †λαβόντα μεταξὺ κατ' ἄγκεα φηλητεύσειν.
ἔρρε, τάλαν· μεγάλην σε πατὴρ ἐφύτευσε μέριμναν   160
θνητοῖς ἀνθρώποισι καὶ ἀθανάτοισι θεοῖσιν.
Τὴν δ' Ἑρμῆς μύθοισιν ἀμείβετο κερδαλέοισιν·
μῆτερ ἐμή, τί με ταῦτα δεδίσκεαι, ἠΰτε τέκνον
νήπιον, ὃς μάλα παῦρα μετὰ φρεσὶν αἴσυλα οἶδεν,
ταρβαλέον, καὶ μητρὸς ὑπαιδείδοικεν ἐνιπάς;   165
αὐτὰρ ἐγὼ τέχνης ἐπιβήσομαι, ἥτις ἀρίστη,

---

138. ἐπειδὴ M, ἐπεί τοι A, ἐπεὶ ELDABCP. — 142. ἂψ Ilgen, αἶψ' die Hdschrr. — 143. ὄρθρια E. — 146. διακλήϊθρον E. — 148. ἰθύσας M, ἰθύνας auch E. — 149. ἦκα L M P | προβιβῶν ELD. — 151. εἴλυμ. D, ἤλυμ. M. — 152. περιγνύσι M. — 154. ἔλαθε M. — 155. τόδε Wolf, τάδε die Hdschrr. — 156. νῦν δέ σε D. — 157. ἢ auch E, δύσαχ' M. — 158. διεκ E. — 159. λαβόντα μεταξὺ auch E. φιλητ. LDM. — 160. τάλαν Ruhnken, πάλιν auch E. θνητῶν E. οἷς — 163. τιτύσκεαι auch E. — 164. πολλὰ ἐνὶ φρεσὶν ἄρμενα M.

βουκολέειν ἐμὲ καὶ σὲ διαμπερές· οὐδὲ θεοῖσιν
νῶϊ μετ᾽ ἀθανάτοισιν ἀδώρητοι καὶ ἄλιστοι
αὐτοῦ τῇδε μένοντες ἀνεξόμεθ᾽, ὡς σὺ κελεύεις.
βέλτερον, ἤματα πάντα μετ᾽ ἀθανάτοις ὀαρίζειν, 170
πλούσιον, ἀφνειόν, πολυλήϊον, ἢ κατὰ δῶμα
ἄντρῳ ἐν ἠερόεντι θαασσέμεν· ἀμφὶ δὲ τιμῆς,
κἀγὼ τῆς ὁσίης ἐπιβήσομαι, ἧσπερ Ἀπόλλων.
εἰ δέ κε μὴ δώῃσι πατὴρ ἐμός, ἤτοι ἔγωγε
πειρήσω — δύναμαι — φηλητέων ὄρχαμος εἶναι. 175
εἰ δέ μ᾽ ἐρευνήσει Λητοῦς ἐρικυδέος υἱός,
ἄλλο τί οἱ καὶ μεῖζον ὀΐομαι ἀντιβολήσειν.
εἶμι γὰρ ἐς Πυθῶνα, μέγαν δόμον ἀντιτορήσων,
ἔνθεν ἅλις τρίποδας περικαλλέας ἠδὲ λέβητας
πορθήσω, καὶ χρυσόν, ἅλις τ᾽ αἴθωνα σίδηρον, 180
καὶ πολλὴν ἐσθῆτα· σὺ δ᾽ ὄψεαι, αἴκ᾽ ἐθέλῃσθα.
Ὣς οἱ μέν ῥ᾽ ἐπέεσσι πρὸς ἀλλήλους ἀγόρευον,
υἱός τ᾽ αἰγιόχοιο Διὸς καὶ πότνια Μαῖα.
Ἠὼς δ᾽ ἠριγένεια φόως θνητοῖσι φέρουσα
ὤρνυτ᾽ ἀπ᾽ Ὠκεανοῖο βαθυρρόου· αὐτὰρ Ἀπόλλων 185
Ὀγχηστόνδ᾽ ἀφίκανε κιών, πολυήρατον ἄλσος,
ἁγνὸν ἐρισφαράγου Γαιηόχου· ἔνθα γέροντα
κνωδάλῳ εὗρε νέμοντα παρὲξ ὁδοῦ ἕρκος ἀλωῆς.
τὸν πρότερος προσέφη Λητοῦς ἐρικυδέος υἱός·
Ὦ γέρον, Ὀγχηστοῖο βατοδρύπε ποιήεντος, 190
βοῦς ἀπὸ Πιερίης διζήμενος ἐνθάδ᾽ ἱκάνω,
πάσας θηλείας, πάσας κεράεσσιν ἑλικτάς,
ἐξ ἀγέλης· ὁ δὲ ταῦρος ἐβόσκετο μοῦνος ἀπ᾽ ἄλλων,
κυάνεος· χαροποὶ δὲ κύνες κατόπισθεν ἕποντο
τέσσαρες, ἠΰτε φῶτες, ὁμόφρονες· οἱ μὲν ἔλειφθεν, 195
οἵ τε κύνες ὅ τε ταῦρος (ὃ δὴ πέρι θαῦμα τέτυκται),
ταὶ δ᾽ ἔβαν, ἠελίοιο νέον καταδυομένοιο,

---

167. βουκολέειν Gemoll, βουλεύειν die Hdschrr. — 168. ἄλιστοι
Schneidewin, s. die Einl. Nr. 11. — 172. τιμῆς Gemoll, τιμῇς auch *EP*.
— 173. ὁσίης *E* | ἧπερ *E*. — 175. δύναμαι δὲ auch *E* | φιλητενῶν
alle (*E*?) aufser *M* (φιλητέον). — 180. αἴθονα *M*. — 181. αἴκεθελ.
EP, αἴκε θ. *L*, αἴκ᾽ ἐθ. *MD*. — 183. καὶ fehlt *E*, διὸς fehlt *M* | *πότνια*
μήτηρ M. — 188. κνωδάλῳ Gemoll, κνώδαλον die Hdschrr. — 190. βατό-
δροπε *M*.

2. ΕΙΣ ΕΡΜΗΝ.

ἐκ μαλακοῦ λειμῶνος, ἀπὸ γλυκεροῖο νομοῖο.
ταῦτά μοι εἰπέ, γεραιὲ παλαιγενές, εἴ που ὄπωπας
ἀνέρα, ταῖσδ᾽ ἐπὶ βουσὶ διαπρήσσοντα κέλευθον. 200
Τὸν δ᾽ ὁ γέρων μύθοισιν ἀμειβόμενος προσέειπεν·
ὦ φίλος, ἀργαλέον μέν, ὅσ᾽ ὀφθαλμοῖσιν ἴδοιο,
πάντα λέγειν· πολλοὶ γὰρ ὁδὸν πρήσσουσιν ὁδῖται,
τῶν οἳ μὲν κακὰ πολλὰ μεμαότες, οἳ δὲ μάλ᾽ ἐσθλά,
φοιτῶσιν· χαλεπὸν δὲ δαήμεναί ἐστιν ἕκαστον. 205
αὐτὰρ ἐγὼ πρόπαν ἦμαρ ἐς ἠέλιον καταδύντα
ἔσκαπτον περὶ γουνὸν ἀλωῆς οἰνοπέδοιο·
παῖδα δ᾽ ἔδοξα, φέριστε, σαφὲς δ᾽ οὐκ οἶδα, νοῆσαι,
ὅστις ὁ παῖς ἅμα βουσὶν ἐϋκραίρῃσιν ὀπήδει,
νήπιος· εἶχε δὲ ῥάβδον, ἐπιστροφάδην δ᾽ ἐβάδιζεν, 210
ἐξοπίσω δ᾽ ἀνέεργε, κάρη δ᾽ ἔχον ἀντίον αὐτῷ.
Φῆ ῥ᾽ ὁ γέρων· ὃ δὲ θᾶσσον ὁδὸν κίε, μῦθον ἀκούσας·
οἰωνὸν δ᾽ ἐνόει τανυσίπτερον, αὐτίκα δ᾽ ἔγνω
φηλητὴν γεγαῶτα Διὸς παῖδα Κρονίωνος.
ἐσσυμένως δ᾽ ἤϊξεν ἄναξ, Διὸς υἱὸς Ἀπόλλων 215
ἐς Πύλον ἠγαθέην, διζήμενος εἰλίποδας βοῦς,
πορφυρέῃ νεφέλῃ κεκαλυμμένος εὐρέας ὤμους·
ἴχνιά τ᾽ εἰσενόησεν Ἑκηβόλος, εἶπέ τε μῦθον·
Ὢ πόποι, ἦ μέγα θαῦμα τόδ᾽ ὀφθαλμοῖσιν ὁρῶμαι·
ἴχνια μὲν τάδε γ᾽ ἐστὶ βοῶν ὀρθοκραιράων, 220
ἀλλὰ πάλιν τέτραπται ἐς ἀσφοδελὸν λειμῶνα·
βήματα δ᾽ οὔτ᾽ ἀνδρὸς τάδε γίγνεται, οὔτε γυναικός,
οὔτε λύκων πολιῶν, οὔτ᾽ ἄρκτων, οὔτε λεόντων·
οὐδέ τι κενταύρου λασιαύχενος ἔλπομαι εἶναι,
ὅστις τοῖα πέλωρα βιβᾷ ποσὶ καρπαλίμοισιν· 225
αἰνὰ μὲν ἔνθεν ὁδοῖο, τὰ δ᾽ αἰνότερ᾽ ἔνθεν ὁδοῖο.

---

200. κέλευθα M (Thiele). — 202. ἴδοιμι M. — 205. πρήσσουσιν· χαλ. M. | δαήμεναι ἐστιν E. — 207. γουνὸν fehlt L | ἀλωῆς E L D P. — 208. νοήσας M. — 209. ἐϋκραίρῃσιν (-ησην L) E -οισιν P. — 210. ἐπιστράδην E. — 211. ἔχον Hermann, ἔχεν auch E. — 212. μῦθον ἀ. EL am Rande M; Φοῖβος Ἀπόλλων auch EL im Text. S. Einl. S. 9 Nr. 12. — 214. φιλοτὴν E, φιλητὴν LDM. — 215 fehlt L. — 216. ἐς auch M (Thiele) | εἰλίπ. E(?) LD, εἰλιπ. M. — 217. πορφυρεῃ E. — 218 f. fehlt M. — 222. δ᾽ οὔ L. — 224. οὐδέ Hermann, οὔτε die Hdschrr. | κενταύρου λασ. ἔ. εἶναι EML (Rand), κεντ. λασ. ἐστιν (ἤστην L) ὁμοῖα die andern und L (Text). S. Einl. Nr. 13.

40   Β. ΕΙΣ ΕΡΜΗΝ.

Ὣς εἰπὼν ἤϊξεν ἄναξ, Διὸς υἱὸς Ἀπόλλων·
Κυλλήνης δ' ἀφίκανεν ὄρος καταειμένον ὕλῃ,
πέτρης ἐς κευθμῶνα βαθύσκιον, ἔνθα τε Νύμφη
ἀμβροσίη ἐλόχευσε Διὸς παῖδα Κρονίωνος·   230
ὀδμὴ δ' ἱμερόεσσα δι' οὔρεος ἠγαθέοιο
κίδνατο, πολλὰ δὲ μῆλα ταναύποδα βόσκετο ποίην·
ἔνθα τότε σπεύδων κατεβήσετο λάϊνον οὐδὸν
ἄντρον ἐς ἠερόεν ἑκατηβόλος αὐτὸς Ἀπόλλων.
Τὸν δ' ὡς οὖν ἐνόησε Διὸς καὶ Μαιάδος υἱός,   235
χωόμενον περὶ βουσὶν, ἑκηβόλον Ἀπόλλωνα·
σπάργαν' ἔσω κατέδυνε θυήεντ', ἠΰτε πολλὴν
πρέμνων ἀνθρακιὴν ὕλη σποδὸς ἀμφικαλύπτει·
ὣς Ἑρμῆς Ἑκάεργον ἰδὼν ἀνέειλεν ἓ αὐτόν·
ἐν δ' ὀλίγῳ συνέελσε κάρη χεῖράς τε πόδας τε,   240
†θῆρα νέον λοχάων, προκαλεύμενος ἡδύ,
ἐγρήσσων ἐτεόν γε· χέλυν δ' ὑπὸ μασχάλῃ εἶχεν.
γνῶ δ', οὐδ' ἠγνοίησε Διὸς καὶ Λητοῦς υἱὸς
Νύμφην τ' οὐρείην περικαλλέα καὶ φίλον υἱόν,
παῖδ' ὀλίγον, δολίης εἰλυμένον εὐτροπίῃσιν.   245
παπτήνας δ' ἀνὰ πάντα μυχὸν μεγάλοιο δόμοιο,
τρεῖς ἀδύτους ἀνέῳγε, λαβὼν κληῖδα φαεινήν,
νέκταρος ἐμπλείους ἠδ' ἀμβροσίης ἐρατεινῆς·
πολλὸς δὲ χρυσός τε καὶ ἄργυρος ἔνδον ἔκειτο,
πολλὰ δὲ φοινικόεντα καὶ ἄργυφα εἵματα Νύμφης,   250
οἷα θεῶν μακάρων ἱεροὶ δόμοι ἐντὸς ἔχουσιν.
ἔνθ' ἐπεὶ ἐξερέεινε μυχοὺς μεγάλοιο δόμοιο
Λητοΐδης, μύθοισι προσηύδα κύδιμον Ἑρμῆν·
Ὦ παῖ, ὃς ἐν λίκνῳ κατάκεισαι, μήνυέ μοι βοῦς

---

228. δ' ἀμφίκανε E. — 229. κευθμῶν L | τε über ἔνθα D. — 230. Κρονίωνα M. — 232. κιδνᾶτο LDE. | τανύποδα M | ποήν M. — 233. κατεβήσετο Cobet, κατεβήσατο die Hdschrr. — 234. ἐς fehlt E. — 238. ὕλη Matthiae, ὕλης σποδὸς (σπονδὸς E) die Hdschrr. | ἀμφικαλύπτει D, -οι ELMP. — 239. ἀνέειλεν Lohsee, ἀλέεινεν (-ον E) die Hdschrr. — 240. συνέλασε D. — 241. Vergl. Einl. Nr. 14. προκαλούμενος M | νήδυμον BP (Par.?). — 242. ἐγρήσσων Martin, ἐτεόν γε Hermann, ἄγρης εἰνετεόν τε (γε E?) die Hdschrr. | χέλυν δ' Hermann, χέλυν die Hdschrr. — 245. εὐτροπίῃσιν Gemoll, ἐντρ. die Hdschrr. — 246. παπτύνας L δ' ἀνὰ M, δ' ἄρα die andern (E?). — 248. ἐμπλείους Ilgen, ἐκπλείους auch E. — 249. γε καὶ M. — 254. ἐν λίκνῳ. S. Einl. Nr. 14. | κατάκεισαι Gemoll, κατάκειαι die Hdschrr.

2. ΕΙΣ ΕΡΜΗΝ. 41

θᾶσσον· ἐπεὶ τάχα νῶϊ διοισόμεθ' οὐ κατὰ κόσμον. 255
ῥίψω γάρ σε λαβὼν ἐς Τάρταρον ἠερόεντα,
ἐς ζόφον αἰνόμορον καὶ ἀμήχανον· οὐδέ σε μήτηρ
ἐς φάος, οὐδὲ πατὴρ ἀναλύσεται, ἀλλ' ὑπὸ γαίῃ
ἐρρήσεις, ὀλοοῖσιν ἐν ἀνδράσιν ἡπεροπεύων.
Τὸν δ' Ἑρμῆς μύθοισιν ἀμείβετο κερδαλέοισιν· 260
Λητοΐδη, τίνα τοῦτον ἀπηνέα μῦθον ἔειπας,
καὶ βοῦς ἀγραύλους διζήμενος ἐνθάδ' ἱκάνεις;
οὐκ ἴδον, οὐ πυθόμην, οὐκ ἄλλου μῦθον ἄκουσα·
οὐκ ἂν μηνύσαιμ', οὐκ ἂν μήνυτρον ἀροίμην.
οὔτε βοῶν ἐλατῆρι, κραταιῷ φωτί, ἔοικα, 265
οὔτ' ἐμὸν ἔργον τοῦτο· πάρος δέ μοι ἄλλα μέμηλεν·
ὕπνος ἔμοιγε μέμηλε καὶ ἡμετέρης γάλα μητρός,
σπάργανά τ' ἀμφ' ὤμοισιν ἔχειν καὶ θερμὰ λοετρά.
μή τις τοῦτο πύθοιτο, πόθεν τόδε νεῖκος ἐτύχθη·
καί κεν δὴ μέγα θαῦμα μετ' ἀθανάτοισι γένοιτο, 270
παῖδα νέον γεγαῶτα διὲκ προθύροιο περῆσαι
βουσὶν ἐπ' ἀγραύλοισι· τὸ δ' ἀπρεπέως ἀγορεύεις.
χθὲς γενόμην· ἁπαλοὶ δὲ πόδες, τρηχεῖα δ' ὑπὸ χθών.
εἰ δ' ἐθέλεις, πατρὸς κεφαλήν, μέγαν ὅρκον, ὀμοῦμαι,
μὴ μὲν ἐγὼ μήτ' αὐτὸς ὑπίσχομαι αἴτιος εἶναι, 275
μήτε τιν' ἄλλον ὄπωπα βοῶν κλοπὸν ὑμετεράων,
αἵτινες αἱ βόες εἰσί, τὸ δὲ κλέος οἷον ἀκούω.
Ὣς ἄρ' ἔφη, καὶ πυκνὸν ἀπὸ βλεφάρων ἀμαρύσσων,
ὀφρῦς ῥιπτάζεσκεν, ὁρώμενος ἔνθα καὶ ἔνθα,
μάκρ' ἀποσυρίζων, ἅλιον τὸν μῦθον ἀκούων. 280
τὸν δ' ἁπαλὸν γελάσας προσέφη ἑκάεργος Ἀπόλλων·
Ὦ πέπον ἠπεροπευτά, δολοφραδές, ἦ σε μάλ' οἴω
πολλάκις ἀντιτοροῦντα δόμους εὖ ναιετάοντας,
ἔννυχον οὐχ ἕνα μοῦνον ἐπ' οὐδεϊ φῶτα καθίσσειν,

---
255. θᾶσσον Ilgen, θᾶττον E. — 256. λαβὼν Ilgen, βαλὼν auch E. — 259. ἐρήσεις E | ὀλοοῖσιν Bothe, ὀλίγοισιν auch E, ἠπεροπεύων Matthiae, ἡγεμονεύων die Hdschrr. — 261. ἔειπας LMPB, ἔειπος E (so), ἔειπες D. — 262. καὶ auch E. — 263. εἴδον E, πιθόμην ED | ἄλλον D. — 265. κρατερῷ M. — 266. οὔτ' Gemoll, οὐκ die Hdschrr. — 269. πόθου E. — 270. γένοιντο E. — 271. διὲκ Gemoll, cf. 158, διὰ die Hdschrr. — 272. βουσὶν ἐπ' Schneidewin, βουσὶ μετ' auch E ἀγραύληισι M. — 279. ὀφρῦς Hermann, ὀφρύσι auch E | ῥιπάξ. M. — 280. ἄκιον ELDP. τὸν ἀκούων. S. Einl. Nr. 16. ὣς M (Thiele). — 284. οὐδ' M. καθέσσαι E, καθίσσαι L, καθίσαι DM.

σκευάζοντα κατ' οἶκον ἄτερ ψόφου, οἳ' ἀγορεύεις. 285
πολλοὺς δ' ἀγραύλους ἀκαχήσεις μηλοβοτῆρας
οὔρεος ἐν βήσσης, ὁπότ' ἂν κρειῶν ἐρατίζων
ἀντῆς βουκολίοισι καὶ εἰροπόκοις ὀΐεσσιν.
ἀλλ' ἄγε, μὴ πύματόν τε καὶ ὕστατον ὕπνον ἰαύσῃς,
ἐκ λίκνου κατάβαινε, μελαίνης νυκτὸς ἑταῖρε. 290
τοῦτο γὰρ οὖν καὶ ἔπειτα μετ' ἀθανάτοις γέρας ἕξεις,
ἀρχὸς φηλητέων κεκλήσεαι ἤματα πάντα.
Ὣς ἄρ' ἔφη, καὶ παῖδα λαβὼν φέρε Φοῖβος Ἀπόλλων.
σὺν δ' ἄρα φρασσάμενος τότε δὴ κρατὺς Ἀργειφόντης
οἰωνὸν προέηκεν, ἀειρόμενος μετὰ χερσίν, 295
τλήμονα γαστρὸς ἔριθον, ἀτάσθαλον ἀγγελιώτην.
ἐσσυμένως δὲ μετ' αὐτὸν ἐπέπταρε· τοῖο δ' Ἀπόλλων
ἔκλυεν, ἐκ χειρῶν δὲ χαμαὶ βάλε κύδιμον Ἑρμῆν.
ἕζετο δὲ προπάροιθε, καὶ ἐσσύμενός περ ὁδοῖο,
Ἑρμῆν κερτομέων, καί μιν πρὸς μῦθον ἔειπεν· 300
Θάρσει, σπαργανιῶτα, Διὸς καὶ Μαιάδος υἱέ·
εὑρήσω καὶ ἔπειτα βοῶν ἴφθιμα κάρηνα
τούτοις οἰωνοῖσι· σὺ δ' αὖθ' ὁδὸν ἡγεμονεύσεις.
Ὣς φάθ'· ὃ δ' αὖτ' ἀνόρουσε θοῶς, Κυλλήνιος Ἑρμῆς,
σπουδῇ ἰών· ἄμφω δὲ παρ' οὔατα χερσὶν ἐώθει 305
σπάργανον ἀμφ' ὤμοις ἑλελιγμένον, εἶπε δὲ μῦθον·
Πῆ με φέρεις, Ἑκάεργε, θεῶν ζαμενέστατε πάντων;
ἦ με βοῶν ἕνεχ' ὧδε χολούμενος ὀρσολοπεύεις;
ὢ πόποι, εἴθ' ἀπόλοιτο βοῶν γένος· οὐ γὰρ ἔγωγε
ὑμετέρας ἔκλεψα βόας, οὐδ' ἄλλον ὄπωπα, 310
αἵτινές εἰσι βόες· τὸ δὲ δὴ κλέος οἶον ἀκούω.
δὸς δὲ δίκην καὶ δέξο παρὰ Ζηνὶ Κρονίωνι.
Αὐτὰρ ἐπεὶ τὰ ἕκαστα διαρρήδην ἐρέεινον,
Ερμῆς τ' οἰοπόλος καὶ Λητοῦς ἀγλαὸς υἱός,

286. πολλοὺς δραύλους LD. — 287. μήλων ἐρατίζων M. — 288. αντην βουκ. κτλ. E am Rande; im Text: ἀντήσεις (ED, -ης LMP), ἀγέλησιν βοῶν καὶ πώεσι μῆλον (-ων LD); beides von ders. Hand. Vergl. Einl. Nr. 15. — 292. φιλητέων ELDM. — 294. φρασάμενος auch E. — 296. τλήμονα μετὰ γ. E — 303. ταύτοις (αὐτοῖς M) | οἰωνοῖσιν· εὖδ' ELDA (σύ δ' P). — 304. ἔφαθ' M. — 306. ὤμοις ἐλελιγμένον Gemoll, ὤμοισιν ἐλιγμένος auch E | ἐελμένος M. — 308. ἐνέχων δε M. | ὀρσοπ, die Par. — 312. δέξο oder δέξω E. — 313. ἔπειτα M | ἐρέειντε E, ἐρέεινεν DLPM, ἐρέεινον ABC.

2. ΕΙΣ ΕΡΜΗΝ.

ἀμφὶς θυμὸν ἔχοντες ὃ μὲν νημερτέα φωνῶν 315
οὐκ ἀδίκως ἐπὶ βουσὶν ἐλάζυτο κύδιμον Ἑρμῆν,
αὐτὰρ ὃ τέχνῃσίν τε καὶ αἱμυλίοισι λόγοισιν
ἤθελεν ἐξαπατᾶν, Κυλλήνιος ἀργυρότοξον.
αὐτὰρ ἐπεὶ πολύμητις ἐὼν πολυμήχανον εὗρεν,
ἐσσυμένως δὴ ἔπειτα διὰ ψαμάθοιο βάδιζεν 320
πρόσθεν, ἀτὰρ κατόπισθε Διὸς καὶ Λητοῦς υἱός.
αἶψα δ' ἵκοντο κάρηνα θυώδεος Οὐλύμποιο,
ἐς πατέρα Κρονίωνα Διὸς περικαλλέα τέκνα·
κεῖθι γὰρ ἀμφοτέροισι δίκης κατέκειτο τάλαντα.
† εὐμυλίη δ' ἔχ' Ὄλυμπον ἀγάννιφον, ἀθάνατοι δὲ 325
ἄφθιτοι ἠγερέθοντο μετὰ χρυσόθρονον Ἠῶ.
ἔστησαν δ' Ἑρμῆς τε καὶ ἀργυρότοξος Ἀπόλλων
πρόσθε Διὸς γούνων· ὃ δ' ἀνείρετο φαίδιμον υἱόν,
Ζεὺς ὑψιβρεμέτης, καί μιν πρὸς μῦθον ἔειπεν·
Φοῖβε, πόθεν ταύτην μενοεικέα ληΐδ' ἐλαύνεις, 330
παῖδα νέον γεγαῶτα, φυὴν κήρυκος ἔχοντα;
σπουδαῖον τόδε χρῆμα θεῶν μεθ' ὁμήγυριν ἦλθεν.
Τὸν δ' αὖτε προσέειπεν ἄναξ, ἑκάεργος Ἀπόλλων·
ὦ πάτερ, ἦ τάχα μῦθον ἀκούσεαι οὐκ ἀλαπαδνόν,
κερτομέων, ὡς οἶος ἐγὼ φιλολήϊός εἰμι; 335
παῖδά τιν' εὗρον τόνδε διαπρύσιον κεραϊστὴν
Κυλλήνης ἐν ὄρεσσι, πολὺν διὰ χῶρον ἀνύσσας,
κέρτομον, οἷον ἔγωγε θεῶν οὐκ ἄλλον ὄπωπα,
οὐδ' ἀνδρῶν, ὁπόσοι λησίμβροτοί εἰσ' ἐπὶ γαίῃ.
κλέψας δ' ἐκ λειμῶνος ἐμὰς βοῦς ᾤχετ' ἐλαύνων 340
ἑσπέριος παρὰ θῖνα πολυφλοίσβοιο θαλάσσης
εὐθὺ Πύλονδ' ἐλάων· τὰ δ' ἄρ' ἴχνια τοῖα πέλωρα,
οἷά τ' ἀγάσσασθαι, καὶ ἀγανοῦ δαίμονος ἔργα.
τῇσιν μὲν γὰρ βουσὶν ἐς ἀσφοδελὸν λειμῶνα
ἀντία βήματ' ἔχουσα κόνις ἀνέφαινε μέλαινα· 345

316. οὐκ ἀδίκως auch E. ἐλάζοιτο M. — 318. ἤθελ' M. — 319. πολύμητες L. — 320. δ' ἤπειτα auch E. — 322. Cf. Einl. Nr. 18. — 323. πυρικαλλέα L. — 325. εὐμυλίη auch E. — 326. ἄφθιτοι auch E. μετὰ κτλ. Cf. Einl. Nr. 19. — 330. μενοεικέλα ληΐδ' E. — 332. μήθ' E ἤλε L. — 337. ἀνύσας DM. — 338. τέρτομον M. — 339. εἶσ LDP γαῖαν M. — 342. Πύλονδ' M, πόρονδε auch E. | τοῖα Barnes, δοιὰ auch E. — 343. ἀγάσσασθαι Ilgen, ἀγάσσεσθαι auch E. — 344. τοῖσι M. — 345. ἀνέφανε E.

44   B. ΕΙΣ ΕΡΜΗΝ.

αὐτὸς δ' οὗτος †ὅδ' ἐκτὸς ἀμήχανος οὔτ' ἄρα ποσσίν,
οὔτ' ἄρα χερσὶν ἔβαινε διὰ ψαμαθώδεα χῶρον,
ἀλλ' ἄλλην τινὰ μῆτιν ἔχων διέτριβε κέλευθα
τοῖα πέλωρ', ὡσεί τις †ἀραιῆσι δρυσὶ βαίνοι.
ὄφρα μὲν οὖν ἐδίωκε διὰ ψαμαθώδεα χῶρον,   350
ῥεῖα μάλ' ἴχνια πάντα διέπρεπεν ἐν κονίῃσιν·
αὐτὰρ ἐπεὶ ψαμάθοιο μέγαν στίβον ἐξεπέρησεν,
ἄφραστος γένετ' ὦκα βοῶν στίβος ἠδὲ καὶ αὐτοῦ,
χῶρον ἀνὰ κρατερόν. τὸν δ' ἐφράσατο βροτὸς ἀνήρ,
ἐς Πύλον εὐθὺς ἐλῶντα βοῶν γένος εὐρυμετώπων.   355
αὐτὰρ ἐπεὶ δὴ τὰς μὲν ἐν ἡσυχίῃ κατέερξεν,
καὶ διαπυρπαλάμησεν ὁδοῦ τὸ μὲν ἔνθα, τὸ δ' ἔνθα,
ἐν λίκνῳ κατέκειτο μελαίνῃ νυκτὶ ἐοικώς,
ἄντρῳ ἐν ἠερόεντι κατὰ ζόφον· οὐδέ κεν αὐτὸν
αἰετὸς ὀξὺ λάων ἐσκέψατο· πολλὰ δὲ χερσὶν   360
αὐγὰς ὠμόργαζε, δολοφροσύνην ἀλεγύνων.
αὐτὸς δ' αὐτίκα μῦθον ἀπηλεγέως ἀγόρευεν·
οὐκ ἴδον, οὐ πυθόμην, οὐκ ἄλλου μῦθον ἄκουσα·
οὐδέ κε μηνύσαιμ', οὐδ' ἂν μήνυτρον ἀροίμην.
Ἤτοι ἄρ' ὣς εἰπὼν κατ' ἄρ' ἕζετο Φοῖβος Ἀπόλλων.   365
Ἑρμῆς δ' ἄλλον μῦθον ἐν ἀθανάτοισιν ἔειπεν,
δείξατο δ' ἐς Κρονίωνα, θεῶν σημάντορα πάντων·
Ζεῦ πάτερ, ἤτοι ἐγώ τοι ἀληθείην καταλέξω·
νημερτής τε γάρ εἰμι καὶ οὐκ οἶδα ψεύδεσθαι.
ἦλθεν ἐς ἡμετέρου διζήμενος εἰλίποδας βοῦς   370
σήμερον, ἠελίοιο νέον γ' ἐπιτελλομένοιο,
οὐδὲ θεῶν μακάρων ἄγε μάρτυρας, οὐδὲ κατόπτας·
μηνύειν δ' ἐκέλευεν ἀναγκαίης ὕπο πολλῆς·
πολλὰ δέ μ' ἠπείλησε βαλεῖν ἐς Τάρταρον εὐρύν,
οὕνεχ' ὁ μὲν τέρεν ἄνθος ἔχει φιλοκυδέος ἥβης,   375

---

346. ὅδ' ἐκτὸς auch E M. — 349. βαίνων M. — 352. πολὺν στίβον
M. — 353. ὤκακο E. — 354. ἐφράσσατο E. — 355. ἐς M | ἐλῶντα ELD. —
356. ἡσυχία M | κατέρεξε auch E. — 357. διαπυρπαλάμησεν Ilgen, διὰ
πῦρ μάλ' ἄμησεν auch E, δια πῦρ παλάμησεν M. — 360. S. Einl. No. 20.
— 361. ὠμόργαζε Ilgen, ὠμάργαξε E, ὠμάρταξε die andern. | ἀλεγύνων
E(?)LD, ἀλεγίζων M, ἀλεείνων Par. — 362. ἀπολεγέως L. — 365.
κατὰ ῥ E. — 366. ἄλλον κτλ. E im Text. S. Einl. No. 21. — 368.
ξευς L | τοι Hermann, σοι die Hdschrr. | ἀλ. ἀγορεύσω M. — 371. νέον
E(?)L, νέον γ' D (γ' später?) und die Par. — 374. εἰς M.

2. ΕΙΣ ΕΡΜΗΝ.

αὐτὰρ ἐγὼ χϑιζὸς γενόμην (τὰ δέ τ' οἶδε καὶ αὐτός)
οὔτι βοῶν ἐλατῆρι, κραταιῷ φωτὶ, ἐοικώς.
πείϑεο (καὶ γὰρ ἐμεῖο πατὴρ φίλος εὔχεαι εἶναι),
ὡς οὐκ οἴκαδ' ἔλασσα βόας (ὡς ὄλβιος εἴην),
οὐδ' ὑπὲρ οὐδὸν ἔβην· τὸ δέ τ' ἀτρεκέως ἀγορεύω· 380
Ἥλιον μάλα τ' αἰδέομαι καὶ δαίμονας ἄλλους,
καὶ σὲ φιλῶ, καὶ τοῦτον ὀπίζομαι· οἶσϑα καὶ αὐτός,
ὡς οὐκ αἴτιός εἰμι· μέγαν δ' ἐπιδώσομαι ὅρκον·
οὐ μὰ τάδ' ἀϑανάτων εὐκόσμητα προϑύραια·
καί που ἐγὼ τούτῳ τίσω ποτὲ νηλέα φώρην, 385
καὶ κρατερῷ περ ἐόντι· σὺ δ' ὁπλοτέροισιν ἄρηγε.
Ὣς φάτ' ἐπιλλίζων Κυλλήνιος Ἀργειφόντης·
καὶ τὸ σπάργανον εἶχεν ἐπ' ὠλένῃ, οὐδ' ἀπέβαλλεν.
Ζεὺς δὲ μέγ' ἐξεγέλασσεν, ἰδὼν κακομηδέα παῖδα,
εὖ καὶ ἐπισταμένως ἀρνεύμενον ἀμφὶ βόεσσιν. 390
ἀμφοτέρους δ' ἐκέλευσεν ὁμόφρονα ϑυμὸν ἔχοντας
ζητεύειν, Ἑρμῆν δὲ διάκτορον ἡγεμονεύειν,
καὶ δεῖξαι τὸν χῶρον ἐπ' ἀβλαβίῃσι νόοιο,
ὅππῃ δ' αὖτ' ἀπέκρυψε βοῶν ἴφϑιμα κάρηνα.
νεῦσεν δὲ Κρονίδης, ἐπεπείϑετο δ' ἀγλαὸς Ἑρμῆς· 395
ῥηϊδίως γὰρ ἔπειϑε Διὸς νόος αἰγιόχοιο.
Τὼ δ' ἄμφω σπεύδοντε, Διὸς περικαλλέα τέκνα,
ἐς Πύλον ἠμαϑόεντα ἐπ' Ἀλφειοῦ πόρον ἷξον,
ἀγροὺς δ' ἐξίκοντο καὶ αὔλιον ὑψιμέλαϑρον,
ᾧχ', οὗ δὴ τὰ χρήματ' ἀτάλλετο νυκτὸς ἐν ὥρῃ. 400
ἔνϑ' Ἑρμῆς μὲν ἔπειτα κιὼν παρὰ λάϊνον ἄντρον,
ἐς φάος ἐξήλαυνε βοῶν ἴφϑιμα κάρηνα·
Λητοΐδης δ' ἀπάτερϑεν ἰδὼν ἐνόησε βοείας
πέτρῃ ἐπ' ἠλιβάτῳ, τάχα δ' εἴρετο κύδιμον Ἑρμῆν·

---

376. τὰ δέ τ' ΜΕ(?), τάδε τ' die andern, τάδε L. — 379. ἔλασα D.
— 380. τὸ δέ τ' Hermann, τόδε δ' auch Ε. — 381. μάλα τ' Gemoll, δὲ
μάλ' Μ, μάλ' ΕLD. — 383. ἐπιδώσομαι Barnes, ἐπιδαίομαι auch Ε,
ἐπιδεύομαι Μ. — 384. πρόϑυρα Μ. — 385. που Hermann, ποτ' auch Ε,
ποτὶ Μ. | φώρην Μ, φωνήν auch Ε. — 389. ἐξεγέλασεν DM. — 394.
ἴφιμα Ε. — 397. τὴν Ε. | σπεύδοντο ELD. — 398. δ' ἐπ' LD | ἷξον
auch Ε. — 400. ᾧχ', οὗ Gemoll | ἀτάλλ. ed. pr., ἀτιτάλλ. LD Par.,
-ματα τιτάλλ. Μ, ἀντιβάλλετο Ε. — 401. ἐς λάϊνον Μ. — 402. ἤλαυνε
Par. | ἴφιμα L. — 403. ἀπάνευϑεν Μ. — 404. γαίῃ κατ' ἠλιβ. Μ. |
εἴρετο Μ.

Πῶς ἐδύνω, δολομῆτα, δύω βόε δειροτομῆσαι, 405
ὧδε νεογνὸς ἐὼν καὶ νήπιος; αὐτὸς ἔγωγε
δειμαίνω κατόπισθε τὸ σὸν κράτος· οὐδέ τί σε χρὴ
μακρὸν ἀέξεσθαι, Κυλλήνιε, Μαιάδος υἱέ.
Ὣς ἄρ᾿ ἔφη, καὶ χερσὶ περίστρεφε καρτερὰ δεσμὰ
†ἁγνοῦ· ταὶ δ᾿ ὑπὸ ποσσὶ κατὰ χθονὸς αἶψα φύοντο 410
αὐτόθεν ἐμβολάδην, ἐστραμμέναι ἀλλήλῃσιν,
ῥεῖά τε καὶ πάσῃσιν ἐπ᾿ ἀγραύλοισι βόεσσιν,
Ἑρμέω βουλῇσι κλεψίφρονος· αὐτὰρ Ἀπόλλων
* * *
θαύμασεν ἀθρήσας. τότε δὴ κρατὺς Ἀργεϊφόντης
χῶρον ὑποβλήδην ἐσκέψατο, πῦκν᾿ ἀμαρύσσων, 415
ἐγκρύψαι μεμαώς. Λητοῦς δ᾿ ἐρικυδέος υἱὸν
ῥεῖα μάλ᾿ ἐπρήϋνεν, ἑκηβόλον, ὡς ἔθελ᾿ αὐτός,
καὶ κρατερόν περ ἐόντα· λαβὼν δ᾿ ἐπ᾿ ἀριστερὰ χειρός,
πλήκτρῳ ἐπειρήτιζε κατὰ μέρος· ἣ δ᾿ ὑπὸ χειρὸς
σμερδαλέον κονάβησε· γέλασσε δὲ Φοῖβος Ἀπόλλων 420
γηθήσας, ἐρατὴ δὲ διὰ φρένας ἤλυθ᾿ ἰωὴ
θυμῷ ἀκουάζοντα· λύρῃ δ᾿ ἐρατὸν κιθαρίζων
στῆ ῥ᾿ ὅγε θαρσήσας ἐπ᾿ ἀριστερά, Μαιάδος υἱός,
Φοίβου Ἀπόλλωνος· τάχα δὲ λιγέως κιθαρίζων
γηρύετ᾿ ἀμβολάδην (ἐρατὴ δέ οἱ ἕσπετο φωνή) 425
κλείων ἀθανάτους τε θεοὺς καὶ γαῖαν ἐρεμνήν,
ὡς τὰ πρῶτα γένοντο, καὶ ὡς λάχε μοῖραν ἕκαστος.
Μνημοσύνην μὲν πρῶτα θεῶν ἐγέραιρεν ἀοιδῇ,
μητέρα Μουσάων· ἣ γὰρ λάχε Μαιάδος υἱόν· 430
τοὺς δὲ κατὰ πρέσβιν τε, καὶ ὡς γεγάασιν ἕκαστος,

θεσπεσίης ἐνοπῆς, καί μιν γλυκὺς ἵμερος ᾕρει, 422

---

406. νεογνοίων καὶ M, νεογλὸς E. — 407. δειμαίνω H. Stephanus, θαυμαίνω auch E. — 409. κρατερὰ D. — 410. ἁγνοῦ auch E, ἄγνον M. — 411. ἀμβολ. M (Par.?) — 412. πάσσησιν E | ἀγραύλοισι Hermann, ἀγραύλησι die Hdschrr. — 414. τότε auch E. — 415. πύκν᾿ ἀμ. Barnes, πῦρ ἀμαρ. auch E. — 417. ἐπραϋνεν E | ἔθετ᾿ M. — 418. λύρην M am Ende. — 419. πλήκτωρ L | ἐπηρήτιζε M | μέρος Martin (E?), μέλος die Hdschrr. — 420. γέλασε MD. — 421. δὲ fehlt E. — 422 fehlt auch E, nur in M. — 425. δελλιγέως E. — 427. κλείων Hermann, κραίνων die Hdschrr. — 429. ἀοιδὸν M. — 431. δὲ καὶ κατὰ M | πρέσβιν Matthiae, πρέσβην auch E, γεγάασσιν LP | ἄπαντες M am Ende.

ἀθανάτους ἐγέραιρε θεοὺς Διὸς ἀγλαὸς υἱός,
πάντ' ἐνέπων κατὰ κόσμον, ἐπωλένιον κιθαρίζων.
τὸν δ' ἔρος ἐν στήθεσσιν ἀμήχανος αἴνυτο θυμόν,
καί μιν φωνήσας ἔπεα πτερόεντα προσηύδα· 435
  Βουφόνε μηχανιῶτα, †πονεύμενε δαιτὸς ἑταῖρε,
πεντήκοντα βοῶν ἀντάξια ταῦτ' ἀνέφηνας.
ἡσυχίως καὶ ἔπειτα διακρινέεσθαι ὀίω·
νῦν δ' ἄγε μοι τόδε εἰπέ, πολύτροπε Μαιάδος υἱέ,
ἦ σοί γ' ἐκ γενετῆς τάδ' ἅμ' ἕσπετο θαυματὰ ἔργα, 440
ἦέ τις ἀθανάτων, ἢὲ θνητῶν ἀνθρώπων
δῶρον ἀγαυὸν ἔδωκε, καὶ ἔφρασε θέσπιν ἀοιδήν.
θαυμασίην γὰρ τήνδε νεήφατον ὄσσαν ἀκούω,
ἣν οὐ πώποτέ φημι δαήμεναι οὔτε τιν' ἀνδρῶν,
οὔτε τιν' ἀθανάτων, οἳ Ὀλύμπια δώματ' ἔχουσιν, 445
νόσφι σέθεν, φηλῆτα, Διὸς καὶ Μαιάδος υἱέ.
τίς τέχνη, τίς μοῦσα †ἀμηχανέων μελεδώνων;
τίς τρίβος; ἀτρεκέως γὰρ ἅμα τρία πάντα πάρεστιν
εὐφροσύνην καὶ ἔρωτα καὶ ἥδυμον ὕπνον ἑλέσθαι.
καὶ γὰρ ἐγὼ Μούσῃσιν Ὀλυμπιάδεσσιν ὀπηδός, 450
τῇσι χοροί τε μέλουσι καὶ ἀγλαὸς ὕμνος ἀοιδῆς,
καὶ μολπὴ τεθαλυῖα καὶ ἱμερόεις βρόμος αὐλῶν·
ἀλλ' οὔπω τί μοι ὧδε μετὰ φρεσὶν ἄλλο μέλησεν,
οἷα θεῶν θαλίης ἐνδέξια ἔργα πέλονται.
θαυμάζω, Διὸς υἱέ, τάδ', ὡς ἐρατὸν κιθαρίζεις. 455
νῦν δ' ἐπεὶ οὖν, ὀλίγος περ ἐών, κλυτὰ μήδεα οἶδας,
σοί τ' αὐτῷ καὶ μητρὶ τόδ' ἀτρεκέως ἀγορεύω·
ναὶ μὰ τόδε κρανέϊνον ἀκόντιον, ἦ μὲν ἐγώ σε
κυδρὸν ἐν ἀθανάτοισι καὶ ὄλβιον ἡγεμονεύσω, 460
δώσω τ' ἀγλαὰ δῶρα καὶ ἐς τέλος οὐκ ἀπατήσω.

[ἷζε, πέπον, καὶ θυμῷ ἐπαίνει πρεσβυτέροισιν· 457
νῦν γάρ τοι κλέος ἔσται ἐν ἀθανάτοισι θεοῖσιν,] 458

433. ἐννέπων M. — 437. ταῦτ' ἀνέφηνας Stadtmüller, ταῦτα μέμηλας die Hdschrr. — 438. διακρίνεσθαι M D. — 440. γενετῆς M, γενεῆς auch E | θαύματ' M. — 446. φιλητὰ E L D M, φηλητὰ B. — 447. μελεδόνων M, μελεδώνω L. — 451. χορὸς μέλουσι M | ὑμνὸς E am Rande, im Text οἶμος. S. Einl. No. 22. — 453. ὧδε statt ἄλλο auch E | μελήσειν M. — 454. θεῶν Gemoll, νέων die Hdschrr. — 457 f. fehlen auch in E, nur in M. | θυμῷ Gemoll, θυμὸν M. — 459. μητρῄ E. — 460. κραναῖον auch E P | ἐγώ σε M D, ἐγώ γε E L (ἔγωγε).

48 B. ΕΙΣ ΕΡΜΗΝ.

Τὸν δ' Ἑρμῆς μύθοισιν ἀμείβετο κερδαλέοισιν·
εἰρωτᾷς μ', Ἑκάεργε περιφραδές· αὐτὰρ ἐγώ τοι
τέχνης ἡμετέρης ἐπιβήμεναι οὔτι μεγαίρω. 465
σήμερον εἰδήσεις· ἐθέλω δέ τοι ἤπιος εἶναι
βουλῇ καὶ μύθοισι· σὺ δὲ φρεσὶ πάντ' εὖ οἶδας.
πρῶτος γάρ, Διὸς υἱέ, μετ' ἀθανάτοισι θαάσσεις,
ἠΰς τε κρατερός τε· φιλεῖ δέ σε μητίετα Ζεὺς
ἐκ πάσης ὁσίης· ἔπορεν δέ τοι ἀγλαὰ δῶρα 470
καὶ τιμάς· σὲ δέ φασι δαήμεναι ἐκ Διὸς ὀμφῆς
μαντείας, Ἑκάεργε· Διὸς γὰρ θέσφατα πάντα·
τῶν νῦν αὐτὸς ἐγώ σε πανομφαῖον δεδάηκα.
σοὶ δ' αὐτάγρετόν ἐστι δαήμεναι, ὅττι μενοινᾷς.
ἀλλ' ἐπεὶ οὖν τοι θυμὸς ἐπιθύει κιθαρίζειν, 475
μέλπεο καὶ κιθάριζε, καὶ ἀγλαΐας ἀλέγυνε,
δέγμενος ἐξ ἐμέθεν· σὺ δέ μοι, φίλε, κῦδος ὄπαζε.
εὐμόλπει μετὰ χερσὶν ἔχων λιγύφωνον ἑταίρην,
καλὰ καὶ εὖ κατὰ κόσμον ἐπισταμένην ἀγορεύειν·
εὔκηλος μὲν ἔπειτα φέρειν ἐς δαῖτα θάλειαν 480
καὶ χορὸν ἱμερόεντα καὶ ἐς φιλοκυδέα κῶμον,
εὐφροσύνην νυκτός τε καὶ ἤματος. ὅστις ἂν αὐτὴν
τέχνῃ καὶ σοφίῃ δεδαημένος ἐξερεείνῃ,
φθεγγομένη παντοῖα νόῳ χαρίεντα διδάσκει,
ῥεῖα †συνηθείῃσιν ἀθυρομένη μαλακῇσιν, 485
ἐργασίην φεύγουσα δυήπαθον· ὃς δέ κεν αὐτὴν
νῆϊς ἐὼν τὸ πρῶτον ἐπιζαφελῶς ἐρεείνῃ,
μὰψ αὔτως κεν ἔπειτα μετήορά τε θρυλίζοι.
σοὶ δ' αὐτάγρετόν ἐστι δαήμεναι, ὅττι μενοινᾷς.
καί τοι ἐγὼ δώσω ταύτην, Διὸς ἀγλαὲ κοῦρε. 490

464. ἀτὰρ M. — 467. πάντα M. — 471. σὲ δέ φασιν Martin, σὲ δὲ φασὶν M (Thiele), σὲ γε auch E. — 472. μαντείας τ' die Hdschrr., μαντείας θ' M | γὰρ Kämmerer, παρὰ die Hdschrr. — 473. τῶν EL (Rand). Cf. Einl. No. 23 | αὐτοὶ L | ἐγώ σε πανομφαῖον Hermann, ἔγωγε (ἐγώγε E) παῖδ' ἀφνειὸν die Hdschrr. — 478. εὐμόλπει auch E (Accent?) | γλυκύφωνον E. — 479. ἐπισταμένην Barnes, ἐπισταμένως auch E. — 481. καὶ — 482. νυκτός τε fehlt E | ἂν καὶ αὐτὴν M(?). — 483. ὅστις ἂν auch E. — 483. δαήμενος M | ἐρεείνει E (dies. Hand). — 485. συνειθείησιν M. — 486. φεύγουσα M, φθέγγουσα auch E. — 487. ἰὼν M | ἐρέεινε ELDP, ἐρεείνῃ M. — 488. θρυλίζοι Gemoll, θρυναλίζοι auch E. — 489. σοὶ δ' αὖτ' ἄγρετόν auch E.

2. ΕΙΣ ΕΡΜΗΝ. 49

ἡμεῖς δ' αὖτ' ὄρεός τε καὶ ἱπποβότου πεδίοιο
βουσὶ νομούς, Ἑκάεργε, νομεύσομεν ἀγραύλοισιν·
† ἔνθεν ἅλις τέξουσι βόες, ταύροισι μιγεῖσαι,
μίγδην θηλείας τε καὶ ἄρσενας· οὐδέ τί σε χρή,
κερδαλέον περ ἐόντα, περιζαμενῶς κεχολῶσθαι. 495
Ὣς εἰπὼν ὤρεξ'· ὃ δ' ἐδέξατο, Φοῖβος Ἀπόλλων,
Ἑρμῇ δ' ἐγγυάλιξεν ἔχειν μάστιγα φαεινήν,
βουκολίας τ' ἐπέτελλεν· ἔδεκτο δὲ Μαιάδος υἱὸς
γηθήσας· κίθαριν δὲ λαβὼν ἐπ' ἀριστερὰ χειρὸς
Λητοῦς ἀγλαὸς υἱός, ἄναξ ἑκάεργος Ἀπόλλων, 500
πλήκτρῳ ἐπειρήτιζε κατὰ μέρος· ἣ δ' ὑπὸ χειρὸς
ἱμερόεν κονάβησε· θεὸς δ' ὑπὸ καλὸν ἄεισεν.
Ἔνθα βόας μὲν ἔπειτα ποτὶ ζάθεον λειμῶνα
ἐτραπέτην· αὐτοὶ δὲ, Διὸς περικαλλέα τέκνα,
ἄψορροι πρὸς Ὄλυμπον ἀγάννιφον ἐρρώσαντο, 505
τερπόμενοι φόρμιγγι· χάρη δ' ἄρα μητίετα Ζεύς.
[ἄμφω δ' ἐς φιλότητα συνήγαγε· καί θ' ὁ μὲν Ἑρμῆς
Λητοΐδην ἐφίλησε διαμπερές, ὡς ἔτι καὶ νῦν·
† σῆμά τ', ἐπεὶ κίθαριν μὲν Ἑκηβόλῳ ἐγγυάλιξεν
ἱμερτὴν δεδαώς· ὃ δ' ἐπωλένιον κιθάριζεν. 510
αὐτὸς δ' αὖθ' ἑτέρης σοφίης ἐκμάσσατο τέχνην·
συρίγγων ἐνοπὴν ποιήσατο τηλόθ' ἀκουστήν.]

* * *

καὶ τότε Λητοΐδης Ἑρμῆν πρὸς μῦθον ἔειπεν·
Δείδια, Μαιάδος υἱέ, διάκτορε ποικιλομῆτα,
μή μοι ἅμα κλέψῃς κίθαριν καὶ καμπύλα τόξα. 515
τιμὴν γὰρ πὰρ Ζηνὸς ἔχεις, ἐπαμοίβια ἔργα
θήσειν ἀνθρώποισι κατὰ χθόνα πουλυβότειραν.
ἀλλ' εἴ μοι τλαίης γε θεῶν μέγαν ὅρκον ὀμόσσαι,

---

497. ἔχειν Matthiae, ἔχων auch E. — 499 fehlt M. — 501. μέρος Martin, μέλος auch E. | χειρὸς Schneidewin, καλὸν auch E, νέρθεν M. — 502. σμερδαλέον M am Anfang | καλὸν M, μέλλος auch E. — 503. ἔνθα] καί ῥα M. | βόας M, βόες auch E, κατὰ ζάθ. M. — 504. δραπέτην M | περικαλέα E. — 505. πρὸ M. — 507—12 klammerte ein Franke. — 507. καί θ' Gemoll, καὶ τὸ auch E. — 508. ὡς ἔτι καὶ νῦν auch E. — 509. σῆμα τ' die Hdschrr. | κιθάρην die Hdschrr. — 510. fehlt M | ἐπωλένιον Ilgen, ὑπωλ. die Hdschrr. — 514. ποικιλομήτα E. — 515. ἅμα κλ. M., ἀνακλέψῃς EDLP | κιθάρην ELDP. — 516. ἐπ' ἀμοίβημα M. — 517. πολυβότειραν ELDM.

Gemoll, die hom. Hymnen. 4

50   B. ΕΙΣ ΕΡΜΗΝ.

[ἢ κεφαλῇ νεύσας ἢ ἐπὶ Στυγὸς ὄμβριμον ὕδωρ],
πάντ' ἂν ἐμῷ θυμῷ κεχαρισμένα καὶ φίλα ἔρδοις.   520
Καὶ τότε Μαιάδος υἱὸς ὑποσχόμενος κατένευσεν,
μή ποτ' ἀποκλέψειν, ὅσ' Ἑκηβόλος ἐκτεάτισται,
μηδέ ποτ' ἐμπελάσειν πυκινῷ δόμῳ· αὐτὰρ Ἀπόλλων
Λητοΐδης κατένευσεν ἐπ' ἀρθμῷ καὶ φιλότητι,
μή τινα φίλτερον ἄλλον ἐν ἀθανάτοισιν ἔσεσθαι,   525
μήτε θεὸν μήτ' ἄνδρα Διὸς γόνον· ἐκ δὲ τέλειον ⁻
† σύμβολον ἀθανάτων ποιήσομαι ἠδ' ἅμα πάντων
πιστὸν ἐμῷ θυμῷ καὶ τίμιον· αὐτὰρ ἔπειτα
ὄλβου καὶ πλούτου δώσω περικαλλέα ῥάβδον,
χρυσείην, τριπέτηλον, ἀκήριον ἥ σε φυλάξει,   530
† πάντας ἐπικραίνουσα θεοὺς ἐπέων τε καὶ ἔργων,
τῶν ἀγαθῶν, ὅσα φημὶ δαήμεναι ἐκ Διὸς ὀμφῆς.
μαντείην δέ, φέριστε διοτρεφές, ἣν ἐρεείνεις,
οὔτε σε θέσφατόν ἐστι δαήμεναι, οὔτε τιν' ἄλλον
ἀθανάτων· τὸ γὰρ οἶδε Διὸς νόος· αὐτὰρ ἐγώ γε   535
πιστωθεὶς κατένευσα καὶ ὤμοσα καρτερὸν ὅρκον,
μή τινα νόσφιν ἐμεῖο θεῶν αἰειγενετάων
ἄλλον γ' εἴσεσθαι Ζηνὸς πυκινόφρονα βουλήν.
καὶ σύ, κασίγνητε χρυσόρραπι, μή με κέλευε
θέσφατα πιφαύσκειν, ὅσα μήδεται εὐρύοπα Ζεύς.   540
ἀνθρώπων δ' ἄλλον δηλήσομαι, ἄλλον ὀνήσω,
πολλὰ περιτροπέων ἀμεγάρτων φῦλ' ἀνθρώπων.
καί κεν ἐμῆς ὀμφῆς ἀπονήσεται, ὅστις ἂν ἔλθῃ
φωνῇ καὶ πτερύγεσσι τεληέντων οἰωνῶν·
οὗτος ἐμῆς ὀμφῆς ἀπονήσεται, οὐδ' ἀπατήσω.   545
ὃς δέ κε μαψιλόγοισι πιθήσας οἰωνοῖσιν
μαντείην ἐθέλῃσι παρὲκ νόον ἐξερεείνειν
ἡμετέρην, νοέειν δὲ θεῶν πλέον αἰὲν ἐόντων,

---

519 klammerte ein *Matthiae*. | ὄμβριμον *ELD.* — 520. ἔρδοις *ELDP.* — 522. μή ποτ'] μήτ' *M.* — 524. ἀριθμῷ *M.* — 525. ἔσσεσθαι *L.* — 526. ἐκ δὲ auch *E.* — 527. ἅμα πάντων auch *E.* — 530. ἀκήριον *LMD(E?).* — 531. πάντας ἐπικραίνουσα θεοὺς auch *E.* — 532. ἐκ—534 δαήμεναι fehlt der Par. Klasse. — 533. διαμπερὲς *M.* — 534. ἄλλων auch *M.* — 535 fehlt *E.* — 537. ἐμοῖο *M.* — 538. ποικινοφ. *E.* — 539. χρυσάραπι *D.* — 540. βούλεται *D.* — 542. περιτράπων *M.* — 543. οὐδ' ἀπατήσω *M* Schluſs. — 544. φωνή τ' ἠδεπότησι *M.* — 545. ἀπατησῶ *E.* — 547. ἐθελήσει auch *E.* | παρεκ *E.*

2. ΕΙΣ ΕΡΜΗΝ.

φήμ᾽, ἀλίην ὁδὸν εἶσιν, ἐγὼ δέ κε δῶρα δεχοίμην.
ἄλλο δέ τοι ἐρέω, Μαίης ἐρικυδέος υἱέ 550
καὶ Διὸς αἰγιόχοιο, θεῶν ἐριούνιε δαῖμον·
Θριαὶ γάρ τινές εἰσι, κασίγνηται γεγαυῖαι,
παρθένοι, ὠκείῃσιν ἀγαλλόμεναι πτερύγεσσιν,
τρεῖς· κατὰ δὲ κρατὸς πεπαλαγμέναι ἄλφιτα λευκά,
οἰκία ναιετάουσιν ὑπὸ πτυχὶ Παρνησοῖο, 555
μαντείης ἀπάνευθε διδάσκαλοι, ἣν ἐπὶ βουσὶν
παῖς ἔτ᾽ ἐὼν μελέτησα· πατὴρ δ᾽ ἐμὸς οὐκ ἀλέγιζεν.
ἐντεῦθεν δὴ ἔπειτα ποτώμεναι ἄλλοτε ἄλλῃ,
κηρία βόσκονται καί τε κραίνουσιν ἕκαστα.
αἲ δ᾽ ὅτε μὲν θυίωσιν ἐδηδυῖαι μέλι χλωρόν, 560
προφρονέως ἐθέλουσιν ἀληθείην ἀγορεύειν·
ἢν δ᾽ ἀπονοσφισθῶσι θεῶν ἡδεῖαν ἐδωδήν,
ψεύδονται δὴ ἔπειτα δι᾽ ἀλλήλων δονέουσαι.
τάς τοι ἔπειτα δίδωμι· σὺ δ᾽ ἀτρεκέως ἐρεείνων,
σὴν αὐτοῦ φρένα τέρπε, καὶ ἢν βροτὸν ἄνδρα δαήῃς· 565
πολλάκι σῆς ὀμφῆς ἐπακούσεται, αἴ κε τύχῃσιν.
ταῦτ᾽ ἔχε, Μαιάδος υἱέ, καὶ ἀγραύλους ἕλικας βοῦς,
ἵππους τ᾽ ἀμφιπόλευε καὶ ἡμιόνους ταλαεργούς

* * *

καὶ χαροποῖσι λέουσι καὶ ἀργιόδουσι σύεσσιν,
καὶ κυσὶ καὶ μήλοισιν, ὅσα τρέφει εὐρεῖα χθών, 570
πᾶσι δ᾽ ἐπὶ προβάτοισιν ἀνάσσειν κύδιμον Ἑρμῆν·
οἶον δ᾽ εἰς Ἀΐδην τετελεσμένον ἄγγελον εἶναι,
ὅς τ᾽, ἄδοτός περ ἐών, δώσει γέρας οὐκ ἐλάχιστον.
Οὕτω Μαιάδος υἱὸν ἄναξ ἐφίλησεν Ἀπόλλων
παντοίῃ φιλότητι· χάριν δ᾽ ἐπέθηκε Κρονίων. 575
πᾶσι δ᾽ ὅγε θνητοῖσι καὶ ἀθανάτοισιν ὁμίλει.

---

549. κε] καὶ *M*. — 550. υἱὸς *M*. — 552. Θριαὶ Hermann, μοῖραι auch *E*. — 555. Παρνησοῖο *M*. — 556. διδασκαλίαν *M*. — 557. οὐκ ἀλέγιζεν Hermann, ἀλέγυνεν *ELD*, -εινεν Par. — 558. δ᾽ *E*, δ᾽ ἦπ. die andern. | ἄλλοτε ἄλλῃ Schneidewin, ἄλλοτ᾽ ἐπ᾽ ἄλλῃ auch *E*. — 560. θυίωσιν *M*, θυΐσωσι(ν) *LDE*(?), θύσωσι Par. — 561. ἐθέλωσι *EL*. — 563. Am Rande (δ᾽ ἔπειτα) *E*; im Text: πειρῶνται δ᾽ ἤπειτα πάρεξ ὁδὸν ἡγεμονεύειν. S. Einl. No. 24. — 565. σὺν (st. σὴν) . . . φρέντα *L*. | δαείης die Hdschrr., ἄνδρ᾽ ἀδαῆ *M* am Schluſs. — 566. πολλάκις *M*. αἴκε *EL*. — 569. σύεσσι *L*, γύεσσι *E*, σύ ἐσσι *D*. — 576. ὁμίλει *LDP*(*F*?), ἀθανάτοισι νομίζων *M*.

4*

παῦρα μὲν οὖν ὀνίνησι, τὸ δ' ἄκριτον ἠπεροπεύει
νύκτα δι' ὀρφναίην φῦλα θνητῶν ἀνθρώπων.
Καὶ σὺ μὲν οὕτω χαῖρε, Διὸς καὶ Μαιάδος υἱέ·
αὐτὰρ ἐγὼ καὶ σεῖο καὶ ἄλλης μνήσομ' ἀοιδῆς. 580

III.
ΕΙΣ ΑΦΡΟΔΙΤΗΝ.

Μοῦσά μοι ἔννεπε ἔργα πολυχρύσου Ἀφροδίτης,
Κύπριδος, ἥ τε θεοῖσιν ἐπὶ γλυκὺν ἵμερον ὦρσεν,
καί τ' ἐδαμάσσατο φῦλα καταθνητῶν ἀνθρώπων,
οἰωνούς τε διϊπετέας καὶ θηρία πάντα,
ἠμὲν ὅσ' ἤπειρος πολλὰ τρέφει, ἠδ' ὅσα πόντος· 5
πᾶσιν δ' ἔργα μέμηλεν ἐϋστεφάνου Κυθερείης.
Τρισσὰς δ' οὐ δύναται πεπιθεῖν φρένας οὐδ' ἀπατῆσαι·
κούρην τ' αἰγιόχοιο Διός, γλαυκῶπιν Ἀθήνην·
οὐ γάρ οἱ εὔαδεν ἔργα πολυχρύσου Ἀφροδίτης,
ἀλλ' ἄρα οἱ πόλεμοί τε ἄδον καὶ ἔργον Ἄρηος, 10
ὑσμῖναί τε μάχαι τε, καὶ ἀγλαὰ ἔργ' ἀλεγύνειν.
πρώτη τέκτονας ἄνδρας ἐπιχθονίους ἐδίδαξεν
ποιῆσαι σατίνας τε καὶ ἅρματα ποικίλα χαλκῷ.
ἡ δέ τε παρθενικὰς ἁπαλόχροας ἐν μεγάροισιν
ἀγλαὰ ἔργ' ἐδίδαξεν, ἐπὶ φρεσὶ θεῖσα ἑκάστῃ. 15
οὐδέ ποτ' Ἀρτέμιδα χρυσηλάκατον κελαδεινὴν
δάμναται ἐν φιλότητι φιλομμειδὴς Ἀφροδίτη.
καὶ γὰρ τῇ ἅδε τόξα, καὶ οὔρεσι θῆρας ἐναίρειν,
φόρμιγγές τε χοροί τε διαπρύσιοί τ' ὀλολυγαί,

---

577. πᾶσα E am Anfang.
III. εἰς ἀφροδίτην E(rot)LD, τοῦ αὐτοῦ Ὁμήρου ὕμνοι εἰς ἀφροδίτην M, ὕμνος εἰς ἀφροδίτην P.
1. Μοῦσά μοι Hermann, μοῦσα μοι auch E. — 4. διιπετέας auch E. — 6. δ' ἔρ μέμηλεν L. — 8. γλαυκῶπιν M, γλαυκώπιδ' die andern (E?). — 9. εὔαδεν auch EP. — 10 f. ἄδον — μάχαι τε fehlt E. | ἀλλὰ ῥά M.| ἄδεν DLP, ἄδον M. — 13. σατίνας τε Ruhnken, σάτινα καὶ auch E. — 14. ἢ δέ τε Hermann, ἢ δε (ἢ δὲ M) τὲ LDP. — 16. χρυσηλάκατον M, χρυσήλατον auch E. | κελαδινὴν E. — 17. φιλομειδὴς auch E. — 18 πουλύχρυσα δὲ τόξα καὶ οὔρεσι θῆρας ἀναιρεῖν M, ἄδε ELDP.

3. ΕΙΣ ΑΦΡΟΔΙΤΗΝ.

ἄλσεά τε σκιόεντα δικαίων τε πτόλις ἀνδρῶν. 20
οὐδὲ μὲν αἰδοίῃ κούρῃ ἅδεν ἔργ' Ἀφροδίτης,
Ἱστίη, ἣν πρώτην τέκετο Κρόνος ἀγκυλομήτης,
[αὖτις δ' ὁπλοτάτην, βουλῇ Διὸς αἰγιόχοιο,]
πότνιαν, ἣν ἐμνῶντο Ποσειδάων καὶ Ἀπόλλων·
ἡ δὲ μάλ' οὐκ ἔθελεν, ἀλλὰ στερεῶς ἀπέειπεν, 25
ὤμοσε δὲ μέγαν ὅρκον (ὃ δὴ τετελεσμένον ἐστίν),
ἁψαμένη κεφαλῆς πατρὸς Διὸς αἰγιόχοιο,
παρθένος ἔσσεσθαι πάντ' ἤματα, δῖα θεάων.
τῇ δὲ πατὴρ Ζεὺς δῶκε καλὸν γέρας ἀντὶ γάμοιο,
καί τε μέσῳ οἴκῳ κατ' ἄρ' ἕζετο, πῖαρ ἑλοῦσα· 30
πᾶσιν δ' ἐν νηοῖσι θεῶν τιμάοχός ἐστιν,
καὶ παρὰ πᾶσι βροτοῖσι θεῶν πρέσβειρα τέτυκται.

Τάων οὐ δύναται πεπιθεῖν φρένας οὐδ' ἀπατῆσαι·
τῶν δ' ἄλλων οὔ πέρ τι πεφυγμένον ἔστ' Ἀφροδίτην,
οὔτε θεῶν μακάρων οὔτε θνητῶν ἀνθρώπων· 35
καί τε παρὲκ Ζηνὸς νόον ἤγαγε τερπικεραύνου,
ὅς τε μέγιστός τ' ἐστὶ μεγίστης τ' ἔμμορε τιμῆς·
καί τε τοῦ, εὖτε θέλοι, πυκινὰς φρένας ἐξαπαφοῦσα,
ῥηϊδίως συνέμιξε καταθνητῇσι γυναιξίν,
Ἥρης ἐκλελαθοῦσα, κασιγνήτης ἀλόχου τε, 40
ἣ μέγα εἶδος ἀρίστη ἐν ἀθανάτῃσι θεῇσιν·
κυδίστην δ' ἄρα μιν τέκετο Κρόνος ἀγκυλομήτης,
μήτηρ τε Ῥείη· Ζεὺς δ' ἄφθιτα μήδεα εἰδὼς
αἰδοίην ἄλοχον ποιήσατο κέδν' εἰδυῖαν.

Τῇ δὲ καὶ αὐτῇ Ζεὺς γλυκὺν ἵμερον ἔμβαλε θυμῷ, 45
ἀνδρὶ καταθνητῷ μιχθήμεναι, ὄφρα τάχιστα
μηδ' αὐτὴ βροτέης εὐνῆς ἀποεργμένη εἴη,
καί ποτ' ἐπευξαμένη εἴπῃ μετὰ πᾶσι θεοῖσιν,
ἡδὺ γελοιήσασα, φιλομμειδὴς Ἀφροδίτη,
ὥς ῥα θεοὺς συνέμιξε καταθνητῇσι γυναιξίν, 50
καί τε καταθνητοὺς υἱεῖς τέκον ἀθανάτοισιν,

---

20. πόλις *ELD*, πόνος *ABCP*, πόλεις *M*. — 22. ἱστιῇ *L*(*E*?), ἑστίη *DM*. — 23. strich Heyne. — 25. οὐ *E*. | ἔθελεν auch *M*. — 26. τετελεσμένον Gemoll, μένος die Hdschrr. | ἐστὶ *E* (Accent?). — 30. πεῖαρ *M*. — 32. πᾶσιν (so) *E*. — 36. καί τι *M*. — 38. εὖτ' ἐθέλῃ *M*. — 42. τέκε *M*. — 46. μιγήμεναι *D*. — 47. μὴ δ' *LDMP*. | ἀποειργ. *M*. — 49. γελάσασα *M*. | φιλομειδ. die Hdschrr. — 50. σύμμιξε *M*. — 51. τέκον *E*(?) *M*,

Γ. ΕΙΣ ΑΦΡΟΔΙΤΗΝ.

ὥς τε θεὰς συνέμιξε καταθνητοῖς ἀνθρώποις.
Ἀγχίσεω δ' ἄρα οἱ γλυκὺν ἵμερον ἔμβαλε θυμῷ,
ὃς τότ' ἐν ἀκροπόλοις ὄρεσιν πολυπιδάκου Ἴδης
βουκολέεσκεν βοῦς, δέμας ἀθανάτοισιν ἐοικώς. 55
Τὸν δὴ ἔπειτα ἰδοῦσα φιλομμειδὴς Ἀφροδίτη
ἠράσατ', ἐκπάγλως δὲ κατὰ φρένας ἵμερος εἷλεν.
ἐς Κύπρον δ' ἐλθοῦσα, θυώδεα νηὸν ἔδυνεν,
ἐς Πάφον, ἔνθα τέ οἱ τέμενος, βωμός τε θυώδης·
ἔνθ' ἥγ' εἰσελθοῦσα, θύρας ἐπέθηκε φαεινάς· 60
ἔνθα δέ μιν Χάριτες λοῦσαν καὶ χρῖσαν ἐλαίῳ
ἀμβρότῳ, οἷα θεοὺς ἐπενήνοθεν αἰὲν ἐόντας,
ἀμβροσίῳ, ἑδανῷ, τό ῥά οἱ τεθυωμένον ἦεν.
ἑσσαμένη δ' εὖ πάντα περὶ χροῒ εἵματα καλά,
χρυσῷ κοσμηθεῖσα, φιλομμειδὴς Ἀφροδίτη 65
σεύατ' ἐπὶ Τροίην, προλιποῦσ' εὐώδεα Κύπρον,
ὕψι μετὰ νεφέεσσι θοῶς πρήσσουσα κέλευθον.
Ἴδην δ' ἵκανεν πολυπίδακα, μητέρα θηρῶν·
βῆ δ' ἰθὺς σταθμοῖο δι' οὔρεος· οἱ δὲ μετ' αὐτὴν
σαίνοντες, πολιοί τε λύκοι χαροποί τε λέοντες, 70
ἄρκτοι παρδάλιές τε θοαί, προκάδων ἀκόρητοι,
ἤϊσαν· ἡ δ' ὁρόωσα μετὰ φρεσὶ τέρπετο θυμόν,
καὶ τοῖς ἐν στήθεσσι βάλ' ἵμερον· οἳ δ' ἅμα πάντες
σύνδυο κοιμήσαντο κατὰ σκιόεντας ἐναύλους.
αὐτὴ δ' ἐς κλισίας εὐποιήτους ἀφίκανεν. 75
τὸν δ' εὗρ' ἐν σταθμοῖσι λελειμμένον, οἷον ἀπ' ἄλλων,
Ἀγχίσην ἥρωα, θεῶν ἄπο κάλλος ἔχοντα.
οἳ δ' ἅμα βουσὶν ἕποντο νομοὺς κάτα ποιήεντας
πάντες· ὃ δὲ σταθμοῖσι λελειμμένος, οἷος ἀπ' ἄλλων,
πωλεῖτ' ἔνθα καὶ ἔνθα, διαπρύσιον κιθαρίζων. 80

τέκεν *LDP*. — 52. συνέμιξε Schaefer, ἀνέμιξε auch *E*. — 53. ἄρα *D*, ἄρ *EL*, ἄρ' *MP*, ἄρ' οἱ *M*. — 56. δ' ἔπειτα *E*, δ' ἤπειτα *LDP*, τόνδ' ἐπ *M*, φιλομμ. nur *L*? — 58. ἐκ *L*. — 59. ἔνθα τέ Hermann, ἔνθα δὲ die Hdschrr. — 61. χρίσαν *EDM*, χρίσσαν *L*. — 63. ἑδανῷ Clarke, ἑανῶ (*E*?)*LDMP*. — 65. φιλομειδὴς auch *E*. — 66. Τροίης *M*. | κύπρον auch *M* (Thiele). — 67. ὕψι μετὰ νέφεσι ῥίμφα *M*. — 68—112 fehlen *M*. — 68. θηρῶν *E* am Rande; im Text θεῶν (dies. Hand). S. Einl. Nr. 25. — 72. ἤϊσαν Ilgen, ἤεσαν auch *E*. — 74. σύνδυο *D*, συνδύο *E*, σὺν δύο *L*. — 76. εὗρ' ἐν Hermann, εὗρε die Hdschrr. — 80. πωλεῖτ' auch *L*.

3. ΕΙΣ ΑΦΡΟΔΙΤΗΝ.

στῆ δ' αὐτοῦ προπάροιθε Διὸς θυγάτηρ Ἀφροδίτη,
παρθένῳ ἀδμήτῃ μέγεθος καὶ εἶδος ὁμοίη,
μή μιν ταρβήσειεν ἐν ὀφθαλμοῖσι νοήσας.
Ἀγχίσης δ' ὁρόων ἐφράζετο θαύμαινέν τε
εἶδός τε μέγεθός τε καὶ εἵματα σιγαλόεντα.   85
πέπλον μὲν γὰρ ἕεστο φαεινότερον πυρὸς αὐγῆς,
εἶχε δ' ἐπιγναμπτὰς ἕλικας κάλυκάς τε φαεινάς.
ὅρμοι δ' ἀμφ' ἁπαλῇ δειρῇ περικαλλέες ἦσαν,
καλοί, χρύσειοι, παμποίκιλοι· ὡς δὲ σελήνη
στήθεσιν ἀμφ' ἁπαλοῖσιν ἐλάμπετο, θαῦμα ἰδέσθαι.   90
Ἀγχίσην δ' ἔρος εἷλεν, ἔπος δέ μιν ἀντίον ηὔδα·
  Χαῖρε, ἄνασσ', ἥτις μακάρων τάδε δώμαθ' ἱκάνεις,
Ἄρτεμις ἢ Λητὼ ἠὲ χρυσέη Ἀφροδίτη,
ἢ Θέμις ἠϋγενὴς ἠὲ γλαυκῶπις Ἀθήνη·
ἤ πού τις Χαρίτων δεῦρ' ἤλυθες, αἵ τε θεοῖσιν   95
πᾶσιν ἑταιρίζουσι καὶ ἀθάνατοι καλέονται·
ἤ τις νυμφάων, αἵ τ' ἄλσεα καλὰ νέμονται,
ἢ νυμφέων, αἳ καλὸν ὄρος τόδε ναιετάουσιν
καὶ πηγὰς ποταμῶν καὶ πίσεα ποιήεντα.
σοὶ δ' ἐγὼ ἐν σκοπιῇ, περιφαινομένῳ ἐνὶ χώρῳ,   100
βωμὸν ποιήσω, ῥέξω δέ τοι ἱερὰ καλὰ
ὥρῃσιν πάσῃσι· σὺ δ' εὔφρονα θυμὸν ἔχουσα
δός με μετὰ Τρώεσσιν ἀριπρεπέ' ἔμμεναι ἄνδρα·
ποίει δ' εἰσοπίσω θαλερὸν γόνον, αὐτὰρ ἔμ' αὐτὸν
δηρὸν ἔα ζώειν καὶ ὁρᾶν φάος ἠελίοιο,   105
ὄλβιον ἐν λαοῖς, καὶ γήραος οὐδὸν ἱκέσθαι.
  Τὸν δ' ἠμείβετ' ἔπειτα Διὸς θυγάτηρ Ἀφροδίτη·
Ἀγχίση, κύδιστε χαμαιγενέων ἀνθρώπων,
οὔ τίς τοι θεός εἰμι· (τί μ' ἀθανάτῃσιν ἐΐσκεις;),
ἀλλὰ καταθνητή γε, γυνὴ δέ με γείνατο μήτηρ.   110
Ὀτρεὺς δ' ἐστὶ πατὴρ ὀνομακλυτός, εἴ που ἀκούεις,
ὃς πάσης Φρυγίης εὐτειχήτοιο ἀνάσσει·

---

84. θαύμαινέν τε E(?)D, θαύμμαινέν τε L, θάμβαινέν τε die Par. (BC?). — 86. ἕεστο AC, ἕεστο LDP, ἕστο B. — 87. ἐπιγν EL, ἐπιγν. DP. — 92. χαῖρ' E. — 93. χρυσέη Barnes, χρυσῆ die Hdschrr. cf. 98. — 97 fehlt in E. — 98. νυμφέων Barnes, νυμφῶν die Hdschrr. — 99. S. die Einl. Nr. 26. Vergl. h. XVIII, 2. — 103. ἄνδρα auch E. — 105. ἔα Gemoll, ἐϋζώειν LDP(E?). — 110. καταθνητή γε Gemoll,

γλῶσσαν δ' ὑμετέρην τε καὶ ἡμετέρην σάφα οἶδα.
Τρωὰς γὰρ μεγάρῳ με τροφὸς τρέφεν· ἡ δὲ διαπρὸ
σμικρὴν παῖδ' ἀτίταλλε, φίλης παρὰ μητρὸς ἑλοῦσα. 115
ὣς δή τοι γλῶσσάν γε καὶ ὑμετέρην ἐῢ οἶδα.
νῦν δέ μ' ἀνήρπαξε χρυσόρραπις Ἀργειφόντης
ἐκ χοροῦ Ἀρτέμιδος, χρυσηλακάτου, κελαδεινῆς·
πολλαὶ δὲ νύμφαι καὶ παρθένοι ἀλφεσίβοιαι
παίζομεν, ἀμφὶ δ' ὅμιλος ἀπείριτος ἐστεφάνωτο· 120
ἔνθεν μ' ἥρπαξε χρυσόρραπις Ἀργειφόντης,
πολλὰ δ' ἐπ' ἤγαγεν ἔργα καταθνητῶν ἀνθρώπων,
πολλὴν δ' ἄκληρόν τε καὶ ἄκτιτον, ἣν διὰ θῆρες
ὠμοφάγοι φοιτῶσι κατὰ σκιόεντας ἐναύλους·
οὐδὲ ποσὶ ψαύειν ἐδόκουν φυσιζόου αἴης· 125
Ἀγχίσεω δέ με φάσκε παραὶ λέχεσιν καλέεσθαι
κουριδίην ἄλοχον, σοὶ δ' ἀγλαὰ τέκνα τεκεῖσθαι.
αὐτὰρ ἐπεὶ δὴ δεῖξε καὶ ἔφρασεν, ἤτοι ὅγ' αὖτις
ἀθανάτων μετὰ φῦλ' ἀπέβη κρατὺς Ἀργειφόντης·
αὐτὰρ ἐγώ σ' ἱκόμην, κρατερὴ δέ μοι ἔπλετ' ἀνάγκη. 130
ἀλλά σε πρὸς Ζηνὸς γουνάζομαι ἠδὲ τοκήων
ἐσθλῶν· οὐ μὲν γάρ κε κακοὶ τοιόνδε τέκοιεν·
ἀδμήτην μ' ἀγαγὼν καὶ ἀπειρήτην φιλότητος,
πατρί τε σῷ δεῖξον καὶ μητέρι κέδν' εἰδυίῃ,
σοῖς τε κασιγνήτοις, οἵ τοι ὁμόθεν γεγάασιν· 135
οὔ σφιν ἀεικελίη νυὸς ἔσσομαι, ἀλλ' εἰκυῖα· 136
πέμψαι δ' ἄγγελον ὦκα μετὰ Φρύγας αἰολοπώλους, 138
εἰπεῖν πατρί τ' ἐμῷ καὶ μητέρι κηδομένῃ περ·
οἵ δ' ἤτοι χρυσόν τε ἅλις ἐσθῆτά θ' ὑφαντὴν 140

[εἴ τοι ἀεικελίη γυνὴ ἔσσομαι, ἠὲ καὶ οὐκί.] 137

καταθνητή τε die Hdschrr. — 113. ὑμετέρην τε Wolf E(?), ὑμετέρην
LDP | καὶ ὑμετέρην E. — 114. Τρωὰς M, Τρωὸς LDP, Τρωες E
(Accent?). — 115. παῖδα τίτ. M. — 116. δή τοι Ilgen, δή τοι die
Hdschrr., auch EM. | γλῶσσάν γε Hermann E(?), τε LDP. —
117. μ' fehlt M. — 118. χρυσηλάτου ELP. — 120. ἀπείρητος M. |
ἐστεφάνωντο E. — 122. ἐπήγαγεν ELDMP. — 123. ἄτιτον ABCP.
— 124. φοιτῶσι E. — 125. ψαύσειν M. | φυσιζόου L, φυσιζώον EDMP.
— 130 nach 131 in D, aber sofort verbessert. — 132. οὐ μὲν γάρ κε M,
οὐ γάρ τε auch E. — 134. κενδν' (so) εἰδύη L. — 135. σοὶ E (fehlt σ),
δοιάτε κασιγνήτω M. — 136. S. den Komm. — 137. εἴ. τοι ELM, εἴ
τι D. — 138. αἰολοπόλους M. — 140. δ' ἤτοι Gemoll, δέ γε E, δέ τε

3. ΕΙΣ ΑΦΡΟΔΙΤΗΝ.

πέμψουσιν, σὺ δὲ πολλὰ καὶ ἀγλαὰ δέχθαι ἄποινα.
ταῦτα δὲ ποιήσας, δαίνυ γάμον ἱμερόεντα,
τίμιον ἀνθρώποισι καὶ ἀθανάτοισι θεοῖσιν.
Ὣς εἰποῦσα θεὰ γλυκὺν ἵμερον ἔμβαλε θυμῷ·
Ἀγχίσην δ᾽ ἔρος εἷλεν, ἔπος τ᾽ ἔφατ᾽ ἔκ τ᾽ ὀνόμαζεν· 145
Εἰ μὲν θνητή τ᾽ ἐσσί, γυνὴ τέ σε γείνατο μήτηρ,
Ὀτρεὺς δ᾽ ἐστὶ πατὴρ ὀνομάκλυτος, ὡς ἀγορεύεις,
ἀθανάτοιο δ᾽ ἕκητι διακτόρου ἐνθάδ᾽ ἱκάνεις,
Ἑρμέω, ἐμὴ δ᾽ ἄλοχος κεκλήσεαι ἤματα πάντα,
οὔτις ἔπειτα θεῶν οὔτε θνητῶν ἀνθρώπων 150
ἐνθάδε με σχήσει, πρὶν σῇ φιλότητι μιγῆναι·
αὐτίκα νῦν, οὐδ᾽ εἴ κεν ἑκηβόλος αὐτὸς Ἀπόλλων
τόξου ἀπ᾽ ἀργυρέου προΐῃ βέλεα στονόεντα·
βουλοίμην κεν ἔπειτα, γύναι εἰκυῖα θεῇσιν,
σῆς εὐνῆς ἐπιβὰς δῦναι δόμον Ἄϊδος εἴσω. 155
Ὣς εἰπὼν λάβε χεῖρα· φιλομμειδὴς δ᾽ Ἀφροδίτη
ἕρπε μεταστρεφθεῖσα, κατ᾽ ὄμματα καλὰ βαλοῦσα,
ἐς λέχος εὔστρωτον, ὅθι περ πάρος ἔσκεν ἄνακτι
χλαίνῃσιν μαλακῇς ἐστρωμένον· αὐτὰρ ὕπερθεν
ἄρκτων δέρματ᾽ ἔκειτο βαρυφθόγγων τε λεόντων, 160
τοὺς αὐτὸς κατέπεφνεν ἐν οὔρεσιν ὑψηλοῖσιν.
οἳ δ᾽ ἐπεὶ οὖν λεχέων εὐποιήτων ἐπέβησαν,
κόσμον μέν οἱ πρῶτον ἀπὸ χροὸς εἷλε φαεινόν,
πόρπας τε, γναμπτάς θ᾽ ἕλικας, κάλυκάς τε καὶ ὅρμους·
λῦσε δέ οἱ ζώνην, ἰδὲ εἵματα σιγαλόεντα 165
ἔκδυε καὶ κατέθηκεν ἐπὶ θρόνου ἀργυροήλου,
Ἀγχίσης· ὃ δ᾽ ἔπειτα, θεῶν ἰότητι καὶ αἴσῃ,
ἀθανάτῃ παρέλεκτο θεᾷ βροτός, οὐ σάφα εἰδώς.
Ἦμος δ᾽ ἂψ εἰς αὖλιν ἀποκλίνουσι νομῆες
βοῦς τε καὶ ἴφια μῆλα νομῶν ἐξ ἀνθεμοέντων, 170

LDP, χρυσόν κεν ELD, δέ κε χρυσόν τε ἅλις M. — 142. δαίνυυ LDP, δαίνυ M. — 144. γλυκὺν fehlt E. — 146. γυνή τέ σε EL, δέ σε D, δε σ᾽ ἐγείνατο PM. — 147. ὀνομακλυτὸς M, ὀνομακλ. die andern. — 148. ἀθανάτου δ᾽ ἕκατι M. — 149. ἑρμαίω M. | κεχλήσεαι E. — 153. προΐη E, προΐοι Paris. (C?). — 156. φιλομειδὴς EDM, φιλομμ. L.

— 157. μεταστραφθ. E. | βαλοῦσα fehlt M. — 158. λέχον εὔστρ. M. | αὐτῇ am Schluſs. — 159. μαλακῇσι E, δίνῃσι μαλακῇσιν M. — 163. κόμμον E. — 165. λύσσε LDP(E?). | ἠδ᾽ M. — 168. θεᾷ E.

τῆμος ἄρ' Ἀγχίσῃ μὲν ἐπὶ γλυκὺν ὕπνον ἔχευεν
ἥδυμον, αὐτὴ δὲ χροῒ ἕννυτο εἵματα καλά.
ἑσσαμένη δ' ἐΰ πάντα περὶ χροΐ, δῖα θεάων,
αὐτίκ' ἄρα κλισίης εὐποιήτοιο μελάθρου
κῦρε κάρῃ· κάλλος δὲ παρειάων ἀπέλαμπεν   175
ἄμβροτον, οἷόν τ' ἐστὶν ἐϋστεφάνου Κυθερείης·
ἐξ ὕπνου δ' ἀνέγειρεν, ἔπος τ' ἔφατ' ἔκ τ' ὀνόμαζεν·
Ὄρσεο, Δαρδανίδη· τί νυ νήγρετον ὕπνον ἰαύεις;
καὶ φράσαι, εἴ τοι ὁμοίη ἐγὼν ἰνδάλλομαι εἶναι,
οἵην δή με τὸ πρῶτον ἐν ὀφθαλμοῖσι νόησας.   180
Ὣς φάθ'· ὃ δ' ἐξ ὕπνοιο μάλ' ἐμμαπέως ἀνόρουσεν.
ὡς δὲ ἴδεν δειρήν τε καὶ ὄμματα κάλ' Ἀφροδίτης,
τάρβησέν τε καὶ ὄσσε παρακλιδὸν ἔτραπεν ἄλλῃ·
ἂψ δ' αὖτις χλαίνῃ τε καλύψατο καλὰ πρόσωπα,
καί μιν λισσόμενος ἔπεα πτερόεντα προσηύδα·   185
Αὐτίκα σ' ὡς τὰ πρῶτα, θεά, ἴδον ὀφθαλμοῖσιν,
ἔγνων, ὡς θεὸς ἦσθα· σὺ δ' οὐ νημερτὲς ἔειπες.
ἀλλά σε πρὸς Ζηνὸς γουνάζομαι αἰγιόχοιο,
μή με ζῶντ' ἀμενηνὸν ἐν ἀνθρώποισιν ἐάσῃς
ναίειν, ἀλλ' ἐλέαιρ'· ἐπεὶ οὐ βιοθάλμιος ἀνὴρ   190
γίγνεται, ὅς τε θεαῖς εὐνάζεται ἀθανάτῃσιν.
Τὸν δ' ἠμείβετ' ἔπειτα Διὸς θυγάτηρ Ἀφροδίτη·
Ἀγχίση, κύδιστε καταθνητῶν ἀνθρώπων,
θάρσει, μηδέ τι σῇσι μετὰ φρεσὶ δείδιθι λίην.
οὐ γάρ τοί τι δέος παθέειν κακὸν ἐξ ἐμέθεν γε,   195
οὐδ' ἄλλων μακάρων, ἐπειὴ φίλος ἐσσὶ θεοῖσιν.
σοὶ δ' ἔσται φίλος υἱός, ὃς ἐν Τρώεσσιν ἀνάξει·
καὶ παῖδες παίδεσσι διαμπερὲς ἐκγεγάονται.
τῷ δὲ καὶ Αἰνείας ὄνομ' ἔσσεται, οὕνεκά μ' αἰνὸν
ἔσχεν ἄχος, ὅτε τε βροτοῦ ἀνέρος ἔμπεσον εὐνῇ.   200

172. ἥδυμον La Roche, νήδυμον die Hdschrr. | χροῒ E. | ἕννυτο
ELDMP. — 174. πὰρ B, ἄρα auch E. — 175. κῦρε M, βύρε E, ηὖρε
LP, ἧρε D, ἧρε ABC. — 176. ἰοστεφάνου M. — 177. ὕπνου δ'
Matthiae, τε die Hdschrr. — 179. τοι M, τι auch E. | ἀγῶν M. —
180. οἴκοι δή M. — 181. ἐμμπέως E | ἀνόρουσεν Köchly, ὑπάκουσεν die
Hdschrr. — 182. εἶδε M. — 184. τε καλ. L(E?). τ' ἐκαλ. MP. — 187.
ἔειπας E. — 189. ζῶτ' L. — 191. γίγνεται M. — 195. τοί τι E, τοι
τὶ DL, τι τοι M, τι PABC. — 200. ὅτε τε Gemoll, ἕνεκα die Hdschrr.

3. ΕΙΣ ΑΦΡΟΔΙΤΗΝ.

ἀγχίθεοι δὲ μάλιστα καταθνητῶν ἀνθρώπων
αἰὲν ἀφ᾽ ὑμετέρης γενεῆς εἶδός τε φυήν τε.
ἤτοι μὲν ξανθὸν Γανυμήδεα μητίετα Ζεὺς
ἥρπασεν ὃν διὰ κάλλος, ἵν᾽ ἀθανάτοισι μετείη,
καί τε Διὸς κατὰ δῶμα θεοῖς ἐπιοινοχοεύοι, 205
θαῦμα ἰδεῖν, πάντεσσι τετιμένος ἀθανάτοισιν,
χρυσέου ἐκ κρητῆρος ἀφύσσων νέκταρ ἐρυθρόν.
Τρῶα δὲ πένθος ἄλαστον ἔχε φρένας, οὐδέ τι ᾔδει,
ὅππῃ οἱ φίλον υἱὸν ἀνήρπασε θέσπις ἄελλα·
τὸν δὴ ἔπειτα γόασκε διαμπερὲς ἤματα πάντα. 210
καί μιν Ζεὺς ἐλέησε, δίδου δέ οἱ υἷος ἄποινα
ἵππους ἀρσίποδας, τοί τ᾽ ἀθανάτους φορέουσιν.
τούς οἱ δῶρον ἔδωκεν ἔχειν· εἶπεν δὲ ἕκαστα
Ζηνὸς ἐφημοσύνῃσι διάκτορος Ἀργειφόντης,
ὡς ἔοι ἀθάνατος καὶ ἀγήρως ἶσα θεοῖσιν. 215
αὐτὰρ ἐπεὶ δὴ Ζηνὸς ὅ γ᾽ ἔκλυεν ἀγγελιάων,
οὐκέτ᾽ ἔπειτα γόασκε, γεγήθει δὲ φρένας ἔνδον·
γηθόσυνος δ᾽ ἵπποισιν ἀελλοπόδεσσιν ὀχεῖτο.
ὣς δ᾽ αὖ Τιθωνὸν χρυσόθρονος ἥρπασεν Ἠώς,
ὑμετέρης γενεῆς, ἐπιείκελον ἀθανάτοισιν. 220
βῆ δ᾽ ἴμεν αἰτήσουσα κελαινεφέα Κρονίωνα,
ἀθάνατόν τ᾽ εἶναι καὶ ζώειν ἤματα πάντα·
τῇ δὲ Ζεὺς ἐπένευσε καὶ ἐκρήηνεν ἐέλδωρ·
νηπίη, οὐδ᾽ ἐνόησε μετὰ φρεσὶ πότνια Ἠὼς
ἥβην αἰτῆσαι, ξῦσαί τ᾽ ἀπὸ γήρας ὀλοιόν. 225
τὸν δ᾽ ἤτοι εἵως μὲν ἔχεν πολυήρατος ἥβη,
Ἠοῖ τερπόμενος χρυσοθρόνῳ, ἠριγενείῃ,
ναῖε παρ᾽ Ὠκεανοῖο ῥοῇς ἐπὶ πείρασι γαίης·
αὐτὰρ ἐπεὶ πρῶτον πολιαὶ κατέχυντο ἔθειραι
καλῆς ἐκ κεφαλῆς εὐηγενέος τε γενείου, 230

---

202. αἰὲν Hermann, αἰεὶ die Hdschrr. — 203. ἤτοι auch E. — 204. ἥρπασεν ὃν Hermann, ἥρπασ᾽ ἐνὸν EL, ἥρπασ᾽ ἐὸν D, ἥρπασ᾽ αἰνὸν M. — 205. ἐπιοινοχοεύει E, -ενοι L, -ενειν M. — 206. τετιμένον (verbessert in -ος) L. — 208. Τρῶσ(?) E. — 209. ὅπη ELDP, ὅποι M. — 210. δ᾽ ἤπειτα auch E. — 213. εἶπεν δὲ Hermann, εἶπε τε E, εἶπεν τε LD. — 215. ἀγήρως E(?) LP, ἀγήραος D, ἶσα E (Treu, ἶσα Hollander). Cf. Einl. Nr. 27. — 223. ἐπίνευσε M. — 225. ξῦσαι D. — 226 δ᾽ ἤτοι Hermann, δή τοι LDPE(?) S. 231. — 229. πρῶτα E. | κατέχοιντο M.

τοῦδ' ἤτοι εὐνῆς μὲν ἀπείχετο πότνια Ἠώς,
αὐτὸν δ' αὖτ' ἀτίταλλεν, ἐνὶ μεγάροισιν ἔχουσα,
σίτῳ τ' ἀμβροσίῃ τε, καὶ εἵματα καλὰ διδοῦσα.
ἀλλ' ὅτε δὴ πάμπαν στυγερὸν κατὰ γῆρας ἔπειγεν,
οὐδέ τι κινῆσαι μελέων δύνατ', οὐδ' ἀναεῖραι,   235
ἥδε δέ οἱ κατὰ θυμὸν ἀρίστη φαίνετο βουλή·
ἐν θαλάμῳ κατέθηκε, θύρας δ' ἐπέθηκε φαεινάς·
τοῦ δ' ἤτοι φωνὴ ῥέει ἄσπετος, οὐδέ τι κῖκυς
ἔσθ', οἵη πάρος ἔσκεν ἐνὶ γναμπτοῖσι μέλεσσιν.
οὐκ ἂν ἔγωγέ σε τοῖον ἐν ἀθανάτοισιν ἑλοίμην   240
ἀθάνατόν τ' εἶναι καὶ ζώειν ἤματα πάντα·
ἀλλ' εἰ μὲν τοιοῦτος ἐὼν εἶδός τε δέμας τε
ζώοις ἡμέτερός τε πόσις κεκλημένος εἴης,
οὐκ ἂν ἔπειτά μ' ἄχος πυκινὰς φρένας ἀμφικαλύπτοι.
νῦν δέ σε μὲν τάχα γῆρας ὁμοίϊον ἀμφικαλύψει   245
νηλειές, τό τ' ἔπειτα παρίσταται ἀνθρώποισιν,
οὐλόμενον, καματηρόν, ὅ τε στυγέουσι θεοί περ.
αὐτὰρ ἐμοὶ μέγ' ὄνειδος ἐν ἀθανάτοισι θεοῖσιν
ἔσσεται ἤματα πάντα διαμπερὲς εἵνεκα σεῖο,
οἳ πρὶν ἐμοὺς ὀάρους καὶ μήτιας, αἷς ποτὲ πάντας   250
ἀθανάτους συνέμιξα καταθνητῇσι γυναιξίν,
τάρβεσκον· πάντας γὰρ ἐμὸν δάμνασκε νόημα.
νῦν δὲ δὴ οὐκέτι μοι στόμα τλήσεται ἐξονομῆναι
τοῦτο μετ' ἀθανάτοισιν· ἐπεὶ μάλα πολλὸν ἀάσθην,
σχέτλιον, οὐκ ὀνομαστόν, ἀπεπλάγχθην δὲ νόοιο,   255
παῖδα δ' ὑπὸ ζώνῃ ἐθέμην, βροτῷ εὐνηθεῖσα.
τὸν μέν, ἐπὴν δὴ πρῶτον ἴδῃ φάος ἠελίοιο,
νύμφαι μοι θρέψουσιν ὀρεσκῷοι βαθύκολποι,
αἳ τόδε ναιετάουσιν ὄρος μέγα τε ζάθεόν τε,
αἵ ῥ' οὔτε θνητοῖς οὔτ' ἀθανάτοισιν ἕπονται·   260

---

230. εὐηγενέος M, εὐγενέος auch E. — 231. δή τοι ELDPM.
— 232. μεγάροισι EL. — 233. ἀμβροσίης L. — 238. δ' ἤτοι Hermann,
δή τοι EL, δή τι D | ῥέει Wolf, ῥεῖ die Hdschrr. — 240. ἑλόμην E.
— 242. τοῖος M. — 243. ζώοις E. — 245. μὲν fehlt E | τάχα. Vergl.
Einl. Nr. 28. — 246. νηλειὼ E. | τό τ' die Par. Klasse, τό γ' ELD.
— 248. μετ' statt ἐν auch E. —251. συνεμίξας E. | κατὰ θνητοῖσι M.
— 253. στόμα τλήσεται Matthiae, στοναχήσεται auch E. — 255. ὀνομαστόν Martin, ὀνότατον auch E. — 257. ἐπὴν auch E (Thiele) | ἤδη st.
ἴδῃ E. — 258. ὀρεσκόοι M. — 259. μέγαζαθ. M.

3. ΕΙΣ ΑΦΡΟΔΙΤΗΝ.

δηρὸν μὲν ζώουσι, καὶ ἄμβροτον εἶδαρ ἔδουσιν,
καί τε μετ' ἀθανάτοισι καλὸν χορὸν ἐρρώσαντο.
τῇσι δὲ Σειληνοὶ καὶ ἐΰσκοπος Ἀργειφόντης
μίσγοντ' ἐν φιλότητι μυχῷ σπείων ἐροέντων.
τῇσι δ' ἄμ' ἢ ἐλάται ἠὲ δρύες ὑψικάρηνοι   265
γεινομένῃσιν ἔφυσαν ἐπὶ χθονὶ βωτιανείρῃ,
καλαί, τηλεθάουσαι· ἐν δ' οὔρεσιν ὑψηλοῖσιν
ἕστᾶσ' ἠλιβάτοις· τεμένη δέ ἑ κικλήσκουσιν
ἀθανάτων· τὰς δ' οὔτι βροτοὶ κείρουσι σιδήρῳ.
ἀλλ' ὅτε κεν δὴ Μοῖρα παρεστήκῃ θανάτοιο,   270
ἀζάνεται μὲν πρῶτον ἐπὶ χθονὶ δένδρεα καλά,
φλοιὸς δ' ἀμφιπερὶ φθινύθει, πίπτουσι δ' ἀπ' ὄζοι,
τῶν δέ θ' ὁμοῦ ψυχὴ λείπει φάος ἠελίοιο.
αἳ μὲν ἐμὸν θρέψουσι παρὰ σφίσιν υἱὸν ἔχουσαι.
τὸν μὲν, ἐπὴν δὴ πρῶτον ἔχῃ πολυήρατος ἥβη, 275
ἄξουσίν τοι δεῦρο θεαὶ δείξουσί τε παῖδα.
[σοὶ δ' ἐγώ, ὄφρα κε ταῦτα μετὰ φρεσὶ πάντα διέλθω,
ἐς πέμπτον ἔτος αὖτις ἐλεύσομαι υἱὸν ἄγουσα.]
τὸν μὲν, ἐπὴν δὴ πρῶτον ἴδῃς θάλος ὀφθαλμοῖσιν,
γηθήσεις ὁρόων (μάλα γὰρ θεοείκελος ἔσται),   280
ἄξεις δ' αὐτίκα μιν ποτὶ Ἴλιον ἠνεμόεσσαν.
ἢν δέ τις εἴρηταί σε καταθνητῶν ἀνθρώπων,
ἥτις τοι φίλον υἱὸν ὑπὸ ζώνῃ θέτο μήτηρ,
τῷ δὲ σὺ μυθεῖσθαι μεμνημένος, ὥς σε κελεύω·
φάσθαι τοι νύμφης καλυκώπιδος ἔκγονον εἶναι, 285
αἳ τόδε ναιετάουσιν ὄρος, καταειμένον ὕλῃ.
εἰ δέ κεν ἐξείπῃς καὶ ἐπεύξεαι ἄφρονι θυμῷ,
ἐν φιλότητι μιγῆναι ἐϋστεφάνῳ Κυθερείῃ,

---

262. ἐρώσαντο L. — 263. Σειληνοὶ Hermann, Σεληνοί τε E, σιληνοί τε LD, σειληνοί τε PAC. — 264. μυχῶν E. | σπίων M. — 265. ἄμη M.
— 266. ἔφυγαν E | βοτιανείρῃ EM. — 267. ἐν δ' Gemoll, ἐν die Hdschrr.
— 268. ἕστᾶσ' ELD, ἑστᾶσ' M | ἠλιβάτοις Schneider, ἠλίβατοι die Hdschrr. — 269. οὔτοι D. — 270. παρεστήκει ELDM, -οι P. — 273. δεχ' E. — 275. ἔχῃ Gemoll, ἔλη die Hdschrr. — 276. τοι M, σοι DE(?). — 277 f. strich Hermann. — 277. ὄφρα κε E, ὄφρα LDP. — 281. ἄξαις die Par. | μιν Hermann, νιν auch EP. — 283. τοι Hermann, σοι die Hdschrr. — 284. τῷ δὲ Hermann, τῷδε die Hdschrr. — 285. φάσθαι Matthiae, φασὶ auch E | ἔκγονον Barnes (E?), ἔγγονον DLP. — 287. μὲν E.

Ζεύς σε χολωσάμενος βαλέει ψολόεντι κεραυνῷ.
εἴρηταί τοι πάντα· σὺ δὲ φρεσὶ σῇσι νοήσας   290
ἴσχεο μηδ᾽ ὀνόμαινε, θεῶν δ᾽ ἐποπίζεο μῆνιν.
Ὣς εἰποῦσ᾽ ἤϊξε πρὸς οὐρανὸν ἠνεμόεντα.
Χαῖρε, θεά, Κύπροιο ἐϋκτιμένης μεδέουσα·
σεῦ δ᾽ ἐγὼ ἀρξάμενος μεταβήσομαι ἄλλον ἐς ὕμνον.

IV.
ΕΙΣ ΤΗΝ ΔΗΜΗΤΡΑ.

Δήμητρ᾽ ἠΰκομον, σεμνὴν θεόν, ἄρχομ᾽ ἀείδειν,
αὐτὴν ἠδὲ θύγατρα τανύσφυρον, ἣν Ἀϊδωνεὺς
ἥρπαξεν, δῶκεν δὲ βαρύκτυπος εὐρύοπα Ζεύς,
νόσφιν Δήμητρος ὠρηφόρου, ἀγλαοκάρπου,
παίζουσαν κούρῃσι σὺν Ὠκεανοῦ βαθυκόλποις,   5
ἄνθεά τ᾽ αἰνυμένην, ῥόδα καὶ κρόκον ἠδ᾽ ἴα καλά,
λειμῶν᾽ ἂμ μαλακὸν, καὶ ἀγαλλίδας ἠδ᾽ ὑάκινθον,
νάρκισσόν θ᾽, ὃν φῦσε δόλον καλυκώπιδι κούρῃ
Γαῖα, Διὸς βουλῇσι, χαριζομένη Πολυδέκτῃ,
θαυμαστὸν γανόωντα, σέβας τότε πᾶσιν ἰδέσθαι   10
ἀθανάτοις τε θεοῖς ἠδὲ θνητοῖς ἀνθρώποις·
τοῦ καὶ ἀπὸ ῥίζης ἑκατὸν κάρη ἐξεπεφύκει,
κηώδει δ᾽ ὀδμῇ πᾶς τ᾽ οὐρανὸς εὐρὺς ὕπερθεν
γαῖά τε πᾶσ᾽ ἐγέλασσε καὶ ἁλμυρὸν οἶδμα θαλάσσης.
ἡ δ᾽ ἄρα θαμβήσασ᾽ ὠρέξατο χερσὶν ἅμ᾽ ἄμφω   15
καλὸν ἄθυρμα λαβεῖν· χάνε δὲ χθὼν εὐρυάγυια
Νύσιον ἂμ πεδίον, τῇ ὄρουσεν ἄναξ πολυδέγμων
ἵπποις ἀθανάτοισι, Κρόνου πολυώνυμος υἱός.
ἁρπάξας δ᾽ ἀέκουσαν ἐπὶ χρυσέοισιν ὄχοισιν

---
291. ὀνόμαινε Hermann, ὀνόμηνε auch E | ἐποτίζεο L. — 292. εἰποῦσα E. — 293. ἐϋκτιμένη E.
IV. τοῦ αὐτοῦ ὕμνοι εἰς τὴν δήμητραν M. Δήμητρα Meineke zu Callim. p. 66.
1. Δημήτηρ M | θεὸν Voss: θεὰν M. — 4. ὠρηφόρου Bücheler, χρυσαόρου M. — 7. λειμῶν᾽ ἂμ Hermann: λειμῶνα M. — 8. καλικώπ. M. — 12. κάρη Cobet, κάρα M. Cf. 189. — 13. κηώδει δ᾽ ὀδμῇ πᾶς τ᾽ Bücheler, κώδισι᾽ ὀδμῇ πᾶς δ᾽ M. — 14. ἐγέλασε M. — 15. θαμβήσασα M.

4. ΕΙΣ ΤΗΝ ΔΗΜΗΤΡΑ.

ἤγ᾽ ὀλοφυρομένην· ἴαχησε δ᾽ ἄρ᾽ ὄρθια φωνῇ, 20
κεκλομένη πατέρα Κρονίδην ὕπατον καὶ ἄριστον.
οὐδέ τις ἀθανάτων οὔτε θνητῶν ἀνθρώπων
ἤκουσεν φωνῆς, οὐδ᾽ ἀγλαόκαρποι † ἐλαῖαι·
εἰ μὴ Περσαίου θυγάτηρ ἀταλὰ φρονέουσα
ἄιεν ἐξ ἄντρου, Ἑκάτη λιπαροκρήδεμνος, 25
[Ἥλιός τε ἄναξ, Ὑπερίονος ἀγλαὸς υἱός],
κούρης κεκλομένης πατέρα Κρονίδην· ὃ δὲ νόσφιν
ἧστο θεῶν ἀπάνευθε πολυλλίστῳ ἐνὶ νηῷ,
δέγμενος ἱερὰ καλὰ παρὰ θνητῶν ἀνθρώπων.
Τὴν δ᾽ ἀεκαζομένην ἦγεν Διὸς ἐννεσίῃσιν 30
πατροκασίγνητος, πολυσημάντωρ πολυδέγμων,
ἵπποις ἀθανάτοισι, Κρόνου πολυώνυμος υἱός.
ὄφρα μὲν οὖν γαῖάν τε καὶ οὐρανὸν ἀστερόεντα
λεῦσσε θεὰ, καὶ πόντον ἀγάρροον ἰχθυόεντα,
αὐγάς τ᾽ ἠελίου, ἔτι δ᾽ ἤλπετο μητέρα κεδνὴν 35
ὄψεσθαι, καὶ φῦλα θεῶν αἰειγενετάων,
τόφρα οἱ ἐλπὶς ἔθελγε μέγαν νόον, ἀχνυμένης περ·
ἤχησαν δ᾽ ὀρέων κορυφαὶ καὶ βένθεα πόντου
φωνῇ ὑπ᾽ ἀθανάτῃ· τῆς δ᾽ ἔκλυε πότνια μήτηρ.
ὀξὺ δέ μιν κραδίην ἄχος ἔλλαβεν, ἀμφὶ δὲ χαίταις 40
ἀμβροσίαις κρήδεμνα δαΐζετο χερσὶ φίλῃσιν·
κυάνεον δὲ κάλυμμα κατ᾽ ἀμφοτέρων βάλετ᾽ ὤμων,
σεύατο δ᾽, ὥστ᾽ οἰωνὸς, ἐπὶ τραφερήν τε καὶ ὑγρὴν
μαιομένη. τῇ δ᾽ οὔτις ἐτήτυμα μυθήσασθαι
ἤθελεν, οὔτε θεῶν οὔτε θνητῶν ἀνθρώπων, 45
οὐδ᾽ οἰωνῶν τις τῇ ἐτήτυμος ἄγγελος ἦλθεν.
ἐννῆμαρ μὲν ἔπειτα κατὰ χθόνα πότνια Δηὼ
στρωφᾶτ᾽, αἰθομένας δαΐδας μετὰ χερσὶν ἔχουσα·
οὐδέ ποτ᾽ ἀμβροσίης καὶ νέκταρος ἡδυπότοιο
πάσσατ᾽ ἀκηχεμένη, οὐδὲ χρόα βάλλετο λουτροῖς. 50
ἀλλ᾽ ὅτε δὴ δεκάτη οἱ ἐπήλυθε φαινολὶς ἠώς,
ἤντετό οἱ Ἑκάτη, σέλας ἐν χείρεσσιν ἔχουσα,

---

21. κεκλημένη M. — 26 verwarf Bücheler, ὑπερήονος M. — 28. πολυκλίστῳ M. — 34. λεῦσε M. — 40. ἔλαβεν M. — 48. στροφᾶτ᾽ M. — 49. ἥδε πότ. M. — 50. πάσατ᾽ M. — 51. φαίνολις Ruhnken, φαινόλη M.

64   Δ. ΕΙΣ ΤΗΝ ΔΗΜΗΤΡΑ.

καί ῥά οἱ ἀγγέλλουσα ἔπος φάτο, φώνησέν τε·
Πότνια Δήμητερ, ὠρηφόρε, ἀγλαόδωρε,
τίς θεῶν οὐρανίων ἠὲ θνητῶν ἀνθρώπων   55
ἥρπασε Περσεφόνην, καὶ σὸν φίλον ἤκαχε θυμόν;
φωνῆς μὲν γὰρ ἄκουσ᾽, ἀτὰρ οὐκ ἴδον ὀφθαλμοῖσιν,
ὅστις ἔην· σοὶ ταῦτα λέγω νημερτέα πάντα.
Ὣς ἄρ᾽ ἔφη Ἑκάτη· τὴν δ᾽ οὐκ ἠμείβετο μύθῳ
Ρείης ἠϋκόμου θυγάτηρ, ἀλλ᾽ ὦκα σὺν αὐτῇ   60
ἤϊξ᾽, αἰθομένας δαΐδας μετὰ χερσὶν ἔχουσα.
Ἥλιον δ᾽ ἵκοντο, θεῶν σκοπὸν ἠδὲ καὶ ἀνδρῶν,
στὰν δ᾽ ἵππων προπάροιθε, καὶ εἴρετο δῖα θεάων·
Ἠέλι᾽, αἴδεσσαί με θεὰν σύ περ, εἴ ποτε δή σευ
ἢ ἔπει ἢ ἔργῳ κραδίην καὶ θυμὸν ἴηνα·   65
κούρην, τὴν ἔτεκον, γλυκερὸν θάλος, εἴδεϊ κυδρήν,
τῆς ἀδινὴν ὄπ᾽ ἄκουσα δι᾽ αἰθέρος ἀτρυγέτοιο
ὥστε βιαζομένης, ἀτὰρ οὐκ ἴδον ὀφθαλμοῖσιν.
ἀλλά, σὺ γὰρ δὴ πᾶσαν ἐπὶ χθόνα καὶ κατὰ πόντον
αἰθέρος ἐκ δίης καταδέρκεαι ἀκτίνεσσιν,   70
νημερτέως μοι ἔνισπε φίλον τέκος, εἴ που ὄπωπας,
ὅστις νόσφιν ἐμεῖο λαβὼν ἀέκουσαν ἀνάγκῃ
οἴχεται, ἠὲ θεῶν ἢ καὶ θνητῶν ἀνθρώπων.
Ὣς φάτο· τὴν δ᾽ Ὑπεριονίδης ἠμείβετο μύθῳ·
Ρείης ἠϋκόμου θύγατερ, Δήμητερ ἄνασσα,   75
εἰδήσεις· δὴ γὰρ μέγα σ᾽ ἄζομαι ἠδ᾽ ἐλεαίρω
ἀχνυμένην περὶ παιδὶ τανυσφύρῳ· οὐδέ τις ἄλλος
αἴτιος ἀθανάτων, εἰ μὴ νεφεληγερέτα Ζεύς,
ὅς μιν ἔδωκ᾽ Ἀΐδῃ θαλερὴν κεκλῆσθαι ἄκοιτιν,
αὐτοκασιγνήτῳ· ὃ δ᾽ ὑπὸ ζόφον ἠερόεντα   80
ἁρπάξας ἵπποισιν ἄγεν μεγάλα ἰάχουσαν.
ἀλλά, θεά, κατάπαυε μέγαν γόον· οὐδέ τί σε χρὴ
μὰψ αὔτως ἄπλητον ἔχειν χόλον· οὔ τοι ἀεικὴς

---

53. ἀγγέλλουσα Ruhnken, ἀγγελέουσα. — 54. Δήμητερ Ilgen, Δημήτηρ M. — 57. μὲν γὰρ ἄκ. Voss, cf. III 132, φωνῆς γὰρ ἤκ. M | εἶδον M (auch 68). — 58. ταῦτα Gemoll, δ᾽ ὦκα M. — 64. θεὰν σύ περ Ludwich, θεὰς ὕπερ M. — 67. ἀδινὴν M. — 68. εἶδον M. — 70. καταδέρκεαι Ruhnken, καταδέρκεται M. — 71. ὄπωπας Ruhnken, ὄπωπεν M. — 75. θύγατερ Wolf, θυγάτηρ M. Cf. 54. — 76. μέγα σ᾽ Ruhnken, μέγα M. — 83. αὔτως Hermann, αὕτως M.

4. ΕΙΣ ΤΗΝ ΔΗΜΗΤΡΑ.

γαμβρὸς ἐν ἀθανάτοις πολυσημάντωρ Ἀϊδωνεύς,
αὐτοκασίγνητος καὶ ὁμόσπορος· ἀμφὶ δὲ τιμῇ, 85
ἔλλαχεν, ὡς τὰ πρῶτα διάτριχα δασμὸς ἐτύχθη·
τοῖς μέτα ναιετάει, τῶν ἔλλαχε κοίρανος εἶναι.
Ὣς εἰπὼν ἵπποισιν ἐκέκλετο· τοὶ δ᾽ ὑπ᾽ ὁμοκλῆς
ῥίμφ᾽ ἔφερον θοὸν ἅρμα, τανύπτεροι ὥστ᾽ οἰωνοί.
τὴν δ᾽ ἄχος αἰνότερον καὶ κύντερον ἵκετο θυμόν. 90
χωσαμένη δὴ ἔπειτα κελαινεφέϊ Κρονίωνι,
νοσφισθεῖσα θεῶν ἀγορὴν καὶ μακρὸν Ὄλυμπον,
ᾤχετ᾽ ἐπ᾽ ἀνθρώπων πόλιας καὶ πίονα ἔργα,
εἶδος ἀμαλδύνουσα πολὺν χρόνον· οὐδέ τις ἀνδρῶν
εἰσορόων γίγνωσκε, βαθυζώνων τε γυναικῶν, 95
πρίν γ᾽ ὅτε δὴ Κελεοῖο δαΐφρονος ἵκετο δῶμα,
ὃς τότ᾽ Ἐλευσῖνος θυοέσσης κοίρανος ἦεν.

Ἕζετο δ᾽ ἐγγὺς ὁδοῖο, φίλον τετιημένη ἦτορ,
πὰρ θείῳ φρέατι, ὅθεν ὑδρεύοντο πολῖται,
ἐν σκιῇ, αὐτὰρ ὕπερθε πεφύκει θάμνος ἐλαίης, 100
γρηΐ παλαιγενέϊ ἐναλίγκιος, ἥτε τόκοιο
εἴργηται, δώρων τε φιλοστεφάνου Ἀφροδίτης,
οἷαί τε τροφοί εἰσι θεμιστοπόλων βασιλήων
παίδων καὶ ταμίαι κατὰ δώματα ἠχήεντα.
τὴν δὲ ἴδον Κελεοῖο Ἐλευσινίδαο θύγατρες, 105
ἐρχόμεναι μεθ᾽ ὕδωρ εὐήρυτον, ὄφρα φέροιεν
κάλπισι χαλκείῃσι φίλα πρὸς δώματα πατρός,
τέσσαρες, ὥστε θεαί, κουρήϊον ἄνθος ἔχουσαι,
Καλλιδίκη καὶ Κλεισιδίκη, Δημώ τ᾽ ἐρόεσσα,
Καλλιθόη θ᾽, ἣ τῶν προγενεστάτη ἦεν ἁπασέων, 110
οὐδ᾽ ἔγνον — χαλεποὶ δὲ θεοὶ θνητοῖσιν ὁρᾶσθαι —
ἀγχοῦ δ᾽ ἱστάμεναι ἔπεα πτερόεντα προσηύδων·

Τίς, πόθεν ἐσσί, γρῆϋ, παλαιγενέων ἀνθρώπων;
τίπτε δὲ νόσφι πόληος ἀπέστιχες, οὐδὲ δόμοισιν

---

83. οὔ τοι Voss, οὔτοι M. — 85. τιμῇ Schneidewin, τιμὴν M. —
87. μέτα ναιετάει Ilgen, μέτα ναίεται M. — 89. ῥίμφ᾽ ἔφ. Ruhnken,
ῥίμφα φ. M. — 91. δὴ ἔπειτα Hermann, δ᾽ ἤπειτα M. — 95. γίνωσκε
M. — 97. τότε λευσῖνος M. — 98. τετιημένος M. — 99. πὰρ θ. φ.
Wolf, παρθενίῳ M. — 101. παλαιγενέη M. — 107. κάλπησι M. —
110. ἀπασέων Wolf, ἀπασῶν M. — 111. ἔγνον Cobet, ἔγνων M. —
112. δ᾽ fehlt in M. — 114. πόλιος M.

Gemoll, die hom. Hymnen. 5

Δ. ΕΙΣ ΤΗΝ ΔΗΜΗΤΡΑ.

πίλνασαι, ἔνθα γυναῖκες ἀνὰ μέγαρα σκιόεντα 115
τήλικαι, ὡς σύ περ ὧδε, καὶ ὁπλότεραι γεγάασιν,
αἵ κέ σε φίλωνται ἠμὲν ἔπει, ἠδὲ καὶ ἔργῳ;
Ὣς ἔφαν· ἢ δ' ἐπέεσσιν ἀμείβετο πότνα θεάων·
τέκνα φίλ', αἵτινές ἐστε γυναικῶν θηλυτεράων,
χαίρετ'· ἐγὼ δ' ὑμῖν μυθήσομαι· οὔ τοι ἀεικὲς 120
ὑμῖν εἰρομένῃσιν ἀληθέα μυθήσασθαι.
Δηὼ ἐμοίγ' ὄνομ' ἐστί· τὸ γὰρ θέτο πότνια μήτηρ.
νῦνδ' αὖτε Κρήτηθεν ἐπ' εὐρέα νῶτα θαλάσσης
ἤλυθον οὐκ ἐθέλουσα, βίῃ δ' ἀέκουσαν ἀνάγκῃ
ἄνδρες ληϊστῆρες ἀπήγαγον· οἳ μὲν ἔπειτα 125
νηῒ θοῇ Θορικόνδε κατέσχεθον, ἔνθα γυναῖκες
ἠπείρου ἐπέβησαν ἀολλέες ἠδὲ καὶ αὐτοί.
δεῖπνον δ' ἐντύνοντο παρὰ πρυμνήσια νηός.
ἀλλ' ἐμοὶ οὐ δόρποιο μελίφρονος ἤρατο θυμός·
λάθρῃ δ' ὁρμηθεῖσα δι' ἠπείροιο μελαίνης 130
φεῦγον ὑπερφιάλους σημάντορας, ὄφρα κε μή με
ἀπριάτην περάσαντες ἐμῆς ἀποναίατο τιμῆς.
οὕτω δεῦρ' ἱκόμην ἀλαλημένη, οὐδέ τι οἶδα,
ἥτις δὴ γαῖ' ἐστὶ καὶ οἵτινες ἐγγεγάασιν.
ἀλλ' ὑμῖν μὲν πάντες Ὀλύμπια δώματ' ἔχοντες 135
δοῖεν κουριδίους ἄνδρας, καὶ τέκνα τεκέσθαι,
ὡς ἐθέλουσι τοκῆες· ἐμὲ δ' αὖτ' οἰκτείρατε, κοῦραι
προφρονέως, φίλα τέκνα, τέων πρὸς δώμαθ' ἴκωμαι
ἀνέρος ἠδὲ γυναικός, ἵνα σφίσιν ἐργάζωμαι
πρόφρων, οἷα γυναικὸς ἀφήλικος ἔργα τέτυκται. 140
καί κεν παῖδα νεογνὸν ἐν ἀγκοίνῃσιν ἔχουσα
καλὰ τιθηνοίμην, καὶ δώματα τηρήσαιμι·
καί κε λέχος στορέσαιμι μυχῷ θαλάμων εὐπήκτων
δεσπόσυνον, καί κ' ἔργα διδασκήσαιμι γυναῖκας.
Φῆ ῥα θεά· τὴν δ' αὐτίκ' ἀμείβετο παρθένος ἀδμής, 145
Καλλιδίκη, Κελεοῖο θυγατρῶν εἶδος ἀρίστη·

115. πίλνασαι Voss, πιλνᾶς M. — 117. φίλωνται Voss, φίλονται M. — 118. ἔφαν Voss, ἔφαθ' M. — 119. φίλ', αἵτινες Fontein, φίλα, τίνες M. — 120. οὔτοι Fontein, οὔτι M. — 121. εἰρομένῃσιν Ruhnken, εἰρομένοισιν M. — 122. Δηὼ Fontein, Δὼς M. — 123. νῦν δ' αὖτε Ruhnken, νῦν αὖτε M, cf. 112. — 128. δ' ἐντ. Voss, ἐπῃρτ. M. — 132. ἀποναίατο Ruhnken, ἀπονοίατο M. — 134. ἐκγεγάασιν M. — 144. διδασκήσαιμι γυναῖκας Voss, διαθήσ. γυναικὸς M. — 146. θυγατέρων M.

4. ΕΙΣ ΤΗΝ ΔΗΜΗΤΡΑ. 67

Μαῖα, θεῶν μὲν δῶρα, καὶ ἀχνύμενοί περ, ἀνάγκῃ
τέτλαμεν ἄνθρωποι· δὴ γὰρ πολὺ φέρτεροί εἰσιν.
ταῦτα δέ τοι σαφέως ὑποθήσομαι ἠδ᾽ ὀνομήνω,
ἀνέρας, οἷσιν ἔπεστι μέγα κράτος ἐνθάδε τιμῆς, 150
δήμου τε προύχουσιν, ἰδὲ κρήδεμνα πόληος
εἰρύαται βουλῇσι καὶ ἰθείῃσι δίκῃσιν·
ἠμὲν Τριπτολέμου πυκιμήδεος ἠδὲ Διόκλου,
ἠδὲ Πολυξείνου καὶ ἀμύμονος Εὐμόλποιο,
καὶ Δολίχου καὶ πατρὸς ἀγήνορος ἡμετέροιο, 155
τῶν πάντων ἄλοχοι κατὰ δώματα πορσαίνουσιν·
τάων οὐκ ἄν τίς σε κατὰ πρώτιστον ὀπωπὴν
εἶδος ἀτιμήσασα, δόμων ἀπονοσφίσσειεν,
ἀλλά σε δέξονται· δὴ γὰρ θεοείκελός ἐσσι.
εἰ δ᾽ ἐθέλεις, ἐπίμεινον, ἵνα πρὸς δώματα πατρὸς 160
ἔλθωμεν, καὶ μητρὶ βαθυζώνῳ Μετανείρῃ
εἴπωμεν τάδε πάντα διαμπερές, αἴ κέ σ᾽ ἀνώγῃ
ἡμέτερόνδ᾽ ἰέναι, μηδ᾽ ἄλλων δώματ᾽ ἐρευνᾶν.
τηλύγετος δέ οἱ υἱὸς ἐνὶ μεγάρῳ ἐϋπήκτῳ
ὀψίγονος τρέφεται, πολυεύχετος, ἀσπάσιός τε. 165
εἰ τόνγε θρέψαιο, καὶ ἥβης μέτρον ἵκοιτο,
ἦ ῥα κέ τίς σε ἰδοῦσα γυναικῶν θηλυτεράων
ζηλώσαι· τόσα κέν τοι ἀπὸ θρεπτήρια δοίη.
Ὣς ἔφαθ᾽· ἡ δ᾽ ἐπένευσε καρήατι· ταὶ δὲ φαεινὰ
πλησάμεναι ὕδατος φέρον ἄγγεα κυδιάουσαι. 170
ῥίμφα δὲ πατρὸς ἵκοντο μέγαν δόμον, ὦκα δὲ μητρὶ
ἔννεπον, ὅσσ᾽ εἶδόν τε καὶ ἔκλυον· ἣ δὲ μάλ᾽ ὦκα
ἐλθούσας ἐκέλευε καλεῖν ἐπ᾽ ἀπείρονι μισθῷ.
αἳ δ᾽, ὥστ᾽ ἢ ἔλαφοι ἢ πόρτιες εἴαρος ὥρῃ
ἄλλοντ᾽ ἂν λειμῶνα, κορεσσάμεναι φρένα φορβῇ, 175
ὣς αἳ ἐπισχόμεναι ἑανῶν πτύχας ἱμεροέντων
ἤϊξαν κοίλην κατ᾽ ἀμαξιτόν· ἀμφὶ δὲ χαῖται
ὤμοις ἀΐσσοντο κροκηΐῳ ἄνθει ὁμοῖαι.

---

147. ἤχν. M. — 155. Δολίχου Voss, δολιχοῦ M. — 158. ἀπονοσφίσσειεν M. — 160. δ᾽ ἐθέλεις Hermann, δὲ θέλεις M. Cf. h. Ap. 46. — — 162. ἀνώγῃ Fontein, ἀνώγει M. — 166. τόνγε 221, τόνγ᾽ ἐκθ. M. — 167. ἦ ῥα 221, ῥεῖα M. — 168. ἀποθρεπτήρια M. — 172. ὅσσ᾽ Ruhnken, ὡς M. — 173. καλεῖν Ruhnken, καλέειν. — 174. ὥστ᾽ ἢ Brunck, ὥς τοι M.

5*

Δ. ΕΙΣ ΤΗΝ ΔΗΜΗΤΡΑ.

τέτμον δ' ἐγγὺς ὁδοῦ κυδρὴν θεόν, ἔνθα πάρος περ
κάλλιπον· αὐτὰρ ἔπειτα φίλα πρὸς δώματα πατρὸς   180
ἠγεῦνθ'. ἡ δ' ἄρ' ὄπισθε, φίλον τετιημένη ἦτορ,
στεῖχε, κατὰ κρῆθεν κεκαλυμμένη· ἀμφὶ δὲ πέπλος
κυάνεος ῥαδινοῖσι θεᾶς ἐλελίζετο ποσσίν.
αἶψα δὲ δώμαθ' ἵκοντο διοτρεφέος Κελεοῖο,
βὰν δὲ δι' αἰθούσης, ἔνθα σφίσι πότνια μήτηρ   185
ἧστο παρὰ σταθμὸν τέγεος πύκα ποιητοῖο,
παῖδ' ἐπὶ κόλπῳ ἔχουσα, νέον θάλος· αἳ δὲ παρ' αὐτὴν
ἔδραμον. ἡ δ' ἄρ' ἐπ' οὐδὸν ἔβη ποσὶ καί ῥα μελάθρου
κῦρε κάρη, πλῆσεν δὲ θύρας σέλαος θείοιο·
τὴν δ' αἰδώς τε σέβας τε ἰδὲ χλωρὸν δέος εἷλεν·   190
εἶξε δέ οἱ κλισμοῖο, καὶ ἑδριάασθαι ἄνωγεν.
ἀλλ' οὐ Δημήτηρ ὡρηφόρος, ἀγλαύδωρος,
ἤθελεν ἑδριάασθαι ἐπὶ κλισμοῖο φαεινοῦ,
ἀλλ' ἀκέουσ' ἀνέμιμνε κατ' ὄμματα καλὰ βαλοῦσα,
πρίν γ' ὅτε δή οἱ ἔθηκεν Ἰάμβη κέδν' εἰδυῖα   195
πηκτὸν ἔδος, καθύπερθε δ' ἐπ' ἀργύφεον βάλε κῶας.
ἔνθα καθεζομένη προκατέσχετο χερσὶ καλύπτρην·
δηρὸν δ' ἄφθογγος τετιημένη ἧστ' ἐπὶ δίφρου,
οὐδέ τιν' οὔτ' ἔπεϊ προσπτύσσετο οὔτε τι ἔργῳ,
ἀλλ' ἀγέλαστος, ἄπαστος ἐδητύος ἠδὲ ποτῆτος,   200
ἧστο, πόθῳ μινύθουσα βαθυζώνοιο θυγατρός,
πρίν γ' ὅτε δὴ χλεύῃσιν Ἰάμβη κέδν' εἰδυῖα
πολλὰ παρασκώπτουσ' ἐτρέψατο πότνιαν, ἁγνήν,
μειδῆσαι γελάσαι τε, καὶ ἵλαον σχεῖν θυμόν,
ἣ δή οἱ καὶ ἔπειτα μεθύστερον εὔαδεν ὀργῇ·   205
τῇ δὲ δέπας Μετάνειρα δίδου μελιηδέος οἴνου
πλήσασ', ἡ δ' ἀνένευσ'· οὐ γὰρ θεμιτόν γ' οἱ ἔφασκεν
πίνειν οἶνον ἐρυθρόν· ἄνωγε δ' ἄρ' ἄλφι καὶ ὕδωρ
δοῦναι μίξασαν πιέμεν γλήχωνι τερείνῃ.
ἡ δὲ κυκεῶ τεύξασα θεᾷ πόρεν, ὡς ἐκέλευεν·   210

---

179. θεὸν Voss, θεὰν M. — 182. κατὰ κρ. Voss, κατ' ἄκρηθεν M.
— 183. θεᾶς Hermann, θεῆς M. — 187. ἐπὶ Gemoll, ὑπὸ M. — 189.
κῦρε M. — 192. ὡράφ. M. — 194. ἀκέουσ' ἀνέμιμνε Voss, ἀκέουσα
ἔμιμνε M. — 196. κῶα M. — 202. χλεύῃσιν Hermann, χλεύης μιν M.
— 205. ἔβαδεν M | ὀργῇ Bücheler, ὀργαῖς M. — 207. θεμιτόν γ'
Ruhnken, θεμιτόν τοι M. — 208. ἀμφὶ statt ἄλφι M. — 209. τερείνῃ M.

4. ΕΙΣ ΤΗΝ ΔΗΜΗΤΡΑ.

δεξαμένη δ' ὁσίης ἐπέβη πολυπότνια Δηώ.
τῇσι δὲ μύθων ἦρχεν ἐύζωνος Μετάνειρα·
Χαῖρε, γύναι, ἐπεὶ οὔ σε κακῶν ἀπ' ἔολπα τοκήων
ἔμμεναι, ἀλλ' ἀγαθῶν· ἐπί τοι πρέπει ὄμμασιν αἰδὼς
καὶ χάρις, ὡσεί πέρ τε θεμιστοπόλων βασιλήων. 215
ἀλλὰ θεῶν μὲν δῶρα, καὶ ἀχνύμενοί περ, ἀνάγκῃ
τέτλαμεν ἄνθρωποι· ἐπὶ γὰρ ζυγὸς αὐχένι κεῖται.
νῦν δ', ἐπεὶ ἵκεο δεῦρο, παρέσσεται, ὅσσα τ' ἐμοί περ.
παῖδα δέ μοι τρέφε τόνδε, τὸν ὀψίγονον καὶ ἄελπτον
ὤπασαν ἀθάνατοι, πολυάρητος δέ μοί ἐστιν. 220
εἰ τόν γε θρέψαιο, καὶ ἥβης μέτρον ἵκοιτο,
ἦ ῥά κέ τίς σε ἰδοῦσα γυναικῶν θηλυτεράων
ζηλώσαι· τόσα κέν τοι ἀπὸ θρεπτήρια δοίη.
Τὴν δ' αὖτε προσέειπεν ἐϋστέφανος Δημήτηρ·
καὶ σύ, γύναι, μάλα χαῖρε, θεοὶ δέ τοι ἐσθλὰ πόροιεν. 225
παῖδα δέ τοι πρόφρων ὑποδέξομαι, ὥς με κελεύεις
θρέψαι· κού μιν, ἔολπα, κακοφραδίῃσι τιθήνης
οὔτ' ἄρ' ἐπηλυσίη δηλήσεται, οὔθ' ὑποταμνόν.
οἶδα γὰρ ἀντίτομον μέγα φέρτερον ὑλοτόμοιο,
οἶδα δ' ἐπηλυσίης πολυπήμονος ἐσθλὸν ἐρυσμόν. 230
Ὣς ἄρα φωνήσασα, θυώδεϊ δέξατο κόλπῳ
χείρεσσ' ἀθανάτῃσι· γεγήθει δὲ φρένα μήτηρ.
ὣς ἡ μὲν Κελεοῖο δαΐφρονος ἀγλαὸν υἱόν,
Δημοφόωνθ', ὃν ἔτικτεν ἐύζωνος Μετάνειρα,
ἔτρεφεν ἐν μεγάροις· ὃ δ' ἀέξετο δαίμονι ἶσος, 235
οὔτ' οὖν σῖτον ἔδων, οὐ θησάμενος [γάλα μητρός]
. . . . Δημήτηρ
χρίεσκ' ἀμβροσίῃ, ὡσεὶ θεοῦ ἐκγεγαῶτα,
ἡδὺ καταπνείουσα καὶ ἐν κόλποισιν ἔχουσα·
νύκτας δὲ κρύπτεσκε πυρὸς μένει, ἠΰτε δαλόν, 240
κρύβδα φίλων γονέων· τοῖς δὲ μέγα θαῦμα τέτυκτο,

---

211. ἐπέβη Voss, ἕνεκεν M. — 213. γῦναι M | ἀπέολπα M. — 214. ἐπεί M. — 220. πολυάρητος M. — 223. ἀποθρεπτήρια M, cf. 168 δοίη Matthiae, δοίην M. — 225. γῦναι M. — 227. θρέψαι Hermann, θρέψω M. — 228. ἐπελσίησι M. — 232. χείρεσσ' Cobet, χερσίν τ' M. ἀθανάτῃσι Ilgen, ἀθανάτοισι M. — 234. Δημοφόωνθ' M. — 236. γάλα μητρός Hermann, Δημήτηρ M. s. 237. — 241. κρύβδα Voss, λάθρα M. | θαῦμα τέτυκτο Hermann, θαῦμ' ἐτέτυκτο.

Δ. ΕΙΣ ΤΗΝ ΔΗΜΗΤΡΑ.

ὡς προθαλὴς τελέθεσκε, θεοῖσι δέ τ' ἄντα ἐῴκει.
καί κέν μιν ποίησεν ἀγήρων τ' ἀθάνατόν τε,
εἰ μὴ ἄρ' ἀφραδίῃσιν ἐΰζωνος Μετάνειρα,
νύκτ' ἐπιτηρήσασα, θυώδεος ἐκ θαλάμοιο
σκέψατο· κώκυσεν δὲ καὶ ἄμφω πλήξατο μηρώ,
δείσασ' ᾧ περὶ παιδί, καὶ ἀάσθη μέγα θυμῷ·
καί ῥ' ὀλοφυρομένη, ἔπεα πτερόεντα προσηύδα·
Τέκνον Δημοφόων, ξείνη σε πυρὶ ἔνι πολλῷ
κρύπτει, ἐμοὶ δὲ γόον καὶ κήδεα λυγρὰ τίθησιν.
Ὣς φάτ' ὀδυρομένη· τῆς δ' ἄϊε δῖα θεάων.
τῇ δὲ χολωσαμένη καλλιστέφανος Δημήτηρ
παῖδα φίλον, τὸν ἄελπτον ἐνὶ μεγάροισιν ἔτικτεν
χείρεσσ' ἀθανάτῃσιν ἀπὸ ἕθεν ἧκε πέδονδε,
ἐξανελοῦσα πυρός, θυμῷ κοτέουσα μάλ' αἰνῶς·
καί ῥ' ἄμυδις προσέειπεν ἐΰζωνον Μετάνειραν·
Νήϊδες ἄνθρωποι καὶ ἀφράδμονες οὔτ' ἀγαθοῖο
αἶσαν ἐπερχομένου προγνώμεναι, οὔτε κακοῖο·
καὶ σὺ γὰρ ἀφραδίῃσι τεῇς νήκεστον ἀάσθης.
ἴστω γάρ, θεῶν ὅρκος, ἀμείλικτον Στυγὸς ὕδωρ,
ἀθάνατόν κέν τοι καὶ ἀγήραον ἤματα πάντα
παῖδα φίλον ποίησα, καὶ ἄφθιτον ὤπασα τιμήν.
νῦν δ' οὐκ ἔσθ' ὥς κεν θάνατον καὶ Κῆρας ἀλύξῃ
τιμὴ δ' ἄφθιτος αἰὲν ἐπέσσεται, οὕνεκα γούνων
ἡμετέρων ἐπέβη, καὶ ἐν ἀγκοίνῃσιν ἴαυσεν.
ὥρῃσιν δ' ἄρα τῷ γε, περιπλομένων ἐνιαυτῶν,
παῖδες Ἐλευσινίων πόλεμον καὶ φύλοπιν αἰνὴν
αἰὲν ἐν ἀλλήλοισι συνάξουσ' ἤματα πάντα.
εἰμὶ δὲ Δημήτηρ τιμάοχος, ἥ τε μέγιστον
ἀθανάτων θνητοῖσιν ὄνειαρ χάρμα τ' ἐτύχθη.
ἀλλ' ἄγε μοι νηόν τε μέγαν καὶ βωμὸν ὑπ' αὐτῷ
τευχόντων πᾶς δῆμος ὑπαὶ πόλιν, αἰπύ τε τεῖχος,

---

242. δέ τ' Gemoll, δὲ Μ. — 247. δίσασ' Μ (ι aus ει). — 254. ἄπω
statt ἀπὸ Μ. | ἔθεν ἧκε Cobet, ἕο θῆκε Μ. — 255. κοτέουσα Hermann,
κοτέσασα Μ. — 258. προγνώμενοι Μ. — 259. νήκεστον Voss, μήκιστον
Μ. — 262. ποιήσασα Μ. — 263. ἀλύξῃ Bücheler, ἀλύξαι. — 264. ἄφ-
θιτον Μ | γουνῶν Μ. — 266. περιπλωμ. Μ. — 268. συνάξουσ' Ignarra,
συναυξήσουσ' Μ. — 270. ἀθανάτων Stoll, ἀθανάτοις Μ | θνητοῖσιν Μ,
χάρμα τ' ἐτύχθη Ruhnken, καὶ χάρμα τέτυκται Μ.

4. ΕΙΣ ΤΗΝ ΔΗΜΗΤΡΑ. 71

Καλλιχόρου καθύπερθεν, ἐπὶ προὔχοντι κολωνῷ.
ὄργια δ' αὐτὴ ἐγὼν ὑποθήσομαι, ὡς ἂν ἔπειτα
εὐαγέως ἔρδοντες ἐμὸν μένος ἱλάσκησθε. 275
Ὡς εἰποῦσα θεὰ μέγεθος καὶ εἶδος ἄμειψεν,
γῆρας ἀπωσαμένη, περί τ' ἀμφί τε κάλλος ἄητο·
ὀδμὴ δ' ἱμερόεσσα θυηέντων ἀπὸ πέπλων
σκίδνατο, τῆλε δὲ φέγγος ἀπὸ χροὸς ἀθανάτοιο
λάμπε θεᾶς, ξανθὴ δὲ κόμη κατενήνοθεν ὤμους, 280
αὐγῆς δ' ἐπλήσθη πυκινὸς δόμος, ἀστεροπῆς ὥς·
βῆ δὲ διὲκ μεγάρων. τῆς δ' αὐτίκα γούνατ' ἔλυντο,
δηρὸν δ' ἄφθογγος γένετο χρόνον, οὐδέ τι παιδὸς
μνήσατο τηλυγέτοιο ἀπὸ δαπέδου ἀνελέσθαι.
τοῦ δὲ κασίγνηται φωνὴν ἐσάκουσαν ἐλεινήν, 285
κὰδ δ' ἄρ' ἀπ' εὐστρώτων λεχέων θόρον· ἡ μὲν ἔπειτα
παῖδ' ἀνὰ χερσὶν ἑλοῦσα, ἑῷ ἐγκάτθετο κόλπῳ·
ἡ δ' ἄρα πῦρ ἀνέκαι'· ἡ δ' ἔσσυτο πόσσ' ἁπαλοῖσιν,
μητέρ' ἀναστήσουσα θυώδεος ἐκ θαλάμοιο.
ἀγρόμεναι δέ μιν ἀμφὶς ἔλουόν τε σπείρων τε 290
ἀμφαγαπαζόμεναι· τοῦ δ' οὐ μειλίσσετο θυμός·
χειρότεραι γὰρ δή μιν ἔχον τροφοὶ ἠδὲ τιθῆναι.
Αἵ μὲν παννύχιαι κυδρὴν θεὸν ἱλάσκοντο,
δείματι παλλόμεναι· ἅμα δ' ἠοῖ φαινομένηφιν
εὐρυβίῃ Κελεῷ νημερτέα μυθήσαντο, 295
ὅσσ' ἐπέτελλε θεά, καλλιστέφανος Δημήτηρ.
αὐτὰρ ὅγ' εἰς ἀγορὴν καλέσας πολυπάμονα λαόν,
ἤνωγ' ἠϋκόμῳ Δημήτερι πίονα νηὸν
ποιῆσαι καὶ βωμὸν ἐπὶ προὔχοντι κολωνῷ.
οἳ δὲ μάλ' αἶψ' ἐπίθοντο καὶ ἔκλυον αὐδήσαντος, 300
τεῦχον δ', ὡς ἐπέτελλ'· ὃ δ' ἀέξετο δαίμονος αἴσῃ.
Αὐτὰρ ἐπεὶ τέλεσαν καὶ ἐρώησαν καμάτοιο,

---

274. αὐτῇ M. — 275. ἔρδ. Wolf, ἔρδ. M | μένος Bücheler, cf. 368,
νηὸν M. | ἱλάσκησθε Schaefer, ἱλά(σ)κοισθε M. — 280. θεᾶς Hermann,
θεῆς M | ξανθὴ—κόμη Ruhnken, ξανθαὶ—κόμαι M. — 281. αὐτῆς
M. — 283. ἄφθογγο(ς) M. — 285. κασίγηται M | ἐλεινὴν Ruhnken. —
286. καδδ' M. — 288. πυρὰν ἔκαι' M. — 290. ἔλουόν τε σπείρων τε
Bücheler: ἐλούεον ἀσπαίροντα M. — 296. ὅσσ' Fontein, ὡς M. —
297. πολυπάμονα Gemoll: πολυπείρονα M. — 298. ἤνωγει M. | δημήτορι M. | ναὸν M. — 302. τέλεσαν Valckenaer, ἐτέλεσσαν M.

βάν ῥ' ἴμεν οἴκαδ' ἕκαστος· ἀτὰρ ξανθὴ Δημήτηρ
ἔνθα καθεζομένη μακάρων ἀπονόσφιν ἁπάντων,
μίμνε πόθῳ μινύθουσα βαθυζώνοιο θυγατρός. 305
αἰνότατον δ' ἐνιαυτὸν ἐπὶ χθόνα πουλυβότειραν
ποίησ' ἀνθρώποις καὶ κύντατον, οὐδέ τι γαῖα
σπέρμ' ἀνίει· κρύπτεν γὰρ ἐϋστέφανος Δημήτηρ.
πολλὰ δὲ καμπύλ' ἄροτρα μάτην βόες εἷλκον ἀρούραις·
πολλὸν δὲ κρῖ λευκὸν ἐτώσιον ἔμπεσε γαίῃ. 310
καί νύ κε πάμπαν ὄλεσσε γένος μερόπων ἀνθρώπων
λιμοῦ ὑπ' ἀργαλέης, γεράων τ' ἐρικυδέα τιμὴν
καὶ θυσιῶν ἤμερσεν Ὀλύμπια δώματ' ἔχοντας,
εἰ μὴ Ζεὺς ἐνόησεν ἑῷ τ' ἐφράσσατο θυμῷ.
Ἶριν δὲ πρῶτον χρυσόπτερον ὦρσε καλέσσαι 315
Δήμητρ' ἠΰκομον, πολυήρατον εἶδος ἔχουσαν.
ὣς ἔφαθ'· ἢ δὲ Ζηνὶ κελαινεφέϊ Κρονίωνι
πείθετο καὶ τὸ μεσηγὺ διέδραμεν ὦκα πόδεσσιν.
ἵκετο δὲ πτολίεθρον Ἐλευσῖνος θυοέσσης,
εὗρεν δ' ἐν νηῷ Δημήτερα κυανόπεπλον, 320
καί μιν φωνήσασ' ἔπεα πτερόεντα προσηύδα·
Δήμητερ, καλέει σε πατὴρ Ζεὺς ἄφθιτα εἰδώς,
ἐλθέμεναι μετὰ φῦλα θεῶν αἰειγενετάων.
ἀλλ' ἴθι, μηδ' ἀτέλεστον ἐμὸν ἔπος ἐκ Διὸς ἔστω.
Ὣς φάτο λισσομένη· τῇ δ' οὐκ ἐπεπείθετο θυμός. 325
αὖτις ἔπειτα πατὴρ μάκαρας θεοὺς αἰὲν ἐόντας
πάντας ἐπιπροΐαλλεν· ἀμοιβηδὶς δὲ κιόντες
κίκλησκον καὶ πολλὰ δίδον περικαλλέα δῶρα,
[τιμάς θ', ἅς κεν ἕλοιτο μετ' ἀθανάτοισι θεοῖσιν·]
ἀλλ' οὔτις πεῖσαι δύνατο φρένας ἠδὲ νόημα 330
θυμῷ χωομένης· στερεῶς δ' ἠναίνετο μύθους.
οὐ μὲν γάρ ποτ' ἔφασκε, θυώδεος Οὐλύμποιο

---

303. ᾧ' Wyttenbach, δ' M. — 307. ἀνθρώποισι M. — 310. γαῖα M.
— 313. θυσιῶν M. Cf. 369. — 314. τ' ἐφράσσατο Πgen, δ' ἐφράσατο M.
— 315. Ἶριν Ruhnken, ἤρην M. — 316. δημήτηρ' M. — 318. τὸ μεσηγὺ
Πgen, μεσσηγὺ M, aber aus μεσ. — 320. εὗρε M. — 325. τῇ Hermann,
τῆς M. — 326. πατὴρ fügte in Valckenaer. — 329 strich Bücheler, ἅς
κεν ἕλ. Hermann, ἅς κ' ἐθελ. M. — 330. ἠδὲ Brunck, οὐδὲ M. —
333. πρὶν γ' Ruhnken, πρὶν M. | ἐπιβήσεσθαι Voss, ἐπιβήσεσθ' M. | κοὐ
πρὶν Fontein, οὐ πρὶν γῆς M.

4. ΕΙΣ ΤΗΝ ΔΗΜΗΤΡΑ.

πρίν γ' ἐπιβήσεσθαι, πρὶν γαίης καρπὸν ἀνήσειν,
πρὶν ἴδοι ὀφθαλμοῖσιν ἑὴν εὐώπιδα κούρην.
Αὐτὰρ ἐπεὶ τόγ' ἄκουσε βαρύκτυπος εὐρύοπα Ζεύς, 335
εἰς Ἔρεβος πέμψε χρυσόρραπιν Ἀργειφόντην,
ὄφρ' Ἀΐδην μαλακοῖσι παραιφάμενος ἐπέεσσιν,
ἁγνὴν Περσεφόνειαν ὑπὸ ζόφου ἠερόεντος
ἐς φάος ἐξαγάγοι μετὰ δαίμονας, ὄφρα ἑ μήτηρ
ὀφθαλμοῖσιν ἰδοῦσα μεταλλήξειε χόλοιο. 340
Ἑρμῆς δ' οὐκ ἀπίθησεν, ἄφαρ δ' ὑπὸ κεύθεα γαίης
ἐσσυμένως κατόρουσε, λιπὼν ἕδος Οὐλύμποιο.
τέτμε δὲ τόνγε ἄνακτα δόμων ἔντοσθεν ἐόντα,
ἥμενον ἐν λεχέεσσι σὺν αἰδοίῃ παρακοίτι,
πόλλ' ἀεκαζομένῃ μητρὸς πόθῳ † ἠδ' ἐπ' ἀτλήτων 345
† ἔργοις θεῶν μακάρων μητίσετο βουλῇ.
ἀγχοῦ δ' ἱστάμενος προσέφη κρατὺς Ἀργειφόντης·
Ἄϊδη κυανοχαῖτα, καταφθιμένοισιν ἀνάσσων,
Ζεύς με πατὴρ ἤνωγεν ἀγαυὴν Περσεφόνειαν
ἐξαγαγεῖν Ἐρέβεσφι μετὰ σφέας, ὄφρα ἑ μήτηρ 350
ὀφθαλμοῖσιν ἰδοῦσα χόλου καὶ μήνιος αἰνῆς
ἀθανάτοις λήξειεν, ἐπεὶ μέγα μήδεται ἔργον,
φθῖσαι φῦλ' ἀμενηνὰ χαμαιγενέων ἀνθρώπων,
σπέρμ' ὑπὸ γῆς κρύπτουσα· καταφθινύθουσι δὲ τιμαὶ
ἀθανάτων· ἡ δ' αἰνὸν ἔχει χόλον, οὐδὲ θεοῖσιν 355
μίσγεται, ἀλλ' ἀπάνευθε θυώδεος ἔνδοθι νηοῦ
ἧσται, Ἐλευσῖνος κραναὸν πτολίεθρον ἔχουσα.
Ὣς φάτο· μείδησεν δὲ ἄναξ ἐνέρων Ἀϊδωνεὺς
ὀφρύσιν, οὐδ' ἀπίθησε Διὸς βασιλῆος ἐφετμῆς.
ἐσσυμένως δ' ἐκέλευσε δαΐφρονι Περσεφονείῃ· 360
Ἔρχεο, Περσεφόνη, παρὰ μητέρα κυανόπεπλον,
ἤπιον ἐν στήθεσσι μένος καὶ θυμὸν ἔχουσα,
μηδέ τι δυσθύμαινε λίην περιώσιον ἄλλων.
οὔ τοι ἐν ἀθανάτοισιν ἀεικὴς ἔσσομ' ἀκοίτης,

---

338. ὑπὸ Voss, ἀπὸ M. — 340. μεταλήξ. M. — 344. παρακοίτῃ, verbessert -τι M. — 347. κρατερὸς M. — 348. ἄδη M. — 349. με Wyttenbach. σε M. | ἄνωγεν M. — 350. ἐρέβεσφι Franke, ἐρέβενσφι M. — 352. λήξειεν Hermann, παύσειεν M. — 354. καταφθινύθουσι δὲ τιμαὶ Bücheler(?), καταφθινύθουσα δὲ τιμὰς M. — 358. ἀνέρων M. — 364. ἔσομ' M | ἄκοιτις M.

74   Δ. ΕΙΣ ΤΗΝ ΔΗΜΗΤΡΑ.

αὐτοκασίγνητος πατρὸς Διός· ἔνθα δ' ἐοῦσα   365
δεσπόσσεις πάντων, ὁπόσα ζώει τε καὶ ἕρπει,
τιμὰς δὲ σχήσεισθα μετ' ἀθανάτοισι μεγίστας.
τῶν δ' ἀδικησάντων τίσις ἔσσεται ἤματα πάντα,
οἵ κεν μὴ θυσίαισι τεὸν μένος ἱλάσκωνται,
εὐαγέως ἔρδοντες, ἐναίσιμα δῶρα τελεῦντες.   370
Ὣς φάτο· γήθησεν δὲ περίφρων Περσεφόνεια,
καρπαλίμως δ' ἀνόρουσ' ὑπὸ χάρματος. αὐτὰρ ὅγ' αὐτὸς
ῥοιῆς κόκκον ἔδωκε φαγεῖν μελιηδέα λάθρῃ,
ἀμφὶς νωμήσας, ἵνα μὴ μένοι ἤματα πάντα
αὖθι παρ' αἰδοίῃ Δημήτερι, κυανοπέπλῳ.   375
ἵππους δὲ προπάροιθεν ὑπὸ χρυσέοισιν ὄχεσφιν
ἔντυεν ἀθανάτους πολυσημάντωρ Ἀϊδωνεύς.
ἡ δ' ὀχέων ἐπέβη, πάρα δὲ κρατὺς Ἀργειφόντης
ἡνία καὶ μάστιγα λαβὼν μετὰ χερσὶ φίλῃσιν
σεῦε διὲκ μεγάρων· τὼ δ' οὐκ ἄκοντε πετέσθην.   380
ῥίμφα δὲ μακρὰ κέλευθα διήνυσαν· οὐδὲ θάλασσα,
οὔτ' ἄρ' ὕδωρ ποταμῶν οὔτ' ἄγκεα ποιήεντα,
ἵππων ἀθανάτων, οὔτ' ἄκριες, ἔσχεθον ὁρμήν,
ἀλλ' ὑπὲρ αὐτάων βαθὺν ἠέρα τέμνον ἰόντες.
στῆσε δ' ἄγων, ὅθι μίμνεν ἐϋστέφανος Δημήτηρ   385
νηοῖο προπάροιθε θυώδεος· ἡ δὲ ἰδοῦσα
ἤϊξ', ἠΰτε μαινὰς ὄρεος κατὰ δάσκιον ὕλην.
Περσεφόνη δ' ἑτέρω[θεν . . . .]
μητρὸς ἑῆς κατ . . . .]
ἆλτο θ[έειν . . . .]   390
τῇ δὲ . . . .]
ἀ . . . .]
κ[ούρην μὲν? . . . .]
   Τέκνον, μή ῥά τί μο[ι . . . .]
βρώμης· ἔξαυδα μ[. . . . .]   395

---

365. ἔνθα δ' ἔουσα Ruhnken, ἐνθάδ' ἰοῦσα M. — 366. δεσπόσσεις Voss, δεσπόσεις M. — 367. σχήσεισθα Hermann, σχήσησθα M. — 369. ἱλάσκωνται Valckenaer, ἱλάσκονται M. — 370. τελεῦντες Hermann, τελοῦντες M. — 372. ἀνόρουσεν M | αὐτὸς, cf. 412. — 374. ἀμφὶς Matthiae, ἀμφὶ ἓ M. — 378. πάρα Hermann, παρὰ M. — 382. οὔτ' ἄρ' Hermann, οὔθ' M. — 385. δ' ἄγων Ruhnken, ἀγὼν' M. — 387. ορεος... ὕλην Voss, ὄρος... ὕλης M. — 388. ἑτέρωθεν Ilgen: ἑτέρ[ω] M.

4. ΕΙΣ ΤΗΝ ΔΗΜΗΤΡΑ.

ὥς μὲν γάρ κεν ἐοῦσα π . . . .]
καὶ παρ' ἐμοὶ καὶ πατρί, κελ[αινεφέϊ Κρονίωνι,]
ναιετάοις, πάντεσσι τετιμ[ένη ἀθανάτοι]σιν.
εἰ δ' ἐπάσω, πάλιν αὖτις ἰοῦσ', ὑπὸ κεύθεσι γαίης
οἰκήσεις ὡρέων τρίτατον μέρ[ος εἰν 'Αίδαο,]   400
τὰς δὲ δύω παρ' ἐμοί τε κα[ὶ ἄλλοις ἀθανά]τοισιν.
ὁππότε δ' ἄνθεσι γαῖ' εὐώ[δε . . . .]
παντοδαποῖς θάλλῃ, τόθ' ὑπὸ ζόφου ἠερόεντος
αὖτις ἄνει μέγα θαῦμα θεοῖς θνη[το]ῖς τ' ἀνθρώποι[ς].
[καὶ τίνι σ' ἐξαπάτησε δόλῳ κρατερ[ὸς Πολυδ]έγμων;]   405
Τὴν δ' αὖ Περσεφόνη περικαλλὴς ἀντ[ίο]ν ηὔ[δ]α·
τοιγὰρ ἐγώ τοι, μῆτερ, ἐρέω νημερτέα πάντα·
εὖτέ μοι Ἑρμῆς ἦλ[θ'] ἐριούνιος, ἄγγελος ὠκύς,
πὰρ πατέρος Κρονίδαο καὶ ἄλλων οὐρανιώ[ν]ων,
ἐλθεῖν ἐξ ἐ[ρέβευ]ς, ἵνα μ' ὀφθαλμοῖσιν ἰδοῦσα   410
λήξαις ἀθανάτοισι χόλου καὶ μήνιος αἰνῆς,
αὐτίκ' ἐγὼν ἀνόρουσ' ὑπὸ χάρματος. αὐτὰρ ὅγ' αὐτὸς
ἔμβαλέ μοι ῥοιῆς κόκκον μελιηδέ' ἐδωδήν,
ἄκουσαν δὲ βίῃ με προσηνάγκασσε πάσασθαι.
ὡς δέ μ' ἀναρπάξας Κρονίδεω πυκινὴν διὰ μῆτιν   415
ᾤχετο, πατρὸς ἐμοῖο, φέρων ὑπὸ κεύθεα γαίης,
ἐξερέω, καὶ πάντα διΐξομαι, ὅσσ' ἐρεείνεις.
ἡμεῖς μὲν μάλα πᾶσαι ἀν' ἱμερτὸν λειμῶνα,
Λευκίππη Φαινώ τε καὶ Ἠλέκτρη καὶ Ἰάνθη,
καὶ Μελίτη Ἰάχη τε Ῥόδειά τε Καλλιρόη τε,   420
Μηλόβοσίς τε Τύχη τε καὶ Ὠκυρόη καλυκῶπις,
Χρυσηΐς τ' Ἰάνειρά τ' Ἀκάστη τ' Ἀδμήτη τε,

---

396. ὡς *M.* | κεν ἐοῦσα Bücheler, κε νέουσα. — 397 f. nachträglich ausgefüllt in *M.* — 398. ναιετάοις *M* nach Bücheler J. L. 1879 p. 6, τετιμένη Ruhnken, τετιμημένη m. — 399. δ' ἐπάσω Wyttenbach, δὲ πτάσα *M.* | αὖτις fügte zu Ruhnken. — 400. ὡρέων Ilgen, ὀρέων *M.* | μέρος Mitscherlich | εἰν Ἀίδαο Bücheler. — 401. δύω, δύο *M*, nachträglich ausgefüllt in *M.* — 403. παντοδαποῖς oder -ῆς *M*? | θάλλῃ Voss, θάλλει *M.* | τόθ' ὑπὸ Voss, τοτ' ἀπὸ m. — 404. ἄνει Wyttenbach, ἀνεῖ *M.* — 405. καὶ τίνι σ' Ruhnken, καί τιν' *M.* | Die Lücke füllte m. — 407. τοιγὰρ Matthiae, τοὶ γὰρ *M.* | τοι Hermann, σοι *M.* — 410. ἐλθ zweifellos, desgl. ἵναμ' in *M.* — 412. αὐτίκ' Ilgen: αὐτίκα *M.* | αὐτὰρ: ἀτὰρ *M.* | ὅγ' αὐτὸς Ruhnken, ὁ λάθρῃ? *M.* — 420. ῥόεια καλλιρόητε *M.* — 421. Μηλόβοσίς τε Ruhnken aus Pausan., Μηλοβόστη τε *M.* | ὠκυρόη καλυκῶπις ders., ὠκύρθη καλλικῶπις. — 422. Ἀκάστη: Ἀκατάστη *M.*

καὶ Ῥοδόπη Πλουτώ τε καὶ ἱμερόεσσα Καλυψώ,
καὶ Στὺξ Οὐρανίη τε Γαλαξαύρη τ' ἐρατεινή,
[Παλλάς τ' ἐγρεμάχη καὶ Ἄρτεμις ἰοχέαιρα,] 425
παίζομεν, ἠδ' ἄνθεα δρέπομεν χείρεσσ' ἐρόεντα,
μίγδα κρόκον τ' ἀγανὸν καὶ ἀγαλλίδας ἠδ' ὑάκινθον,
καὶ ῥοδέας κάλυκας καὶ λείρια, θαῦμα ἰδέσθαι,
νάρκισσόν θ', ὃν ἔφυσ' αἰπὺν δόλον εὐρεῖα χθών.
ἤτοι ἐγὼ δρεπόμην περὶ χάρματι· γαῖα δ' ἔνερθεν 430
χώρησεν, τῆς ἔκθορ' ἄναξ κρατερὸς πολυδέγμων.
βῆ δὲ φέρων ὑπὸ γαῖαν ἐν ἅρμασι χρυσείοισιν
πόλλ' ἀεκαζομένην· ἐβόησα δ' ἄρ' ὄρθια φωνῇ.
ταῦτά τοι ἀχνυμένη περ ἀληθέα πάντ' ἀγορεύω.

Ὣς τότε μὲν πρόπαν ἦμαρ, ὁμόφρονα θυμὸν ἔχουσαι, 435
πολλὰ μάλ' ἀλλήλων κραδίην καὶ θυμὸν ἴαινον,
ἀμφαγαπαζόμεναι· ἀχέων δ' ἀπεπαύετο θυμός,
γηθοσύνας δὲ δέχοντο παρ' ἀλλήλων ἐδιδόν τε.
τῇσιν δ' ἐγγύθεν ἦλθ' Ἑκάτη λιπαροκρήδεμνος·
πολλὰ δ' ἄρ' ἀμφαγάπησε κόρην Δημήτερος ἁγνήν· 440
ἐκ τοῦ οἱ πρόπολος καὶ ὀπάων ἔπλετ' ἄνασσα.
ταῖς δὲ μετ' ἄγγελον ἧκε βαρύκτυπος εὐρύοπα Ζεὺς
Ῥείην ἠΰκομον, Δημήτερα κυανόπεπλον
ἀξέμεναι μετὰ φῦλα θεῶν, ὑπέδεκτο δὲ τιμὰς
δωσέμεν, ἅς κεν ἕλοιτο μετ' ἀθανάτοισι θεοῖσιν. 445
νεῦσε δέ οἱ κούρην ἔτεος περιτελλομένοιο
τὴν τριτάτην μὲν μοῖραν ὑπὸ ζόφῳ ἠερόεντι,
τὰς δὲ δύω παρὰ μητρὶ καὶ ἄλλοις ἀθανάτοισιν.
ὣς ἔφατ'· οὐδ' ἀπίθησε θεὰ Διὸς ἀγγελίῃσιν,
ἐσσυμένως δ' ἤϊξε κατ' Οὐλύμποιο καρήνων, 450
ἐς δ' ἄρα Ῥάριον ἷξε φερέσβιον, οὖθαρ ἀρούρης
τὸ πρίν, ἀτὰρ τότε γ' οὔτι φερέσβιον, ἀλλὰ ἔκηλον

---

424. Γαλαξαύρη, Ταλαξαύρη M. — 427. κρόκον τ' ἀγανὸν Voss, κροκόεντα γανὸν M. — 428. ῥόδα ἐς M. — 429. αἰπὺν δόλον Hermann, ὥσπερ κρόκον M. — 430. ἦ τοι Gemoll, αὐτάρ M. | δρεπόμην Ruhnken, δρεπομένη M. — 431. τῆς Ruhnken, τῇ δ'. — 438. γηθοσύνας Ruhnken, γηθόσυναι M | ἔδιδόν τε Ruhnken, ἐδίδων τε M, ἐδίδοντο m. — 442. ταῖς M. — 443. Δημήτερα Fontein, ἣν μητέρα M. — 447. ζόφῳ ἠερόεντι Bücheler, ζόφον ἠερόεντα M. Cf. 465. — 449. ἀγγελίῃσιν Ruhnken, ἀγγελιάων. — 451. ἐς Hermann, εἰς M. | Ῥάριον Ruhnken, Ῥάριον Hermann, ῥίον M.

4. ΕΙΣ ΤΗΝ ΔΗΜΗΤΡΑ. 77

ἑστήκει πανάφυλλον, ἔκευθε δ᾽ ἄρα κρῖ λευκὸν
μήδεσι Δήμητρος καλλισφύρου· αὐτὰρ ἔπειτα
μέλλεν ἄφαρ ταναοῖσι κομήσειν ἀσταχύεσσιν, 455
ἦρος ἀεξομένοιο, πέδῳ δ᾽ ἄρα πίονες ὄγμοι
βρισέμεν ἀσταχύων, τὰ δ᾽ ἐν ἐλλεδανοῖσι δίδεσθαι.
ἔνθ᾽ ἐπέβη πρώτιστον ἀπ᾽ αἰθέρος ἀτρυγέτοιο·
ἀσπασίως δ᾽ ἴδον ἀλλήλας, κεχάρηντο δὲ θυμῷ.
τὴν δ᾽ ὧδε προσέειπε 'Ρέη λιπαροκρήδεμνος· 460
Δεῦρο, τέκος, καλέει σε βαρύκτυπος εὐρύοπα Ζεύς,
ἐλθέμεναι μετὰ φῦλα θεῶν, ὑπέδεκτο δὲ τιμὰς
[δωσέμεν, ἅς κεν ἕλοιο] μετ᾽ ἀθανάτοισι θεοῖσιν.
[νεῦσε δέ σοι κούρην ἔτεος π]εριτελλομένοιο
[τὴν τριτάτην μὲν μοῖραν ὑπὸ ζόφῳ ἠ]ερόεντι, 465
[τὰς δὲ δύω παρὰ μητρὶ καὶ ἄλλοις] ἀθανάτοισιν.
[ὣς μὲν ὑπέσχετ᾽ ἔσ]εσθαι, ἑῷ δ᾽ ἐπένευσε κάρητι.
[ἀλλ᾽ ἴθι, τέκνον] ἐμόν, καὶ πείθεο μηδέ τι λίην
[ἀξηχὲς μενέ]αινε κελαινεφέϊ Κρονίωνι·
[αἶψα δὲ κ]αρπὸν ἄεξε φερέσβιον ἀνθρώποισιν. 470
Ὣ[ς ἔφατ᾽· οὐ]δ᾽ ἀπίθησεν ἐϋστέφανος Δημήτηρ.
αἶψα [δὲ καρ]πὸν ἀνῆκεν ἀρουράων ἐριβώλων.
πᾶσα δὲ φύλλοισίν τε καὶ ἄνθεσιν εὐρεῖα χθὼν
ἔβρισ᾽· ἡ δὲ κιοῦσα θεμιστοπόλοις βασιλεῦσιν
δεῖξε Τριπτολέμῳ τε Διοκλέϊ τε πληξίππῳ, 475
[Εὐμόλ]που τε βίῃ Κελεῷ θ᾽, ἡγήτορι λαῶν,
δρησμοσύνην θ᾽ ἱερῶν καὶ ἐπέφραδεν ὄργια καλὰ
[Τριπτολέμῳ τε Πολυξείνῳ τ᾽, ἐπὶ τοῖς δὲ Διοκλεῖ]
σεμνά, τά τ᾽ οὔπως ἔστι παρ[εξί]μεν οὔ[τε πυθέ]σθαι,

---

453. ἱστήκει (aus εἱστήκει) M. — 457. βρυσέμεν M | δίδεσθαι Voss, δεδέσθαι (aus δέοντο?) M. — 459. ἴδον (aus εἶδον) M. — 463. Die Lücke füllte *Ilgen* aus, δωσέμεν ἅς κε θέλησθα m. — 464 s. 446 füllt aus m. — 465 s. 447 füllt aus m.: ερόεντι aus ερόεντα M. — 466 s. 448, die Lücke füllte *Ilgen.* — 467. [ὣς μὲν ὑπέσχετ᾽ ἔσ]εσθαι Voss. — 468. [ἀλλ᾽ ἴθι τέκνον] m. — 469. [ἀξηχὲς μενέ]αινε m. | κελενεφέι M. — 470. [αἶψα δὲ κ] m. — 471. ὣ[ς ἔφατ᾽ οὐ]δ m. — 472. αἶψα [δὲ καρ]πὸν m. — 475. δεῖξε M(?), δεῖξεν Pausanias; εἶπε m. — Διοκλέι Bücheler, διοκλεΐ M. — 476. Εὐμόλπου Pausanias. 477. δρησμοσύνην *Gemoll* nach Pausanias, χρησμ. M. — 478. πολυξείνω τ᾽ *Ruhnken,* πολυξ[ει]νω M. Den Vers tilgte *Ruhnken.* — 479. τά τ᾽ *Ilgen,* τάγ᾽ M. | παρεξίμεν *Matthiae,* παρ[εξέ]μεν m.

οὔτ' ἠχέειν· μέγα γάρ τι θεῶν ἄ[γος ἴ]σχάνει αὐδήν. 480
ὄλβιος, ὃς τάδ' ὄπωπεν ἐπιχθονίων ἀνθρώπων·
ὃς δ' ἀτελὴς ἱερῶν, ὅς τ' ἄμμορος, οὔποθ' ὁμοίην
αἶσαν ἔχει, φθίμενός περ, ὑπὸ ζόφῳ ἠερόεντι.
Αὐτὰρ ἐπειδὴ πάνθ' ὑπεθήκατο δῖα θεάων,
βάν ῥ' ἴμεν Οὔλυμπόνδε, θεῶν μεθ' ὁμήγυριν ἄλλων. 485
ἔνθα δὲ ναιετάουσι παραὶ Διὶ τερπικεραύνῳ
σεμναί τ' αἰδοῖαί τε. μέγ' ὄλβιος, ὄντιν' ἐκεῖναι
προφρονέως φίλωνται ἐπιχθονίων ἀνθρώπων.
αἶψα δέ οἱ πέμπουσιν ἐφέστιον ἐς μέγα δῶμα
Πλοῦτον, ὃς ἀνθρώποις ἄφενος θνητοῖσι δίδωσιν. 490
Ἀλλ' ἄγ', Ἐλευσῖνος θυοέσσης δῆμον ἔχουσα,
καὶ Πάρον ἀμφιρύτην, Ἀντρῶνά τε πετρήεντα,
πότνια, ἀγλαόδωρ', ὡρηφόρε, Δηοῖ ἄνασσα,
αὐτὴ καὶ κούρη, περικαλλὴς Περσεφόνεια·
πρόφρων δ' ἀντ' ᾠδῆς βίοτον θυμήρε' ὄπαζε· 495
αὐτὰρ ἐγὼ καὶ σεῖο καὶ ἄλλης μνήσομ' ἀοιδῆς.

V.
ΕΙΣ ΑΦΡΟΔΙΤΗΝ.

Αἰδοίην, χρυσοστέφανον, καλὴν Ἀφροδίτην
ᾄσομαι, ἣ πάσης Κύπρου κρήδεμνα λέλογχεν
εἰναλίης, ὅθι μιν Ζεφύρου μένος ὑγρὸν ἀέντος
ἤνεικεν κατὰ κῦμα πολυφλοίσβοιο θαλάσσης,
ἀφρῷ ἔνι μαλακῷ. τὴν δὲ χρυσάμπυκες Ὧραι 5
δέξαντ' ἀσπασίως, περὶ δ' ἄμβροτα εἵματα ἕσσαν·
κρατὶ δ' ἐπ' ἀθανάτῳ στεφάνην εὔτυκτον ἔθηκαν,
καλήν, χρυσείην, ἐν δὲ τρητοῖσι λοβοῖσιν

480. ἠχέειν Gemoll, ἀχέειν M. | ἄγος Valckenaer, ἄχος M. — 482. ὁμοίην Fontein, ὁμοίων M. — 483. ἠερόεντι Gemoll, εὐρώεντι M. — 485. θέων M. — 488. φίλωνται Voss, φιλῶνται. — 489. μέγα aus μέγαν M | δόμον M. — 491. ἀλλ' ἄγ' Ruhnken, ἀλλὰ θελ. M. — 492. Ἀντρῶνα Spitzner, ἀντρωνά τε M. — 495. δ' ἀντ' Bücheler, πρόφονες M.
V. εἰς ἀφροδίτην E, εἰς τὴν αὐτὴν LDP(al.), τοῦ αὐτοῦ εἰς τὴν αὐτὴν ἀφροδίτην M. Der Hymnus folgt in allen Hdschrr. hinter III.
2. ᾄσομαι EP, ᾄσομαι M. — 5. ἀφρῳ ἐνὶ ELM. — 6. δόξαν τ' E. | περι EL. | ἕσσαν ELD. — 7. εὔτικτον E, LDM.

ἄνθεμ' ὀρειχάλκου χρυσοῖό τε τιμήεντος·
δειρῇ δ' ἀμφ' ἁπαλῇ καὶ στήθεσιν ἀργυφέοισιν 10
ὅρμοισι χρυσέοισιν ἐκόσμεον, οἷσί περ αὐταὶ
Ὧραι κόσμηθεν χρυσάμπυκες, ὁππότ' ἴοιεν
ἐς χορὸν ἱμερόεντα θεῶν καὶ δώματα πατρός.
αὐτὰρ ἐπειδὴ πάντα περὶ χροϊ κόσμον ἔθηκαν,
ἦγον ἐς ἀθανάτους· οἳ δ' ἠσπάζοντο ἰδόντες, 15
χερσί τε δεξιόοντο, καὶ ἠρήσαντο ἕκαστος
εἶναι κουριδίην ἄλοχον καὶ οἴκαδ' ἄγεσθαι,
εἶδος θαυμάζοντες ἐυστεφάνου Κυθερείης.
Χαῖρ', ἑλικοβλέφαρε, γλυκυμείλιχε· δὸς δ' ἐν ἀγῶνι
νίκην τῷδε φέρεσθαι, ἐμὴν δ' ἔντυνον ἀοιδήν· 20
αὐτὰρ ἐγὼ καὶ σεῖο καὶ ἄλλης μνήσομ' ἀοιδῆς.

VI.
ΔΙΟΝΥΣΟΣ Η ΛΗΣΤΑΙ.

Ἀμφὶ Διώνυσον, Σεμέλης ἐρικυδέος υἱόν,
μνήσομαι, ὡς ἐφάνη παρὰ θῖν' ἁλὸς ἀτρυγέτοιο
ἀκτῇ ἐπὶ προβλῆτι, νεηνίῃ ἀνδρὶ ἐοικώς,
πρωθήβῃ· καλαὶ δὲ περισσείοντο ἔθειραι,
κυάνεαι· φᾶρος δὲ περὶ στιβαροῖς ἔχεν ὤμοις 5
πορφύρεον. τάχα δ' ἄνδρες ἐϋσσέλμου ἀπὸ νηὸς
ληϊσταὶ προγένοντο θοῶς ἐπὶ οἴνοπα πόντον,
Τυρσηνοί· τοὺς δ' ἦγε κακὸς μόρος· οἳ δὲ ἰδόντες
νεῦσαν ἐς ἀλλήλους, τάχα δ' ἔκθορον, αἶψα δ' ἑλόντες
εἷσαν ἐπὶ σφετέρης νηὸς κεχαρημένοι ἦτορ. 10

9. ἄνθεμ' E. | ἔνθεμ' P | ὄρει χαλκοῦ M | χρυσοῖό τε ELDP. —
11. οἶσι περ ELDP | αὗται M. — 12. κοσμίσθην ELD, κοσμήσθην
M, κοσμείσθ,ν ABC | χρυσάμπυκες L | ὁππότϊ ἦεν M. — 14. ἐπειδὲ
E. — 15. ἠσπάξοντο L | ἰδέσθαι M. — 16. τε δεξιόοντο Gemoll, τε
δεξιόωντο E. — 18. ἐνστ. die Paris. Klasse. — 19. γλυκυμείλιχε aus
γλυκυμείλειχε E. | ἀγγῶον L.
VI. διόννσος ἢ λησταὶ EL (-αί L) D, εἰς τὸν διόννσον ABCP(al.
179), τοῦ αὐτοῦ εἰς δ. M.
4. καλαί δε alle (E?) — 5. φάρος auch ELP. — 6. ἐυσέλμου
auch ELP(al.). — 8. τούς (τοὺς E) δ' ἤγαγε ELDM. — 9 fehlt in
L, steht in E.

80 ΣΤ. ΔΙΟΝΥΣΟΣ Η ΛΗΣΤΑΙ.

υἱὸν γάρ μιν ἔφαντο διοτρεφέων βασιλήων
εἶναι, καὶ δεσμοῖς ἔθελον δεῖν ἀργαλέοισιν.
τὸν δ' οὐκ ἴσχανε δεσμά, λύγοι δ' ἀπὸ τηλόσ' ἔπιπτον
χειρῶν ἠδὲ ποδῶν· ὁ δὲ μειδιάων ἐκάθητο
ὄμμασι κυανέοσι· κυβερνήτης δὲ νοήσας   15
αὐτίκα οἷς ἑτάροισιν ἐκέκλετο φώνησέν τε·
Δαιμόνιοι, τίνα τόνδε θεὸν δεσμεύεθ' ἑλόντες,
καρτερόν, οὐδὲ φέρειν δύναταί μιν νηῦς εὐεργής;
ἢ γὰρ Ζεὺς ὅδε γ' ἐστὶν ἢ ἀργυρότοξος Ἀπόλλων,
ἠὲ Ποσειδάων· ἐπεὶ οὐ θνητοῖσι βροτοῖσιν   20
εἴκελος, ἀλλὰ θεοῖς, οἳ Ὀλύμπια δώματ' ἔχουσιν.
ἀλλ' ἄγετ', αὐτὸν ἀφῶμεν ἐπ' ἠπείροιο μελαίνης
αὐτίκα· μηδ' ἐπὶ χεῖρας ἰάλλετε, μή τι χολωθεὶς
ὄρσῃ ἀργαλέους τ' ἀνέμους καὶ λαίλαπα πολλήν.
Ὣς φάτο· τὸν δ' ἀρχὸς στυγερῷ ἠνίπαπε μύθῳ·   25
δαιμόνι', οὖρον ὅρα, ἅμα δ' ἱστίον ἕλκεο νηός,
σύμπανθ' ὅπλα λαβών· ὅδε δ' αὖτ' ἄνδρεσσι μελήσει.
ἔλπομαι, ἢ Αἴγυπτον ἀφίξεται ἢ ὅγε Κύπρον
ἢ ἐς Ὑπερβορέους ἢ ἑκαστέρω· ἐς δὲ τελευτὴν
ἔκ ποτ' ἐρεῖ αὐτοῦ τε φίλους καὶ κτήματα πάντα   30
οὕς τε κασιγνήτους, ἐπεὶ ἡμῖν ἔμβαλε δαίμων.
Ὣς εἰπὼν ἱστόν τε καὶ ἱστίον ἕλκετο νηός.
ἔπρησεν δ' ἄνεμος μέσον ἱστίον, ἀμφὶ δ' ἄρ' ὅπλα
καττάνυσαν· τάχα δέ σφιν ἐφαίνετο θαυματὰ ἔργα.
οἶνος μὲν πρώτιστα θοὴν ἀνὰ νῆα μέλαιναν   35
ἡδύποτος κελάρυζ' εὐώδης, ὤρνυτο δ' ὀδμὴ
ἀμβροσίη· ναύτας δὲ φόβος λάβε πάντας ἰδόντας.
αὐτίκα δ' ἀκρότατον παρὰ ἱστίον ἐξετανύσθη
ἄμπελος ἔνθα καὶ ἔνθα, κατεκρημνῶντο δὲ πολλοὶ

---

13. λύγοι ed. pr. B, λυδοί LP(al.), λυδοὶ ED, ληδοὶ M. | τηλοσ' ἔπιπτον ELDPM (ἀποτηλὸς). — 16. ἑτάροισι κέκλ. D. — 17. θεῶν δεσμὰ ἐθέλοντες M. — 19. ἢ Gemoll, ἢ alle (auch L?). | ὅδε γ' ἐστὶν EL. — 21. εἴκελος BC, ἴκελος ELDMP, ἴκελος Δ. — 22. αὐτὸν auch EP(al). — 23. μήτ' M. — 24. τε fehlt DB. — 27. σύμπανθ' auch E. | ἄνδρεσι M. — 29. ἑκατέρῳ E. ὀέκαστ. M. — 33. ἔπρησεν Gemoll, ἔμπνευσεν. — 34. καττάννυσαν auch L, κατάννυσ. M. Mit diesem Vers hört L auf. — 36. κελάρυξ M. — 37. φόβος EMA, τάφος P(al.). ἢ φόβος / φόβος / τάφος Laur. 70, 35, τάφος Ricc. 53. — 39. κατεκριμνωντο ELD.

βότρυες· ἀμφ' ἱστὸν δὲ μέλας εἱλίσσετο κισσός, 40
ἄνθεσι τηλεθάων, χαρίεις δ' ἐπὶ καρπὸς ὀρώρει·
πάντες δὲ σκαλμοὶ στεφάνους ἔχον. οἳ δὲ ἰδόντες
† μὴ δήδειν τότ' ἔπειτα κυβερνήτην ἐκέλευον
γῇ πελάαν. ὃ δ' ἄρα σφι λέων γένετ' ἔνδοθι νηὸς
δεινὸς ἐπ' ἀκροτάτης, μέγα δ' ἔβραχεν· ἐν δ' ἄρα μέσσῃ 45
ἄρκτον ἐποίησεν λασιαύχενα, σήματα φαίνων·
ἂν δ' ἔστη μεμανῖα, λέων δ' ἐπὶ σέλματος ἄκρου
δεινὸν ὑπόδρα ἰδών. οἳ δ' ἐς πρύμνην ἐφόβηθεν,
ἀμφὶ κυβερνήτην δέ, σαόφρονα θυμὸν ἔχοντα,
ἔσταν ἄρ' ἐκπληγέντες· ὃ δ' ἐξαπίνης ἐπορούσας 50
ἀρχὸν ἕλ'· οἳ δὲ θύραζε, κακὸν μόρον ἐξαλύοντες,
πάντες ὁμῶς πήδησαν, ἐπεὶ ἴδον, εἰς ἅλα δῖαν,
δελφῖνες δ' ἐγένοντο. κυβερνήτην δ' ἐλεήσας
ἔσχεθε καί μιν ἔθηκε πανόλβιον εἶπέ τε μῦθον·
Θάρσει, δῖε † κάτωρ, τῷ ἐμῷ κεχαρισμένε θυμῷ· 55
εἰμὶ δ' ἐγὼ Διόνυσος ἐρίβρομος, ὃν τέκε μήτηρ
Καδμηῒς Σεμέλη, Διὸς ἐν φιλότητι μιγεῖσα.
Χαῖρε, τέκος Σεμέλης εὐώπιδος· οὐδέ πῃ ἔστι
σεῖό γε ληθόμενον γλυκερὴν κοσμῆσαι ἀοιδήν.

VII.
ΕΙΣ ΑΡΕΑ.

Ἆρες ὑπερμενέτα, βρισάρματε, χρυσεοπήληξ,
ὀμβριμόθυμε, φέρασπι, πολισσόε, χαλκοκορυστά,
καρτερόχειρ, ἀμόγητε, δορυσθενές, ἕρκος Ὀλύμπου,
Νίκης εὐπολέμοιο πάτερ, συναρωγὲ Θέμιστος,
ἀντιβίοισι τύραννε, δικαιοτάτων ἀγὲ φωτῶν, 5
ἠνορέης σκηπτοῦχε, πυραυγέα κύκλον ἑλίσσων

---

40. ἀφ' E. — 43. μὴ δήδειν auch E, μὴ δ' ἤδη M. — 48. πρύμναν D ed. pr. e. — 53 δ' fehlt in E. — 55. δῖε κάτωρ auch E. | τῷ 'μῷ ED, τώμῷ P(al.). — 58. ἐστὶ DEMP.
VII. εἰς ἄρεα ED, τοῦ αὐτοῦ εἰς ἄρεα M, εἰς τὸν Ἄρην ABCP.
1. ἄρες EMP. — 2. ὀβρ. MC | πολίσσοε M. — 3. δορισθ. M.

Gemoll, die hom. Hymnen. 6

αἰθέρος ἑπταπόροις ἐνὶ τείρεσιν, ἔνθα σε πῶλοι
ζαφλεγέες τριτάτης ὑπὲρ ἄντυγος αἰὲν ἔχουσιν·
κλῦθι, βροτῶν ἐπίκουρε, δοτὴρ εὐθηλέος ἥβης,
πρηΰ καταστίλβων σέλας ὑψόθεν ἐς βιότητα   10
ἡμετέρην καὶ κάρτος ἀρήϊον, ὥς κε δυναίμην
σεύεσθαι κακότητα πικρὴν ἀπ' ἐμοῖο καρήνου,
καὶ ψυχῆς ἀπατηλὸν ὑπογνάμψαι φρεσὶν ὁρμήν.
θυμοῦ τ' αὖ μένος ὀξὺ κατισχέμεν, ὅς μ' ἐρέθῃσιν
φυλόπιδος κρυερῆς ἐπιβαινέμεν. ἀλλὰ σὺ θάρσος   15
δός, μάκαρ, εἰρήνης τε μένειν ἐν ἀπήμοσι θεσμοῖς,
δυσμενέων προφυγόντα μόθον, κῆράς τε βιαίους.

VIII.
ΕΙΣ ΑΡΤΕΜΙΝ.

Ἄρτεμιν ὕμνει, Μοῦσα, κασιγνήτην Ἑκάτοιο,
παρθένον ἰοχέαιραν, ὁμότροφον Ἀπόλλωνος,
ἥ θ' ἵππους ἄρσασα βαθυσχοίνοιο Μέλητος,
ῥίμφα διὰ Σμύρνης παγχρύσεον ἅρμα διώκει
ἐς Κλάρον ἀμπελόεσσαν, ὅθ' ἀργυρότοξος Ἀπόλλων   5
ἧσται, μιμνάζων ἑκατηβόλον Ἰοχέαιραν.
Καὶ σὺ μὲν οὕτω χαῖρε θεαί θ' ἅμα πᾶσαι ἀοιδῇ·
αὐτὰρ ἐγὼ σὲ πρῶτα καὶ ἐκ σέθεν ἄρχομ' ἀείδειν,
σεῦ δ' ἐγὼ ἀρξάμενος μεταβήσομαι ἄλλον ἐς ὕμνον.

7. ἑπταπύροις M | τείρεσσι M. — 9. εὐθηλέος Gemoll, εὐθαλέος E (εὐθ.) PBC, εὐθαρσέος DM, Laur. 31,32, Mut. 51. — 10. πρὶν M statt πρηΰ | βιοτῆτα M. — 12. σεύεσθαι auch E, σεύασθαι M. ἐμεῖο auch E, ἐμοῖο Hermann. — 13. ἀπατηλὴν M | ὑπογνάμψαι M, ὑπογνάψαι auch E.
VIII. εἰς ἄρτεμιν ED, εἰς τὴν ἄρτεμιν P.
1. ὑμνεῖ DE; vgl. 14, 1. — 3. βαθυσχοινοῖο M | μέλητης DE, μιλήτης ABCP. — 4. παγχρύσιον D. — 6. ἡσθαι M. — 7. δ' ἅμα auch E. Vergl. 13, 6. θεαί θ' M. — 8. σέτεπρ. M (ABC? Da P σε πρ. hat). σέθ' ἄρχομαι E.

IX.
ΕΙΣ ΑΦΡΟΔΙΤΗΝ.

Κυπρογενῆ Κυθέρειαν ἀείσομαι, ἥ τε βροτοῖσιν
μείλιχα δῶρα δίδωσιν, ἐφιμερτῷ δὲ προσώπῳ
αἰεὶ μειδιάει, καὶ ἐφιμερτὸν φέρει ἄνθος.
Χαῖρε, θεά, Σαλαμῖνος ἐϋκτιμένης μεδέουσα,
καὶ πάσης Κύπρου, δὸς δ' ἱμερόεσσαν ἀοιδήν·   5
αὐτὰρ ἐγὼ καὶ σεῖο καὶ ἄλλης μνήσομ' ἀοιδῆς.

X.
ΕΙΣ ΑΘΗΝΑΝ.

Παλλάδ' Ἀθηναίην ἐρυσίπτολιν ἄρχομ' ἀείδειν,
δεινήν, ᾗ σὺν Ἄρηϊ μέλει πολεμήϊα ἔργα,
περθόμεναί τε πόληες, ἀϋτή τε πτόλεμοί τε,
καί τ' ἐρρύσατο λαὸν ἰόντα τε νισσόμενόν τε.
Χαῖρε, θεά· δὸς δ' ἄμμι τύχην εὐδαιμονίην τε.   5

XI.
ΕΙΣ ΗΡΑΝ.

Ἥρην ἀείδω χρυσόθρονον, ἣν τέκε Ῥείη,
ἀθανάτην βασίλειαν, ὑπείροχον εἶδος ἔχουσαν,
Ζηνὸς ἐριγδούποιο κασιγνήτην ἄλοχόν τε,
κυδρήν, ἣν πάντες μάκαρες κατὰ μακρὸν Ὄλυμπον
ἁζόμενοι τίουσιν ὁμῶς Διῒ τερπικεραύνῳ.   5

IX. εἰς ἀφροδίτην ED, εἰς τὴν ἀφροδίτην P.
2. ἐφιμερτῷ Lennep. ἐφ' ἴμ. — 3. ἐφιμερτὸν E.| θέει M statt φέρει. —
4. ἐϋκτισμένης E, in M lautet der Vers χαῖρε μάκαιρα Κυθήρης κτλ.
— 5. εἰναλίης τε Κύπρου M. — 6. σᾶο (vgl. 27, 18) verbessert in σεῖο E.
X. εἰς ἀθηνᾶν E?, D am Rande; εἰς τὴν ἀθηνᾶν P.
2. ἄρεϊ M. — 3. πόληες M, πόλιες DEP (ι aus η), Ricc. 53, Laur.
70, 35. — 4. ἐρύσ. M. — 5. ἄμι E.
XI. εἰς ἥραν ED, εἰς τὴν ἥραν P.
1. Ἥραν M. — 2. ἀθανάτην auch E.

XII.
ΕΙΣ ΔΗΜΗΤΡΑΝ.

Δήμητρ' ἠΰκομον, σεμνὴν θεόν, ἄρχομ' ἀείδειν,
αὐτὴν καὶ κούρην, περικαλλέα Περσεφόνειαν.
Χαῖρε, θεά, καὶ τήνδε σάου πόλιν· ἄρχε δ' ἀοιδῆς.

XIII.
ΕΙΣ ΜΗΤΕΡΑ ΘΕΩΝ.

Μητέρα μοι πάντων τε θεῶν, πάντων τ' ἀνθρώπων,
ὕμνει, Μοῦσα λίγεια, Διὸς θύγατερ μεγάλοιο·
ᾗ κροτάλων τυπάνων τ' ἰαχὴ σύν τε βρόμος αὐλῶν
εὔαδεν, ἠδὲ λύκων κλαγγὴ χαροπῶν τε λεόντων.
οὔρεά τ' ἠχήεντα, καὶ ὑλήεντες ἔναυλοι. 5
Καὶ σὺ μὲν οὕτω χαῖρε, θεαί θ' ἅμα πᾶσαι, ἀοιδῇ.

XIV.
ΕΙΣ ΗΡΑΚΛΕΑ ΛΕΟΝΤΟΘΥΜΟΝ.

Ἡρακλέα, Διὸς υἱόν, ἀείσομαι, ὃν μέγ' ἄριστον
γείνατ' ἐπιχθονίων Θήβης ἔνι καλλιχόροισιν
Ἀλκμήνη, μιχθεῖσα κελαινεφέϊ Κρονίωνι·
ὃς πρὶν μὲν κατὰ γαῖαν ἀθέσφατον ἠδὲ θάλασσαν

XII. εἰς δήμητραν E, εἰς δήμητρα D, εἰς (τὴν P) Δήμητραν καὶ
Περσεφόνην ABCP, εἰς Δήμητ . . . M.
1. Δημήτηρ' EDM. — 2. Φερσεφόνειαν ABCD. S. den Comm. —
3. σάου auch E.
XIII. εἰς μητέρα θεῶν DM, εἰς μ. τῶν θ. E, εἰς [τὴν] Ῥέαν
ABCP Mut. 51.
1. πάντων τῶν E. — 2. ὑμνεῖ auch E; vgl. VIII, 1. — 3. ἦ E |
τυπάνων EDM, τυπάνων ABC(P?) | τρόμος auch E. — 6. σύ E (?);
vgl. 17, 10 | δ' ἅμα auch E; verb. M.
XIV. εἰς Ἡρακλέα λεοντόθυμον DE, εἰς τὸν Ἡρακλέα ABCP
Wie liest M?
2. ἐνὶ EDP. — 4. ὃς ῥὰ ἠμὲν M.

πλαζόμενος, πομπῇσιν ὑπ' Εὐρυσθῆος ἄνακτος,
πολλὰ μὲν αὐτὸς ἔρεξεν ἀτάσθαλα, πολλὰ δ' ἀνέτλη·
νῦν δ' ἤδη κατὰ καλὸν ἕδος νιφόεντος Ὀλύμπου
ναίει τερπόμενος, καὶ ἔχει καλλίσφυρον Ἥβην.
Χαῖρε, ἄναξ, Διὸς υἱέ· δίδου δ' ἀρετήν τε καὶ ὄλβον.

XV.
ΕΙΣ ΑΣΚΛΗΠΙΟΝ.

Ἰητῆρα νόσων, Ἀσκληπιὸν ἄρχομ' ἀείδειν,
υἱὸν Ἀπόλλωνος, τὸν ἐγείνατο δῖα Κορωνὶς
Δωτίῳ ἐν πεδίῳ, κούρη Φλεγύου βασιλῆος,
χάρμα μέγ' ἀνθρώποισι, κακῶν θελκτῆρ' ὀδυνάων.
Καὶ σὺ μὲν οὕτω χαῖρε, ἄναξ· λίτομαι δέ σ' ἀοιδῇ.

XVI.
ΕΙΣ ΔΙΟΣΚΟΥΡΟΥΣ.

Κάστορα καὶ Πολυδεύκε' ἀείδεο, Μοῦσα λίγεια,
Τυνδαρίδας, οἳ Ζηνὸς Ὀλυμπίου ἐξεγένοντο·
τοὺς ὑπὸ Τηϋγέτου κορυφῆς τέκε πότνια Λήδη,
λάθρῃ ὑποδμηθεῖσα κελαινεφέϊ Κρονίωνι.
Χαίρετε, Τυνδαρίδαι, ταχέων ἐπιβήτορες ἵππων.

5. ὑπ' Wolf, ὑπ' die Hdschrr., auch E aufser M, wo der Vers
lautet: πλαξόμενος πημαίνετ' ἀεθλεύων κραταιῶς. — 6. ἀτάσθαλα ἔξοχα
ἔργα M. — 9. ἀρετήν τε E.
XV. εἰς Ἀσκληπιόν ED, εἰς τὸν Ἀ. MP.
1. νούσων M. — 2. κορωνὶς m (in M). — 3. δωτίνῳ PABC |
φλεγύος D.
XVI. εἰς διοσκούρους ED, εἰς τοὺς διοσκούρους M, εἰς κάστορα
καὶ πολυδεύκην ABCP.
1. καὶ fehlt E. — 3. Ταϋγέτου alle Hdschrr., auch M. S. XXXII, 4.
— 5. ἐπ' ἀμήτων statt ἐπιβήτορας M.

XVII.
ΕΙΣ ΕΡΜΗΝ.

Ἑρμῆν ἀείδω Κυλλήνιον, Ἀργειφόντην,
Κυλλήνης μεδέοντα καὶ Ἀρκαδίης πολυμήλου,
ἄγγελον ἀθανάτων ἐριούνιον, ὃν τέκε Μαῖα,
Ἄτλαντος θυγάτηρ, Διὸς ἐν φιλότητι μιγεῖσα,
αἰδοίη· μακάρων δὲ θεῶν ἀλέεινεν ὅμιλον, 5
ἄντρῳ ναιετάουσα παλισκίῳ· ἔνθα Κρονίων
Νύμφῃ εὐπλοκάμῳ μισγέσκετο νυκτὸς ἀμολγῷ,
εὖτε κατὰ γλυκὺς ὕπνος ἔχοι λευκώλενον Ἥρην·
λάνθανε δ᾽ ἀθανάτους τε θεοὺς θνητούς τ᾽ ἀνθρώπους.
Καὶ σὺ μὲν οὕτω χαῖρε, Διὸς καὶ Μαιάδος υἱέ· 10
σεῦ δ᾽ ἐγὼ ἀρξάμενος μεταβήσομαι ἄλλον ἐς ὕμνον.
|Χαῖρ᾽, Ἑρμῆ χαριδῶτα, διάκτορε, δῶτορ ἑάων.|

XVIII.
ΕΙΣ ΠΑΝΑ.

Ἀμφί μοι Ἑρμείαο φίλον γόνον ἔννεπε, Μοῦσα,
αἰγιπόδην, δικέρωτα, φιλόκροτον, ὅς τ᾽ ἀνὰ πίση
δενδρήεντ᾽ ἄμυδις φοιτᾷ χοροήθεσι νύμφαις,
αἵ τε κατ᾽ αἰγίλιπος πέτρης στείβουσι κάρηνα,
Πᾶν᾽ ἀνακεκλόμεναι, νόμιον θεόν, ἀγλαέθειρον,
αὐχμήενθ᾽, ὃς πάντα λόφον νιφόεντα λέλογχεν
καὶ κορυφὰς ὀρέων καὶ πετρήεντα κέλευθα.
φοιτᾷ δ᾽ ἔνθα καὶ ἔνθα διὰ ῥωπήϊα πυκνὰ
ἄλλοτε μὲν ῥείθροισιν ἐφελκόμενος μαλακοῖσιν,

XVII. εἰς ἑρμῆν *ED* (ἑρμην), εἰς τὸν ἑρμῆν *P*.
10. σύ *E*; vgl. XIII, 6. — 12. ἑάων *DEP*(al.).
XVIII. εἰς πᾶνα *ED*, εἰς τὸν π. *P*.
2. αἰγιπόδην Hermann, αἰγοπ. die Hdschrr. | πίσση *EDP*, wohl alle. — 4. Mit diesem Vers endet *M*, die Rückseite ist leer..| στείβουσαι *E*. — 7. κέλευθα *E* mit *ABCP* Ambros. S. 31. κάρηνα hat *D*, der *Reginus* und ed. princ. — 9. ἐφελκόμενος auch *E*.

18. ΕΙΣ ΠΑΝΑ.

ἄλλοτε δ' αὖ πέτρῃσιν ἐν ἠλιβάτοισι διοιχνεῖ, 10
ἀκροτάτην κορυφὴν μηλόσκοπον εἰσαναβαίνων.
πολλάκι δ' ἀργινόεντα διέδραμεν οὔρεα μακρά,
πολλάκι δ' ἐν κνημοῖσι διήλασε θῆρας ἐναίρων,
ὀξέα δερκόμενος· τότε δ' ἕσπερος ἔκλαγεν † οἶον,
ἄγρης ἐξανιών, δονάκων ὕπο μοῦσαν ἀθύρων 15
ἥδυμον· οὐκ ἂν τόνγε παραδράμοι ἐν μελέεσσιν
ὄρνις, ἥ τ' ἔαρος πολυανθέος ἐν πετάλοισιν
θρῆνον ἐπιπροχέουσ' ἠχέει μελίγηρυν ἀοιδήν.
σὺν δέ σφιν τότε νύμφαι ὀρεστιάδες, λιγύμολποι,
φοιτῶσαι πύκα ποσσὶν ἐπὶ κρήνῃ μελανύδρῳ 20
μέλπονται· κορυφὴν δὲ περιστένει οὔρεος ἠχώ·
δαίμων δ' ἔνθα καὶ ἔνθα θορῶν, τοτὲ δ' ἐς μέσον ἕρπων,
πυκνὰ ποσὶν διέπει (λαῖφος δ' ἐπὶ νῶτα δαφοινὸν
λυγκὸς ἔχει) λιγυρῇσιν ἀγαλλόμενος φρένα μολπαῖς
ἐν μαλακῷ λειμῶνι, τόθι κρόκος ἠδ' ὑάκινθος 25
εὐώδης θαλέθων καταμίσγεται ἄκριτα ποίῃ.
ὑμνεῦσιν δὲ θεοὺς μάκαρας καὶ μακρὸν Ὄλυμπον·
οἷόν θ' Ἑρμείην ἐριούνιον ἔξοχον ἄλλων
ἔννεπον, ὡς ὅγ' ἅπασι θεοῖς θοὸς ἄγγελός ἐστιν.
καί ῥ' ὅγ' ἐς Ἀρκαδίην πολυπίδακα, μητέρα μήλων, 30
ἐξίκετ', ἔνθα τέ οἱ τέμενος Κυλληνίου ἐστίν·
ἔνθ' ὅγε, καὶ θεὸς ὤν, ψαφερότριχα μῆλ' ἐνόμευεν
ἀνδρὶ πάρα θνητῷ. † θάλε γὰρ πόθος ὑγρὸς ἐπελθών,
νύμφῃ ἐϋπλοκάμῳ Δρύοπος φιλότητι μιγῆναι.
ἐκ δ' ἐτέλεσσε γάμον θαλερόν· τέκε δ' ἐν μεγάροισιν 35
Ἑρμείη φίλον υἱόν, ἄφαρ τερατωπὸν ἰδέσθαι,
αἰγιπόδην, δικέρωτα, πολύκροτον, ἡδυγέλωτα·
φεῦγε δ' ἀναΐξασα, λίπεν δ' ἄρα παῖδα τιθήνη·
δεῖσε γάρ, ὡς ἴδεν ὄψιν ἀμείλιχον, ἠϋγένειον.

12. ἀργινόεντα Barnes, αἰγινόεντα auch E. — 14. τότε auch E, τοτὲ nur D. — 15. ἄγρης Pierson, ἄκρης auch E. — 16. νήδυμον auch E | ἂν E, ἐν die übrigen. — 17. πολυάνθος E, -άνθεος D. — 18. ἠχέει Gemoll, ἐπιπροχέουσα χέει E. — 20. πύκα Barnes, πυκνὰ auch E. — 22. θορῶν Köchly, χορῶν die Hdschrr. | τοτὲ δ' ἐς Buttmann, τότε ἐς die Hdschrr. — 26. θαλέθων BCP, θαλέων ED | ποίην EDP. — 31. δέ οἱ DEP. — 32. ψαφερότριχα ED, ψαφαροτρ. P Ricc. 53, Laur. 70, 35. — 33. θάλε auch E. — 38. ἀναΐξασα, λίπεν Martin, ἀναΐξας λεῖπεν auch E | τιθήνη auch E. — 39. εἶδεν D.

ΙΘ. ΕΙΣ ΗΦΑΙΣΤΟΝ.

τὸν δ᾽ αἶψ᾽ Ἑρμείας ἐριούνιος ἐς χέρα θῆκεν 40
δεξάμενος· χαῖρεν δὲ νόῳ περιώσια δαίμων.
ῥίμφα δ᾽ ἐς ἀθανάτων ἕδρας κίε, παῖδα καλύψας
δέρμασιν ἐν πυκινοῖσιν ὀρεσκῴοιο λαγωοῦ·
πὰρ δὲ Ζηνὶ κάθιζε καὶ ἄλλοις ἀθανάτοισιν,
δεῖξε δὲ κοῦρον ἑόν· πάντες δ᾽ ἄρα θυμὸν ἔτερφθεν 45
ἀθάνατοι, περίαλλα δ᾽ ὁ Βάκχειος Διόνυσος·
Πᾶνα δέ μιν καλέεσκον, ὅτι φρένα πᾶσιν ἔτερψεν.
Καὶ σὺ μὲν οὕτω χαῖρε, ἄναξ· ἵλαμαι δέ σ᾽ ἀοιδῇ·
αὐτὰρ ἐγὼ καὶ σεῖο καὶ ἄλλης μνήσομ᾽ ἀοιδῆς.

XIX.
ΕΙΣ ΗΦΑΙΣΤΟΝ.

Ἥφαιστον κλυτόμητιν ἀείδεο, Μοῦσα λίγεια,
ὃς μετ᾽ Ἀθηναίης γλαυκώπιδος ἀγλαὰ ἔργα
ἀνθρώπους ἐδίδαξεν ἐπὶ χθονός, οἳ τὸ πάρος περ
ἄντροις ναιετάασκον ἐν οὔρεσιν, ἠΰτε θῆρες·
νῦν δὲ δι᾽ Ἥφαιστον κλυτοτέχνην ἔργα δαέντες 5
ῥηϊδίως αἰῶνα τελεσφόρον εἰς ἐνιαυτὸν
εὔκηλοι διάγουσιν ἐνὶ σφετέροισι δόμοισιν.
Ἀλλ᾽ ἵληθ᾽, Ἥφαιστε· δίδου δ᾽ ἀρετήν τε καὶ ὄλβον.

XX.
ΕΙΣ ΑΠΟΛΛΩΝΑ.

Φοῖβε, σὲ μὲν καὶ κύκνος ὑπὸ πτερύγων λίγ᾽ ἀείδει,
ὄχθῃ ἐπιθρώσκων ποταμὸν πάρα δινήεντα,

---

40. ἑρμείας auch E. — 41. περιώσσια E. — 45. ἔτερφθεν Stephanus,
ἔτερφθον auch E. — 46. δ᾽ ὀμβάκχειος διόννσσος E. — 48. ἵλαμαι
Gemoll, ἱλάσομαι E, λίσσομαι D, λίσομαι PABC.
XIX. εἰς ἥφαιστον DE, εἰς τὸν ἥφαιστον P.
1. ἀείδεο auch E | λίσεια E. — 4. ναιετάσκον E. — 7. διάγουσι
E; 8. XVIII 43. — 8. ἵληθ᾽ D.
XX. εἰς ἀπόλλωνα ED, εἰς τὸν ἀπόλλωνα P.
1. σύ E. — 2. παρὰ EDP.

21. ΕΙΣ ΠΟΣΕΙΔΩΝΑ.

Πηνειόν· σὲ δ' ἀοιδός, ἔχων φόρμιγγα λίγειαν,
ἡδυεπὴς πρῶτόν τε καὶ ὕστατον αἰὲν ἀείδει.
Καὶ σὺ μὲν οὕτω χαῖρε, ἄναξ· ἵλαμαι δέ σ' ἀοιδῇ. 5

XXI.
ΕΙΣ ΠΟΣΕΙΔΩΝΑ.

Ἀμφὶ Ποσειδάωνα, θεὸν μέγαν, ἄρχομ' ἀείδειν,
γαίης κινητῆρα καὶ ἀτρυγέτοιο θαλάσσης,
πόντιον, ὅς θ' Ἑλικῶνα καὶ εὐρείας ἔχει Αἰγάς.
διχθά τοι, Ἐννοσίγαιε, θεοὶ τιμὴν ἐδάσαντο,
ἵππων τε δμητῆρ' ἔμεναι, σωτῆρά τε νηῶν. 5
Χαῖρε, Ποσείδαον γαιήοχε, κυανοχαῖτα,
καὶ μάκαρ, εὐμενὲς ἦτορ ἔχων, πλώουσιν ἄρηγε.

XXII.
ΕΙΣ ΥΠΑΤΟΝ ΚΡΟΝΙΔΗΝ.

Ζῆνα, θεῶν τὸν ἄριστον, ἀείσομαι, ἠδὲ μέγιστον,
εὐρύοπα κρείοντα, τελεσφόρον, ὅστε Θέμιστι
ἐγκλιδὸν ἑζομένῃ πυκινοὺς ὀάρους ὀαρίζει.
Ἵληθ', εὐρύοπα Κρονίδη, κύδιστε, μέγιστε.

XXIII.
ΕΙΣ ΕΣΤΙΑΝ.

Ἱστίη, ἥ τε ἄνακτος, Ἀπόλλωνος ἑκάτοιο,
Πυθοῖ ἐν ἠγαθέῃ ἱερὸν δόμον ἀμφιπολεύεις,

---

5. ἵλασμαι *E*, ἵλαμαι *D*.
XXI. εἰς ποσειδῶνα *E*, am Rande *D*; s. zu X, εἰς τὸν ποσειδῶνα *P*.
1. ποσειδάονα *D*. — 3. αἶγας auch *E*. — 4. ἐνοσίγαιε *E*. — 6. ποσειδάον (Accent) *ED*.
XXII. εἰς ὕπατον κρονίδην *E*, εἰς ὕπατον κρονίδην ἢ δία *D*, εἰς τὸν δία *P*.
2. θέμιτι auch *E*, θέμιστι Barnes.
XXIII. εἰς ἑστίαν *E, D* am Rande, s. zu XXI; εἰς τὴν ἑστίαν *P* Ambros. S. 31.

αἰεὶ σῶν πλοκάμων ἀπολείβεται ὑγρὸν ἔλαιον.
ἔρχεο τύνδ' ἀνὰ οἶκον, ἐνηέα θυμὸν ἔχουσα,
σὺν Διΐ μητιόεντι, χάριν δ' ἅμ' ὄπασσον ἀοιδῇ. 5

XXIV.
ΕΙΣ ΜΟΥΣΑΣ ΚΑΙ ΑΠΟΛΛΩΝΑ.

Μουσάων ἄρχωμαι, Ἀπόλλωνός τε Διός τε.
ἐκ γὰρ Μουσάων καὶ ἑκηβόλου Ἀπόλλωνος
ἄνδρες ἀοιδοὶ ἔασιν ἐπὶ χθονὶ καὶ κιθαρισταί,
ἐκ δὲ Διὸς βασιλῆες. ὃ δ' ὄλβιος, ὅντινα Μοῦσαι
φίλωνται· γλυκερή οἱ ἀπὸ στόματος ῥέει αὐδή. 5
Χαίρετε, τέκνα Διός, καὶ ἐμὴν τιμήσατ' ἀοιδήν·
αὐτὰρ ἐγὼν ὑμέων τε καὶ ἄλλης μνήσομ' ἀοιδῆς.

XXV.
ΕΙΣ ΔΙΟΝΥΣΟΝ.

Κισσοκόμην Διόνυσον, ἐρίβρομον, ἄρχομ' ἀείδειν,
Ζηνὸς καὶ Σεμέλης ἐρικυδέος ἀγλαὸν υἱόν,
ὃν τρέφον ἠΰκομοι νύμφαι, παρὰ πατρὸς ἄνακτος
δεξάμεναι κόλποισι, καὶ ἐνδυκέως ἀτίταλλον,
Νύσης ἐν γυάλοις· ὃ δ' ἀέξετο πατρὸς ἕκητι 5
ἄντρῳ ἐν εὐώδει, μεταρίθμιος ἀθανάτοισιν.
αὐτὰρ ἐπειδὴ τόνγε θεαὶ πολύυμνον ἔθρεψαν,
δὴ τότε φοιτίζεσκε καθ' ὑλήεντας ἐναύλους,
κισσῷ καὶ δάφνῃ πεπυκασμένος· αἳ δ' ἅμ' ἕποντο
νύμφαι, ὃ δ' ἐξηγεῖτο· βρόμος δ' εἶχεν ἄσπετον ὕλην. 10

---

4. ἐνηέα Barnes, ἐπέρχεο θυμὸν ἔχουσα auch E.
XXIV. εἰς μούσας καὶ ἀπόλλωνα ED, εἰς μούσας ἀπόλλωνα καὶ δία P Ambros. S. 31.
1. ἄρχομαι auch E | ξηνός τε D. — 4. ὅδ' auch E.
XXV. εἰς διόννσον ED, εἰς τὸν διόννσον P.
1. καὶ ἐρίβρ. D. — 5. νύσσης ED. — 7. τόνγε Gemoll, τόνδε die Hdschrr. (τόν δὲ E). — 9. αἵδ' ED.

Καὶ σὺ μὲν οὕτω χαῖρε, πολυστάφυλ' ὦ Διόνυσε·
δὸς δ' ἡμᾶς χαίροντας ἐς ὥρας αὖτις ἱκέσθαι,
ἐκ δ' αὖθ' ὡράων ἐς τοὺς πολλοὺς ἐνιαυτούς.

XXVI.
ΕΙΣ ΑΡΤΕΜΙΝ.

Ἄρτεμιν ἀείδω χρυσηλάκατον, κελαδεινήν,
παρθένον αἰδοίην, ἐλαφηβόλον, ἰοχέαιραν,
αὐτοκασιγνήτην χρυσαόρου Ἀπόλλωνος·
ἣ κατ' ὄρη σκιόεντα καὶ ἄκριας ἠνεμοέσσας
ἄγρῃ τερπομένη παγχρύσεα τόξα τιταίνει, 5
πέμπουσα στονόεντα βέλη· τρομέει δὲ κάρηνα
ὑψηλῶν ὀρέων, ἰάχει δ' ἐπιδάσκιος ὕλη
δεινὸν ὑπὸ κλαγγῆς θηρῶν· φρίσσει δέ τε γαῖα,
πόντος τ' ἰχθυόεις· ἣ δ' ἄλκιμον ἦτορ ἔχουσα
πάντῃ ἐπιστρέφεται, θηρῶν ὀλέκουσα γενέθλην. 10
αὐτὰρ ἐπὴν τερφθῇ θηροσκόπος Ἰοχέαιρα,
εὐφρήνῃ δὲ νόον, χαλάσασ' εὐκαμπέα τόξα,
ἔρχεται ἐς μέγα δῶμα κασιγνήτοιο φίλοιο,
Φοίβου Ἀπόλλωνος, Δελφῶν ἐς πίονα δῆμον,
Μουσέων καὶ Χαρίτων καλὸν χορὸν ἀρτυνέουσα. 15
ἔνθα κατακρεμάσασα παλίντονα τόξα καὶ ἰούς,
ἡγεῖται, χαρίεντα περὶ χροΐ κόσμον ἔχουσα,
ἐξάρχουσα χορούς· αἳ δ' ἀμβροσίην ὄπ' ἱεῖσαι
ὑμνεῦσιν Λητὼ καλλίσφυρον, ὡς τέκε παῖδας,
ἀθανάτων βουλῇ τε καὶ ἔργμασιν ἔξοχ' ἀρίστους. 20
Χαίρετε, τέκνα Διὸς καὶ Λητοῦς ἠϋκόμοιο·
αὐτὰρ ἐγὼν ὑμέων τε καὶ ἄλλης μνήσομ' ἀοιδῆς.

---

11. σύ μεν E | διόνυσσε E. — 12. ὥρας E. — 13. ὁράων E.
XXVI. εἰς ἄρτεμιν ED, εἰς τὴν ἄρτεμιν P.
1. χρυσηλάκτον E. — 4. ἣ E. — 7. ἰάχει Hermann, ἰαχεῖ die Hdschrr. | ἐπιδάσκιος DEP. — 13. μετὰ nach δῶμα DEC, nicht P. — 14. εἰς EDP. — 18. αἲδ' E. — 19. ὥς τε κε E. — 20. ἔργμασιν D. — 22. ὑμέων τε Wolf, ὑμέων auch E.

XXVII.
ΕΙΣ ΑΘΗΝΑΝ.

Παλλάδ᾽ Ἀθηναίην, κυδρὴν θεόν, ἄρχομ᾽ ἀείδειν,
γλαυκῶπιν, πολύμητιν, ἀμείλιχον ἦτορ ἔχουσαν,
παρθένον αἰδοίην, ἐρυσίπτολιν, ἀλκήεσσαν,
Τριτογενῆ, τὴν αὐτὸς ἐγείνατο μητίετα Ζεὺς
σεμνῆς ἐκ κεφαλῆς, πολεμήϊα τεύχε᾽ ἔχουσαν, 5
χρύσεα, παμφανόωντα· σέβας δ᾽ ἔχε πάντας ὁρῶντας
ἀθανάτους. ἡ δὲ πρόσθεν Διὸς αἰγιόχοιο
ἐσσυμένως ὤρουσεν ἀπ᾽ ἀθανάτοιο καρήνου,
σείσασ᾽ ὀξὺν ἄκοντα· μέγας δ᾽ ἐλελίζετ᾽ Ὄλυμπος
δεινὸν ὑπὸ βρίμης Γλαυκώπιδος· ἀμφὶ δὲ γαῖα 10
σμερδαλέον ἰάχησεν· ἐκινήθη δ᾽ ἄρα πόντος,
κύμασι πορφυρέοισι κυκώμενος, ἔσχετο δ᾽ ἄλμη
ἐξαπίνης· στῆσεν δ᾽ Ὑπερίονος ἀγλαὸς υἱὸς
ἵππους ὠκύποδας δηρὸν χρόνον, εἰσότε κούρη
εἵλετ᾽ ἀπ᾽ ἀθανάτων ὤμων θεοείκελα τεύχη, 15
Παλλὰς Ἀθηναίη· γήθησε δὲ μητίετα Ζεύς.
Καὶ σὺ μὲν οὕτω χαῖρε, Διὸς τέκος αἰγιόχοιο·
αὐτὰρ ἐγὼ καὶ σεῖο καὶ ἄλλης μνήσομ᾽ ἀοιδῆς.

XXVIII.
ΕΙΣ ΕΣΤΙΑΝ.

Ἱστίη, ἡ πάντων ἐν δώμασιν ὑψηλοῖσιν
ἀθανάτων τε θεῶν, χαμαὶ ἐρχομένων τ᾽ ἀνθρώπων,
ἕδρην ἀΐδιον ἔλαχε πρεσβηΐδα τιμήν,

XXVII. εἰς ἀθηνᾶν *ED*, εἰς τὴν ἀθηνᾶν *P*.
4. μητιέτα *E* hier und vs. 16. — 10. ὑπὸ βρίμης *Ilgen*, ὀμβρίμης *ED* vgl. h. XVIII, 46, ὑπ᾽ ὀβρίμης *ABCP*. — 12. ἔσχεθ᾽ θ᾽ ἅλμη *E* (λ aus μ). — 14. δειρὸν *E* | εἰσότε auch *E*. — 17. σύ *E*. — 18. σᾶο *E*.
XXVIII. εἰς ἑστίαν *ED*, εἰς τὴν ἑστίαν *P*.
3. ἔλαχες *PAB*.

καλὸν ἔχουσα γέρας καὶ τιμήν· οὐ γὰρ ἄτερ σοῦ
εἰλαπίναι θνητοῖσιν, ἵν' οὐ πρώτῃ πυμάτῃ τε
Ἱστίῃ ἀρχόμενοι σπένδον μελιηδέα οἶνον·
καὶ σύ μοι, Ἀργειφόντα, Διὸς καὶ Μαιάδος υἱέ,
ἄγγελε τῶν μακάρων, χρυσόρραπι, δῶτορ ἐάων,
ναίετε δώματα καλά, φίλα φρεσὶν ἀλλήλοισιν.
ἵλαος ὢν ἐπάρηγε σὺν αἰδοίῃ τε φίλῃ τε
Ἱστίῃ. ἀμφότεροι γὰρ ἐπιχθονίων ἀνθρώπων
εἰδότες ἔργματα καλά, νόῳ θ' ἕσπεσθε καὶ ἥβῃ.
Χαῖρε, Κρόνου θύγατερ, σύ τε καὶ χρυσόρραπις Ἑρμῆς·
αὐτὰρ ἐγὼν ὑμέων τε καὶ ἄλλης μνήσομ' ἀοιδῆς.

XXIX.
ΕΙΣ ΓΗΝ ΜΗΤΕΡΑ ΠΑΝΤΩΝ.

Γαῖαν παμμήτειραν ἀείσομαι, ἠϋθέμεθλον,
πρεσβίστην, ἣ φέρβει ἐπὶ χθονὶ πάνθ', ὁπόσ' ἔστιν.
ἠμὲν ὅσα χθόνα δῖαν ἐπέρχεται, ἠδ' ὅσα πόντον,
ἠδ' ὅσα πωτῶνται, τάδε φέρβεται ἐκ σέθεν ὄλβου.
ἐκ σέο δ' εὔπαιδές τε καὶ εὔκαρποι τελέθουσιν,
πότνια, σεῦ δ' ἔχεται δοῦναι βίον ἠδ' ἀφελέσθαι
θνητοῖς ἀνθρώποισιν. ὃ δ' ὄλβιος, ὅν κε σὺ θυμῷ
πρόφρων τιμήσῃς· τῷ δ' ἄφθονα πάντα πάρεστιν.
βρίθει μέν σφιν ἄρουρα φερέσβιος, ἠδὲ κατ' ἀγροὺς
κτήνεσιν εὐθηνεῖ, οἶκος δ' ἐμπίπλαται ἐσθλῶν·
αὐτοὶ δ' εὐνομίῃσι πόλιν κάτα καλλιγύναικα
κοιρανέουσ', ὄλβος δὲ πολὺς καὶ πλοῦτος ὀπηδεῖ·

---

4. τιμήν auch E | σου E (ohne Accent). — 5. θνητοῖσι E. —
6. ἱστίη EP, ἐστ. D. — 8. δῶτο ῥεάων E; vgl. XVII, 12. — 10. ἐπάρησε E. — 11. ἱστίη EP, ἐστ. D. — 12. ἔργματα ED; vgl. XXVI, 20, XXXI, 19.
XXIX. εἰς γῆν μητέρα πάντων ED, εἰς τὴν γῆν PABC.
2. ὢ E | ἔστιν Hermann, ἐστί E. — 3. ἐπέρχεται EPABC, ὑπέρχεται D. — 4. τάδ' ἐκφέρβ. D. — 6. ποτνία ED. — 8. τιμήσῃς Franke, τιμήσεις die Hdschrr. | τῷ δ' ABC | περ ἐστι E, πέρ ἐστι D. — 10. ἐμπίπλαται EDP.

παῖδες δ' εὐφροσύνῃ νεοθηλέϊ κυδιόωσιν,
παρθενικαί τε χοροῖς φερεανθέσιν εὔφρονι θυμῷ
παίζουσαι σκαίρουσι κατ' ἄνθεα μαλθακὰ ποίης,
οὕς κε σὺ τιμήσῃς, σεμνὴ θεά, ἄφθονε δαῖμον. 15
Χαῖρε, θεῶν μῆτερ, ἄλοχ' Οὐρανοῦ ἀστερόεντος,
πρόφρων δ' ἀντ' ᾠδῆς βίοτον θυμήρε' ὄπαζε·
αὐτὰρ ἐγὼ καὶ σεῖο καὶ ἄλλης μνήσομ' ἀοιδῆς.

XXX.
ΕΙΣ ΗΛΙΟΝ.

Ἥλιον ὑμνεῖν αὖτε, Διὸς τέκος, ἄρχεο, Μοῦσα,
Καλλιόπη, φαέθοντα, τὸν Εὐρυφάεσσα βοῶπις
γείνατο Γαίης παιδὶ καὶ Οὐρανοῦ ἀστερόεντος.
γῆμε γὰρ Εὐρυφάεσσαν ἀγακλειτὴν Ὑπερίων,
αὐτοκασιγνήτην, ἥ οἱ τέκε κάλλιμα τέκνα, 5
Ἠῶ τε ῥοδόπηχυν, ἐϋπλόκαμόν τε Σελήνην,
Ἠέλιόν τ' ἀκάμαντ', ἐπιείκελον ἀθανάτοισιν·
ὃς φαίνει θνητοῖσι καὶ ἀθανάτοισι θεοῖσιν,
ἵπποις ἐμβεβαώς· σμερδνὸν δ' ὅγε δέρκεται ὄσσοις
χρυσέης ἐκ κόρυθος· λαμπραὶ δ' ἀκτῖνες ἀπ' αὐτοῦ 10
αἰγλῆεν στίλβουσι, περὶ κροτάφοισί τ' ἔθειραι
λαμπραὶ ἀπὸ κρατὸς χαρίεν κατέχουσι πρόσωπον
τηλαυγές· καλὸν δὲ περὶ χροῒ λάμπεται ἔσθος.
λεπτουργές, πνοιῇ ἀνέμων, ὑπό τ' ἄρσενες ἵπποι,
εὖτ' ἂν ὅγ' ἰθύσας χρυσόζυγον ἅρμα καὶ ἵππους 15
θεσπέσιος πέμπῃσι δι' οὐρανοῦ Ὠκεανόνδε.

13. Rand von E ἤ πάντες (statt παῖδες?). — 14. φερεανθέσιν Lobeck, περεσανθέσι ED, παρ' εὐανθέσι PABC. — 15. παίζουσαι σκαίρουσι Ruhnken, παίζουσι χαίρουσι EDPABC | μαλακὰ auch E, verb. v. Stephanus. — 16. οὕς καὶ EDC, κε P | τιμήσῃς Franke, τιμήσεις.
XXX. εἰς ἥλιον ED, εἰς τὸν ἥλιον P.
1. ὑμνεῖν (aus ὑμνᾶν verbessert) E. — 4. ἀγακλειτὴν D, ἀγακλυτὴν EP. — 9. ὅτε E. — 10. χρυσῆς EDP, ἀπ' αὐτοῦ die Handschrr. — 11. περὶ κροτάφοισί τ' ἔθειραι Pierson, παρὰ κροτάφων τε παρειαὶ die Hdschrr. — 14. ὑπό τ' Gemoll, ὑπὸ δ' die Hdschrr. — 15. εὖτ' ἂν Matthiae, ἔνθ' ἄρ' die Hdschrr. | ὅγ' ἰθύσας Gemoll, ὅγε στήσας die Hdschrr. — 16. θεσπέσιος auch E.

31. ΕΙΣ ΤΗΝ ΣΕΛΗΝΗΝ. 95

Χαῖρε, ἄναξ, πρόφρων δὲ βίον θυμῆρε' ὄπαξε·
ἐκ σέο δ' ἀρξάμενος, κλήσω μερόπων γένος ἀνδρῶν
ἡμιθέων, ὧν ἔργα θεαὶ θνητοῖσιν ἔδειξαν.

XXXI.
ΕΙΣ ΤΗΝ ΣΕΛΗΝΗΝ.

Μήνην εὐειδῆ τανυσίπτερον ἔσπετε, Μοῦσαι,
ἡδυεπεῖς κοῦραι Κρονίδεω Διός, ἵστορες ᾠδῆς·
ἧς ἄπο αἴγλη γαῖαν ἑλίσσεται οὐρανόδεικτος,
κρατὸς ἄπ' ἀθανάτοιο, πολὺς δ' ὑπὸ κόσμος ὄρωρεν
αἴγλης λαμπούσης· στίλβει δέ τ' ἀλάμπετος ἀὴρ 5
χρυσέου ἀπὸ στεφάνου· ἀκτῖνες δ' ἐνδιάονται,
εὖτ' ἂν ἀπ' Ὠκεανοῖο λοεσσαμένη χρόα καλόν,
εἵματα ἑσσαμένη τηλαυγέα, δῖα Σελήνη,
ζευξαμένη πώλους ἐριαύχενας, αἰγλήεντας,
ἐσσυμένως προτέρωσ' ἐλάσῃ καλλίτριχας ἵππους, 10
ἑσπερίη διχόμηνος, ὅτε πλήθῃ μέγας ὄγκος,
λαμπρόταταί τ' αὐγαὶ τότ' ἀεξομένης τελέθωσιν
οὐρανόθεν· τέκμωρ δὲ βροτοῖς καὶ σῆμα τέτυκται.
τῇ ῥά ποτε Κρονίδης ἐμίγη φιλότητι καὶ εὐνῇ·
ἡ δ' ὑποκυσαμένη Πανδίην γείνατο κούρην, 15
ἐκπρεπὲς εἶδος ἔχουσαν ἐν ἀθανάτοισι θεοῖσιν.

Χαῖρε, ἄνασσα, θεὰ λευκώλενε, δῖα Σελήνη,
πρόφρον, ἐϋπλόκαμος· σέο δ' ἀρχόμενος, κλέα φωτῶν
ᾄσομαι ἡμιθέων, ὧν κλείουσ' ἔργματ' ἀοιδοί,
Μουσάων θεράποντες, ἀπὸ στομάτων ἐροέντων. 20

19. θεαὶ Matthiae, θεοὶ die Hdschrr.
XXXI. εἰς τὴν σελήνην EP.
1. εὐειδῆ Bothe, ἀείδειν auch E | ἔσπετε Baumeister, ἔσπεται E (s. XVIII, 4), ἔσπετε DP. — 4. κόσμον ED. — 5. δέ τ' ἀλάμπετος Barnes, δ' ἀλάμπετος EDP. — 6. ἀκτῆρες ED; verbessert P(al.) BC (Rand). — 11. ὅτε E | πλήθῃ Matthiae, πλήθει die Hdschrr. | ὄγκος Gemoll, ὄγμος die Hdschrr. — 15. πανδείην EDP, verb. Hermann. — 17. λευκώλενες E. — 19. ἔργματα D.

XXXII.
ΕΙΣ ΔΙΟΣΚΟΥΡΟΥΣ.

Ἀμφὶ Διὸς κούρους ἑλικώπιδες ἔσπετε Μοῦσαι,
Τυνδαρίδας, Λήδης καλλισφύρου ἀγλαὰ τέκνα,
Κάστορά θ᾽ ἱππόδαμον καὶ ἀμώμητον Πολυδεύκεα,
τοὺς ὑπὸ Τηϋγέτου κορυφῆς, ὄρεος μεγάλοιο,
μιχθεῖσ᾽ ἐν φιλότητι κελαινεφέϊ Κρονίωνι,   5
σωτῆρας τέκε παῖδας ἐπιχθονίων ἀνθρώπων
ὠκυπόρων τε νεῶν, ὅτε τε σπέρχωσιν ἄελλαι
χειμέριαι κατὰ πόντον ἀμείλιχον· οἳ δ᾽ ἀπὸ νηῶν
εὐχόμενοι καλέουσι Διὸς κούρους μεγάλοιο
ἄρνεσσιν λευκοῖσιν, ἐπ᾽ ἀκρωτήρια βάντες   10
πρύμνης· τὴν δ᾽ ἄνεμός τε μέγας καὶ κῦμα θαλάσσης
θῆκαν ὑποβρυχίην· οἳ δ᾽ ἐξαπίνης ἐφάνησαν
ξουθῇσι πτερύγεσσι δι᾽ αἰθέρος ἀΐξαντες,
αὐτίκα δ᾽ ἀργαλέων ἀνέμων κατέπαυσαν ἀέλλας,
κύματα δ᾽ ἐστόρεσαν λευκῆς ἁλὸς ἐν πελάγεσσιν   15
ναύταις σήματα καλά, πόνου κρίσιν· οἳ δὲ ἰδόντες
γήθησαν, παύσαντο δ᾽ ὀϊζυροῖο πόνοιο.
Χαίρετε, Τυνδαρίδαι, ταχέων ἐπιβήτορες ἵππων·
αὐτὰρ ἐγὼν ὑμέων τε καὶ ἄλλης μνήσομ᾽ ἀοιδῆς.

XXXIII.
ΕΙΣ ΔΙΟΝΥΣΟΝ.

* * *

Οἳ μὲν γὰρ Δρακάνῳ σ᾽, οἳ δ᾽ Ἰκάρῳ ἠνεμοέσσῃ
φάσ᾽, οἳ δ᾽ ἐν Νάξῳ, Δῖον γένος, Εἰραφιῶτα,

XXXII. εἰς διοσκούρους *ED*, εἰς Κάστορα καὶ Πολυδεύκην *ABCP*.
1. διὸς κούρους *DEP*. | ἔσπετε *DP*(*E*?). — 4. Ταυγέτου *ED* |
κορυφῆς Gemoll, κορυφῇ die Hdschrr. — 10. ἄρνεσι *E*. — 11. τε με καὶ
E. — 14. ἀνέμους *E*. Am Rande γρ. ἀέλλας. — 16. κρίσιν Baumeister,
σφίσιν *DEP*. — 19. τε Wolf, fehlt in *EDP*; vgl. XXVI, 22.
XXXIII. Die Überschrift ist natürlich modern. Vers 1—9 (aus
Diodor Sic. III 66) versetzte *Matthiae* hierher.

33. ΕΙΣ ΔΙΟΝΥΣΟΝ.

οἳ δέ σ' ἐπ' Ἀλφειῷ ποταμῷ βαθυδινήεντι
κυσαμένην Σεμέλην τεκέειν Διΐ τερπικεραύνῳ,
ἄλλοι δ' ἐν Θήβῃσιν, ἄναξ, σὲ λέγουσι γενέσθαι·   5
ψευδόμενοι· σὲ δ' ἔτικτε πατὴρ ἀνδρῶν τε θεῶν τε
πολλὸν ἀπ' ἀνθρώπων, κρύπτων λευκώλενον Ἥρην.
ἔστι δέ τις Νύση, ὕπατον ὄρος, ἀνθέον ὕλῃ,
τηλοῦ Φοινίκης, σχεδὸν Αἰγύπτοιο ῥοάων
* * *
καί τοι ἀναστήσουσιν ἀγάλματα πόλλ' ἐνὶ νηοῖς.   10
ὡς δὲ τὰ μὲν τρία, σοὶ πάντως τριετηρίσιν αἰεὶ
ἄνθρωποι ῥέξουσι τελήεσσας ἑκατόμβας.   12
Ὣς εἰπὼν ἐπένευσε καρήατι μητίετα Ζεύς.   16
Ἴληθ', Εἰραφιῶτα, γυναιμανές· οἱ δέ σ' ἀοιδοὶ
ᾄδομεν ἀρχόμενοι λήγοντές τ'· οὐδέ πῃ ἔστιν,
σεῖ' ἐπιληθόμενον ἱερῆς μεμνῆσθαι ἀοιδῆς.
Καὶ σὺ μὲν οὕτω χαῖρε, Διώνυσ' εἰραφιῶτα,   20
σὺν μητρὶ Σεμέλῃ, ἥνπερ καλέουσι Θυώνην.

13. [Ἤ, καὶ κυανέῃσιν ἐπ' ὀφρύσι νεῦσε Κρονίων·
14. ἀμβρόσιαι δ' ἄρα χαῖται ἐπερρώσαντο ἄνακτος
15. κρατὸς ἀπ' ἀθανάτοιο· μέγαν. δ' ἐλέλιξεν Ὄλυμπον.]

10. καί τοι Hermann, καί οἱ M. — 11. τρία, σοὶ Ruhnken, τρία σοι M | τριετηρίσιν Ruhnken, τριστήρισιν M. — 13—15 strich Matthiae. — 16. ἐπένευσε Ruhnken, ἐκέλευσε. — 17. ἴληθ' Hermann, ἴλαθ' M. — 18 ἔστιν Wolf, ἐστὶ M. — 19. ἐπιλαθόμενον M, ἐπιληθ. Ruhnken. — 20. Διόνυσ' M, Διώνυσ' Ruhnken.

II. DER KOMMENTAR.

EINLEITUNG.

Der Name der Hymnen; die Entstehung der Sammlung.

Litteratur.

Souchay de hymnis veterum. Memoires de l'academie des Inscr. t. XII.
Kries de hymnis veterum maxime Graecorum. Gotting. 1742.
Snedorf de hymnis veterum Graecorum. Hafniae 1786.
Schwalb de hymnis Graecorum epicis. Cleve 1852.

Groddeck commentatio de hymnorum homericorum reliquiis. Gotting. 1786. Sectio I p. 1—28.
Guttmann de hymnorum homm. hist. critica. Gryphisw. 1869.
Ruhnken epistola critica I (Lugd. Bat. 1782).
A. Matthiae animadversiones. Lips. 1800.
F. A. Wolf prolegomena p. 106 f.
C. D. Ilgen praefatio hymnorum (Halae 1796) p. 1—36.
G. Hermann epistula editoris p. 1—121.
Franke praefatio hymnorum (Lips. 1828) p. I—XX.
Baumeister hymni homerici ed. maior. prolegomm. p. 89—105.
Kiesel de hymno in Apoll. hom. Berol. 1835 p. 1—35.
Schulze de hymno in Mercur. Halae 1868 p. 1—8.
Gemss de hymno in Cererem. Berol. 1872 p. 1—6.

O. Müller LG. I 119 ff.
Th. Bergk Gr. LG. I 740 ff. II 172.
G. Bernhardy LG. II 1. 220—235.

F. A. Wolf bemerkt (proll. p. 107 n. 78), dafs der Name Hymnen für die Gedichte unsrer Sammlung von Ti. Hemsterhuys eingeführt sei; da aber ὕμνος oftmals omne genus ἐπῶν bezeichne, so habe man unsern Gedichten den Namen προοίμια beizulegen, den ihnen auch die Alten gäben. Indes der Name Hymnen ist kein neuer: vgl. Philodemus de pietate (ed. Gomperz

p. 40), wo ausdrücklich Ὅμηρος ἐν τοῖς ὕμνοις citiert wird. Desgl.
Ψ Her. v. Hom. c. 9.

Allerdings ist der Name Hymnen weniger bezeichnend, da er auch in der lyrischen Poesie vorkommt. Beide Arten von Hymnen hielt zuerst auseinander Groddeck p. 14 ff. Wenn dieser übrigens die lyrischen Hymnen für die älteren hielt, so irrte er. Vgl. Bergk LG. II 172. Das Wesen beider Arten von Hymnen läfst sich vereinigen in dem Begriff: Gesänge zu Ehren von Göttern (Groddeck p. 4). Und ganz das bezeichnet das Wort bei Plato legg. III p. 700 B. [Andre Stellen s. bei Baumeister p. 100. Es fehlt Theocr. 17, 8: ὕμνοι δὲ καὶ ἀθανάτων γέρας αὐτῶν.] Doch scheint das Wort früher einen weiteren Sinn gehabt zu haben, gerade umgekehrt wie προοίμιον. S. Bergk LG. p. 745 A. 8. Denn während προοίμιον einen allgemeineren Sinn bekommt, scheint ihn ὕμνος verloren zu haben. Wenigstens hat es, wo wir es zuerst finden, die allgemeine Bezeichnung Lied ϑ 429: ὕμνος ἀοιδῆς = h. Merc. 451. Mit Unrecht urteilte daher G. Hermann Orphica p. 817 „Ὕμνος quoque generatim pro carmine non est antiquorum." Wir werden also Hes. Opp. 662 nicht mit ihm in οἶμος ändern. Zu dieser ältesten Bedeutung „Lied" pafst auch die Etymologie. Denn ὕμνος kommt vom Stamme ὑφ und bedeutet also ursprünglich Gewebe (Aufrecht in Kuhns Z. 4, 274. G. Curtius Etymologie⁵ p. 295). Denselben Weg der Erklärung für ὕμνος nehmen Baumeister (p. 100) und Bergk (LG. a. a. O.).

Dafs übrigens ὕμνος ursprünglich einen allgemeineren, nicht einen spezifisch religiösen Sinn hatte, bewies F. A. Wolf durch die Formel [h. III (Ven.), VIII (Dian.), XVII (Merc.)]: μεταβήσομαι ἄλλον ἐς ὕμνον. Nur auf das religiöse Gedicht beschränkt diese Formel Franke (praef. p. XVIII).

Nach Wolf (a. a. O.) waren die Hymnen sämtlich προοίμια, Einleitungsgesänge für nachfolgende epische, insbesondere homerische Rhapsodenvorträge. Dafs die Sitte bestand, ein religiöses Gedicht dem Vortrage des Heldengedichts vorauszuschicken, bewies Wolf aus Plutarch de mus. c. 4. Bergk (LG. I p. 745) fügte noch ϑ 499 ϑεοῦ ἤρχετο hinzu. Indessen erschienen vielfach namentlich die gröfseren Gedichte unserer Sammlung zu weltlich für ein religiöses Eingangsgedicht und auch zu lang. So haben denn schon A. Matthiae (animadverss. p. 12), Franke (p. XVI), Baumeister (p. 102) und neuerdings Thiele (h. in Ven.

proll. p. 77) gemeint, die gröfseren Hymnen könnten unmöglich προοίμια gewesen sein. Auch O. Müller (LG.³ I p. 120), Kiesel (p. 32), Bergk (LG. I 746), Baumeister (p. 102) und Gemss (p. 4) können sich dieselben nur als Einleitungen gröfserer Rhapsodenwettkämpfe denken. Schon Groddeck p. 5 n. f. fand eine Anspielung auf einen solchen ἀγών in h. V (Ven. min.) 19. Matthiae ging soweit, dafs er die Schlufsformeln unterdrückte (s. auch Thiele p. 78), obgleich sie, wie Franke (praef. p. XVII) bemerkte, Kallimachos ganz in derselben Weise hat. Es kommt hinzu, dafs gerade an einem der gröfsten Hymnen der Name προοίμιον seit alters (Thuc. 3, 104) haftet (vgl. O. Müller LG. I 119), weshalb noch neuerdings Bergk (LG. I 744) „die herkömmliche Bezeichnung Hymnen, obwohl nicht nur durch die handschriftliche Überlieferung, sondern auch durch Anführungen der alten Grammatiker geschützt, für durchweg ungeeignet" und den Namen Proömium für wohl berechtigt erklärte. Dafs die Hymnen kaum etwas geistliches an sich haben, ist richtig; aber nach der obigen Ausführung über ὕμνος sind wir nicht berechtigt, Hymnus nur von geistlichen Poesien zu nehmen, wie Franke (praef. p. XIX im Anschlufs an Hermann Orph. p. 817) wollte.

Für die Beibehaltung des Namens Hymnus spricht noch ein anderer Umstand. Da der Gott, welcher am Anfang eines Vortrages angerufen wurde, auch wohl am Schlusse noch einmal genannt wurde (vgl. Bergk p. 748 A. 20), wofür namentlich die Redensart πρῶτος καὶ ὕστατος ἀείδειν spricht (Hes. th. 34 = h. XX, 4. Cf. XXXIII, 18), so ist die Möglichkeit nicht ausgeschlossen, dafs wir auch Schlufsgesänge in unserer Sammlung haben. Am Schlusse mancher Hymnen steht die Formel καὶ σὺ μὲν οὕτω χαῖρε, ohne dafs ein Übergangsvers folgt (Bergk p. 746). Im letzteren Fall könnte man mit O. Müller (LG.³ I p. 122 A. 8) wohl an eine Abschiedsformel denken, trotzdem Bergk (p. 748) diesen Schlufs nicht ziehen will.

Dafs die Hymnen in ihrer Gesamtheit auf den Namen Homers keinen Anspruch haben, ist allgemein anerkannt. Ausführlich handelt darüber Groddeck p. 6—13. Sie können überhaupt nicht von ein und demselben Verfasser sein, da sie in Sprache und Ton durchaus verschieden von einander sind (O. Müller I 123, Bergk I 751). Es kommt hinzu, was bisher noch wenig beachtet wurde, dafs die Hymnen nicht unabhängig von einander sind. Hymnus XII stammt aus h. Cer. (IV), XVI aus XXXII,

XVII aus h. Merc. (II); Hymnus XIII 4. 5 spielt auf h. Ven. (III) 70. 74 an, XXVI und XXVII weisen deutlich auf den h. Apoll. (I), XXIX 7. 8 spielt an auf h. Cer. (IV) 486—489, vs. 18. 19 desselben Hymnus ist sogar = h. Cer. 494 f.; ebenso h. VI 58. 59 = h. XXXIII 18. 19; dafs endlich Hymnus IV (an Demeter) nicht unabhängig von III (an Aphrodite) ist, ist längst bekannt.

O. Müller (a. a. O.) meinte, dafs in der Sammlung Bruchstücke aus jedem Jahrhundert zwischen Homer und den Perserkriegen erhalten seien. Was den terminus a quo betrifft, so glaubten Preller und noch neuerdings Thiele (proll. h. in Ven. p. 41) und Gemss (de h. in Cer. hom. p. 43), dafs die Hymnen zuerst mündlich überliefert seien. Da aber an der schriftlichen Abfassung der kyklischen Epen gegenwärtig kein Mensch mehr zweifelt, so ist gar kein Grund vorhanden, an eine mündliche Überlieferung dieser Hymnen, deren keiner Ol. 1 erreicht, zu denken. Auch der terminus ad quem wird vielleicht für die jüngsten Bestandteile der Sammlung mindestens bis auf die alexandrinische Zeit herabzurücken sein. Vgl. die Vorbemerkung zu h. XII und h. VII.

Schon die Alten haben starke Zweifel an der Autorschaft des Homer gehegt (vgl. Groddeck p 12). Trotzdem Thucydides (III 104) und vielleicht Aristophanes (s. die Vorbem. zum h. Apoll.) den Homer als Verf. des h. Apoll. nennt, citiert Athenäus zweifelnd Ὅμηρος ἢ Ὁμηριδῶν τις. Und dafs eben dieser Hymnus dem Rhapsoden Kinaithos zugeschrieben wurde, ist bekannt. So kommt es denn, dafs die Hymnen bald homerisch (Philodem. p. 40, Diodor bibl. 1, 15. 3, 66. 4,2, Steph. Byz. s. v. Τευμησσός, schol. Pind. Pyth. 3, 14) bald als εἰς Ὅμηρον ἀναφερόμενοι (schol. Nic. alex. 130) oder (schol. Pind. Nem. 2) ἐπιγραφόμενοι Ὁμήρῳ heifsen.

Die Frage, wie die Alten darauf kamen, dem Homer diese Gedichte zuzuschreiben, ist oft gestellt und verschieden beantwortet worden. Die Meinung Ruhnkens (praef. p. 9), der Name beruhe auf Fälschung der Orphiker, erwähne ich nur honoris causa, da sie durch nichts begründet ist. Ebenso unbegründet ist die Meinung Frankes (praef. p. X), die Hymnen hätten ehedem einzeln an der Spitze der homerischen Rhapsodien gestanden und wären nachher von den Grammatikern gesammelt worden. Nach Groddeck (p. 21), Ilgen (praef. p. 13), Kiesel (p. 25) war die epische Art dieser Gedichte der Grund. Wolf (proll. p. 107) meint, wie soviel herrenlose Gedichte, seien auch diese dem Homer zugeschrieben worden. Das sind keine schwerwiegenden Gründe. Nach Bergk (p. 750) war der Hymnus auf Apollon der Grund. Dort spreche ein blinder Sänger, und Homer sei eben blind gewesen nach der Sage. Dabei ist die Möglichkeit aufser acht gelassen, dafs der Hymnus schon den Namen Homers hatte und die Blindheit Homers aus diesem Hymnus stamme. Mir scheint Bergk aber dem Richtigen sehr nahe gewesen zu sein. Im h. Apoll. (173) rühmt der blinde Sänger aus Chios die **Unsterblichkeit aller seiner Gesänge**. Was lag näher, als hier an die Epen Ilias und Odyssee zu denken?

Dafs die Hymnen von Rhapsoden stammen, zeigen sie an der Stirn durch die zahlreichen Entlehnungen aus Ilias und Odyssee. Gleichwohl geht O. Müller (a. a. O.) zu weit, wenn er die Verfasser der Hymnen alle in der homerischen Schule sucht. Von dem h. Apoll. und Ven. max. behauptet es auch Schierenberg p. 31. Bergk dagegen versetzt den h. Pan. in die böotische Schule. Orphisch nannte Ruhnken (p. 60) mit Recht den h. VII auf Ares. Hermann nahm ihn sogar ohne weiteres unter die orphischen auf. Groddeck und Baumeister (p. 103) fügen noch andre mit wenig Glück hinzu.

Die homerischen Hymnen als Sammlung lassen sich ziemlich weit zurück verfolgen. Schon Philodemus, ein Zeitgenosse Ciceros, citiert Ὅμηρος ἐν τοῖς ὕμνοις. Vielleicht stammt diese Notiz aus Apollodor (Bücheler bei Guttmann p. 4). Wenn ferner Diodor (bibl. 1, 15. 3, 66. 4,2) Ὅμηρος ἐν τοῖς ὕμνοις erwähnt, so geht dieses Citat vielleicht auf Dionysius von Mitylene zurück, der seinerseits wieder dem Apollodor folgte (Guttmann p. 6). Dafs Apollodor unsre Hymnen gekannt haben mufs, geht aus dem dürftigen Auszuge der Bibliothek genügend hervor.

Dafs Kallimachos die homerischen Hymnen nachgeahmt hat, sucht Guttmann nach Ruhnken (ep. crit. I 28) einleuchtend zu machen. Die Anklänge sind freilich nicht bedeutend (Lenz p. 58. Sittl LG. I, 199 A. 5), aber doch hinreichend. h. Ap. 136—38 erinnern an Kallimach. 4, 260—63. Auch Kallim. 3, 122 erscheint als eine nähere Ausführung von h. IV 20 (vgl. m. Kommentar z. Stelle). Auch Kallim. 4, 135 erinnert an h. Apoll. 382 (vgl. Ruhnken ep. I p. 22. Matthiae p. 136). Selbst Kallim. 1, 6 f. dürfte h. XXXIII zum Vorbild haben. Fraglich aber ist es, ob die Formel δίδου ἀρετήν τε καὶ ὄλβον h. XIV, 9, XIX, 8 nicht eher aus Kallimachos stammt. Jedenfalls später als Kallimachos ist h. XII, 3.

Auch Theokrit mufs unsre Hymnen gekannt haben (vgl. meinen Kommentar zu h. Cer. 214, XXXII 6, 14), wie schon Ruhnken (praef. p. XI) und Baumeister (p. 103) überzeugt waren.

Selbst Apollonius Rhodius zeigt Δ 877 ff. eine unverkennbare Ähnlichkeit mit h. Cer. 246 ff.

Alle diese Anspielungen geben uns den Beweis, dafs die alexandrinischen Grammatiker die Hymnen, wenn nicht gänzlich, so doch zum guten Teil gekannt haben müssen. Wolf hat daher mit Recht (p. 266 f.) angenommen, dafs sie dieselben absichtlich als unhomerisch ignorierten. Welcker (Ep. Cyclus I 382) hat diese Annahme nicht erschüttern können. Vgl. Baumeister p. 99, Guttmann p. 31. Ich kann ein schlagendes Beispiel bieten. Der Schol. A zu A 176 citiert Hes. theog. 94—97 und nicht h. XXIV 2—5, wie er hätte müssen, wenn er die Verse für homerisch nahm.

Möglicherweise waren die Pergamener weniger skrupulös. Wenigstens Antig. Caryst. ἱστοριῶν παραδόξων c. 7 führt vs. 51 des h. Merc. als homerisch an.

Jedenfalls haben die Orphiker unsre Hymnen gekannt, wenn auch verhältnismäfsig wenig geplündert. Nur h. XIII, 1 trifft mit dem Orph. XIV, 9 zusammen, Orph. frgm. 32, 6 f. mit h. Cer. 256 f., Orph. 35, 4 f. = h. Ap. 15 f. Was Groddeck (p. 61 u.) an Ähnlichkeiten anführt, ist gar nichts wert.

Ob die Sammlung damals schon der unsrigen glich, ist eine schwer zu beantwortende Frage. Ich halte es deshalb für wahrscheinlich, weil die bisherigen Entlehnungen grofsen und kleinen Hymnen entstammten.

ΕΙΣ ΑΠΟΛΛΩΝΑ.

Litteratur.

F. C. Matthiae Einige Vorschläge zu Verbesserungen im hom. H. auf Apollon. Programm Grünstadt 1792 (Neues Magazin für Schullehrer I 127 ff.).
Schierenberg Über die ursprüngliche Gestalt der beiden ersten hom. Hymnen. Lemgo 1828.
Spiefs der hom. Hymnus auf den delischen Apollo. Duisburg 1833.
Kiesel de hymno in Ap. hom. D. J. Berol. Coblenz 1835.
Afsmann der hom. H. auf den delischen Ap. Vorwort u. s. w. Liegnitz 1839.
Schneidewin die hom. Hymnen auf Ap. S. A. aus den Göttinger Studien. Göttingen 1847.
Eble Hom. Hymn. auf Ap. vs. 125. Philol. 5 (1846).
Creuzer Pythos Gründung, ein nomischer Hymnus u. s. w. Hersfeld (Marburg) 1848.
Schürmann de genere dicendi atque aetate h. in Ap. Arnsberg 1859.
Overbeck zum H. auf d. del. Ap. Rh. Mus. 23 (1868) p. 193 f.
Priem de h. in Ap. Delio D. I. Rostoc. Münster 1872.
Priem der hom. Hymnus auf den del. Apoll. Posen 1878.
Wegener der hom. Hymnen auf Apollon. Philol. 35 (1876).
Christensen de h. in Ap. Kil. 1876 (Schriften der Univ. Kiel).
Burckhardt-Biedermann der hom. H. auf den del. Apoll. Basel 1878.
Peppmüller z. H. auf den del. Ap. Phil. 43 (1884) p. 196—99.

Ruhnken ep. crit. prior p. 8—27.
Groddeck comm. p. 76—84.
A. Matthiae animadv. p. 15—34, p. 106—208. Dazu die Recension [von Lenz] N. Bibl. Bd. 65.
G. Hermann epistulae ad Ilgenium d. p. XX—XXXVII.
Cobet Mnemos. X (1861) und XI.
Bergk J. L. Hal. 1859 und Phil. Thesen Philol. 18 (1859).
K. Lehrs Recension des hes. Schildes von F. Ranke (jetzt Pop. Aufs. p. 423 ff.).
F. Bücheler J. L. Bonn 1878/9 p. 3 ff.
Hinrichs im Hermes XVII p. 109 ff.
Stadtmüller zur Kritik der h. Hymnen J. J. 123 (1881).
Flach in Bezzenberger Beiträge II p. 29—37.
Fick in Bezzenberger Beiträge IX (1885) p. 195 ff.

Bernhardy G. LG.[3] II I 222.
O. Müller LG.[3] I 123—5.
Bergk LG. I 753—760.
Sittl LG. I 195—97.

ΕΙΣ ΑΠΟΛΛΩΝΑ.

Inhalt. Gedenken will ich und nicht vergessen des bogengewaltigen Gottes, vor dem die Götter im Saale des Zeus zittern, wenn er naht. Und sie springen wohl empor, wenn er den Bogen anzieht. — Leto allein blieb [noch jedesmal] sitzen beim donnerfrohen Zeus; sie spannte [dann] den Bogen ab, verschlofs den Köcher und hängte das Schiefszeug an den Nagel. — Wenn Apollon Platz genommen, bewillkommt ihn Zeus und die übrigen Götter. Dann [erst] setzen sie sich. Leto aber freut sich des bogenführenden und gewaltigen Sohnes (13).

Heil, o Leto, die du Apoll und Artemis, diese in Ortygia, jenen in Delos geboren (18).

Wie nun soll ich dich singen, den auf jede Weise Besungenen? Doch wohl, wie dich Leto gebar im ringsumströmten Delos (29).

Einen grofsen Kreis von Inseln und Städten durchirrte die schwangere Leto, ob ihr eine darunter vergönnte, ein Haus dem Sohne zu gründen. Alle fürchteten sich vor Apollon, bis sie nach Delos kam. Als Leto verspricht, dafs sie, die bisher armselige, reich werden solle durch den Kult des neuen Gottes, da ist Delos bereit, die Geburtsstätte Apollons zu werden; doch läfst sie sich schwören, da ja Apollon ein furchtbarer Gebieter im Himmel und auf Erden sein werde, dafs jener sie nicht etwa verstofse und wo anders seinen Tempel sich bereite, sondern zuerst auf Delos einen Tempel gründe und dann erst bei allen andern Menschen, da er ja doch einmal namenreich sein werde.

Da freute sich Delos auf die Geburt des Gottes. Neun Tage aber lag Leto in unverhofften Wehen. Bei ihr waren die Göttinnen alle, insbesondere Dione, Rheia, Themis und Amphitrite, nur Hera nicht und Eileithuia, von jener aus Eifersucht zurückgehalten, weil Leto einen untadligen und gewaltigen Sohn gebären sollte.

Aber die Göttinnen senden insgeheim die Iris zur Eileithuia und versprechen ihr eine neun Ellen lange goldene Halskette. Sie kommt und Leto gebiert alsbald den Apollon. Da badeten dich die Göttinnen, o Phoibos, und wickelten dich in Windeln. Nicht aber säugte Leto den Apollon, sondern Themis reichte ihm Nektar und liebliche Ambrosia. Leto aber freut sich des bogen führenden, gewaltigen Sohnes (126).

Aber als du, Phoibos, die Himmelsspeise genossen, hielten

dich die goldnen Wickelbänder nicht mehr, und alsbald sprach zu den Göttinnen Phoibos: Mir gebührt Kithar und Bogen, und den untrüglichen Ratschluſs des Zeus will ich künden den Menschen. Darauf wandelte er auf dem Erdboden umher zum Staunen der Göttinnen; golden aber erglänzte ganz Delos (139).

Du aber, Apollon, betratest [seitdem] einmal den steinigen Kynthos, ein andermal irrtest du umher bei Inseln und Menschen — denn dir gehören viel Tempel und Haine; dir gebühren alle Klippen, Vorgebirge und Fluſsmündungen (145).

Aber Delos liebst du am meisten, wo sich die Ionier mit Weibern und Kindern versammeln (Präs.). Sie ehren dich mit gymnischen und musischen Agonen. — Für Unsterbliche muſs sie halten, wer hinzukommt und Anmut und Gesinnung ihrer Männer und Frauen, ihre Schiffe und Schätze schaut. — Das allergröſste Wunder aber sind die delischen Jungfrauen und ihre Chöre (169).

So gebe denn Apoll und Artemis Gnade; Heil aber euch allen, ihr Mädchen, gedenket meiner auch noch nachmals, wenn ein Fremder kommt und frägt: „Wer kommt euch als der liebste Sänger hierher?" So antwortet allzumal: der blinde Chier, dessen Gesänge auch nachmals die besten sein werden. Wir werden unsern Ruf verbreiten über die ganze Erde; jene aber werden es glauben, sintemalen es wahr ist.

Aber ich werde nicht aufhören, den Apollon zu preisen, den Sohn der schönen Leto (178). O Herr, Lykien wie Lydien wie Milet besitzest du, du aber bist der hohe Gebieter der meerumschlungenen Delos (181).

Kitharspielend schreitet der hehren Leto Sohn zur felsigen Pytho. Lieblichen Schall läſst die Phorminx erklingen unter dem goldenen Plektron. — Von dort schreitet er nach dem Olymp, von der Erde zum Hause des Zeus [hurtig] wie ein Gedanke mitten unter die anderen Götter. Alsbald verlangen die Götter nach Kitharspiel und Gesang. — Die Musen allzumal besingen im Wechselgesang das selige Los der Götter und der Menschen Mühsal. — Die Chariten und Horen aber, Harmonia, Hebe und Aphrodite tanzen. — Unter ihnen tanzt Artemis. — Unter ihnen spielen Ares und Hermes, Apollon aber spielt die Kithar und tanzt dazu. — Leto und Zeus aber freuen sich des Sohnes (206).

ΕΙΣ ΑΠΟΛΛΩΝΑ.

Wie nun soll ich dich singen, den auf jede Weise Besungenen? Mag ich dich unter den Freiern und in der Liebe besingen oder wie du zum erstenmal eine Orakelstätte für die Menschen suchend die Erde durchzogst, Ferntreffer (215).

Vom Olymp stiegst du hinab und kamst nach Pierien und weiter nach Thessalien, von da nach Euböa. — Weiter gingst du über den Euripos nach Attika und Böotien. — Du kamst auch nach dem noch unbewohnten Theben. — Und fürder schrittest du nach Onchestos, das dem Poseidon geweiht ist. — Und fürder schrittest du zum Kephissos und kamest zur Telphusa. Dort wolltest du dir Tempel und Hain gründen. — Deinen Entschluſs gabst du der Telphusa kund und legtest die Fundamente. Telphusa aber riet ab wegen des groſsen Wagengerassels, Krisa sei der dazu geeignete Ort wegen seiner Stille.

Apollon wurde überredet (276).

Und fürder schrittest du und kamst zu den Phlegyern am Kephissis-See. Und von da kamst du nach Krisa. Da bezeugte Apollon wiederum seine Absicht, einen Tempel zu bauen. Darauf legte er den Grund, Trophonios und Agamedes die Schwelle. Unzählige Geschlechter der Menschen aber bauten den Tempel. In der Nähe war die Quelle, wo Apollon den Drachen tötete (304).

Einstmals ernährte er den Typhaon, den Hera im Zorn gebar, als dem Haupte des Zeus die schöne Athena entsprungen war, während sie selber von Zeus den lahmen Hephästos empfangen. Und als Typhaon geboren war, da gab sie ihn dem Drachen zu ernähren (355).

Apollon tötet den Drachen und triumphiert darüber, er heiſst deswegen Pythios (374).

Da erkannte Phoibos Apollon, daſs ihn Telphusa getäuscht hatte, er vertilgt ihren Lauf und baut sich nahe der Quelle einen Altar. Seitdem heiſst er der Telphusische (387).

Da erwog Phoibos Apollon, was für Priester er herbeiführen solle. Da sah er die kretischen Männer von Knossos über See fahren, die nun die Opfer vollbringen und die Weisungen Apollons verkünden. Sie wollten nach Pylos. Apoll aber trat ihnen entgegen und sprang auf das Schiff als mächtiger Delphin. Ein reiſsender Südwind treibt das Schiff nach Tainaron. Dort wollen die Schiffer landen, um zu sehen, ob der Delphin bei ihnen bleibt, aber das Schiff gehorcht dem Steuer nicht mehr. So geht es weiter vorbei an der Westküste der Peloponnesos bis an den Busen von Krisa. Da kommt ein Westwind und treibt das Schiff in den Busen hinein. Apollon springt wie ein Stern aus dem Schiff und wandelt durch die Dreifußstraße in den Tempel. Dort entzündet er das Feuer, und kommt dann in Gestalt eines jungen Mannes in der ersten Jugendblüte zum Schiff zurück. Dort ermutigt er die Knossier auszusteigen. Auf ihre Frage, wo sie seien, erfahren sie, daß sie zu Hütern des Heiligtums' bestimmt sind. Am Gestade sollen sie ihm zunächst einen Altar errichten als Delphinios und dann ihm folgen.

Tanzend und den kretischen Paian singend kommen sie nach Pytho; Apollon eröffnet mit der Kithar den Zug. Auf die Frage, wovon sie leben sollen, verweist sie Apollon auf die künftigen Hekatomben. Er deutet aber auch auf eine ev. bevorstehende harte Knechtschaft derselben hin.

Schon aus dieser eingehenden Analyse des Inhalts wird klar, daß das Gedicht, wie es überliefert ist, sich von den übrigen großen Hymnen wesentlich unterscheidet. Während jene die epische Erzählungsart angenommen haben, findet hier eine Vermischung lyrischer und epischer Darstellung statt. Wir bemerken ein öfteres neues Anheben und Aufhören der Erzählung; die Zwischenpartien sind ganz lyrisch gehalten. Aber auch die Erzählung selbst ist nicht die ruhige epische, sondern dadurch, daß sie zum Teil an Apollon selbst gerichtet wird, mehr der lyrischen Darstellung ähnlich. Doch ist dies nur in dem ersten Teil des Gedichts, zuletzt in vs. 246 der Fall. Von da ab hören die Anreden Apollons auf, und das Gedicht verläuft in der epischen Manier der übrigen großen Hymnen. Auf diese seltsame Erscheinung ist bisher nicht mit dem nötigen Nachdruck hingewiesen worden. Doch genügt sie vollständig, es auch dem blödesten Auge klar zu machen, daß wir es hier nicht mit einem einheitlichen Kunstwerk aus einem Geist und Guß zu thun haben.

Seit D. Ruhnken (ep. crit. pr. p. 8) die Behauptung aufgestellt hat, daß der h. Apoll. in zwei selbständige Gedichte, den Hymnus auf den delischen (1—178) und den Hymnus auf den pythischen Apollon (179—546), zerfalle, hat man sich allerdings vollständig entwöhnt, den Hymnus als ein Ganzes zu betrachten. In allen Ausgaben ist der Hymnus seit Ilgen in einen delischen und pythischen geteilt. Daß aber diese Teilung nicht befriedigt, ersieht man daraus, dafs die Versuche seit Ruhnkens Tagen nicht aufhören, den Hymnus noch weiter zu zerlegen.

Ich gehe zunächst auf die Ruhnkensche Zweiteilung ein. Ruhnken bemerkte, dafs die Verse 165 ff. einen deutlichen Schlufs und 179 ff. einen deutlichen Neuanfang darböten. Das ist bei oberflächlicher Betrachtung bestechend. Aber auch nur bei oberflächlicher. Zuzugeben ist, dafs die an die delischen Jungfrauen gerichteten Worte χαίρετε δ' ὑμεῖς πᾶσαι κτλ. (166) und namentlich ἡμεῖς δ' ἡμέτερον κλέος οἴσομεν κτλ. (174) sehr wohl Abschiedsworte sein können. Aber was folgt daraus? Auch im 8. Buch der Odyssee steht der Abschied von Nausikaa mitten im Buche (ϑ 461 χαῖρε, ξεῖνε κτλ.). Und ganz abgesehen von diesem Analogiebeweis, warum mufs denn aus den Abschiedsworten an die delischen Jungfrauen geschlossen werden, dafs der Hymnus zu teilen ist? Liegt nicht ein andrer Schlufs, dafs diese Partie an das Ende des Ganzen gehöre, ebenso nah? Man wird entgegnen, dafs eben jeder Teil sich als ein Ganzes darstelle. Davon wird gleich die Rede sein. Als Schlufs des delischen Hymnus werden die Verse bezeichnet αὐτὰρ ἐγὼν οὐ λήξω ἑκηβόλον Ἀπόλλωνα ὑμνέων ἀργυρότοξον, ὃν ἠΰκομος τέκε Λητώ. Es ist eigentlich unbegreiflich, wie man trotz der bestimmten Versicherung des Dichters: Ich werde nicht aufhören, den Apollon zu besingen, also fortfahren, diese Worte für einen Schlufs nehmen konnte. Die Worte bezeichnen die Rückkehr zum Thema nach einer Digression. Der Schlufs des Hymnus steht 545 f. Damit soll vor der Hand weiter nichts gesagt sein, als dafs nach der Absicht des Dichters die Verse 177 f. nur Übergangsverse sein sollen.

Aber Ruhnken bemerkt weiter, dafs die Verse 1—178 das Lob des delischen, die Verse 179—546 das Lob des pythischen Apollon enthalten. Ilgen (p. 188) hob noch ganz besonders die Einheit der Handlung in jedem der beiden Hymnen hervor. Baumeister (schon vorher Kiesel p. 91) endlich fand (p. 106), dafs der pythische Hymnus eine genaue Parallele des delischen sei. Alle diese Gründe sind nicht besonders kräftig. Die Verse 1—178 enthalten nicht das Lob des delischen Gottes, sondern die Geburt Apollons und daran anschliefsend die Schilderung der delischen Festfeier; Vers 179—546 enthalten nicht das Lob des pythischen Gottes, sondern die Stiftung des delphischen Orakels; nebenher wird Apollon als Pythios (374), Telphusios (387) und

ΕΙΣ ΑΠΟΛΛΩΝΑ.

Delphinios (495) gefeiert. S. zu vs. 299. Eine Einheit der Handlung ist in den zwei so gebildeten Hymnen ebensowenig zu entdecken. Die Geburt Apollons ist vs. 126 zu Ende, welches Ende denn auch durch die Wiederholung der Verse 125 f. = 12 f. deutlich bezeichnet wird. Die Verse 127—139, die Schilderung der delischen Festfeier und die Apostrophe des Dichters an die delischen Jungfrauen (140—176) stören durch ihre Ausführlichkeit den einheitlichen Eindruck des angenommenen Hymnus auf den delischen Apollon bedenklich. Was den vorausgesetzten Hymnus auf den pythischen Apollon anbetrifft, so geben die Verse 182—206 allerdings eine Art neues Prooemium zu einem neuen Hymnus, dessen Thema 207—214 gestellt wird. Es ist aber schon oben bemerkt worden, dafs bis vs. 246 die Erzählungsweise noch die nämliche wie im ersten Teil ist, dafs aber später eine andre eintritt. Was den Inhalt anbelangt, so würden wir, wenn der Hymnus 304 schlösse, nach der kurzen Erwähnung des Tempelbaus und der Tötung des Drachen aufser einem kurzen Schlufs nichts mehr erwarten. Anstatt dessen folgt zunächst die Geburt des Typhaon, welche äufserst lose mit dem Ganzen zusammenhängt (s. zu 305), dann die Bestrafung der Telphusa, deren Gerechtigkeit man nicht einsieht, und endlich die ausführliche Schilderung, wie Apollon als Delphinios sich die kretischen Orgionen nach Delphi holt. Dafs dies alles aus dem Rahmen des vs. 214 angegebenen Themas ἢ ὡς τὸ πρῶτον χρηστήριον ἀνθρώποισιν ζητεύων κατὰ γαῖαν ἔβης heraustritt, liegt wohl auf der Hand. Windisch (de hymnis . . maioribus Lips. 1867), dessen Ansicht sonst mit der oben ausgesprochenen übereinstimmt, schliefst sogar schon mit 299, so dafs die Tötung des Drachen nicht hierher gehört. Mit der Parallele zwischen beiden vorausgesetzten Hymnen sieht es auch nicht viel besser aus. Baumeister vergleicht die Irrfahrt der Latona mit der Reise des Phoebus, den Betrug der Juno mit dem der Telphusa, das delische Fest mit dem delphischen. Möchte sich der erste Punkt vergleichen lassen, so schwerlich die andern. Von einer Täuschung durch Telphusa ist nur 376 die Rede. Worin sie besteht, dürfte schwer anzugeben sein. Und endlich ein delphisches Fest wird überhaupt gar nicht erwähnt. Zuzugeben aber ist Baumeister, dafs 182—206 wohl ein Gegenstück zu 1—13 sein soll. Dazu pafst die Wiederholung (vs. 19. 207) πῶς τ' ἄρ' ὑμνήσω κτλ.

Jedenfalls mufs aus der vorangehenden Auseinandersetzung

soviel klar geworden sein, daſs von zwei nur durch einen Strich zu trennenden Gedichten nicht die Rede sein kann.

Doch Ruhnken beruft sich auch auf die Zeugnisse des Altertums für seine Hypothese. Sehen wir, was es damit auf sich hat.

Thucydides citiert (III 104) vs. 146—150, um zu beweisen, daſs es in Delos einstmals einen ἀγὼν γυμνικὸς καὶ μουσικός gegeben habe: δηλοῖ δὲ μάλιστα Ὅμηρος, ὅτι τοιαῦτα ἦν ἐν τοῖς ἔπεσι τοῖσδε, ἅ ἐστιν ἐκ τοῦ προοιμίου Ἀπόλλωνος· ἄλλοτε Δήλῳ, Φοῖβε, μάλιστά γε κτλ. Und gleich darauf wird auch der Beweis für den musischen ἀγών gegeben: ὅτι δὲ καὶ μουσικῆς ἀγὼν ἦν καὶ ἀγωνιούμενοι ἐφοίτων ἐν τοῖσδε αὖ δηλοῖ, ἅ ἐστιν ἐκ τοῦ αὐτοῦ προοιμίου· τὸν γὰρ Δηλιακὸν χορὸν τῶν γυναικῶν ὑμνήσας ἐτελεύτα τοῦ ἐπαίνου ἐς τάδε τὰ ἔπη, ἐν οἷς καὶ ἑαυτοῦ ἐμνήσθη· ἀλλ' ἄγεθ', ἱλήκοι μὲν κτλ. Es folgen vs. 165—172. Aus dieser Stelle würde sicherlich kein Mensch schlieſsen (cf. Hermann z. h. Ap. 173), daſs die citierten Verse 165—172 am Ende des Hymnus gestanden haben, wenn nicht Aristides (II 558) folgendes sagte: τίς ἄριστος ἐπῶν ποιητής; Ὅμηρος. τίς δ' ὡς πλεῖστον ἀνθρώποις ἀρέσκει καὶ τῷ μάλιστα χαίρουσι; ἢ τοῦτό γε καὶ αὐτὸς ὑπὲρ αὑτοῦ προείδετο. διαλεγόμενος γὰρ ταῖς Δηλιάσι καὶ καταλύων τὸ προοίμιον· εἴ τις ἔροιθ' ὑμᾶς, φησίν, ὦ κοῦραι κτλ. Wüſsten wir, daſs Aristides den Hymnus vor sich gehabt hat, so würden wir unbedingt schlieſsen müssen, daſs der h. Apoll. zu seiner Zeit (II. J. n. Chr.) mit diesen Worten geendet habe, wie Ruhnken und andere angenommen haben. Aber schon Hermann (a. a. O.) und Franke (p. 3 n.) bemerkten, daſs Aristides aus Thucydides geschöpft habe. Namentlich zeigt das Wort προοίμιον, daſs Thucydides die Quelle ist (Guttmann p. 24). Damit fällt dieses Beweisstück weg. Ich bin auch der Meinung, daſs, wenn Thucydides zwei verschiedene homerische Hymnen auf Apollon gekannt hätte, er nicht einfach ἐκ τοῦ προοιμίου Ἀπόλλωνος citieren konnte. Oder sollte der sogenannte pythische Hymnus erst nach Thucydides fallen? Doch sehen wir weiter.

Athenäus (I 22 C) citiert vs. 515 des Hymnus mit: Ὅμηρος ἤ τις Ὁμηριδῶν ἐν τοῖς εἰς Ἀπόλλωνα ὕμνοις. Hier wird von mehreren, aber nicht gerade von zwei Hymnen gesprochen. Es wäre nun möglich, daſs Athenäus oder sein Gewährsmann mehrere Apollonhymnen kannte; so faſste schon Groddeck (p. 30 A.) die Stelle. Denkbar aber ist auch, daſs Athenäus oder seine

ΕΙΣ ΑΠΟΛΛΩΝΑ. 115

Quelle die subjektive Überzeugung hatten, dafs der uns erhaltene Hymnus in mehrere Hymnen zu teilen sei. Endlich aber wäre es möglich, dafs Athenäus den Hymnus so betitelt fand, wie er noch heute in E betitelt ist: ὁμήρου ὕμνοι εἰς ἀπόλλωνα (vgl. den Apparat und die Vorbemerkungen zum h. Cer.). Man braucht diese drei Möglichkeiten nur nebeneinander zu stellen, um zu erkennen, dafs die letzte alle Wahrscheinlichkeit für sich hat; die zweite verlangt von Athenäus die Anschauungen F. A. Wolfs; die erste wird dadurch widerlegt, dafs alle sonstigen Zeugnisse aus dem Altertum uns den Hymnus so zeigen, wie wir ihn heute haben. Eustathius (p. 1602, 25 zu ϑ 385) that daher ganz recht, wenn er das Citat des Athenäus einfach in ἐν τῷ εἰς Ἀπόλλωνα ὕμνῳ verbesserte. Vgl. Guttmann p. 38.

Es folgen die übrigen Zeugnisse. Stephanus (Byz. p. 618, 21) citiert vs. 224 einfach mit Ὅμηρος ἐν τῷ εἰς Ἀπόλλωνα ὕμνῳ. Diese Bemerkung geht vielleicht auf Herodian zurück (Lentz I p. 210). — Pausanias (X, 37, 5) citiert Κρῖσα als die dem Homer gebräuchliche Form: Ὅμηρος μέντοι Κρῖσαν ἔν τε Ἰλιάδι ὁμοίως καὶ ὕμνῳ τῷ εἰς Ἀπόλλωνα κτλ. Schon Baumeister (p. 165 A.) bemerkt, dafs es danach zur Zeit des Pausanias nur einen homerischen Hymnus auf Apollon gegeben habe. Bergk (LG. I p.753 A. 31) hätte gegen dieses richtige Urteil nicht ankämpfen sollen. — Im Cert. Hom. et Hes. (hinter Göttlings Hesiod p. 253 der I. Ausg.) heifst es von Homer: καὶ σταθεὶς ἐπὶ τὸν κερατινὸν βωμὸν λέγει ὕμνον εἰς Ἀπόλλωνα, οὗ ἡ ἀρχή· μνήσομαι οὐδὲ λάθωμαι Ἀπόλλωνος ἑκάτοιο κτλ. Daraus schliefst Baumeister, dafs zur Zeit, wo diese Schrift abgefafst wurde, der delische Hymnus ebenso anfing, wie noch jetzt. Aber warum nicht der apollinische Hymnus, wie die Schriftstelle ausdrücklich sagt? — Endlich sagt Aristophanes in den Vögeln (575): Ἶριν δέ γ' Ὅμηρος ἔφασκ' κέλην εἶναι τρήρωνι πελείᾳ. Dazu bemerken Schol. Rav.: ὅτι ψεύδεται παίζων. οὐ γὰρ ἐπὶ Ἴριδος, ἀλλ' ἐπὶ Ἀθηνᾶς καὶ Ἥρας 'αἲ δὲ βάτην τρήρωσι πελειάσι ἴθμαθ' ὁμοῖοι' (E 778). Der Ven. aber setzt hinzu: οἱ δὲ ἐν ἑτέροις ποιήμασιν Ὁμήρου φασὶ τοῦτο γενέσθαι· εἰσὶ γὰρ καὶ ὕμνοι. Es herrscht heute fast allgemeine Übereinstimmung darüber, dafs die jüngeren Scholien recht haben, dafs Aristophanes also wirklich auf unsern Hymnus anspielte. Vgl. Vofs M. Br. I 119, Ilgen p. 226, Welcker E. L. I 381 f., Baumeister p 114, Bergk LG. I 751 p. 26, Guttmann p. 29, Sittl LG. I 196. Nicht ganz sicher ist Bernhardy LG.[3] II 1

p. 230. Auf seiten des Ravennas steht Volkmann Über Homer als Dichter des ep. Cyclus Jena 1884 p. 12. Ich glaube besonders deswegen in Ar. Vögel 575 ein Hymnencitat sehen zu müssen, weil h. Ap. 114 Iris wirklich mit der Taube verglichen wird, eine Vertauschung von Iris und Hera absolut witzlos sein würde und endlich Aristophanes noch Ritter 1015 offenbar auf h. Apoll. 443 διὰ τριπόδων ἐριτίμιον anspielt (s. den Komm. zur Stelle).

Die sonstigen Nachahmungen des apollinischen Hymnus sind schon in der Einleitung in dem Abschnitt über die Hymnen nachgewiesen. Ich hebe darunter ganz besonders den h. XXVI (Diana) hervor. Wenn es in dem Hymnus vs. 5 f. heifst, dafs die Gipfel der Berge zittern (τρομέει), wenn sie den Bogen anzieht (τόξα τιταίνει) und schiefst, dafs sie, wenn sie sich satt gejagt, den Bogen abspannt (χαλάσας 12) und dann im Hause ihres Bruders in Delphi einen Chor der Musen und Grazien anführt, αἲ δ' ἀμβροσίην ὄπ' ἰεῖσαι ὑμνεῦσιν (vs. 18. 19 = h. Ap. 189 f.), so haben wir hier eine Nachahmung des h. Apoll. und zwar sowohl des sog. delischen als auch des pythischen vor uns. Wenn wir uns alles dies zusammen vorhalten, so müssen wir, falls wir nicht absolut unsre Augen verschliefsen wollen, gestehen, dafs eine Zweiteilung des Hymnus wenigstens in der Überlieferung des Altertums nicht begründet ist. Wer also den Hymnus teilen zu müssen glaubt, soll wenigstens gestehen, dafs bestimmt zur Zeit des Pausanias, wahrscheinlich schon vor der Zeit der Alexandriner (h. XXVI), ja wohl schon zu Aristophanes' Zeit (da auch seine Citate beide Teile treffen) der Hymnus im ganzen und grofsen die Gestalt gehabt haben mufs, in der er uns überliefert ist.

Das Ebengesagte gilt natürlich auch für die Versuche, den Hymnus in mehrere Teile zu zerlegen. Alle diese Versuche stimmen insofern mit der Ruhnkenschen Hypothese überein, als sie nach 178 einen deutlichen Abschnitt erkennen. Sie weichen nur darin ab, dafs sie weder in 1—178, noch in 179—546 einheitliche Dichtungen erkennen wollen. Das Nähere giebt der Kommentar an. Meine eigene Überzeugung kann ich hier dahin präcisieren, dafs auch mir der Hymnus, so wie er uns aus dem Altertum überliefert ist, den Eindruck eines einheitlichen Kunstwerks nicht macht. Es ist oben darauf hingewiesen worden, dafs die Verse 140—176 für einen einfachen Schlufs zu aus-

ΕΙΣ ΑΠΟΛΛΩΝΑ.

führlich sind. Hier muſs hinzugefügt werden, daſs die Verse 127—139 den Eindruck machen, als wenn sie gedichtet sind, um die Verbindung und den Anschluſs zu vermitteln. Ferner ist bemerkt worden, daſs die Verse 182 (resp. 179)—206, dann 207 möglicherweise nach dem Muster von vs. 1—13 und 19 gedichtet seien. Endlich ist bemerkt worden, daſs die Verse 305—546 in breiter epischer Manier verfaſst sind, daſs aber 305—355 jedenfalls ein späterer Zusatz sind. Dagegen finde ich nicht, daſs die Verse von 356 an noch mit annähernder Wahrscheinlichkeit in mehrere Bestandteile zerlegt werden könnten. Die Entlehnungen aus Homer, welche Windisch hier zum Kriterium hat machen wollen, sind im ganzen Hymnus zahlreich genug, wie mein Kommentar zeigt. Allerdings muſs auch der Versuch von Köchly und neuerdings von Hinrichs abgewiesen werden, die letzten Partien unseres Hymnus zum Vorbild homerischer Stellen zu machen. S. zu 388. Ebensowenig meine ich, daſs die Verse 1—13 zu einem besonderen Hymnus gemacht werden müſsten. Die kurze, zum Teil dunkle Darstellungsweise der ersten Verse, den Tempuswechsel erkläre ich mir durch ursprünglich strophische Abfassung. Der Versuch F. C. Creuzers, durch Streichung von 110 Versen aus dem pythischen Hymnus 51 fünfzeilige Strophen zu bilden, ist selbstredend ungeheuerlich. Die zu Grunde liegende Idee aber, daſs der Hymnus einmal strophisch abgefaſst und gesungen wurde, ist nicht von der Hand zu weisen. Nur so erklärt sich nach meiner Meinung die im ganzen ersten Teil (—ca. 300) herrschende Erzählungsweise. Es kommt hinzu, daſs auch einige Spuren von Strophen übrig geblieben sind. Vers 136—138, 179—81 scheinen doch wohl Strophen von 3 Versen zu sein. Namentlich die Wiederholung von 22—24 in 143—45 dürfte dafür sprechen. Daſs deswegen der Hymnus einst lauter dreizeilige Strophen gehabt hätte, ist nicht meine Meinung. Die Verse 14—18, welche bei einer epischen Erzählung mit Recht ausgeschieden werden, erregen als besondere Strophe weniger Anstoſs. Daſs sie sehr alt sind, zeigt die Nachahmung des orph. Hymnus (s. m. Anm. zu vs. 14—18). Dann würden sich die Verse 1—29 in Strophen von 4 5 4 5 3 3 5 gliedern lassen. Doch lege ich auf die Anordnung im Einzelnen weniger Wert als auf die Erkenntnis von der Richtigkeit des Grundgedankens. Vgl. die Verse 247 ff., 287 ff., 363 ff., in welchen Apollon sein Anliegen jedesmal in sieben Versen ausspricht, ferner 452 ff.

und 464 ff., in welchen Apollon und die Kreter in je zehn Versen sprechen. Doch zweifle ich bei der Verschiedenheit des Tons in der letzten Hälfte (von 300 an), ob diese Verse je anders als rhapsodiert worden sind. Wir würden dann die eigentümliche Erscheinung haben, dafs der Hymnus noch in sich die ganze Entwicklung des epischen Gesanges von dem ἀείδειν zum ῥαψῳδεῖν durchgemacht hätte, einem Baue gliche, der im Lauf der Zeit allerlei An- und Ausbauten erfahren hätte.

Die Abfassungszeit. Es giebt Angaben, welche ganz bestimmte Daten für die Abfassungszeit ergeben könnten. Schon Pindar (bei Strabo X p. 485) erwähnt die Sage, dafs Delos ehemals im Meere schwimmend bei der Geburt des Apollon fest geworden sei: ἦν γὰρ τὸ πάροιθε φορητὰ (φησὶν ὁ Πίνδαρος) κυμάτεσσι παντοδαπῶν [τ'] ἀνεμῶν ῥιπαῖσι· ἀλλ' ἁ Κοιογενὴς ὁπότ' ὠδίνεσσι θύοισ' ἀγχιτόκοις ἐπέβαινεν, δὴ τότε τέσσαρες ὀρθαὶ πρέμνων ἀπόρουσαν χθονίων κτλ. Dieselbe kann möglicherweise aus unserm Hymnus stammen, wie schon Kiesel (p. 60) bemerkt. Denn wenn Delos (vs. 73) fürchtet, dafs Apollon sie mit einem Fufstritt umstürze, so setzt das gewissermafsen ein Schwimmen voraus. Danach würde die vordere Partie des Hymnus vor Pindar (521 b. 441 v. Chr.) fallen. Doch mufs dieselbe bedeutend älter sein. Schon Matthiae (p. 22, neuerdings noch Priem p. 22) wies darauf hin, dafs nicht Hermes, sondern Iris hier die Götterbotin sei. Doch scheint mir der Umstand wenig beweiskräftig zu sein, da es sich hier um eine reine Frauensache (Entbindung der Leto) handelt. Wichtiger wäre es, wenn, wie Matthiae (a. O.) behauptet, der Hafs der Hera noch nicht im Hymnus zu finden wäre. Und allerdings wird nicht, wie bei Kallimachos, das Umherirren der Leto von dem Zorn der Hera abgeleitet, wohl aber die langwierige Geburt. Cf. vs. 100 ζηλοσύνη und Kiesel p. 27. Beachtenswerter ist es, wenn Duncker (A. G. 5, 594) diese Partie nicht später als gegen den Ausgang des 8. Jahrhunderts setzen zu dürfen glaubt, da die Blüte Ioniens um 700 = Ol. 20 durch den Einfall der Kimmerier zerstört wurde. Ich finde meinerseits gegen diese Ansetzung nichts einzuwenden. Der Charakter des ganzen Hymnus ist dermafsen altertümlich, dafs die Abfassungszeit der ältesten Partien in ein hohes Alter hinaufreichen mufs. J. H. Vofs (M. F. I p. 108) setzt allerdings die Abfassungszeit auf Ol. 30, ebenso Bergk, Matthiae auf Ol. 40 und Flach (G. d. Lyrik I 95) noch weiter herab. Für diejenige Partie, welche

ΕΙΣ ΑΠΟΛΛΩΝΑ.

sich im 2. Teile als ganz fremd zeigte, die Geburt des Typhaon von Hera, giebt leider Et. M. p. 772, 50 keinen chronologischen Anhalt: Στησίχορος δὲ Τυφωέα γενεαλογεῖ Ἥρας μόνης κατὰ μνησικακίαν Διὸς τεκούσης αὐτόν. Matthiae (p. 33) nimmt an, dafs der Hymnus nach Stesichoros gedichtet sei (632—553). Doch ist es ebenso möglich, dafs Stesichoros seinen Stoff dem Hymnus entnahm. — Früher wollte man eine Anspielung auf den heiligen Krieg (595—586) in den Schlufsversen (540 ff.) finden. Vgl. Franke p. 51, Kiesel p. 122, Schoemann opusc. II 370. Doch weist Bergk (LG. I p. 759) diese Vermutung ab, indem er sich namentlich auf die alte Form Κρῖσα beruft. Wenn ferner vs. 262 ff. der Lärm der Wagenrennen als störend geschildert wird, so mufs der Verfasser dieser Partie vor Ol. 48, 3 gelebt haben, wo die Wagenrennen in das delphische Fest offiziell eingeführt wurden. Vgl. O. Müller LG.[3] I 124, Bergk p. 759, Sittl LG. I 196. Bergk wird daher recht haben, wenn er die zweite Hälfte nicht gar zu weit hinter die erste setzen will. Anders freilich urteilt Duncker (A. G. a. O. und p. 212 Anm.). Ilgen (p. 351) und Schürmann weisen den ganzen zweiten Teil dem Kynaithos zu. Nach Hippostratos (bei Schol. Pind. N. 2, 2) stammt der ganze Hymnus von Kynaithos, der ihn Ol. 69 in Syrakus vorgetragen habe: ἦν δὲ ὁ Κύναιθος Χῖος, ὃς καὶ τῶν ἐπιγραφομένων Ὁμήρου ποιημάτων τὸν εἰς Ἀπόλλωνα γεγραμμένον ὕμνον λέγεται πεποιηκέναι. οὗτος οὖν ὁ Κύναιθος πρῶτος ἐν Συρακούσαις ἐρραψῴδησε τὰ Ὁμήρου ἔπη, κατὰ τὴν ἑξηκοστὴν ἐνάτην ὀλυμπιάδα, ὡς Ἱπποστρατός φησιν. Da eine so späte Abfassungszeit nach dem Ebengesagten kaum denkbar ist, so wollte Welcker (E. C. I 237) und mit ihm Flach p. 32 Ol. 6 oder 9 ändern; was aber auch nicht angeht, da Syrakus erst Ol. 11, 3 gegründet wurde. Sittl p. 196, Flach Lyrik I 95.

Die Heimat des Dichters. Wenn vs. 172 sich ein blinder Sänger aus Chios vorstellt, so ist damit leider wenig anzufangen, da wir ja gesehen haben, dafs der Hymnus nicht aus einem Geist entsprungen ist. Wenn man den angenommenen Hymnus auf den delischen Apollon gewöhnlich einem Homeriden, den zweiten einem Sänger aus Hesiods Schule zugeteilt hat, so ist mir das ganz unbegreiflich. Denn einerseits zeigt auch die älteste Partie schon Anklänge an Hesiod (vgl. den Komm. zu vs. 121), und andrerseits häufen sich gerade im letzten Teil die Entlehnungen aus Homer. Darüber siehe Windisch p. 19 ff.

und in Kürze Eberhard die Sprache der h. Hymnen I p. 24. Aufserdem sind die Anspielungen auf Hesiod in den hinteren Partieen doch sehr dürftig. Ich habe solche nur zu vs. 341 und 374 angenommen.

Die Sprache des Hymnus ist in der Formenlehre fast durchweg die homerische (Eberhard I p. 12). Dafs aber auch im ältesten Teile des Hymnus manches Neuere in Wort- und Formbildung vorhanden ist, erklärt sich aus dem Schicksal des Gesanges zur Genüge. Ich erwähne an neueren weder bei Homer noch bei Hesiod vorkommenden Worten aus dem ersten Teil ἐπισχεδόν (3), πρυτανεύειν (68), καταστρέφειν (73 Aesch.), Θεράπνη (175), ὑμνεῖν (158), ὄρος (40), αἰδοίης (148), ἡμέραι (349). Dafs auch das Digamma nur noch in hom. Formeln haftet, darüber s. Windisch (p. 5), Eberhard (p. 17). Der Versuch Flachs (Bezzenbergers Beitr. II p. 1—72) ein lebendiges Digamma den Hymnen zu vindizieren ist gescheitert.

Zum Schlusse ist noch hinzuweisen auf die eifrige Benutzung deren sich der Hymnus in seiner ganzen Ausdehnung von seiten der Dichter zu erfreuen hatte. Schon oben (p. 115) sind Aristophanes und die hom. Hymnen citiert worden. Es kommen hinzu Pindar Nem. 5, 43 (zu 194 ff.), Theognis (zu 118), Callimachus (zu 130 ff.).

Erklärung.

Vers 1—13 trennen als besonderen Hymnus oder als Fragment eines solchen ab Groddeck (p. 29), F. C. Matthiae, Lehrs (Pop. Aufs.² p. 423), Schneidewin (p. 2.), G. Hermann (J. J. Bd. 65 (1852) p. 131), Burckhardt-Biedermann (p. 8), Bücheler (J. L. p. 3) und Abel (p. 3). Für das Exordium zum ersten Teil und von vornherein als ein solches gedacht nehmen die Verse mit Recht Ilgen (p. 192), Kiesel (p. 39) und andre. Aus meinen Vorbemerkungen (p. 117 unten) ist zu ersehen, dafs das Prooemium des Hymnus vielleicht bis vs. 29 geht. Ein Seitenstück dazu ist das Prooemium des Theognis. — Die Darstellung ist nicht recht klar. Man weifs nicht, weshalb Apollon den Bogen gegen die Götter richtet. Nach G. Hermann ist er zornig, nach Baumeister kehrt er von der Jagd zurück, nach Wegener (p. 219) und Burckhardt ist es sein erstes Auftreten im Olymp, nach Ilgen (a. O.) und Kiesel (p. 40) will der Dichter

ΕΙΣ ΑΠΟΛΛΩΝΑ.

einfach die Majestät des Gottes schildern. Und das wird das Richtige sein. So nehmen ja im folgenden (vs. 47, 66 f.) die Städte und Inseln den Gott aus Furcht nicht auf. Vers 68 heifst er geradezu der Gebieter von Göttern und Menschen, und so stellt ihn der Dichter uns gleich am Anfange vor.

1. Der Vers wird als Anfang des Hymnus im Cert. Hom. et Hes. c. 19 angeführt. S. darüber Burckhardt a. O. — μνήσομαι οὐδὲ λάθωμαι. Vgl. A 262 οὐ γάρ πω τοίους ἴδον ἀνέρας οὐδὲ ἴδωμαι. — ἕκατος ein Kurzname, also gleich ἑκατηβόλος. Vgl. Curtius Stud. IX 112.

2. ἰόντα. Vgl. 106 ἰοῦσαν.

3. καί ῥά τε schrieb Hermann statt des überl. καί ῥά γε. Vgl. Viger. p. 520. — ἐπισχεδὸν trennt Peppmüller (Phil. 43 p. 196) nicht übel und bezieht ἐπὶ zu ἐρχομένοιο. Er vergleicht ϱ 71, χ 205 = ω 502. ἐπισχεδόν findet sich erst wieder bei Apoll. Rhod.

4. τιταίνῃ habe ich geschrieben. Über die Auslassung von ἄν s. Kühner Ausf. Gr. § 398 A. 2. — Falsch ist, wie schon Hermann (p. 132) sah, die Erklärung Schneidewins (p. 3 angenommen von Baumeister): wenn er den Bogen gespannt hält, falsch ist aber auch die Erklärung: wenn er den Bogen spannt (ἐντανύῃ). Vielmehr ist zu erklären: Wenn er den Bogen anzieht. Wir haben uns zu denken, dafs Apollon mit gespanntem Bogen hereintritt und nun zum Scherz die Sehne klingen läfst: δεινὴ δὲ κλαγγὴ γένετ᾽ ἀργυρέοιο βιοῖο A 49.

5. Nur Leto und Zeus bleiben sitzen. Ähnliche Scenen Λ 534 Ο 84. — Das Impf. μίμνε ist nicht als Plusqpf. zu fassen, wie Baumeister und Christensen (p. 10) wollen, sondern einfach als Impf. der Wiederholung: Leto allein blieb [noch jedesmal] sitzen. Schneidewin (p. 4) schrieb μεῖνε, wodurch der Tempuswechsel zwischen Präs. (3) und Aor. (5) nur um so schroffer wird. — Dafs Leto hier die Stelle der Hera einnimmt, ist die Meinung von Preller Myth. I 190, Gilbert Deliaca p. 8. Warum soll aber nicht Hera auch unter denen sein, die sich vor dem Geschofs Apollons fürchten? h. XXII finden wir Themis in einer ganz ähnlichen Situation, wie hier Leto.

6. ὄφρα schrieb Bücheler (p. 5). ἐχάλασσε und ἐκλήισε gehen dann auf Apollon. Er spannt also den Bogen ab, steckt den Pfeil in den Köcher und verschliefst diesen.

7 f. Apollon hat natürlich nur den Köcher auf den Schultern, da er vorher den Bogen schon schufsbereit in der Hand

hielt. Deswegen heifst τόξον hier nur allgemein „Schiefszeug", nicht „Bogen". φ 53 heifst es von Penelope, dafs sie τόξον ἀπὸ πασσάλου nimmt. Es ist damit Bogen und Köcher gemeint. Vgl. φ 59. Hier hängt Leto τόξον ἐκ πασσάλου, also Köcher und Bogen. Mit Unrecht wollte daher Stoll [Jahrbb. f. Phil. 79 (1859)] p. 318 τόξα μὲν ἐκρέμασε schreiben. Schneidewin (p. 7) hatte einen ähnlichen Einfall τόξα τ' ἀνεκρέμασε, zog aber ἄμφω vor. — πρὸς κίονα πατρὸς ἑοῖο ist sehr unbestimmt. Baumeister erklärt richtig: columna, ad quam patris Iovis sedile est.

11 f. Gewöhnlich wird hinter υἱόν stark interpungiert, so dafs ἔπειτα δὲ δαίμονες ἄλλοι ἔνθα καθίζουσιν zusammengehört. Der Sinn ist dann: Und dann erst setzen sich dort die übrigen Götter. Aber die gewöhnliche Wortfolge würde in diesem Falle sein ἔνθα δ' ἔπειτα. Aufserdem wird die Bewillkommnung aller Götter O 86 ausdrücklich bezeugt: οἳ δὲ ἰδόντες πάντες ἀνήϊξαν καὶ δεικανόωντο δέπασσιν.

14—18. Diese Verse haben von jeher viel Schwierigkeit gemacht. Nach Kiesel (p. 36), Schneidewin (p. 10), Priem (p. 6) und Abel (a. O) sind sie ein eigner Hymnus. Wegener (p. 220) dagegen setzte sie an die Spitze des Hymnus vor 2—13. So schon Lenz (p. 47). G. Hermann wieder (p. XXIX) stellte aus vs. 1—4 ἐδράων, 12 χαίρει — 13, 14—18, 29 und 179, 180 das Prooemium des pythischen Hymnus her. Groddeck (p. 76) meint, dafs die Verse wegen ihrer Ähnlichkeit (?!) mit 25—27 hierhergekommen und ursprünglich Epiphonema eines Letohymnus gewesen seien; ihm folgen Ilgen (p. 193), F. C. Matthiae (p. 129), A. Matthiae (p. 109), Lehrs (pop. Aufs. p. 424), Baumeister (p. 120), nur dafs Ilgen die Interpolation der Verse durch das χαίρει δέ τε πότνια Λητώ (vs. 12) veranlafst dachte. Auch Priem (p. 20) und Flach (p. 30) streichen die Verse. Ich habe die Verse im Text zwar ebenfalls als späteren Zusatz bezeichnet wegen der zu vs. 14, 15, 16 erwähnten Anstöfse, habe aber schon p. 117 das hohe Alter der Verse hervorgehoben, desgleichen, dafs sie bei Annahme strophischer Gliederung weniger anstöfsig werden. Somit könnte Franke vielleicht Recht haben, wenn er die Verse als echt beibehält. Ich füge noch hinzu, dafs einerseits selbst G. Hermann (praef. p. XXIII) bemerkt, dafs sie sich passend an das Vorangehende anschliefsen, andrerseits Schneidewin (p. 11) fand, dafs sich 19 unmöglich an 13 schliefsen kann. Vgl. auch Lehrs p. 424.

14. μάκαιρ' ὦ Λητοῖ. Franke vergleicht Aristophanes Wolken 1205: μάκαρ ὦ Στρεψιάδες. — Alle diejenigen, welche wie ich vs. 14—18 für eine Interpolation erklären, haben an dem Preis der Leto in einem Apollon-Hymnus begründeten Anstofs genommen (vgl. Baum. p. 120).

15. Auch die Nebeneinanderstellung von Apollon und Artemis hat bei Kiesel (p. 46) und Baumeister begründeten Verdacht erregt. Wenn man indes ein Lob der Leto hier konzediert, wie Franke, so kann die Erwähnung der Artemis nicht mehr allzusehr befremden. — In τ' ἄνακτα ist das Digamma vernachlässigt.

16. Kiesel (a. O.) und nach ihm Priem (p. 5) haben auch an der Erwähnung der Örtlichkeit in diesem Zusammenhange Anstofs genommen, da die Göttin den Ort der Niederkunft erst sucht. — Der Vers ist benutzt Orph. Hymn. 35, 5. Lenz (p. 48) meinte freilich, dafs vs. 16 aus dem Orph. Hymnus stamme; doch genügt ein Blick auf den orph. Hymnus, um den Vers dort für jünger als in unserm Hymnus zu halten. Vgl. Lobeck Aglaoph. p. 395. — Ortygia und Delos sind übrigens hier deutlich geschieden (vgl. J. H. Vofs Myth. Forsch. p. 146). Unter Ortygia ist nach Vofs hier wahrscheinlich die syrakusanische Insel gemeint, über welche Pindar N. 1 zu vergleichen ist: "Ἄμπνευμα σεμνὸν Ἀλφεοῦ κλεινᾶν Συρακοσσᾶν θάλος Ὀρτυγία δέμνιον Ἀρτέμιδος, Δάλου κασιγνήτα κτλ. Die älteste Erwähnung des sikelischen Ortygia stammt von Hesiod (bei Strabo I p. 23). Ein anderes Ortygia lag bei Ephesos (Tac. Ann. III 61, Strabo XIV p. 639); berühmter scheint noch der Berg auf Chalkis gewesen zu sein. Vgl. Schol. Apoll. Rhod. A 419. S. Nauck zu Soph. Trach. 214 und im allgemeinen O. Müller Dorier p. 377. — Übrigens ist zu bemerken, dafs Apollon und Artemis hier noch nicht Zwillingsgeschwister sind, wie bei Hes. Theog. 918 f. Vgl. Burckhardt p. 15.

17. πρὸς μακρὸν ὄρος καὶ Κύνθιον ὄχθον ist gebildet nach E 398 αὐτὰρ ὁ βῆ πρὸς δῶμα Διὸς καὶ μακρὸν Ὄλυμπον (A. Matthiae). Vgl. über den Kynthos Strabo p. 485. — ὄχθος nicht bei Homer und Hesiod (Eberhard p. 12). Übrigens ist der Kynthos wirklich ein Hügel (Vofs Myth. Forsch. p. 129 und Bursian G. G. II p. 452) von 106 Meter Höhe.

18. Ἰνωποῖο wird seit Lobeck zum Aiax p. 411 gelesen. Die hdschr. Überlieferung ist Ἰνώποιο. Den Namen deutet Anger-

mann (die geogr. Namen Altgriechenlands p. 10) Gielsbach oder Sühnwasser. — Über die Palme dort vgl. Hehn Kulturpfl.¹ p. 219.
— Einen Widerspruch zwischen vs. 18 und 117 f. vermag ich nicht, wie Kiesel (a. O.), zu finden.

19 = 207. Die beste Erklärung dieser Worte giebt Kallim. h. Apoll. 30 f.: οὐδ᾽ ὁ χορὸς τὸν Φοῖβον ἐφ᾽ ἓν μόνον ἦμαρ ἀείσει, ἔστι γὰρ εὔυμνος· τίς ἂν οὐ ῥέα Φοῖβον ἀείδοι; der Sinn also ist: Welchen Stoff soll ich mir aus dem reichen Vorrat erwühlen? — Übrigens beliefs Groddeck die Verse 19—178 zusammen, 19—29 trennte ab Schierenberg (p. 8) und versetzte sie in den pyth. Hymnus, F. C. Matthiae (p. 130) strich sie als Interpolation; 19—24 erklärte Lehrs (p. 424) für einen besondren Hymnus. 20—24 merzten aus A. Matthiae (p. 16), Schierenberg (p. 161), Schneidewin (p. 12), Baumeister, Priem (p. 24), Flach (p. 30); Ilgen und Franke strichen nur 22—24 als Wiederholung aus 144. 145. Begründeten Anstofs kann höchstens die Wiederholung von 19 = 207, 22. 23 = 144. 145 erregen. Wenn man aber 19 gelten läfst, sollte man konsequenterweise auch 22. 23 stehen lassen. Den Stil von 20 und 21 zu tadeln (cf. G. Hermann praef. p. XXIV) sind wir nicht berechtigt, so lange die Verse nicht sicher geheilt sind. Eher läfst es sich hören, wenn Schneidewin (p 12), Baumeister (p. 121) und Priem (p. 7) deshalb die Verse für eine Glosse erklären, weil πάντη und πάντως nicht zusammenpassen. Indessen auch dieser scheinbare Widerspruch schwindet, wenn wir im Geist des Sängers die Frage: Wie nun soll ich dich singen, den auf jede Weise Besungenen, mit einigen Beinamen ergänzen: sowohl als Delier, wie als Kynthier, Telphusier, Didymäer, u. s. w. Dann schliefst sich πάντη γάρ τοι Φοῖβε vs. 20 ungezwungen an.

20. Ein vielgeplagter Vers. Und doch ist die Konjekturalkritik hier in enge Schranken gewiesen, da der Vers λ 194 sein Vorbild hat: πάντη οἱ κατὰ γουνὸν ... χθαμαλαὶ βεβλήαται εὐναί. Wolf schrieb daher ziemlich richtig νόμοι βεβλήαται ᾠδῆς; nur mufs es νομοὶ ᾠδῆς wie νομοὶ ἐπέων (Υ 249 und Hes. O 401) heifsen, wie schon Ilgen erkannte. Der Sinn ist: Überall liegen dir ausgebreitet die Felder des Gesanges. Die Form ᾠδή habe ich mit Ilgen in ἀοιδή verwandelt; wenn auch h. Cer. 494 ᾠδή fest ist, so ist doch der Hymnus auf Ceres so bedeutend jünger, dafs er keinen Rückschlufs auf unsre Stelle verstattet.

ΕΙΣ ΑΠΟΛΛΩΝΑ

21. *ποοτίτροφον* ist verdorben; diese Bezeichnung des Festlandes so allgemein ist lächerlich, *v* 246 heifst z. B. Ithaka *βούβοτος*, auf ein bestimmtes Land bezogen könnte sie angehen. Ich vermute ein Participium in der Form, welches sich auf Apollon beziehen müfste.

22. 23. 24 halte ich für eine Strophe. An den Versen ist nichts auszusetzen. Die Wiederholung von 22. 23 = 144. 145 liegt in der Manier des Verfassers. Vgl. 13 = 126. Möglicherweise ist sogar 140 ff. von einem andern Verf. als der erste Teil des Hymnus (s. p. 117). Es hiefse, alle Kritik aufgeben, wenn man 140—178 dem Verfasser des ersten Teils absprechen und obenein noch 22—23 aus 144. 145 ableiten wollte. Es kommt hinzu, dafs 22—24 so gut zusammenpassen, dafs Baumeister (p. 121), der hier die Verse strich, hinter 145 vs. 24 einzuschieben riet. Ich gestehe, dahin nicht folgen zu können. Ihrem Inhalt nach erklärt die Verse trefflich J. H. Vofs in Myth. Forsch. p. 78.

22. Die Zusammenstellung *πᾶσαι σκοπιαὶ καὶ πρώονες ἄκροι* s. auch Θ 557 = Π 299.

25. *ἢ ὥς σε πρῶτον Λητὼ τέκε χάρμα βροτοῖσιν*. Nach der Frage in vs. 19 giebt dieser Vers die Antwort, ganz wie Kallimachos h. IV 28 ff.: *εἰ δὲ λίην πολέες σε περιτροχόωσιν ἀοιδαί, ποίῃ ἐνιπλέξω σε, τί τοι θυμῆρες ἀκοῦσαι; ἢ ὡς τὰ πρώτιστα μέγας θεὸς οὔρεα θείνων . . . . νήσους εἰναλίας εἰργάζετο κτλ*. Es ist daher nicht nötig anzunehmen, dafs hier absolut noch andre Themata des Gesanges genannt sein müfsten, wie Kiesel (p. 91) thut, der deshalb vor vs. 22 eine Lücke ansetzte. Vgl. auch Schneidewin (p. 15), Priem (p. 8) und Wegener (a. O.). Auch Wolf statuierte vor 25 eine Lücke.

26 strichen Lenz und Kiesel als Wiederholung von vs. 17; der letztere betonte noch besonders die ungeschickte nachfolgende Epexegese *Δήλῳ ἐν ἀμφιρύτῃ*. Dafs der Vers aufserdem entbehrlich ist, kann auch nicht fraglich sein.

27 f. Die Worte von *ἑκάτερθε — ἀνέμοισιν* sind ein Zusatz resp. eine nähere Erklärung von *ἀμφιρύτῃ* (Ilgen). Wem übrigens *ἑκάτερθε* nicht die Erklärung zu *ἀμφιρύτῃ* zu sein scheint, den verweise ich auf Strabo p. 486, wonach man von einer griechischen und asiatischen Seite sprechen könnte. Beide Verse strich F. C. Matthiae (a. O.).

29. *ἔνθεν* ist nicht auf das nächst vorhergehende *χέρσονδε*,

sondern auf *νήσῳ* resp. *Δήλῳ* (26. 27) zu beziehen. Ferner ist das Fragezeichen an den Schluſs dieses Verses zu setzen. Damit erhalten wir einen abgerundeten Fragesatz (namentlich, wenn 26 fällt), dessen Antwort im folgenden beginnt: nämlich mit der Aufzählung aller der Städte, welche Leto durchirrt, beginnt der Dichter die Beantwortung der Frage: πῶς τ' ἄρ σ' ὑμνήσω (19) und die Lösung des Themas ἢ ὥς σε πρῶτον Λητὼ τέκε (25). So verstanden schon F. C. Matthiae und Bothe die folgenden Verse; letzterer schrieb: Ὅσσους δ' ἐντὸς ἔχει κτλ. G. Hermann (p. 6), Wolf, Schneidewin (p 65), Kiesel (p. 44), Baumeister (p. 123), O. Müller (LG.[3] I p. 124) nahmen eine Lücke an, in welcher das Herumirren der Leto begründet war.

30—45. Die Meinung Matthiaes (anim. p. 18 und p. 114), welche dann von andern adoptiert worden ist (vgl. Höck Kreta II 129, Gilbert Del. p. 42, Burckhardt p. 22), war, daſs diese Verse ein Verzeichnis der delischen Amphiktyonen enthalten. Dagegen ist mit Grund eingewandt worden, daſs nicht alle hier erwähnten Orte jonisch sind (Welcker Götterl. II 344, Schierenberg p. 17, Schneidewin p. 66). Darüber s. das Einzelne. Man wird daher Priem (p. 9 f.) beistimmen können, dem die Verse weiter nichts zu besagen scheinen, als daſs Leto an allen Küsten und Inseln des ägeischen Meeres umhergeirrt sei. Wenn Priem meint, der Verf. möge wohl die merkwürdigsten ausgewählt haben, so deckt sich dieser Ausspruch fast mit dem von Partsch (bei Neumann Geogr. Gr. p. 148), welcher eine Aufzählung wohlgewählter Landmarken in den Versen findet.

30. *Κρήτη*. Kreter, Dryoper und Agathyrsen nennt Vergil (Aen. 4, 146) als den Altar des delischen Apollon umtanzend; bekannt ist auch der Geranostanz, welchen der aus Kreta heimkehrende Theseus in Delos tanzt (Plut. Thes. 21); bei dieser Gelegenheit soll Theseus den Agon in Delos eingeführt und dem Sieger einen Kranz von der Palme gegeben haben, welche Homer (ζ 162) erwähnt. Paus. a. a. O. Diese Sage mag wohl dem Sänger bekannt gewesen sein, da er Kreta und Athen hier an die Spitze stellt.

31. Der einzige ganz spondeische Vers in der epischen Litteratur (Ludwich Aristarchs hom. Textkr. II 314 A.). — Statt *Αἰγίνη* ist die attische Form *Αἴγινα* überliefert. Schneidewin, Baumeister, Eberhard (p. 14) wollen *Αἰγίνης* lesen und darunter den Namen der Nymphe verstehen. — Karystos auf Euböa war

ΕΙΣ ΑΠΟΛΛΩΝΑ.

Teilnehmerin an der delischen Amphiktyonie (cf. Böckh Staatshaush.² II 78—111). Die Gesandtschaften der Hyperboreer gehen von Karystos über Tenos nach Delos (Herod. 4, 33). — Ich habe hier mit der Überlieferung ναυσικλείτη geschrieben; doch s. Lobeck Parall. p. 456 f.

32. *Αἰγαί*. Das achäische Aigai liegt, wie Baumeister (p. 125) sah, aufserhalb des hier gezogenen Kreises. Das lex. Hom. hätte an diesem von G. Hermann vorgezogenen Aigai nicht festhalten sollen. Ebensowenig pafst hier in die Umgebung das zwischen Chios und Tenedos befindliche Inselchen, über welches Nitzsch zu vs. 380 zu vergleichen ist; gegen dasselbe spricht vor allen Dingen der Umstand, dafs es einer unsicheren Kombination zwischen Plin. h. n. IV 12 und schol. A. 831 seinen Ursprung verdankt. Es bleibt also nur das euböische Aigai, welches schon Matthiae (anim. p. 114) hier annahm. Über dasselbe ist zu vergleichen Strabo VIII 386, Steph. Byz. s. v., der das achäische Aigai gar nicht erwähnt, Eustath. p. 917, 35, Hesych. s. v. Dieses Aigai pafst hier ganz gut, G. Hermann nahm aber daran begründeten Anstofs, dafs die Insel Euboia im vorigen Verse genannt wird. Wir müssen aber nicht blofs an die euböische Stadt Aigai, sondern auch an die Insel gleichen Namens denken, über welche Hesych. s. v. zu vergleichen ist. — Überliefert ist τ' *Εἰρεσίαιτε*. Dafür schrieb Ruhnken (p. 3) *Πειρεσιαί τε*, welches Apoll. Rhod. A 584 und Orph. Arg. 165 genannt wird. — *ἀγχίαλος* erscheint als Epitheton einer Insel nicht ganz passend. Ilgen schrieb daher *ἀμφιάλη*; doch s. Soph. Aiax 135 und den Kommentar Hermanns. Über die Femininform s. Lobeck Paralipp. p. 465, Eberhard (p. 13) und Guttmann h. cr. p. 60 Anm. — Eine Beziehung von Aigai, Peiresiai, Peparethos zu Apollon ist noch nicht nachgewiesen.

33. Dieser Vers liefert den deutlichsten Beweis, dafs wir es hier nicht mit Stätten des Apollonkults zu thun haben, sondern mit geographischen Punkten. Schon Baumeister citiert Grote G. G. IV p. 31, der nachwies, dafs der Athos schwerlich in der Zeit, in welche dieser Hymnus fällt (s. die Vorbem. p. 118), griechische Bewohner hatte. Auch erscheint der Ausdruck *Πηλίου ἄκρα κάρηνα* sehr dunkel, wenn der pagasäische Apollon gemeint wäre, wie Baumeister (p. 124) glaubt.

34. *Σκῦρος* schrieb Baumeister statt des überlieferten *Σκύρος*. Die Insel pafst nicht in die Reihenfolge, nachdem Samo-

ΕΙΣ ΑΠΟΛΛΩΝΑ.

thrake und Ida genannt sind. Doch würde Baumeister (p. 125) schwerlich den Namen in Χρύση verändert haben, wenn er nicht Punkte des Apollonkults in den aufgezählten Namen gesucht hätte. Von der asiatischen Küste von Lesbos bis Tenedos sagt allerdings Strabo (p. 618), dafs dort Apollon verehrt worden sei, aber s. meine Bemerkung zum vor. Verse. — Αὐτοκάνης ist überliefert. Da der Name sonst nicht vorkommt, vermutete G. Hermann ἄντα Κάνης, Ilgen Ἀκροκάνης und A. Matthiae Αἰγοκάνης, was ich aufgenommen habe. Cf. Strabo XIII p. 615: Κάναι δὲ πολίχνιον Λοκρῶν τῶν ἐκ Κύνου κατὰ τὰ ἄκρα τῆς Λέσβου τὰ νοτιώτατα, κείμενον ἐν τῇ Καναίᾳ· αὕτη δὲ μέχρι τῶν Ἀργινουσῶν διήκει καὶ τῆς ὑπερκειμένης ἄκρας, ἣν Αἰγᾶ τινες ὀνομάζουσιν ὁμωνύμως τῷ ζώῳ· δεῖ δὲ μακρῶς τὴν δευτέραν συλλαβὴν ἐκφέρειν Αἴγαν ὡς ἀκτὰν καὶ ἀρχάν· οὕτω γὰρ καὶ τὸ ὄρος ὅλον ὠνομάζετο, ὃ νῦν Κάνην καὶ Κάνας λέγουσι.

36. Imbros und Lemnos unterbrechen wieder die richtige Reihenfolge und sind für den, der hier Stätten des Apollondienstes sucht, eine schwere crux. Daher Baumeister (p. 125) den Vers zu streichen nicht übel Lust hat. Doch will ich nicht verschweigen, dafs die Lemnier nach Philostrat. heroic. XIX 14 p. 325 sich jährlich das Lustrationsfeuer aus Delos holten. — Das τ', welches nach Ἴμβρος überliefert ist, strich Hermann, um ἐυκτίμενος fünfsilbig zu machen. Schierenberg (p. 18) ist dagegen, weil man diese Gedichte nicht mit dem Mafsstabe Homers messen müsse. Doch verwies Eberhard (I p. 15 Anm.) mit Recht auf vs. 102. — Der letzte Halbvers = Ω 753.

37. Lesbos heifst Sitz des Makar schon Ω 544. Vgl. auch Strabo XIII p. 586. Nach Thuc. 3, 3 feierten die Lesbier ein Fest des Apollon Maloeis aufserhalb der Stadt. — Bei Homer heifst Lesbos ἐυκτιμένη, was schon im vorigen Verse gebraucht war. Aus dieser Veränderung schliefse ich, dafs der Verf. des Hymnus Μάκαρος ἔδος aus Ω entnommen hat, nicht etwa das umgekehrte Verhältnis stattfindet.

38 klingt an ι 25 αὐτὴ δὲ χθαμαλὴ πανυπερτάτη εἰν ἁλὶ κεῖται. Vgl. auch Kallim. Del. (IV) 3 Κυκλάδες, αἳ νήσων ἱερώταται εἰν ἁλὶ κεῖνται εὔυμνοι. — λιπαρός wird bei Homer nicht von Ländern gebraucht (Schürmann p. 6).

39. Baumeister, der (p. 124) hier Stätten des Apollonkultus sucht, mufs bei Mimas an Erythrä, bei dem Korykos an Teos denken. Einfacher ist es, dem Dichter nichts unterzu-

ΕΙΣ ΑΠΟΛΛΩΝΑ. 129

schieben, sondern die Vorgebirge zu verstehen, die auf derselben Halbinsel, das erstere nach Norden, das zweite nach Süden ins Meer reichen. Dafs dieser bei Teos gelegene Korykos gemeint sei, geht aus der Verbindung mit Mimas sicher hervor (Matthiae anim. p. 116). Denselben erwähnten Strabo (p. 644), Pausanias (10, 12, 7), Steph. Byz. (s. v.) nach Hekataios, ebendaher auch Herodian (Lentz I 153).

40. *Κλάρος αἰγλήεσσα.* Klaros ist zwar eine berühmte Stätte des Apollondienstes, (vgl. Strabo p. 642, Ovid. Metamm. XI, 413 u. a.), aber es wird hier nicht deswegen, sondern seiner Lage halber erwähnt. — *αἰγλήεις*, bei Homer nur vom Olymp gebraucht. Klaros wird wegen des Reichtums an Weihgeschenken so genannt (A. Matthiae p. 116; vgl. auch Priem p. 17). Doch dachte Matthiae daran, es in *αὐδήεσσα* zu verwandeln, was sich noch weniger empfiehlt. *αἰγλήεις* von der hohen oder lieblichen Lage zu verstehen, wie Franke und Baumeister wollten, ist unmöglich. — *Αἰσαγέη* wird noch Nicand. Ther. 218 erwähnt. Der Scholiast zu Nic. Ther. 218 weifs weiter nichts, als dafs Aisagea ein asiatischer Berg ist. Seine Lage ist aber ziemlich genau zu bestimmen. Es gehen voran die einander gegenüberliegenden Mimas und Korykos, es folgen Samos und (gegenüber) Mykale. Dazwischen liegen Klaros und Aisagea.

41. Samos wird hier zum erstenmal erwähnt (Matth. anim. p. 20); Homer nennt nur *Σάμος Θρηικίη*; doch macht der Zusatz *Θρηικίη* wahrscheinlich, dafs er auch das andere Samos gekannt hat (Strabo X p. 457). Das Adj. *ὑδρηλή* charakterisiert die Insel trefflich. Vgl. Plin. h. n. 5, 37 und Callim. h. Del. (IV) 48. Einen alten Tempel des Apollon *Πύθιος* erwähnt Paus. 2, 31, 6. Die Zugehörigkeit der Insel zur delischen Amphiktyonie aus Tac. ann. 4, 14 zu schliefsen (Burckhardt p. 20), erscheint mir sehr kühn. Es bedarf auch bei unsrer Auffassung eines solchen Nachweises nicht mehr. — Der 2. Halbvers = B 869. Die Beziehung von Mykale zu Apollon ist ebenso fraglich als die zu Poseidon sicher. Cf. Thuc. III 104. Baumeister (p. 124) glaubt, dafs Mykale für das naheliegende Priene gesetzt sei. Doch s. zu 39.

42. Bei Milet war das berühmte Heiligtum des Apollon *Διδυμεύς*. Cf. Strabo XIV p. 634. — Der zweite Halbvers *μερόπων ἀνθρώπων* ist eine hom. Formel. Doch sind hier nicht die Menschen im allgemeinen (wie Peppmüller p. 196 annimmt),

ΕΙΣ ΑΠΟΛΛΩΝΑ.

sondern wirklich die Meroper gemeint, die von Herakles überwunden wurden. Cf. Pindar Nem. 4, 26 (40): σὺν ᾧ (scil. Ἡρακλεῖ) ποτε Τρωΐαν κραταιὸς Τελαμὼν πόρθησε καὶ Μέροπας κτλ. Isthm. 5, 31 (45), Thuc. 8, 41, 2, Callim. Del. 160. Aber B 677 heifst sie die Stadt des Eurypylos. Mit seiner Tochter Chalkiope zeugt Herakles den Thessalos (Apollod. 2, 7), dessen Söhne dann Pheidipp und Antiphos (B 678) gewesen wären. Die Etymologie des Namens ist fraglich. Dafs der Name von einem Eponymos Merops, dem S. des Triopas, stamme, berührt zuerst Theocr. 17, 68. Vgl. auch Hygin. Poet. A. 2, 16 und Steph. Byz. s. v.

43. Κνίδος wird bei Homer nicht erwähnt. Strabo XIV p. 653: Κνίδος μὲν γὰρ καὶ Ἁλικαρνασσὸς οὐδ᾽ ἦν πω. Wie der Dichter Κνίδος αἰπαινή nennt, so auch Strabo die vor Knidos liegende Insel ὑψηλή. Es ist das ein Zeichen, dafs der Dichter die Küste Kleinasiens sehr gut kennt. Vgl. noch 41 Σάμος ὑδρηλή. — Karpathos schliefst den Kreis, der mit Kreta begonnen war. Die Insel wird bei Homer nicht erwähnt.

44. Dafs Naxos eine wichtige Stätte des Apollonkults war, zeigt Hipponax frgm. (Schol. Ar. Ran. 659): "Ἄπολλον, ὅς κου Δῆλον ἢ Πύθων᾽ ἔχεις ἢ Νάξον ἢ Μίλητον ἢ θείην Κλάρον κτλ. Hier aber ist Naxos nur eine Zwischenstation zwischen Karpathos und Delos. — Über Rhenaia ist zu vgl. Strabo X p. 486. Dafs die Insel nicht so wüst war, wie es nach Strabo scheinen könnte, geht daraus hervor, dafs sie in den Tributlisten steht. Rofs Inselreisen I 21. Ῥήνεια schrieb Lobeck parall. p. 302; das in ELD überlieferte Ῥηναία findet sich auch bei Steph. v. Byz. s. v., wo Holsten zu vergleichen ist.

45. ὠδίνουσα ist auffällig; besser wäre das Futurum ὠδινέουσα.

46. θέλει verwandelte Hermann in ἐθέλοι, setzte aber υἱεῖ hinter ἐθέλοι und zwar in der Form υἷι, wobei die erste Silbe von υἷι kurz gemessen wird. Besser ist Frankes Auskunft, der ἐθέλοι mit Hermann schrieb, aber υἱεῖ davor mit Synizese heranzog. Da es sich hier um den ältesten aller Hymnen handelt, bin ich Franke gefolgt. θέλω ist auch überliefert h. Cer. 160. Vgl. Eberhard die Sprache der hom. Hymnen I p. 12. Schwankend ist Flach (p. 30 A.), der entweder Hermann zu folgen oder mit Matthiae εἴ τίς οἱ γαιέων θέλοι υἱεῖ zu schreiben rät.

47 = Θ 151. Der Grund der Furcht wird hier nicht an-

gegeben. Doch wird derselbe kein andrer sein als der für Delos angegebene. Cf. vs. 66 und Franke z. St., ferner Priem (p. 10). Dafs die Inseln die Eifersucht der Hera gefürchtet hätten, wie in Callim. Delos, ist eine unbegründete Voraussetzung Baumeisters (p. 123).

49. ἐβήσετο schrieben schon Hermann und Wolf, wiederholte neuerdings (Mnemos. X 333) Cobet.

51. Das vorhergehende (50) ἀνειρομένη macht es wahrscheinlich, dafs im folgenden ein Fragesatz stehen mufs. Matthiae (anim. p. 120) schrieb ἦ γάρ κ', später (Ausg.) ἦ ἆρ κ'. Er verglich σ 356 ξεῖν', ἦ ἆρ κ' ἐθέλοις θητευέμεν κτλ. Ihm folgten Wolf und neuerdings Peppmüller p. 198. Hermann, Franke, Baumeister behielten εἰ γάρ als Wunschpartikeln bei. Doch ist dann entweder κε zu tilgen oder das überlieferte ἐθέλεις in ἐθέλῃς zu verwandeln. Hermann verwies auf O 545 Τηλέμαχ', εἰ γάρ κεν σὺ πολὺν χρόνον ἐνθάδε μίμνοις, doch wird hier seit Bekker καὶ gelesen.

53. Statt ἄλλος wollen Bothe, Schneidewin und neuerdings Peppmüller (p. 198) ἄλλως lesen.

54. εὔβων lesen die guten Hdschrr.; doch folgte schon Wolf der Pariser Klasse; denn mit λιπαρόχρως und ü. liegt die Sache doch anders. Cf. Lobeck Parall. 255 ff. Baumeister verwies auf das singuläre (H 238) βῶν. — Den Hiat σε ἔσεσθαι tilgte Hermann und neuerdings Cobet (Mnem. XI, 243) kaum mit Recht. Eberhard (I 18) und Flach (p. 32) traten bei. Alle unsre Hdschrr. sind zwar voll grober metrischer Fehler, aber Spitzner verwies (de vers. her. p. 141) allerdings auf T 288, ζ 151.

55. Über diesen Vers vgl. Einl. S. 7 Nr. 1. Auch Hollander (a. O. p. 30) entscheidet sich für Aufnahme von πολλήν in den Text.

57. ἀγινήσουσ' schrieb Barnes des Verses wegen.

59. Auch hier habe ich wie F. A. Wolf die verdorbene Überlieferung gegeben. Die Herstellung ist auf dieser Grundlage zu versuchen. In betreff des eingeklammerten Wortes περίτας trete ich der Vermutung Hollanders (Die handschr. Überlieferung der h. Hymnen p. 13) bei, dafs dasselbe bedeuten soll: περὶ τὰ ϛ', „etwa sechs Buchstaben". Denn soviel Zwischenraum befindet sich in L zwischen βόσκοις und σ' ἔχωσιν. Das nun in E und L übrigbleibende giebt etwa folgenden Anhalt: Vom ersten Wort waren die Schreiber nicht klar, ob es δημὸν oder δηρὸν heifsen solle. Die sechs ausgefallenen Buchstaben waren früher noch einigermafsen lesbar,

ΕΙΣ ΑΠΟΛΛΩΝΑ.

wie die Randlesart von E beweist. Doch giebt die letztere ebensowenig einen Sinn. Ilgen schrieb mit H. Stephanus δηρὸν ἄνακτ' εἰ βόσκοις, οἵ τε θεοί κέ σ' ἔχωσι, was absolut nicht in den Zusammenhang pafst und kaum griechisch ist, weshalb er auch zugleich den Vers strich. Ruhnken (ep. crit. p. 10) hielt die zweite Vershälfte für interpoliert. Hermann (praef. p. 25) korrigierte: δηρὸν ἄναξ βόσκοι σε, θεοὶ δέ κέ σ' αἰὲν ἔχωσι, wobei αἰὲν eingeschoben ist. Aufserdem hielt Hermann wegen des vernachlässigten Digamma von ἄναξ den Vers für eine spätere Interpolation. Matthiae liefs den Vers in seiner Ausgabe (1805) ganz aus. Auch Spiefs und Schmitt (p. 145) streichen den Vers. Die sonstigen Besserungsversuche gehen weit auseinander. Barnes schrieb sehr gewaltsam: εἰ βόσκῃς σὸν ἄνακτα, θεοί κέ σε δηρὸν ἔχωσιν; Buttmann (Lex. II 52) änderte im Anschlufs an Hermann θεοὶ δέ κε μηρί' ἔχωσιν. Schneidewin (p. 19) schrieb, um das digammalose ἄναξ fortzuschaffen: βωμοῦ ἀναΐξει, βόσκοις δέ κε δῆμον ἅπαντα, Baumeister δημοῦ ἀναΐξει βωμοῖς θυσίαι τέ σ' ἔχωσι. Fast alle diese Konjekturen laborieren daran, dafs sie in der zweiten Vershälfte etwas andres interpolieren, als wozu die Randglosse Veranlassung giebt. Diesen Fehler hat Stoll (J. J. 79 p. 319) vermieden, indem er schrieb νήσου ἀναΐξει βοσκήσεις θ' οἵ κέ σ' ἔχωσι. Cobet (Mnem. X, 333) bildete aus Baumeisters und Stolls Konjekturen vielleicht richtig: δημοῦ ἀναΐξει, βοσκήσεις θ' οἵ κε σ' ἔχωσιν. Ihm folgten Hollander (p. 30 Anm.) und Abel. Priem (p. 11) liefs die Wahl zwischen βόσκοις δέ κεν οἵ κέ σ' ἔχωσι und βοσκήσεις οἵ κέ σ' ἔχωσι. Schliefslich erwähne ich noch Bergks Konjektur (Hall. Jahrbb. 1849 Nr. 233) ἦρος ἂν αἴξειε θυοσκοῖς, οἵ κέ σ' ἔχωσι.

60. Der zweite Halbvers = ι 135. Über die Unfruchtbarkeit von Delos s. Preller Myth.³ I 191.

62. Κοῖος wird schon genannt Hes. Theog. 404. Cf. Preller M. I, 41.

63. Wolf schrieb mit den Pariser Hdschrr. ἀσπασίη μὲν κτλ., was einen schönen Gegensatz zu 66 ergiebt, doch ist die besser bezeugte Lesart κεν nicht zu tadeln. — Über γονῇ s. Eberhard (p. 7).

64. δυσηχής wird bei Homer nur von Krieg und Tod gebraucht. Cf. Schürmann (p. 6), das lex. Hom. von Ebeling s. v. und Flach (p. 31).

67. Zu τινὰ ... ἀτάσθαλον vergleicht schon Ilgen Γ 220 φαίης κε ... ζάκοτόν τέ τιν' ἔμμεναι.

68. πρυτανεύειν nicht bei Homer; daraus schloſs Schürmann (p. 5) auf verhältnismäſsig späten Ursprung des Gedichts. Doch ist aus diesem Wort allein schwerlich eine Zeitgrenze zu gewinnen. Über die Prytanen s. Ilgen (p. 210—18), Schoemann Alt.² I 149 f. Matthiae verglich Aesch. Prom. 170 Ζεὺς — μακάρων πρύτανις. Cf. noch Eurip. Troad. 1288 Κρόνιος πρύτανις, Pind. Py. 6, 24 βαρυόπης στεροπῶν κεραυνῶν τε πρύτανις. — Die gebietende Stellung des Apollon stimmt mit dem Anfang des Hymnus vollständig überein (Baumeister p. 132, Priem p. 16), womit diejenigen sich abzufinden haben, die das Prooemium (1—13) ablösen.

72 f. Überliefert ist ἀτιμήσω und ὤσει in den besten Handschriften. Für ἀτιμήσας geben die jüngeren Handschriften (schon D als Variante) ἀτιμήση = ἀτιμήσῃ. Dies behielten H. Stephanus Kämmerer, Ilgen, Franke, Hermann. Etienne und Ilgen schrieben dann vs. 73 καταστρέψας, ὤσῃ δ᾽ ἁλὸς κτλ., Kämmerer καταστρέψας ὠθεῖν κτλ., Franke καταστρέψας δ᾽ ὤσῃ, Hermann strich vs. 73 ganz. Dagegen schrieben Matthiae, Wolf, Baumeister ἀτιμήσας ..... καταστρέψας ὤσῃ. Das wiederholte Particip ἀτιμήσας — καταστρέψας erscheint mir so lästig, daſs ich nur im äuſsersten Notfall davon Gebrauch machen würde. Frankes Konjektur aber giebt einen guten Sinn und schmiegt sich der Überlieferung aufs engste an. — καταστρέψας wohl ursprünglich vom Umstürzen des Ackers beim Pflügen gebraucht. Xen. Oec. 17, 10. Daſs die Stelle möglicherweise Veranlassung zu der Sage von der schwimmenden Insel gegeben hat, ist in den Vorbemm. (p. 118) gesagt worden. — Der Versschluſs ἁλὸς ἐν πελάγεσσιν = ε 335. Die Herübernahme des Versschlusses erklärt den Hiat vor ἁλός.

75. Vgl. die Einleitung zum Text p. 6 c.

76. νηόν τε καὶ ἄλσεα. Daſs die Tempel spätere Zuthat zu den älteren ἄλσεα sind, darüber s. Helbig das hom. Epos p. 312.

77. Die πουλύποδες und θαλάμαι stammen aus E 432.

78. Der Versanfang οἰκία ποιήσονται = M 168. Die Lesart ἕκαστά τε φῦλα νεπούδων kennzeichnet sich durch die Form νεπούδων als eine mittelalterliche Interpolation aus δ 404, wie Schneidewin (p. 67) und Franke (z. St.) richtig erkannt haben. Den Grund zur Änderung gab die verderbte Überlieferung ἄχη τειλάων. — ἀκηδέα faſste Ruhnken (ep. cr. 10) als Adv. = secure; Ilgen nahm es mit Recht als Adjektiv, im passiv. Sinn vernachlässigt, verlassen; aktivisch wie Φ 123 faſsten es Schierenberg

(p. 24), Franke (z. St.), Baumeister (p. 132), Priem (p. 12) und Lex. Hom. von Ebeling. οἰκία ἀκήδεα ist gesagt wie τ 18 ἔντεα ἀκηδέα.

79 = ε 178, κ 343. — ἀλλά bezieht sich zurück auf ἀλλά in vs. 66.

81. Das Wort χρηστήριον findet sich zuerst bei Hesiod. Schol. Soph. Trach. 1174. Daſs Delos ebenfalls Orakelstätte war, darüber s. Voſs Myth. Forschungen p. 80, Burckhardt (p. 24), Gilbert Del. p. 19, Schoemann Alt.[2] II 312, 6, Peppmüller (p. 198). Wegener bemerkt, daſs die Worte τεύξειν — χρηστήριον = 287 f. sind. Er hält sie daher hier für interpoliert. Ohne Grund, glaube ich. Der Verf. dachte sich bei dem Apollontempel auch gleich eine Orakelstätte, wie vs. 227 noch beweisen kann. Daher nehme ich auch keinen Anstoſs daran, daſs Leto in ihrem Schwur (84 ff.) das χρηστήριον nicht besonders erwähnt.

82. Auffällig oder wenigstens ungeschickt ist πάντας ἐπ' ἀνθρώπους statt ἄλλους ἐπ' ἀνθρώπους. Doch vgl. 142. Auch darf man schwerlich deshalb hier eine Lücke nach 81 mit Hermann, Franke, Wolf annehmen; der Sinn läſst nichts zu wünschen übrig, wie schon Ilgen erkannt hat. Man muſs nur den Gegensatz ἐνθάδε πρῶτον und αὐτὰρ ἔπειτα beim Lesen recht hervorheben. Der Gedanke übrigens, daſs Apollon zuerst in Delos, dann anderswo Orakel und Tempel sich gründen werde, deutet schon auf eine folgende Fortsetzung hin. Die anstöſsige Wiederholung erklärt sich wieder daraus, daſs der erste Halbvers von 82 πάντας ἐπ' ἀνθρώπους aus Homer stammt (α 299).

83. θεῶν μέγαν ὅρκον = β 377.

84—86 = ε 184—86 (= Ο 36—38). Daſs die Verse aus der Odyssee stammen, zeigt der Umstand, daſs auch vs. 79 = ε 178 war.

89 ist wieder homerische Formel. Cf. Ξ 280, β 378, κ 346.

90. γονῇ ist eine leichte Besserung Frankes, welche auch Baumeister aufnahm. Trotzdem Apollon. lex. (55, 16) die Bedeutung ἐπιγονή anerkennt, giebt es doch weder bei Homer noch in den Hymnen eine Stelle, wo γόνος die Geburt hieſse. Cf. Lobeck (Proll. 11) über den Unterschied zwischen γονὴ ἡ γέννησις und γόνος τὸ γέννημα. Doch erkannte Lobeck (Anm. 10) sowohl hier wie in Aesch. Suppl. 153 (Herm.) γόνος für γονή an. Auch das l. Hom. v. Ebeling behält γόνος bei.

91. Über den symbol. Gebrauch der Neunzahl s. meine Auseinanders. in Fleckeisens Jahrbb. 1884 p. 251 f. — ἄελπτος hat hier aktivische Bedeutung und heißt hoffnungslos, wie schon Priem (p. 16) bemerkte. Vgl. das Verb. ἀελπτεῖν. Das l. Hom. erklärt nach Hesych. incredibilis.

92. ἔνδοθι behielten Wolf, Matthiae, Baumeister. Vielleicht ist Callim. Del. 228 Λητώ τοι μίτρην ἀναλύεται ἔνδοθι νήσου eine Anspielung auf unsre Stelle (Baumeister). Hermann schrieb ἐνθάδε, Ilgen αὐτόθι.

93. Der erste Halbvers = P 377 ὅσσοι ἄριστοι ἔσαν. Ich habe daher ἔσαν beibehalten, trotzdem bei Homer Διώνη die erste Silbe kurz hat. Da die lat. Messung Diana gut bezeugt ist (vgl. z. B. Vergil Aen. I 499), so ist die hier überlieferte Messung Διώνη nicht ohne weiteres abzuweisen. Ob Dione unmittelbar von Διός oder von δῖος abzuleiten ist, wie Welcker (Götterl. 1 352) behauptet, lasse ich dahingestellt. Cf. Curtius Et.[5] 236. — Die hier genannten Göttinnen sind in Voß' Myth. Forschungen (III) p. 112 berührt, ihren Titanencharakter hebt Kiesel (p. 62) hervor. Über Dione ist zu vergl. Schoemann Opusc. II 152 ff., Welcker a. O., v. Sybel in Roschers Myth. Lex. s. v. Dione. Hes. Theog. 17 wird sie unter den höchsten Göttinnen aufgeführt und zwar ebenfalls mit Themis zusammen. Dagegen fehlt sie unter den Titaniden Hes. Theog. 134, während sie in dem Auszug des Apollodor (I, 1) als solche steht. Homer kennt sie nur als Mutter der Aphrodite (E 312 ff.). — Rheia kennt schon die Ilias (O 187) als Gemahlin des Kronos und Mutter des Zeus. Als Titanin und Schwester des Koios findet sie sich bei Hesiod und Apollodor (a. O.). Vgl. auch h. Cer. 443. 460. — Die thessalische Themis Ἰχναίη. erwähnt Strabo IX p. 435: Ἴχναι, ὅπου ἡ Θέμις Ἰχναία τιμᾶται. Cf. Schol. Vet. zu Lycophrons Alex. 128, Anthol. Pal. IX 405. Ein makedonisches Ichnai nennt Herod. VII 123 und Hesych. s. v. Ἰχναίην. Themis als Titanin führen auf Hesiod Theog. 135 und Apollodor. s. v. Theog. 16 wird sie unter den höchsten Gottheiten angeführt. Vgl. über diese Gottheit Welcker G. Götterl. III 18 ff., Preller Myth.[3] I 390 ff. — Ἀμφιτρίτη heißt schon bei Homer ἀγάστονος Ἀμφιτρίτη μ 97, bedeutet aber dort kaum eine ausgeprägte Persönlichkeit. S. Stoll in Roschers Myth. Lex. s. v. Hier ist sie bei der Geburt des Apollon zugegen, auf dem Relief des Gitiades bei der Geburt der Athene. Pausan. 3, 17, 3. S. Stoll a. a. O. — Da die genannten vier Göttinnen

ΕΙΣ ΑΠΟΛΛΩΝΑ.

in der orphischen Poesie öfter erscheinen, so hat Baumeister (p. 134) nicht übel Lust, die Verse 93—95 als eine Interpolation eines Orphikers zu streichen.

96 fehlt auch in E und stellt sich dadurch sicher als eine Interpolation heraus, wofür der Vers seit Groddeck (p. 77 f.) von allen Herausgebern erklärt wird. Vgl. Ilgen (p. 222). Guttmann (p. 42). S. noch zu vs. 99.

97. Eileithyia ist bei Homer bald eine wie *Π* 187, *T* 103, bald sind es mehrere wie *Λ* 270. Wegen der hier geleisteten Hilfe wurde die Göttin in Delos besonders verehrt. Cf. Herod. 4, 35, Paus. 1, 18, 5. Über die Göttin vgl. Groddeck (a. a. O. p. 77), Preller (G. Myth.³ I 421 ff.), v. Sybel in Roschers Myth. Lex. s. v.

97. 98. 99 erinnern an *N* 521 ff.: οὐδ' ἄρα πώ τι πέπυστο ..... ἀλλ' ὅγ' ἄρ' ἄκρῳ Ὀλύμπῳ ὑπὸ χρυσέοισι νέφεσσιν ἧστο Διὸς βουλῇσιν ἐελμένος κτλ.

99 der Sg. φραδμοσύνη erst wieder Apoll. Rhod. Arg. B 649. — Hera hält hier die Eileithyia zurück, wie es (*T* 119) von ihr heifst: Ἀλκμήνης δ' ἀπέπαυσε τόκον, σχέθε δ' εἰλειθυίας. — Dafs übrigens nach 105 und 110 Eileithyia an demselben Orte wie Hera sitzen müsse, sah schon Groddeck (p. 78), wiederholte Burckhardt (p. 5); ein neuer Grund vs. 96 zu streichen.

100. ζηλοσύνη schrieb Matthiae (anim. p. 128) wie *N* 29 γηθοσύνη. Im folgenden ist ὅ τ' = ὅ τε. Über das elidierte ὅτι vgl. jetzt Kühner Ausf. Gr. I p. 187 (§ 53, 5 C). An ὅτε wann zu denken verbietet das (101) nachfolgende τότε. — Dafs diese Stelle das Motiv der Eifersucht Heras schon deutlich zeigt, ist in den Vorbemerkungen auseinandergesetzt. — Der hier entstehende Gedanke (Hera eifersüchtig, weil Leto ihren untadligen und starken Sohn gebären sollte) kann nicht befremden. Auch Delos kennt (v. 66) den Gott schon ganz genau.

104. Barnes schrieb nach σ 296 ὅρμον . . . . . χρύσεον ἠλέκτροισιν ἐερμένον. Vgl. auch ο 460. Doch war ihm bis auf Baumeister kein Herausgeber gefolgt; nur ἐεργμένον war allgemein in ἐερμένον umgewandelt worden, da, wie schon Ilgen (p. 223) bemerkte, hier die Bedeutung verknüpfen, zusammenfügen, aber nicht die Bedeutung einschliefsen gefordert werde. Vgl. übrigens die v. l. ο 460 (La Roche). Baumeister aber fragt mit Recht, was denn das heifsen solle: χρυσείοισι λίνοισιν ἐεργμένον

resp. *ἑερμένον*. An Filigranarbeit wird schwerlich zu denken sein. Vgl. Helbig das hom. Epos p. 182 ff. Ich bin daher Baumeister gefolgt, trotzdem noch neuerdings Burckhardt (p. 5 A. 2) die Überlieferung verteidigte. Es liegt hier eine ähnliche Verderbnis vor wie 165, veranlaſst durch den Itazismus. Nachdem einmal χρύσεον ιλέκτροισι entstanden war, ging die Trübung weiter ihren Gang.

106. ἔπειτα ἔπεσσιν schreiben Windisch (p. 10), Eberhard (p. 17).

107. Der zweite Halbvers ist formelhaft in der Ilias *E* 368, *B* 186, *A* 195, *O* 168. 200, *Σ* 166. 183. 196, *Ω* 95.

108. βῆ ῥα θέειν. Vgl. über den Gang der Götter J. H. Voſs Myth. Briefe I Br. 14 ff., p. 86 ff. Trotzdem Iris schon in der Ilias χρυσόπτερος heiſst (*Θ* 398, *Λ* 185. Vgl. h. Cer. 315) ist hier so wenig wie 114 vom Fliegen die Rede. — τὸ μεσσηγύ findet sich Theogn. 553, Theocr. 25, 116 und h. Cer. 317.

109. ἵκανε — Ὄλυμπον = *E* 868, 367.

110. ἀπέκ, nicht bei Homer, weshalb Bothe ὑπέκ verbesserte. Baumeister verteidigt ἀπέκ mit Quint. Smyrn. *Δ* 540 ἀπὲκ δίφροιο πεσόντος.

111. Der Anfang des Verses = *β* 400. — Auf ἔπεα πτερόεντα προσηύδα folgt gewöhnlich die Anrede sofort. Nur *Ω* 169 steht es ganz wie hier (Franke).

114. Über diesen Vers s. die Vorbemerkungen (p. 115). Von seinem Vorbild *E* 778 ist er durch den Zusatz ποσί unterschieden, der an sich nicht selten bei βαίνω steht, wie schon Ilgen (p. 226) bemerkte, hier aber doch die Entlehnung deutlich kennzeichnet. Groddeck (p. 78) strich den ganzen Vers als gelehrte Reminiscenz.

115. Das Ipf. ist nicht ohne Absicht gesetzt. Schon das Nahen der Eileithyia hilft.

117. γοῦνα nur noch *Φ* 611, sonst γούνατα.

118. μείδησε δὲ γαῖ᾿ ὑπένερθεν erinnert an *T* 362, wie Eberhard I p. 9 bemerkte. Dort lacht die Erde ringsum wegen des Erzglanzes der Waffen. Eine Nachahmung unsrer Stelle ist Theognis 5—10, wie die Steigerung zeigt, daſs dort (bei Theognis) Erde und Meer lachen: ἐγέλασσε δὲ γαῖα πελώρη, γήθησεν δὲ βαθὺς πόντος ἁλὸς πολιῆς, nämlich als Apollon geboren wurde.

119. ἐκ δ᾿ ἔθορε πρὸ φόωσδε. Vgl. h. Merc. 12.

120. ἔνθα σε ἧιε. Cf. *Y* 152 ἀμφί σε ἧιε und *O* 365. O. Müller (Dorier I 298, neuerdings noch einmal vorgebracht

von Cobet Mnem. XI 293) verlangte ἤιε. Doch die Richtigkeit der Etymologie ἰή- ἰήιος wie εὐοῖ- εὔιος), welche übrigens schon Eustathios (zu O 365) kennt, vorausgesetzt, wird man immer noch οὖλος und ἴουλος für den Abfall des Iota anführen können. Franke (z. St.) leitet ἤιος von ἠΰς ab, wobei die Nebenform ἰήιος, die ganz gewifs gleichen Stammes ist, unerklärt bleibt. Nicht besser sind die andern Etymologien, die das Lex. Hom. von Ebeling bietet. — Betreffs der Form λόον verweist schon Ilgen auf κ 361.

121. ἁγνῶς καὶ καθαρῶς ist eine Reminiscenz aus Hes. O. 337. Dafs die Worte aus Hesiod entlehnt sind, zeigt der Umstand, dafs das Wort ἁγνῶς dort einen schönen Sinn hat, hier überflüssig erscheint. — σπάρξαν nur hier, wie Priem (p. 17) bemerkt.

123. θήσατο hier transitiv von der Säugenden, bei Homer und h. Cer. 237 vom Saugenden (intrans.). Doch verwies Franke mit Recht auf θηλάζειν, welches ebenso trans. und intrans. gebraucht wird. — Der Accus. χρυσάορα fiel Ilgen auf. Allerdings steht O 256 Ἀπόλλωνα χρυσάορον, doch ist an der Form χρυσάορα nichts auszusetzen. Vgl. Lobeck Proll. p. 216 f.

124. νέκταρ — ἐρατεινήν = Τ 347. Eine Beziehung aus dem 19. Buch der Ilias fand sich auch vs. 118.

125. Die Hauptschwierigkeit dieses Verses liegt in ἐπήρξατο. Das Wort wird bei Homer stets mit δεπάεσσιν verbunden; weshalb Vofs (Krit. Blätter I 208) ἀπήρξατο versuchte, unglücklich genug, da dann der Gen. νέκταρος καὶ ἀμβροσίης stehen müfste; Ilgen aber schrieb mit M ἐπώρξατο und fand damit den Beifall Döderleins (hom. Gloss. § 913), obwohl die Form nirgends vorkommt. Schon J. F. Gronov (observv. I 4) aber verteidigte die Überlieferung, indem er ἐπήρξατο durch praebere erklärte. Das ist auf keinen Fall die ursprüngliche Bedeutung, wie schon der Dativ δεπάεσσιν zeigt. Nitzsch (zu γ 340) erklärt nach Schol. BLV zu A 471 die Redensart „das Erste den Bechern eingiefsen". Was man sich darunter denken soll „das Erste eingiefsen", weifs ich nicht. Ich könnte mir das nur erklären, wenn wirklich der ganze eingegossene Becher gespendet wurde, was doch nicht der Fall war. Der Scholiast (a. a. O.) sagt nur τῇ οἰνοχόῃ ἐπιχέαντες τοῖς ποτηρίοις, fügt aber hinzu: ἢ ἀπαρξάμενοι σπονδὴν τοῖς θεοῖς. Es wird also ἐπάρχεσθαι durch ἀπάρχεσθαι wiedergegeben. Da aber nicht der Schenke, sondern die Gäste

die ἀπαρχόμενοι sind, so ist es mit dieser Erklärung auch nichts. Schon besser giebt der Paraphrast Bekkers (a. a. O.) die Phrase wieder mit καταρξάμενοι τοῖς ποτηρίοις. Dabei ist δεπάεσσιν dann natürlich Instrumentalis, wie auch Gronov und Voſs erklärten. Vgl. Pindar Isthm. 5, 55 σπονδαῖσιν ἄρξαι, wo man nie daran gezweifelt hat, daſs σπονδαῖσιν Instrumentalis ist. Doch ist auch diese Erklärung „mit den Bechern beginnen" bedenklich, weil die Schenken mit den Bechern nichts zu thun haben. Die Becher sind ruhig auf dem Tische stehend zu denken. *A* 471 und sonst geht der Vers vorher: αὐτὰρ ἐπεὶ πόσιος καὶ ἐδητύος ἐξ ἔρον ἕντο, man hatte also schon getrunken. Daher erklärte Passow (s. v.) wieder beginnen mit den Bechern. Aber da die Becher nicht geruht haben, so ist auch diese Erklärung, wenn auch sprachlich nicht zu tadeln, doch sachlich nicht genau genug. Wie es ἀρχή, ἀπαρχή, καταρχή giebt, so ist auch ein Wort ἐπαρχή in sakraler Bedeutung zu denken, wenn es auch nicht überliefert ist. Die ἐπαρχή ist der Beginn des Schlusses, die Schluſsspende, ἐπάρχομαι demnach die Spende am Schluſs des Mahls beginnen. Vgl. σ 418 = φ 263: ἀλλ᾽ ἄγε, οἰνοχόος μὲν ἐπαρξάσθω δεπάεσσιν, ὄφρα σπείσαντες κατακείομεν κτλ. σ 426 heiſst es dann weiter: οἳ δὲ θεοῖσιν σπείσαντες μακάρεσσι πίον μελιηδέα οἶνον. αὐτὰρ ἐπεὶ σπεῖσάν τε πίον θ᾽, ὅσον ἤθελε θυμός. Vgl. auch γ 337 ff. Dort sitzt man beim Opfermahl. Als aber die Sonne untergegangen war (329), mahnt Athene: ἀλλ᾽ ἄγε τάμνετε γλώσσας κεράασθε δὲ οἶνον, ὄφρα . . . . σπείσαντες κοίτοιο μεδώμεθα κτλ. Der Schluſs des Mahles, wenn auch nicht des Tages wird auch *A* 470 deutlich bezeichnet. ἐπάρχεσθαι δεπάεσσιν heiſst also: die Schluſsspende mit den Bechern beginnen. Wie γ 445 κατάρχεσθαι mit dem Accus. steht: (Νέστωρ) χέρνιβά τ᾽ οὐλοχύτας τε κατήρχετο, so auch hier Θέμις νέκταρ τε καὶ ἀμβροσίην ἐρατεινήν . . . ἐπήρχετο. Beide Worte haben hier die allgemeinere Bedeutung „weihen", „spenden" erhalten. Die Konjektur von X. Eble (Phil. I 361) ἀθανάτοις χείλεσσιν wird also, gelind ausgedrückt, überflüssig. Der Ausdruck ἐπήρξατο soll höchst wahrscheinlich die Ehrfurcht der Themis vor dem mächtigen Gott bezeichnen, so daſs sich dann die Freude der Leto um so eher begreift.

126 strichen F. C. Matthiae und Ilgen als Wiederholung von 13. Die Wiederholung aber ist eine absichtliche. Das in der Einleitung angeschlagene Thema wird auf diese Weise als

erfüllt bezeichnet. Jedenfalls würde das nackte χαῖρε δὲ Λητώ (v. 125) kein angemessener Schluſs der Geburt des Gottes sein. Den Grund der Freude erklären auch Franke und Priem (p. 12) für notwendig. Wegener dagegen nimmt (p. 224) an der Erwähnung des Bogens sowohl hier wie im folgenden Anstoſs, da der Bogen dem Apollon von Zeus noch nicht übertragen sei. Als wenn die Übertragung dieses Geräts zu besingen im Plan des Dichters läge.

127—129. Daſs 129 eine lästige Wiederholung von 128 ist, muſs man Matthiae (anim. p. 154) zugeben. Da aber Phoibos vs. 127—29 angeredet wird, während der Dichter vs. 130 ff. wieder in der 3. Person von ihm spricht, so haben wir es hier möglicherweise mit einer Strophe von drei Zeilen zu thun, so daſs der Vers 129 wohl gleichzeitig mit 127 f. sein dürfte. Ein gewisser Gedankenfortschritt ist auch unverkennbar: „Als du die unsterbliche Speise verspeist hattest, da hielten dich dann die goldnen Schnüre nicht mehr, und nicht mehr hielten dich die Bänder zurück und es lösten sich alle Enden, als du nämlich aufstandest und davongingst". Auch würde, wenn der Vers fortfiele, der oben bemerkte Übergang aus dem Vokativ in die 3. Person unerträglich sein.

129. δέσματ᾽ schrieb schon Hermann, neuerdings noch einmal Cobet (Mnem. XI, 295). Ich bin ihnen in diesem ältesten Hymnus gefolgt. δεσμά findet sich h. Merc. 157, 409, h. Bacch. 13.

130—132 gehört wieder zusammen. Apollon erklärt in Kürze seinen Machtbereich. Er will sein der Gott des Bogens, der Zither und der Weissagung. Eine Nachahmung steht Callim. II 44 ff.: Φοίβῳ γὰρ καὶ τόξον ἐπιτρέπεται καὶ ἀοιδή, κείνου δὲ Θριαὶ καὶ μάντιες κτλ.

130 = Ω 32. Dort steht natürlich ἀθανάτοισι, wie auch hier die besten Handschriften lesen.

131. φίλη gehört nicht zu εἴη, sondern zu κίθαρις, wie das folgende καμπύλα τόξα zeigt.

132 wäre leicht χρήσω τ᾽ zu schreiben korrespondierend dem vorangehenden κίθαρίς τε καὶ καμπύλα τόξα; doch s. die eben angeführte Parallelstelle aus Callimachus.

133—135 ergeben keinen abgeschlossenen Gedanken, notwendigerweise muſs 139 noch dazu gezogen werden.

133. Statt ἐβίβασκεν schrieb Cobet (a. a. O.) προβίβασκεν. — ἐπὶ χθόνος „über die Erde hin". Denn aus dem Folgenden

(140 ff.) ergiebt sich, dafs Apollon die Göttinnen verläfst und seine Wanderungen antritt.

135. χρυσῷ versteht J. H. Vofs Myth. Br. III p. 113 nicht unwahrscheinlich von einem goldnen Schein, wie sich aus der Nachahmung des Callimachus (IV 260 ff.) ergiebt: χρύσεά τοι τότε πάντα θεμείλια γείνετο, Δῆλε, χρυσῷ δὲ τροχόεσσα πανήμερος ἔρρεε λίμνη, χρύσειον δ' ἐκόμησε γενέθλιον ἔρνος ἐλαίης, χρυσῷ δ' ἐπλήμμυρε βαθὺς Ἰνωπὸς ἑλιχθείς. αὐτὴ δὲ χρυσέοιο ἀπ' οὔδεος εἵλεο παῖδα κτλ.

136—138. Diese Verse stehen bekanntlich am Rande der besten Handschriften. Soviel ist sofort klar, dafs dieselben nicht gerade vermifst werden würden, wenn sie nicht zufällig überliefert wären. Da die Randlesarten aber sonst sehr wertvoll sind, so ist kaum zu zweifeln, dafs die Verse einmal in dem Hymnus gestanden haben. Es gilt nun, ihre richtige Stelle ausfindig zu machen. Dafs nach denselben die Geburt Apollons geschehen sein mufs, ist aus deren Worten καθορῶσα Διὸς Λητοῦς τε γενέθλην klar. Also gehören die Verse hierher. Während sie aber von den ältesten Herausgebern nach 135 gesetzt wurden, wollte Bothe nach Ilgens zweiter Vermutung sie nach 139 stellen. Seit Ruhnken findet man die Verse überhaupt unverträglich mit 139 und tilgt entweder 136—138, wie Ruhnken, A. Matthiae, Hermann, Spiefs, Franke, Priem, Baumeister u. a. oder 139, wie Ruhnken (zuerst), F. C. Matthiae, Ilgen. Beides beruht auf der Stellung der Verse nach 135. Wer die Verse nach 139 setzt, kann sicherlich nicht mehr von der Unverträglichkeit zwischen 139 und 136—138 sprechen. Doch lassen sich gegen die Verse 136—138 begründete Ausstellungen machen, auch wenn sie hinter 139 stehen. Zunächst fehlt eine Anknüpfungspartikel. Ferner ist βεβρίθει so allein stehend unverständlich. Selbständig können die drei Verse also kaum sein, sie lassen sich aber sehr gut an 139 anknüpfen, wenn man mit leichter Änderung 136 βεβρίθῃ schreibt; vgl. zu vs. 4. Bothe schrieb βέβριθεν. Vielleicht ist h. Cer. 473 eine Reminiscenz dieser Stelle: πᾶσα δὲ φύλλοισίν τε καὶ ἄνθεσιν εὐρεῖα χθὼν ἔβρισ'. — γενέθλη, allerdings anders als B 857 gebraucht (Schürmann p. 6), aber nicht unhomerisch, wie E 270 zeigen kann.

138. Der zweite Halbvers = ρ 458. Aus der Entlehnung erklärt sich die Unbestimmtheit an unsrer Stelle. Baumeister bemerkt (p. 139), dafs man nicht wisse, wer Subjekt zu φίλησε

sei, ob Apollon oder Delos. Doch läfst sich bei einigem Nachdenken wohl erkennen, dafs Apollon Subjekt ist.

139. Schneidewin schrieb (p. 26 der Conj. critt. und die hom. Hymnen auf Apollon p. 22) statt ἄνθεσιν ὕλης: ἀνθέον ὕλῃ, was Bergk mit Recht getadelt hat. S. Baumeister p. 139 ff.

140—178 trennten als ein eignes Fragment aus einem Hymnus auf die delische Panegyris ab F. C. Matthiae (p. 132) und Christensen. Ich habe schon in den Vorbemerkungen (p. 113) gesagt, dafs diese Partie für einen Schlufs zu lang und die Aufgabe des Sängers mit vs. 126 bereits gelöst war. Wenn wir uns die Verse 127—139 noch als Schlufsverse zum Hymnus gefallen lassen könnten, so tritt in den folgenden Versen der Gott hinter der Insel ganz zurück. Indes ist auch ebendort bemerkt worden, dafs die Erzählungsweise dieselbe bleibt (Apollon wird angeredet 140 und 146).

140. αὐτός ist im Gegensatz zu Δῆλος gedacht (Ilgen). Vgl. vs. 181 und 337.

141. An dem Namen Kynthos nahm Guttmann (p. 19) Anstofs, weil (fünf Verse später) Delos selbst folgt. — Übrigens heifst: du bestiegst den Kynthos s. v. a. du gingst in deinen Tempel, der in alter Zeit auf dem Kynthos lag und erst im fünften Jahrhundert v. Chr. am Meer neu erbaut wurde. Nenz quaestiones Deliacae p. 18.

142. Der Vers hat mannigfachen Anstofs erregt. Zunächst νήσους, nachdem eben der Kynthos, d. i. Delos genannt wurde. Seltsam ist auch die Verbindung „Inseln und Menschen". Ilgen (p. 236) führte zwar Pindar Ol. 6, 14 ff. an: ἀκίνδυνοι ἀρεταὶ οὔτε πὰρ ἀνδράσιν οὔτ᾿ ἐν ναυσὶ κοίλαις τίμιαι, doch bemerkte Baumeister einsichtig, dafs es sich hier nicht um den geographischen Gegensatz „zu Wasser und zu Lande", sondern um Land- und Seekampf handelt. Er änderte mit glücklicher Hand νηούς τε καὶ ἀνέρας. Allerdings wird der Zusatz ἄλλους sehr schwer vermifst, aber s. vs. 82. — Andre suchten den Fehler in ἀνέρας. Vofs (Myth. Forsch. p. 70) schrieb ἄκριας, was immer noch besser ist als die Konjektur von Jacoby (Coroll. crit. ad anim. in Eurip. p. 325) ἂν ῥία. — Auch der blofse Accusativ bei ἠλάσκαζες hat Anstofs erregt. Ilgen und Hermann gaben ἂν νήσους τε καὶ ἀνέρας. Doch wird der blofse Accus. geschützt durch vs. 175 στρεφόμεσθα πόλεις. Andre Stellen giebt Matthiae

anim. p. 136. — Der Sinn der drei Verse (140—142) würde also sein: [Doch bliebst du nicht immer in Delos, sondern] bald stiegst du empor zum Kynthos, bald wandertest du zu [andern] Tempeln und Menschen. So schliefsen sich auch die folgenden drei Verse ungezwungen an. Vielleicht bilden sowohl 140—142 wie 143—145 wieder je eine Strophe.

143—45 strich Guttmann (p. 19) als unecht, weil sie, wenn sie auch an und für sich echt sein könnten, doch hier zum folgenden nicht pafsten. Dafs sie sich an das vorhergehende anschliefsen, sahen wir schon. Über das folgende nachher. Nur 144. 145 tilgte Wegener (a. O.). A. Matthiae dagegen (animadv. p. 137), wie Vofs (Myth. Briefe p. 79) wollten noch vs. 24 hierher verpflanzen, da 144. 145 = 22. 23 sind. Indes wird man nicht behaupten dürfen, dafs die Küsten und Häfen hier absolut hätten genannt werden müssen, namentlich nicht, wenn man, wie ich, in 143—145 eine Strophe sieht.

146—150. Diese Verse sind bei Thucydides 3, 104 in folgender Fassung überliefert:

$$\mathrm{ἀλλ'\ ὅτε\ Δήλῳ\ Φοῖβε\ μάλιστά\ γε\ θυμὸν\ ἐτερφθης,}$$
$$\mathrm{ἔνθα\ τοι\ ἑλκεχίτωνες\ Ἰάονες\ ἠγερέθονται}$$
$$\mathrm{σὺν\ σφοῖσιν\ τεκέεσσι\ γύναιξί\ τε\ σὴν\ ἐς\ ἄγυιαν,}$$
$$\mathrm{ἔνθα\ σε\ πυγμαχίῃ\ τε\ καὶ\ ὀρχηστυῖ\ καὶ\ ἀοιδῇ}$$
$$\mathrm{μνησάμενοι\ τέρπουσιν,\ ὅταν\ καθέσωσιν\ ἀγῶνα.}$$

Statt des sinnlosen ἀλλ' ὅτε schreiben Guttmann (p. 20) und Classen (z. St.) ἄλλοτε. Guttmann nimmt an, dafs dieses ἄλλοτε sich anschliefse an ἄλλοτε μέν — ἄλλοτε δ' αὖ (141. 142) und die dazwischen stehenden Verse unecht seien. Diese Hypothese vorausgesetzt, erhalten wir folgenden Grundgedankengang: Du aber bestiegst manchmal den Kynthos, manchmal wandertest du zu Tempeln und Menschen, bald erfreutest du dich an Delos am meisten. Delos also sollte auf diese Weise doppelt genannt sein. Und man sollte wirklich ἄλλοτε — μάλιστά γε zusammen ertragen müssen? Das ist undenkbar. Wenn in dem Hymnus ἄλλοτε — μάλιστά γε überliefert wäre, so würde sicherlich schon ἀλλὰ σύ geändert sein. Diese eine Lesart entscheidet das Schicksal der anderen. Thucydides citiert offenbar nach dem Gedächtnis (Franke z. St.) und zwar ungenau. Dafs der Hymnus sehr bekannt war, zeigen die Nachahmungen des Theognis und andrer. Baumeister (p. 141) glaubte, dafs die Varianten des Thucydides einem Rhapsoden entstammen. G. Hermann ging (Phil. I 372) soweit, daſs er die ganzen Verse, welche Thucydides anführt, für eine unechte Interpolation erklärt. Ähnlich Schierenberg (p. 29). Dagegen aber erklärte sich Nitzsch (Sagenpoesie p. 309) mit Recht. Umgekehrt erfand Guttmann (p. 14—25) überall die Lesarten des Thucydides als die besseren. Vgl. auch Eberhard (I p. 3). — Cobet dagegen (Mnem. XI 200—203) und Bücheler (J. L. 1879. 80 p. 5 ff.) halten beide Überlieferungen für verdorben, was allerdings richtig ist. Aber im ganzen und groſsen stehen beide Texte fest, und der Herausgeber hat sich für den einen oder den andern zu entscheiden. Ich bin der Überlieferung der Hymnen gefolgt, wozu ich nach dem oben auseinandergesetzten berechtigt zu sein glaube. Weitere Bestätigungen folgen unten.

146. ἀλλὰ σύ schlieſst sich an das Vorangehende trefflich an: Viel Tempel hast du, du freust dich aber am meisten (μάλιστα) über Delos.

148. Statt des überlieferten αὐτοῖς σύν schrieb Hermann (zu Viger p. 815) αὐτοῖσιν, doch nahm er die Vermutung nicht in den Text auf. Ich habe αὐτοί geschrieben. Wenn auch αὐτοῖς σὺν παίδεσσιν durch Ξ 498 verteidigt werden könnte (αὐτῇ σὺν πήληκι), so ist doch die Dativform αὐτοῖς auffällig. Ferner stammen die Worte σὺν παίδεσσιν καὶ αἰδοίης ἀλόχοισιν aus Φ 460. — Die thucyd. Variante σὴν ἐς ἄγυιαν bezeichnet die Festſtraſse (Guttmann p. 20 gegen Baumeister p. 141); der Zusatz klappt aber nach dem vorangehenden ἔνθα sehr bedenklich nach und erregt schon dadurch den Verdacht der Unechtheit.

149. ἔνθα σε citiert Thucydides statt οἳ δέ σε. Nach Guttmann (p. 21) änderte der Interpolator, dem wir unsern Text verdanken, σὴν ἐς ἄγυιαν und ἔνθα σε zugleich. Sollen wir etwa glauben, daſs die πυγμαχίη gleich auf der Feststraſse losging? Und welchen Anlaſs hatte man denn σὴν ἐς ἄγυιαν überhaupt auszuwerfen? — πυγμαχίη steht statt ἀγὼν γυμνικός, dessen Preis in Delos ein Palmzweig war. Plut. Thes. 21.

150. Statt στήσωνται citiert Thucydides καθέσωσιν. Guttmann (p. 21) weist ἀγῶνα καθιστάναι aus Xen. Ages. I 8 nach. Cobet (p. 202) leitet καθέσωσι von καθιέναι ab. Er erklärt infolge dessen die Form für barbarisch und schreibt καθέωσιν. Doch verweist Guttmann (a. O.) auf Savelsberg Symb. phil.

ΕΙΣ ΑΠΟΛΛΩΝΑ.

Bonnens. p. 505. Guttmann aber leitet die Form καθέσωσι von καθεῖσα ab. Er vergl. Ψ 258 ἵζανεν ἀγῶνα.

151. 52. Infolge der schlechten Überlieferung wurden Groddeck und Matthiae veranlaſst vs. 152 zu streichen. Doch ist vs. 152 durch Martin (V. L. III 25) zuerst folgendermaſsen verbessert worden: ὃς τότ' ἐναντιάσει, ὅτ' Ἰάονες ἀθρόοι εἶεν, woraus Ilgen ὃς τότ' ἐναντιάσει' κτλ. machte. Zu 151 vergleicht Ilgen M 322 f. ὢ πόποι εἰ μὲν γάρ .... αἰεὶ δὴ μέλλοιμεν ἀγήρω τ' ἀθανάτω τε ἔσσεσθ'; zu 151 und 152 α 228 f. νεμεσσήσαιτό κεν ἀνὴρ αἴσχεα πόλλ' ὁρόων, ὅστις πινυτός γε μετέλθοι. — Statt ἐναντιάσει' wollte Franke (z. St.) lieber ἐναντιάσαι lesen. Er verwies auf Thiersch (Gramm. § 164, 4) und h. Cer. 168. 223. Auch Bekker (h. Blätter I, 270) fand wenigstens das Zusammenfallen von Interpunktion und Apostroph nicht in der Ordnung. Indessen machte er für Pausen eine Ausnahme, wie N 192 σμερδαλέῳ κεκάλυφθ'. Vgl. jetzt La Roche Hom. Unters. p. 242.

153. πάντων ist Gen. des Ntr. Plur. Der Sinn ist also: Er sähe den Liebreiz von allem und freute sich im Herzen anzuschauen die Männer wie die schön gegürteten Frauen. Dies gegen Baumeister.

155. αὐτῶν ist nicht das (enklitische) in Prosa so gebräuchliche nachzustellende κτήματα αὐτῶν, sondern wirklich selbst, es steht im Gegensatz zu νῆάς τ' ὠκείας. αὐτῶν κτήματα πολλά würde prosaisch wiederzugeben sein καὶ αὐτοὺς τοὺς Ἴονας μάλα πλουσίους ὄντας. — In welcher Weise später die einzelnen Staaten wetteiferten an dem Fest des Gottes Glanz und Pracht zu entwickeln, kann Plut. Nic. 3 zeigen.

156. Der zweite Halbvers = B 325. Übrigens ist E die einzige Hdschr., welche ὅου erhalten hat.

157. Ἑκατηβελέταο nur noch A 75 (Eberhard I p. 8). — θεράπναι synkopiert auch Apoll. Rhod. A 768, Eurip. Suppl. 482. — Während hier (bei der älteren Festfeier) die Mädchenchöre ganz besonders hervorgehoben werden, betont die spätere Überlieferung meist die Jünglingschöre. Cf. Lucian de saltat. 16: ἐν Δήλῳ δέ γε οὐδὲ αἱ θυσίαι ἄνευ ὀρχήσεως, ἀλλὰ σὺν ταύτῃ καὶ μετὰ μουσικῆς ἐγίγνοντο παίδων χοροὶ συνελθόντες κτλ. Apoll. Rhod. A 536 οἳ δ' ὥς τ' ἠΐθεοι Φοίβῳ χορὸν ἢ ἐνὶ Πυθοῖ ἤ που ἐν Ὀρτυγίῃ κτλ. Plut. Thes. 21: ἐχόρευσε (sc. Θησεὺς) μετὰ τῶν ἠϊθέων χορείαν, ἣν ἔτι νῦν ἐπιτελεῖν Δηλίους λέγουσι, μίμημα τῶν ἐν τῷ Λαβυρίνθῳ περιόδων καὶ διεξόδων ἔν τινι ῥυθμῷ παραλλάξεις

καὶ ἀνελίξεις ἔχοντι γιγνομένην. Καλεῖται δὲ τὸ γένος τοῦτο τῆς χορείας ὑπὸ Δηλίων γέρανος, ὥς ἱστορεῖ Δικαίαρχος. Doch Herodot 4, 35 werden ebenfalls Hymnen der Frauen erwähnt.

158—161. Es herrscht Uneinigkeit darüber, wo der Nachsatz zu beginnen sei. Groddeck (p. 79) begann denselben mit μνησάμεναι, vielleicht auch Ilgen, obwohl dessen Interpunktion zweifelhaft ist, Matthiae, Wolf, Hermann hinter μνησάμεναι, Franke und Baumeister schon mit αὖτις (vs. 159). Die richtige Abteilung ist die erste, weil die einfachste und natürlichste: die, wenn sie zuerst den Apollon besungen haben, darauf Leto und Artemis, [dann] stimmen sie ein Lied an eingedenk der Männer und Frauen der Vorzeit. Die Auslassung des dann im Nachsatz rechtfertigt sich dadurch, dafs der ganze Satz mit dem Relativum beginnt, zumal μνησάμενοι gewichtig genug anhebt. Matthiae setzte das Komma hinter μνησάμεναι „ut accusativi: Λητώ et Ἄρτεμιν haberent unde penderent"! Beides hängt natürlich von ὑμνήσωσιν ab. Weshalb Franke den Nachsatz schon mit αὖθις beginnen will, hat er nicht gesagt, ebensowenig Baumeister, doch wird wohl der Mangel einer Partikel im Nachsatz der Grund gewesen sein.

159. Λητώ τε — ἰοχέαιραν = E 447.

160. Die παλαιοὶ ἄνδρες ἠδὲ γυναῖκες deuteten Spanheim. (ad Callim. Del. 292) und Matthiae (anim. p. 141) auf die Hyperboreer. Ihnen folgten Baumeister (p. 142), Overbeck (Rh. Mus. 23, 196) und Burckhardt (p. 6 A). Nach Overbecks einleuchtender Vermutung besingen die Jungfrauen die Hyperboreer und stellen ihren Zug durch die verschiedenen Völker dar. Allerdings wird der Name der Hyperboreer hier nicht genannt, daher fafst J. H. Vofs (Myth. Forsch. I 114) und Franke (z. St.) die παλαιοὶ ἄνδρες ἠδὲ γυναῖκες als Heroen und Heroinen.

161—63 streichen Matthiae (in der Ausg. v. 1805) und Flach (p. 31 A).

162. κρεμβαλιάζειν hat Hesychius bewahrt. Doch ist das Wort hier auffällig. Selbst wenn man mit Matthiae (anim. p. 142) annimmt, dafs das Kastagnettengeklapper bei den verschiedenen Völkern verschieden gewesen sei, so gab es doch Dinge, bei denen die Verschiedenheit eher aufgefallen wäre. Doch erklärte Matthiae später (in der Ausg.) das Wort allgemeiner, als eine Bezeichnung für Musik. Das läfst sich hören, da Dikaiarchos (Ath. XIV 636) berichtet, dafs das Kastagnettengeklapper ein-

ΕΙΣ ΑΠΟΛΛΩΝΑ.

mal sehr im Schwange gewesen sei bei Gesang und Tanz der Frauen. κρεμβαλιαστύς würde dann hier die musikalische Begleitung bezeichnen. Weniger ansprechend ist die Erklärung von Franke (z. St.), die aber schon J. H. Vofs (Myth. Forsch. p. 114) und O. Müller (Dorier I 352) haben, dafs κρεμβαλιαστύς hier die eigentümliche Tanzweise der verschiedenen Völker sei. Die Erklärung liegt zuweit von der Grundbedeutung. des Wortes ab. Wenn ich auch Kastagnettenklang statt Musikbegleitung noch allenfalls sagen kann, so doch schwerlich für Tanzbewegung. Dafs wir uns die Chöre in rhythmischer Bewegung zu denken haben, ist allerdings sicher. Vgl. die zu 157 angeführten Stellen und O. Müller Dorier I 351 f. Namentlich entscheidend ist Lucian de salt. 16.

165 — 172 überliefert wieder Thucydides III, 104; aus Thucydides nahm dann Aristides (II 559 Dind.) vs. 169—172, wie Guttmann (p. 24) erwiesen hat. Denn sicherlich hätte Aristides, wenn er den Hymnus selbst vor sich gehabt, nicht das thucydideische προοίμιον gebraucht. Vgl. auch Cobet und Bücheler am a. O.

165. Die Herstellung dieses Verses verdanken wir Normann (zu Aristides II 592), der zuerst den Vers aus Thucydides gebessert hat. Die Verderbnis der Handschriften erklärt Guttmann (p. 23). Es ist derselbe Fall wie in vs. 104. Wie dort χρυσείοισι λίνοισι aus χρύσεον ἠλέκτροισιν entstand, so hier ἄγε δὴ λητὼ μὲν aus ἄγεθ' Ἰλήκοι μέν. Wenn aber auch Thucydides hier das Richtige erhalten hat, so sind deshalb die Handschriften unsrer Hymnen noch nicht als interpoliert zu bezeichnen, da ja die Verderbnis der Handschriften auf dieselbe Lesung zurückführt. Aus der Discrepanz zwischen Thucydides und den Hymnenhandschriften ist nur zu schliefsen, dafs zur Zeit des Thucydides die Überlieferung der Hymnen an dieser Stelle heil war. — Die zweite Vershälfte = o 410, das einzige Beispiel der Anastrophe bei ξύν (Mommsen Entwicklung einiger Gesetze. Frankf. a. M. 1876 p. 18).

168. Statt ξεῖνος ταλαπείριος ἐλθών bietet Thucydides ταλαπείριος ἄλλος ἐπελθών. Der homerische Sänger hatte jedenfalls η 24 καὶ γὰρ ἐγὼ ξεῖνος ταλαπείριος ἐνθάδ' ἱκάνω oder τ 379 πολλοὶ δὴ ξεῖνοι ταλαπείριοι ἐνθάδ' ἵκοντο im Sinne. Der Sinn würde danach sein: Wenn ein Sterblicher, der als vielgeprüfter Fremdling hierherkömmt, euch frägt u. s. w. In der Les-

10*

art des Thucydides ist das ἄλλος überhaupt mit dem vorangegangenen τις ἐπιχθονίων ἀνθρώπων nicht zu vereinigen. Es ist das eine Verschlechterung des Textes, wie sie vielbekannten Dichterstellen zu begegnen pflegt, wenn sie aus dem Gedächtnis citiert werden. Vgl. auch zu 146.

169. τίς δέ wird geschützt durch Z 123 (= O 247 = Ω 387).

171. In diesem Verse bieten die besseren Handschrr. des Thucydides ὑποκρίνασθε ἀφήμως. Dieses (verdorbene) ἀφήμως erklärt der Scholiast durch σιγῇ ἡσύχα, ἀθρόως, ähnlich Hesych. durch ἐν κόσμῳ ἡσυχῇ, wie Kuster zuerst erkannt hat. Die jüngeren Handschriften des Thucydides lesen εὐφήμως, offenbar eine Konjektur, welche dem Metrum aufhelfen soll (Guttmann p. 23 A. 17). Ebenso ist die handschriftl. Überlieferung des Aristides ἀφ᾽ ἡμῶν wohl ein Versuch das sinnlose ἀφήμως des Thucydides zn bessern. Auch die handschriftl. Überlieferung der Hymnen geht wohl auf ἀφ᾽ ἡμέων zurück. Die Pariser Klasse liest freilich ἀφ᾽ ὑμῶν, E ὑφ᾽ ὑμέων. Jedenfalls sieht man, 1) dafs die Verderbnis dieser Stelle sehr alt ist und 2) wieder, dafs die Überlieferung der Hymnen und der Text des Thucydides auf denselben Grundlagen stehen. Die Emendation hat von ὑποκρίνασθε ἀφήμως auszugehen, weil darin der Fehler einfach noch vorliegt. Was mag sich Thucydides dabei gedacht haben? Am besten ist Bergks (LG. I 750 A. 25) Versuch ausgefallen, der ἀφήμως „einstimmig" schreibt. Bücheler dagegen (bei Guttmann p. 23) suchte den Namen des Sängers in ἀφήμως. Ruhnken schrieb (p. 13) mit den jüngeren Thucydides-Handschriften ὑποκρίνασθ᾽ ἐϋφήμως, woraus dann Ilgen εὐφήμως machte. So lesen Wolf, Matthiae (Ausg.), Hermann, Franke, Baumeister.

173—176 strich Ruhnken (p. 13) unter Zustimmung von Valckenaer. Denn vs. 173 hätte Thucydides nicht übergangen, wenn er ihn gelesen hätte, ἀριστεύουσιν ἀοιδαί sei des Nonnus würdig, und 174—76 seien so schlecht, dafs sie niemand „semel monitus" für homerisch halten könne. Ihm stimmten unter andern zu A. Matthiae und Ilgen. Der letztere legte noch besonderen Nachdruck auf die Äufserung des Thucydides: ἐτελεύτα τοῦ ἐπαίνου ἐς τάδε τὰ ἔπη; Thucydides könne also unmöglich vs. 173 gelesen haben. Neuerdings strichen die Verse noch Christensen und Guttmann. Guttmann (p. 16) wies darauf hin, dafs die von Thucydides angeführten Verse kein Lob der delischen

ΕΙΣ ΑΠΟΛΛΩΝΑ.

Frauen enthalten. Baumeister (p. 144) meinte gar, den Nachweis der musischen Agone gäben die Verse 173—76 eher wie die von Thucydides wiedergegebenen. Alle diese Gründe sind nicht stichhaltig. Die sprachlichen widerlegte G. Hermann z. St. Derselbe bemerkte auch, dafs die folgenden Verse für den Thucydides nicht mehr nötig waren. Ihm stimmten zu Welcker Ep. C. I 175 und Franke (z. St.). Gegen Guttmann bemerke ich noch, dafs es dem Thucydides nicht darauf ankam, sämtliche Verse zu citieren, die das Lob der delischen Frauen enthalten; er spricht ja nur von dem Ende des Lobes. Dafs Thucydides hier von einem Ende sprechen konnte, ist unzweifelhaft, da der Preis der delischen Mädchen schon 156 beginnt. Es ist daher gar nicht nötig, mit Baumeister anzunehmen, dafs bei Thucydides einige Verse ausgefallen seien. Aufserdem citiert, wie wir sehen, Thucydides nach dem Gedächtnis! Das ist doch auch zu bedenken.

172. παιπαλόεσσα heifst Chios γ 170, 172.

173. Das Fut. ἀριστεύσουσιν stammt von Barnes. Bergk (LG. I 750 A. 25) strich den Vers als eitle Prahlerei. G. Hermann (J. J. 52 p. 135) schrieb am Anfang τοῦ περ καὶ μετόπισθεν ἀριστεύσουσι ἀοιδαί. Weniger gut ist Schneidewins (p. 25): τοῦ πᾶσιν μερόπεσσιν ἀρτιστεύουσιν ἀοιδαί.

174. Ich habe mit der besseren Überlieferung ἡμέτερον geschrieben. Hätte man die Überlieferung hier schon früher gekannt, so würde man an den Worten des Thucydides ἐτελεύτα τοῦ ἐπαίνου keinen Anstofs genommen haben.

175. Zu στρεφόμεσθα πόλιας führt Hermann (z. St.) an γαῖαν ἀναστρέφομαι ν 325 und ἐπιστρωφῶσι πόλησας ρ 486. Vgl. auch 142.

176 mufste man bisher auf die delischen Frauen beziehen. Wenn aber 173 ἡμέτερον κλέος steht, so fallen hier die delischen Frauen weg, und das Selbstlob des Dichters wird fortgesetzt: die aber werden es glauben, nämlich, dafs der blinde Sänger aus Chios der beste ist.

177. 178 sind keine Schlufsverse; vgl. die Vorbemerkungen (p. 112). Schon Bergk (LG. I 746) vermifste die eigentliche Schlufsformel, ohne freilich von der Zweiteilung des Hymnus abzugehen.

179—181. Wieder drei einzeln stehende Verse, die wohl eine Strophe bilden sollen, um den Übergang zu dem Nachfol-

ΕΙΣ ΑΠΟΛΛΩΝΑ.

genden einzuleiten. Fassen wir die drei Verse als Strophe, so erklärt sich der Umstand, dafs Apollon hier in der 2. Person angeredet wird, während gleich darauf von ihm in der 3. Person gesprochen wird. Diesen plötzlichen Wechsel bemerkte zuerst Ilgen (p. 255). Übrigens fand Ilgen die Verse mit dem Folgenden nicht unverträglich, ebensowenig Groddeck (p. 33). Die Mehrzahl der Forscher dagegen (F. C. Matthiae p. 133, Lehrs p. 424, Schneidewin p. 58, Baumeister, Wegener, Christensen) trennen die drei Verse als Interpolation ab. Hermann (ep. p. XXIX) und Franke (p. 26) nehmen vor diesen Versen einen Ausfall an, da sie unmöglich ein Anfang sein könnten. Vgl. auch Bergk LG. I 756 A. 35. Der Ausfall ist vs. 1—178. A. Matthiae endlich (animadv. p. 144) verband 181 direkt mit 207, so dafs dazwischen 182—206 als Einschub hingestellt wurde.

179. Über den lykischen Apollon vgl. Preller G. Myth.[3] I 201—3. Roscher Myth. Lexicon 422 f. Hier ist natürlich der Gott der Landschaft Lykien zu verstehen, über welche in Kürze handelt Hahn die geogr. Kenntnisse der älteren Epiker II p. 9 (Beuthen 1881). — In Lydien war Magnesia am Sipylos ein Hauptsitz des Apollonkults. Vgl. Müller Dorier I 259. Über Maionien s. Hahn a. O. p. 8.

180. Miletos, der Landschaft Karien angehörig (B 868), wird genannt ἔναλος πόλις ἱμερόεσσα. Statt ἔναλος sagt Homer εἰνάλιος (Schürmann p. 8). F. C. Matthiae wollte ἔφαλος schreiben, doch verwies schon Ilgen (p. 255) auf Pind. Ol. IX 150, wo Eleusis εἰναλία genannt wird. Übrigens nennt Strabo (p. 634) die alte Stadt: ὑπὲρ τῆς θαλάττης τετειχισμένον.

181. αὐτὸς δ᾽ αὖ erinnert an vs. 140. Die Hervorhebung des αὐτός ist wohl darauf berechnet für Delos Propaganda zu machen. Eine Schlimmbesserung ist Matthiaes Vermutung αὖτις δ᾽ αὖ; desgleichen Barnes' περικλύστου (schon M), vgl. Lobeck Paralipp. 474. — In μέγ᾽ ἀνάσσεις ist das Digamma nicht berücksichtigt. Vgl. vs. 15, 22, 71, 106, 235, 286, 355, 385, 386, 404, 506, 534.

182—206 resp. 179—206 trennten als besonderes Fragment oder Gedicht ab Groddeck (p. 31), F. C. Matthiae (p. 133), A. Matthiae (anim. p. 26), Lehrs (a. O.), Schneidewin (p. 8), neuerdings Christensen (p. 18); zweifelhaft war G. Hermann (ep. p. XXXV). Dagegen hielten Ilgen, Franke, Baumeister, Bergk (a. O. p. 756) die Verse 182—206 für das richtige Exordium

ΕΙΣ ΑΠΟΛΛΩΝΑ.

ihres pythischen Hymnus. Dafs die Verse 182—206 möglicherweise ein Gegenstück zu 1—13 sein sollen, ist schon in den Vorbemerkungen (p. 113) gesagt worden. Dafür spricht, dafs die Scene wieder im Olymp mit dem Eintritt des Apollon beginnt, dafs sie wieder schliefst mit der Freude der Leto und des Zeus, und dafs wieder der Übergang zum Folgenden durch den Vers πῶς τ' ἄρ σ' ὑμνήσω πάντως εὔυμνον ἐόντα; gebahnt wird. In dieser Weise ahmt sich ein Dichter nicht selber nach. Es ist also kaum zweifelhaft, dafs diese Partie nicht von dem Verfasser von vs. 1—13 resp. 1—126 stammt. Ebensowenig ist es mir zweifelhaft, dafs der letzte Teil von 305 an nicht mehr von dem Verfasser dieser Partie stammen kann. Dagegen halte ich es für unmöglich zu bestimmen, ob vs. 182—206 ein eignes Gedicht oder gleich zusammen mit dem Folgenden geschaffen sind. Beginnt nun hier ein neuer Hymnus, zu dem vs. 182—296 die Einleitung ist? Dafs 182 kein Hymnenanfang ist, liegt auf der Hand. Man (z. B. Hermann ep. p. XXVII f.) hat daher angenommen, der Anfang des 2. Hymnus sei verloren gegangen. Aber warum können denn diese Verse nicht eine Fortsetzung eines andern Rhapsoden sein, eines Rhapsoden, der den delphischen Gott verherrlichen wollte?

183. Dafs Apollon nach Pytho nur geht, um von da auf den Olymp zu gelangen, ist merkwürdig genug.

184. Ruhnken schützte die Besserung (τεθυωμένα) von Barnes durch den Vers des Stasinus (Ath. XV 682 F) τεθυωμένα εἵματα ἕστο sc. Ἀφροδίτη. Pierson dachte an εὐώδεα (Ilgen p. 256).

185. καναχὴν ἔχει. Cf. Π 105 πήληξ βαλλομένη, καναχὴν ἔχε.

187. Die zweite Vershälfte = Υ 142.

188. Die zweite Vershälfte = α 159.

189 = Δ 604, ω 60.

192. ἀφραδέες fand auch Barnes aus Konjektur. Vergl. h. Cer. 256 νήϊδες ἄνθρωποι καὶ ἀφράδμονες κτλ.

194 ff. Über die ganze Scene vgl. Welcker ep. Cycl. I 330, O. Müller Dorier 342. Über Apollon als Musageten vgl. Preller G. Myth.[3] I 322 ff., Roscher Myth. Lex. p. 435. — Die Scene ist etwas überreich ausgefallen. Die 9 Musen singen, die Chariten, Horen, Harmonia, Hebe, Aphrodite und obenein Artemis tanzen, Ares und Hermes tanzen in ihrer Mitte, Phoibos spielt die Kithara. Einfacher geht die Sache bei den Phaiaken (ϑ) her. Dort (263) tanzen die Jünglinge, unter ihnen spielt der Sänger,

dazu kommen dann noch die Springer 370. Vgl. auch was Lucian (de salt. 16) von Delos sagt: παίδων χοροὶ συνελθόντες ὑπ' αὐλῷ καὶ κιθάρᾳ οἱ μὲν ἐχόρευον, ὑπωρχοῦντο δὲ οἱ ἄριστοι προκριθέντες ἐξ αὐτῶν. Noch einfacher ist die Scene (Apollon und die Musen) *A* 602. Hes. Sc. 201. Eine Nachahmung unsrer Stelle giebt Pindar Nem. 5, 22: πρόφρων δὲ καὶ κείνοις ἄειδ' ἐν Παλίῳ Μοισᾶν ὁ κάλλιστος χορός, ἐν δὲ μέσαις φόρμιγγ' Ἀπόλλων ἑπτάγλωσσον χρυσέῳ πλάκτρῳ διώκων ἁγεῖτο παντοίων νόμων. Eine andre Nachbildung s. h. XXVI.

195. Harmonia, die Tochter des Ares und der Aphrodite (Hes. Th. 937), wird bei Homer noch nicht genannt. Über sie ist zu vgl. O. Müller Orchomenos p. 461, Preller G. Myth.[3] II 26. Bei Hesiod finden sieh neben der Harmonia alle hier erwähnten Göttinnen wieder, vs. 901 die Horen, 907 die Chariten, 950 Hebe. Die Art und Weise, wie die Göttinen hier aufgezählt werden, zeigt ganz deutlich, dafs der Verf. ebenso, wie dort Hesiod, sich drei Horen und drei Chariten denkt. Schon O. Müller (a. O.) erkannte, dafs hier zehn weibliche Gottheiten tanzend gedacht werden.

196 = Σ 594.

197 ff. μεταμέλπεται kann hier blofs vom Tanze genommen werden. Die Gröfse der Artemis stammt natürlich aus ζ 107. — Die Verse 197—99 strich Matthiae mit Unrecht. In der Nachahmung h. XXVI findet sich Artemis wieder mit den Chariten und Horen tanzend.

201. ἐγκιθαρίζει. Cf. h. Merc. 17.

202. Die erste Vershälfte = 516.

203. Die erste Vershälfte = ϑ 265. Schneidewin (p. 59) und Baumeister lesen μαρμαρυγῆς, Bothe schrieb (Addenda et Emend. p. 407) μαρμαρυγάς. Beides ist unnötig. Schon O. Müller (Dorier I 345) bemerkt, dafs Apollon ebenfalls tanzend zu denken ist.

208—213. „Die heilloseste Stelle des ganzen Hymnus, an welcher die bisherigen Versuche insgesamt zu Schanden geworden sind. Auch darf niemand hoffen, aller Schwierigkeiten Herr werden zu wollen, falls er nicht ganz neue Quellen öffnet, woran doch kaum zu denken ist" (Schneidewin p. 30). C. F. Matthiae strich von derselben 211—13 und behielt also nur Koronis, A. Matthiae stiefs auch 208—210 noch aus; beide mufsten sich tadeln lassen, dafs sie athetierten, was sie nicht erklären könnten

(Franke p. 28, Schneidewin p. 29). Doch auch v. Wilamowitz (Isyll von Epidauros p. 80 A. 2) hält die Verse für eine Interpolation. Nach Lehrs (pop. Aufs. p. 424) sind die Verse „der fünfte Hymnus durch einige Auslassungen entstellt." Dieselbe Meinung etwas schwankend ausgesprochen findet sich bei Welcker G. G. II 340. Ein besonderer Hymnus können die Verse wohl kaum gewesen sein, da sie ja nur eine Frage enthalten. Die Frage aber zeigt einen neuen Gegenstand, ein neues Thema, wie Apollon besungen werden könnte. Dafs dieses neue Thema (ἐνὶ μνηστῆσιν καὶ ἐν φιλότητι) hier in diesem Zusammenhange angeschlagen sein sollte, ist undenkbar. Man überlege nur den gegenwärtigen Zusammenhang: Wie nun soll ich dich singen? Soll ich dich auf der Freite oder in deinen Liebeshändeln besingen, oder wie du die erste Orakelstätte suchen gingst? Wer erwartet danach, dafs der Dichter sofort in das zweitgenannte Thema eintreten wird? Man sehe sich nur die Amphibolie bei Callim. I 4 ff. an. Man könnte einwenden, die Erwähnung der Liebeshändel solle den reichen Stoff andeuten. Dazu war es besser, noch mehrere Themata zu nennen. Da aber schon der Anfang des Hymnus einen solchen Gegenstand bot, so konnte der Sänger hier ohne weiteres zum Thema übergehen. Verdächtig sind ferner die einzelnen Liebeshändel Apollons, welche aufgezählt werden. Mag auch die Erklärung im einzelnen schwierig sein, so sieht man doch so viel, dafs in vs. 208—210 das Verhältnis des Apollon zur Koronis in einem leidlich verständlichen Satz gegeben wird, und darauf eine Anzahl Nebenbuhler in lockerster Weise hinzugefügt wird. Diese Art des Stils eignet unserm Hymnus in keiner Partie. Wir haben es hier ganz gewifs mit dem Zusatz eines Rhapsoden zu thun, der zu der Frage des Dichters ἢ ὡς τὸ πρῶτον χρηστήριον κτλ. (214) die Gegenfrage aufwarf: ἠέ σ' ἐνὶ μνηστῆσιν (?) ἀείδω καὶ φιλότητι u. s. w. Nun zum einzelnen.

208. Der Vers ist ungeheilt. Ich habe Bothes μνηστῆσιν aufgenommen, um überhaupt griechische Worte zu geben. Statt des überlieferten μνηστῆσιν schrieben Martin, Hermann, Franke, Baumeister ἐνὶ μνηστῆρσιν, was zu dem folgenden καὶ φιλότητι wenig passen will, A. Matthiae schrieb zuerst ἐνὶ μνηστύεσσιν, dann ἐνὶ μνηστύσσιν, Bothe behielt μνηστῆσιν bei, schrieb aber ἐπὶ μνηστῆσιν „de sponsis tuis", Schneidewin (p. 30) erklärte ἐπὶ μνηστῆσιν auf der Freite, wunderte sich aber, warum es

nicht ἐν μνηστείῃσιν heifse. Die Wendung ἀείδειν τινὰ ἐν φιλότητι erklärte Matthiae (anim. p. 151) mit Recht für ungriechisch; dieser Vorwurf trifft aber auch die Verbindung ἐνὶ μνηστῆρσιν καὶ φιλότητι und ebenso alle übrigen zu diesem Verse vorgebrachten Konjekturen. Mir scheint in ἐνὶ μνηστῇσιν etwa ἀναμνήσω oder ἐπιμνήσω zu stecken.

209. Die handschriftliche Überlieferung ist ὁππόσ᾽ ἀνωόμενος ἔκιες Ἀζαντίδα κούρην, nur M hat ὁππόταν ἱέμενος ἔκιες Ἀτλαντίδα κούρην. Statt ὁππόσ᾽ schrieb Martin ὥς ποτε, Wolf ὅππως, Franke ὁππότε. Für ἀνωόμενος setzte μνωόμενος Martin (V. L. IV 8), Hermann ἀγαιόμενος, Lobeck (Rhem. p. 355) μωόμενος. Für Ἀζαντίδα schrieb Martin Ἀζανίδα, und so nach ihm Wolf, A. Matthiae, Baumeister. Über die arkadischen Azanen s. Curtius Peloponn. I 165, Hoehle Arkadien zur Zeit der Perserkriege p. 31. Gegen Ἀζανίδα ist verschiedenes einzuwenden. Es sollte episch Ἀζηνίδα heifsen (Ilgen 271, Schneidewin p. 32). Ferner wird aus dem folgenden Ἴσχυ᾽ ἄμ᾽ klar, dafs hier Koronis, die Mutter des Asklepios gemeint ist (Schneidewin a. O. Baumeister p. 147). Nun giebt es zwar eine arkadische Sage, nach welcher Asklepios am Ladon aufgefunden wurde (Pausan. 8, 25, 11, Ilgen p. 271). Doch kann man deshalb die Mutter noch nicht eine Arkaderin nennen. Daher nahmen A. Matthiae (p. 149) und Baumeister (p. 147) an, dafs eine uns unbekannte Sage zu Grunde liegt. Diese Annahme würde erlaubt sein, wenn Ἀζανίδα oder Ἀζηνίδα wirklich überliefert wäre. Phlegyas, der Vater der Koronis, stammt aus Thessalien (h. XV, 3, Apollod. 3, 10, 3, Strabo 442, schol. N 301, Pindar Py. III 34 (59), Ovid Met. 2, 542 cf. Preller Myth. II 14) oder aus Böotien (Paus. 9, 36, 2) oder endlich aus Phokis (Paus. IX 36, 3, X 4, 1). Mit Rücksicht auf die letzte Version könnte man vielleicht auf Ἀβαντίδα kommen, wenn nicht das α in Ἄβαι kurz wäre. Wenigstens befand sich im phokischen Abai ein berühmtes Orakel des Apollon (Her. 8, 33) und nach Aristoteles bei Strabo (p. 445) waren die euböischen Abanten von Phokis ausgegangen. Martin dachte daher auch an: ἔκιες ἐς Ἀβαντίδα κούρην. — Hermann und Franke nahmen aus M Ἀτλαντίδα auf, F. C. Matthiae (p. 135) schrieb Τιτηνίδα. Die letztgenannten Konjekturen setzen eine andre Genealogie voraus, nämlich Asklepios S. der Arsinoe, der T. des Leukippos, dessen Stammbaum nach Apollod. 3, 10, 1, 3 auf Atlas zurückführt. Vgl. Paus. II 26, 7, III 26, 4, IV 3, 2. Eine

ΕΙΣ ΑΠΟΛΛΩΝΑ.

Vermittlung giebt Aristides περὶ Κνίδου bei schol. Pind. Py. III 12. Ἀσκληπιὸς Ἀπόλλωνος παῖς καὶ Ἀρσινόης· αὕτη δὲ παρθένος οὖσα ὠνομάζετο Κορωνίς. — Schneidewin kehrte wieder zur Koronis zurück und schrieb (p. 33) nach einem Einfall Ilgens (p. 266) Φλεγυηΐδα κούρην. Hier eine sichere Entscheidung zu treffen ist unmöglich.

210. Ischys war nach Hesiod (schol. Pind. Py. 3, 48) und Pindar (a. O) der Sohn des Elatos, der Gemahl der Koronis. Seine Heimat ist Phokis (Paus. 8, 4, 4). Wenn auch seine Genealogie zumeist (nicht einstimmig, wie Schultz J. J. 125 p. 348 behauptet) nach Arkadien (Arkas — Azan — Elatos) weist (vgl. Pind. Py. III 26, Paus. VIII 4, 4, X 34, 2), so steht ihr doch auch eine andre entgegen, die uns nach Thessalien führt. Nach Apollodor (III 10, 3, 6) ist er der Sohn des Lapithen Kaineus. Kaineus heifst (Hyg. fab. 14 u. 142) der Sohn des Elatos. Danach ist Ischys Enkel des Elatos, also wirklich Ἐλατ-ιον-ίδης.

211. Die vulgate Lesart in diesem Verse ist ἢ ἅμα Φόρβαντι Τριόπω γένος ἢ ἀμ᾽ ἐρευθεῖ. Statt ἐρευθεῖ giebt M ἐρεχθεῖ, welches von Ilgen, Wolf, Matthiae, Franke in den Text gesetzt wurde. Doch führt die Randlesart von L ἢ ἅμα Φόρβαντι τριοπο͞ω; ἢ ἀμαρύνθω auf eine andre Spur, die um so mehr Beachtung verdient, da Erechtheus mit der Apollonsage nichts zu thun hat (O. Müller Dorier I 238 ff., Schneidewin p. 36). — Ἀμάρυνθος ist eine Stadt in Euböa (Steph. Byz. s. v.). Bei Probus zu Vergil. Ecl. II 48 heifst es: Narcissus flos ... a Narcisso Amarynthi, qui fuit Eretriensis (em. Müller) ex insula Euboea, interemptus ab Epope. Daraus schlofs Schneidewin (p. 36), dafs Amarynthus ein Liebling des Apollon gewesen sei. Von da aus gelangte er weiter zu der Vermutung, dafs in diesem Verse überhaupt nicht Nebenbuhler Apollons, sondern Lieblinge gemeint seien. Er schrieb ἢ ὡς Φόρβαντα Τριόπεω [γένος] ἢ Ἀμάρυνθον. Baumeister stimmte zu, desgl. Schmitt J. J. 73 p. 145. Indessen liegt diese Lesung von der Überlieferung der Randglosse viel weiter ab als die vulgate. ἅμα wird aufserdem auch noch durch den folgenden Vers geschützt. Also daran kann nicht gezweifelt werden, dafs hier Nebenbuhler des Apollon genannt sind. — Phorbas, ein Führer der phokischen Phlegyer (Ov. Met. XI 414), war nach den Kyklikern (schol. A zu Υ 660) ein gewaltiger Faustkämpfer, der von Apollon besiegt wurde. Von ihm handeln Böckh schol. Pind. p. 314, Preller

Dem. und Perseph. p. 330. — Τριόπεω γένος schrieben Ilgen, A. Matthiae, Hermann, Franke; Ruhnken (ep. I p. 15) schrieb Τριοπαγενεῖ, Wolf Τριόπου γένει. Doch zeigt die Randglosse, dafs das γένος des Vulgattextes eingeschwärzt ist, um den Vers zu füllen. Übrigens findet sich ein Phorbas S. des Triopas in Argos (Paus. VII 26, 12). Ein Thessaler Triopas galt als Stifter der triopischen Sakra des Apollon (Preller G. Myth.³ I 638). Über Kampfspiele zu Ehren des triopischen Apollon ist zu vergleichen Her. I 144. Doch sind das Notizen, die uns zum Verständnis des Verses wenig helfen.

212. Da, wie wir zu 211 sahen, hier nur Nebenbuhler des Apollon aufgezählt sein können, so handelt es sich hier um Leukippos, den S. des Oinomaos, den Liebhaber der Daphne. Nach Pausan. VIII 20, 4 war die Liebe Apollons zur Daphne und sein Groll gegen Leukipp Gegenstand dichterischer Darstellung. Man hat δάμαρ für Daphne als Geliebte bemängelt, doch läfst der Ausdruck des Pausanias (a. O.) καὶ τάδε ἐπιλέγουσιν Ἀπόλλωνα Λευκίππῳ νεμεσῆσαι τῆς ἐς τὸν ἔρωτα εὐδαιμονίας die Bezeichnung δάμαρ nicht als ungeeignet erscheinen. Franke (zu dem Verse) fand in dem Verse folgenden Sinn: patet institutum quoddam cum Leucippo eiusque uxore sive certamen sive iter et q. s. Ilgen suchte nach dem Vorgange von Barnes hier wieder die Mutter des Asklepios, er schrieb daher: ἢ ἅμα Ἀρσίππῳ τὴν Λευκίπποιο θύγατρα. Schneidewin suchte einen neuen Gegenstand der Liebe für Apollon und schrieb ἢ ὡς Φυλοδίκην τὴν Λευκίπποιο δάμαρτα. Er fand Billigung bei Schmitt a. a. O. Ich bescheide mich mit Baumeister (p. 151) hier nichts Sicheres eruieren zu können.

213. Dieser Vers ist, womöglich, noch schlimmer verdorben als die übrigen. G. Hermann suchte das Τρίοπος hier und 211 zu vereinigen. Er stellte daher 211 hinter 212 und nahm dann noch vor und hinter 213 eine Lücke an, um folgenden Gedanken herauszubringen: ἤτοι ὁ μὲν Φόρβας incedebat πεζός κτλ. Ihm folgten Schneidewin (p. 19) und Baumeister (p. 149). Franke statuierte nur eine Lücke hinter 213. Alles das schwebt völlig in der Luft. Ich vermute dafs schon πεζός verdorben ist. Statt Τρίοπός γ᾽ ἐνέλειπεν dachte Baumeister (a. O.) an: (οὐ μήν) γ᾽ ἐπιχήσαο κούρην oder (οὐ μὴν) σοὶ ἅμ᾽ ἕσπετο κούρη. Bücheler dagegen (I. L. 1878/9 p. 5) schrieb οὐ μὴν κατόπισθεν ἐλείπεν. Sie geben also den Triopas in diesem Verse preis, was nicht so

unübel erscheint, erstens weil Triopas hier nicht erwartet wird, zweitens weil hier nicht einmal die Form *Τριόπας* sondern eine andere Form *Τρίοψ* gewählt ist.

217. *Λέκτον τ' ἠμοθόεντα* ist überliefert. F. C. Matthiae versuchte zuerst *λειμῶν' ἀνθεμόεντα*, daraus machte A. Matthiae *λειμῶνι ἠμαθίην τε*. Nachdem *'Ημαθίη* gefunden war, versuchte Ilgen *Λεῦκον*, einen unbedeutenden Flufs bei Pydna, einzusetzen, Hermann (z. St.) dachte an *Λύγκον*, was nach einer andern Richtung liegt, als wie sie hier gefordert wird, bis endlich Baumeister mit *Λάκμον* das Richtige traf. Emathia wird auch *Ξ* 226 genannt, als Hera vom Olymp nach dem Ida geht. Da der Weg Apollons hier nach Süden geht, so fällt die Nennung von Emathia auf. Doch dürfte hieran die Erinnerung an *Ξ* 226 schuld sein, wie die Erinnerung an *B* 749 die Kombination der Eneanen und Perrhäber veranlafst hat. Über die Schwierigkeit dieser Kombination vgl. Niese der hom. Schiffskatalog p. 21.

218. Die Erwähnung der Hafenstadt Iolkos und des gegenüberliegenden Vorgebirges *Κήναιον* setzt einige geographische Kenntnis voraus. Die Form *'Ιαωλκός* stammt aus Homer (*B* 713 und ö.). S. dagegen Hes. Th. 997.

219. Das Epitheton *ναυσικλειτός* pafst kaum auf eine Zeit nach Ol. XXX (660). Vgl. Duncker G. G.[5] V 480.

220. Das grofse und reiche lelanthische Feld, welches später (453) in 4000 Bauerhöfe zerschlagen werden konnte, wurde nach 700 der Zankapfel zwischen Athen und Eretria. Duncker a. O. p. 489, Bursian G. G. II 401. A.[3].

223. Über den hier gemeinten *Μεσσάπιος* s. Strabo IX p. 405, Paus. IX 22, 5, Aesch. Ag. 278 Herm. Es wird genau die alte Strafse nach Theben beschrieben. Übrigens glaubte Hermann, dafs der Name Messapios hier ausgefallen sei, doch s. dagegen Wilamowitz Isyll von Epid. p. 111.

224 wird von Steph. Byz. citiert unter der Spitzmarke: *Τευμησσός*, *ὄρος Βοιωτίας* "Ομηρος ἐν τῷ εἰς 'Απόλλωνα ὕμνῳ. Diese Notiz geht vielleicht auf Herodian zurück. Lentz Her. I p. 210, Guttmann p. 36. Über Mykalessos s. Bursian a. O. p. 217, über Teumessos Bursian p. 221.

226. Dafs auch Theben einen Tempel und ein Orakel des ismenischen Apollon hatte, darüber s. Her. 1, 52, 92 und bes. 8, 134.

230. Die erste Vershälfte = *B* 506. Statt *δ' ἴξες* steht

dort ἱερόν, was hier schon 226 verwertet war. Die hier vorausgesetzte Situation ist trotz der ausführlichen Darstellung Böttigers (bei Matthiae anim. p. 157 ff.) immer noch dunkel. Cf: Preller Myth.³ I p. 486. Doch liegt die Dunkelheit weniger in den Worten des Textes als in der Unbekanntschaft mit dem Gebrauch (Ilgen p. 286). Doch ist auch der Text nicht sicher. 235 ist ἄγησιν überliefert; daraus machte man früher mit Barnes ἄγωσιν; indes geht das nicht an, da die nachfolgende Bestimmung ἐν ἄλσει δενδρήεντι zu ἄγωσιν entschieden nicht pafst. Daher schrieb Cobet (p. 298), und dem Sinne nach schon Ilgen (p. 290) ἀγῆσιν. — Der Accent Ὀγχηστος scheint überall überliefert zu sein, auch bei Homer. Bekker schreibt mit Strabo Ὀγχηστός und so auch Baumeister hier.

231—39 strich Groddeck als Interpolation. Ein wesentliches Kriterium war für ihn, wie für F. C. Matthiae p. 139 die Wiederkehr des Verses: 229 ἔνθεν δὲ προτέρω ἔκιες, ἑκατηβόλ' Ἄπολλον. Doch steht derselbe Vers auch 277, und seine Wiederholung ist eine offenbare Nachahmung des homerischen: ἔνθεν δὲ προτέρω πλέομεν ἀκαχήμενοι ἦτορ 262, 105, 565 u. ö.

231. ἀναπνέω soll auch hier schwerlich etwas andres heifsen wie verschnaufen, wie Ilgen p. 288 richtig erkannt hat. Das Tier verschnauft, wird frei, da der Lenker den Wagen verläfst. Zu dieser Erklärung pafst ἀχθόμενός περ sehr gut, dagegen ist ἀχθόμενος κῆρ wie Ilgen, Hermann, Wolf schrieben, absolut mit ἀναπνέει nicht zu vereinigen. Seit Franke ist man zur hdschrftl. Lesart zurückgekehrt.

234. Der erste Halbvers = O 453. Vgl. auch Λ 160. Die Pferde stürmen mit dem Wagen fort, sobald sie die Leitung verlieren. ἀνακτορίη findet sich so noch bei Apoll. Rhod. Λ 839: ἀνακτορίη δὲ μελέσθω σοί γ' αὐτῇ καὶ νῆσος. Vielleicht schwebte dem Dichter die Stelle vor Π 370 f.: ὠκέες ἵπποι ἄξαντ' ἐν πρώτῳ ῥυμῷ λίπον ἅρματ' ἀνάκτων.

237. ὁσίη. Cf. h. Merc. 130.

238. Der Sinn ist wohl: der Wagen steht unter dem Schutze Gottes, bleibt also seinem Schicksal überlassen.

239—242 strich A. Matthiae (anim. p. 160), weil die geographische Reihenfolge unrichtig ist. Es ist allerdings auffällig, dafs der Dichter von einem Überschreiten des Kephissos spricht und dafs Okalea vor Haliartos genannt wird. Deshalb nahm Ilgen an, der Gott sei um den Kopaissee herumgegangen. Grod-

ΕΙΣ ΑΠΟΛΛΩΝΑ.

deck wollte abhelfen, indem er 65 vor 62 stellte, wodurch allerdings Okalea an seine richtige Stelle kommt; aber der Kephissos bleibt überraschend. Das beste Auskunftsmittel ist anzunehmen, dafs der Sänger sich geirrt hat, was selbst vorkommen konnte, wenn er die Orte selbst gesehen hatte, um wie viel mehr, wenn er sie nicht gesehen hatte. Über die Lage der hier erwähnten Orte vgl. Bursian G. G. I p. 234. Telphusa lag westlich von Okalea, dieses 30 Stadien westlich von Haliartos, und Haliartos eine Stunde von Onchestos.

240 f. Die Quellenangabe über den Kephissos stammt aus B 531. — Lilaia hatte nach Paus. X 33, 4 einen Tempel des Apollon.

241 cit. schol. B zu B 523 und Eustathios (z. St.) als hesiodisch. Der Scholiast in der Fassung ὅς τε Λιλαίῃσι προΐει κτλ., eine Verderbnis, die wohl auf den Itazismus zurückzuführen ist. Guttmann (p. 40) strich den Vers als ein hesiodeisches in den Text geratenes Citat. Baumeister erklärt es für möglich (p. 153), dafs der Scholiast den Vers aus dem Hymnus entnommen, diesen aber für hesiodisch gehalten habe. So auch Bergk LG. I 759 A. 44. Es giebt aber noch eine dritte Möglichkeit, welche zugleich die Wahrheit bieten dürfte, nämlich, dafs der Dichter des Hymnus sowohl wie der Scholiast den Vers aus Hesiod entnommen haben. Diese Annahme empfiehlt sich dadurch, dafs die Hymnen sonst in den Scholien nicht citiert werden. Cf. die Einleitung p. 106.

242. Ich habe πολύπυργον wieder hergestellt. Wenn auch Homer nur εὔπυργος Τροίη kennt H 71 (Hermann), so ist das doch kaum ein triftiger Grund zur Änderung.

244—277 gehörten nach G. Hermann p XXXIII und Christensen (p. 18) ursprünglich zu einem h. auf den Telphusischen Apollon, dessen Beschlufs 375—387 machten. Doch können diese Verse niemals einen selbständigen Hymnus gebildet haben. Dagegen spricht schon der Umstand, dafs die Vollendung des Tempels, dessen Fundament Apollon dort an der Quelle legt, gar nicht erzählt wird. Die beiden Stücke setzen unsern Hymnus voraus, wie auch Hermann zum Teil anerkannte; sie sagen nur, dafs Apollon einstmals die Absicht hatte, statt in Delphi, an der Telphusaquelle das Orakel zu gründen und durch die listige Überredung der Telphusa davon abgehalten wurde. Hermann legte namentlich darauf Nachdruck, dafs der Grund der Be-

ΕΙΣ ΑΠΟΛΛΩΝΑ.

strafung der Telphusa aus dem Hymnus nicht klar werde. Doch trifft dieser Tadel ebenso gut den, der diese Verse dichtete, resp. einschob. Übrigens s. zu 375.

244. Über die Etymologie von Telphusa (= Warmbrunn) s. Roscher in Curtius Studien I 100. Übrigens schwankt die Schreibung in unsrer Überlieferung. Hier, 247 und 256 haben die Handschrr. *Δελφοῦσα*. 276 hat D *Δελφοῦσα*, M *Τελφοῦσα*, L *ᵗδελφοῦσα*. Da die Varianten von L gut sind, so ist anzunehmen, dafs die Vorlage von L wohl hier *τελφοῦσα* hatte. Nur *Τελφοῦσα* ist überliefert 379, 386. Auch Steph. Byz. giebt beide Formen neben einander. Strabo schreibt nach Pindar (frgm. 108 Mommsen) *Τιλφῶσσα*, Pausanias dagegen *Τιλφοῦσα*, welche Form O. Müller (Orchom. p. 468 f.) für die jonische erklärte. Über die Ausdehnung des Namens ist zu vgl. Naeke Choerilus p. 115.

249. *ἑκατόμβη* dürfte von *ἑκατόν* zu trennen und zu *ἕκατος*, *ἱέναι* zu stellen sein. *ἑκατόμβη* wäre dann ein Sendopfer, wofür die technische Redensart *ἄγειν ἑκατόμβας* (vs. 57, 249) spricht.

250 f. strich Matthiae, da Peloponnesos und Europa nicht neben einander genannt werden könnten. Diese richtige Bemerkung wird dadurch gegenstandslos, dafs Europa in *ἤπειρος* zu ändern ist. S. zu 251. — Peloponnesos kennt Homer nicht, wohl aber Hesiod, wie Schol. *A* zu *I* 246 bemerkt. Wenn Bergk (LG. I 759 A. 44) dieses Citat wieder auf unsern Hymnus beziehen will, so ist das nicht zu billigen aus dem schon zu 241 angeführten Grunde. Über das Vorkommen des Namens s. noch Bursian G. G. II. 2 A. 1.

251. *Εὐρώπην* ist hier und 291 überliefert. Homer kennt das Wort nach Steph. Byz. s. v. *Ἀσία* nicht. Da Steph. Byz. *Τευμησσός* (224) unter der Marke erwähnt: *Ὅμηρος ἐν τῷ εἰς Ἀπόλλωνα ὕμνῳ*, so macht seine Versicherung, Homer kenne Europa nicht, die Lesart *Εὐρώπην* hier verdächtig. Dazu kommt die Bemerkung Matthiaes (anim. p. 162) über die Ungereimtheit der Gegenüberstellung *ἢ μὲν ὅσοι Πελοπόννησον* und *ἠδ' ὅσοι Εὐρώπην τε καὶ ἀμφιρύτας κατὰ νήσους*. Welche künstliche Erklärungen des Wortes Europa hat man geben müssen! Hermann (z. St.) nebst Ilgen (p. 297) verstanden unter Europa alles Land von Thracien bis zum Peloponnes; J. H. Voss (Myth. Br. I 86) alle nördlichen Gegenden, Baumeister gar nur Griechenland aufser dem Peloponnes. Man hätte längst einsehen sollen, dafs die

ΕΙΣ ΑΠΟΛΛΩΝΑ.

Zusammenstellung sowohl Peloponnes als Europa wie die Inseln ebenso unnatürlich ist als die Verbindung sowohl Peloponnes als Festland (ἤπειρον schrieb Reiz, cf. Ilgen p. 296) sachgemäfs und natürlich ist. — ἀμφιρύτας haben hier sämtliche Hdschrr. aufser *M*, ἀμφιρύτους 291 ebenfalls sämtliche Hdschrr. aufser *M*(?). Doch vgl. vs. 26.

252. Über die Lesung dieses Verses s. die krit. Note.

253. θεμιστεύειν νημερτέα βουλήν ist gesagt nach Art des σχῆμα ἐτυμολογικόν, „derer werde ich walten in untrüglichem Rat."

254. διατιθέναι nicht bei Homer und Hesiod. Vgl. Herod. VII 39. Das Wort ist attisch (Schürmann p. 7).

255. διηνεκές ist hier, διαμπερές 295 überliefert. Man liest gewöhnlich διηνεκές, was sonst als Adverbium bei Homer nicht vorkommt. Gewöhnlicher ist διαμπερές in derartigen Fällen. Cf. *Π* 640ʼ, *η* 96, daher vielleicht 295 eingesetzt. — Über δὲ ἰδοῦσα s. zu vs. 341.

257 = *T* 121.

258. Hermann schrieb elegant: ἐπειδὴ φρονέεις, indem er auf *X* 387 f. verwies.

262 ff. Es findet sich weder hier noch sonst in dem Hymnus irgend welche Hindeutung darauf, dafs bei dem Tempel des pythischen Gottes einstmals ebensolche Wettrennen stattfinden würden, wie sie hier geschildert werden. Darum liegt auch kein Grund vor, 264—66 mit den Gebrüdern Matthiae zu streichen. Wenigstens müfste dieser Einschub ein sehr alter sein, da schon Ol. 48, 3 die Wagenrennen in das delphische Fest aufgenommen wurden. S. die Vorbemerkungen p. 119.

265. Der zweite Halbvers = *K* 535.

267. εἴ μοι τι πίθοιο schrieb A. Matthiae im Hinblick auf *H* 28, *υ* 381.

269. Die Schreibung Κρῖσα wird ausdrücklich von Pausanias (10, 37, 5) aus Homers Ilias (*B* 520) und dem h. Apoll. bezeugt. S. auch Baumeister p. 158. Krisa hielt O. Müller (Orchom. p. 495) für identisch mit Kirrha. Doch s. jetzt Ulrichs Reisen und Forsch. I p. 7—34, Preller Delphika Ausgew. Aufs. p. 224 ff., Bursian G. G. I 181. Nach dem Hymnus (282) ist Krisa in der Nähe des Parnafs zu denken, also nicht viel anders wie Delphi (396). Es ist schon ein bewohnter Ort (446), während Theben noch nicht besteht (226). Cf. O Müller a. O. p. 146. Der Hafen (439) scheint unbewohnt zu sein. S. zu 439.

ΕΙΣ ΑΠΟΛΛΩΝΑ.

272. Über den Optativ vgl. Kühner Syntax § 395, 3. Ruhnken vermutete τοί statt καί. Baumeister schrieb statt ἀλλὰ καὶ ὥς — ἀλλ᾽ ἀκέων. — Ἰηπαιήων hat aufgenommen Apoll. Rhod. B 701; vs. 500 und 517 bedeutet das Wort den Gesang. S. darüber die schöne Ausführung O. Müllers in Dor. I 298, welcher ἰή für ὀλολυγμός erklärt hat. Vgl. aber auch m. Anm. zu 120.

274. δέξαι᾽ ist zuerst von A. Matthiae (Anim. p. 164) aus den 3 Pariser Handschrr. ABC aufgenommen worden, dann von Wolf, Hermann, Franke, Baumeister. Sehr hübsch ist aber auch die Vermutung von Bergk (bei Koehn p. 43), wiederholt von Cobet (Mnem. X 313), δέξεαι, als Cobets Eigentum aufgenommen von Abel (Ausg.). Ich bin bei δέξαι᾽ geblieben, da sich der Satz genau an den vorigen anschliefst.

275. Aus der Parallelstelle vs. 381 erhellt, dafs αὐτῇ s. v. a. μόνῃ bedeutet. A. Matthiae (Anim. p. 164) dachte an αὖθι. Was Flach schrieb (p. 35 ff. 42), um das Digamma zu retten, ist nicht der Erwähnung wert. Zu demselben Zweck streicht Fick (a. O.) vs. 276 und schreibt am Schlufs von 275 ἐξαπαφοῦσα!

276. ἐπὶ χθονὶ wie λ 460.

278 ff. Über die Phlegyer und ihre Hst. Panopeus s. O. Müller Orchom. II p. 183, Dorier I 210, Bursian G. G. I 158 ff. Als Feinde des delphischen Apollon bezeichnet sie Pausanias IX 36, 2 und X 7, 1. Hier werden sie durch einen von den Kyklopen (ι 215) entlehnten Zug als gottlos bezeichnet. Matthiae (Anim. p. 166) vermutete, dafs diese Verse eingeschoben seien, weil der Weg von Telphusa über Panopeus nach Delphi ein Umweg sei. Dem gegenüber vgl. jetzt Bursian (a. a. O.) I p. 168 ff.

280. Κηφισὶς λίμνη, schon E 709 genannt, hat auch Pindar nach Strabo (IX p. 411) den Kopais-See genannt. Beide Namen nebeneinander giebt Pausanias IX 24, 1. Baumeister verdächtigt den Vers, weil der Kopais-See erst hier genannt werde, wo er am wenigsten an der Stelle sei. Doch s. m. Bemerk. zu 239—242.

281 strich A. Matthiae (Anim. p. 165), da der Berg nicht angegeben sei, dessen δειράς der Gott ersteige. Aber dafs hier der Parnassos gemeint ist, lehrt die Beschreibung des Weges. Zudem mufste, wer die heilige Strafse zog, mehrmals steil emporsteigen, um dann zur Orakelstätte wieder hinab zu gehen. Vgl. Bursian I 170. — προσβαίνειν πρός erwähnt als prosaisch Mommsen (Progr. Frankf. 1876) p. 3. Ich habe durch ein Komma beides

von einander getrennt. — δειράδα nicht bei Homer. — Für θύων schrieb Hermann θείων, Baumeister vermutete sehr künstlich θριῶν; möglich wäre auch θύνων. Jedenfalls ist aber θύων nicht „ineptum" (Baumeister), sondern zu ertragen.

282. Der Gipfel des Parnafs ist das ganze Jahr hindurch in Schnee gehüllt. Bursian G. G. I 157. Baumeister vergleicht Callim. IV 93 und Panyasis bei Paus. X 8, 9.

283. κνημός im Sg. nicht bei Homer. Cf. Lex. Hom. von Ebeling s. v. Die Definition von κνημός bei Eustath. 834, 26 u. ö. pafst ganz genau zu der Beschreibung bei Bursian (p. 180). Vgl. zu 269.

285. τεκμήρατο mit folg. Inf. nicht bei Homer; doch vgl. Apoll. Rhod. Δ 559 f.

287—293 = 247—253. Hier sowohl wie 363 enthält die Rede des Apollon gerade sieben Verse. Vgl. die Vorbemerkk. p. 118.

294. Callim. h. Apoll. 55 f. αὐτὸς δὲ θεμείλια Φοῖβος ὑφαίνει erinnert an unsre Stelle.

295. Ich habe mit Hermann διαμπερές aus den Handschriften hier beibehalten. M liest διηνεκές. Doch s. zu 255.

296. Die Fundamente legt der Gott selbst, die steinerne Schwelle setzen Trophonios und Agamedes. Über Trophonios und Agamedes vgl. O. Müller Orchom.² p. 243 ff. Welcker G. G. III 122 f. Oberflächlich ist Bernhard in Roschers Myth. Lex. s. v. Agamedes. Nach Pausanias (X 5, 13) war dies der vierte Tempel, nachdem der erste eine Hütte aus Lorbeerzweigen, der zweite aus Flügeln mit Wachs zusammengekittet, der dritte aus Erz gebildet war. Das sind späte, poetische Erfindungen, deren Grund wenigstens zum Teil noch klar zu erkennen ist. Nur den 2. und 4. von den genannten Tempeln nennt Strabo (IX 421). Die älteste Version, die unsre, nennt den Bau des Trophonios und Agamedes den ersten. Ilgen und nach ihm O. Müller (Orch. p. 245), Franke und Baumeister verstehen unter dem Werke des Trophonios und Agamedes nur das Adyton. Jedenfalls läfst der Name der Baumeister auf einen Höhlenbau schliefsen. Vgl. Steph. Byz. s. v. Δελφοί· ἔνθα τὸ ἄδυτον κατεσκεύασται ἐκ πέντε λίθων, ἔργον Τροφωνίου καὶ Ἀγαμήδους und Bursian G. G. I 176. War doch Delphi zuerst bekanntlich Erdorakel.

297. φίλοι ἀθανάτοισι θεοῖσι bezog Baumeister auf die Sage von dem Tode der beiden Baumeister bei Pindar (Plut. Cons. ad Apoll. 14. Cic. Tusc. I 47).

298. ἀμφί ist adverbiell zu fassen, ringsum, auf allen Seiten, da wo Trophonios und Agamedes die Schwellen gelegt hatten. Der Vers will weiter nichts sagen, als die ganz ähnliche Stelle h. Cer. 297: αὐτὰρ ὅγ᾽ εἰς ἀγορὴν καλέσας πολυπάμονα λαὸν ἤνωγ᾽ ... πίονα νηὸν ποιῆσαι ... οἳ δὲ μάλ᾽ αἶψ᾽ ἐπίθοντο ... τεῦχον δ᾽, ὡς ἐπέτελλ᾽. So fafste ἀμφί bereits Matthiae Anim. p. 167. — Auch δ 174 steht νάσσα πόλιν parallel mit δώματ᾽ ἔτευξα, doch s. Nitzsch z. St.

299. Der Zusatz ἀοίδιμον ἔμμεναι αἰεί zeigt deutlich, dafs der Tempel noch bestehen mufs, dafs die Abfassungszeit des Hymnus also noch vor Ol. 58, 1 fällt. Cf. Paus. X 5, 5. Mit diesem Verse ist das Thema, welches 214 f. angeschlagen wurde, erschöpft. Es beginnt auch im folgenden eine neue Scene, die Erlegung des Drachen Pytho. Dieselbe geht darauf hinaus, den Namen Pythios, resp. Pythoos zu erklären, wie gleich dahinter die Bestrafung der Telphusa erzählt wird, um den Beinamen Apollons Telphusios abzuleiten, wie endlich drittens durch die folgende Erzählung der Name Delphinios erklärt wird.

300. Die hier gemeinte Quelle ist nach der Annahme sämtlicher Herausgeber die kastalische. Allerdings giebt Hygin (fab. 6) die kastalische Quelle als die an, an welcher Kadmos den quellhütenden Drachen tötete. Welche Bedeutung die Drachin hier hat, wird nicht gesagt. Nach Apollod. I 4, 3 besafs er die Orakelstätte. — δράκαινα. Die Femininform findet sich bei Homer nicht (Schürmann p. 9). Der Name des Drachen wird nicht genannt. S. darüber Ilgen p. 321, Mommsen Delphika p. 168, Schreiber Apoll. Pythokt. p. 2 Anm. 6 und meine Bemerkung zu 372. Derselbe heifst bei Apollodor (I 4, 3), Ovid (Met. I 438), Macrobius (Sat. I 17, 57), Ephorus bei Strabo IX p. 422 Python. Nach späterer, erst alexandrinischer Überlieferung heifst der Drache Delphyne. Cf. Weniger p. 19—23, und die Litteratur bei Schreiber p. 64. Stoll in Roschers Myth. Lex. s. v. Delphyne.

301. Von einer Sühnung Apollons für die Tötung der Drachin findet sich im Hymnus keine Andeutung. Kuhnke Delphica I 41. Über diese Sühnung vgl. Schoemann Alt.[2] II 339.

305—355 streichen als späteren Einschub Heyne bei Groddeck (p. 33), Ruhnken (bei Ilgen p. 305), Kiesel (p. 119), G. Hermann, Schneidewin (p. 41), Baumeister (p. 114), Christensen (p. 18), Weniger (p. 19), Schreiber (p. 65), Mommsen (Delphika

p. 252). Nur Matthiae (doch s. Anim. p. 28), Ilgen und Franke behalten die Verse. Auf jeden Fall ist zuzugeben, dafs die Typhaonerzählung nur ganz äufserlich mit der sie umgebenden Partie verbunden, inhaltlich derselben völlig fremd ist. Indessen schwinden nicht alle Anstöfse mit der Herausnahme der Verse 305—355. Die ausführliche Beschreibung der Tötung des Drachen, welche nach 355 folgt, überrascht nicht minder als die Typhaonepisode, da der Tod der Drachin eigentlich 301 schon in völlig ausreichender Weise erzählt ist.

306. Typhaon, ebenso 352, dagegen 367 Typhoeus genannt. Dafs beide identisch sind, läfst sich nicht bezweifeln. Denn was hier von der Geburt des Typhaon erzählt wird, sang Stesichoros (Et. M. 772, 50) von Typhoeus: Στησίχορος δὲ Τυφωέα γενεαλογεῖ Ἥρης μόνης κατὰ μνησικακίαν Διὸς τεκούσης αὐτόν. Dasselbe Schwanken im Namen findet sich bei Hesiod. Theog. 306 wird Typhaon, 821, 869 Typhoeus genannt. Über Typhoeus vgl. Schoemann opusc. II p. 340—74. Seine Zugehörigkeit zum delphischen Mythenkreis betont Mommsen Delphika p. 100. Stal (de var. gig. formis p. 10 ff.) bemerkt, dafs Typhoeus in der bildenden Kunst immer schlangenfüfsig, meist geflügelt dargestellt wird. Nach Hesiod Th. 820 und Aesch. Prom. 353 Sieben 474 (Herm.) ist er der Sohn des Tartaros und der Gaia, hier der Hera, was jedenfalls die jüngere Version der Sage ist. S. Mommsen Delphika p. 260. Ilgen las am Schlufs θεοῖσιν statt βροτοῖσιν, doch cf. 352.

307. Hollander (die handschr. Überl. der hom. Hymnen p. 23) vermutet, dafs der Anfang des Verses οὕνεκ' ἄρα gelautet habe, weil M ἤνεκ' ἄρα liest.

309. Schon E 875, 880 wird die Geburt der Athene von Zeus selbst, wenn auch nicht aus dem Haupte, bestimmt bezeichnet. Hesiod. Theog. 924 erwähnt die Geburt aus dem Haupt (ἐκ κεφαλῆς) wie hier. Im h. XXVII 4 tritt sie bereits in Wehr und Waffen aus dem Haupt des Zeus. Das überlieferte ἐν κορυφῇ verteidigt Bergk (Kl. phil. Schriften II 649) in wenig glücklicher Weise.

311 = Θ 5, T 101.

313. Gegen den Versuch hier κεδνὰ ἰδυῖαν zu lesen hat Windisch p. 22 mit Recht Einspruch erhoben.

316 = ϑ 310. Es ist die ganze Stelle nachzulesen. Auch dort beginnt die Rede des Ares: ὡς ἐμὲ ... αἰὲν ἀτιμάζει,

so daſs wir es hier mit einer unzweifelhaften Nachahmung des ϑ zu thun haben.

317. ῥικνός gebraucht Apoll. Rhod. *H* 699 und *Β* 198 von der Altersschwäche. Die sichere Deutung dieser Lahmheit ist noch nicht gefunden. Plew bei Preller Myth.³ I 142. — Hinter 317 wurde seit Matthiae gewöhnlich eine Lücke angenommen. In der Lücke sollte der Grund, weshalb Hera den Hephaistos aus dem Olymp wirft, gestanden haben. So Matthiae p. 170. Am Ende des Verses ist freilich überliefert ὃν τέκον αὐτή. Das αὐτή faſste Matthiae (wohl wegen Hes. Theog. 927 ff.) = sola, so daſs also Hera vor Zeus schon eine eigne Geburt gehabt hätte, Zeus also eigentlich nur Vergeltung geübt hätte. Dagegen opponiert Franke (p. 36) mit Recht: Wie konnte dann Hera überhaupt auf Zeus noch zornig sein? Die richtige Erklärung der Überlieferung gab Ilgen (p. 307): Filius meus, Vulcanus, quem ipsa peperi etc. Aber schon Barnes fühlte, daſs τέκον nicht richtig sei, er schrieb ὅν τέ κεν αὐτή. Ruhnken versuchte ὅν γε μὲν, Creuzer ὅν τε καί. Besser ist, glaube ich, ὅν τέ ποτ' αὐτή. Die Sache war allgemein aus *Σ* 395 ff. bekannt.

321. Hollander (a. O. p. 22) verlangt mit *M* hier χαρίσασϑαι, eine vielleicht richtige Konjektur.

322. 23. Ruhnken vergleicht λ 473 f.: σχέτλιε τίπτ' ἔτι μεῖζον ἐνὶ φρεσὶ μήσεαι ἔργον; πῶς ἔτλης κτλ. Hollander (a. O.) vermutet hier habe ursprünglich τί νῦν ἔτι μήσεαι ἔργον gestanden.

324. 25 strich Groddeck p. 81 als Interpolation, da ihm das Fehlen eines Substantivs zu σή anstöſsig war. Er ergänzte allerdings παράκοιτις wie Ilgen (p. 308); erst Hermann (zur Stelle) erkannte, daſs ϑυγάτηρ zu ergänzen sei. Vgl. ι 529 εἰ ἐτεόν γε σός εἰμι. ἦν ist also 3. Pers Sg. und der Sinn des Satzes: Etiamsi ego Minervam peperissem, tamen ea tua dicta esset filia (Hermann).

325[b] ist am Rande von E und L also gut überliefert. Er erinnert an *X* 358 φράξεο νῦν μή τοί τι θεῶν μήνιμα γένωμαι und *Ω* 436 (αἰδέομαι) μή μοί τι κακὸν μετόπισθε γένηται.

326. Wolf, Schneidewin, Baumeister lesen nach *M καὶ νῦν μέντοι [γὰρ] ἐγώ*, Ilgen, G. Hermann, Franke nach Matthiae *καὶ νῦν [μὲν] τοὶ γὰρ ἐγώ*, noch freier Hermann später [Jahns Jahrbb. LII p. 140) *τοιγὰρ νῦν καὶ ἐγώ*. Es lassen sich aber noch andere Kombinationen denken, ich bin daher bei der Lesart von *M* geblieben.

327. Statt ἐμός schrieb Ilgen ἐμοί. — Der Vers wiederholt 315.

329. Das überlieferte μετέσσομαι ist unbedingt falsch. Cf. Groddeck p. 81. Das μετέσσομαι hier und ἀπονόσφι θεῶν κίε widerspricht sich gar zu sehr. Franke findet keinen Widerspruch, sondern meint, dafs, wenn sie jetzt auch den Olymp verlasse, sie doch mit den übrigen Göttern verkehrt habe. Indes steht ausdrücklich ἀπονόσφι θεῶν κίε (331) da. Wir haben uns die Sache ähnlich zu denken wie mit Demeter. Auch sie verläfst (h. Cer. 91) den Olymp und geht auf die Erde μακάρων ἀπονόσφιν ἁπάντων (h. Cer. 304). Auch sie bleibt ein Jahr (h. Cer. 306 wie h. Ap. 343); auch sie weilt im Tempel zu Eleusis (h. Cer. 304), wie Hera in ihren Tempeln (h. Ap. 347). Demnach ist μετέσσομαι jedenfalls unpassend. Groddeck (a. O.) schrieb ἀπέσσομαι. Ruhnken (p. 19) suchte den Fehler in vs. 331. S. diesen. Heyne schrieb sehr künstlich οὐδ', ἀπὸ σεῖο τηλόθεν οὖσα, μετέσσομαι κτλ. Ilgen schrieb τηλόθι οὖσα, vorher τηλόσ' ἰοῦσα und erklärte μετέσσομαι „gehören unter". Ich habe κοτέσσομαι geschrieben. Übrigens ist die Ähnlichkeit zwischen dieser Partie und dem h. Cer. deutlich genug, zum Beweise, dafs auch diesen Hymnus der Verf. des h. Cer. benutzt hat. Cf. zu vs. 136.

331. Ruhnken (a. O.) schrieb Διός statt θεῶν.

333. Die erste Vershälfte = ν 164; δέ an dritter Stelle erklärte Hermann gut aus dem Gebrauch der homerischen Phrase. Er verwies auf seine Ausgabe der Orph. p. 820.

334 f. Über die Titanen im Tartaros vgl. Preller Myth.[3] I 39, über den Tartaros I 52 und Lex. Hom. von Ebeling s. v.

335. Seine Konj. ναιετάουσιν belegt Ilgen mit h. Merc. 270.

336. τῶν ἓξ, das einzige Beispiel der Anastrophe dieser Praeposition in den Hymnen. (Mommsen a. O. p. 18).

337. αὐτοί ist anders gebraucht wie 140, 181 und vielleicht verdorben. Baumeisters αὐτὰρ νῦν ist ganz verfehlt; 476 bezieht sich ἀτὰρ νῦν auf ein vorangegangenes τὸ πρίν. Es dürfte εὗτοῦ zu schreiben sein. αὐτοῦ νῦν = jetzt augenblicklich; vgl. O 349.

340. ἵμασε ist vielleicht in Erinnerung an B 782 gewählt.

341. γαῖα φερέσβιος findet sich auch Hes. Th. 693. — δὲ ἰδοῦσα schrieben Hermann und Franke, billigen neuerdings Eberhard II p. 34, Flach p. 34 A.

ΕΙΣ ΑΠΟΛΛΩΝΑ.

346 strich Baumeister, doch hielt ihn schon Hermann (zu 345) für interpoliert. Vgl. neuerdings auch Guttmann p. 40.

347. πολυλλίστοισι. Cf. h. Cer. 28 und die Anm. zu 329.

349 f. = λ 294 f. = ξ 293 f. Von dort hat der gewandte Verfasser des Urkodex von M seine Besserung μῆνες. Die Besserung stellt unzweifelhaft die Hand des Dichters her.

351 erinnert deutlich an Hes. Th. 295 ἣ δ᾽ ἔτεκ᾽ ἄλλο πέλωρον ἀμήχανον οὐδὲν ἐοικὸς θνητοῖς ἀνθρώποις οὐδ᾽ ἀθανάτοισι θεοῖσι. Somit erklärt sich das auffällige δέ im Nachsatz hier als aus der Erinnerung an Hesiod herübergenommen.

352 schreiben Ruhnken (Ep. cr. I p. 20) und Ilgen (p. 312) mit M πῆμα θεοῖσιν, damit nicht zwei Verse hintereinander mit βροτοῖσιν schliefsen. Indessen s. 231. 232. Aufserdem steht πῆμα βροτοῖσιν von Typhaon schon vs. 306.

355 strichen Ruhnken (Ep. cr. I p. 20 zweifelnd) und Ernesti; der Vers bezieht sich auf Typhaon und ist der Schlufsvers, durch welchen der Einschub bewerkstelligt wurde. Wolf schrieb eine Zeitlang ἣ, was auf die δράκαινα zu beziehen ist, Ilgen sehr schlecht ὡς. ἢ änderten auch Hermann, Ilgen, Matthiae, Franke. — Der Anfang des Verses erinnert an I 540 ὃς κακὰ πόλλ᾽ ἔρρεξε κτλ.

356 strichen Groddeck (a. O.), Ilgen (p. 314) und Matthiae (Anim. p. 176). Wer 305—55 athetiert, bedarf dieser Streichung nicht. Vs. 356 schliefst sich an 304 ganz gut an.

360 f. mifsfielen Ilgen (p. 314) wegen der Wiederholung κυλινδομένη — ἐλίσσετο, doch verwies er selbst auf ähnliche Stellen Γ 33 ff. h. Ven. 76—80. — ἐνοπήν verstand Ilgen von den Zuschauern; richtiger fafst es Franke von dem Röcheln der Drachin. — Statt καθ᾽ ὕλην schrieb Ilgen κατ᾽ ἴλυν.

361 f. Die Worte λεῖπε — ἀποπνείουσ᾽ sind äufserst schwierig. Anstofs hat erregt die Wendung λεῖπε θυμόν, Zweifel die Bedeutung und Beziehung von φοινόν. Ruhnken (Ep. cr. I p. 21) schrieb λεῖβε δὲ φοινόν, θυμὸν ἀποπνείουσ᾽, wobei φοινὸν statt αἷμα unepisch ist, wenn auch λείβειν mit Hes. Sc. 174 verteidigt werden könnte. A. Matthiae nahm zuerst ebenfalls Anstofs an der Redensart θυμὸν λείπειν und schrieb (Obss. critt. p. 36) λεῖπε δὲ θυμὸς Φοίβου ἀπὸ νευρῆς. Später (Animadv. p. 177) liefs er diese Konjektur fallen und zog λεῖπε θυμὸν φοινὸν zusammen: Sie verliefs die blutdürstige Seele im Verscheiden. In Bezug auf λεῖπε δὲ θυμόν verwies er auf Pind. Py. III 180

ΕΙΣ ΑΠΟΛΛΩΝΑ. 169

τόξοις ἀπὸ ψυχὰν λιπών; die Bedeutung „blutdürstig" für δαφοινός belegte er mit Hes. Sc. 250. Vgl. auch Nic. Ther. 675 φοινὸν ὄλεθρον, 140 φοινὰ δάκη. Immerhin ist dies noch die annehmbarste Lösung. Döderlein (hom. Gloss. III § 2212) suchte den Fehler in ἀποπνείω und schrieb ἀποπτύουσ' „sanguinem evomens". Er nahm also φοινὸν substant., wie Ruhnken. Der gelehrte Ilgen brachte aus Vergil. Aen. IX 349 bei: purpuream vomit ille animum. Vgl. auch Nic. Alex. 187. Stadtmüller schrieb (a. O.) ῥοῖζον ἄποπν., höchst matt.

362. ἐπηύξατο ist nach Moeris (p. 175) attische Form. Nachdem πόλεις (175), οὖσα (330) und andres geändert ist, war kein Grund die leichte Besserung ἐπεύξ. zu verschmähen.

363. ἐνταυθεῦ νῦν πύθευ ahmt den Siegesjubel der homerischen Helden nach. Vgl. ἐνταυθοῖ νῦν κεῖσο Φ 122, σ 101, υ 262.

367. Über den Wechsel der Formen Τυφωεύς und Τυφάων s. zu 306.

368. Χίμαιρα ist nach Hes. Theog. 306 ff. die Tochter des Typhaon. Über dieselbe vgl. Engelmann in Roschers Myth. Lex. s. v. In welchem Verhältnis Chimaira nach der Ansicht unsers Dichters zu der Drachin steht, läfst sich schwer erraten. Identifizierte er vielleicht die Drachin mit der Echidna Hesiods, so dafs Typhoeus der Gemahl und Chimaira die Tochter wäre?

371 strichen Ilgen (p. 321) und Matthiae (Anim. p. 179) wegen der Wiederholung τὴν δὲ ... τὴν δέ. Doch vergleicht schon Franke h. Merc. 62. 63.

372. Πυθώ. Dieselbe Etymologie findet sich auch bei Pausan. X 6 λόγος δέ, ὃς ἥκει τῶν ἀνθρώπων ἐς τοὺς πολλούς, τὸν ὑπὸ τοῦ Ἀπόλλωνος τοξευθέντα (sc. δράκοντα) σήπεσθαί φησιν ἐνταῦθα καὶ διὰ τοῦτο τὸ ὄνομα τῇ πόλει γενέσθαι Πυθώ. Nach Kuhnke (Delphica I 57) war dies die ältere Etymologie. Über die zweite von πυνθάνομαι s. Schoemann Opusc. I 340. — Πυθὼ bezeichnet hier allerdings den Ort des späteren Delphi (cf. Ilgen p. 321), nicht den Drachen selbst, wie Franke (p. 40) und Baumeister (p. 166) glauben. Der Name des Drachen ist nach Heyne (zu Apoll. p. 35) und Welcker (G. Götterl. I 509) hier ausgefallen. Nach A. Mommsen Delphika p. 168 hat die Drachin noch keinen bestimmten Namen; nach Schreiber (Apollon Pythoktonos p. 21) läfst der Dichter ihn durch die Etymologie πύθεο (185) erraten. Er denkt an Πύθων. — Über den späteren

Namen Delphyne s. zu 300. Die etymologischen Spielereien sind auch bei Homer gar nicht so selten, wie man anzunehmen scheint. Vgl. aufser τ 407 noch Z 201, M 186, T 97, α 60. 66, τ 592 und Lehrs Ar. p. 415. Franke vergleicht nach h. Ven. 199, Pan. 47, h. Ven. VI 5, Aesch. Ag. 671. Lobeck zu Soph. Aiax p. 430. — οἳ δέ bezieht sich nach Ilgen auf 365 f. zurück; doch liegt näher zu ergänzen: die, welche den Ort Pytho nennen.

373. Ruhnken (Ep. cr. I p. 21) fand die Messung des überlieferten Πύθιον anstöfsig. Er strich daher 372—74. Windisch (de h. Hom. maj. p. 26) tilgt nur 373. Bergk (LG. I 7) und vor ihm Schneidewin (p. 44) schrieben Πυθῶον. Hermann und neuerdings Cobet (Mnem. XI 291) schreiben Πύθιόν ἀγκαλέουσιν.

374. Die zweite Vershälfte = Hes. O 414.

375—87 streichen F. C. Matthiae (p. 144), G. Hermann (ep. p. XXX ff.), Christensen (p. 18), Windisch und Eberhard (I p. 24). Es ist jedoch zu bemerken, dafs Hermann und Christensen die Telphusa überhaupt für ursprünglich dem pythischen Hymnus fremd erklären, die beiden letzteren aber nur die Bestrafung der Telphusa. Matthiae fand, dafs kein Grund vorliege, die Quelle zu bestrafen; doch bemerkte Ilgen (p. 324), dafs Telphusa nicht blofs eifersüchtig sei auf ihre Ehre, sondern ihre Bosheit namentlich dadurch kennzeichne, dafs sie den Apollon an einen Ort schicke, der durch die Drachin gefährdet sei. Das letztere erwähnt auch Hermann (p. XXXI). Der Dichter sagt aber von dieser Bosheit nichts; er hebt nur ihre Eifersucht und zwar zweimal (275 f. 381) hervor. Indessen kann es nicht zweifelhaft sein, dafs der Grund der Bestrafung der Telphusa nur darin liegt, dafs sie den Gott von einem Orte, der ihm durch seine Sicherheit (244 χῶρος ἀπήμων) und Lieblichkeit (380) gefiel, an einen so gefährlichen Punkt gesandt hatte. — Auffällig ist es, dafs der Gott den Betrug erst so spät merkt; doch sah schon Franke (p. 32), dafs dieser Umstand davon abhängig ist, dafs der Gott erst das Orakel gründet, ehe er den Drachen bemerkt und tötet.

376. Über den Aor. I ἐξαπάφησεν vgl. jetzt Kühner I p. 777. Er findet sich noch Q. Smyrn. I 137, III 502, Oppian. Hal. III 99.

380. προρέειν trans. wie Ap. Rhod. Γ 225, Orph. Arg. 1137. Ilgen schrieb mit Barnes προχέειν.

382 f. Bisher las man hier allgemein mit Ruhnken: ῥίον
... πετραίης προχόῃσιν. Die Änderung ist eine sehr gewaltsame
und der erzielte Sinn ein sehr fragwürdiger. Wozu an die Fels-
mündung noch einen Fels heranstofsen? Es wundert mich, dafs
noch niemand darauf gekommen ist, den Fehler in ῥίον zu
suchen? Man lese ῥόον und alles ist in Ordnung. — Dafs Kalli-
machos 4, 135 unsre Stelle vor Augen hatte, bemerkte zuerst
Ruhnken. Übrigens „strömt diese Quelle noch immer schön und
klar . . . . . aber verborgen unter einem vorspringenden
Felsen. Das Wasser bildet eine bedeutende Lache, so dafs die
unmittelbar vorbeiführende . . . . Strafse deshalb unterbaut werden
mufste". Preller Ausg. Aufs. 251. A. 41.

387 strich Matthiae als Glossem (Anim. p. 180).

388 beginnen Preller (Ausg. Aufs. p. 245), Windisch,
Eberhard (a. O.), Christensen (p. 18), Weniger (p. 10) einen
neuen Bestandteil des Hymnus, während die Mehrzahl der Forscher
die folgende Partie für wohl vereinbar mit dem vorangehenden
halten. Windisch berief sich hauptsächlich auf die grofse Ab-
hängigkeit der folgenden Partie von Homer. Köchly (Opusc.
I p. 59 ff.) und in noch höherem Grade Hinrichs (Hermes XVII
p. 59 ff.) schieben allerdings die Nachahmung zum Teil auf die
betreffenden Homerstellen, wobei sie sich ebenfalls auf die grofse
Abhängigkeit der betreffenden Homerpartien (A 430—92, o, ω)
berufen. Man sieht, es ist dringend nötig, nicht blofs die
Anzahl der Entlehnungen in Betracht zu ziehen, sondern in
jedem einzelnen Falle sich zu fragen, was Original, was Ent-
lehnung sei.

389. ὀργίονας ist eine seltsame Form; Ilgen (p. 325 f.) hält
sie für orphisch, Baumeister (z. St.) für jonisch. Die attische
Form ist ὀργεών. Hermesianax (bei Athen. XIII p. 597) vs. 9
hat ὀργειών, desgl. Antimachos frgm. 2. Vielleicht ist hier ὀρ-
γείονας zu lesen (cf. Thes. Steph. s. v.).

394—96 stellen Matthiae (Anim. p. 182), Hermann, Franke,
und Baumeister hinter 390. Hermann wurde namentlich durch
die Lesart ῥέξουσι in 394 zu seiner Umstellung bewogen; auch
Baumeister notiert noch ῥέξουσι aus L, indes haben E und L
ῥέζουσι sicher. Aufserdem sieht sich Hermann genötigt, eine
Lücke nach 393 anzunehmen. Matthiae nahm besonders daran
Anstofs, dafs durch ῥέξουσι und ἀγγέλλουσι Dinge als bestehend
genannt werden, die eben erst geschaffen werden sollen. Matthiae

übersah, dafs der Dichter sehr wohl eine nebensächliche parenthetische Bemerkung einfügen konnte, wie es z. B. Od. α 23. 24 geschieht. Übrigens verfuhr Matthiae viel gewaltsamer als Hermann; er strich 93 als Glosse und stellte die Verse folgendermafsen: 389. 90. 95. 96. 94. 391. 92. 97. — F. C. Matthiae (p. 145) strich 393—95 ohne Not.

397. Zu ἐκ δάφνης vgl. Kallim. IV 94 ἀπὸ δάφνης. — Die zweite Vershälfte = Hes. Theog. 499.

398 und 424 schreiben Fick [und Abel] Πυλοιγενέας gegen die Überlieferung. Vgl. das Lex. Hom. s. v.

400. Plutarch de soll. animal. 36: οὐ γὰρ προενήχετο τοῦ στόλου μεταβάλλων τὸ εἶδος, ὡς οἱ μυθογράφοι λέγουσιν κτλ.

402 f. sind so verdorben, dafs ich eine Änderung der besseren Überlieferung nicht gewagt habe. Die Lesart von M τῶν δ' οὔτις ... ἐπεφράσατο νοῆσαι· πάντοθ' ἀνασσείασκε κτλ. ist ein unglücklicher Besserungsversuch. Ruhnken erkannte die Änderung οὔ τις κτλ. nicht an. Ilgen schrieb τῶν δ' εἴ τις ... ἐπιφράσσαιτο νοῆσαι, παντόθ' ἀνσείασκε. A. Matthiae (Anim. p. 184) schrieb mit M τῶν δ' οὔτις ... ἐπεφράσατ' οὐδ' ἐνόησεν und verglich E 665, ϑ 94. Hermann übernahm die Lesung, setzte aber noch eine Lücke an hinter 402. In der That wechseln hier die Subjekte in auffälliger Weise (Franke p. 41). Baumeister folgte Hermann; Franke stellte 403 vor 402. Für mich ist die Matthiaesche Konjektur unannehmbar, weil das Folgende zeigt, dafs die Kreter den Delphin bemerkt haben. Vgl. namentlich 440. Der Delphin liegt im Schiffe.

403. Statt πάντοθ' ἀνασσείσασκε hat die Pariser Klasse παντύσ' ἄνασσ. A. Matthiae schrieb πάντα δ' ἀνασσείασκε (ἀνασσείασκε M) nach Apoll. Rhod. B 726 ὑπὸ πνοιῇ δὲ κάλωες ὅπλα τε νήϊα πάντα τινάσσετο νισσομένοισιν. Aber ἀνασσείασκε ist eine Unform, die nicht so lange sich im Texte hätte halten sollen. Solange hier nicht eine sichere Lösung gefunden wird, darf man auch zwischen 402 und 403 keine Lücke ansetzen.

407. κατεστήσαντο sc. λαῖφος (Franke) oder ἱστία (Groddeck p. 82). Ilgen vergleicht μ 402 ἱστὸν στησάμενοι und Eurip. Hel. 1550 πλάτην καθίστασθαι.

410. Der zweite Halbvers = B 584. Die schöne Emendation Ἕλος τ' ἔφαλον stammt von A. Matthiae. (Observv. critt. p. 36.) Über die Bedeutung von Helos s. Duncker[5] V p. 287.

ΕΙΣ ΑΠΟΛΛΩΝΑ.

412. 13 wollte Groddeck (p. 83) am liebsten streichen. — μ 128 weiden die Herden des Sonnengottes ἑπτὰ βοῶν ἀγέλαι τόσα δ᾽ οἰῶν ἴφια μῆλα in Thrinakia, Herod. IX 93 in Apollonia in Epirus. Über die Bedeutung dieser Herden s. Aristoteles Schol. Q. zu μ 129. Preller Myth.³ I 351.

417. αὖθις schrieb Pierson (Verisim. p. 19).

419. Statt ἔχουσα schrieb Baumeister ohne Not ἑκοῦσα. Ruhnken (p. 23) zog allerdings ἔχουσα mit ὁδόν unrichtig zusammen, es steht allein wie γ 182 αὐτὰρ ἔγωγε Πύλον δ᾽ ἔχον, so dafs dann im folgenden Verse ἧι᾽ ὁδόν zusammen gehört wie h. Merc. 203, h. Apoll. 232, ρ 426, ζ 164. Die Konjektur von Barnes ἦνεν ὁδόν ist ganz schlecht, da zwar 496 die Reise zu Ende ist, hier aber nicht. Zur ganzen Stelle verglich Franke μ 276 ἀλλὰ παρὲξ τὴν νῆσον ἐλαύνετε νῆα μέλαιναν.

422. Arene wird auch B 591, Λ 723 unter Nestors Städten genannt. Vgl. über dieselbe Strabo VIII p. 333 und Pausan. V 6, 1. Beide halten Arene für die Akropolis von Samos. Doch s. darüber Bursian II p. 282. — Argyphea ist sonst nicht bekannt, weshalb Ilgen καὶ Ἀμφιγένειαν ἐραννήν schrieb, welches B 593 allerdings genannt wird. Doch ist die Besserung zu gewaltsam.

423 = B 592. Cf. Strabo VIII p. 349. Derselbe identifiziert Thryon mit Recht mit dem späteren Epitalion (Bursian II p. 283). Aber Aipy hier unterzubringen war schon Strabo unmöglich. Den Vers streicht F. C. Matthiae p. 147. A. Matthiae (Anim. p. 190) streicht 424, da das hier gemeinte Pylos das messenische sei, dies aber hier nicht in die Reihenfolge passe; der Vers stamme von jemandem, dem das nestorische Pylos hier zu fehlen schien. Auch F. C. Matthiae (a. O.) strich den Vers. Ilgen p. 334 wollte Pylos als das ganze Gebiet Nestors wie Λ 712 fassen, so dafs dieser Vers alles Vorhergenannte umfasse. Diese Erklärung ist im Zusammenhange unmöglich. Pylos ist allerdings hier die Stadt des Nestor; sie konnte natürlich hier nicht fehlen, daher ist sie von dem Verf., der seinen Homer kannte (cf. Hermann z. St.), nicht von einem Interpolator, so gut es ging, hineingebracht worden. Eine Reiseroute, die vollkommen richtig wäre, herzustellen, ist hier vergebliches Bemühen. S. die Bemerkungen zu den folgenden Versen.

425. 426. 427 = ο [295] 298. 297. A. Matthiae (Anim. p. 191) strich die Verse als interpoliert. Von den in 425 ge-

nannten Städten sind Krunoi und Chalkis nicht unterzubringen (s. Bursian a. a. O. A. 2). Nach Strabo (p. 343 und 351) sind sie ἀδόξων ποταμῶν ὀνόματα μᾶλλον δὲ ὀχετῶν. Ausführlich handelt über diese Orte Curtius Pel. II 87 ff. — Statt des hier überlieferten Dyme (καὶ παρὰ Δύμην) bietet Strabo VIII 350 das Adj. καλλιρέεθρον, X 447 πετρήεσσαν. Das achäische Dyme, über welches vgl. Steph. Byz. s. v., Strabo VIII p. 337, Paus. VII 17, 5, Bursian G. G. II 319) will hier in der Reihenfolge gar nicht passen; deshalb stellte Groddeck (p. 82) den Vers vor 428. Ilgen schrieb mit Strabo καλλιρέεθρον, auch Matthiae (Anim. p. 190) hielt καὶ παρὰ Δύμην für eine Interpolation, während schon die zwiespältige Überlieferung des Strabon zeigt, dafs jener aus dem Gedächtnis citiert. Auch würde ein Interpolator schwerlich das achäische Dyme hier in diese Reihenfolge gebracht haben. Homer B 592 ff. bietet noch eine Reihe anderer Namen. Daher ist denn Dyme auch im Text der Hymnen allgemein beibehalten worden. Doch bei Homer schreibt man ebenso allgemein am Schlufs des Verses καλλιρέεθρον. Abgesehen davon, dafs diese Lesart gar keinen Vorzug vor den andern von Strabo überlieferten verdient, ist doch so viel klar, dafs durch die Wegschaffung von Δύμη eine grofse Schwierigkeit beseitigt wird. Ich für meine Person zweifle also nicht daran, dafs man überall καὶ παρὰ Δύμην herzustellen hat. Übrigens hat Barnes recht gethan, den Vers bei Homer aufzunehmen. Gegenüber der bestimmten Versicherung Strabons (p. 351) und angesichts der Mühe, die er sich giebt Chalkis und Krunoi unterzubringen, ist m. E. gar kein Zweifel möglich, dafs der Vers wirklich in o gestanden hat. Anders urteilt Kirchhoff Od. p. 508.

426. 427 folgen bei Homer in umgekehrter Reihenfolge. Statt Φεραί bietet Strabon (VIII 350) Φεαί. Auch diese Lesart ist nur eine Änderung, welche bezweckt, die nördliche Fahrtrichtung des Telemach sicher zu stellen. Die doppelte Überlieferung bei Homer und hier sichert die Lesart Φεραί. Sämtliche Ausgaben der Hymnen bieten auch Φεράς; neuerdings aber vertritt das Lex. Hom. von Ebeling (s. v. Φεαί und Φεραί) die aristarchische Lesart Φεάς, welche meines Wissens zuerst Eberhard (I p. 19) forderte. Doch las Didymus jedenfalls o 297 Φεράς. S. jetzt Ludwich Aristarchs hom. Textkrit. I p. 613. Über Phea cf. in Kürze Bursian II p. 301. Steph. Byz. s. v. erwähnt ein ätolisches Φεραί, welches vielleicht hier passen

könnte; vgl. Berkel zu Steph. von Byz. s. v. *Φεραί.* Indessen ist es durchaus nicht nötig gar zu ängstlich zu suchen, wo wir noch so manches Unbekannte hinnehmen müssen.

429 = ι 24, α 246, π 123. Übrigens strich F. C. Matthiae (p. 148) sowohl diesen wie den vorigen Vers als Interpolation aus dem Homer.

431 f. tilgte A. Matthiae als lästige Wiederholung von 430. Doch s. Baumeister z. St. Unangenehm war allerdings das überlieferte ἐπεί, nachdem vs. 430 ὅτε vorangegangen. Ilgen wollte mit *M* ἐπὶ Κρίσης schreiben „in der Nähe von Krissa", was hier undenkbar ist. Hermann nahm Ilgens ἐπί auf (desgleichen Franke und Baumeister), fafste es aber als Adverbium. Schneidewin vollendete die Besserung, indem er τάχ' ἐφαίνετο schrieb.

434. 435 waren A. Matthiae (Anim. p. 193) verdächtig. Sie stammen aus ο 293. 94.

436. Die zweite Vershälfte = *M* 239 u. ö. Vgl. Nitzsch Anm. zur Od. I p. 9.

437 f. Flach (p. 44) strich ἡγεμόνευε — ἶξον δ', blofs um des vernachlässigten Digammas (δ' ἄναξ) willen.

441. Ruhnken (p. 24) bezog μέσῳ ἤματι auf ὄρουσεν, um die Sternschnuppen am Mittag zu vermeiden, doch hat er keinen Nachfolger gefunden. Nur A. Matthiae trennte μέσῳ ἤματι von εἰδόμενος ebenfalls und bezog es wie die folgenden Funken auf Apollon! Übrigens ist die Stelle eine offenbare Nachahmung von Δ 75 ff.:

> Οἷον δ' ἀστέρα ἧκε Κρόνου παῖς ἀγκυλομήτεω,
> ἢ ναύτῃσι τέρας ἠὲ στρατῷ εὐρέϊ λαῶν,
> λαμπρόν· τοῦ δέ τε πολλαὶ ἀπὸ σπινθῆρες ἵενται·
> τῷ δ' ἐικυῖ' ἤϊξεν ἐπὶ χθόνα Παλλὰς Ἀθήνη.

442. Warum Abel die Konjektur Matthiaes (Anim. p. 198) σπινθάρυγες aufnahm, die jener selbst nicht in seine Ausgabe aufzunehmen wagte, ist mir rätselhaft. Eine Form ist so gut wie die andere σπινθάρυξ steht Apoll. Rhod. Δ 1542.

443 ahmt nach Aristoph. Ritter 1015 f., wie auch Baumeister anerkennt. Zweifelhaft ist A. Matthiae (Anim. p. 195). S. darüber die Vorbemerkungen zu diesem Hymnus (p. 116). Hier sind jedenfalls Dreifüfse als Weihgeschenke zu verstehen. Cf. Wieseler Fleckeisens Jahrbb. 75 p. 692 ff. — κατέδυνε hat schon Wolf geschrieben, neuerdings Cobet (Mnem. XI, 300).

444. Der zweite Halbvers = M 280. Am Anfang schrieben Hermann [und Abel] ἔνθ᾽, vielleicht richtig.

446. Der Hermannschen Schreibung Κρισαίων haben Casaubonus und Holsten zu Steph. Byz. s. v. Κρῖσα durch Κρισαίων vorgearbeitet.

448. Da ἆλτο nicht mit dem Infinitiv konstruiert wird, schrieb Windisch vielleicht richtig ὦρτο. Dieselbe Verderbnis s. h. Merc. 65.

449 = Π 716. Apollon erscheint also hier, wie er dem Patroklos erschien.

452—55 = γ 71—74 = ι 252—55.

456 ist ἧσθον τετιηότες überliefert. Während nun Baumeister daraus ἧσθον τετιηότε schrieb, verlangte Cobet (Mnem. XI 303) τίπτε κάθησθ᾽ οὕτω τετιηότες, da ihm nicht nur der Dual, sondern auch der Hiat verdächtig war. Schon A. Matthiae (Anim. p. 196) dachte daran, den Dual zu ändern und zwar nach Δ 243 in τίφθ᾽ οὕτως ἔστητε τεθηπότες κτλ. Jedenfalls hat er richtig erkannt, daſs dieser Vers dem Verf. unserer Hymnusstelle vorschwebte, hat aber nicht gesehen, daſs die Schiffer im Schiffe doch sitzen müssen, daſs also das Sitzen eine wohlbedachte Änderung ist. Nahm man aber einmal ἧσθαι, so blieb nichts andres als der Dual übrig. Somit liegt hier eine Stelle vor, in welcher der Dual sicher für den Plural steht. Vgl. 487, 501 und Baumeister (p. 173 f.), Christ Iliadis Carm. p. 30 oben, Flach p. 18 f. Anm.

461 = Δ 89.

464. Franke vermutete: ξεῖν᾽ ἐπεὶ οὔτι βροτοῖσι κτλ.

465 = η 210. Nach diesem Verse setzen A. Matthiae, Hermann, Franke, Baumeister, Abel eine Lücke an. Matthiae nahm Anstoſs an dem Segensruf θεοί δέ τοι ὄλβια δοῖεν, weil der Sprecher ja den Apollon für einen Gott halte. Matthiae berücksichtigt dabei die Macht der Phrase nicht, die gerade in der epischen Poesie so oft homerische Verse an eine weniger passende Stelle bringt. Wie der vorliegende Vers (465), sind auch die folgenden aus Homer entlehnt.

466 f. = ω 402 f.

468 = ν 233.

471 = α 182.

472 = ι 261.

471 f. strich Matthiae (Anim. p. 197). Anstoſs bietet aber nur

vs. 472 und zwar insofern, als die Kreter nicht auf der Fahrt nach Hause begriffen sind; daher strichen Baumeister und Guttmann (p. 42) konsequent nur 472. Indessen heifst νόστου ἱέμενοι zunächst nur „der Heimkehr begehrend", also nicht „auf der Fahrt begriffen". Es ist aber ἄλλην ὁδὸν ἄλλα κέλευθα auf ἱέμενοι zu beziehen, also zu erklären „der Heimkehr begehrend, die Heimkehr beabsichtigend auf anderer Reise und anderen Pfaden", nämlich als auf der Hinreise, „aber ein Unsterblicher hat uns wider unsern Willen hierher geführt". Ich sehe nicht, wie dieser Sinn mit dem Vorangehenden und Nachfolgenden streitet.

475. Cobet (p. 303) verlangte und Abel schrieb ἀμφενέμεσθε, vielleicht richtig.

478. 479 strichen Groddeck (p. 84), Ilgen (p. 340), A. Matthiae (Anim. p. 198), weil sie 482 f. wiederholt würden. Aber die Auslassung stört den ganzen Satzbau der übrig bleibenden Verse; aufserdem könnte mit demselben Recht auch 482 f. getilgt werden. Hermann schrieb τετιμένοι, um der lästigen Wiederholung abzuhelfen. Doch sind die Verse überhaupt ungeschickt, so dafs nichts zu ändern sein wird.

486. Ich habe mit Matthiae ἐγών geschrieben. Oder glaubt man etwa, dafs die Hymnenhandschriften in diesem einzelnen Fall eine Spur des Digamma bewahrt hätten, wo längst konstatiert ist (Windisch p. 6), dafs in den Hymnen kein lebendiges Digamma mehr vorliegt?

487. Auch hier änderte Cobet (p. 302) den Dual in καθέμεν λῦσαι δὲ β. S. zu 456. Doch dachte schon Ilgen (z. St.) an κάθετε λῦσαί τε βοείας. — Statt des überlieferten βοείας vermutete Buttmann sehr gut βοῆας; s. Franke z. St.

488. Matthiaes Änderung beruht auf A 485. Abel schrieb mit Bothe vielleicht richtig νῆα δ᾽ ἔπειτα θοὴν μὲν κτλ. Das überlieferte θοὴν ἐπὶ ἠπείρου verteidigt Spitzner de versu her. p. 144 nicht glücklich. — Cobet schrieb am Schlufs in Übereinstimmung mit 487 ἐρύσασθαι, ebenso 489 ἐλέσθαι und 490 ποιῆσαι.

492. A. Matthiae (Anim. p. 200) schrieb παρὰ βωμόν, wie 510 überliefert ist. Doch ist περὶ βωμόν hier wohl technisch. Cf. A 448.

493—496 strich A. Matthiae in den Animadversionen (p. 201), nicht in der Ausgabe.

496. Das überlieferte αὐτὸς Δέλφειος ist mir ein Rätsel und hatte mit einem Kreuz bezeichnet sein sollen. Hermann (z. St.) wollte αὐτίκ᾽ ἄρ᾽ ἀφνειός schreiben, doch schon vorher hatte Ilgen

αὐτόθι ἀφνειὸς vermutet. Dagegen bemerkte Franke (z. St.), dafs ἀφνειός besser vom Tempel als vom Altar passen würde. Ruhnken und Ilgen schrieben mit M: Δελφίνιος, wobei nicht nur die Quantität des ersten Iota auffällt, sondern auch der ganze Ausdruck (Δελφίνιος ἔσσεται) unnatürlich wird. Das erstere entschuldigte Ilgen allerdings durch h. Cer. 105. 267. Das zweite Bedenken ist nicht zu beseitigen. Preller (Delphika in Ausg. Aufs. p. 228 A. 4) schrieb gar nicht übel αὐτοῦ δὴ λιπαρός, Baumeister vermutete und Abel schrieb αὐτοῦ τηλεφανής. Wie man sieht, ist an Konjekturen kein Mangel, aber keine besitzt die nötige Überzeugungskraft. Welcker (G. Götterl. I 502 A) glaubte, dafs Δέλφειος eine beabsichtigte Variante von Δελφίνως sei. Doch will Δέλφειος zu ἐπόψιος wenig passen.

499 = ω 489.

503 ff. sind aus Α 433 ff. entlehnt: 504 = Α 434, 505 = Α 437, 507 = Α 486. Bei dergleichen formelhaften Wendungen ist eine Entlehnung sehr schwer zu erweisen; doch ist es wahrscheinlicher, dafs die breite Schilderung der Ilias hier ins Enge gezogen wurde, als das Umgekehrte. Man wolle beachten, dafs die Verse 434 und 437 von Α einer ganz andren Scene entstammen als 486. Auch ist es auffällig, dafs hier Mast und Segel erst am Strande niedergelegt werden, nicht wie Α 434 und ο 496 f. auf hoher See. Zwar war ja das Schiff durch die Veranstaltung des Gottes wie im Sturme hierher gelangt; immer aber zeigen veränderte Anwendungen derartiger Verse den Epigonen.

507. Α 486 steht ὑπό statt des hier überlieferten παρά. G. Hermann verteidigte die Überlieferung, während A. Matthiae (Anim. p. 201) ὑπό schrieb.

510. Cf. 492.

515. Athen. (I 22) und Eustath. (p. 1602, 25) citieren den Vers mit der Lesart χαρίεν κιθαρίζων. Vgl. hierüber die Einleitung p. 6 b. Früher (Ruhnken, Ilgen, Hermann, Franke) schrieb man allgemein mit D (s. Hermann z. St.) ἀγατόν, was von Ruhnken (Ep. cr. p. 26) = ἀγαστόν erklärt wurde. Indes bemerkte Schneidewin (p. 46) einsichtsvoll, dafs der Schreiber von D jedenfalls ἀγαθόν im Sinne gehabt habe. Er las daher mit Μ ἐρατόν, worin ihm Baumeister, Abel und ich gefolgt sind. Hollander (a. O.) erklärt die Variante der Pariser Klasse daraus, dafs im Archetypus (Cod. Aurispa) gestanden habe χαρίεν ἐρατὸν; das lädierte χαρίεν sei dann zu χρυσῆν ergänzt worden.

ΕΙΣ ΑΠΟΛΛΩΝΑ.

516. Die zweite Vershälfte = Σ 571. Die Lesart φρίσσοντες scheint nur durch Itazismus entstanden zu sein.

518. 19 streicht Groddeck (p. 84) als Emblem. Doch hat es mit dieser Bemerkung genau dieselbe Bewandtnis wie mit 393 ff., w. m. s. Über den kretischen Päan s. die sorgfältige Abhandlung von Schwalbe: Über die Bedeutung des Päan als Gesang des Apollinischen Kultus Magdeburg 1847 Progr. Cf. auch O. Müller Dorier[2] I, I 197 ff., LG.[3] I 30 ff., Bernhardy LG.[5] II, I p. 622—26, Flach Gesch. d. Lyrik p. 142, 266.

520. Statt ἄκμητοι schrieb Cobet (p. 304) mit Rücksicht auf h. Merc. 102 ἀκμῆτες.

521 f. A. Matthiae (Anim. p. 203) behielt die handschriftliche Lesart ἔμελλεν τετιμένος bei. Ernesti und Pierson (Veris. p. 155) schrieben ἔμελλον — τετιμένοι wie 479, was seitdem von sämtlichen Herausgebern aufgenommen worden ist.

523. Über die Überlieferung dieses Verses s. die krit. Einleitung S. 8 Nr. 8. Die Konjektur Bergks (Progr. Hal. 1859) ἀδύτου δάπεδον beruht auf der Lesart der schlechteren Codd. Das Adj. ζάθεος gebrauchen Pindar und die Trogg. ähnlich: ζάθεον ἄλσος Pind. O. 10, 45, ἀγυιά N 7, 92, ναὸν Eur. Phoen. 232.

524 = v 9

525. τῷ schrieb Valckenaer zu Eurip. Phoen. p. 53, τὸν Barnes, καὶ τὸν Ilgen.

526. Hermann schrieb (aber nicht im Text) ὦ ἄνα εἰ δὴ κτλ., Spitzner (s. Baum. zur Stelle) ὦ ἄνα ἦ δὴ κτλ., Bergk (Baum. a. O.) ὦνα ἐπειδὴ κτλ., aber ἄνα wird bei Homer niemals elidiert. Cf. Franke z. St., Spitzner de vers. her. p. 168 und Windisch p. 27.

528. Statt des überlieferten βιόμεσθα schrieb Wolf βεόμεσθα, wie sich jetzt herausstellt, mit Recht. Denn Aristarch las nicht βίομαι, wie Schol. BV zu X 431 angiebt, sondern βείομαι. Cf. Ludwich Aristarchs hom. Textkrit. I 479. βέομαι steht jetzt O 194, der Konj. βείομαι X 431. Vgl. das Lex. Hom. von Ebeling s. v. βέομαι.

529. Das überlieferte ἐπήρατος ist viel angefochten worden. Allerdings ist ἐπήρατος mindestens überflüssig. Barnes schrieb dafür ἐπήροτος, was von Matthiae und Franke in den Text aufgenommen wurde. Doch ist ἐπήροτος nicht viel weniger anstöfsig als ἐπήρατος. Hermann wollte ἔπι ῥάχις schreiben, Baumeister vermutete und Abel schrieb ἐπηέτανον. Doch giebt es auch noch andre Möglichkeiten, z. B. οὔτε τρυγηφόρος ἥδε γ᾽ ἐπήλυσιν oder

ἀρήροται. Indes ist ἐπήρατος jedenfalls, wie schon Ruhnken (Ep. crit. I p. 27) erkannte, mit Rücksicht auf δ 606 gewählt αἰγίβοτος καὶ μᾶλλον ἐπήρατος ἱπποβότοιο, οὐ γάρ τις νήσων ἱππήλατος οὐδ' ἐυλείμων. Es ist demnach zu erklären: „nicht ist sie als fruchttragend erwünscht, noch als wiesenreich."

530. Statt τ' εὖ schrieb Cobet (a. O.) τε. — ὀπηδεῖν ist schwierig. A. Matthiae erklärte (Anim. p. 205) „suppeditare", Franke „obsecundare h. e. hominibus deum consulentibus operam dare", Baumeister dachte an ἅμ' ἀθανάτοισιν ὀπηδεῖν; Abel schrieb nach einer Vermutung Matthiaes ὀπάζειν, vielleicht richtig,

534 = λ 146.

537. ὅσσα τ' ἐμοί κ' ἀγάγωσι schrieben Hermann und Abel, um den Hiat zu vermeiden, Cobet (p. 305) ὅσσα κ' ἔμοιγ' ἀγάγωσι.

538 streichen Ruhnken und A. Matthiae mit M, doch bemerkte schon Franke, daſs der Vers in M und der Pariser Klasse aus Versehen ausgefallen sei wegen des gleichen Schlusses mit dem vorigen. — Übrigens besserte Schneidewin (p. 47) richtig νηὸν δ' εὖ προφύλαχθε. Das Perfekt hat hier absolut keinen Sinn. Buttmann (G. G. II p. 320) verteidigte προφύλαχθε als synkopierte Präsensform; es blieb aber δέδεχθε übrig. — Statt φῦλ' ἀνθρώπων schrieb Waardenberg (Opusc. p. 131) δῶρ' ἀνθρώπων.

539. Zwar schrieben A. Matthiae, Hermann, Franke κατ' ἐμὴν ἰθύν γε μάλιστα. Indes ist ἰθύς hier völlig unverständlich. Vielleicht ist zu lesen καὶ ἔμ' αἰσχύνεσθε μάλιστα κτλ. Martin (V. L. III 25) vermutete καὶ ἐμὴν ἰθύνετε δαῖτα.

540. 41 knüpften Matthiae, Ilgen, Hermann mit Recht an 539 an; dagegen sonderten Wolf, Franke, Baumeister 540. 41 von 539 ab. Franke und Baumeister schrieben εἰ δέ τι κτλ.

542. Daſs hier eine Anspielung auf die Amphiktyonen stattfindet, erkannte Ilgen richtig. Ihm folgte Preller (Ausg. Aufs. p. 234). O. Müller (Dor. I 211) dagegen fand eine Beziehung auf die ὅσιοι darin. Franke endlich bezog diesen und die beiden folgenden Verse auf den heiligen Krieg (Ol. 47), durch welchen die Obhut des Orakels von Krisa auf Delphi überging. Vgl. über diesen Krieg Duncker A. G.[5] VI p. 81 ff., 240, 252. Da aber hier nach 264 der Agon des Apollon zu Delphi noch keine Wagenrennen hat, so folgt daraus, daſs die Abfassung dieser Partie vor Ol. 47 liegt. Vgl. die Vorbemerkungen zu dem Hymnus (p. 119) und Welcker G. G. I 504.

II.
ΕΙΣ ΕΡΜΗΝ.

Litteratur.

Schneidewin Anmerkungen zum h. Hymnus auf Hermes. Philol. III 659—700.
K. F. Hermann in hom. hymnum in Merc. Rh. Mus. IV (1846).
M. Schmidt Verbesserungsvorschläge z. h. Hymnus auf Hermes. Rh. Mus. XXVI.
Greve de hymno in Mercurium homerico. D. J. Münster 1867.
O. Schulze de hymni in Mercurium compositione. D. J. Halle 1868.
Burckhardt zum Verständnis des Hymnus auf Hermes. Fleckeisens Jahrbb. 97 (1868).
Lohsee de hymno in Mercurium hom. D. J. Berlin 1872.
Glira über die hom. Hymnen und den H. auf Hermes. Brixen 1872.
Stadtmüller zur Kritik des hom. Hymnus auf Hermes. Fleckeisens Jahrbb. 123 (1881) p. 537.
Ludwich Recension der Abelschen Ausgabe in der Berl. Phil. Wochenschr. 1886.

D. Ruhnken Ep. crit. p. 28—51.
Groddeck Commentatio de hymnorum hom. reliquiis p. 84—92.
G. Hermann Epistulae p. XXXVII—LXXXVIIII. Opusc. V 307.
Matthiae Animadv. p. 209—314.
J. H. Voſs Myth. Briefe I.
Göttling Opuscula p. 188.
Stoll Animadv. in h. h. p. 1—11.
Cobet Mnemos. XI 308—312.
Windisch de hymnis . . . . maioribus (Lips. 1868).
Flach das nachhesiod. Digamma in Bezzenbergers Beiträgen II p. 21—24.
Eberhard die Sprache der hom. H. II. Husum 1874.

Welcker Griech. Götterl. II 462—67.
Preller der Hermesstab Philol. I 152.
O. Müller die Hermesgrotte bei Pylos. Gerhard hyperbor. — röm. Stud. I 310 ff.
Ahrens Hermes der Rinderdieb und Hundswürger Philol. XIV (1863) p. 401 ff.
C. de Jan de fidibus Graecorum. D. J. Berol. 1859 und Die griech. Saiteninstrumente Progr. 1881.
Westphal Gesch. der alten u. s. w. Musik. Breslau 1865 p. 86—95.
Flach Gesch. der G. Lyrik I p. 80 ff.
Planck die Feuerzeuge der Griechen u. Römer. Stuttg. Progr. 1884.

Roscher Hermes der Windgott. Leipzig 1878.
Scheffler de Mercurio puero D. J. Königsberg 1884.

O. Müller LG.³ I 125.
G. Bernhardy LG.³ II 1 222.
Bergk LG. I 760 ff.
Sittl LG. I 197.

Inhalt. Hermes, ein Kind verstohlener Liebe (9) zwischen Zeus und der Nymphe Maia, wird in einer Grotte des Kyllenegebirges am 4. Monatstage geboren. Er sollte bald Wunderdinge verrichten. Früh geboren hat er schon mittags die Kitharis erfunden, und abends stiehlt er die Rinder Apollons (1—19).

Er verläfst bald nach der Geburt die Schwinge, um die Rinder des Apollon zu suchen. Beim Heraustreten findet er — das erste ἕρμαιον — die Landschildkröte, durch welche er sich unermefslichen Reichtum verschafft. Er fertigt schnell wie ein Gedanke oder wie ein Blitz der Augen die siebensaitige Phorminx (64). Das Spielwerk (ἄθυρμα) läfst er in der Schwinge zurück und macht sich nunmehr auf nach Pierien (70) (20—67).

Bei Sonnenuntergang langt er in Pierien an, schneidet die 50 Kühe ab und treibt sie kreuz und quer und zwar mit dem Schwanz nach vorn hinweg. Sich selbst macht er seltsame Sandalen (vs. 80), damit ihn die Fufsspuren nicht verraten sollen. In Onchestos trifft er einen Alten noch bei der Arbeit. Er begrüfst ihn und bittet (?) ihn zu schweigen. Nun geht der Mond auf, und Hermes kommt an den Alpheios. Dort treibt er die Rinder in eine Hürde (αὔλιον 106), dann schleppt er Holz zusammen, erfindet das Feuerzeug, macht Feuer und schlachtet zwei von den Rindern. Das Fleisch teilt er in 12 Teile, die Felle hängt er am Felsen auf. Am liebsten hätte er die Opfergabe verzehrt. Da sich das aber für den Unsterblichen nicht geschickt hätte, so beseitigt er die Spuren des Diebstahls, indem er Köpfe und Beine verbrennt, die Sandalen in den Alpheios wirft und den Kohlenstaub verwischt.

Gegen Morgen (143) kommt er nach Hause zurück, schlüpft in die Wiege, die Leier fest zur Linken haltend. Die Mutter schilt ihn wegen seines Diebstahls und stellt ihm Strafe von seiten des Apollon in Aussicht. Er aber läfst sich nicht einschüchtern, sondern verheifst, dafs er eine Kunst ergreifen werde, die ihn reich machen und unter die seligen Götter bringen könne. Er droht eventuell Diebsführer (175) sein und dem Apollon den reichen Tempel in Pytho plündern zu wollen (68—181).

Am Morgen kommt Apollon nach Onchestos, er trifft denselben Alten, wie er seinen Zaun flickt und erfährt, dafs ein Knabe die Rinder auf seltsame Weise vorbeigetrieben habe. Nun weifs Apollon, wer der Räuber ist. Er eilt nach Pylos und bemerkt die rückläufigen Spuren der Rinder und die seltsamen Hirtenspuren. Zürnend langt er in der Höhle des Kylleneberges (229) an. Hermes stellt sich schlafend, die Leier unter der Achsel. Apollon durchsucht die Höhle nach den Rindern vergebens. Darauf fordert er dieselben von Hermes, der sich auf seine zarte Jugend beruft und seine Unschuld mit einem Schwur beteuert. Apollon aber läfst sich nicht täuschen, sondern reifst den ἀρχὸς φηλητέων (291) — das ist das erste Amt (γέρας) des jungen Gottes — aus der Schwinge und trägt ihn fort. Hermes entsendet ein eigentümliches kräftiges Zeichen, niest aber gleich darauf. Apollon deutet höhnend die Zeichen dahin, dafs er die Rinder finden und jener ihm den Weg weisen werde. Hermes, immer die Schultern fest umwickelt [damit man die Leier nicht sehe], beteuert noch einmal seine Unschuld und fordert den Apollon vor den Richterstuhl des Zeus (182—312).

Als der Kluge den Listigen nicht überführen konnte, da wandern sie beide durch den Sand zum Olympos. Apollon klagt den Hermes an, dieser verteidigt sich in gewandter Weise, wobei er seine Windel nicht ablegt. Zeus, der schon bei der Ankunft die Brauchbarkeit des Kleinen zum Keryx erkannt hatte, fordert sie auf einträchtig die Rinder zu suchen, Hermes aber soll als Führer (διάκτορος) vorangehen, wie es Apollon geweissagt hatte. Hermes gehorcht dem Vater alsbald (313—396).

Er führt den Apollon nach Pylos und zeigt ihm die Rinder. Apollon sieht am Felsen die beiden Häute und erschrickt über die Stärke des Kleinen. Er will ihn fesseln (411) . . . . Dabei kommt die Kitharis zum Vorschein. Schon wird Apollon besänftigt. Als nun aber Hermes erst zu spielen beginnt, da bietet jener sofort die 50 Rinder, um die neue Kunst zu lernen. Hermes ist bereit die Kitharis abzutreten, um sich mit dem Bruder zu versöhnen (495). Sie tauschen Hirtenpeitsche und Kitharis mit einander. Apollon spielt und singt dazu. Darauf treiben sie die Rinder auf die Asphodeloswiese und kehren selbst auf den

Olymp zurück [wo Zeus sie versöhnt. Für die Kithara schafft sich Hermes später einen Ersatz in der σύριγξ (397—512)].

Da spricht Apollon zu Hermes, da er fürchte, daſs jener ihm Kithara und Bogen zugleich entwenden könne, so müsse er ihm einen Schwur leisten. Jener schwört dem Apollon alles, was er habe, zu lassen. Darauf erst gewährte ihm Apollon seine Freundschaft und verspricht ihm noch die goldne Rute des Reichtums und Segens (529); die Mantik aber, nach welcher jener frage, könne er ihm nicht geben, dafür aber solle er das Thrienorakel unter dem Parnaſs erhalten und die Herrschaft über alle Tiere.

So liebte Apollon den Hermes und bezeigte diese Liebe durch allerlei Gabe (παντοίῃ φιλότητι 575); der Kronide legte noch die Anmut dazu. Der waltet seitdem unter Göttern und Menschen wenig nützlich, oft schädlich, namentlich nachts (513—Ende).

Der Zustand der Überlieferung dieses Hymnus, dessen schlimmste Schäden schon aus der Inhaltsangabe zu erkennen sind, macht es begreiflich, daſs die Urteile der Gelehrten über denselben sehr abweichen.

Was das Thema anbelangt, so wollte nach G. Hermann der Dichter den Rinderdiebstahl erzählen, nach Groddeck (p. 35) und Lohsee (p. 15) die Geburt des Merkur, nach Franke (p. 53), Bergk (LG. p. 762) und Preller (Myth.³ p. 312) die Listen resp. Wunderthaten des neugebornen Gottes, nach Ilgen (p. 36), Schulze (p. 14) und Burckhardt (p. 737) die Listen des Hermes in der Erringung von Ehren, nach Baumeister (p. 185), wie sich Hermes die Ehren des Apollon verschafft habe.

Wenn man die letztere Meinung dahin modifiziert, daſs der Dichter darstellen will, wie sich der neugeborene Hermes seine Anerkennung als mächtiger Gott im Olymp erwirbt, dann hat man das wirkliche Thema des Hymnus gefunden. Beweis: vs. 64 geht Hermes aus κρειῶν ἐρατίζων, vor Hunger gewiſs nicht, denn auf dem Kylleneberge weiden Schafe und Ziegen (232). Schon Franke erkannte (zu vs. 129), daſs es dem Hermes auf eine Opfermahlzeit ankommt. Schon vor Franke hatte Matthiae (s. den Komm. zu 129) bemerkt, daſs die 12 Teile des Opfers, welche Hermes macht, auf die Zwölfgötter gehen. Daraus folgt, daſs der ebengeborene Gott mit vollem Bewuſstsein, nicht aus Naivität, wie Bergk (LG. p. 762 A. 49) will, sich in die Reihe der groſsen Götter stellt. Er opfert sich, wie er wünscht, daſs ihm von nun an geopfert werden soll. Er will nicht länger ἀδώρητος und ἄλιστος (168) sein, sondern alle Tage bei den Unsterblichen πλούσιος, ἀφνειός, πολυλήιος (171). Dazu soll ihm eine Probe seiner Kraft und List verhelfen, indem er dem Apollon seine fünfzig Kühe stiehlt. Es war ihm (176) und seiner Mutter (158) nicht unbekannt, dafs Apollon durch die Mantik den Dieb erfahren werde. Für diesen Fall aber droht Hermes dem Apollon noch ganz andren Schaden zu thun (176 f.). Der Rinderdiebstahl ist also schliefslich nur ein Mittel, die Aufmerksamkeit der Götter auf die Kraft und List des neuen Gottes zu lenken. Daher fordert er selbst (312) ein Gericht vor Zeus. So erscheint er im Olymp, wenn auch zunächst als Verklagter. Doch schon beim ersten Anblick sieht Zeus ·in ihm den Herold, also ein nützliches Glied des Götterstaats. Gleich darauf finden wir beide Zeussöhne ausgesandt und zwar den Hermes als διάκτορος voran. Nach verrichteter Sache kehren beide in den Olymp zurück. Zeus versöhnt sie und der Sohn der Maia bleibt mit bestimmten Amtsverrichtungen bei den Olympischen (572).

Ist diese Darstellung richtig, so darf die Erfindung der Kitharis nicht aus dem Hymnus als eine Interpolation ausgeschieden werden, wie Matthiae, Hermann (praef. p. XLII ff.),· Greve (p. 18) und Guttmann (p. 3) wollen. Denn die Kitharis dient nach der Absicht des Dichters, wie schon Groddeck (p. 35) herausfand, dazu, den durch den Rinderraub erzürnten Apollon zu versöhnen. Hermann berief sich für seine Athetese darauf, dafs der Gott ausgehe (vs. 22) Rinder zu stehlen und die Kitharis verfertige. Lohsee (p. 19) hat sehr gut eingewandt, dafs das Imperf. ζήτει nur von einer Absicht spreche. Es läfst sich freilich nicht in Abrede stellen, dafs der Dichter nichts gethan hat, das Hermannsche Mifsverständnis zu verhüten. Wie leicht war es ihm zu sagen: Hermes machte sich auf nach den Rindern, gleich beim Austritt aus der Thür aber fand er die Schildkröte, und um ein Versöhnungsmittel zu haben, machte er die Kithara daraus. Aber schon Schneidewin (p. 662) und Baumeister (p. 185) bemerkten, dafs die Schildkröte als ein ἕρμαιον, ein Glücksfund gelten soll. Zwar findet sich das Wort ἕρμαιον nicht, aber σύμβολον (26) ist Ersatz dafür. Alle übrigen Gründe sind noch weniger belangreich. Ganz mifsglückt ist der Versuch Greves (p. 18 ff.), diese Partie der Sprache nach als jünger darzustellen. Wenigstens zeigt das Verzeichnis nachhomerischer

Wörter, welches Greve (p. 56 ff.) giebt, dafs diese Partie nichts vor dem übrigen Hymnus voraus hat. Meines Erachtens sind die Fäden, welche die Erfindung der Kitharis mit dem übrigen Hymnus verbinden, so fest, dafs an eine Abtrennung nicht zu denken ist.

Als Hermes zum Rinderdiebstahl auszieht, verbirgt er die Leier in der Schwinge (63). Zurückgekehrt schlüpft er wieder in die Schwinge und lag (153) χέλυν ἐρατὴν ἐπ' ἀριστερὰ χειρὸς ἐέργων. Beim Besuch Apollons liegt er noch (242) χέλυν δ' ὑπὸ μασχάλῃ εἶχεν. Konsequenterweise schnitt Hermann vs. 151—153 und 240—242 mit hinweg. Doch liefs er folgendes stehen: Als Hermes von Apollon fortgeführt wird, zieht er die Windel bis hoch an die Ohren herauf (306), schwerlich, um leichter zu marschieren, wie Hermann meinte, sondern weil er die Kitharis darunter hat, mit welcher ihn jener aus der Schwinge gerissen hat. Auch vor Zeus steht (388) Hermes καὶ τὸ σπάργανον εἶχεν ἐπ' ὠλένῃ οὐδ' ἀπέβαλλεν. Matthiae wollte den Vers streichen, weil er nicht daran dachte, was jener unter der Windel hatte. Als Apollon dann die furchtbare Stärke des Kleinen erkennt, da will er ihn binden. **Für diesen Moment ist die Kitharis aufgespart.** Leider ist der Hymnus gerade an dieser Stelle verstümmelt, doch begreift sich das Erstaunen Apollons erst dann völlig, wenn der Gegenstand desselben die Leier ist, die plötzlich zum Vorschein kommt. 419 ff. finden wir den Hermes spielend und Apollon entzückt zuhörend. Vgl. zu 416 den Kommentar. Die dort mitgeteilte Stelle aus dem Schol. des Dionys. Thrax bestätigt meine hier entwickelte Auffassung.

Die Kritik hat an dem Hymnus, so wie er uns jetzt vorliegt, andre begründetere Ausstellungen zu machen gehabt, deren wichtigste hier besprochen werden sollen. Die anderen bleiben für den Kommentar.

Der Weg, welchen Apollon auf den Spuren des Räubers zurücklegt, ist ein andrer, als wir zu erwarten berechtigt sind. Wir finden Apollon morgens (183) unterwegs. Er kommt zuerst, wie Hermes (vs. 88), nach Onchestos (186), von da nach Pylos und dort erst bemerkt er die merkwürdigen Rinder- und Hirtenspuren, während von Hermes (vs. 75 ff.) erzählt wird, dafs er gleich nach dem Raube die Spuren der Rinder umgekehrt und sich ungefüge Sandalen verfertigt habe, und so erst nach Onchestos kam. Diese Inkonvenienz will Franke (zu vs. 211) dem Dichter als eine Ungenauigkeit hingehen lassen, Windisch (p. 35) und Lohsee (p. 38) streichen vs. 218 resp. 212—227 als eine spätere Interpolation. Für diese Streichung spricht der Umstand, dafs durch dieselbe der 2. Teil des Weges des Apollons mit dem des Hermes in Übereinstimmung kommt; dagegen aber spricht erstens, dafs man nicht begreift, warum die Interpolation gerade an die verkehrte Stelle gestellt wurde (vielleicht, damit sie als solche entdeckt werden könnte?), und dann namentlich, dafs der 1. Teil des Weges doch noch nicht in Ordnung kommt. Man weifs immer noch nicht, wie Apollon ohne alle Spuren bis nach Onchestos gelangte. Die Verse 218—227 sollten, wie schon Lohsee (p. 38) sah, nach vs. 185 stehen. Ich selbst hatte einmal die Meinung, dafs sie dort ausgefallen und daher wieder einzusetzen seien. Doch bei näherer Erwägung pflichte ich doch dem Urteil Frankes bei. Auch die Umstellung ist nicht ohne Bedenken. Erstens lassen sich die Verse nicht ebenso glatt einsetzen, wie ausscheiden, und zweitens fehlt dann immer noch eine Bemerkung, dafs Apollon den Diebstahl bemerkt und dem Diebe nachgegangen sei. Wir haben daher die Änderungen als Willkürlichkeiten des Dichters selbst aufzufassen. Dahin führt auch die Beobachtung, dafs an der Stelle, wo Apollon seine Reise erzählt (334 ff.), wieder eine eigentümliche Variante angebracht ist. Apollon berichtet (359 f.), dafs die merkwürdigen Spuren ihn nicht getäuscht hätten; er sei erst in Verlegenheit geraten, wo der Sandboden aufhörte und mit ihm die Spuren; da aber habe ihn ein sterblicher Mann zurecht gewiesen. Von diesem Aufhören des Sandbodens steht in den beiden vorangegangenen Erzählungen nichts; im Gegenteil: vs. 87 treibt Hermes die Rinder verkehrt an dem Alten vorüber und 210 f. berichtet dieser dem Apollon, dafs er den Knaben in dieser Weise die Rinder treibend gesehen habe. Diese Verschiedenheit der Erzählung ist ganz geeignet, uns vorsichtig bei der Annahme von Interpolationen zu machen.

Sehr viel schwieriger steht die Sache mit dem Schlufs des Hymnus von vs. 507 an. Seit Groddeck (p. 36) denselben von dem Hymnus lostrennte, hat es nicht mehr viel Forscher gegeben, welche die Zugehörigkeit dieser Partie zu dem Hymnus behaupteten. Vgl. Matthiae (p. 46 f.). Hermann (ep. p. LXXI ff.), Schneidewin (Philol. III 692—700), Welcker (ep. Cycl. II 464),

Burckhardt (p. 737—44), Bergk (LG. I p. 763), Greve (p. 24), Lohsee (p. 17), Sittl (LG. p. 197), Scheffler (p. 43). Alle diese stimmen für Groddeck, die Echtheit des Schlusses haben meines Wissens nur Ilgen, Franke und Baumeister verfochten; aber auch sie müssen etwas preisgeben. Ilgen streicht 511. 512, die beiden andren 507—512.

Wir besprechen zuerst 513 ff. Während in den Versen von 496 an sich ein rascher Schluſs anzubahnen scheint, was wir umsomehr vermuten dürfen, da vs. 511. 512 ganz nebensächlich die Erfindung der Syrinx gewissermaſsen als Ersatz für die Kitharis berührt wird, hebt von 513 an die Erzählung noch einmal in aller Ausführlichkeit an. Apollon spricht seine Befürchtung aus, daſs der Bruder ihm Leier und Bogen stehlen könnte. Diese Befürchtung ist an und für sich nicht so ungerechtfertigt, sie kommt aber in dem überlieferten Zusammenhange sehr überraschend, in welchem wir schon von der Kitharis Abschied genommen hatten und zur Syrinx gelangt waren. Und jetzt kehren wir mit einem Mal zur Kitharis zurück. Auch daſs Hermes 522 f. schwört, nicht in das feste Haus des Apollon zu dringen, kommt überraschend, da Apollon nur im allgemeinen einen Schwur verlangt hatte, daſs jener ihm nicht Bogen und Leier stehlen werde. Dieser Tadel trifft nicht die Verbindung des Schlusses mit dem Vorangegangenen, sondern die Partie selbst in ihrer Ausführung. Schneidewin (p. 694) und Lohsee setzten deswegen eine Lücke nach 518 an. Einen weiteren Anstoſs bietet vs. 533 ff., wo Apollon bedauert, dem Hermes nicht die Mantik übertragen zu können. In dem unmittelbar Vorhergehenden sucht man vergebens nach einem Wunsch oder einer Bitte des Hermes. Daher schon Groddeck (p. 37) nach vs. 509 eine Lücke ansetzte. Es kommt noch hinzu, daſs Apollon dem Hermes (529) ὄλβου καὶ πλούτου περικαλλέα ῥάβδον später (αὐτὰρ ἔπειτα 528) zu geben verspricht. Man weiſs nun nicht recht, ob das die Peitsche von 497 ist oder etwas andres. Bergk (LG. I 673 A.) hielt beide für identisch, er zog sogar noch das κρανέϊνον ἀκόντιον (460) heran, so daſs wir eigentlich drei verschiedene Namen für ein und dieselbe Sache hätten. Dagegen ist einzuwenden, daſs die Peitsche schon übergeben ist, der Stab oder die Rute erst später übergeben werden soll. Ferner daſs die Peitsche mit dem κρανέϊον ἀκόντιον identisch wäre, ist durchaus nicht erwiesen. Warum soll Apollon nicht wie Eumaios (ξ 531) als Hirt einen Speer führen? Aber selbst wenn dieses ἀκόντιον wirklich ein Ochsenstachel wäre, was ich bestreite, so ist eine ῥάβδος τριπέτηλος χρυσείη κτλ. denn doch ein himmelweit davon verschiedenes Ding. Daher hat sich denn auch die grofse Mehrheit der Forscher für die Verschiedenheit von μάστιξ (496) und ῥάβδος (529) ausgesprochen. Vgl. Ilgen (p. 472), Hermann (ep. p. LXXVII), Franke zu 529, Baumeister (p. 242), Greve (p. 9), Schulze (p. 11), Burckhardt (p. 748). Über die Bedeutung des Rute s. zu 529. Da nun in dem gegenwärtigen Zusammenhang nicht gesagt wird, wofür dieses zweite Geschenk denn eigentlich gegeben wird, so hat man (s. Baumeister p. 186) geglaubt, dafs auch darüber in der Lücke, die Groddeck annahm, gesprochen sein könnte. Diese Vermutung geht im Grunde auf Apollodor zurück, bei dem es (3, 10, 2, 6) heifst: Ἑρμῆς δὲ σύριγγα πάλιν πηξάμενος ἐσύριζεν. Ἀπόλλων δὲ καὶ ταύτην βουλόμενος λαβεῖν, τὴν χρυσῆν ῥάβδον ἐδίδου. Das scheint ja ganz die Erklärung zu sein, welche wir suchen. Aber schon Bergk (LG. I 763 A. 50) bemerkte treffend, dafs Apollon mit der Syrinx überhaupt nichts zu schaffen habe. Es ist daher unmöglich, dafs es jemals eine Gestalt des Hymnus gegeben haben könnte, in welcher Apollon sein Begehren nach der Syrinx aussprach. Wenn Apollodor den Apollon ein solches Begehren empfinden läfst, so hat er dies entweder, wie schon Bergk (a. a. O.) bemerkte, aus unserm Hymnus erschlossen, oder aus einer andern Quelle entlehnt. Die Entscheidung über diesen Punkt folgt weiter unten.

Das sind die Anstöfse, welche die letzte Partie des Hymnus bietet, und auf Grund deren dieselbe fast allgemein als ein fremder Bestandteil aufgefafst wird. Man (z. B. Greve) hat sogar einen verschiedenen Stil finden wollen, doch sind die bedeutendsten Forscher darüber einig, dafs diese Partie in Geist und Ton mit dem übrigen Hymnus übereinstimmt. Vgl. Schneidewin p. 696, Welcker G. G. II 464, Bergk LG I 764, Baumeister p. 186. Besonderheiten aus einem Teile des Hymnus herauszusuchen, wo der Hymnus im Ganzen soviel Singuläres bietet, ist ein nicht zu billigendes Verfahren. Infolge dieser Übereinstimmung, die bei einer Verschiedenheit der Verfasser kaum denkbar wäre, wird es Pflicht, die Versuche derer, welche den Hymnus als ein Ganzes betrachten, über die obigen Anstöfse hinwegzukommen, genauer zu betrachten.

Das Wiederanheben der ausführlichen Erzählung ist nach 512 absolut undenkbar. Ist also 513 ff. echt, so muſs die vorangehende Partie ein Einschub sein. Daher strichen Franke und Baumeister vs. 507—512. Franke bemerkte sehr gut, daſs diese Verse wahrscheinlich eine nähere Erklärung zu 506 χάρη δ' ἄρα μητίετα Ζεύς sein sollten. Diejenigen, welche 513 ff. einem andern Verf. zuschreiben, betrachten die Verse 507—512 als einen schlechten Lückenbüſser (z. B. Lohsee p. 17). In diesen Versen fällt namentlich 508 auf. Wenn Zeus die beiden Söhne schon versöhnt hatte, so war die Furcht des Apollon vor der Fingerfertigkeit des Hermes unnötig (Lohsee p. 4 ff.). Überhaupt ist zu bemerken, wenn wir einmal vs. 513 ff. für echt erklären, daſs wir dann diese zweite Verhandlung der beiden Göttersöhne am liebsten bald hinter der ersten sehen möchten. — In Bezug auf den zweiten Punkt, den Wunsch oder die Bitte des Hermes um die Gabe der Mantik, bemerkte schon Ilgen (p. 472), daſs die letzte Partie nicht gerade voraussetze, daſs ein solcher Wunsch ausgesprochen sein müsse. Denn ἐρεείνειν (533) heiſse gar nicht bitten, sondern fragen genau wie in K 558 (vgl. auch das Lex. Hom. v. Ebeling s. v.), ferner begehre auch Apollon die Kitharis nicht direkt und Hermes verstehe ihn doch. — Schlieſslich läſst sich auch wohl ein plausibler Grund finden, wofür denn eigentlich Apollon den goldnen Zauberstab anbietet. Nach Franke war dem Apollon der Preis für die Kithara nicht groſs genug, weshalb er aus freien Stücken, nun ihm durch den Schwur des Hermes das kostbare Instrument gesichert ist, den Zauberstab und das Thrienorakel zugiebt. Nach meiner Meinung haben wir gar nicht nötig, irgend etwas in das Gedicht hineinzulegen, sondern nur herauszulesen. Apollon war wegen der Fingerfertigkeit des Hermes weder der Kithara, noch auch seines alten Eigentums, des Bogens, sicher; daher bittet er den Hermes um die Gefälligkeit eines Schwurs. Eine Liebe ist der andern wert. Als Hermes den Schwur geleistet, da bietet er ihm den goldnen Stab. Weil er aber aus den Reden des Hermes (467, 474, 489) den Wunsch nach der Mantik herausgehört hat (ἥν ἐρεείνεις 533), so giebt er ihm das Thrienorakel.

Es wird aus dieser ganzen Auseinandersetzung hoffentlich soviel klar geworden sein, daſs eine Notwendigkeit, den Schluſs des Hymnus von 513 an als einen fremden Bestandteil hinwegzunehmen, keineswegs vorliegt. Ist aber 513 ff. echt, so muſs

ΕΙΣ ΕΡΜΗΝ.

vorher eine Störung vorliegen. Es genügt nicht, mit Ilgen blofs die Syrinx (511. 512), allerdings das gröfste Hindernis, hinwegzuräumen, sondern es mufs auch die vorzeitige Aussöhnung der Brüder durch Zeus (508) fallen, so dafs allerdings 507—512 als eine spätere Zuthat mit Franke und Baumeister zu streichen sind.
Ist aber 507—512 auch eine spätere Zuthat, so ist es doch jedenfalls eine sehr alte. Denn schon oben wurde erwähnt, dafs Apollodor die Syrinx in unserm Hymnus gekannt und ein Begehren des Apollon nach derselben vorausgesetzt hatte. Über das Verhältnis unsers Hymnus zum Apollodor sind allerdings die Meinungen geteilt. Nach Matthiae (p. 54), Groddeck (p. 36), Hermann (praef. p. XLVII), Baumeister (p. 185), Greve (p. 37) war unser Hymnus nicht die einzige Quelle Apollodors in 3, 10, 2, nach Bergk (p. 763) und Burckhardt (p. 746) war er allerdings die einzige Quelle und alle Abweichungen vom Hymnus sind Apollodors eigne Erfindungen. Soviel ist zunächst unbestreitbar, dafs das betreffende Apollodorkapitel (3, 10, 2) in seinem Umfange und auch in seinem Verlaufe, ja wie Hermann (praef. p. XLV) richtig bemerkt, auch im Wortlaut dem Hymnus entspricht, so dafs also Apollodor oder seine Quelle den Hymnus gekannt haben mufs. Bei genauerem Eingehen können wir sogar sehen, dafs, wo der Hymnus Zweifel läfst und Lücken darbietet, auch der Mythograph solche nicht immer löst. Aus meiner obigen Auseinandersetzung, die Erfindung der Lyra betreffend, geht hervor, dafs gerade an der Stelle der Hymnus uns im Stich läfst, wo Apollon die Kitharis zum ersten Mal sieht. Da heifst es auch bei Apollodor einfach: *ἀκούσας δὲ τῆς λύρας κτλ.* Die Frage: Wo kam denn die Kithara mit einem Mal her? hat sich der Mythograph nicht vorgelegt, oder, wenn er sie sich vorgelegt hat, nicht beantwortet. Da auch wir eben nur aus einer sorgfältigen Analyse des Hymnus erkannt haben, woher die Leier in dem Moment kam, so folgt für mich unzweifelhaft, dafs Apollodor den Hymnus in derselben trümmerhaften Gestalt las, wie wir ihn haben. Ein zweites Beispiel bietet der alte Mann in Onchestos (87, 187), an welchem Hermes die Rinder vorübertreibt. Nach den Intentionen des Dichters soll derselbe natürlich identisch sein mit demjenigen, welchen Apollon am nächsten Morgen (187) ebenfalls in Onchestos trifft. Aber der Name wird nicht genannt, er soll offenbar nur als ein Landmann durch seine Beschäftigung charakterisiert werden. So sagt

denn auch Apollodor einfach: Ἀπόλλων δὲ τὰς βόας ζητῶν εἰς Πύλον ἀφικνεῖται καὶ τοὺς κατοικοῦντας ἀνέκρινεν. Die Battossage, welche unserm Hymnus fremd ist, erwähnt also auch Apollodor nicht. Vgl. Scheffler p. 30. So eng ist der Anschluſs an unsern Mythus. Wenn Apollodor die Scene nach Pylos versetzt, so ist das wohl nur eine Ungenauigkeit des Epitomators. Auch daſs Apollodor bei der Reise des Hermes den Alten überhaupt nicht nennt, könnte Ungenauigkeit sein; möglicherweise aber lag diese Stelle dem Apollodor schon gerade so verstümmelt vor, wie uns jetzt. Im Übrigen aber hat Apollodor sich bemüht, manches, was im Hymnus nicht begründet ist, zu motivieren. Es ist ihm merkwürdig, daſs Hermes über die Schildkröte Därme als Saiten einzieht, ohne daſs gesagt wird, woher denn die Därme stammen. Er verlegt daher die Erfindung der Lyra nach den Rinderdiebstahl. Man hat geglaubt, daſs Apollodor hier eine andre Quelle benutzt hat. Das ist aber unwahrscheinlich. Vielmehr hat Apollodor nur eine Motivierung liefern wollen, ist aber dabei in einen Widerspruch mit sich selbst verfallen. Er will erklären, woher Hermes die Därme hat, und sagt: καὶ εὑρίσκει πρὸ τοῦ ἄντρου νεμομένην χελώνην. ταύτην ἐκκαθάρας εἰς τὸ κῦτος χορδὰς ἐντείνας ἐξ ὧν ἔθυσε βοῶν κτλ. Er hat also die Därme mitgenommen, weil er schon wuſste, daſs er eine Schildkröte finden und daraus eine Kitharis machen würde! Da zeigt sich die nachträgliche Änderung ganz deutlich. Daſs übrigens Apollodor bei der Verfertigung der Kitharis die Rindshaut ganz wegläſst und statt der Schafsehnen Rindssehnen einführt, beruht wahrscheinlich darauf, daſs Apollodor bei der ältesten Kitharis die Bespannung mit der Rindshaut für überflüssig hielt, also eine einfachere Vorstellung von der ältesten Gestalt der Kitharis hatte. Vgl. auch Lucian D. D. 7, 4, wo ebenfalls der Rindshaut nicht gedacht wird und den Komm. zu 47. 51.

Nach dem allen werden wir nicht mehr zweifeln können, daſs es Apollodors eigne Erfindung ist, wenn er den Apollon auch die Syrinx begehren läſst, die doch seinem Wesen ganz fremd ist. Daraus folgt dann weiter, daſs Apollodor den Hymnus in dem Umfange und in der Gestalt vor sich hatte, in welcher wir ihn heute noch besitzen.

Wir kommen damit zur Abfassungszeit des Gedichts. Der erste, welcher dieselbe genauer bestimmte, war J. H. Voſs. Derselbe setzte aus sprachlichen und sachlichen Gründen den

Hymnus in die Zeit der Tragiker und gab ihm den Chier Kynaithos zum Verfasser (Ol. 69). Vofs legte ein besondres Gewicht auf das Vorkommen des Wortes σάνδαλα (vs. 79) mit Rücksicht auf Pollux 7, 22. Doch findet sich das Wort schon bei Sappho frgm. 98 (Anthol. lyr. p. 207). Eine bessere Zeitgrenze giebt die siebensaitige Kithara (vs. 51). Wenn es so sicher wäre, wie noch jüngst Flach (G. Lyrik I 195 A.) annimmt, dafs Terpander dieses Instrument erfunden hat, so hätten wir damit einen ganz festen chronologischen Anhalt (Ol. 26 = 676). Doch ist das Instrument gewifs älter. Scheffler verweist (p. 20) mit Recht auf Athenaeus XIV p. 635 F und Aristot. Problem. XIX 32. S. auch die mythischen Ahnherrn zu vs. 51. Trotzdem ist in dem bekannten Fragment (bei Strabo XIII 618) gewifs ein Übergang von der viersaitigen zur siebensaitigen Kithara gemeint. Anders Volkmann zu Plut. mus. p. 81. Selbst wenn Terpander nicht der Erfinder, sondern nur der Verbreiter der siebensaitigen Kithara ist (Westphal Gesch. d. Mus. I 83, Bergk LG. I 765, II p. 211 A. 29), gewährt dieser Umstand immer noch einige chronologische Sicherheit. Wir werden sagen können, dafs der Dichter unmöglich den Hermes bei der Erfindung des Instruments sieben Saiten anbringen lassen konnte, wenn nicht die Vorstellung der siebensaitigen Lyra eine ganz geläufige, altgewohnte war. Der Hymnus mufs also unbedingt nach Ol. 26 fallen. Es fragt sich nur, wie weit man hinter Ol. 26 heruntergehen mufs. O. Müller (LG.[3] I 126) setzte den Hymnus blofs der siebensaitigen Kithara wegen auf Ol. 30. Wäre diese Fixierung richtig, so würde er aus derselben Zeit wie der h. Cer. stammen. Das ist aus metrischen und sprachlichen Gründen undenkbar. Metrik und Sprache zeigen den h. Merc. als den jüngsten der gröfseren Hymnen an.

In Bezug auf die Metrik s. Hermann Orph. p. 689 und Eberhard (Die Sprache der hom. Hymnen II p. 34 ff.). Über die Sprache des Hymnus sind zu vergleichen die fleifsigen Zusammenstellungen von Greve (p. 56—89) und Eberhard (p. 7—36). Danach kann es kaum zweifelhaft sein, dafs die Sprache des Hymnus manchmal an die Sprechweise der Tragiker erinnert. Vgl. Worte wie 230 λοχεύειν gebären (cf. Hermann Orph. 811), 320 βαδίζω, 353 στίβος, 361 αὐγή das Auge, 481 κῶμος (Bergk LG. I 765, doch s. κωμάζω Hes. Sc. 281). Dazu kommen attische Formen wie 140 ἐμάρανε, 208 ἔδοξα, 405 ἐδύνω, 156 ἔρχῃ (vgl.

ἔσση 34), 382 φιλῶ, 316 λάζυμαι, ferner 50 πήχεις (Accus.), 95 ὄρη, 449 ἔρωτα, 342 u. 355 εὐθύ(ς), 404 κἀγώ (vgl. Bekker H. Bl. I 176), Geändert sind 78 ἴχνη, 20 ᾔρετο, 255 θᾶττον, 368 σοι (enkl.). Darum scheinen mir Baumeister (p. 186) und Eberhard (p. 36) ganz recht gethan zu haben, wenn sie den Hymnus hinter Ol. 40 ansetzten. Auch Bergk (LG. p. 765) setzte ihn noch vor Alkaios (Ol. 45). Hinter Alkaios dagegen schoben den Hymnus Matthiae, Greve (p. 90) und Burckhardt (p. 749). Dafs jedenfalls Euripides den Hymnus gekannt hat, geht wohl aus dem zu 416 Bemerkten ziemlich sicher hervor. Cf. auch h. Cer. 425.

Viel unsicherer ist die Heimat des Dichters. Die Atticismen würden für einen attischen Dichter sprechen; doch finden sich auch Anklänge an die hesiodische Manier (vgl. Bergk LG. I 766 A.). Warum Vofs gerade auf den Chier Kynaithos (Ol. 69) verfallen ist, ist mir rätselhaft.

Erklärung.

1. Ἑρμῆν. Der Hymnus hat niemals die homerische Form Ἑρμείας. Doch findet sich Ἑρμῆς schon ε 54, Υ 72 — Μαιάδος υἱός wird Hermes auch ξ 435 genannt. Μαῖα kommt bei Homer überhaupt nicht vor. Eberhard II p. 8.

2. Κυλλήνης μεδέοντα. Bei Homer werden die cas. obl. von μεδέων von μέδων gebildet. Greve p. 67. Über das Gebirge sagt Bursian (II 182): „Dieser Berg bildet ein fast kreisrundes Massengebirge; er war hochwichtig als Hauptsitz des arkadischen Kultus des Hermes, der in einer der zahlreichen Höhlen, denen das Gebirge wahrscheinlich seinen Namen verdankt (Κυλλήνη von κυλλός verwandt mit κοῖλος) erzeugt und geboren sein sollte und auf dem Gipfel einen Tempel hatte." Den Höhlenreichtum bestreitet Scheffler (p. 1), der sich auf G. Hirschfelds Zeugnis beruft, nach welchem es dort nur eine Höhle, eben die des Hermes, giebt.

5. ἄντρον ἔσω ναίουσα behielten Ilgen und Wolf und sucht Doederlein Gloss. I 248 zu verteidigen. Doch s. Lehrs Aristarch[3] p. 135 f., der die Lesart von XVII 6 ἄντρῳ ναιετάουσα für älter hält. Das ist jedenfalls eine Täuschung (s. den Komm. zu h. XVII), und ἄντρῳ ναιετάουσα wie die übrigen Varianten erst aus dem h. Merc. umgeändert. Dann würde ναίουσα hier sehr alt und gut bezeugt sein. Doch hat der Verf. von h. XVII hier

schwerlich ἄντρον, sondern ἄντρου, wie Baumeister schrieb, gelesen. Hermann konj. ἄντρον ἔσω δύνουσα, Schneidewin καδδῦσα wegen vs. 237 σπάργαν' ἔσω κατέδυνε.

8. ὄφρα — ἔχοι. Der Optativ ist hier schwerlich mit Ilgen und Hermann als Opt. der indir. Rede zu erklären, sondern wohl als Opt. iterativus. Vgl. η 136 ᾇ πυμάτῳ σπένδεσκον, ὅτε μνησαίατο κοίτου. Kühner A. G. § 567 (p. 953), 5.

9 = ω 64 (κλαίομεν).

10 = Hes. Theog. 1002 μεγάλου δὲ Διὸς νόος ἐξετελεῖτο (vgl. Λ 5 Διὸς δ' ἐτελείετο βουλή). Die Hesiodstelle ist das Original des 10. Verses. Dort wird schon vorher auf den Ratschlufs der Götter verwiesen (993), dort pafst auch das Imperf. besser. Hier hätte der Aorist oder das Plusqpf. wie in vs. 11 stehen müssen, wenn nicht die Erinnerung an den Hesiodvers zu mächtig gewesen wäre. Da beide Verse sich gegenseitig schützen, ist sowohl Schneidewins (p. 664) Konj. πόθος als Stolls (J. J. 79 p. 313) γόνος zu verwerfen.

11. Der Monat ist am Himmel befestigt, wie sonst vielleicht der Mond oder Λ 28 der Regenbogen: ἅς τε Κρονίων ἐν νέφεϊ στήριξε. Übrigens fängt der Nachsatz nicht schon vs. 11 an, wie man aus Τ 117 lernen kann: τῇ δ' ἕβδομος ἑστήκει μείς, ἐκ δ' ἄγαγε πρὸ φόωσδε. Vielmehr ist der Satz mit τῇ δὲ κτλ. wie in der Ilias ein eingeschobener.

12. So wie der Vers überliefert ist, in seinem gegenwärtigen Zusammenhange, ist er sehr schwierig. Man weifs nicht, wer das Subj. zu ἔς τε φόως ἄγαγεν ist, ebensowenig, was ἀρίσημά τε ἔργα τέτυκτο hier soll. ἔς τε φόως ἄγαγε wird gewöhnlich von der Geburt des Hermes verstanden, wie die Ähnlichkeit mit Τ 118 an die Hand giebt. Subjekt könnte dann die Mutter sein; aber schon Groddeck (p. 85) sah, dafs dann die Geburt zweimal erzählt würde. Daher strich er und nach ihm alle Herausgeber, dazu Schneidewin (p. 662), Greve (p. 17), Lohsee (p. 11) den Vers. Matthiae strich vs. 11 und 12, was mir deshalb nicht so unrecht zu sein scheint, da die Iliasstelle Τ 117 f. eine ganz ähnliche Verbindung aufzeigt. Entweder also sind beide Verse 11 und 12 als Interpolation zu streichen oder beide echt. Für die Echtheit könnte vielleicht der Umstand angeführt werden, dafs ἔς τε φόως ἄγαγεν nicht notwendig auf die Mutter zu beziehen ist, sondern auch auf Zeus gehen kann, oder vielmehr jedenfalls auf Zeus gehen soll. Auch ist es frag-

lich, ob die Redensart hier von der Geburt zu verstehen ist und nicht vielmehr s. v. a. offenbaren bedeutet, wie πρὸς φῶς ἄγειν und ähnliches bei Plato vorkommt. Als Obj. würde dann ἔργα aus dem Folgenden zu ergänzen sein. Und das Ganze hiefse: Als aber der Ratschlufs des grofsen Zeus sich erfüllte — es war für sie der zehnte Monat — da offenbarte er (Zeus) die Sache und alles wurde ruchbar. Stoll (J. J. 79 p. 319) vermutete: ἔς τε φόως (oder ἐκ πρὸ φόως δ') ἀγαγεῖν ἀρίσημά τε πάντα τετύχθαι. Ludwich (in der Recension der Abelschen Ausg. Berl. Phil. Wochenschr. 1886) schrieb ἔστε φόως δ' ἄγαγεν κτλ. und setzte diesen Vers hinter 9.

13. αἱμυλομήτης ist gebildet wie ποικιλομήτης. Die Konjekturen Ruhnkens αἱμυλόμυθος und Ilgens αἰσυλόμυθος sind unnötig. Vgl. αἱμυλοπλόκος und αἱμυλόφρων.

14 tilgte Hermann (ep. p. XLI), weil ἐλατὴρ· βοῶν zu speciell sei und ἡγήτωρ ὀνείρων nicht auf den Knaben Hermes passe. Schneidewin (p. 662), Greve (p. 18) billigen die Streichung. Doch verteidigen Franke und Baumeister den Vers damit, dafs die Epitheta aus dem Hymnus heraus gewählt seien. Das ist zwar mit ἡγήτορ' ὀνείρων nicht der Fall, ich habe aber, da alle Epitheta hier auf die Fingerfertigkeit des Hermes gehen, ἡγήτορ' ὀνείρων in ἡγήτορα φωρῶν verändert.

15. Überliefert ist ὀπωπητῆρα von ὀπωπέω Orph. Arg. 184. Doch pafst der Sinn besser, wenn wir ἐπωπητῆρα schreiben, von ἐπωπάω „beobachten" (bei Aischylos). Pierson vermutete ὀπηδητῆρα, Ernesti ὀπηπευτῆρα. — πυληδόκος kommt nur hier vor. — vs. 13—15 zieht Greve (p. 86) zusammen in: καὶ τότ' ἐγείνατο παῖδα πολύτροπον ὅς τάχ' ἔμελλεν κτλ.

17—19 streichen seit Ilgen sämtliche Herausgeber; den 19. Vers allein behält Lohsee (p. 15), da doch das Datum des Geburtstages nicht fehlen könne. Wir gewinnen dann folgenden Zusammenhang: Da gebar sie den listigen Knaben . . . . . der bald Wunderwerke unter den Unsterblichen verrichten sollte, am 4. Tage, wo ihn Maia gebar. Entweder also sind alle drei Verse zu streichen oder zu behalten. Ich habe mich für das letztere entschieden, da mir der Anfang von vs. 20 ὃς καὶ vorauszusetzen scheint, dafs schon etwas von den Thaten des Gottes gesagt ist. Ludwich (a. O.) ordnet die Verse 16. 20. 17, 18. 19. 21.

17. ἐγκιθαρίζειν kann nach Schneidewin (p. 661) nur be-

deuten vor einem Publikum spielen wie h. Ap. 201. Daher vermutete Schneidewin μεσσημάτιος κιθάριζεν, Bergk (bei Schulze p. 16) einfacher μήσῳ ἤματι εὖ κιθάριζεν. Auch Schmitt (p. 148) ist ἐν verdächtig.

19. τετράδι τῇ προτέρῃ erklärt Baumeister von der ersten Tetrade des zweigeteilten Monats also ἱσταμένου. Über den vierten Tag als Geburtstag des Hermes s. Lobeck Agl. p. 430 ff.

21. Über die Futterschwinge als Wiege s. jetzt die schöne Auseinandersetzung von Mannhardt Mythol. Forsch. p. 369.

22. ζήτει „er wollte aufsuchen". Cf. Lohsee p. 19 und meine Vorbemerkungen p. 185. — βοῦς habe ich geschrieben. So ist überliefert vs. 18 in der These des 2. Fufses und 116 in der These des 4. Fufses. Im Homer schwanken die Herausgeber. Υ 495 schreibt Bekker (II) in der These des 3. Fufses βόας ἄρσενας, dagegen A 154 βοῦς ἤλασαν. Meine Erachtens sollte die Form βόας nur genommen werden, wo sie durch metrische Gründe erfordert wird, das heifst, wo der Ton auf die Silbe ας fällt, und in Fällen wie M 137. Vgl. noch G. Meyer G. G. p. 301, Curtius in Kuhns Zeitschr. I p. 258, Lobeck El. II 109. Nur die Form βόας erwähnt Thiersch Gr. § 195.

24. Zu μυρίον ὄλβον vgl. μυρίον πένθος Σ 88, ἄχος Υ 282.

25 tilgte Ruhnken als aus einer Randglosse eingedrungen. Ihm stimmten sämtliche Herausgeber zu. Nur Schneidewin (p. 662) behielt den Vers, änderte ihn aber zusammen mit vs. 24 in ἔνθα χέλυν εὑρὼν πρῶτος τεκτήνατ' ἀοιδόν und nahm obenein noch vor demselben eine Lücke an. Viel besonnener urteilte Bergk (p. 766 A.), der die Einleitung mit 24 schlofs und die Erzählung mit 25 beginnt. Wenn auch die Erzählung schon bei vs. 20 beginnt, so hat doch Bergk richtig gesehen, dafs vs. 24 zum vorhergehenden und vs. 25 zum folgenden gehört. Ludwich (a. O.) will den Vers hinter 51 setzen; eine meines Erachtens unnötige Änderung.

27. ἐριθηλέα ποίην. Vgl. Ω 347 νεοθηλέα ποίην.

28. σαῦλα βαίνειν gebraucht Simonides vom Pferde (frgm. 18 = Bergk anth. lyr. p. 156): καὶ σαῦλα βαίνων ἵππος ὡς κορωνίης. Anakreon (frgm. 55 = Bergk anth. lyr. p. 242) von jungen Mädchen: Διονύσου σαῦλαι Βασσαρίδες.

30. σύμβολον . . . . . ὀνήσιμον· οὐκ ὀνοτάζω. Die Schildkröte ist nicht blofs ein gutes Omen, das er annimmt, wie Franke (und Baumeister p. 194) meinte, sondern zugleich ein unver-

hoffter Glücksfund, das erste ἕρμαιον. Schneidewin (p. 662), Baumeister (p. 185), Schulze (p. 16). — Statt ὀνήσιμον schreibt Stadtmüller (p. 810) nicht übel ἐναίσιμον. ὀνήσιμος ist vor den Tragikern sonst nicht nachweisbar. Greve p. 28.

31. ἐρόεσσα ist Hes. Th. 245. 251. 357 Beiwort von Mädchennamen; daher mag wohl Schneidewin (p. 663) zu der merkwürdigen Ansicht gekommen sein, Hermes behandle hier die Schildkröte wie ein junges Mädchen. Indes lehrt der ganze Zusammenhang, dafs Hermes schon in der lebenden Schildkröte die Kitharis vorausschaut, wie der Meister sein Kunstwerk. Vgl. namentlich die Ausdrr. χοροίτυπε, δαιτὸς ἑταίρη, καλὸν ἄθυρμα. — χοροίτυπε schrieb zuerst Matthiae (Animadv. p. 214) statt des überlieferten χοροιτύπε (ED).

32 f. Alle Herausgeber aufser Matthiae setzen hinter προφανεῖσα eine stärkere Interpunktion, und beginnen mit πόθεν τόδε einen neuen Satz, was mit Rücksicht auf vs. 155 gewifs richtig ist. Matthiae schrieb in den Animadverss. προφανεῖσα πόθεν; in der Ausgabe πόθεν τόδε. In beiden Fällen steht das Fragewort falsch. Im Folgenden kommt viel auf die Auffassung von πόθεν τόδε an. Die früheren Erklärer zogen die Worte einfach zu ἄθυρμα und übersetzten: Woher dies schöne Spielzeug? Ilgen zuerst fafste τόδε mit „hier" und verwies auf vs. 155, ähnlich übersetzte es Franke mit „da". Die Erklärung gab Bekker hom. Bl. II p. 38. Auf Grund dieser richtigen Erklärung von πόθεν τόδε zog zuerst Ilgen und nach ihm alle Herausgeber alles bis ζώουσα in einen Satz zusammen. Doch ergiebt die koordinierte Nebeneinandersetzung der drei Vokative eine unerträgliche Zusammenstellung. Ich bin daher mit Ausnahme des τόδε zu Ernesti zurückgekehrt und übersetze: woher da, du schönes Spielzeug? Ein bunter Scherben bist du, Bergschildkröte, aber ich werde dich nach Hause tragen und etwas Nützliches aus dir machen. So hat alles seinen guten Zusammenhang, und die Stelle kann erhalten bleiben. Schmidt (Rh. Mus. 26, 1871 p. 161) strich nicht nur 31 sondern auch 32 πόθεν — ἐσσί völlig unnötig.

35 f. strich Groddeck (p. 85) den ersteren als unnütze Wiederholung von 30 und 34, den andern als Reminiscenz aus Hesiod O. 365. Auch Schneidewin (p. 663) ist der Streichung geneigt. Den vs. 36 allein tilgen Matthiae, Hermann, Wolf, Windisch (p. 28 A.). Dagegen schützen ihn Franke, Stoll, Bau-

meister, Greve (p. 29), und auch wohl Bergk (p. 766 A). Ilgen und Lohsee (p. 79) sind sogar der Meinung, dafs er von Hesiod aus diesem Hymnus entlehnt sei. Das war schon die Meinung eines alten Scholiasten dieser Hymnen, der an den Rand notierte CL: ση. τὸν ἡσίοδον κλέψαντα (κεκλοφότα C) τὸν στίχον. Während aber der Scholiast jedenfalls unter dem Einflufs der Meinung urteilte, dafs die Hymnen von Homer stammen, urteilte Ilgen, dafs der Vers in Hesiods Zusammenhang nicht passe. Das ist aber ein starker Irrtum. Es handelt sich dort um das Sparen, was in lauter sprichwörtlichen Redensarten empfohlen wird: „Wenig und oft zurückgelegt, macht am Ende viel. Sparen schützt vorm Hunger. Was der Mann im Haus liegen hat, macht ihm keinen Kummer", und nun folgt: „Drin ist gut sein, draufsen ists gefährlich", wie wir wohl sagen: „Komm herein, mein Kind, draufsen ist's kalt", wenn wir Geld einstreichen. Und keinen andern Sinn soll das Sprichwort im Hymnus haben. Doch schliefst sich der Vers weder eng an das Vorhergehende, noch an das Folgende: Vor- und nachher wird derselbe Gedanke behandelt: Die Schildkröte ist nützlich. Es sollte aber, um das Sprichwort passend zu haben, vorhergehen: ich werde dich ins Haus tragen, also vs. 34. Demnach stellt sich vs. 36 als eine Interpolation zu vs. 34 heraus. Da nun vs. 35 σὺ δέ με . . . ὀνήσεις eine Wiederholung von 34 bietet, das πρώτιστον überhaupt undeutlich ist (es soll wohl heifsen: du sollst mir zuerst nützen, dann die Rinder), da auch der Anfang des Verses οὐδ' ἀποτιμήσω den Gedankengang unnötig stört, so bin ich allerdings auch der Meinung, dafs vs. 35 und 36 als Interpolation zu streichen sind. — Matthiae schrieb in den Animadv. p. 215 οὐδ' ἀπατιμήσω, nahm das aber in der Ausgabe zurück, wo er auf das Adj. ἀπότιμος verwies. Ilgen änderte sehr frei οὐκ ἀποτίμητον. ἀποτιμήσουσιν steht auch Callim. fragm. 103 Schneider.

37. Die Stelle klingt an h. Cer. 230 οἶδα δ' ἐπηλυσίης πολυπήμονος ἐσθλὸν ἐρυσμόν an. Das Original zu bestimmen sehe ich keine Möglichkeit. Übrigens enthält auch nach Ruhnkens glänzender Besserung ἔχμα der Vers eine grofse sachliche Schwierigkeit. Plinius erzählt (H. N. XXXII 4) von dem Fleisch der Landschildkröte, dafs es zum Räuchern magicisque artibus refutandis und als Gegengift gebraucht wurde. Die gesperrten Ausdrücke würden eine sehr gute Übersetzung von ἐπηλυσίης ἔχμα abgeben. Doch handelt es sich im Hymnus um die lebende

Schildkröte, wie der gegenwärtige Zusammenhang deutlich ergiebt. M. Schmidt machte daher (wenig wahrscheinlich) den Satz mit ἦ γὰρ zum Fragesatz. Die Stelle ist weit schwerer korrumpiert, die Heilung aber noch nicht gefunden. Vielleicht hiefs der Anfang des 38. Verses: ζώοισ', ἤν σὺ θάνῃς. Aber auch so würde sich der 2. Halbvers noch nicht anschliefsen, der allerdings ebenfalls korrupt ist. Die Hdschrr., auch E, lesen τότε ἄν, wofür Ilgen τότε γ' ἄν, Hermann τότε κεν schrieb, womit die Sache schwerlich abgemacht ist.

41 f. Das Verfahren des Hermes ist an sich klar. Unklar ist nur das überlieferte, verdorbene ἀναπηλήσας. Ruhnken (Ep. II p. 213) schrieb ἀναμηλώσας „sondierend", was von Wolf und M. Schmidt (p. 167) und Abel angenommen wurde. Aber schon G. Hermann fand die Konjektur zu künstlich; er schrieb ἀναπιλήσας s. v. a. constipans. Wenn auch das Verbum nirgends vorkommt, so hat doch schon Baumeister mit Recht die Konj. aufgenommen. Barnes schrieb ἀναπηδήσας, was nicht in den Zusammenhang pafst. Ilgen, Franke, Matthiae, Doederlein (Glossarium III p. 270) behielten ἀναπηλήσας, doch fast jeder erklärte es verschieden vom andern: Ilgen = ἀμπεπαλών, Matthiae in dorsum coniciens, Franke stimmte bei, Doederlein nahm es = ἀναπηδήσας. — αἰών heifst 1. Leben, so auch T 27 ἐκ δ' αἰὼν πέφαται. 2. allerdings das Rückenmark, wie schon der Schol. B zu T 27 erklärte. In dieser Bedeutung findet sich das Wort bei Hippokrates. Für die zweite Bedeutung entschied sich Greve (p. 30), und schon vor ihm Ruhnken (Ep. I p. 29) und Franke; Baumeister stimmte ebenfalls zu, fafste es aber allgemeiner = Fleisch, wozu gar kein Grund vorliegt. Die erste Bedeutung (Leben) acceptierten Ilgen und Lohsee (p. 45) mit Recht. Denn vs. 119 liegt jedenfalls dieselbe Redensart vor, und es wird die Bedeutung „töten" verlangt. Übrigens ist Arat. Phaenom. 268 f. ganz gewifs eine Anspielung auf unsre Stelle καὶ χέλυς ἦτ' ὀλίγη. τὴν γάρ τ' ἔτι καὶ παρὰ λίκνῳ Ἑρμείας ἐτόρησε, Λύρην δέ μιν εἶπε λέγεσθαι. Weniger bestimmt kann man das von Nicander Alexiph. 572 ff. behaupten, wo es heifst: ἤν τ' ἀκάκητα αὐδήεσσαν ἔθηκεν ἀναύδητόν περ ἐοῦσαν Ἑρμείας, σαρκὸς γὰρ ἀπ' οὖν νόσφισσε αἰόλον· ἀγκῶνας δὲ δύω παρετείνατο πέξαις. Vgl. das Scholion z. St. Apollodor sagt einfach: ταύτην (sc. τὴν χελώνην) ἐκκαθάρας· εἰς τὸ κύτος χορδὰς ἐντείνας κτλ.

45. Überliefert ist αἲ ὅτε (ἃς ὅτε ABC) und am Schlusse

in EL der alte Fehler ἀμαλδύναι statt der vulgaten Lesart ἀμαρυγαί. S. Einl. p. 8 Nr. 9. An αἲ ὅτε ist verschieden herumgebessert worden. Wakefield (zu Mosch. II 107) schrieb ἢ ὡς ὅτε, was nur eine Verbesserung von Barnes' [angenommen von Matthiae, Wolf, Ilgen, Franke] Konjektur ἢ ὅτε sein sollte, die sich übrigens auch in M findet; Hermann liest ὡς δ' ὅτε. In beiden Fällen wird ein neues Gleichnis in diesem Verse gegeben, weshalb Hermann und Wolf den Vers einem Interpolator zuwiesen, obwohl solche Doppelvergleiche nichts Unerhörtes sind. Der Versuch Baumeisters [acceptiert von Abel] den 2. Vergleich durch die Lesart αἲ δέ τε wegzuschaffen, ist mißlungen. Ich wüfste wenigstens nicht, was die Sorgen und die Augenblicke mit einander zu thun hätten. In derselben Richtung bewegen sich Ludwichs Vorschläge οἷά τε oder αἶψά τε. Doch verstehe ich sehr wohl folgenden doppelten Vergleich: „Gedanke und Ausführung folgt bei Hermes so schnell aufeinander, wie die Gedanken in der Brust des Mannes oder wie (ὡς δ' ὅτε) ein Augenblinzeln dem andern." Windisch (p. 36) will sogar entweder 39—42 oder 43—46 streichen.

46 erinnert an T 242 αὐτίκ' ἔπειθ' ἅμα μῦθος ἔην τετέλεστό τε ἔργον. Vgl. auch Apoll. Rhod. Arg. Δ 103 ἔνθ' ἔπος ἠδὲ καὶ ἔργον ὁμοῦ πέλεν ἐσσυμένοισιν.

47 ff. Ich habe schon in der Vorbemerkung (p. 192) angegeben, dafs die Vorstellung des Dichters von der Kithara nicht die einfachste ist. Vgl. über die letztere in Kürze Guhl und Koner das Leben der Gr. u. R.² p. 228. Es ist die Rindshaut hinzugekommen zur Bildung eines klangvolleren Resonanzbodens. Demnach kann Hermes nicht die ganze Schildkröte, sondern nur einen Teil, den Rückenschild (vs. 48), verwandt haben. Daraus fällt auch Licht auf die schwierigen δόνακες (s. zu vs. 47).

47. Nach Pollux 4, 62 wären sie gleich den κέρατα. καὶ δόνακα δέ τινα ὑπολύριον οἱ κωμικοὶ ὠνόμαζον ὡς πάλαι ἀντὶ κεράτων ὑποτιθέμενον ταῖς λύραις κτλ. Das ist wahrscheinlich eine blofse aus dem Namen erschlossene Erklärung. Die Stelle der Komiker, auf welche angespielt wird, ist Aristoph. Ran. 232 erhalten: προσέρπεται δ' ὁ φορμιγκτὰς Ἀπόλλων ἕνεκα δόνακος, ὃν ὑπολύριον ἔνυδρον ἐν λίμναις τρέφω. Daraus ist nichts weiter zu entnehmen, als dafs das Rohr auch unter der Lyra (ὑπολύριος) gebraucht wurde. Von einer Identifizierung der δόνακες und κέρατα kann gar keine Rede sein. Die richtige Erklärung hat Matthiae (Anim. p. 220, wiederholt von Baumeister p. 193) ge-

geben. Danach wird die Innenseite des Rückenschildes zunächst mit Rohr überdeckt und dann mit Leder überzogen. Daſs diese δόνακες verschieden lang sein müssen, liegt auf der Hand. Über πήχεις (Arme) und ζυγός (Querstab) giebt Lucian. D. D. VII, 4 und D. M. 1, 4 Auskunft. — Baumeister macht ferner darauf aufmerksam, daſs das Instrument des Hermes als Phorminx und λύρα bezeichnet wird. Genauer heiſst es im Lex. Hom. von Ebeling s. v. φόρμιγξ, daſs dasselbe 64, 506 Phorminx, 499, 509, 515 κίθαρις, 423 λύρα genannt wird.

48. τετρήνας, zuerst von Matthiae (Animadv. p. 221) gefunden, wurde wiederholt von Cobet (p. 309) und von Schmidt (Rh. Mus. 26, 162) gebilligt. λιθορρίνοιο schrieb Pierson (Veris. p. 156), M. Schmidt und Abel ταλαρρίνοιο.

49. Die Frage, woher die Rindshaut und die Schafdarmsaiten kommen, hat sich der Dichter nicht vorgelegt, wohl aber Apollodor. S. die Vorbem. p. 192. — πραπίδεσσιν steht bei Homer stets in Verbindung mit ἰδυίῃσιν.

51. Die Schafdarmsaiten werden schon φ 407 f. erwähnt: ἅψας ἀμφοτέρωθεν ἐυστρεφὲς ἔντερον οἰός. Daſs einstmals leinene Saiten aufgespannt wurden, überliefert Schol. Σ 569, doch faſste Aristarch λίνον anders auf. Der Vers wird von Antig. Caryst. Mirab. c. VII citiert: "Ἴδιον δὲ καὶ τὸ περὶ τὰ ἔντερα τῶν προβάτων· τὰ μὲν γὰρ τῶν κριῶν ἐστιν ἄφωνα, τὰ δὲ τῶν θηλειῶν εὔφωνα· ὅθεν κἂν (Bücheler καὶ vulgo) τὸν ποιητὴν ὑπολάβοι τις εἰρηκέναι πολυπράγμονα πανταχοῦ καὶ περιττὸν ὄντα· ἑπτὰ δὲ θηλυτέρων ὀΐων ἐτανύσσατο χορδάς. θηλυτέρων halten Bücheler und Guttmann (h. crit. p. 26) für die echte Lesart, aber Franke und Baumeister für eine Konjektur des Antigonus. Ich bin ebenfalls der letzteren Ansicht. — Die Siebenzahl der Saiten weist wie der Bau der Kithara auf eine vorgeschrittene Zeit. S. die Vorbemerkungen. Doch erwähnt auch Lucian D. D. 7, 4 dieselben von der Kithara des Hermes ausdrücklich. Andre wie Callim. Del. 253 schreiben die sieben Saiten dem Apollon zu. (S. Scheffler p. 16 ff.); nach Pausan. IX 5, 7 gehört die Erfindung dem Amphion. Übrigens bemerkte schon Ilgen (p. 371), daſs hier nichts von Knopf, Wirbeln und Steg verlaute. Doch ebensowenig wird etwas von der Erfindung des Plektrons gesagt, und doch braucht es Hermes vs. 53. Dagegen heiſst es bei Apollodor καὶ ἐργασάμενος λύραν εὗρε καὶ πλῆκτρον.

52. Ich hoffe den Vers durch bloſse Interpunktion geheilt

zu haben. Der Konjekturen giebt es eine ganze Anzahl zu diesem Vers. Matthiae schrieb statt φέρων: χερῶν; Schneidewin (p. 664) χεροῖν; Schmitt (J. J. 73 p. 149) schrieb λαβών, Schneidewin versuchte auch noch καμών, Hermann (Viger p. 758) vermutete τεῦξ' εὑρών; Schwenck (Rh. Mus. 13, 474) nahm die Schmittsche Konjektur auf, setzte aber hinter τεῦξε eine Lücke von einem Verse an. Was darin wohl gestanden haben sollte? Bücheler (Guttmann p. 48) vermutete λύρην, was Abel aufnahm; möglich ist auch χέλυν und noch manches andre; Ludwich konjizierte neuerdings τεῦξ' ἐφέπων.

54. σμερδαλέον wollte Schneidewin hier und 420 lesen, wie es 502 überliefert ist. Umgekehrt giebt der Schreiber von *M* an allen drei Stellen σμερδαλέον. Baumeister bemerkte, dafs vielleicht nicht ohne Absicht σμερδαλέον vom ungeübten Spiel des Hermes, und ἱμερόεν vom geübten des Apollon gebraucht sei. Das ist gesucht und falsch, da (421) der liebliche Ton der Phorminx dem Apollon auffällt, und vom Singen des Hermes und des Apollon ganz derselbe Ausdruck gebraucht wird: θεὸς δ' ὑπὸ καλὸν ἄειδεν (54, 502). Jedenfalls ist aber nichts zu ändern. Warum soll nicht einmal der liebliche und ein andermal der mächtige Ton der Kithara hervorgehoben werden? Vgl. vom Gesange der Kirke: δάπεδον δ' ἅπαν ἀμφιμέμυκεν (κ 227). σμερδαλέος darf man nur nicht als **schauderhaft** oder **erschreckend** auffassen, sondern, wie das die Etymologie wohl zuläfst (s. Curtius [5] p. 692) als **durchdringend**.

55 f. Matthiae (und Baumeister p. 196) vermutete οἷά τε. So steht Apoll. Rhod. Arg. *A* 458 οἷά τε πολλὰ νέοι παρὰ δαιτὶ καὶ οἴνῳ τερπνῶς ἐψιόωνται. Doch ist die Änderung keine glückliche. Nicht das, oder solches, wie es die Jünglinge beim Mahle singen (Neck- und Spottlieder), sondern ἐξ αὐτοσχεδίης wie jene. Das Gleichnis bezieht sich also nicht auf den Inhalt, sondern nur auf die Art des Gesanges.

57. ἀμφί. S. zu VI 1.

58. Über ὅαροι s. zu h. XXII 3. — ἑταιρεῖος erklärt das Lex. Hom. richtig mit ad societatem pertinens, consuetudinis amans. Vgl. Anthol. 9, 415 ἑταιρεῖος στόλος Zug der Gefährten, 6, 254 κῶμος ἑταιρεῖος Schwarm der Gefährten, 9, 519 ἑταιρεῖος φόνος. Das Wort ist erst spät bezeugt, zuerst als Beiname des Zeus bei Herodot. 1, 44.

59. ὄνομα κλυτὸν ἐξονομάζειν bessert *M*; besser ist die Ver-

mutung Schmitts (p. 149), welche ich in den Text gesetzt habe; schwach ist Schneidewins (p. 665) Vermutung οὐκ ὀνοτάζων; sehr interessant dagegen Ludwichs Versuch: ἥντ' αὐτοῦ γενεήν, ὀνομακλυτὸν ἔργον, ὅπαξον, wobei ὅπαξον natürlich mit ὡρίζεσκον parallel steht.

61. ἐπηετανούς τε λέβητας ist daraus zu erklären, daſs die kyllenische Grotte der Maia, in welcher Hermes geboren wurde, das ganze Jahr hindurch beschenkt wurde.

64. φόρμιγξ ist ein poetisches Wort (v. Jan de fid. p. 4), in Prosa zuerst bei Plut. de polyphil. 8 gebraucht. Die Techniker gebrauchen das Wort niemals (Westphal Gesch. d. Mus. I p. 92). Die alten Lexikogr. erklären es durch κιθάρα. Vgl. das Lex. Hom. von Ebeling s. v. φόρμιγξ. Doch ist die Form κιθάρη nicht homerisch. Dagegen erhellt die Identität von κίθαρις und φόρμιγξ aus α 153 (κίθαριν) und 155 (ἤτοι ὃ φορμίζων κτλ.). — ὃ δ' ἄρα κρειῶν ἐρατίζων = Δ 551 vom Löwen.

66. ὁρμαίνων δόλον αἰπὺν ἐνὶ φρεσί = δ 843: φόνον αἰπὺν ἐνὶ φρεσὶν ὁρμαίνοντες.

67. Daſs φηλητής, nicht φιλητής, die richtige Form ist, geht aus der Überlieferung unseres Hymnus hervor. S. 159, 214, 292, 446. Schwierig ist die Etymologie, worüber s. Curtius Et.[5] p. 373. Homer gebraucht dafür das Wort ληιστήρ.

69. Zu αὐτὰρ ἄρ' Ἑρμῆς vgl. Β 103 αὐτὰρ ἄρα Ζεύς.

70. Über Pierien führt der Weg vom Olymp zur Erde. (S. meine Auseinandersetzung Hermes XVIII p. 91 f.), hier also umgekehrt von der Erde zum Olymp.

71. Die hier Rinder der Götter heifsen, werden vs. 22 Rinder Apollons genannt. Vgl. auch 340 (ἐμὰς βοῦς) und Antonin. Liber. 23 und Philostr. Imagg. 26. Anderswo heifsen sie auch Rinder des Helios oder des Admet (Scheffler p. 28). — ἄμβροτοι heifsen die Rinder, obwohl zwei von ihnen hernach getötet werden.

72. ἀκηράσιος, ἀκήρατος, ἀκήριος gehören zu κείρω (Curtius Et.[5] p. 148), wie Choeril. frgm. 1 deutlich zeigt: ὅτ' ἀκήρατος ἦν ἔτι λειμών.

74. πεντήκοντ' ἀγελῆς. Scharfe Beobachtung des Zusammenhanges lehrt, daſs hier zu erklären ist: Von diesen (nämlich von den Rindern der Götter) schnitt der Sohn der Maia da die 50 brüllenden Kühe einer Herde ab. Es gehören dazu nach 193 ff. ein Stier und 4 Hunde, die Hermes aber nicht mitnimmt. Anders bei Antonin. Lib. c. 23: εἶτα δ' ἀπελαύνει πόρτιας δώδεκα καὶ

ἑκατὸν βοῦς ἄζυγας καὶ ταῦρον, ὃς ταῖς βουσὶν ἐπέβαινεν. — Zu ἀπετάμνετο βοῦς vgl. Σ 528 τάμνοντ' ἀμφὶ βοῶν ἀγέλας κτλ. und λ 402 βοῦς περιταμνόμενον. Vgl. noch den Kommentar zu 193 ff.

75. In πλανοδίας ist die erste Silbe in der Arsis des 1. Fufses gelängt. — 75 f. strich Lohsee (p. 20) wie das ganze Kreuz- und Querführen als unnütz und unzweckmäfsig aufs neue Scheffler (p. 30).

76. ἴχνι' wird seit Hermann statt des überlieferten ἴχνη hier und τ 436 gelesen; ἴχνεσι steht ρ 317, sonst findet sich überall die Form ἴχνια. Vgl. h. Merc. 218, 220, 342, 351.

77. 78 strich zuerst Matthiae Animadv. p. 226 mitsamt 211. Er fand das Rückwärtsgehen des Hermes ganz unangebracht, „satis erat Mercurio frondibus subnexas plantas habere". Auch G. Hermann (Ep. p. LII) meint, dafs das Rückwärtsgehen der Rinder überflüssig sei, nachdem schon ein Hin- und Herzerren der Rinder angedeutet sei in 75 f. Franke nahm an dem Rückwärtsgehen der Rinder keinen Anstofs. Das Rückwärtsgehen werde auch noch 221 und 345 angedeutet, und warum solle nicht Hermes die Rinder in die Quere und dabei rückwärts getrieben haben. Franke nahm aber besonders Anstofs an dem Rückwärtsgehen des Hermes (also wie Matthiae) und bezeichnete daher 77. 78 als spätere Interpolation. Lohsee (p. 22) strich zuerst das Hin- und Herzerren der Rinder, also 75 f., dann aber auch 77. 78 wegen des Rückwärtsgehen des Hermes. Auch Abel tilgt 77. 78. — Sieht man nun genauer zu, so geht Hermes gar nicht rückwärts. κατά gehört nämlich zusammen mit ἔμπαλιν und bedeutet s. v. a. κατεναντίον entgegengesetzt. Darum eben, weil er nicht rückwärts geht, macht er seine Spuren durch jene merkwürdigen Sandalen unkenntlich. Es ist mir unbegreiflich, wie man selbst einem Interpolator eine solche Thorheit zutrauen konnte, dafs er den Hermes und die Rinder zugleich rückwärts gehen liefs: wie sollten sie denn da vorwärts kommen? Vgl. Schulze (p. 21), der zuerst hierauf aufmerksam gemacht hat. Es stellt sich also heraus, dafs gar nichts zu streichen ist. Hermes geht selbst vorwärts auf Sandalen, die jede Fufsspur unkenntlich machen, führt aber die Rinder rückwärts und zwar kreuz und quer.

77. Zu ἀντία ποιήσας vgl. ι 524 εὖνιν ποιήσας.

79. Über die Bildung von σάνδαλον s. Lobeck Prol. p. 92, wo das Wort aus dem Griechischen erklärt wird; doch s. neuer-

dings Curtius Et.⁵ p. 484. Übrigens war die gewöhnliche Form σανδάλιον. — An der richtigen Ausfüllung der in EL überlieferten Lücke durch αὐτίκ' läfst sich gar nicht zweifeln. Die Konjektur Baumeisters δ' εὖτ' fällt schon deshalb, weil bei εὖτε keine andre Partikel steht. Vgl. Ameis zu γ 3. Nicht besser ist Stolls σάνδαλα κάλ' ὅτ' ἔριψεν und Ludwichs σάνδαλα δ' ἧνικ' ἔριψεν. — Statt ἔριψεν schrieben Matthiae, Hermann, Franke mit Recht ἔραψεν. Da Hermes aus der Wiege kommt, hat er natürlich keine Sandalen an, die er wegwerfen könnte. Auch würden ihn ja die weggeworfenen Sandalen verraten! Ist aber ἔραψεν das Ursprüngliche, so ist der folgende Vers noch unbegreiflicher als er schon an sich ist. Denn zwischen ἔραψεν und διέπλεκε fehlt absolut eine Verbindung. Der Vers 80 ist aber schon an und für sich verdächtig. Der Ausdruck διέπλεκε θαυματὰ ἔργα ist ungriechisch, wie nicht Greve (p. 40), sondern Matthiae (Ausg. p. 53) zuerst gesehen hat. Die Parallelstellen vs. 440 und h. VI 34 beweisen, dafs θαυματὰ ἔργα auch wohl konkret s. v. a. Wunderdinge bezeichnen kann, aber die Verbindung διέπλεκε θ. ἔ. namentlich nach dem vorausgehenden prosaischen σάνδαλα δ' αὐτίκ' ἔραψεν ist unmöglich. Unmöglich ist ferner die Verbindung dieser Wendung mit ἄφραστ' ἠδ' ἀνόητα. Die Stelle erinnert an 353 ἄφραστος γένετ' ὦκα βοῶν στίβος ἠδὲ καὶ αὐτοῦ. Da auch die Verbindung mit dem vorhergehenden Verse eine unmögliche ist, so bleibt nichts andres übrig, als den Vers als eine Interpolation aus 353 anzusehen, die gemacht wurde, um die wunderbare Beschaffenheit der Sandalen noch mehr hervorzuheben.

81. Der Vers erinnert an K 467 συμμάρψας δόνακας μυρίκης τ' ἐριθηλέας ὄζους. Baumeister (s. auch Eberhard II p. 7) hat nicht übel Lust den vs. 81 nach jenem zu verbessern, weil ihm μυρσινοειδέας ὄζους zu prosaisch ist. Doch ist gerade die prosaische Ausdrucksweise eine Eigenart unsres Hymnus.

82. ἄγκαλον nur hier, sonst ἀγκάλη.

83. εὐλαβέως habe ich mit Schneidewin statt des überl. ἀβλαβέως geschrieben. Die Konjektur Hermanns ἀσφαλέως scheint mir zu matt zu sein, Bergks Konjektur ἀβλούτοις ὑπὸ ποσσίν, die übrigens schon von Pierson (Veris. I 157) gemacht war, leidet daran, dafs sie nicht eng genug sich an die Überlieferung anschliefst. ἀβλαβέως behielten Ilgen, Matthiae, Franke; der erste erklärte es **unbehindert** (nämlich für die Füfse), der zweite **schlau**, der dritte **unschädlich für die Füfse**. Die beiden ersten Erklä-

rungen sind falsch, bei der dritten ist aber die Beziehung falsch. ἀβλαβέως könnte sich nur auf ἐδήσατο beziehen.

84. 85 strichen Groddeck (p. 85) und Ilgen. G. Hermann und Baumeister nur τὰ — Πιηρίηϑεν. Hermann nahm Anstofs an dem Subj. Ἑρμῆς im Nebensatz, was sich indes wohl bei diesem Dichter entschuldigen läfst. Auch die andern Anstöfse sind nicht bedeutend. αὐτοῖσι πετάλοισι schliefst sich ganz gut an: Die leichten Sandalen mitsamt dem Laube. ἔσπασε heifst allerdings nicht, wie die meisten annehmen: er pflückte ab (Matthiae Anim. 228, Franke, Baumeister), wie schon der Zusatz Πιηρίηϑεν lehren konnte, sondern ziehen nach sich, ziehen von Pierien aus, ähnlich wie es Pind. Py. 4, 426 heifst σπασάμενος ἄροτρον. Anstöfsig war bisher nur ὁδοιπορίην ἀλεείνων, was nach Hermann heifsen sollte die Spuren der Fufswanderung vermeidend, während es in Wirklichkeit heifst: die Landreise vermeidend. Windisch (p. 41) hat mit ὁδοιπορίην ἀλεγύνων die Lösung dieser Schwierigkeit gefunden.

86. Der Vers ist korrupt. οἷά τε kann entweder ebensolche wie oder adverbiell ebenso wie heifsen. Keine von beiden Bedeutungen pafst. Dafs ἐπείγεσϑαι sonst den Gen. ὁδοῖο bei sich hat (cf. α 309, γ 284, ο 49), ist nicht anstöfsig. Schon für Homer wird man β 97, τ 142, ω 131 den Accus. gelten lassen müssen, bei Thuc. (3, 28, 9) stehen die Wendungen ἐπείγεσϑαι τὴν παρασκευὴν, τὸν πλοῦν. Warum also das Lex. Hom. hier in ὁδὸν einen Accus. des Orts sieht (s. v. ἐπείγω), ist mir unerklärlich. Der Schlufs aber ist nicht einmal sicher überliefert. Denn E hat αὐτοτροπήσας ὣς, L am Rande αὐτοτεοπήσας und αὐτοτροπήσας hat M und die Pariser Klasse ABCP. Daraus scheint mir zu folgen, dafs im Archetypus stand: αὐτοτροπή́σας. Die Textlesart von L und D αὐτοπρεπὴς ὣς ergiebt sich wenigstens am leichtesten aus dieser Vorlage. Dunkel und unverständlich aber ist sowohl αὐτοτροπήσας wie αὐτοπρεπὴς ὣς. Mir scheint der Vers eine Erklärung enthalten zu sollen. Da nun οἷά τε auf einen Vergleich hinweist, so kann der Vers überhaupt nicht auf Hermes gehen. Er könnte vielleicht den Sinn enthalten haben, eine Wanderung betreibend, wie die Diebe, oder wie ein Dieb, oder einer der sich verstecken will, also etwa wie das homerische οἷά τε ληιστῆρες. Am nächsten kommt Stoll (p. 6) durch· οἷά τ' ἐπειγόμενος δολίης ὁδὸν ἐντροπίῃσι. Alle

Konjekturen, die den Vers auf Hermes beziehen, halte ich für verfehlt. Groddeck versuchte αὐτόμολος ὥς, Matthiae vermutete δολίην statt δολίχην, Ilgen schrieb am Schlusse ἀλλοτροπήσας, Hermann ἀντιτορήσων, Schneidewin εὐτράπελος παῖς, C. F. Hermann εὐτρέπισ᾽ αὕτως und noch jüngst Windisch (p. 41) δολίχην ὁδὸν αὖτις ὀπίσσω.

87. Die hdschr. Überlieferung δόμων αἴθουσαν ἀλωῆς ist verdorben. Die Korrektur in M δέμων ἀνθοῦσαν ἀλωὴν hat allgemeinen Anklang gefunden. δέμων wurde erklärt durch vites defodere. Aber wer senkt blühende Reben? Da aber der Alte selbst 207 sagt: ἔσκαπτον περὶ γουνὸν ἀλωῆς οἰνοπέδοιο, und auch 87 Hermes ihn anredet: ὅστε φυτὰ σκάπτεις, so war zu lesen: καμὼν ἀνὰ γουνὸν ἀλωῆς.

88. Onchestos ist nach Bergk LG. p. 766 A. 60 so ziemlich die Mitte des Weges.

90. ἐπικαμπύλος kommt nur hier vor, aber ἐπικάμπιος, ἐπικαμπής sind häufiger.

92 ff. Es läfst sich aus den Worten, wie sie überliefert sind, nicht entnehmen, was Hermes denn eigentlich sagen will. Seit Groddeck wird hinter 91 eine Lücke angesetzt, weil man nämlich annimmt, dafs Hermes den Alten ermahnt, nicht zu verraten, dafs er vorübergegangen sei. Aber was thut der Alte? Er meldet dem Apollon (208) παῖδα δ᾽ ἔδοξα ... νοῆσαι. Die Worte klingen dort geschwätzig, aber nicht verräterisch. Auch hört man von einer Erbitterung des Hermes auf den Verräter nichts. Eine Bestrafung desselben, wie sie aus der späteren Battossage geschlossen werden könnte, liegt nicht im Plan des Dichters. Da Hermes, ehe er auf den Raub ausgeht, schon ein Versöhnungsmittel für Apollon beschafft hat (s. die Vorbem. p. 185 f.), so kann ihm nichts daran liegen, die Spuren seiner Thätigkeit ganz zu verbergen. Er läfst dem Apollon eine Möglichkeit, auf die Spur zu kommen. Darum redet er den Alten an, der in seine Arbeit vertieft ist. Ich suche also keine Warnung in den Versen, ihn zu verraten, sondern finde eher einen übermütigen Scherz darin: „Wahrlich du wirst dich tüchtig bezechen, wenn das alles trägt, um bei sehenden Augen nicht zu sehen und bei hörenden Ohren nicht zu hören". Für diese Vermutung spricht, dafs sich vs. 92 ungezwungen an vs. 91 anlehnt, dagegen, dafs vs. 93 immer noch keinen Sinn ergiebt. Aber vielleicht findet sich auf der neuen Fährte ein solcher. Bei der bisherigen Auffassung pafste fast kein Wort der Über-

lieferung. Sehr hübsch ist die Vermutung von Ludwich (a. O.), der in 91 schreibt: φέρησθα, wozu sich dann das folgende willig anreiht. Doch ist auch hierbei 93 noch nicht völlig verständlich.

91. πολυοινήσεις statt πολὺ οἰμήσεις haben sämtliche Herausgeber von Ilgen aufgenommen, der seinerseits nur die Lesart von M πολὺ οἰνήσεις in ein Wort zusammenzog.

92. καί τε änderte Groddeck (p. 86) in καίτοι, weil καί τε ungewöhnlich sei. Ilgen nahm καίτοι auf, wies aber καί τε nach Α 522, Τ 159, Τ 86, Χ 31 und sonst. Vgl. auch vs. 133 dieses Hymnus. Schmitt (Jahns Jahrbb. LXXIII p. 150) las im Anschluſs an vs. 91 αἴ κεν ἰδὼν μὴ ἰδὼν εἴης κτλ. S. z. folgenden Verse. Stadtmüller fand noch μὴ ἰδών anstöſsig und schrieb (p. 537) καί τε ἰδὼν μύων εἶναι. — κωφός stumm findet sich schon Ω 54, doch s. Lehrs Aristarch[3] p. 124.

93. In diesem Vers setzte Schopen (Diorth. I p. 4) eine neue Lücke an, weil er meinte, es müsse etwa ausgefallen sein: si quando de bobus interrogatus fueris, num quem eos abigentem conspexeris. Ihm folgten Schneidewin, Baumeister, Schulze (p. 25). Also die zweite Lücke in einer Rede, von der wir nicht sicher wissen, was sie enthält! Die letzte Vershälfte ὅτε — αὐτοῦ ist total verdorben. Matthiae erklärte: nisi hoc tuo ipsius commodo aliquid nocuerit. Franke fand das zu gefällig und verwandelte die Worte in eine Drohung: nisi quid detrimenti tuam ipsius rem capere velis. Baumeister bemerkt, daſs dies velis nicht in den Worten stecke. Aber auch τὸ σὸν αὐτοῦ, so absolut gebraucht, ist sehr verdächtig. Mindestens würde man den Plural erwarten. Mir scheint daher der Fehler nicht bloſs in ὅτε zu liegen, wie die Meisten annehmen. Groddek schrieb καὶ σιγᾶν ποτε, μή τι κτλ., wo weder ποτέ noch μή an seiner Stelle ist; besser ist Ilgens: κ. σ. ὡς μή τι. Man würde aber dann doch wohl καταβλάπτῃς erwarten. Schmitt (a. a. O.) schrieb im Anschluſs an seinen Bedingungssatz αἴ κεν ἰδὼν μὴ ἰδὼν εἴης καὶ κῶφος ἀκούσας καὶ σιγῶν· τότε μή τι καταβλάψῃ τ. σ. ἀ. Dabei ist sowohl τότε als auch μή τι unverständlich. Besser ist Lohsees Konjektur καὶ σιγᾶν τότε, μή τι κτλ., aber auch hier ist die Stellung von τότε verdächtig.

94. Cobet (p. 309) vermutete und Abel schrieb: τόσσον φὰς ἔσσευε; Ludwich schlägt (a. O. p. 809) ἀνέσευε vor, vielleicht richtig. — Der Versschluſs ist = Ψ 260.

97 f. Ilgen hat bereits gemerkt, dafs vs. 98 mit allem dem, was Hermes noch zu thun hat, in Widerspruch steht, in Widerspruch namentlich mit vs. 141 ff. *παννύχιος ὄρθριος*. Die Sache bedarf einer genaueren Besprechung. Wenn es 98 gegen Morgen war, dann kann der Mond nicht erst aufgehen, am wenigsten am 4. Monatstage (Bergk LG. 766 A. 60), ebensowenig kann dann noch von einer Thätigkeit die ganze Nacht hindurch die Rede sein, wenn es lange vorher heifst: *ὀρφναίη . . . ἐπαύετο . . . νύξ* und *τάχα δ' ὄρθρος ἐγίγνετο*. Also ist entweder (97. 98) der Morgen oder 99. 100. 141 zu tilgen. Schneidewin (p. 667) und Baumeister haben sich für das letztere, also für die Streichung des Mondes entschieden; Matthiae dagegen strich 97 und 98, Ilgen wenigstens 98. Die letzteren haben Recht. Denn wenn der Diebstahl bei Sonnenuntergang ausgeführt wird und Hermes fast die ganze Nacht braucht zum Marsche an den Alpheios, so bleibt für das Einschliefsen der Rinder, das Schlachten von zweien derselben, die Verwischung der Spuren seines Thuns und seine Rückkehr nach dem Kyllene nur die kurze Zeit der Dämmerung. Franke meint allerdings, mit einer solchen genauen Rechnung thue man dem Gott und dem Dichter unrecht. Aber sowohl vom Gott wie vom Dichter ist dieses Zögern und dann wieder diese Hast auffällig. Es kommt aber namentlich hinzu, dafs die Zeitangaben *τάχα ὄρθρος ἐγένετο* (97) und *ὄρθριος* (142) eigentlich so gut wie gar keinen Zwischenraum lassen. Ferner wenn Hermes gegen Morgen am Alpheios ist, wie kann Maia (152) sagen, dafs er in finstrer Nacht zurückkehre? Endlich ist die rechte Zeit zum Diebeswerke nicht die Morgendämmerung, sondern die finstre Nacht. Streichen wir also 97. 98, so erhalten wir einen regelmäfsigen Fortschritt in der Zeit. Der Diebstahl geschieht bei Sonnenuntergang (68); als Hermes auf der Rückreise am Alpheios ist, geht der Mond eben auf (99); derselbe leuchtet ihm die ganze Nacht hindurch (141) und gegen Morgen (143) kommt er nach Haus; am Morgen (184) macht sich der Bestohlene auf die Suche.

97. *ἐπαύετο δαιμονίη νύξ* erinnert an K 252 *παρῴχωκεν δὲ πλέων νύξ*.

98. *ὄρθρος* findet sich zuerst bei Ibykos frgm. 7. Vofs Myth. Br. I 113.

99. 100. Auffällig ist die Genealogie der Selene. Weder Pallas noch Megamedes sind anderswoher als im verwandtschaft-

lichen Verhältnis mit Selene stehend bekannt. Vgl. Vofs Myth.
Br. I 105. Gerhard Hyperb. Röm. St. p. 285. Preller Myth.³
p. 346 und m. Komm. zu h. XXXI. Gewöhnlich denkt man an
Pallas den Gründer von Pallantion (Pausan. 8, 3, 1); doch ist
dieser ein Sohn des Pelasgos (Apoll. 3, 8, 1) und will also
wenig zum Vater der Selene passen. Mir scheint, als wenn wir
doch an den Titanen Pallas, den Sohn des Krios, des Sohnes
des Uranos (Hes. Theog. 376 und 134) zu denken haben. Nach
Hesiod ist Selene freilich die Tochter eines andern Uranossohnes,
des Hyperion (Theog. 371 ff.), aber da Hekate, eine der Selene
so nahe stehende Gottheit, Tochter des Uranossohnes Pallas ge-
nannt wird, so dürfte es wohl auch eine Überlieferung gegeben
haben, nach welcher Selene ebenfalls eine Tochter dieses Pallas
war. — Die bisherige Lesung $Μεγαμηδεῖδαο$ beruht auf M und
den Pariser Handschriften. D bietet $μεγαμηδείαο$. Das hier vor-
kommende Schwanken in der Endung -$δείδαο$ und -$δείαο$ wieder-
holt sich in E und L. Jene bietet $μεγαμήδείοιο$, diese $μεγαμη$-
$δείδοιο$. Das ist die treueste Überlieferung von der wir auszu-
gehen haben. Ich vermute, dafs die Lesart $μεγαμηδεί(δ)αο$ eine
Konjektur ist, welche ein Patronymikon ergeben sollte. Vielleicht
hiefs es ursprünglich: $μέγα δυναμένοιο$.

103—105 strich Hermann als Interpolation. Wenn die
Tiere 103 schon in die Höhle kommen, so können sie 234 nicht
dahin getrieben werden, meinte Hermann; wunderlich sei auch,
dafs die Tiere vs. 105 gegessen haben und 107 fressend ge-
schildert werden, auffällig sei auch $καί$ im Nachsatz (106). Den
ersten Tadel schaffte Schneidewin (p. 668, angenommen von
Greve p. 41 und Baumeister) weg durch die Änderung $ἐπ̓$
$αὐλίον$. Doch scheint dadurch der Dichter geändert zu wer-
den. Denn vs. 229 kommt Apollon auch zuerst $πέτρης ἐς$
$κευθμῶνα$ und steigt dann die steinerne Schwelle hinab $ἄντρον$
$ἐς ἠερόεν$. Beide Stellen stützen sich gegenseitig. Das erste $ἐς$
ist $= ἐπ̓$ zu fassen. Der zweite Tadel ist unberechtigt. Franke
(gebilligt von Greve p. 41, Burckhardt p. 745) erklärt, die Tiere
waren gefüttert und werden nun noch fressend („behaglich
kauend" Burckhardt!) in den Stall geführt. Vgl. B 775 $ἵπποι$
$δὲ πὰρ ἅρμασιν οἷσιν ἕκαστος λωτὸν ἐρεπτόμενοι ἐλεόθρεπτόν τε$
$σέλινον ἕστασαν$ und $τ$ 522 $παπτήνασα$ . . . . . $νόησα πυρὸν ἐρεπτο$-
$μένας$. Endlich ist auch $καί$ im Nachsatz zu entschuldigen. Vgl.
Nägelsbach zu $Α$ 478. Thiersch Gr. G. § 316, 16; Kühner

§ 524, 1 A. 2. Übrigens konj. Herwerden (Revue de phil. II (1878) p. 148) αὐτάς statt καὶ τάς.

106. Auffällig ist die böotische Messung von ἀθρόας (-⏑⏑) und die Participialform οὔσας. Daher schrieb Barnes und mit ihm Ilgen, Hermann, Franke ἀθρό' ἰούσας. Cobet (p. 309) versuchte ἀλέας οὔσας, Stadtmüller (p. 537), welchem Abel folgt, ἀρδευθείσας. Doch da die getadelten Dinge, die böotische Messung bei Hesiod, den unser Dichter gekannt hat, die Form οὔσας τ 489, h. Ap. 330 sich finden, so bin ich bei der Überlieferung geblieben. Neuerdings hat Ludwich (a. O.) den alten Vorschlag von Hermann wieder vorgebracht, hier ἐς αὔλιον ὑψιμέλαθρον zu lesen; neu ist, dafs er 103 dafür ἄθροαι οὖσαι einsetzt.

108 ff. Die Erfindung des Feuerzeugs (πυρεία) wird hier dem Hermes zugeschrieben. Über dieses Feuerzeug handeln Lenz (a. a. O. p. 61), Kuhn (die Herabkunft des Feuers 1859 p. 36), Schmitt (Jahns Jahrbb. LXXIII p. 150) und ausführlich Planck (die Feuerzeuge der Griechen und Römer. Stuttg. 1884 p. 11 ff.). Die gewöhnliche Art war die, dafs zwei Hölzer, ein flaches (στορεύς) und eins, welches die Form eines Bohrers hatte, ineinander, das zweite also in einer Höhlung des ersten, gedreht wurden. Vgl. Schol. Apoll. Rhod. zu A 1184 τὰ γὰρ ξύλα παρέτριβον καὶ ἀπ' αὐτῶν πῦρ ἔβαλλον. Πυρήϊα γὰρ ταῦτά φησι τὰ προστριβόμενα ἀλλήλοις πρὸς τὸ πῦρ ἐγγεννᾶν· ὧν τὸ μέν ἐστι ὕπτιον, ὃ καλεῖται στορεύς (cf. Hesych. s. v.), θάτερον δὲ παραπλήσιον τρυπάνῳ, ὅπερ ἐπιτρίβοντες τῷ στορεῖ στρέφουσιν. Das eine dieser Hölzer fehlt hier ganz. Es heifst nur: Hermes beschälte einen Lorbeerzweig mit dem Eisen. Nach Plin. h. n. XVI 40 war Lorbeerholz das beste zum Reiben. Demnach fehlt hier der στορεύς, wie Kuhn gesehen hat (p. 36). Derselbe könnte entweder ausgefallen oder durch Korruption des Textes verloren gegangen sein. Das erstere nehmen an Schneidewin (p. 668), Stoll (p. 6), Greve (p. 41). Auch Schmitt gehört hierher, der aber die Lücke nicht wie jene in vs. 109, sondern richtiger in die Mitte von 110 setzt, da ἄρμενον nur zum Reibholz, dem Lorbeer passe. Ihm folgte Baumeister.

109. Schenck (in der Übersetzung der Stelle), Greve (p. 5) und Schulze (p. 9) scheinen statt ἐπέλεψε vielmehr ἐπέτριψε lesen zu wollen, was formell nicht schwierig ist, wohl aber sachlich. Unter σιδήρῳ könnten wir nur das Holz verstehen, welches als Bohrer benutzt wurde; da aber der Bohrer gewöhnlich aus Lorbeerholz,

welches hier genannt wird, verfertigt wurde, so hätten wir schliefslich zwei Bohrer, aber immer noch keinen στορεύς. Es wird also bei der Lücke in 110 sein Bewenden haben müssen. Zwar der Verfasser der Recension von M scheint σίδηρος als στορεύς gefafst zu haben, denn M bietet ἐνίαλλε σιδήρῳ. Doch ist weder von einem eisernen στορεύς noch von einem eisernen τρύπανον beim Feueranmachen etwas bekannt. Denn was Hesychios (s. v. στορεύς) bietet τὸ ἀντὶ σιδήρου τρυπάνῳ ἐμβαλλόμενον ξύλον ῥάμνου ἢ δάφνης ist von Kuhn (p. 38) längst richtig in ἀντὶ σιδηροῦ τρυπάνου verwandelt worden. Einen ganz andern Weg schlagen Cobet (p. 310) und Lohsee (p. 44) ein. Sie schreiben ἀπέλεψε, wobei das eigentliche Feuermachen ganz ausfällt. Cf. Schmitt p. 150. Neuerdings schlug Ludwich (a. O.) vor ἐπόλευε.

110. Der erste Halbvers ist = Σ 600, ε 234: ἄρμενον ἐν παλάμῃσιν. Daher schrieb Schneidewin auch hier παλάμῃς. Wer aber eine Lücke in dem Vers annimmt, kann von dem Vorschlag keinen Gebrauch machen. — θερμὸς ἀϋτμή wird von Aristonikos zu Σ 222, δ 442 unter homerischen Beispielen für die Verbindung des Maskulinums mit dem Femininum citiert. Dasselbe findet sich aber bei Homer nicht; man nahm daher und nimmt auch teilweis (s. Dindorf zu beiden Stellen der Scholien; selbst Friedländer citiert h. Merc. 110, wenn auch mit einem ?) an, dafs sich das Scholiencitat auf unsre Stelle beziehe. Da dies aber das einzige Citat der Hymnen in den Scholien wäre, so ist diese Annahme schon deshalb zu verwerfen. Nun findet sich μ 369 ἡδὺς ἀϋτμή. Daher nahm Kayser (Philol. XVII p. 354) an, dafs Aristarch an dieser Stelle θερμὸς ἀϋτμή gelesen und dieses in jenen beiden Scholien citiert habe. Dieses Auskunftsmittel brauchen wir nicht. Da Hes. Th. 696 θερμὸς ἀϋτμή vorkommt, so liegt es viel näher, anzunehmen, dafs Aristarch wie so oft auch hier den Hesiod zur Erklärung herangezogen habe. — Die Überlieferung der zweiten Vershälfte ist mit Ausnahme von M ἀνὰ δ' ἄμπνυτο, wofür Ruhnken ἅμα δ' ἄμπνυτο, Ernesti τάχα δ' ἄμπνυτο setzte, doch wegen der Länge des υ ist mit M und Wolf ἄμπνῡτο δὲ zu schreiben.

111 tilgten aufser Wolf sämtliche Herausgeber als eine Glosse. Unverständlich ist, was πυρήϊα und πῦρ τ' ἀνέδωκεν heifsen soll. Baumeister meinte, der Vers stehe in Beziehung zu Hes. O. 50, weil es dort heifse: τὸ μὲν αὖτις ἐῢς παῖς Ἰαπε-

τοῖο ἔκλεψ' ἀνθρώποισιν. Aber das müfste doch ein arges Mifsverständnis sein, da die Beziehung des αὖτις im Zusammenhang bei Hesiod ganz klar ist.

112 f. erinnert an σ 308 περὶ δὲ ξύλα κάγκανα θῆκαν αὖα πάλαι περίκηλα. Daher möchte ich αὖα statt des unverständlichen οὖλα lesen. — ἐπηέτανα dreisilbig wie Hes. O. 607.

114. φῦσα πυρός der Hauch des Feuers wie Soph. frgm. 753. Ob auch Apoll. Rhod. Arg. Δ 763? Die Hemsterhuyssche Besserung φῦσαν hat sich jetzt auch in E handschriftlich überliefert gefunden.

116. Das überlieferte ὑποβρυχίας, was Ernesti und Vofs (Myth. Br.² I p. 109) mit brummend erklärten, kann nur versenkt heifsen. S. schon Ruhnken Ep. cr. I p. 34. Es war daher mit Barnes ἐριβρύχους zu schreiben.

117 wollte Stadtmüller (p. 541) ἕσπετο statt ἔπλετο schreiben.

119. Die überlieferte Lesart der besten Handschriften ἀγκλίνων δ' ἐκύλινδε δι' αἰῶνας τε τορήσας ist ganz unsinnig. Man mag αἰῶνα τορεῖν fassen, wie man will (s. zu 44), so bleibt es unbegreiflich, wozu noch nach dem Schlachten die Tiere gewälzt werden. Grammatisch ist es auch höchst anstöfsig, dafs ἐγκλίνων und τορήσας durch τε verbunden werden. Ilgen schrieb daher ἐγκλίνας (Μ ἐκκρίνας) ἐκύλινδε δι' αἰῶνάς τ' ἐτόρησεν und erklärte inclinato corpore incumbens volvit et guttura perforavit. Doch den Zweck des Wälzens sieht man immer noch nicht ein, da ja die Tiere 118 schon auf den Rücken geworfen waren. Die Hauptverderbnis mufs in ἐκύλινδε stecken. Denn ἀγκλίνων ist richtig. Vgl. Orph. Arg. 314 f. (ταῦρον) σφάξον ἀνακλίνας κεφαλὴν εἰς αἰθέρα δῖαν. Vielleicht stand ἀγκλίνων δὲ μίνυνθα einmal am Anfang des Verses. Die zweite Vershälfte würde am besten wie 44 αἰῶν' ἐξετόρησεν endigen, so dafs der ganze Vers, wenn man noch δι' in τότ' verwandelte, hiefse: ἀγκλίνων δὲ μινύνθα τότ' αἰῶν' ἐξετόρησεν. Jedenfalls darf man einen Vers nicht ohne weiteres tilgen, von dem man nicht weifs, was er enthalten hat, wie Matthiae, Hermann, und neuerdings Greve (p. 41) und Lohsee (p. 44) und Schulze (p. 28) thaten. Der letztere nahm obenein noch mit Schneidewin eine Lücke nach 119 an, in welcher eine ausführlichere Beschreibung des Schlachtens gestanden haben sollte.

122. γεράσμιος wird hier in einer andern Bedeutung ge-

braucht wie Eurip. Phoen. 923 πρὸς γερασμίου τριχός und Suppl. 95 γερασμίων ὅσσων. Zur Sache vgl. H 321: νώτοισιν δ' Αἴαντα διηνεκέεσσι γέραιρεν und zu der hier passenden Bedeutung Hesych. s. v.

124. καταστύφελος, schon bei Hesiod. Theog. 806 ist = κατάξηρος nach Hesych. — ἐπὶ schrieb Barnes statt des überlieferten ἐνὶ aus vs. 404. Zur Sache ist zu bemerken, dafs Apollodor den Sinn der Stelle (3, 10, 2, 2) wiedergiebt durch τὰς μὲν βύρσας πέτραις καθήλωσε. Die Häute also werden am Felsen befestigt. Dort erblickt sie Apollon nachher (vs. 404) abseitsblickend, während Hermes in die Höhle gegangen ist, um die Rinder herauszutreiben. Die Felle sind also nicht in der Höhle befestigt, wie O. Müller (Hyperbor. Röm. Studien p. 310), Schneidewin nebst Welcker (Philol. III 670) und Baumeister wollten, sondern an einem Felsen aufserhalb, wie Lohsee (p. 34) wohl zuerst bemerkt hat. Ist das richtig, so dürfen wir auch nicht mehr an Tropfsteingebilde von der Gestalt der Rindshäute denken, sondern an Felsgebilde in der Gestalt von Rindshäuten, falls es sich nämlich herausstellen sollte, dafs in den folgenden Versen wirklich stünde, dafs diese Häute dort an der betreffenden Stelle noch lange nachher zu sehen gewesen seien. Greve (p. 5) erklärte einfach, die Häute seien zum Trocknen aufgehängt worden. Ähnlich schon Ilgen (p. 398 f.): boni promi cordi est, ut pelles mactatorum animalium non neglegat, sed quoquo modo conservare studeat; talem promi curam Mercurius adfectans pelles boum extendit, ut siccentur, quasi ad varios eos deinde usus adhibere cogitet.

125 f. Die vergeblichen Erklärungsversuche der Früheren s. bei Ilgen (p. 396 f.). Ilgen selbst schrieb ὡς ἔτι νῦν ταμίης, τὰ πολυχρόνιά κε φυλάσσοι δηρὸν δὴ μετὰ ταῦτα καὶ ἄκριτον. Ilgen dachte auch an τάννθ' statt τάμετ', was Hermann aufnahm, indem er konjizierte: ὡς ἔτι νῦν τάνυθ' ἅσσα πολυχρόνια πεφύασι κτλ. Beide Vermutungen laborieren daran, dafs der merkwürdige Gedanke herauskommt: alles was man bewahren will, wird am Felsen aufgehängt! O. Müller bezog πολυχρόνιοι πεφύασι auf die Häute und schrieb τὰ μέτασσα s. v. a. nachmals, woraus Schneidewin τὰ μέταξε machte. Obschon zwar diese Konjektur nicht alle Schwierigkeiten löst, da die vielen Zeitbestimmungen τὰ μέταξε πολυχρόνιοι δηρὸν δὴ μετὰ ταῦτα auffällig genug bleiben, so ist sie doch die beste, welche vorgebracht ist. Wir werden

demnach anzunehmen haben, dafs Hermes die Häute am Felsen aufspannt, wo sie noch später zu sehen waren.

126. καὶ ἄκριτον ist für mich unverständlich. Hermann erklärte zwar nunc quoque tanto post (Vergil. Georg. III 476), doch steckt dieser Sinn in den Worten nicht. Ich vermute, dafs κατ' ἄκριας dort gestanden haben könnte.

127. χαρμόφρων besserte H. Stephanus aus Hesych.: χαρμόφρων ὁ Ἑρμῆς. — εἰρύσσατο. Vgl. Δ 466 u. ö.: ὤπτησαν δὲ περιφραδέως ἐρύσαντό τε πάντα — πίονα ἔργα sind sonst Äcker, wie M 283, δ 318.

128. Die erste Vershälfte = Apoll. Rhod. Arg. Δ 365. — Dafs die 12 Teile für die 12 Götter bestimmt sind, bemerkte meines Wissens zuerst Matthiae (Animadvv. p. 239), der auch seine Verwunderung darüber aussprach, da ja Hermes selbst zu ihnen gehöre. Den letzteren Umstand erklärte Bergk (LG. 762 A. 49) als Naivität des Dichters. Doch liegt es näher darauf hinzuweisen, dafs Hermes ja sich selber göttliche Ehren verschaffen will (170 ff.). Er opfert daher nicht aus Naivität, sondern mit vollem Bewufstsein den 12 Göttern, worunter er selber ist. Dieses Opfer ist vorbildlich für die Menschenkinder. Übrigens ist diese Stelle die älteste, in welcher der Zwölfgötter gedacht wird. Vgl. Petersen das Zwölfgöttersystem. Hamburg 1853 Nr. 54. Über die Auffassung des Zwölfgötterkanons s. jetzt Herzog die olympischen Göttervereine in der griech. Kunst. Leipzig 1884 p. 5 ff., wo auch die ältre Litteratur aufgeführt ist.

129. κληροπαλής nur hier. — τέλεον δὲ γέρας προσέθηκεν. Schon Ilgen verwies auf δ 66: καί σφιν νῶτα βοὸς παρὰ πίονα θῆκεν, ὅππ' ἐν χερσὶν ἑλών, τά ῥά οἱ γέρα πάρθεσαν αὐτῷ. — τέλεος erklärte Franke z. St. durch iustus.

130. ὁσίης κρειῶν ἠράσσατο erklärt das Lex. Hom. von Ebeling richtig: captus est cupiditate carnibus victimarum ritu sacro vescendi, nach der Analogie von h. Cer. 211 = h. Merc. 172.

131. Der erste Halbvers = δ 441. Vgl. 1. Mos. 8, 21: Und der Herr roch den lieblichen Geruch und sprach in seinem Herzen u. s. w. Doch ist die Auffassung keine so naive in unserm Hymnus: der Geruch quälte ihn, führte ihn in Versuchung, trotzdem er ein Unsterblicher war. Dergleichen menschliche Schwächen, will der Zusatz καὶ ἀθάνατόν περ ἐόντα sagen, sollten einem Unsterblichen fremd sein. Doch Hermes bleibt standhaft.

132 f. Trotzdem Hermes nach vs. 64 ausgegangen war κρειῶν ἐρατίζων, d. h. wie wir oben sahen, nach dem Opferfleisch, das die Sterblichen spenden, scheint er jetzt doch nicht zu essen. Apollodor freilich sagt (3, 10, 2, 2): καὶ κομίσας εἰς Πύλον τὰς μὲν λοιπὰς εἰς σπήλαιον ἀπέκρυψε, δύο δὲ καταθύσας τὰς μὲν βύρσας πέτραις ἀνήλωσε, τῶν δὲ κρεῶν τὰ μὲν κατηνάλωσεν ἑψήσας τὰ δὲ κατέκαυσε. Das kann aus unserm Hymnus nicht stammen. Denn hier wird ausdrücklich erzählt, daſs etwas in die Höhle davon niedergelegt ist. Für Apollodor mag hier der Hymnus schon ebenso rätselhaft gewesen sein, wie für uns. Nach Franke aſs Hermes nicht, weil der Dichter zugleich seine Enthaltsamkeit preisen wollte, wovon allerdings kein Wort im Text steht; nach Burckhardt (p. 742) muſste er beim Opfer fromme Gedanken haben, durfte nicht ans Essen denken! Nach meiner Meinung macht sich der Dichter lustig über den Hermes. Derselbe hat den Zwölfgöttern geopfert, also auch sich (s. o. zu 128), er hat das Fleisch schön eingeteilt. Nun hätte die Mahlzeit beginnen können, bekanntlich begnügen sich aber die Götter bei den Opfermahlzeiten zumeist mit dem Geruch; darum kann auch Hermes nicht anders. Er hätte gern gegessen, denn der süſse Duft reizte ihn, aber er blieb standhaft. Die komische Situation besteht also darin, daſs Hermes der Opfernde und zugleich der, dem geopfert wird, ist. Als Opfernder hätte er essen können, als Gott durfte er es nicht. Daher bleibt ihm nichts übrig, als alles zu verschlieſsen. Auch Matthiae (Anim. p. 240) urteilte schon: Mercurius gestiebat morem profanum carne vescendi sequi; nam dii non carne sed ambrosia vescuntur. Matthiae nahm freilich ὁσίη falsch mit Ilgen = mos profanus. Das ist unnötig. Wenn es heiſst: Ἑρμῆς ἠράσσατο ὁσίης κρειῶν, so ist das Fleisch ὁσίη genannt vom Standpunkt des Opfernden aus.

132 = β 103 ἡμῖν δ᾽ αὖτ᾽ ἐπεπείθετο θυμὸς ἀγήνωρ.

133. Der zweite Halbvers ist mir absolut unverständlich. Die allgemein angenommene Konjektur von Barnes περᾶν ist nicht zu gebrauchen, da die Bedeutung von περᾶν hindurchgehen lassen vom Essen nicht nachweisbar ist, auſserdem auch der Zusatz ἱερῆς κατὰ δειρῆς schon an und für sich höchst wunderlich ist.

134. Was hier und 103 αὔλιον ὑψιμέλαθρον heiſst, wird 401 λάϊνον ἄντρον genannt. Daſs die Rinder nach Pylos getrieben sind, steht 342. 355. Darum sagt auch Apollodor richtig

(3, 10, 2, 2) καὶ κομίσας εἰς Πύλον κτλ. Näher bezeichnet die Örtlichkeit Antonin. Liber. (23) ἐπεὶ δὲ ῾Ερμῆς ἔκρυψεν ἐν τῷ πρηῶνι παρὰ τὸ Κορυφάσιον, εἰς τὸ σπήλαιον εἰσελάσας κτλ. Diese Höhle ist wiedergefunden worden (Hyperb. Röm. Studien a. a. O.). Wenn auch die Felle in dieser Tropfsteinhöhle nicht sein konnten, wie oben nachgewiesen ist, so ist doch an der Richtigkeit der Entdeckung nicht zu zweifeln. Vgl. Bursian G. G. II p. 177.

135. μετήορα δ᾽ αἶψ᾽ ἀνάειρε erklärte Hermann: illa sublata alte in loculis reposuit ut essent monimentum puerilis furti. Abgesehen von den loculi ist alles richtig. Wir nehmen mit Schneidewin (p. 670) an, dafs die 12 Portionen in der Tropfsteinhöhle aufgehängt wurden. Lohsee (p. 34) billigt diese Auffassung, ist aber der Meinung, dafs das Fleisch verbrannt worden sei. Das ist bei der Eigenartigkeit dieses Opfers nicht gerade anzunehmen. Im Gegenteil soll das Opfer des Hermes doch ein symbolisches sein. Hätte Hermes die Opfertiere ganz verbrannt, so würde man ihm sicherlich nur ὁλοκαυτώματα geopfert haben. Aufserdem sagt auch Apollodor (a. a. O.), dafs nicht alles verbrannt worden sei. Wir haben daher nicht nötig mit Lohsee 134—136 φωρῆς zu streichen. Ebensowenig ist eine Lücke nach 136 anzunehmen mit Schneidewin und Baumeister. Jener (vgl. Baumeister p. 209) findet es unbegreiflich, dafs dasselbe, was erst in Portionen geteilt versteinert wurde, nun verbrannt wird. Schneidewin konnte sehen, dafs dann, wenn wir wirklich zu dieser Annahme greifen müfsten, das Feuer in der Höhle selbst angemacht wäre, was dem ganzen Verlauf widerspricht. Ferner

137 verbrennt er οὐλόποδ᾽ οὐλοκάρηνα. Ruhnken erklärte die ganzen Füfse und die ganzen Köpfe. Ilgen fafste die Worte adjektivisch; er dachte an unser „mit Haut und Haar". Doch meint Ilgen sonderbar genug nur Köpfe und Beine. Lohsee dagegen bezog (p. 35) die Ilgensche Erklärung „mit Haut und Haar" auf die 12 Portionen. Doch haben wir bei Ruhnken stehen zu bleiben. So gut Worte wie τὰ ὁλόπτερα, ὁλόσχοινος und ähnliche gebildet werden konnten, waren auch die Substantiva οὐλόποδα und οὐλοκάρηνα möglich. Vielleicht haben wir es sogar mit einem technischen Ausdruck zu thun. Was die Sache anbelangt, so citiert J. H. Vofs (Myth. Br.[2] II p. 377) schon Tertull. apol. 14.

138. ἐπειδὴ billigt auch Hollander (die handschr. Überl. der h. Hymnen p. 22).

140. ἐμάρηνε wollte aufser Hermann auch Cobet (a. a. O.) haben oder ἐμάραινε; doch verwies schon Hermann auf Φ 347 ἀγξηράνῃ.

141 strichen Matthiae, Schneidewin (p. 668) und Baumeister. Mit Recht, wenn 99, 100 echt sind, mit Unrecht, wenn 97, 98 unecht sind. — παννύχιος wird hier von dem Rest der Nacht gebraucht, wie πανημέριος Α 472 vom Rest des Tages. Geistvoll aber unwahrscheinlich vermutet Ludwich (a. O.) παννυχίδος.

143 schrieb Hermann und nach ihm Franke, Eberhard (II p. 35), Flach (p. 22) οὐδέ τι οἷ. Doch ist τις hier absolut nicht zu entbehren, vgl. auch Windisch p. 38.

144 = ι 521, wo auch vorhergeht: οὐδέ τις ἄλλος.

145 ff. Hermann (Ep. p. LX) nahm an, dafs 145—147 und 148, 149 zwei verschiedene Recensionen seien. Wenn Hermes nebulae similis komme, so könne er nicht knarren. Er denkt also wie Franke, Baumeister (p. 210) und Greve (p. 42) an eine wirkliche Verwandlung des Hermes. Doch hätte davon schon 146 δοχμωθεὶς abhalten sollen, wie Lohsee (p. 26) richtig sah. Wenn Hermes sich verwandelte in ein Lüftchen, so brauchte er sich nicht zu krümmen. Doch wird durch die Gleichnisse nur das Schnelle, wie auch wir sagen „wie der Wind" und Unsichtbare (ἠΰτ' ὀμίχλη) bezeichnet. Diese Auffassung bestätigt der Zusatz ὀπωρινῇ, also wie ein scharfer Herbstwind. Sicherlich hat diesen doppelten Vergleich nachgeahmt Apoll. Rhod. Arg. Δ 877 αὐτῇ δὲ πνοιῇ ἰκέλη δέμας, ἠΰτ' ὄνειρος. Hier zeigt sich im Zusatz δέμας das Ungeschick des Nachahmers. Wie sieht denn ein Windhauch aus?

145. Διὸς Ἑρμῆς. Schon G. Hermann (bei Ilgen z. St.) verglich h. XVIII 34: νύμφη Δρύοπος, Hipponax frgm. 21 A (Bergk Anth. p. 160) Κυλλήνιε Μαιάδος Ἑρμῆ, Ilgen fügte hinzu Ὀιλῆος ταχὺς Αἴας. Trotzdem dachte Ilgen hier möglicherweise zu ändern θοῶς δ' ἐριούνιος Ἑρμῆς, immerhin noch besser wie Schmidts (p. 161) Διὸς δ' ἐριούνιος υἱός.

148. πίονα νηόν. Die Grotte der Maia wird als Haus gedacht mit Hofthüren (26), einem μέγαρον (146) und verschiedenen Kammern (247) im Innern des grofsen Hauses (246). Weil es aber das Haus eines Gottes ist, wird es hier νηός genannt. Schneidewin schrieb ohne Not: ἀπείρονα σηκόν.

150. 51 gehören eng zusammen, wie 305 und 306. Daher ist auch nicht σπάργανον mit Ilgen, Matthiae, Lohsee (p. 27) in

σπάργανα δ' zu verwandeln. Auch 152 ist noch eng an 150 heranzuziehen. 153 steht dann allerdings asyndetisch als Endresultat da. Über diese Art der Asyndese s. Hermann zu h. Ven. 177. Es ist dann weder ein Grund vorhanden mit Schneidewin und Baumeister vor 151 eine Lücke anzunehmen (ich wüfste auch gar nicht, was darin gestanden haben sollte), noch mit G. Hermann und Greve (p. 23) vs. 151--153 zu tilgen. — λίκνον ἐποίχεσθαι ist hier gebraucht wie in der Redensart ἱστὸν ἐποίχεσθαι u. ä., also etwa s. v. a. sich in der Wiege zurechtlegen.

152. Die Konstruktion λαῖφος ἀθύρειν ist schwerlich griechisch. Doch ist eine sichere Heilung noch nicht gefunden. Martin (V. L. I 22) giebt παρ' ἰγνύσι λαῖφος ἀείρων, woraus Ilgen π. ἰ. λ. ἀγείρων machte. Ruhnken schrieb π. ἰ. φαιδρὸς ἀθύρων, Hermann gar παροιγνὺς λαῖφος, ἀθύρων. Matthiae (Animadvv. p. 245) vertauschte in 152 und 153 die Worte ἑέργων und ἀθύρων. Ilgen dachte auch an λείφεσ' ἀθύρων, was besser ist als Frankes λαίφει ἀθύρων. Möglich ist auch π. ἰ. λαίφεα σύρων.

153. ἐπ' ἀριστερὰ χειρὸς ἑέργων ist nicht der Gestus der Spielenden, wie Matthiae (Animadvv. p. 245) meinte, sondern es soll bezeichnet werden, dafs Hermes die Kitharis so verbirgt, wie er nur kann. Vom Spielenden heifst es 418 λαβὼν δ' ἐπ' ἀριστερὰ χειρός. Die Kitharis soll ja das Mittel sein, den Apollon zu besänftigen.

154. Ilgen änderte εἶπε δὲ μῦθον zu Unrecht; denn μητέρα δ' οὐκ ἄρ' ἔληθε ist s. v. a. μήτηρ ἐνόει, wie 218 steht, woran sich sehr wohl εἶπέ τε anschliefsen kann.

155. Das τίπτε σὺ möchte ich in σχέτλιε sc. ποικιλομῆτα verwandeln, wie ν 293 steht, weil die Frage nach dem Warum von der Mutter wunderlich und ungehörig erscheint.

156. Der erste Halbvers = Α 149.

157. Ich habe die frühere Lesart ἢ τάχ' aus den Hdschrr. wieder hergestellt. Denn nur so ergiebt sich ein erträglicher Sinn. Was soll die Zweiteilung ἢ — ἤ? Soll das etwa auch eine Strafe sein, dafs Hermes weitere Spitzbübereien ausüben darf? Vielmehr gehört das erste ἢ zu τάχα und der Sinn ist: „Jetzt glaube ich, dafs du wahrlich eher gebunden aus dem Hause wandern wirst, als dafs du nachmals noch einmal stehlen wirst" (Matthiae Anim. p. 247).

159. Der Anfang des Verses ist verdorben. Die Herstellungsversuche gehen meist von der falschen Voraussetzung aus, dafs

hier ein Gegensatz von ἢ — ἤ gefordert sei. So schrieb Ilgen ἤ ἓ λαβόντα μεταξύ, M. Schmidt (p. 163) ἢ κολοβόν oder ἤ σε κόλον, Schmitt ἤ σε κακόν. Schopen allein (Diorth. p. 6) schrieb καὶ κελάδοντα μεταξύ. Dem Sinne nach richtig forderte Matthiae ἤ σε λαθόντα. — μεταξύ verwandelte Schneidewin in μέτασσα, Schmitt in μέταξε, Lohsee machte aus Matthiae und Schneidewin zusammen ἤ ἓ λαθόντα μέτασσα. Gekünstelt erscheint mir die Konjektur von Ludwich ἠὲ λάοντα μάλ' ὀξὺ κ. ἄ. φ. Eine sichere Heilung fehlt bis jetzt.

163. Das überlieferte τιτύσκεαι macht wegen des Accus. με Schwierigkeiten. Piersons (zu Moeris p. 119) δεδίσκεαι beruht auf Υ 201 Πηλεΐδη, μὴ δή μ' ἐπέεσσί γε νηπύτιον ὣς ἔλπεο δειδίξεσθαι, ἐπεὶ σάφα οἶδα καὶ αὐτὸς κερτομίας ἠδ' αἴσυλα μυθήσασθαι. Ruhnken (Ep.² p. 37) verlangte πινύσκεις (wiederholt von M. Schmidt p. 163). Doch 163 f. ist eine offenbare Nachahmung von Υ 201 f., wie die Worte οἶδα und αἴσυλα beweisen. Daher erhält auch δεδίσκεαι die nötige Festigkeit.

166—175 erklärte Hermann (Ep. p. LXI) für eine Interpolation.

166. τέχνης ἐπιβήσομαι wie 172 ὁσίης ἐπιβήσομαι. Hermann faſste ἐπιβήσομαι transitiv und bezog ἐμέ dazu. Matthiae (Anim. p. 249) schrieb τιμῆς ἐπιβήσομαι.

167. βουλεύειν verwandelte Schneidewin in ὀλβίζειν, Stadtmüller [und Abel] schreiben κηδεύων. Der Accus. bei βουλεύειν ist noch nicht erklärt. Ich denke mit βουκολέειν das Rechte getroffen zu haben. Zu meiner Freude sehe ich, daſs Ludwich (a. O.) ganz ähnlich βουκολέων vorschlägt.

172. ἀμφὶ δὲ τιμῇ schrieb Schneidewin; τιμῆς schlieſst sich besser an die Überlieferung an. Übrigens vgl. h. Cer. 85.

178. μέγαν δόμον ἀντιτορήσων erinnert an Κ 267 πυκινὸν δ. ἀντιτορήσας.

179 fast = ν 217.

181. Der Versschluſs = Θ 471, ω 511.

182. Die homerische Formel steht stets, wo ein Gespräch abgeschlossen wird. Eberhard II. p. 7.

188. Der Vers gilt als schwer verdorben. Das überlieferte κνώδαλον εὗρε νέμοντα könnte nur heiſsen: er fand ihn sein Vieh weidend. Cf. Aesch. Prom. 462 κἄζευξα πρῶτος ἐν ζυγοῖσι κνώδαλα κτλ., cf. Ilgen p. 413 f. Bei dieser Auffassung schwebt ἕρκος

ἀλωῆς in der Luft und pafst zweitens die Anrede des Apollon: ὦ γέρον βατοδρόπε (190) nicht. Daher schrieb Barnes δέμοντα, was seither von Franke, Hermann, Ilgen aufgenommen wurde. Ilgen dachte auch an ἐλῶντα wegen Σ 564: περὶ δ᾽ ἕρκος ἔλασσεν, Schneidewin vermutete λέγοντα nach σ 358, ω 224 αἱμασιὰς λέξοντες ἀλωῆς ἔμμενυι ἕρκος. Matthiae (Anim. p. 253) verteidigte νέμοντα auch vom Zaunbau. Das übrig bleibende κνώδαλον ist nach zwei Richtungen zu ändern versucht worden. Erstens dachte man an ein Objekt zu δέμοντα resp. ἐλῶντα, λέγοντα. Nennenswert ist nur Hermanns τρόχμαλον, worüber Photius lex. sagt τρόχμαλος ἡ ἐκ λίθων στρογγύλων ἡ περιῳκοδομημένη τοῖς χωρίοις, Hesych. τὸ πλῆθος τῶν λίθων καὶ τὸν σωρόν. Vgl. auch Nicander Ther. 143 ἀνιχνεύουσί τε πάντα τρόχμαλά θ᾽ αἱμασιάς τε und dazu das Schol. τρόχμαλα τοὺς τραχεῖς τόπους καὶ πετρώδεις ἢ τὰς τρίβους ἢ τὰ ἴχνη ἢ τὰ εἰκαῖα τῶν ἀγρῶν τειχία. Der Einwand Matthiaes, dafs man hier eine Dornenhecke erwarte, will gegenüber der Nicanderstelle nicht viel besagen. Schwach ist Schneidewins Konj. κλῶνας ὅγ᾽ εὗρε λέγοντα. Ilgen dachte an κώτιλον, Hermann an νωχαλόν, Schmitt (p. 153) an καμπύλον. Indessen ist gegen alle Veränderungen von κνώδαλον einzuwenden, dafs es kein gewöhnliches Wort ist. Eine Verderbung in das seltene κνώδαλον wird also von vornherein unwahrscheinlich. Da die Tragiker (s. o.) κνώδαλον vom Rindvieh gebrauchen, so ist zu versuchen, ob das Wort nicht doch einen Sinn ergiebt. Man hätte νέμοντα nicht so leichtsinnig sollen aufgeben, da dasselbe sich sehr gut sowohl zu κνώδαλον wie zu ἕρκος schickt. Apollon findet den Alten, wie er mit seinem Stück Rindvieh — er hat wohl nur das eine — seitwärts am Wege (vgl. K 349 παρὲξ ὁδοῦ κλινθήτην) den Zaun des Weinbergs abweiden läfst. Da solche Zäune aus Dornhecken bestanden, so ist die Sache praktisch durchaus in Ordnung. Das folgende βατοδρόπε wird man von dieser Thätigkeit zu verstehen haben. Die Konstruktion von νέμω mit dem doppelten Accus. s. Xenoph. Cyrop. 3, 2, 20: τί δ᾽ ὑμεῖς, ἔφη, ὦ Χαλδαῖοι, ἐπεὶ ὄρη ἀγαθὰ ἔχετε, ἐθέλοιτ᾽ ἂν ἐᾶν νέμειν ταῦτα τοὺς Ἀρμενίους.

192. κεράεσσιν ἑλικτάς. Helbig (das hom. Epos p. 112) erklärt aus dieser Verbindung das hom. ἕλικες.

193—96 haben Anstofs erregt (Lohsee p. 35 f.) Während es nach 73 f. scheinen könnte, als ob Apollon noch mehr Rinder als 50 habe, so bleibt hier nur noch der Stier zurück, so dafs

Hermes wirklich alle Kühe des Apollon raubt. Da aber vs. 340 Apollon selber sagt κλέψας δ' ἐκ λειμῶνος ἐμᾶς βοῦς ᾤχετ' ἐλαύνων, so haben wir vs. 73 f. eben richtiger aufzufassen.

194. χαροπός bei Hom. von Löwen λ 611, Hes. Th. 321, h. Merc. 569, h. Ven. 70.

195. ἠΰτε φῶτες erklärte Schneidewin (p. 676) „klug wie Menschen".

196. Der letzte Halbvers = Σ 549.

199. γεραιὲ παλαιγενές P 561.

202. ἴδοιο schrieben Barnes und Cobet.

207. περὶ γουνὸν ἀλωῆς = α 193 (ἀνά), λ 193 (κατά).

208. Die Beziehung ist schwierig. Ernesti bezog νοῆσαι sowohl zu ἔδοξα wie zu οἶδα; was aber οἶδα νοῆσαι heifsen soll, bleibt unverständlich. Wolf fafste σαφὲς δ' οὐκ οἶδα als selbständigen Zwischensatz; wie er sich ὅστις κτλ. angeschlossen dachte, ist fraglich. Ilgen dachte daran, hinter παῖς eine stärkere Interpunktion zu setzen; demgemäfs übersetzte Franke: puerum visus mihi sum animadvertisse, qui puer, quisquis tandem fuit, boves sequebatur. Ich fasse ὅστις ὁ παῖς κτλ. als indirekten Fragesatz und erkläre: „Einen Knaben, nicht wie du meinst, einen Mann, dächte ich gesehen zu haben; bestimmt weifs ich nicht, was für ein kleiner Knabe [das war, der] mit den schöngehörnten Rindern folgte". Lohsee (p. 20) und Scheffler (p. 30) strichen den Vers so gut wie 75 f., also das ganze Kreuz- und Querführen.

211. ἐξοπίσω δ' ἀνέεργε = P 572. ἔχον schrieb Hermann statt ἔχεν. — Nach 211 nahmen Matthiae (Anim. p. 256), Baumeister und Abel eine Lücke an. Der Alte müsse dem Apollon die Richtung nach Pylos angegeben haben, weil Apollon sie sofort einschlage und aufserdem 355 selbst sage: τὸν δ' ἐφράσατο βροτὸς ἀνὴρ ἐς Πύλον εὐθὺς ἐλῶντα κτλ. Lohsee (p. 38) vermifst wieder das künstliche Schuhwerk des Hermes und nimmt daher eine Lücke an. Aufserdem wurde vs. 211 gestrichen von Matthiae, Wolf, Hermann, von dem ersten namentlich deswegen, weil vs. 221 Apollon erst die rückläufigen Spuren bemerkt. Es ist aber in der Vorbemerkung p. 187 bemerkt worden, dafs wir keine volle Übereinstimmung in den verschiedenen Darstellungen des Raubes haben. Ich konnte mich daher nicht entschliefsen den Vers zu opfern noch auch eine Lücke anzunehmen. Wir sind nicht berechtigt mehr und andres hier zu erwarten als uns der Dichter giebt.

213. Es hat sich ein Streit erhoben, ob Apollon einen wirklichen Zeichenvogel erblickte oder die Rede des Alten ihm der οἰωνός war. Das erstere behauptet Franke nebst Lohsee (p. 38), Greve (p. 6), Schulze (p. 10), das zweite Baumeister und Schulze (p. 24). Für jene Ansicht spricht Apollodor (3, 10, 2, 5): μαθὼν δὲ ἐκ τῆς μαντικῆς τὸν κεκλοφότα und das Epitheton (οἰωνὸν) τανυσίπτερον; für diese besonders der Umstand, dafs man nicht einsieht, wozu Apollon, wenn er die Vögel befragen wollte, dann den Alten behelligte; auch sieht man nicht, was das Befragen der Vögel demselben genutzt hat. Besonnene Prüfung führt uns auf Baumeisters Seite. Wir werden also sagen, dafs Apollodor wohl schon den Ausdruck οἰωνὸν τανυσίπτερον mifsverstand, der nichts als den Bescheid des Alten bezeichnen soll. τανυσίπτερος ist Epitheton ornans. Der Sinn der Stelle ist: Apollon, nachdem er die Rede vernommen, ging die Strafse; und er achtete auf das Vöglein, das er pfeifen hörte (wie wir etwa sagen würden) und erkannte sofort den Hermes als Dieb. Woran? An der Strafse, die nach Pylos und weiter nach Kyllene führte und vor allen Dingen an der Personalbeschreibung. οἰωνός in gleichem Sinn wird 295 gebraucht. Vgl. auch 473 καὶ νῦν αὐτὸς ἐγώ σε πανομφαῖον δεδάηκα.

213. 14 strich Matthiae (Anim. p. 257).

216. ἐς Πύλον. Dafs Apollon nach Pylos geht, findet Lohsee (p. 37) lächerlich, da Hermes nicht dort, sondern auf Kyllene war; er komme aber nicht dorthin, sondern nach Kyllene, wohin sein Begehren gleich gerichtet sein mufste. Das ist für Lohsee ein Hauptgrund die Verse 212—227 zu verdammen. Aber schon Baumeister verwies auf 355, wonach der Alte den Hermes die Rinder nach Pylos treiben sah. Und wer sagt uns, dafs Apollon nicht wirklich nach Pylos gekommen ist? Nach unserm Dichter scheint der Weg auf den Kylleneberg über Pylos zu gehen. Über die geographische Unkenntnis des Dichters s. Bergk LG. I 766 A. 60.

217. Der zweite Halbvers = Π 360. Windisch p. 28.

218. ἴχνια τ᾽ εἰσενόησεν κτλ. Es ist höchst seltsam, dafs Apollon die merkwürdigen Fufsspuren nicht gleich bemerkte. Franke entschuldigt das (p. 74) mit Flüchtigkeit des Verfassers und warnt vor einer Umstellung. Dafs diese Verse weder umzustellen, noch zu streichen sind, darüber s. die Vorbemerkungen p. 187. Auch die Frage, warum der Dichter erst jetzt den Apollon

die Spuren entdecken sieht, läfst sich beantworten. Was sieht denn Apollon aus den Spuren? Gar nichts! Hermes hatte seine Mafsregeln zu gut getroffen. Das war jedenfalls der Grund, weshalb der Dichter den Apollon die Spuren erst dann entdecken läfst, als er auf dem richtigen Wege ist.

219 = N 99 u. ö.

224. Die Barnessche Konjektur κενταύρου hat sich nachträglich auch in M gefunden Thiele (p. 197). Was sind Kentaurenspuren für Spuren? Vofs (Myth. Br. I 105) erkannte, dafs hier schon Halbrosse gemeint, die Spuren also Pferdespuren sind. Zweifelhaft ist darüber E. Meyer Gandh. Kent. (p. 109). Mannhardt (W. F. K. II 79) dachte sogar an Ziegen- oder Gänsefüfse. Das hohe Alter dieser Vorstellung hebt hervor Roscher in Berl. Phil. Wochenschr. 1885 p. 165.

225. Stadtmüller (a. a. O.) änderte den Schlufs des Verses nicht übel in βιβὰς διαπυρπαλάμησεν (cf. 357). Er nahm Anstofs an dem grammatischen Zusammenhang, wohl auch an der singulären Form βιβᾷ. Hollander (a. O. p. 21) strich den ganzen Vers.

226. Schrecklich sind die Spuren, die zurückführen, nämlich die der Rinder, noch schrecklicher die vorwärts zeigenden, nämlich die des Hermes. Nur so ist nach dem Zusammenhange der ganzen Stelle der Sinn des Verses wiederzugeben.

230. ἀμβρόσιος wird bei Homer nie von Personen gebraucht. Nägelsbach h. Theol. p. 40. — ἐλόχευσε. λοχεύειν gebären ist ein junges Wort. Cf. Hermanns Orph. p. 811 und XXIX.

231. ὀδμή. Vgl. ε 59 f. τηλόσε δ' ὀδμὴ . . . . ἀνὰ νῆσον ὀδώδειν. Doch ist hier nicht wie in der Od. hinzugefügt, dafs der Duft von brennendem Holze stammt.

233 f. strich Matthiae als matt und entbehrlich. Wolf strich nur 234. Auffällig könnte allerdings die doppelte Erwähnung des Eintritts in die Grotte sein, doch s. 103; auffällig auch ἑκατηβόλος αὐτὸς Ἀπόλλων, doch ist gerade die Nachsetzung des Subjekts dem Dichter eigentümlich. Vgl. 97 ὀρφναίη δ' ἐπίκουρος ἐπαύετο, δαιμονίη νύξ, 328 ὃ δ' ἀνείρετο . . . Ζεὺς ὑψιβρεμέτης, 397 τὼ δ' ἄμφω σπεύδοντε Διὸς περικαλλέα τέκνα. Vgl. auch solche Fälle wie 365, 423. Indes ist der Schlufs des Verses 234 wohl verdorben. Hermann dachte an ἑκατηβόλος ἁγνὸς Ἀπόλλων oder ἑκατηβόλος ἀργυρότοξος [so Abel im Text]. Franke vglt. 187 ἐρισφαράγου γαιηόχου, h. IX 6 ἑκατηβόλος ἰοχέαιρα, h. XXVII 11 θηροσκόπος ἰοχέαιρα. Schulze (p. 29) und Lohsee

(p. 39) adoptierten einen aufgegebenen Gedanken Baumeisters, wonach αὐτός heifst „in eigener Gestalt".

238. ὕλη habe ich nach Matthiae (Anim. p. 259) geschrieben. Das ι subscr. ist beständig in den besseren Handschriften weggeblieben und das σ oft genug doppelt gesetzt. ὀλοσποδὸς hat der Verf. der Vorlage von *M* wohl im Hinblick auf 137 οὐλόποδ᾽ οὐλοκάρηνα geschrieben. Hermann schrieb οὔλη σποδός, Baumeister und Abel folgten.

239. Der Versschlufs ist korrupt überliefert. Hermann versuchte durch ein Komma zwischen ἀλέεινεν und ἓ αὐτόν zu helfen. Schwach ist auch Ludwichs Vermutung ἀλέγυνεν ἓ αὐτόν. Besser schon ist Stadtmüllers (p. 542) ἀλέεινεν ἐνιπάς; doch ist ἐνιπὰς zu früh, denn Apollon hat noch nichts geäufsert; endlich schrieb Lohsee ἀνέειλεν ἓ αὐτόν, was jedenfalls dem geforderten Sinne vollständig entspricht. Er verglich Σ 447 ἐείλεον. Ruhnken (Ep. I p. 40) strich den Vers.

240. Das überlieferte συνέλασσε (συνέλασε D) ist sinnlos. Hermann schrieb εἰν ὀλίγῳ ἔλσας, was denn doch gar zu weit von der Überlieferung abliegt. Ich habe daher συνέελσε geschrieben. Vgl. die ähnliche Verderbnis in 356 (κατέρεξε aus κατέερξε). Matthiae und Hermann strichen den ganzen Vers ohne irgend welchen Grund.

241. Die überlieferte Vulgate δή ῥα νεόλλουτος hat keinen Sinn. Dafs Neugeborne gebadet werden, ist aus h. Ap. 120 zu ersehen, wenn man es nicht aus Erfahrung weifs. „Aber wer nennt einen Neugebornen νεόλλουτος" (Matthiae Anim. p. 261). Offenbar sollte νεόλλουτος nur einen Sinn hineinbringen in die ältre ebenfalls verdorbene Lesart (s. Einl. p. 9 Nr. 14): θῆρα νέον λοχάων προκαλεύμεμος ἡδύ. Alle früheren Lösungsversuche, die sich nur auf die Vulgate gründen, sind heute wertlos. Ich will nur andeuten, was etwa gestanden haben könnte: δῶρον ὄγ᾽ ἐκ λεχέων προκαλεύμενος ἥδυμον ὕπνου. Doch ist weder ἐκ λεχέων noch προκαλεύμενος einwandfrei. Baumeister dachte an φή ῥα νέον γεγαώς. Matthiae (Anim. p. 260) und Greve (p. 24) strichen diesen und den folgenden Vers, Hermann hielt (praef. p. LXII) 241—243 für jüngere Recension.

242 ist hergestellt. Martin (V. Lect. I 22) fand ἐγρήσσων; Hermann (nach H. Stephanus' εἰ ἐτεόν τε) ἐτεόν γε. Hermann fügte auch δ᾽ hinter χέλυν hinzu. — Über die Absicht des Hermes, in welcher er die Schildkröte unter der Achsel hält, s. p. 186.

243. γνῶ δ᾽, οὐ δ᾽ ἠγνοίησεν = Hes. Th. 551.

245. εὐτροπίη habe ich geschrieben, da dieses den geforderten Sinn „Listen, Ränke, Schliche" giebt, ἐντροπίη diese Bedeutung kaum haben kann, auch nur hier vorkommen würde. Die Glosse des Lex. Seg. 94, 12 dürfte zu lesen sein, ἐντροπαί, ἐντροπαλιζόμενοι. — Statt εἰλυμένον vermutete Matthiae (Anim. p. 262) ἐέλμενον, was hier gar nicht pafst.

247. ἀδύτους, nur hier masc. Den Vers strich Matthiae (Anim. p. 263).

255—57 klingen an an Θ 12 f.: πληγεὶς οὐ κατὰ κόσμον ἐλεύσεται Οὔλυμπόνδε ἤ μιν ἑλὼν ῥίψω ἐς Τάρταρον ἠερόεντα. Aus ἑλών hat Verf. λαβών gemacht. Vgl. ganz dieselbe Veränderung zwischen ι 41 und 548. Doch ist hier λαβών wie so oft in βαλών verändert worden von den Schreibern.

255. θᾶσσον, eine Besserung Ilgens, schon von Wolf aufgenommen, bringt aufs neue vor Cobet (a. a. O.).

259. ἐρρήσεις ὀλίγοισιν ἐν ἀνδράσιν ἡγεμονεύων. Schwierig ist namentlich ὀλίγοισιν. Groddeck (p. 88) schrieb ἔρρεις ὀλλυμένοισιν, doch sind Sterbende nicht Tote. Ilgen (p. 427) schrieb ἀλιτροῖσιν, woraus Bothe nicht übel ὀλοοῖσιν fand. Hermann vermutete δολίοισι, Schopen (a. a. St.) φθιμένοισι, Ludwich (a. O.) ὀνοτοῖσιν (?). Matthiae suchte den Fehler in ἡγεμονεύειν und schrieb dafür ἠπεροπεύων und erklärte inter exiles mortuorum animas decipiens. Wie ὀλίγοι ἄνδρες eine solche Bedeutung annehmen kann, ist mir rätselhaft. Eher könnte man mit Doederlein (Gloss. I p. 244) erklären: unter wenigen d. h. unter gar keinen Menschen mehr Betrug anrichtend.

261. ἔειπας hat sich auch in M (Thiele) und P gefunden; auch ἔειπος bei E soll wohl nichts andres sein.

262. καί in ἦ zu ändern liegt absolut kein Grund vor. Matthiae hat mit Recht seine frühere Vermutung (ἦ) später zurückgenommen, quod esset eius, qui quae causa Apollini veniendi fuisset, nesciret. Es würde folgender Zusammenhang entstehen: Warum sprichst du so unfreundlich? Suchst du Rinder bei mir? Die Frage sollte aber mindestens heifsen: Du suchst doch nicht etwa Rinder bei mir? Am einfachsten und besten aber ist der überlieferte Zusammenhang: Warum sprichst du so unfreundlich und suchst Rinder u. s. w.

263 f. = 363 f. Cf. ψ 40: οὐκ ἴδον, οὐ πυθόμην, ἀλλὰ στόνον οἶον ἄκουσα. Matthiae wollte (Anim. p. 264) in 263

οὔτ' ἄλλου μῦθον ἄκουσα lesen, doch wird das Asyndeton durch 363 geschützt.

264 strich Matthiae (a. a. O. p. 264).

265 tilgten Hermann und Wolf. — Statt οὔτε schrieben Hermann und Franke οὔτι, Baumeister und Abel οὐδέ.

266. Da das in 265 überlieferte οὔτε gebieterisch ein Korrelativum verlangte, so habe ich οὔτ' ἐμὸν ἔργον geschrieben. Wir erhalten dann den schönen Zusammenhang: Weder sehe ich aus wie ein Rinderdieb, noch ist das meine Beschäftigung. Durch diese neue Beziehung wird 265 fest an 266 herangezogen.

266. πάρος sc. τοῦ βοῦς ἐλαύνειν ἄλλα μοι μέμηλε. Dieser Gebrauch von πάρος findet sich bei Soph. O. C. 418 Eur. Hel. 401. Der Sinn also ist: Da ziehe ich mir andres vor.

267. ἡμετέρης gravitätisch wie 465.

269. τόδε adverbiell zu πόθεν zu ziehen wie 32. 155

271. διέκ, wie 158 steht, hat hier Stadtmüller, nicht Gemoll, zuerst vermutet und Abel geschrieben. Es kommt hier wesentlich auf das Hinausgehen an.

272. Die Schneidewinsche Konjektur billigte auch Schmitt (p. 147) cf. vs. 316. — Statt ἀπρεπέως vermutet M. Schmidt (p. 164) ἀπτερέως.

273—77 strich Hermann. Die wichtigsten seiner Gründe sind, daſs 276. 77 = 310. 11 und der hier geschworne Eid von Apollon 334—364 nicht erwähnt wird. Daſs aber die Wiederholung 310f. passend ist, bemerkte schon Franke. Das zweite Bedenken entkräftete Lohsee (p. 29), indem er bemerkte, daſs Hermes gar keinen Eid schwöre (vgl. auch Baumeister p. 220), sondern ihn nur anbiete (ὀμοῦμαι) und dann die Versicherung (ὑπίσχομαι; cf. Herod. 2, 28. 7, 104) hinzufüge, er sei der Dieb nicht. Greve (p. 43) stimmte Hermann bei.

274. εἰ δ' ἐθέλεις, was die früheren Herausgeber auſser Baumeister haben, verlangte Cobet wieder.

276. Zu dem Gebrauch von μήτε verglich Franke K 330, O 41. Vgl. Kühner A. G. p. 689 4[b]. μή erklärt sich hier am besten, wenn man εἶναι aus dem vorigen Verse noch hereinbezieht.

277. Der Versschluſs = B 486 ἡμεῖς δὲ κλέος οἶον ἀκούομεν οὐδέ τι ἴδμεν.

278. Zu ἀμαρύσσων vgl. Hes. Th. 817: ἐξ ὄσσων πῦρ ἀμάρυσσε.

279. Nach Ruhnken (Ep. cr. I p. 40) schrieb J. Albert (zu Hesych. v. ῥυστάζοντες) ὀφρύσι ῥυστάζεσκεν, Ruhnken bemerkte, daſs daraus ὀφρῦς ῥυστάζεσκεν zu machen sei, was neuerdings Ludwich empfiehlt. Ruhnken selbst schrieb aber ὀφρύσ' ἐνιπτάζεσκεν, was zur Situation gar nicht paſst, Ilgen nicht besser ὀφρύσι κρυπτάζεσκεν. Hermann erst fand ὀφρῦς ῥιπτάζεσκεν.

280. μάκρ' ἀποσυρίζων, ein Zeichen vollster Sorglosigkeit, wie schon Ilgen erklärte. — ἅλιον τὸν μῦθον ἀκούων erinnert, wie Hermann (z. St.) bemerkt, an E 715 ἦ ῥ' ἅλιον τὸν μῦθον ὑπέστημεν Μενελάῳ. Zu ergänzen ist vor ἅλιον die Konj. ἅτε: „da die Rede Apollons auf ihn keinen Eindruck machte". Doch bleibt das Part. Praes. ἀκούων anstöſsig. Diesen Anstoſs hat auch Ludwichs hübsche Vermutung ἀνιῶνθ' gegen sich. Schneidewin verlangte am Schlusse ἀνύσσων, Baumeister schrieb ὑποσχών; ihm folgte Abel. Stadtmüller vermutete ὑλακτῶν.

281. ἁπαλὸν γελάσας; cf. § 465.

284. Da das Fut. im Zusammenhange unumgänglich nötig ist, so habe ich καθίσειν geschrieben.

285 schrieb Schmitt (p. 161) οἷα μενοινᾷς.

287. κρειῶν ἐρατίζων ist im Munde des Apollon merkwürdig, da vs. 132 ff. der Dichter gerade die Enthaltsamkeit des Gottes hervorhebt. Allerdings geht Hermes auch vs. 64 aus κρειῶν ἐρατίζων.

288. Über diesen Vers vgl. Einl. p. 9 Nr. 7. Der Konj. ἀντῆς, welcher der Überlieferung am nächsten liegt, läſst sich rechtfertigen durch ἤντεον. Baumeister schrieb ἀντᾶς. — Der Vers erinnert an Hes. Theog. 445 f. (Hollander die handschr. Überl. p. 27).

289. πύματον καὶ ὕστατον = X 203, υ 116.

292. Cf. Eurip. Rhesus. 217 Ἑρμῆς ὅς γε φηλητῶν ἄναξ.

294—306. Die lustige Scene wird bei Apollodor nicht erwähnt. Die Auffassung derselben hat den Herausgebern viel Schwierigkeiten gemacht; Matthiae (Anim. p. 41) wollte sie sogar als ein vollständig thörichtes Machwerk, das an Stelle verlorner Verse gesetzt wäre, streichen. Darin hat er nun zwar keine Nachfolge gefunden; aber ich habe nicht gesehen, daſs die vorhandenen Schwierigkeiten glücklich gelöst wären. Man frägt sich: Warum entsendet Mercurius absichtlich das übelriechende Omen? und warum beeilt er sich (297 ἐσσυμένως) dasselbe mit einem Niesen zu begleiten? Ferner: Wem gilt das Omen, dem

Hermes oder dem Apollon? An der Absichtlichkeit beider Omina kann nach dem Zusammenhange gar nicht gezweifelt werden (συμφρασσάμενος 294, ἐσσυμένως 297), trotzdem Barnes das erste, Hermann das zweite für zufällig erklärte. Die Frage, wem die Omina gelten, ist von Matthiae gestellt, aber bisher nicht beantwortet worden. Und doch ist die Sache nicht so schwer. Apollon hat soeben geweissagt, dafs Hermes nachmals unter den Unsterblichen φηλητῶν ἄναξ sein werde. Dieser Ausspruch Apollons ist es, der bekräftigt werden soll. Ein glückverheifsendes, zufälliges Niesen würde dem Hermes die Sicherheit der Weissagung verbürgen. Vergl. ρ 545. Der lose Schelm aber führt diese Bekräftigung durch einen kräftigen Wind absichtlich herbei. Also ist von keiner List die Rede, sondern einfach von einem etwas frivolen Unfug. Dafs dieser Unfug gegen den Gott losgelassen wird, der ganz besonders mit Zeichendeuterei zu thun hat, vermehrt die Spötterei. Das darauf folgende Niesen ἐπέπταρε), das natürlich ebenfalls absichtlich ist, soll demselben Zwecke, wie das erste dienen. Hermes will also sagen: Siehst du, ich hab's beniest und bekräftigt! Apollon also soll hier der Verhöhnte sein; doch kehrt er den Spiefs um; er thut, als wenn die beiden Omina ernsthaft gemeinte wären, und weissagt aus ihnen höhnend (300), dafs er aus diesen Zeichen die Rinder finden werde, jener selbst werde führen, wie es nachmals geschieht. Da jene Zeichen von Hermes ursprünglich nicht so gemeint waren, so ist er nun der Gefoppte.

294. Statt συμφρασσάμενος wäre vielleicht συμφρασσόμενος zu schreiben. Aber vgl. auch Hermann Orph. 757.

296. ἀειρόμενος μετὰ χερσίν d. i.: wie er sich auf den Armen des Apollon befand.

299. ἕζετο. Apollon setzt sich feierlich als Zeichendeuter.

305 f. σπουδῇ ἰών, eifrig, um Schritt zu halten mit dem grofsen Bruder. Windisch (p. 39) hält σπ. ἰ. für verdorben, Stadtmüller (p. 539) vermutet σπυρθίζων. — Die folgenden Worte sind schwierig. Das überlieferte ἑλιγμένος ist eine unmögliche Form. M bietet dafür ἐελμένος. Diese Konjektur hätte nicht so viel Beifall finden sollen, wie sie bei Hermann, Franke und Baumeister gefunden hat. Der Sinn könnte nur sein: in Bezug auf das Gewand umdrängt, eingeschlossen an den Schultern, was meines Erachtens keinen Sinn hat. Besser sind Wolfs ἑλιγμένον, Baumeisters (von Schmitt p. 147 gebilligtes) ἐελμένον:

das um die Schultern gedrängte, gezwängte Gewand. Windisch (p. 39) und Greve (p. 74) fanden das Drängen, Zwängen hier mit Recht anstöfsig und schrieben εἰλυμένος; ebenso unpassend in der Konstruktion, denn es sollte heifsen: ὤμους σπαργάνῳ εἰλυμένος. Es handelt sich aber hier offenbar darum, das lose gewordene, flatternde Gewand wieder fest um die Schultern zu ziehen. Daher habe ich ἐλελιγμένον geschrieben. Vgl. h. Cer. 185: ἀμφὶ δὲ πέπλος κυάνεος ῥαδινοῖσι θεᾶς ἐλελίζετο ποσσίν. Dafs Hermes auch deshalb die Windel fest zieht, um die Kithara, welche sich darunter befindet, nicht zu zeigen, ist schon in der Einleitung gesagt.

308. ὀρσολοπεύειν. Aesch. Pers. 10 findet sich ὀρσολοπεῖται θυμὸς ἔσωθεν, Anacr. frgm. 74 ὀρσόλοπος μὲν Ἄρης φιλέει αἴχμαν. Hesych. erklärt ὀρσολοπεῖται durch διαποκεμεῖται, ταράσσεται, eine Bedeutung, welche auch zu unsrer Stelle pafst. Die Etymologie ist unklar. Hermann (zu Aesch. Pers. 10) leitet es ab von ὀλόπτειν = λέπω und erklärt excitatorem vellicationis ac proinde turbae et tumultus. Benfey Wurzell. II 4 bringt es zusammen mit λόπος = λύπη und erklärt: Verwirrung erregen. Müller-Strübing (Wiss. Monatsbll. 1879 Nr. 5) deutet: (ὄρρος — λοπεύειν) den Hintern schälen = entblöfsen.

311. Ich habe die Überlieferung wiederhergestellt. Eine genaue Wiederholung von 277 zu erwarten haben wir kein Recht, da Verf. sich auch sonst kleine Abweichungen gestattet. Vgl. 264 οὐκ ἂν μηνύσαιμι und 364 οὐδέ κεν μηνύσαιμι.

312. δὸς δὲ δίκην καὶ δέξο. Vgl. Herod. 5, 83 δίκας ἐδίδοσαν καὶ ἐλάμβανον παρ' ἀλλήλων.

313. ἐρεείνω ist von Schneidewin verdächtigt worden; derselbe vermutete ἐρίδαινον, wozu weder διαρρήδην noch τὰ ἕκαστα pafst. Gleichwohl ist es von Baumeister und Abel in den Text gesetzt. Ebensowenig ist die Baumeistersche Konj. διαστήτην ἐρίσαντε zu gebrauchen.

314—319 streichen Ilgen (p. 437), Matthiae (Anim. p. 269), Schulze (p. 33). Auch Baumeister und Franke würden die Verse streichen, jener, wenn er es mit einem besseren, dieser, wenn er es mit einem älteren Dichter zu thun hätte. Alle aber gingen von der Voraussetzung aus, dafs der Nachsatz zu dem αὐτὰρ ἐπεὶ erst 320 folge; dann wird αὐτὰρ ἐπεὶ in 319 zu einer Epanalepse des unterbrochenen αὐτὰρ ἐπεὶ in 313. Meine Interpunktion zeigt, dafs zwar ein Anakoluth, aber eins nicht ungewöhnlicher

Art vorliegt. Der Nachsatz beginnt schon in vs. 314. Es ist also nichts zu streichen.

314. Auffällig ist, dafs Hermes schon jetzt οἰοπόλος genannt wird, aber da auf dem Kylleneberge Schafe weiden (232), so ist an der Benennung nichts Wesentliches auszusetzen. Matthiae (Anim. p. 269) ist der einzige, der das Wort einsam lebend erklärte.

315. φωνῶν ist eine glänzende Besserung Wolfs für das überlieferte φωνήν. Hermanns Änderung φωνεῖν ist nicht glücklich.

316. ἐπὶ βουσὶν ἐλάζυτο ist grade so aufzufassen, wie Aesch. Prom. 196 ποίῳ λαβών σε Ζεὺς ἐπ᾽ αἰτιάματι οὕτως ἀτίμως καὶ πικρῶς αἰκίζεται, nur dafs das Impf. nicht von der vollendeten Handlung, sondern vom Conat gilt. Ungenau übersetzt Hermann: Iure Apollo comprehenderat propter boves Mercurium, genauer Baumeister corripuit, indem er ἐλάζυτο also ebenfalls vom wirklichen Ergreifen nahm. Baumeister behielt aufserdem φωνήν, änderte aber οὐκ ἀδίκως in ἐκδεδαώς.

320. Auffällig ist, dafs der Dichter die beiden Götter durch den Sand dahinschreiten läfst zu dem Götterberge. Bei Homer ist stets eine Flugpartie nötig, um vom Olymp zur Erde zu kommen.

322. Über diesen Vers s. die Einleitung p. 10 Nr. 18. Über die vulgate Lesart verweise ich auf Hollander die hdschr. Überl. p. 27.

324 strichen Groddeck (p. 89) und Ilgen. Schon Ilgen bemerkte die Ähnlichkeit dieses Verses mit Σ 507 κεῖτο δ᾽ ἄρ᾽ ἐν μέσσοισι δύο χρυσοῖο τάλαντα.

325. εὐμυλίη (εὐμιλίη M) ist unverständlich. Vofs (M. Br. I 113) erklärte es durch „Gerücht", ohne einen Grund anzugeben. Heyne vermutete αἱμυλίη; aber, wie das zu der Bedeutung festivitas kommen soll, ist mir rätselhaft; Hermanns εὐμελίη pafst ebensowenig, da von einem Aufhören des Spieles nicht die Rede ist. Franke versuchte εὐελίη, was er indes selbst als ungewifs bezeichnete. Baumeister und mit ihm Abel schrieben nach derselben Richtung εὐδίη, Schmitt (a. a. O.) αἰθρίη. Cf. Solon frgm. 13, 22. Mir scheint Vofs allein auf der richtigen Spur gewesen zu sein; doch wird der Gedanke erfordert: die Götter wufsten noch nichts, also ἀδμωλὴ δ᾽ ἔχ᾽ Ὄλυμπον. Cf. Callim. frgm. 338 Schneider.

326. μετὰ χρυσόθρονον Ἠῶ ist allerdings eine matte Zeitbestimmung (Greve p. 63), zumal schon vs. 184 der Aufgang

der Morgenröte erwähnt war. Der letztere Umstand veranlaſste wohl die Änderung, über welche s. Einl. Nr. 19 und Hollander a. O. p. 27. Derselbe hält auch die Vulgate für verdorben und schreibt κατὰ πτύχας Οὐλ. — Statt ἄφθιτοι schrieb Groddeck ἄθροοι; dann ist der erste Halbvers = β 392, ω 467. Ebenso schrieben Hermann, Franke, Baumeister, Abel. Doch ist ἀθάνατοι ἄφθιτοι ebensowenig zu tadeln als θνητοὶ βροτοί γ 3.

332. σπουδαῖον χρῆμα. σπουδαῖος erklärt Matthiae, Lohsee (p. 29), das Lex. Hom. von Ebeling durch gewichtig. Matthiae nimmt es in ironischem Sinne. Baumeister faſst es = schnell. Mir scheint die Verbindung mit χρῆμα zuerst auf die Bedeutung kostbar, wertvoll zu führen. — Der Schluſs des Verses ist = Υ 142. — Den ganzen Vers strich Hermann praef. p. LXVI als Interpolation.

333 = Ο 253. Φ 461.

334. μῦθον οὐκ ἀλαπαδνόν eine Variante des homerischen σθένος οὐκ ἀλαπαδνόν. Der Ausdruck entspricht genau unserm deutschen: ein starkes Stück. Über ἀλαπαδνός s. Curtius Et.[5] p. 653.

335. φιλολήιος heiſst Apollon hier, κερδαλέος 495, 549. Baumeister vergleicht noch Lycophr. 208 C. I G. I p. 860. — Übrigens fehlt am Anfang des Verses eine Zeitbestimmung wie πολλάκις notwendig.

336. διαπρύσιος als Adj. s. zu h. Ven. 19. Curtius (Et.[5] p. 715) faſst das Wort als einen Äolismus neben διαμπερές auf. — κεραιστής nur hier. In L findet sich eine Randerklärung ἤτοι φανερὸν κλέπτην; die Etymologie von κεραΐζω macht noch immer Schwierigkeiten. S. Lex. Hom. s. v.

336 und 337 will Schmitt (a. O.) umstellen.

337. Die zweite Vershälfte = Hes. O. 635: πολὺν διὰ πόντον ἀνύσσας.

338. κέρτομον ist auffällig. Die hom. Form ist κερτόμιος (Greve p. 69), doch kommt κέρτομος vor Hes. O. 788. Aber die Bedeutung paſst hier nicht. Daher schrieb Schmitt (a. O.) κλέπτην, Stadtmüller (p. 538) κέντρων', was Abel in den Text setzte.

339. ληισίμβροτος nur hier, gebildet wie τερψίμβροτος, nur mit dem Unterschiede, daſs λῆσις = λῇστις höchst zweifelhaft ist. Es scheint daher eine Verderbnis vorzuliegen. Vielleicht ist κλεψίφρονες wie 413 zu lesen.

341. παρά — θαλάσσης = A 34. Daſs Pierien in der Nähe des Meeres gedacht wird, folgt auch aus h. Merc. 79.

342. ἐλάων nach ἐλαύνων war schon Matthiae (Anim. p. 273) anstöſsig; doch wird es geschützt durch 355, welche Stelle zugleich die Besserung Πύλονδε (M) statt des überl. πύρονδε sichert. Die Furt wird allerdings noch 398 erwähnt. — Die attische Form εὐθύ und 355 εὐθύς läſst sich schwerlich durch ἰθύ und ἰθύς ersetzen. Cf. p. 194 oben und Lobeck Phryn. p. 144. — τοῖα πέλωρα wird gesichert durch die zweimalige Wiederholung 225. 349. Es ist daher weder mit Schmitt (p. 155) τοῖο zu schreiben, noch auch die Überlieferung δοιά beizubehalten, wie Schneidewin wollte. Schneidewin hat nicht bedacht, daſs immer nur die Fuſsspuren des Gottes, niemals die der Rinder πέλωρα genannt werden.

344. Der Dativ τῇσιν μὲν γὰρ βουσίν ist absolut unerklärlich, weshalb Schneidewin hier eine Lücke angenommen hat. In dem ausgefallenen Verse könnte ἴχνι' ἀπέστραπτο oder etwas Ähnliches gestanden haben.

346. Die verdorbene Überlieferung ist noch nicht sicher geheilt. Barnes suchte den Fehler in οὗτος und schrieb: αὐτὸς δ' οἷος, woraus Ilgen machte αὐτὸς δ', οἷος ὅδ'. Ruhnken suchte den Fehler in ὅδ' ἐκτὸς und schrieb ὅδ' ἔξοχ'. Ihm folgten Hermann [Baumeister, Abel], welcher οὗτος ἄικτος schrieb, und Schneidewin mit οἷος ὄλεθρος.

348. Hermann (praef. p. LXVII) hielt mindestens diesen Vers, vielleicht sogar 343—348 für jünger. Statt διέτριβε schrieb Pierson (Veris. p. 158) διέπρησσε, Schneidewin ἔστειβε, doch wandte schon Matthiae (Anim. p. 274), nicht erst Schulze (p. 34) ein, daſs τρίβειν ὁδόν gesagt werde. Indes scheint hier διατρίβειν κέλευθα nicht s. v. a. ἰέναι ὁδόν bedeuten zu sollen, sondern in seinem eigentlichsten Sinne: „durchreiben", „schleifen" gebraucht zu sein, so daſs der ganze Vers hieſse: sondern er machte sich einen ganz andren Plan und (schleifte oder) furchte sich Pfade u. s. w. Denn Apollon kann ja nur von den Fuſsspuren urteilen.

349. ἀραιῇσι δρυσὶ βαίνειν heiſst nach Baumeister incedere insistens tenuibus arborum ramis. In dieser Auffassung ist sowohl incedens als ramis erst in den Dichter hineingesetzt. Wollte der Dichter wirklich den Baumeisterschen Gedanken ausdrücken, so muſste er sich anders ausdrücken. Vielleicht aber hat der Dichter geschrieben: ὡς εἴ τις ἀραιῇ σὺν δρυΐ βαίνοι.

352. Matthiae (Anim. p. 274) versuchte μέγαν τρίβον, weil

ihm die Wiederholung desselben Wortes in zwei Versen hintereinander lästig war. Doch s. ἐλαύνων (340) und ἐλάων (342). Ferner bemerkte Baumeister, daſs στίβος hier in zwei verschiedenen Bedeutungen gebraucht sei: ψαμάθοιο μέγας στίβος = die groſse Strecke Sandes, βοῶν στίβος = die Spur der Rinder.

357. Nachdem Ruhnken aus M παλάμησεν hergestellt hatte, zog Ilgen (p. 441) διαπυρπαλάμησεν zusammen. πυρπαλάμης erklärt Suidas ὁ ταχέως τι ἐπινοῶν καὶ παλαμώμενος ἴσα τῷ πυρί. Hesych hat πυρπαλάμους τοὺς διὰ τάχους τι μηχανᾶσθαι δυναμένους καὶ τοὺς ποικίλους τὸ ἦθος. Eustath. p. 513, 30 ed. Rom. erklärt πυρπαλαμᾶσθαι κακοτεχνεῖν καὶ οἷον διὰ πυρὸς ἰέναι τῇ κακοτεχνίᾳ. Sachlich richtig stellt Ilgen πυρπαλαμᾶσθαι mit unserm Gaukeln zusammen. — τὸ μὲν ἔνθα, τὸ δ' ἔνθα cf. 226.

358. Der Versschluſs ist unzweifelhafte Parodie von A 47.

360. Es kann keinem Zweifel unterliegen, daſs das in L übergeschriebene βλέπων nur Erklärung sein soll zu λάων. 254 war eine solche Erklärung (κλίνη) in L und D in den Text geraten. Die Bedeutung von λάων ist durch βλέπων an dieser Stelle durchaus richtig angegeben. Dieselbe Erklärung findet sich bei Apollon. L. Hom. 107, 16. Aristarch aber erklärte anders, zum deutlichen Zeichen, wie wenig er die Hymnen der Berücksichtigung wert achtete.

361. αὐγὰς ὠμόργαζε ist eine glänzende Emendation Ilgens statt αὐγὰς ὠμόρταξε. ὀμοργάζω verhält sich zu ὀμόργνυμι wie μιγάζω zu μίγνυμι. — Daſs αὐγὴ in der Bedeutung „Auge" erst bei den Tragikern vorkommt, bemerkte schon Baumeister. — ἀλεγύνειν δολοφροσύνην ist gesagt wie 476 ἀγλαΐας ἀλεγύνειν. Bei Homer kommt nur δαῖτ' ἀλεγύνειν vor.

365. Barnes, Matthiae und neuerdings wieder Cobet (p. 311) schreiben ἤτοι ὅγ', als wenn Hermann nicht auf π 213 hingewiesen hätte. Cf. Eberhard II p. 7.

366. Ich habe die Lesung von E und L (Rand) in den Text gesetzt. Zur Änderung von ἄλλον in αὐτίκα (Baum.) finde ich keinen Grund.

367. δείξατο δ' ἐς, er zeigte hin auf, eine Gebärde zuversichtlicher Kühnheit und erheuchelter Naivität.

369. νημερτής bei Homer nur von Sachen. Greve p. 76.

370. ἦλθεν. Die Auslassung des Subjekts ist absichtlich geschehen, um den Eindruck des Naiv-Kindlichen hervorzubringen.

ἐς ἡμετέρου wie Herod. I 35, VII 8, 4, aber auch schon bei Homer β 55, η 301, ϱ 534.

373. Stadtmüller (a. O.) dachte an ἀναγκαίης ὑπ' ὁμοκλῆς.

374. Cobet vermutet ohne Not πολλὰ δ' ἐπηπείλει βαλέειν.

375. Ganz ähnlich ist Hes. Th. 988 τέρεν ἄνθος ἔχοντ' ἐρικυδέος ἥβης. Daher wollte Schneidewin auch hier ἐριχυδέος schreiben, wie er denn auch 481 das Wort änderte.

378. καὶ γὰρ ἐμεῖο πατὴρ φίλος εὔχεαι εἶναι ist eine äufserst witzige Umkehrung der Formel υἱὸς ... εὔχομαι εἶναι.

379—82 strich Hermann wegen des abgehackten Satzbaus und weil sie blofse Wiederholungen enthalten. Ihm folgten Baumeister und Lohsee (p. 29). Doch ist weder der Satzbau, richtig aufgefafst, schlechter als der der übrigen Verse, noch enthalten sie eine blofse Wiederholung. Jedenfalls würde das Gedicht durch die Streichung um eine interessante Stelle ärmer.

379. Seine Versicherung ist wahr, denn er hat die Rinder nicht nach Hause, sondern in die Höhle bei Pylos getrieben und ist nicht über die Schwelle gegangen, sondern durch das Schlüsselloch geschlüpft. Doch gilt das letztere nur vom Rückwege. Denn vs. 24 heifst es: οὐδὸν ὑπερβαίνων. Aber der Schalk giebt seine Versicherung ab mit innerem Vorbehalt, wie auch das Folgende zeigt. — ὡς ὄλβιος εἴην. Über solche eingeschobene Schwurformeln s. Kühner Syntax p. 996 A. 7.

381. Das Asyndeton Ἥλιον μάλα hätte man nicht sollen aus D in Ἥλιον δὲ μάλ' korrigieren. — Die Versicherung Ἥλιον μάλα αἰδέομαι ist wieder doppelsinnig. Zeus konnte verstehen: ich scheue den Helios, der alles sieht und alles hört, und denke nicht daran, ein Verbrechen zu begehen; wir aber verstehen: „ich scheue das Licht", treibe mein Werk im Finstern, wie denn Hesiod den Dieb ἡμερόκοιτος ἀνήρ nennt (O. 607). — Übrigens ist der Vers der einzige, welcher keine Cäsur im 3. Fufs hat.

382—84 strich Matthiae.

383. Statt des überl. ἐπιδαίομαι schrieb H. Stephanus ἐπομόσσομαι, Barnes ἐπιδώσομαι. Vgl. X 254 ἀλλ' ἄγε δεῦρο θεοὺς ἐπιδώμεθα.

384. Dafs Hermes bei dem Thor schwört, kann ebensowenig auffallen, wie dafs Apollon 460 bei seinem Scepter schwört. Ob man dabei an den Hermes ἀγυιεύς oder προπύλαιος denken darf, wie Baumeister meint, ist mir zweifelhaft.

385. Ilgen schrieb οὔποτ' ἐγώ, um diesen Vers mit dem

ΕΙΣ ΕΡΜΗΝ.

vorigen in Übereinstimmung zu bringen; da aber das Folgende nicht mehr pafste, so las er: *τίσω ποτὶ νηλέα φωνὴν* und übersetzte nunquam ego poenas ei dabo, ut crudeliter minatus est. Doch bemerkte schon Matthiae (Anim. p. 283), dafs weder *τίσω* so absolut stehen, noch *ποτὶ* in der Weise gebraucht werden kann. Matthiae schrieb statt des zweiten *ποτέ* — *γ' ἔτι*. Er fafste aber *τίνειν φωνὴν* nicht in der gewöhnlichen Bedeutung: bezahlen s. v. a. büfsen, sondern = vergelten. Er verglich Soph. Oed. Col. 1203 *αὐτὸν μὲν εὖ πάσχειν, παθόντα δ' οὐκ ἐπίστασθαι τίνειν*. — Hermann, Wolf, Baumeister und Abel schrieben *καί που ἐγὼ τούτῳ τίσω ποτὲ νηλέα φώρην* (*φώρην* auch M). Vgl. Hesych. *φωρᾶν τὸ τὰ κλεψιμαῖα ζητεῖν καὶ φωριᾶν· φώραν δὲ τὴν ἔρευναν*. Wenn nun Baumeister erklärte: rependam ei investigationem odiosam, so ist dabei nur die ernsthafte Seite berücksichtigt. Die Worte lassen sich auch verstehen, namentlich, wenn man an das gesprochene Wort denkt: ich werde ihm den argen Diebstahl (*φωρήν*) bezahlen. In dieser Zweideutigkeit liegt der Witz.

392. *ζητεύειν* steht noch h. Ap. 215, Hes. Th. 400, nicht bei Homer, ebensowenig *ζητεῖν*. Vgl. m. hom. Blätter p. 4.

393. 394 strich Hermann als schlechte Interpolation, hat aber keine Nachfolger gefunden. Die Messung von *ἀπέκρυψε* (◡ ◡ – ◡) veranlafste Schneidewin *δ' αὖτ' ἔκρυψε* zu schreiben; doch s. 348 und vorher 294, 332. Ebensowenig ist *δ' αὖτε* (= *δὴ αὖτε*) nach *ὅππῃ* zu beanstanden. Vgl. *κ* 281, *λ* 93 und Lohsee (p. 30).

395. Es wird begreiflich, warum Hermes so ohne weiteres dem Befehl des Zeus gehorcht, wenn man 385 als ein verstecktes Geständnis auffafst, wie es oben geschehen ist.

398. *ἐπ'* ändert Stoll (p. 9) in *καὶ* (vgl. B 592), Cobet in *κατ'*. — *ἷξον* . . . . *ἐξίκοντο*. Vgl. 340. 342 *ἐλαύνων* . . . *ἐλάων*.

400. Die Überlieferung des Verses lautet *ἦχ'* (E?DPC *ἡ* L *ἦχ'* E?AB), *οὐ* (ELABCP *οὖ*?D), *δὴ* (ELD *δὲ* M) *τὰ χρήματ' ἀτιτάλλετο* (*ἀντεβάλλετο* E, *χρήματα τιτάλλετο* M). Statt *ἦχ' οὐ* hat M noch *ὄχον*. Barnes schrieb *ἦχ' οἱ δή*, Ilgen *ὅππου δή*, Hermann *ἦχι ῥά οἱ*, Schmitt *ἦ φίλα οἱ*. Matthiae schrieb *ἦχ' οὖ*, Franke und Baumeister folgten Hermann. Statt *τὰ χρήματ'* schrieb Schneidewin *ἀγέλη*, Doederlein und nach ihm Baumeister *τἄγρευμ'*

Ich hoffe mit ὤχ', οὗ δή den ursprünglichen Text wiederhergestellt zu haben. Lohsee (brieflich) vermutet ἧχι ἔδυ τὰ χρήματ' ἀολλέα.

401. παρὰ λάϊνον ἄντρον ist gesagt wie Σ 576 ἐπεσσεύοντο πὰρ ποταμὸν, Φ 491 ἔθεινε παρ' οὔατα, also: Hermes trat heran an die Höhle. Sachlich bemerkt Franke richtig: Solent enim boves apertis stabuli valvis, nisi vinculis retinentur, ultro exire.

403. Dafs die beiden Häute aufsen am Felsen zu denken sind, darüber s. zu vs. 124.

406. Statt αὐτός schrieb Hermann αὐτάρ.

407. Das überlieferte θαυμαίνω pafst nicht zu κατόπισθε, daher schrieb H. Stephanus δειμαίνω; ihm folgten alle Herausgeber, aufser Hermann (und Franke), welcher θαμβαίνω las.

409 ff. Das Verständnis der Verse ist sehr schwer. Es herrscht bei den Erklärern nicht einmal Einstimmigkeit darüber, wer hier gefesselt wird, Hermes oder die Rinder? Martin (Var. Lect. II 10) nahm an, dafs Apollon um die Stärke des Hermes zu erproben seine Hände gefesselt habe, die Fesseln aber seien von selbst gelöst und in einander verwickelt zur Erde gefallen. Für diese Auffassung spricht 409 χερσὶ περίστρεφε, dagegen 412 πάσῃσιν ἐπ' ἀγραύλοισι βόεσσιν. Dagegen behaupten Matthiae (Anim. p. 285), Hermann, Franke, dafs die Rinder von Apollon gefesselt seien. Für Martin plädiert noch Baumeister (p. 282), für Matthiae u. s. w. Greve (p. 48). Ich finde meinerseits, dafs χερσὶ περίστρεφε καρτερὰ δεσμὰ ebensowohl heifsen kann: „er legte harte Fesseln um die Hände" als „er wand mit den Händen starke Fesseln". Da die erste Möglichkeit, welche die Martinsche Auffassung ergiebt, dem Zusammenhange unüberwindliche Schwierigkeiten bereitet, wenn man nicht etwa, wie Baumeister, nach 409 eine Lücke annehmen will, so bleibt nur die zweite. Doch ergiebt sie nicht, dafs die Rinder gefesselt seien, sondern nur, dafs Stricke gedreht wurden. Für wen, ob für Hermes (vgl. 156) oder für die Rinder (412), wird sich kaum entscheiden lassen.

410. ἀγνοῦ (EDP ἀγνοῦ LAC), ταὶ (EL[?]D, ται PAC) ist überliefert; nur M hat ἄγνον ταί. Da ταί keine Beziehung hat, schrieb Franke ἄγνων· ταὶ — ἄγνου hatte schon Martin verbessert —; Baumeister setzte eine Lücke vor 410 an; doch da er auch nach 415 und 418 eine Lücke annimmt, so wird dies Auskunftsmittel problematisch. Was in 410 f. gestanden hat, wir wissen es nicht. Ilgen bezog ταὶ — ἀλλήλῃσιν auf die Rinder:

subtus, inhaerebant pedibus. Er setzte daher vor 410 den Vers 412, welchen er in οἷά τε καὶ πάσῃσιν κτλ. veränderte. Schon Matthiae bemerkte, daſs φύεσθαι das nicht bedeuten kann. Er schrieb mit Martin λύοντο und bezog dies auf die Fesseln; da er aber ἄγνου ebenfalls beibehielt, so müssen wir aus ἄγνου uns erst das zu ταί gehörige Subst. ergänzen. Ganz derselbe Vorwurf trifft die Vermutung Stadtmüllers κέχυντο, welche Abel acceptierte. Hermann [und Franke] kehrte zu φύοντο zurück, bezog aber ταί auf ἄγνου und erklärte sich die Sache so, daſs die Fesseln bei allen Rindern sogleich im Boden festgewachsen wären. Franke setzte statt ἄγνου ein ἄγνων. Es muſs aber bemerkt werden, daſs weder der Plural ἄγνων, noch ταί — es sollte τά heiſsen — sich besonders empfehlen.

411. αὐτόθεν ἐμβολάδην ist überliefert; Baumeister bemerkte, daſs vielleicht Erinnerung an Φ 364 πάντοθεν ἀμβολάδην vorliege und also ἀμβολάδην zu schreiben sei; doch paſst ἀμβολάδην zu 410 κατὰ χθονός gar nicht. Ich bin daher bei ἐμβολάδην geblieben, trotzdem dasselbe sonst nirgends vorkommt. Über die Bedeutung vgl. das Lex. Hom.

412. An ῥεῖά τε καί nahm Hermann Anstoſs; τε καί könne hier nicht stehen bei so verschiedenartigen Dingen. Ilgen schrieb, wie oben bemerkt wurde, οἷά τε, setzte aber den Vers hinter 409. Hermann gab ῥεῖ᾽, ἄγνοι, wobei die Stellung eine ganz unnatürliche wird. Stadtmüller (p. 811) vermutete nicht übel ῥεῖα πέδαι [was Abel in den Text aufnahm] oder γυιοπέδαι. Doch läſst sich ῥεῖά τε καί verteidigen durch Hes. Theog. 87: αἶψά τε καὶ μέγα νεῖκος ἐπισταμένως κατέπαυσε. — ἀγραύλοισι schrieb Hermann mit Rücksicht auf 492, 567.

414. θαύμασεν eine bei Hom. nicht vorkommende Form. — Worüber Apollon staunt, geht aus dem überlieferten Text nicht klar hervor. Es könnte das Einwachsen der Fesseln sein. Da nun im Folgenden Hermes etwas verstecken will, was wir nicht wissen, so halte ich den Gegenstand, über welchen Apollon staunt und den Hermes verbergen will, für identisch. — Statt τότε δή schrieb Schneidewin (und nach ihm Baumeister und Abel) ὃ δὲ δή.

415. ὑποβλήδην wird hier nicht wie Α 292 und Apoll. Rhod. Α 699, Γ 400. 1119 vom Sprechen gebraucht, sondern vom Sehen, weshalb Passow ὑποβλέβδην schreiben wollte „scheu". Vgl. jetzt das Lex. Hom. Ebeling s. v.

416. Was Hermes zu verstecken sucht, ist nicht gesagt; Matthiae (Anim. p. 287) ergänzt βοῦς, ebenso Hermann (Opusc. 5, 307), Ilgen die eigenen Blicke, als Zeugen seiner Verschlagenheit; Schneidewin ergänzte: sein Thun, die Verzauberung der Rinder; Schmitt und Greve (p. 49) ergänzen: sich aus Furcht vor dem Zorn Apollons. Baumeister endlich setzte eine Lücke an nach 415, gesteht aber, dafs er den ursprünglichen Zusammenhang der Worte nicht erraten könne. Ich ergänze die Leier. Apollon staunt über etwas, was nicht genannt wird, Hermes will etwas verbergen, was nicht genannt wird; und endlich finden wir Hermes zitherspielend und Apollon entzückt zuhörend. Ich nehme daher keine Lücke an nach 415, sondern meine, dafs man versuchen mufs, durch Konjektur der schwer verdorbenen Stelle aufzuhelfen. Ob dem Hermes die Leier entfiel, oder ob er sie absichtlich fallen liefs, wissen wir nicht; vermuten aber läfst sich das letztere, da er dieselbe bisher mitgeführt hat. Vgl. Schol. Dionys. Thrac. (Bekker Anecd. I p. 752): Εἴρηται δὲ λύρα λύτρα τις οὖσα . . . . φασὶ γὰρ ὅτι ποτὲ Ἑρμῆς ἐποίησε κοιλίαν λύρας· ἡνίκα δὲ τοῦ ἡλίου βοῦς κλέψαι ἠβουλήθη καὶ διὰ τὸ μαντικὸν τοῦ θεοῦ οὐ δεδύνητο ἀνελήφθη, εἰδὼς δὲ καὶ τοῦ θεοῦ τὸ μουσικὸν δέδωκεν ὑπὲρ ἑαυτοῦ τὴν λύραν λύτραν καὶ ἐλευθερώθη τοῦ ἐγκλήματος. In Anecdd. Graeca Boissonade IV 458 wird diese Auffassung als die des Euripides in der Antiope bezeichnet. Danach mufs Euripides unsern Hymnus gekannt haben.

418. Zu λαβών fehlt das Objekt. Stephanus und Matthiae schrieben statt λαβὼν λύρην, Schneidewin statt χειρὸς ἄθυρμα; beides ist unwahrscheinlich, da der ganze Halbvers 499 wiederkehrt. Besser ist Ilgens Vermutung: καὶ κρατερὸν κίθαριν δὲ λαβὼν κτλ. Hermann suchte das ausgefallene κίθαριν in dem Folgenden und setzte nach 418 eine Lücke an. Ihm folgten Franke, Baumeister. Doch, wenn wir annehmen, dafs das Wort κίθαρις schon früher vorgekommen ist, so zwingt uns nichts mehr hier eine Lücke anzunehmen. Sachlich richtig ist Baumeisters Ergänzung: ἣν ὑπὸ μασχάλῃ εἶχε χέλυν ἐρατεινὸν ἄθυρμα.

419 f. = 53 f. = 501 f.

420 = ρ 542 σμερδαλέον κονάβησε· γέλασσε δὲ Πηνελόπεια.

421. Der letzte Halbvers = ρ 261: περὶ δέ σφεας ἤλυθ' ἰωὴ φόρμιγγος γλαφυρῆς. Cf. auch Κ 139.

422—26 streicht Groddeck (p. 91), 422—24 Matthiae (Anim p. 288), 423—425 Ἀπόλλωνος Schneidewin (p. 684). Doch sind die getadelten Verse durchaus keine blofse Wiederholung, wenn sie auch breit und schablonenhaft schildern.

422. Der Vers ist allein in M erhalten und schon deshalb verdächtig. Dazu kommt die lächerliche Verbindung ἰωὴ ἐνοπῆς; auch die Wendung καί μιν γλυκὺς ἵμερος ᾕρει, bei Homer von dem Liebesverlangen Γ 466, ψ 414, ist hier absonderlich gebraucht. Endlich läfst sich die Überlieferung verstehen auch ohne den Vers. διὰ φρένας ἦλθεν ἰωή ist formelhaft gebraucht und bedeutet s. v. a. ihn durchdrang, er vernahm, so dafs der Zusatz θυμῷ besagen soll: er vernahm den Ton im Herzen, er drang ihm in die Seele. Doch soll nicht in Abrede gestellt werden, dafs die Ausdrucksweise immer eine gezwungene bleibt; aber vielleicht war das grade der Grund den vs. 42 einzuschieben.

423. λύρη, noch nicht bei Homer und Hesiod, aber im Margites. Vgl. Welcker Rh. Mus. XI p. 515. Dafs λύρα und κίθαρις nur verschiedene Namen für dieselbe Sache sind, geht aus Ammon. de diff. voc. p. 82 = Etym. Gud. p. 321. 43 hervor: Κίθαρις [μὲν] γάρ ἐστιν ἡ λύρα. Doch wollte Ilgen hier λίνῳ statt λύρῃ schreiben und von Jan (de fidibus p. 7) strich den ganzen Vers. S. zu 64. v. Jan (p. 10) hält die Lyra für thrakisch, Westphal (p. 92) für dorisch-äolisch, Volkmann (Plut. mus. 154) für asiatisch, Flach (Gesch. der Lyr. p. 84) für lesbisch. Dafs λύρα und κιθάρα (s. zu 509) später verschieden waren, kann nicht bezweifelt werden. Cf. Plato rep. p. 399 C. Die Erfindung der Lyra wird dem Hermes zugeschrieben von Diodor (5, 75, 3), nachdem Apoll die κιθάρα schon erfunden hatte. Cf. auch Lucian D. D. 7, Bion Id. 5, 8: ὡς χέλυν Ἑρμάων, κιθάραν ὡς ἁδὺς Ἀπόλλων sc. εὗρεν. Paus. 5, 14, 8: διότι Ἑρμῆν λύρας Ἀπόλλωνα δὲ εὑρέτην εἶναι κιθάρας Ἑλλήνων ἐστὶν εἰς αὐτοὺς λόγος. Weiteres Scheffler (p. 26).

425. Ilgen schrieb wegen des kurz vorhergehenden (423) κιθαρίζων hier ὑπαείδων. Abel folgte. Doch sind solche Wiederholungen nichts Seltenes.

426. γηρύετο. Cf. Hes. O. 257. — ἀμβολάδην ist vom Gesange gebraucht wie Pindar. Nem. X 32: ἀδεῖαί γε μὲν ἀμβολάδαν ἐν τελεταῖς δὶς Ἀθηναίων νιν ὀμφαὶ κώμασαν oder wie X 476 ἀμβλήδην γοόωσα ... ἔειπεν. Aus der letzten Stelle erhellt, dafs die Redensart ἀμβλήδην γοόωσα s. v. a. den Klagegesang erhebend bedeutet. Ganz ähnlich bedeutet α 155 ἤτοι

ὃ φορμίζων ἀνεβάλλετο καλὸν ἀείδειν: Unter Kitharbegleitung hub er an zu singen. Vgl. noch ϱ 261. Die eben citierte Stelle α 155 ist userm Verse 426 sehr ähnlich: τάχα δὲ λιγέως κιθαρίζων γηρύετ' ἀμβολάδην. Wir übersetzen daher: Und alsbald erhob er unter hellem Zitherklang seine Stimme und sang. — Die Auffassung von ἀμβολάδην = ἐκ προοιμίου stammt aus dem Etymolog. M. 80, 20; sie wurde mit Recht schon von Baumeister verworfen und hätte im L. Hom. Ebelings nicht mehr vorgebracht werden sollen. Wie unsicher die Alten über das Wort waren, zeigt am besten Schol. Nem. X 62: ἀμβολάδαν τοῦτ' ἔστιν ἀνατεταμένως τῇ φωνῇ καὶ λαμπρῶς· ἢ ἀμβολάδην ἀνακρουόμενοι καθὸ προαναβολὰς λέγουσι τὰ πρὸ τοῦ προοιμίου — — τινὲς δὲ τὸ ἀμβολάδην οὕτως ἀκούουσιν· ὅστις δὶς μὲν ἐνίκησε τὰ Παναθήναια οὐκ ἐφεξῆς δέ κτλ. — θαλερὴ δέ οἱ ἔσχετο φωνή ist die hom. Formel P 696, Ψ 397, δ 705, τ 476.

427. κραίνων. Stephanus vermutete ὑμνέων oder αἰτέων, Matthiae schrieb ἀθανάτους τ' ἐγέραιρε θεούς (cf. 432), Hermann vermutete κλείων. Er dachte wohl an h. XXXI 19: ἡμιθέων, ὦν κλείουσ' ἔργματ' ἀοιδοί. Hermanns Vermutung billigt Schmitt (p. 157), Stadtmüller dagegen schreibt οὐρανόν, was unmöglich richtig sein kann. Wir würden dann den Sinn erhalten, dafs Hermes eine Art Kosmogonie gesungen hätte wie Orpheus Apoll. Rhod. Arg. Α 496. Ich glaube aber, dafs die Erde hier eher als Trägerin der Menschen und der Götterverehrung zu denken wäre. Er sang also Götter und ihre Verehrung auf Erden, wozu dann der folgende Vers: ὡς τὰ πρῶτα γένοντο καὶ ὡς λάχε μοῖραν ἕκαστος passen würde. Doch da der Erde keine Erwähnung mehr geschieht, da in vs. 428 nur von den Göttern gesprochen wird, so scheint mir, dafs nicht blofs κραίνων sondern auch γαῖαν ἐρεμνήν verdorben ist.

429 f. Mnemosyne wird Hes. Theog. 54 zuerst genannt. Die Muse begeistert ihn, kommt über ihn ἔλαχε Μαιάδος υἱόν. Diese Bedeutung von λαγχάνω ist allenfalls abzuleiten aus der Phrase Ψ 79 ἥπερ (κὴρ) λάχε γεινόμενόν περ, Apoll. Rhod. B 258, Theocr. 4, 40, namentlich aber durch Callim. h. Ap. 45 Φοῖβος ὀιστευτὴν ἔλαχ' ἀνέρα, κεῖνος ἀοιδόν. An unserer Stelle ist Hermes der Sänger, den die Muse in ihre Gewalt bekommen, ergriffen hat. Die Änderung Hermanns δάε ist wenig befriedigend.

431. Matthiae verglich zu seiner Änderung Plut. legg. IX p. 885 κατὰ πρέσβιν ἵζεσθω.

433. Barnes las ὑπωλένιον, wie 510 überliefert ist, Ilgen schrieb an beiden Stellen ἐπωλένιον, weil die Kithara nicht unter dem Arm gespielt werde. Man ist dem letzteren mit Recht gefolgt. Cf. Apoll. Rhod. Arg. A 557 παράκοιτις ἐπωλένιον φορέουσα Πηλεΐδην, wo der Scholiast allerdings falsch erklärt ἐπὶ χειρὸς ἔχουσα.
436—438 erklärt Matthiae (Anim. p. 291) mit Unrecht für Zusatz eines Grammatikers.
436. Der Schluſs πονεύμενε, δαιτὸς ἑταῖρε ist verdorben. Matthiae (a. O.) vermutete δαιτὸς ἑταίρην, doch sah er selbst, daſs es dann besser hieſse πεπονημένε. Waardenberg vermutete: μηχανέων ἀπονήμενε. Schneidewin versuchte πολεύμενε νυκτὸς ἑταῖρε. — μηχανιῶτα nur hier.
437. μέμηλας ist verdorben. Stadtmüller versuchte (p. 540) ταῦτ᾿ ἀνέφηνας, was dem Sinne so sehr entspricht, daſs ich es in den Text genommen habe. μέλω mit Accus. scheint nur Anth. Pal. 5, 201 vorzukommen, wo vielleicht auch noch zu schreiben ist: μελισθὲν βάρβιτον statt μεληθὲν.
438. An καὶ .... διακρινέεσθαι ist nichts auszusetzen. Franke schrieb auf Hermanns Rat κεν.
440. ἐκ γενετῆς ist eine richtige Besserung von M. Hermann verglich Ω 535. σ 6.
443. νεήφατος ὅσσα. νεήφατος, nach dem homerischen παλαίφατος gebildet, nur hier. ὅσσα vom Gesange der Musen Hes. Th. 10, 43, 65, 67 ἐπήρατον ὅσσαν an derselben Versstelle.
447—449 streichen Matthiae, Hermann, Greve (p. 51). Hermann fand, daſs dieselben von ihrer Umgebung zu ihrem Nachteil abstächen; Franke giebt das nicht zu, ebensowenig Baumeister. Aber auch Greves Gründe sind nicht stichhaltig. Daſs mehrere Ausrufe hintereinander folgen, ist aus der Erregung des Apollon zu erklären; daſs 447 keine Verbindung mit dem Vorhergehenden hat, ist nicht der einzige Fall. Vgl. 438.
447. μοῦσα s. v. a. Lied oder Melodie erst bei den Tragg. S. Valckenaer zu Eur. Phoen. 50. Aus den Hymnen ist zu vergl. h. XVIII, 15 μοῦσαν ἀθύρων. — ἀμηχανέων μελεδώνων ist verdorben. Ein Adj. ἀμηχανής giebt es sonst nicht, und was soll μοῦσα μελεδώνων heiſsen? Ilgen erklärt: ein Lied langer Übung, wofür er den Beleg schuldig geblieben ist, Matthiae (Anim. p. 292) und Franke dagegen: cantus contra sollicitudines et curas. Schneidewin (p. 687) änderte ἀμηχανέων in ἀμήχανε σῶν, lieſs aber μελεδώνων unverändert. Vielleicht ist zu lesen ἀμήχανε, ἣν μελιγήρυς

448. τρίβος ist ein junges Wort (cf. Hermann Orph. p. 812) und bedeutet sonst Weg (Greve p. 52).

449. ἔρωτα καὶ ἥδυμον will Suhle (h. in Aphr. p. 24) in ἔρον καὶ νήδυμον bessern; doch s. 241.

451. Die alte Überlieferung ὕμνος ἀοιδῆς hat in dem Vulgattext der Änderung οἶμος ἀοιδῆς weichen müssen. ὕμνος ἀοιδῆς = ϑ 429, Nonnus Dion. 17, 374. οἶμος ἀοιδῆς steht schon bei Pindar Ol. I 176, IX 72. Nach Hollander (p. 25) wäre dasselbe schon in voralexandrinischer Zeit als Glosse an den Rand geschrieben.

452. Was hier unter μολπή zu verstehen ist, kann kaum fraglich sein. Die Verbindung mit der Flötenmusik macht es wahrscheinlich, daſs hier das Saitenspiel gemeint ist. Da nun aber das Instrument des Hermes offenbar das erste sein soll, so könnte man vielleicht annehmen, daſs μολπή hier s. v. a. Tanz sein soll. Weil aber Chorreigen und Gesang in vs. 451 schon erwähnt sind, bleibt nur noch die Instrumentalmusik. Daſs nun von Apollon ausgesagt wird, daſs er sowohl Saitenspiel als Flötenmusik liebte, ist nicht wunderbar (vgl. Preller G. M. I p. 223), aber daſs, wo die Kithara eben erst erfunden ist, schon des Saitenspiels gedacht wird, das ist das Merkwürdige; auch die Verbindung der Musen mit dem Flötenspiel erscheint auffällig.

454. Was die νέων θαλίαι hier sollen, hat noch niemand nachgewiesen. Es war zu schreiben θεῶν. Dann bezieht sich die ganze Stelle von 450 an bis hierher auf die Musen und Apollon als Musageten.

455 strichen Matthiae, Hermann, Wolf vielleicht mit Recht, doch s. Lohsee (p. 31).

457. 458 sind nur in M überliefert und jedenfalls Interpolation. Unbegreiflich ist namentlich die Aufforderung Apollons zum Sitzen, zumal ein Erheben hernach nicht stattfindet. Weiterhin ist zunächst die Konstruktion θυμὸν ἐπαίνει πρεσβυτέροισι ganz unverständlich. Vgl. Schmitt (p. 158). Ruhnken (Ep. p. 47) schrieb μῦθον; aber immer bleibt die Konstruktion von ἐπαινεῖν anstöſsig. Es ist daher zu bessern: θυμῷ: billige, unterwirf dich von Herzen älteren Leuten. Die Aufforderung ist unnütz, da ein Schwur darauf folgt. Dann ist auch verdächtig das doppelte νῦν 456 und 458, da wir den Zusammenhang erhalten: Jetzt nun . . . . setze dich und nimm guten Rat an, denn jetzt wirst du berühmt werden. Endlich ist 458 fast = 461.

460. Bergk (LG. I p. 764 A. 52) denkt bei dem κρανέϊνον ἀκόντιον an den Stachel der Rinderhirten (ἄκαινα), schwerlich mit Recht. Apollon hat als Hirt wohl einen Speer wie Eumaios genommen (ξ 531 εἵλετο δ᾽ ὀξὺν ἄκοντα κυνῶν ἀλκτῆρα καὶ ἀνδρῶν).

461. Schmitt (p. 158) schrieb statt ἡγεμονεύσω — ἔξοχα θήσω, was besser ist als Hermanns αἰὲν ὀνήσω.

462. Die erste Vershälfte = δ 589.

464. Statt εἰρωτᾷς μ᾽ versuchte Schneidewin πειρᾷ ἐμεῖ᾽ ἑκάεργε.

465. ἐπιβαίνειν. Cf. h. Cer. 211 und den Kommentar.

466. Die zweite Vershälfte = Θ 40.

467. βουλῇ καὶ μύθοισι = π 420.

469. Die zweite Vershälfte = B 197.

471 f. Die Handschriften haben nicht μαντείας, sondern μαντείας τ᾽ und nicht γάρ, sondern παρά. γάρ ist erst eine Änderung Kämmerers. Da auch 531 f. noch aufser der μαντεία etwas erwähnt wird, was Apollon ἐκ Διὸς ὀμφῆς erhalten hat, so dürfte hier hinter 470 ein Punkt zu setzen und 471 fortzufahren sein: καὶ τιμὰς σέ γε φασὶ . . . . μαντείας θ᾽ Ἑκάεργε.

473 f. strich Matthiae (Anim. p. 295). Doch ist an den Versen nichts auszusetzen, seit Hermann statt παῖδ᾽ ἀφνειὸν schrieb πανομφαῖον. Hermanns zweite Konjektur πραπίδ᾽ ἀφνειὸν (bei Franke p. 93) ist sehr schwach. Zwei andre Vermutungen Hermanns s. bei Ilgen (p. 459). Schon Ilgen suchte den Fehler in παῖδ᾽ ἀφνειὸν und schrieb τάδ᾽ αἰφνεῖος, Franke in δεδάηκα; er wollte σε δαήσω lesen.

474 strich Ilgen als eingeschwärzt aus 489. — αὐτάγρετος findet sich schon π 148 εἰ γάρ πως εἴη αὐτάγρετα πάντα βροτοῖσιν. Dort ist der Sinn unzweifelhaft: wenn die Menschen alles sich selber wählen könnten. Schol. BH erklären αὐθαίρετα, αὐτεξούσια ἢ παραυτὰ ἀγρευόμενα κτλ., von welchen Erklärungen nur die erste in den Sinn der Homerstelle pafst. Dieselben drei Erklärungen giebt auch Hesychius αὐθαίρετα, αὐτόληπτα, ἑτοίμως λαμβανόμενα, nur die erste Schol. Ap. Rhod. Arg. B 326. In aktivischer Bedeutung hat das Wort Simon. Amorg. frgm. 1 (Bergk Anth. Lyr. p. 150) καυτάγρετοι λείπουσιν ἡλίου φάος. Ähnlich auch Oppian Hal. 5, 588 χεῖρας ἐς ἰχθυβόλων αὐτάγρετος ἀντήσασα; doch erklärt der Scholiast αὐτοθήρευτος. Unsere Stelle lehnt sich unzweifelhaft an π 148 an: Dir ist es selbstwähl-

bar zu wissen d. h. du kannst alles von selber wissen, was du begehrst. Matthiae (Anim. p. 296) legte den Nachdruck auf ὅττι und erklärte: du kannst alles mögliche lernen, hast die Fähigkeit dazu. Dabei ist αὐτάγρετος nicht zu seinem Recht gekommen. Besser Franke: du kannst dir selber wählen, was du wissen willst, ich nicht. Doch dürfte dieser Gegensatz der Absicht des Dichters fremd sein. Vielmehr zeigt die Frage 447 τίς τέχνη ... τίς τρίβος und die Verwunderung 455 θαυμάζω .... ὡς ἐρατὸν κιθαρίζεις, daſs Apollon belehrt sein will. Deshalb sagt ihm Hermes: Du kannst alles von selber lernen, was du begehrst und 476 μέλπεο καὶ κιθάριζε δέγμενος. Und so spielt dann auch der Gott 499 sofort, nachdem er das Instrument empfangen hat.

475—488 hielt Matthiae (Anim. p. 298) für schlechtes Machwerk eines späten Gelehrten, Hermann erklärte 478—490 für spätere, aber alte Interpolation, Franke findet die Verse höchst elegant.

477 stellt Ilgen hinter 479 ohne allen Grund. — κῦδος ὄπαζε verleihe mir den Ruhm, den du mir versprochen hast (461).

478. εὐμόλπει verwandelte Ilgen in σύμμολπον. Vgl. Eurip. Ion 165 ἃ φόρμιγξ ἃ Φοίβου σύμμολπος. Schneidewin schrieb εὔμολπον. Doch ist εὐμόλπει deshalb noch nicht zu verwerfen, weil es nur hier vorkommt. Auch das Asyndeton am Anfang des Verses bietet in diesem Hymnus kein Verdachtsmoment. Cf. 438. 447.

479. Statt ἐπισταμένως schrieb Barnes ἐπισταμένην und fand damit allgemeinen Beifall. Doch scheint der entstehende Sinn für die Kitharis wenig geeignet zu sein. Nicht die Worte, sondern die Töne sind ihr Element. Vielleicht ist daher ἐπιστάμενος zu lesen und auf Apollon zu beziehen.

481. κῶμος. Schon Hes. Sc. 281 heiſst es: ἔνθεν δ' αὖθ' ἑτέρωθε νέοι κώμαζον ὑπ' αὐλοῦ. Im übrigen vgl. Lex. Hom. Ebeling u. d. W. — Statt φιλοκυδέα schrieb Schneidewin unter Zustimmung von Schmitt (p. 147) und Abel φιλογηθέα, doch schon Baumeister fand an dem überlieferten Epitheton nichts auszusetzen.

482. Schon Schneidewin schrieb ὃς δέ κεν oder ὃς γὰρ ἂν beides unnötig, da die Asyndese nichts Ungewöhnliches ist bei diesem Dichter s. zu 478.

483. σοφίη ist Geschicklichkeit. Vgl. Schol. A zu O 412 τὸ γὰρ παλαιὸν πᾶς τεχνίτης σοφὸς ὠνομάζετο συγκεχυμένῳ ὀνόματι.

484. Statt διδάσκει schrieb Schneidewin πιφαύσκει; ihm stimmte Schmitt (a. O.) bei.

485. Schwierig ist συνηθείησιν..... μαλακῇσιν. Matthiae versteht heitre Gastmähler darunter, Martin leichte Scherze in Gedichtform, Franke leichte Griffe in die Saiten, was συνήθεια kaum bedeuten kann, besser Baumeister zarte Freundschaft. Doch ist die Pluralform συνηθείησιν schwerlich richtig. Ruhnken (Ep. cr. II p. 213) schrieb συνεψείησιν. Vielleicht ist zu lesen γηθοσύνῃ θαλίῃσιν ἀθυρομένῃ μαλακῇσιν. — ἀθυρομένη, meist als Passivum gefafst, nahm Passow s. v. als Dep. med.

486. ἐργασίην φεύγουσα stammt von Martin (V. L. II p. 12) für φθέγγουσα. Schneidewin dachte an θέλγουσα. — δυήπαθος nur hier.

487. Über ἐπιζαφελῶς ist zu vergl. Ameis Anh. zu ζ 330. Die Etymologie ist unsicher.

488. μετήορα scheint hier Adverbium zu sein, entsprechend dem voraufgehenden μάψ. Die Bedeutung ist anders wie 135, nicht hoch, sondern schwankend, unsicher, stümperhaft. Der Sinn der ganzen Stelle von 482 an ist demnach folgender: Wer die Kithara kunstvoll handhabt, den lehrt ihr Ton mancherlei liebliche Weisen; wer sie aber bäurisch und ohne Kunst angreift, der bleibt zeitlebens ein Stümper.

489. Nach dem ebengegebenen Gedankengange ist diese Wiederholung notwendig, um auf Apollon zurückzukommen. Der Zwischengedanke, welchen man vermissen könnte: Beziehe das aber nicht auf dich (Greve p. 54), liegt in σοὶ δέ, Franke sah auch hier wieder den Gegensatz: du lernst alles von selber, ich nicht; derselbe wollte aufserdem wie Baumeister (p. 239) 489 streichen oder nach 490 stellen.

491. Mit diesen Worten deutet Hermes an, dafs er mit dem Tauschvorschlag Apollons (436) ganz einverstanden ist.

492. νομεύειν νομούς ist schema etymologicum, daher kann der Dativ dabeistehen. Anders ι 217 ἐνόμευε νομὸν κάτα πίονα μῆλα.

493. ἔνθεν ἅλις ist verdorben; vielleicht hiefs es ursprünglich: ἔνθ' ἕλικες.

494. κερδαλέον περ ἐόντα scheint nicht immer verstanden zu sein. Der Sinn ist: du solltest auch nicht auf den Gewinn sehend, mit Rücksicht auf den Gewinn (wenn's dir auch

schwer fällt, nicht darauf zu sehen) mir zu sehr zürnen und deshalb die Sühne verweigern. Ein naiver Ausdruck der Furcht, dafs dem Apollon sein Angebot vielleicht schon leid thun könnte.

495. περιζαμενῶς nur hier.

499. Die 2. Vershälfte = 418.

501. 502 = 53. 54. Zu 502 vgl. Σ 570 ἱμερόεν κιθάριζε· λίνον δ' ὑπὸ καλὸν ἄειδεν. Statt ἄεισεν schrieb Ilgen auch hier ἄειδεν, was wegen des vorausgehenden Aorists nicht angeht.

503. ζάθεος bei Homer nur von Städten gebraucht (Greve p. 77). Doch vgl. zum h. Ap. 523 und von Wilamowitz Isyll von Epidauros p. 111.

507—512. Über diese Partie s. die Vorbemerkungen p. 190 f. 507. Ruhnkens Besserung καί τ' ὁ μὲν traf nur in der Orthographie nicht das Richtige, Matthiae schrieb καί ῥ' ὁ μὲν κτλ.

508. ὡς ἔτι καὶ νῦν kann sich nicht auf διαμπερὲς beziehen. Denn was soll das heifsen: διαμπερὲς ὡς ἔτι καὶ νῦν? Hermann schrieb ἐξέτι κείνου und verwies auf Apoll. Rhod. Arg. B 782, Δ 430. Doch bleibt die Konjektur unsicher, da Hermann keine Heilung für den folgenden Vers fand.

509—512 strich Hermann, weil sie von der Flöte handeln.

509. Der Anfang ist ebenfalls verdorben. Hermann schrieb zwar (praef. LXXVI) κτῆμά τ', dachte aber auch an σχῆμα ornamentum. Beide Änderungen werden durch das Entstehen eines Hyperbatons verdächtig. Mir scheint die Verderbnis von 508. 509 zu gleicher Zeit geschehen zu sein, da ὡς ἔτι καὶ νῦν σῆμά τ' doch wohl zusammengehören soll. Dem Sinne nach würde am besten passen διαμπερὲς ἤματα πάντα αὐτίκ' ἐπεί. Denn es handelt sich ja darum, dafs Hermes zwar sofort (507 καί θ' ὁ μὲν Ἑρμῆς) freundlich gesinnt ist, Apollon sich aber dazu erst (523) nach einem Schwur des Hermes versteht. Ilgen schrieb hier und 515 gegen die Überlieferung κίθαριν. Über den Unterschied zwischen κιθάρα und κίθαρις handelt Aristoxenos (bei Ammon diff. voc. p. 82 = Et. Gud. p. 321, 43) κίθαρις καὶ κιθάρα διαφέρει (φησὶν Ἀριστόξενος ἐν τῷ περὶ ὀργάνου)· κίθαρις [μὲν] γάρ ἐστι ἡ λύρα καὶ οἱ χρώμενοι αὐτῇ κιθαρισταί, οὓς ἡμεῖς λυρῳδούς φαμεν, κιθάρα δέ, ᾗ χρῆται ὁ κιθαρῳδός. Dafs die Kithara älter als Terpander und Kepion sein mufs, darüber s. Vorbem. zu d. Hymnus p. 193. In der That wird auch nur die Ἀσιάς von Plut. (de mus. 6) dem Kepion zugeschrieben.

Über diese s. Etym. M. 153, 27. Dafs von vornherein ein Unterschied zwischen κίθαρις und κιθάρα stattfand, ist undenkbar. Vgl. μάγαδις und μαγάδη. Nach Eustath. (381, 4) ist κίθαρις ein äolisches, nach Westphal (Gesch. d. Mus. p. 92) ein ionisches Wort.

510. ἱμερτὴν δεδαώς wird von Ilgen und Franke transitiv erklärt: nachdem er ihn unterwiesen hatte; doch verweist Ilgen (p. 466) selbst auf vs. 489 σοὶ δ' αὐτάγρετόν ἐστι κτλ. als mit jener Auffassung nicht übereinstimmend. Es ist aber nicht 'Απόλλωνα sondern κίθαριν zu ergänzen, dann erhalten wir den Sinn: nachdem er sie als lieblich erkannt, ihren Liebreiz erforscht hatte.

511. Dafs die Syrinx hier unpassend ist, da im folgenden (515) nicht ihrer, sondern der Kithara gedacht wird, wurde bereits in den Vorbemerkungen (p. 189) auseinandergesetzt. Es kommt hinzu, dafs gar keine Zeit angegeben wird, wann das neue Instrument erfunden ist. Der Dichter meint jedenfalls eine spätere Zeit, aber dies später fehlt leider. Da nun 507 von einer Versöhnung der Brüder die Rede ist, diese aber im folgenden (525) erst stattfindet, so ist klar, dafs entweder die Verse 507—512 oder vs. 513 bis zum Ende weichen müssen. Ich habe mich mit Franke und Baumeister für die Streichung von 507—512 entschieden. Vgl. die Vorbemm. p. 187 f.

512. Auffällig ist die Erfindung der Syrinx ausgedrückt durch συρίγγων ἐνοπὴν ποιήσατο τηλόθ' ἀκουστήν.

513. καὶ τότε κτλ. knüpft an 506 an. Wir haben uns das Gespräch auf dem Wege zum Olympos (504) zu denken.

517. Statt θήσειν vermutet Lohsee (brieflich) φαίνειν.

518 = ε 178, κ 343. Statt ἀλλ' εἴ μοι steht bei Homer εἰ μή μοι, statt θεῶν steht θεά.

519 f. strich Matthiae (Anim. p. 303), aber nicht in der Ausgabe. Namentlich war ihm anstöfsig, dafs der grofse Göttereid sollte durch Kopfnicken geschehen können. Doch ist ein Göttereid jeder Eid, den ein Gott schwört. θεῶν ὅρκος kann sogar der Eid bei den Göttern sein. Cf. β 377. Aufserdem vermifste Matthiae einige Verse, in denen der Inhalt des Eides angegeben wurde. Das Kopfnicken erklärte Baumeister mit Recht als Reminiscenz aus Α 528; ebenderselbe bemerkte aber auch, dafs bei etwas schwören nicht durch ἐπί c. acc. ausgedrückt werde. Schon Hermann änderte deshalb ἐπὶ Στ. ὕδωρ in ἠὲ

Στυγὸς ὕδωρ. Diese Änderung ist natürlich für den überflüssig, der den Vers als unecht streicht, wie aufser Matthiae und Schneidewin (p. 693) Baumeister und Lohsee (p. 46) thun. Auch ich habe mich angeschlossen, weil mir die Hervorhebung zweier Arten von Bekräftigungen hier ganz widersinnig erscheint. Ebensogut konnten noch eine Anzahl andrer genannt werden. Vgl. ε 184 ῎Ιστω νῦν τόδε γαῖα καὶ οὐρανὸς εὐρὺς ὕπερθεν καὶ τὸ κατειβόμενον Στυγὸς ὕδωρ κτλ. Aufserdem wird in der Antwort nicht gesagt, was denn Hermes nun eigentlich gewühlt hat, sondern einfach, dafs er geschworen habe.

520. Der Vers ist weder zu streichen, noch auch mit Hermann ἔρδειν zu schreiben, da 518 doch nicht notwendig wie h. Ap. 79 ohne Nachsatz sein mufs und an ἔρδοις absolut nichts auszusetzen ist. Ebensowenig nehme ich (s. zu 519) an, dafs der Inhalt des Eides einmal näher von Apollon bezeichnet worden ist. Was Apollon fürchtet, ist 515 gesagt. Allerdings schwört Apollon aufserdem noch 522 μηδέ ποτ' ἐμπελάσειν πυκινῷ δόμῳ, was von ihm nicht verlangt war, aber wir haben kein Recht, einen andern Mafsstab an das Gedicht zu legen, als den es selbst bietet.

522 weist auf die Drohung von vs. 178 zurück, wie Bergk (LG. I 764 A. 54) sah.

524. Cf. Aesch. Prom. 193: εἰς ἀρθμὸν ἐμοὶ καὶ φιλότητα . . . . . ποθ' ἥξει; Callim. frgm. 199 ἀρθμὸν δ' ἀμφοτέροις καὶ φιλίην ἔταμον.

526. Matthiae (Anim. p. 305) und Schneidewin vermuten Διὸς γόνου und beziehen den Genetiv auf Hermes. Doch bemerkte schon Franke, dafs Apollon schwöre, dafs ihm keiner der Unsterblichen lieber sein werde, so dafs nicht folgen kann μήτε θεὸν μήτ' ἄνδρα Διὸς γόνου, sondern nur μήτε θεὸν μήτ' ἄνδρα Διὸς γόνον weder ein Gott noch ein von Zeus abstammender Heros, wie etwa Herakles. — Statt ἐκ δὲ τέλειον schrieb Hermann ἓν δὲ τέλειον [Schneidewin ἢ σε]. Der Übergang zur direkten Rede findet bei Homer nur an zwei Stellen sicher statt: Δ 303, Ψ 855.

527. σύμβολον kann nicht richtig sein. Ilgen [Schneidewin, Baumeister] nahm das Mask. σύμβολος der Vermittler an, eine Bedeutung, die nirgends vorkommt. Hermann erklärte pactum, wozu das folgende ἠδ' ἅμα πάντων κτλ. nicht pafst. Man erwartet, dafs nicht der Vertrag, sondern Hermes πιστὸς ἐμοὶ θυμῷ

καὶ τίμος genannt wird. Schmitt versuchte in dieser Richtung σύμβουλόν τε θεῶν. — Am Schluſs schrieb Schneidewin (p. 694) ἠδ᾽ ἀνθρώπων, was noch neuerdings von Herwerden (Revue II 1878 p. 198) gebilligt wurde.

529. ῥάβδον χρυσείην. Es ist ohne Zweifel derselbe Stab, wegen dessen Hermes χρυσόρραπις heiſst, also auch derselbe, dessen Eigenschaften ε 47, ω 3 geschildert werden. Es frägt sich nun, ob dieser Stab dasselbe ist, wie die Geiſsel (497). Das ist nicht gut möglich, da jene Geiſsel schon in den Händen des Hermes war, dieser Stab aber erst versprochen wird. Was ist das also für ein Stab? Nach Apollodor (3, 10, 2, 7), der sich hier ganz genau an unsern Hymnus anschlieſst, scheint es ein Hirtenstab zu sein. Vgl. Eustath. zu Ω 343 und Bergk LG. p. 763 A. Nach Schol. ABD zu O 256 ist es ein ganz besonderer Stab (μαντικὴ ῥάβδος), nach Preller (Gr. M.² I p. 319) eine Art Wünschelrute; so auch Schulze (p. 11) und Greve (p. 9). Übrigens hat Burckhardt (J. J. 97 p. 748) gewiſs recht, wenn er das Scholion O 256 von dem Hymnus des Alkaios ableitet. Nach anderen Stellen erhält Hermes den Stab von Hephaistos (Luc. D. D. 7) oder von Zeus (Myth. Vat. I 119). Scheffler a. O. — In den Vorbemerkungen p. 190 ist bemerkt worden, daſs Apollon den Stab freiwillig giebt, auſser den Rindern, weil er froh ist durch den Schwur des Hermes Ruhe vor den Diebesgriffen jenes bekommen zu haben. Daſs die Motivierung eine mangelhafte ist, kann ich nicht in Abrede stellen. Doch hat Apollodor den Tausch zwischen Syrinx und Stab ganz gewiſs aus unserm Hymnus. Vgl. p. 189 mit 191. Besser ist die Darstellung von Schol. O 256 (und sonst), wonach Hermes dem Apollon den Bogen wirklich stiehlt.

530. τριπέτηλος wird verschieden erklärt. Nach Ilgen (p. 473) hat er drei Blätter, nach Voſs (M. Br. I p. 106) ist er „dreisprossig, wahrscheinlich mit dreierlei Laub umwunden", Böttiger (Amalth. I p. 107) dachte an das Dreiblatt τρίφυλλον, was von Callim. h. III 165 τριπέτηλον genannt wird, wie schon der Schol. Nic. Ther. 520 angiebt; Preller endlich (Phil. I p. 514) erklärte: aus drei Zweigen. Da er indessen in der Zwieselform die älteste Form des Hermesstabes sieht, so wird τριπέτηλος immer noch nicht erklärt.

531. Der Anfang ist schwer verdorben. Bothe schrieb vielleicht richtig πᾶν τοι ἐπικραίνουσα τέλος. ἐπικραίνω findet

sich bei Homer nur O 599. Hermann schrieb πάντας ἐπικραίνουσ' οἴμους, was von Preller (der Hermesstab in Ausg. Aufs. p. 147 bis 157) gebilligt wurde. Matthiae (Anim. p. 307) πάντας ἔπι κραίνουσα θεούς, Schneidewin in Anlehnung an Bothe πάντων κραιαίνουσα τέλος, Nitzsch (zu ε 44) πάντοι ἐπικραίνουσα χρέος; Schmitt (p. 159) πᾶσιν ἐπὶ κραίνουσα (gebietend) θεοῖς.

532 f. S. zu 471 f.

533. Daſs ἐρεείνειν nicht bitten heiſst, hat schon Ilgen (p. 468 f.) bemerkt; gleichwohl kommt die Erwähnung der μαντεία im Munde des Hermes (471) einer Bitte gleich. Vgl. noch 464 f.

539. χρυσόρραπι ist Schneidewin anstöſsig, doch zu Unrecht, wie διάκτορος 392. 514 zeigt.

539. 540 schliefsen sich unmittelbar an das Vorhergehende an: Ich habe geschworen, daſs keiner der Unsterblichen den Ratschluſs des Zeus wissen, d. h. verkündigen können soll; darum verlange auch du nicht die Schicksalssprüche des Zeus zu künden. Auch aus dieser Stelle schloſs Hermann (s. zu 533), daſs im Vorhergehenden etwas ausgefallen sein müsse, worin Hermes eine bestimmte Bitte aussprach, was ich nicht für notwendig halte.

541—549 Matthiae (Anim. p. 309) war der erste, welcher die Vermutung aussprach, daſs diese Worte wegen ihrer Ähnlichkeit mit 577 dem Hermes zuzuschreiben seien. Hermann nahm die Vermutung auf und behauptete, die Verse stammten aus einer Rede des Hermes, in welcher er die Mantik begehrte (praef. p. LXXV). Anstoſs erregten namentlich die Futura δηλήσομαι u. s. w. Doch erklärte schon Franke richtig: Apollon werde, was er bisher gethan, auch ferner üben. Aber auch Franke ist der Meinung, daſs die Stelle entbehrlich sei. Eine zweite Vermutung Matthiaes (a. O.), daſs die Verse direkte Anführung Apollons aus einer früheren Rede seien, mit welcher er die Mantik übernahm, acceptierte Baumeister; aber auch sie ist durch nichts begründet. Die obige Erklärung Frankes giebt den Zusammenhang durchaus richtig wieder.

541. ἀνθρώπων δ' ἄλλον = ἀνθρώπων δὴ ἄλλον: So werde ich denn.

542. πολλὰ περιτροπέων ist wohl eine Reminiscenz an ι 465 πολλὰ περιτροπέοντες ἐλαύνομεν sc. μῆλα. Die letztere Stelle hat gut erklärt Ameis im Anh. zu ι 465, wonach περιτροπέοντες

heifst: sich furchtsam und flüchtig umwendend. Da aber an unsrer Stelle ein Accus. des Ziels dabeisteht, so wird die Bedeutung dieselbe wie ϱ 486 (θεοὶ) ἐπιστρωφῶσι πόληας. So haben auch das Wort gefafst Matthiae, Franke, Schmitt (p. 159). Schneidewin (und Abel) dagegen besserte παρατροπέοντες; Baumeister nahm zwar diese Konjektur nicht auf, fand aber den Sinn täuschen hier in περιτροπέων wieder. Ihm stimmte das Lex. Hom. von Ebeling bei. Aber der Beleg aus Plato Axioch. 370 A beruht auf einem Irrtum. περιτρέπω heifst niemals täuschen, auch dort περιτρέπεις σεαυτόν nur: Du schlägst dich selbst. Auch ist die Bedeutung nichts weniger als passend für unsre Stelle. Vorher geht ἀνθρώπων δ' ἄλλον δηλήσομαι, ἄλλον ὀνήσω, es folgt καί κεν ἐμῆς ὀμφῆς ὀνήσεται und 545 gar οὐδ' ἀπατήσω.

544. Schneidewin nahm vor 544 eine Lücke an, weil er sich den blofsen Dativ nicht erklären konnte. Doch liegt hier ein Dat. modi vor, wie Hes. O. 103: (νοῦσοι) αὐτόματοι φοιτῶσι . . . σιγῇ. Vgl. Kühner A. G. § 425, 11. Die Lesart des M(oscoviensis) findet Ruhnken (Ep. cr. I p. 50) exquisitior magisque Homerica. Jedenfalls ist der Plural ποτῇσιν (denn so deutete Ruhnken die Lesart von M) höchst auffällig, und der Singular steht nur ε 337. Mir erscheint ποτῇσιν vielmehr als eine erklärende Glosse zu πτερύγεσσιν, wie wir sie in vs. 254 haben, und daher ohne allen Wert. Ähnlich urteilt Hollander (a. O.) p. 32.

546. Es wird ein Unterschied gemacht zwischen οἰωνοὶ τελήεντες und οἰωνοὶ μαψίλογοι (546). Vgl. β 181 ὄρνιθες δέ τε πολλοὶ ὑπ' αὐγὰς ἠελίοιο φοιτῶσ' οὐδέ τε πάντες ἐναίσιμοι, ferner Callim. h. V 123 γνωσεῖται δ' ὄρνιθας ὃς αἴσιος, οἵτε πέτονται ἤλιθα καὶ ποίων οὐκ ἀγαθαὶ πτέρυγες. Wer also unter gutem Vorzeichen an die Orakelstätte kam, bekam die Wahrheit zu hören. So war es nicht nur bei den Apollinischen Orakeln, sondern auch bei dem des Zeus zu Dodona. Vgl. das Frgm. des Hesiod aus den grofsen Eöen bei Schol. Soph. Trach. 1174: ἔνθεν ἐπιχθόνιοι μαντήϊα πάντα φέρονται. ὃς δὴ κεῖθε μολὼν θεὸν ἄμβροτον ἐξερεείνῃ, δῶρα φέρων [τ'] ἔλθῃσι σὺν οἰωνοῖς ἀγαθοῖσιν . . . . . . Ebenso wird es auch bei allen andern Orakeln gewesen sein. Schoemann A.[2] II p. 302 A. 4.

549. ἐγὼ δέ κε δῶρα δεχοίμην. Apollon selbst erklärt in diesen Worten, wie es komme, dafs er so oft umsonst (ἀλίην ὁδὸν εἶσιν) Geschenke erhält. Es liegt nicht an ihm, dafs er

als φιλολήϊος gilt (cf. 335), sondern an den neugierigen Menschen, die wissen wollen, was die Götter selbst nicht wissen (548 νοέειν δὲ θεῶν πλέον αἰὲν ἐόντων). Diese Erklärung zeigt dieselbe übermütige Ironie, wie sie schon bei dem Zeichendeuten des Apollon (299) hervortrat.

552. Θριαί ist eine glänzende Besserung Hermanns statt des überlieferten μοῖραι. Hermann fand dieselbe aus Apollodor (III 10, 2), wo es heifst: Ἑρμῆς δὲ σύριγγα πάλιν πηξάμενος ἐσύριζεν (was, wie wir in den Vorbemerkungen sahen, eine Auslegung Apollodors ist, auf Grund unsres Hymnus). Ἀπόλλων δὲ καὶ ταύτην βουλόμενος λαβεῖν τὴν χρυσῆν ῥάβδον ἐδίδου, ἣν ἐκέκτητο βουκολῶν· ὁ δὲ καὶ ταύτην λαβεῖν ἀντὶ τῆς σύριγγος ἤθελε καὶ τὴν μαντικὴν ἐπελθεῖν· καὶ δοὺς διδάσκεται τὴν διὰ τῶν ψήφων μαντικήν. Damit kombinierte Hermann Philochoros bei Zenob. (proverb. cent. V 75): Φιλόχορος φησίν, ὅτι νύμφαι κατεῖχον τὸν Παρνασσόν (cf. vs. 555), τροφοὶ Ἀπόλλωνος (cf. 557 παῖς ἔτ᾽ ἐών) τρεῖς, καλούμεναι Θριαί, ἀφ᾽ ὧν αἱ μαντικαὶ ψῆφοι θριαὶ καλοῦνται. Ähnliches findet sich Et. M. p. 455, 34, Schol. Callim. h. II 45, Hesych. s. v. Mehr bietet Lobeck Aglaoph. p. 814—817.

554. τρεῖς. Dafs die μαντικαὶ ψῆφοι drei an der Zahl waren, als deren Erfinderinnen die Thrien galten, sagt das Et. M. (a. O). — πεπαλαγμέναι ἄλφιτα λευκά. Der Accus. kann entweder als Objektsaccus. zu πεπαλαγμέναι gedacht werden, dann ist aber πεπαλαγμέναι medial zu fassen, was schwerlich in diesen Zusammenhang pafst; oder als sinnverwandter Begriff zu nehmen, dann kann πεπαλαγμέναι passiv sein. Dafs πεπαλαγμέναι ἄλφιτα λευκά von den grauen Haaren des Alters zu nehmen sei, sah Matthiae und belegte Lobeck (Agl. p. 815) durch Hes. ἀλφιτόχρως· λευκή, πολιά.

556. Schneidewin schrieb statt ἀπάνευθεν τὸ πάροιθε, Baumeister versuchte ἀπάνωθε, doch ist an ἀπάνευθε scil. ἐμοῦ οὖσαι nichts auszusetzen.

557. παῖς ἔτ᾽ ἐών. Apollon wird im Hymnus in der ersten Jugendblüte gedacht (375).

558. Schneidewins Besserung fufst auf δ 236 ἀτὰρ θεὸς ἄλλοτε ἄλλῳ.

559. κηρία βόσκονται. Der Honig heifst 562 θεῶν ἐδωδή. Als solche erscheint der Honig bei der Ernährung des Zeus. S. Preller G. M. I p. 105. Die Hauptstelle darüber ist Callim.

h. I 48: σὺ δ᾽ ἐθήσαο πίονα μυζὸν αἰγὸς Ἀμαλθείης ἐπὶ δὲ γλυκὺ κηρίον ἔβρως. Doch handelt es sich hier um den Einfluſs des Honigs auf die Weissagung. Bei Pindar (Ol. VI 47) wird Iamos genährt ἰῷ μελισσᾶν. Der Name Melissa ist für Priesterinnen (vgl. Pind. Pyth. IV 108), namentlich der Demeter nicht ungewöhnlich; er bezeichnet sie als von Honigwein trunken oder begeistert. Cf. Bergk in Fleckeisens Jahrbb. 81 p. 383. Ein ähnlicher Zustand wird hier vorausgesetzt.

560. θυίωσι schrieb Ruhnken nach dem M(oscoviensis) statt des unmöglichen θυίσωσι(ν).

562. ἀπονοσφισθῶσι erklärt das Lex. Hom. von Ebeling durch amoveo a me, aspernor.

563. S. die Einl. p. 10 Nr. 24. Doch scheint die kurze Darstellung dort nicht hinlänglich überzeugend gewirkt zu haben. Denn Hollander kommt (a. O. p. 18) wieder auf den Vorschlag Schneidewins zurück, die Glosse wie den Vulgattext aufzunehmen. Das ist meines Erachtens unmöglich. ψεύδονται δ᾽ ἤπειτα und πειρῶνται δ᾽ ἤπειτα zeigen deutlich genug, daſs sie auseinander entstanden sind, nicht nebeneinander bestehen konnten. In der That ändern ja auch sowohl Schneidewin als Hollander das ἔπειτα des Vulgattextes in ἐπέεσσι. Das ist denn doch wohl eine starke Zumutung. Ferner steht die total korrupte 2. Vershälfte der Glosse dem leidlich verständlichen Vulgattext gegenüber. Da liegt der einzig richtige Schluſs, bei Baumeisters Auffassung zu bleiben, nahe genug.

564. τάς τοι ἔπειτα δίδωμι. Hätten wir nicht unsre Stelle und die danach gearbeitete des Apollodor (s. zu 552), so würden wir nach den sonstigen Nachrichten Apollon im unbestrittenen Besitz des Würfelorakels glauben. Cf. nur Callim. h. II 45. Daſs auch in Delphi die Würfel noch eine gewisse Rolle spielten, lernen wir aus Suidas s. v. Πυθώ. Nach der Fortsetzung der oben citierten Stelle (Zenob. cent. 5, 143) war Athene die Erfinderin des Würfelorakels, und dasselbe sehr im Schwange, bis Zeus dasselbe als lügenhaft hinstellte. Hier soll offenbar angedeutet werden, daſs das Würfelorakel von Apollon aufgegeben wird, den öffentlichen Zwecken nicht mehr dient, sondern höchstens der Privatmantik.

565. Der Vers war bisher ganz falsch interpungiert, er gehört unmittelbar an den vorhergehenden. ἢν habe ich aus D aufgenommen, die übrigen Hdschrr. haben εἰ.

566 deutet die Unzuverlässigkeit des Thrienorakels durch αἰ κε τύχῃσιν. Vgl. Θ 430.

568. Nach diesem Verse nahm Wolf mit Recht eine Lücke an. Denn das Folgende 569—573 kann unmöglich Apollon gesprochen haben. Die Konstruktion fällt aus dem Imperativ in den Infinitiv. Ein ähnlicher Wechsel fand zwar auch 526 statt; aber hier (571) wird nicht mehr so gesprochen, als wenn Apollon den Hermes direkt anredet, sondern als wenn ein Dritter über Hermes spricht. Ferner ist der Dativ 569 f. höchst auffällig, so auffällig, dafs Baumeister diese beiden Verse strich. Bothe nahm in 569 ff. namentlich an der Ordnung Anstofs; er stellte deshalb 569. 570 hinter 571. Doch ist sowohl Bothes als Baumeisters Vermutung hinfällig, da auch die folgenden Verse, wie eben bemerkt, höchst anstöfsig im Munde Apollons sind. Matthiae strich 567—573 als Interpolation, 567 offenbar mit Unrecht, Hermann 569—573, was jedenfalls das für sich hat, dafs der Konstruktionswechsel erst 569 eintritt, Lohsee wieder (p. 18) streicht 568—573. Ich bin der Meinung, dafs nichts zu streichen ist. Da die Verse in dem Munde Apollons nicht passend sind, so wird sie ein andrer gesprochen haben. Das kann nur Zeus sein. Und dafs Zeus hier etwas zu thun hatte, lehren auch die Worte (575): χάριν δ᾽ ἐπέθηκε Κρονίων.

572. τετελεσμένον wird hier gebraucht wie Hes. O. 799, μάλα τοι τετελεσμένον ἦμαρ.

574 f. setzte Hermann als Schlufs unmittelbar an 508. Zu dem Zweck änderte er οὕτω (574) in αὐτὰρ ὁ. Wunderbarer Weise entging es seinem genialen Scharfsinn, dafs παντοίῃ φιλότητι für seinen alten Hymnus absolut nicht passe; dagegen ist παντοίη φιλότης berechtigt, wenn wir lesen, wie Apollon für die Kithara zuerst die Rinder und dann noch das Thrienorakel giebt.

576—580 sprach Hermann dem Dichter des alten Hymnus ab, Lohsee (p. 10) nur 576—578, Matthiae wieder 574—578. Matthiae sah in den Versen 574—578 einen zweiten Schlufs eines zweiten Hymnus, der die Erfindung der Kithara enthielt, Lohsee nahm Anstofs an dem derben Spott παῦρα μὲν οὖν ὀνίνησι κτλ. Franke und Baumeister fanden diesen Schlufs des launigen Gedichts durchaus angemessen. — 576 wurde gelesen ὁμιλεῖ, doch ist der Tempuswechsel sehr hart. M hat statt ὁμιλεῖ νομίζων. Es ist aber nur mit LDP der Accent zu ändern in ὁμίλει.

III.
ΕΙΣ ΑΦΡΟΔΙΤΗΝ.

Litteratur.

Sodales soc. phil. Jenensis Hymnus in Venerem Goettlingio anno 1865 oblatus.
Wirsel Quaestiones de h. in Venerem Münster 1869.
Thiele Prolegomena in h. in Venerem Halle 1872.
Suhle de h. IV in Venerem Stolp 1878.
Guttmann de hymnorr. homm. hist. crit. p. 53—64.

Groddeck Comment. p. 40—43.
A. Matthiae Animadvv. p. 315—318.
Ruhnken Ep. crit. I p. 51—59.
Ilgen p. 481—98.
G. Hermann Epistula ad Ilgen p. LXXXIX—XCV.
Baumeister Comm. p. 250—74.
Schwenck Kommentar zur Übers. p. 266—278.
Abel Praef. ed. p. XVII sq.
Schneidewin im Phil. IV p. 764 ff.
Köchly Opusc. I p. 221.
Windisch de hymnis H. maioribus. D. J. Leipzig 1867.
Herwerden Revue de phil. (1878) II p. 198.
Hoffmann Quaestiones homericae II p. 186 ff.
Flach das nachhesiod. Digamma in Bezzenbergers Beitr. II p. 14, bis 21 (gegen Windisch).
Fick in Bezzenbergers Beitr. IX p. 195—246.

O. Müller LG.[3] I p. 126 f.
G. Bernhardy LG. II I p. 223.
Th. Bergk LG. I p. 746 ff.
Sittl LG. I p. 198.
H. Voſs Myth. Briefe II p. 297 f.
Preller Mythologie[3] I p. 293 f.
Roscher Myth. Lexikon s. v. Aphrodite.

Inhalt. Die Macht der Aphrodite beherrscht Götter, Menschen und Tiere. Nur drei Göttinnen, Athene, Artemis, Hestia, haben sich ihrer erwehren können. Selbst Zeus hat sie berückt, sterblichen Frauen sich zu gesellen. Darum flöſst er auch ihr süſses Verlangen ein nach einem sterblichen Manne, dem Anchises. Nachdem sie sich in Paphos geschmückt, eilt sie nach Troja zum Ida. Die wilden Tiere umschmeicheln sie. Sie findet den schönen Anchises allein zitherspielend. Um ihn nicht zu erschrecken, erscheint sie ihm in Gestalt einer schönen Jungfrau. Den Anchises ergriff süfses Verlangen bei ihrem Anblick. Doch begrüfst er sie als Göttin und bittet um langes Leben, Reichtum und Herrschaft(?). Sie giebt sich aus für die Tochter des Phrygerkönigs Otreus; sie sei von Hermes vom Spielplatz weggeraubt worden, um die rechtmäfsige Gemahlin des Anchises zu werden. Er möge sie daher nicht eher berühren, bis er sie den Seinigen gezeigt habe, ob sie eine passende Schwiegertochter sei; dann solle er auch Boten zu ihren betrübten Eltern schicken und so erst zur Hochzeit schreiten. Ihre Vorstellungen steigern nur das Verlangen des Anchises und Aphrodite folgt ihm verschämt zum Liebeswerk.

Als die Hirten wiederkommen mufsten (also abends), da versenkt sie den Anchises in süfsen Schlaf, sie selbst bekleidet sich (schamhaft). Dann weckt sie den Geliebten und zeigt sich ihm in göttlicher Gröfse. Erschreckt bittet Anchises seiner zu schonen. Aphrodite ermutigt ihn und verheifst ihm einen Sohn, der sein Geschlecht fortpflanzen werde, er solle Aineias heifsen, wegen der Erniedrigung seiner Mutter. Doch fügt sie, gewissermafsen sich selbst zum Trost, hinzu, das Geschlecht sei immer mit den Göttern in Verbindung gewesen. Sie führt den Raub des Ganymed und das Beispiel des Tithonus an. So aber wie Eos werde sie es nicht machen. Er werde altern, sie aber werde den Spott zum Schaden gewinnen, wenn sie einen sterblichen Sohn gebäre. Diesen würden daher insgeheim die Oreaden pflegen, aber über fünf Jahre werde sie ihn dem Vater zuführen. Er solle sich aber seines Glückes nicht rühmen, sonst werde ihn Zeus strafen.

Die Elemente zu diesem Gedichte finden sich bei Homer B 820 $Αἰνείας, τὸν ὑπ' Ἀγχίσῃ τέκε δῖ' Ἀφροδίτη Ἴδης ἐν κνημοῖσι θεὰ βροτῷ εὐνηθεῖσα$. E 313 $Διὸς θυγάτηρ Ἀφροδίτη μήτηρ ἥ μιν ὑπ' Ἀγχίσῃ τέκε βουκολέοντι$. Vgl. Hes. Theog. 1008 bis 1010. Endlich $Υ$ 307 f. $νῦν δὲ δὴ Αἰνείαο βίη Τρώεσσιν ἀνάξει καὶ παίδων παῖδες, τοὶ μετόπισθε γένωνται$.

Dafs die Dichtung eine „üppige Färbung" (Bernhardy p. 223, Bergk p. 766) habe und Aphrodite hier fast zur vulgivaga herabsinke (Baumeister p. 250, Thiele p. 50), mufs ich mit Wirsel (p. 43) bestreiten. Aphrodite erscheint, wie schon die blofse

ΕΙΣ ΑΦΡΟΔΙΤΗΝ.

Inhaltsangabe zeigt, durchaus verschämt (αἰδοίη), nur dem Willen des Zeus und des Schicksals gehorchend (167). Hat man in dieser Hinsicht dem Hymnus unrecht gethan, so hat man ihn in stilistischer Beziehung früher meist zu hoch geschätzt. Nach Groddeck (p. 40), Hermann (p. 89), Thiele (p. 17) ist er des homerischen Namens nicht unwürdig. Vgl. auch Matthiae (p. 66). Aber schon Bernhardy (p. 223) hebt den Mangel an Erfindung und Eigentümlichkeit hervor. Windisch (p. 41) tadelt die allzugrofse Abhängigkeit, Bergk (p. 767) und Suhle (p. 4) halten den Verfasser für einen mittelmäfsigen Dichter, was der Wahrheit am nächsten kommen dürfte; zu den schlechtesten rechnet ihn Sittl (p. 198). Zu tadeln ist jedenfalls die kolossale Unfreiheit des Verfassers, welche der Komm. nachweist, ferner die vielen Wiederholungen, über welche Baumeister p. 251, 253, 255, 260 und neuerdings Suhle (p. 23) handeln. Ich erwähne nur vs. 9 οὐ γάρ οἱ εὔαδεν ἔργα, 10 ἀλλ᾽ ἄρα οἱ πόλεμοί τε ἄδον, 18 καὶ γὰρ τῇ ἅδε τόξα, 21 οὐδὲ μὲν αἰδοίη κούρῃ ἅδεν. Eine Specialität des Verf. sind falsch gebrauchte Reminiscenzen (s. zu 46, 127, 238).

Über die Abfassungszeit herrscht grofse Uneinigkeit. Nach Wirsel (p. 41) stammt der Hymnus aus der Zeit Homers, Υ 307 f. seien aus dem Hymnus entnommen; Thiele (p. 49) setzt ihn in die Zeit der Kyprien (Ol. 30); nach Eberhard (Sprache der hom. Hymnen II 34) ist er der älteste von allen Hymnen; in die Zeit des Mimnermus (Ol. 37) versetzt ihn Matthiae (Anim. p. 71), in die Zeit des Anakreon (Ol. 60) Vofs (Myth. Br.[3] II 203. 297); Suhle endlich (p. 27) schiebt ihn bis in die Zeit der Tragiker und des Herodot vor. Es war die grofse Homerähnlichkeit in Sprache und Versbau (Windisch p. 41 ff., Thiele p. 13 ff.), die die obigen Forscher veranlafste, dem Hymnus ein so hohes Alter zuzuweisen. Für Spuren einer späteren Abfassungszeit halten Vofs (a. O.) und Suhle (p. 16 ff.) mit Recht die Wörter σατίνη 13, πρέσβειρα 32, die Silene 262, die Quantität von καλός (s. zu vs. 29). Eine sichere Entscheidung bringen die Entlehnungen. So steht zunächst soviel fest, dafs der Verfasser Ilias und Odyssee in ihrem gegenwärtigen Bestande gekannt haben mufs (vgl. Bergk LG. I p. 768, Suhle p. 23), da er ϑ 362 ff. in vs. 58 ff. benutzt hat. Auch Hesiod ist reichlich verwertet. S. zu 4, 14, 29, 37, 120. Noch weiter führen uns die vielfachen Berührungen mit dem h. Cer. So erinnert κατ᾽ ὄμματα καλὰ βαλοῦσα 157 an h. Cer. 194, λέχος εὔστρωτον 158 an h. Cer. 286, μελάθρου κῦρε κάρη 174 an h. Cer. 189 f., πάντεσσι τετιμένος ἀνθρώποισιν 206 an h. Cer. 398; dazu kommt das absolute τιμάοχος 31 = h. Cer. 269. Bei der sehr grofsen Unfreiheit des Verfassers liegt der Verdacht nahe genug, dafs diese Worte und Wendungen aus dem h. Cer. stammen. So urteilt Abel (p. 53). Aber nach dem, was ich zu h. Cer. 189 bemerkt habe, kann es kaum einem Zweifel unterliegen, dafs der h. Ven. der ältere ist. So urteilt auch Hoffmann (p. 192 f.) aus metrischen Gründen. Da nun der h. Cer. nach der gewöhnlichen Annahme (s. meine Vorbemerkung) aus Ol. 30 stammen soll, so würde h. Ven. somit vor Ol. 30 fallen müssen.

Mit diesem Datum dürfte sich auch die Sprache (καλός 19, 261, θέλοι 38, ὄρεσι 54, ποσί 125, λέχεσι 126, die sogenannte attische Korreption 114. 131. 180. 180. 188, die Dative auf -οις 54. 106. 205. 260. 262) wohl vereinigen lassen.

Was die Heimat des Gedichts anbelangt, so ist die Meinung Groddecks (p. 40), dafs es in Cypern verfafst sei, immer noch nicht aufgegeben. S. Abel p. 53 und meinen Komm. zu vs. 54. Gröfseren Beifalls aber erfreut sich die von Lenz (p. 61, dann von A. W. v. Schlegel, O. Müller, Wirsel [p. 10, 41]), aufgestellte Annahme, das Gedicht sei zu Ehren eines troischen Fürsten aus dem Hause des Aeneas verfafst, trotzdem Bernhardy (LG.[3] II, I p. 233), Baumeister (p. 251) und Thiele (p. 73) mit guten Gründen dagegen aufgetreten sind. Nach Bergk (LG. I p. 747) war der Verfasser in Kleinasien zu Hause, weil er den Unterschied zwischen phrygischer und troischer Sprache kenne. Ähnlich scheint die Meinung Baumeisters (p. 250) zu sein. Welcker G. Götterl. II 215 nennt den Hymnus asiatisch. Nach Thiele (p. 77) stammt die Sage aus Kleinasien, der Dichter aus Griechenland; das Gedicht aber sei in Gergis verfafst. Alle dafür angeführten Gründe erweisen sich als wenig stichhaltig. Dafs troische Fabeln ganz besonders hervorgehoben werden, liegt in der Natur des Stoffes. Dafs die Gottheiten Athene, Artemis, Hestia irgend etwas Ungriechisches enthalten und der Kybele nahekommen, mufs ich bestreiten (s. zu 13. 20. 22). Nicht einmal das kann als erwiesen gelten, dafs die griechische Aphrodite hier die Züge der Kybele angenommen habe, wie Baumeister (p. 250), Preller (Myth. I p. 530 A. 2), Thiele (p. 60) behaupten. Einspruch erhob schon Schwenck (Übers. p. 270). Die Göttin ist eine Tochter des Zeus (107. 192) wie E 312;

dafs sie Tiere bändigt, ist eine Erinnerung an Kirke (s. zu vs. 70).

Die Kritik ist mit diesem Hymnus verhältnismäfsig gnädig umgegangen. Hermann fand zwar auch hier Spuren einer doppelten Recension [über deren Wert ich auf Baumeister p. 251 verweise], doch erkannte er p. XC an, dafs dieselben nur geringfügig seien. Die letzten Herausgeber Franke und Baumeister streichen übereinstimmend nur noch vs. 23. 63. 98. 135. 277 f. Bergk (LG. I p. 768) rühmt an dem Hymnus die „fast unversehrte Erhaltung". Mir haben sich nur vs. 23, 137, 277 f.(?) als unecht ergeben. Allerdings bildet eine Ausnahme der Versuch der Jenenser phil. Gesellschaft: Nach denselben zerfällt der Hymnus in 4 Stücke, welche in Strophen zu fünf Zeilen gedichtet waren. Doch s. Guttmann h. cr. p. 58.

Erklärung.

1 klingt an α 1 ἄνδρα μοι ἔννεπε an (Thiele p. 42). — Den Namen Aphrodite leitet jetzt direkt von Aschtoreth ab Hommel (Fleckeisens Jahrbb. 125 p. 176).

3. καί τε noch 30(?). 36. 38. 51. 204. 206, also ausnahmsweise häufig.

4. διπέτεας schrieb Baumeister offenbar falsch. Es müfste διπέτας heifsen. Vgl. δραπέτης ἀεροπέτης. Es ist aber nichts zu ändern. Verfasser hat das sonst von Flüssen gebrauchte Wort διπετής (Suhle p. 19) hier auf Vögel angewandt.

4. Vgl. ὅσ᾽ ἤπειρος πολλὰ τρέφει ἠδὲ θάλασσα Hes. Theog. 582, Windisch (p. 47), Thiele (p. 45).

6. πᾶσι δὲ ἔργα lesen Hoffmann p. 188, Flach p. 14 und Abel, doch s. Hermann zu vs. 86 (p. 92). Eine Nachahmung des Verses weist Abel aus Procl. II 13 nach.

8. γλαυκῶπιν schreibt M, billigt Guttmann (p. 53) mit Rücksicht auf Hes. Th. 13. Cf. auch h. Ap. 323.

9. Die überlieferte Lesart ist untadlig. Dafs dem Verfasser noch eine lebendige Kenntnis des Digamma zu Gebote stand, ist nicht nachweisbar (Windisch p. 49, Guttmann p. 53 Anm. 33). Vgl. auch m. Bemerkung zu vs. 85 und zu 164. Unnötig ist daher die Änderung Matthiaes und Hermanns (Orph. p. 780) οἳ ἇδεν, die selbst Hoffmann (p. 188) mifsbilligte.

10 ἇδον — 11 μάχαι τε fehlt in E. Der Schreiber irrte offenbar ab von einem τε zum andern. Vgl. h. Merc. 535.

11. Statt ἀγλαά schreiben die Jenenser ἔλλερα oder statt der ganzen zweiten Vershälfte φόνοι τ' ἀνδροκτασίαι τε.

12 f. tilgte Hermann als Parallelverse. Besser fielen dann jedenfalls 14 f. Vgl. ἀγλαὰ ἔργα 11 und 15. Guttmann (p. 91) tilgt nach dem Vorgange der Jenenser 12—15. Doch mit Unrecht. Die ἀγλαὰ ἔργα in vs. 11 sind Kunstfertigkeiten sowohl der Männer als der Frauen. Das Weitre s. zu vs. 14. — Das Asyndeton (vs. 12 πρώτη) kehrt wieder 172. Übrigens mifsfiel Hermann ἐπιχθονίους; er schrieb ἐπιχθονίοις.

14. παρθενικὰς ἁπαλόχροος. Vgl. Hes. O. 522 παρθενικῆς ἁπαλόχροος. Dort finden sich auch 521 wie hier in vs. 11 die ἔργα πολυχρύσου Ἀφροδίτης, wodurch erstens die Benutzung des Hesiod ganz klar wird und zweitens bewiesen wird, dafs vs. 11 und 14 nicht zu trennen sind.

13. Das Wort σατίνη findet sich bei Anakreon frgm. 21, 12 (Bergk Anth. lyr. p. 238) und bei Euripides Hel. 1327 von der magna mater. Die Anakreonstelle war für Vofs ein Hauptgrund das Alter des Hymnus in die Zeit des Anakreon zu versetzen (Myth. Br.[2] II p. 297 f.); wer den h. Cer. auf Ol. 30 setzt, mufs natürlich annehmen, dafs Anakreon nicht der erste war, welcher das Wort gebrauchte. Die zweite Stelle benutzte Thiele (p. 70) um das troische Kolorit der Sage zu erweisen. Aber mit demselben Rechte könnte man die Anakreonstelle auf die Troas zurückführen. — καὶ — χαλκῷ = Δ 226, Κ 322, 393.

16. χρυσηλάκατον κελαδεινήν = Υ 70.

18. καὶ — ἐναίρειν = Φ 485.

19. Das Adj. διαπρύσιαι findet sich nicht bei Homer (Suhle p. 16). Cf. h. Merc. 336. ὀλολυγαί fafst Baumeister richtig von dem Jubel des Reigentanzes.

20. δικαίων τε πτόλις ἀνδρῶν. Auffällig ist der Sing. πτόλις. Der Zusatz δικαίων erklärt sich daraus, dafs Artemis „als Göttin der Besonnenheit, ja der bürgerlichen Gerechtigkeit in Städten und auf Märkten waltet, als εὔκλεια d. i. als Göttin des guten Rufes vorzüglich der Jünglinge und Jungfrauen . . . . . verehrt wurde" u. s. w. Preller Myth.[3] I p. 245. Vgl. Callim. III 123 f. ἀλλά μιν εἰς ἀδίκων ἔβαλες πόλιν κτλ. Plut. Them. 22. Dafs hier eine troische Artemis, die Tochter der Kybele, gemeint sei, werden wir demnach weder Klausen (Aen. und d. Pen. I p. 173), noch Thiele (p. 71) zugeben, zumal die Vorstellung von Kybele als mater turrita keine alte ist. Preller Myth.[3] I p. 530 A. 4.

ΕΙΣ ΑΦΡΟΔΙΤΗΝ.

23 tilgen Franke und Baumeister nach dem Vorgange von Heyne zu Apollodor (p. 15). Vgl. auch Welcker G. Götterl. II p. 693 Anm. und Guttmann p. 57. Der Vers wird indes nicht übel verteidigt von Suhle (p. 5). In demselben Sinne wie Dionysos zweimal geboren heifst, kann man das auch von den Kronoskindern sagen. Die zweite Geburt ist das Wiederausspeien der Verschluckten.

24. Dafs Poseidon und Apollon die Hestia als Gattin begehren, ist sicher nur eine willkürliche Erfindung des Dichters, die darauf beruht, dafs Poseidon und Apollon die Mauern Trojas gebaut haben sollten, nicht eine troische Lokalsage, wie Thiele (p. 72) annimmt. Ebensowenig ist an irgend eine physikalische Bedeutung (Preller[3] I p. 343 f.) zu denken. Meiner Auffassung nahe kommt Welcker G. G. II p. 693, nach welchem damit nichts als das Ausschlagen der höchsten Anträge bezeichnet werden soll.

25. στερέως ἀπέειπεν = I 510. Hermann vermutete ἐθέλεσκ'.

29 und 262 κᾰλός. Die Kürze findet sich schon bei Hesiod O. 63, Th. 585. Namentlich die letzte Stelle τεῦξε καλὸν κακὸν ἀντ' ἀγαθοῖο zeigt sich deutlich genug als Vorbild der unseren: δῶκε καλὸν γέρας ἀντὶ γάμοιο. Daher haben Windisch (p. 55) und Thiele (p. 27) recht daran gethan, dafs sie den Gebrauch der Kürze an diesen Stellen einfach anerkannten. Ilgen, Hermann, Wolf, Franke strichen Ζεύς, wogegen sich schon Baumeister (p. 255) erklärte.

30. Eine Nachahmung dieser Stelle s. h. XXVIII 3 ff. Die Jenenser ändern εἵσατο πῖαρ ἑλοῦσαν.

31. τιμάοχος h. Cer. 269 unpassend von Demeter gebraucht.

32. πρέσβειρα läfst sich sonst nicht vor Euripides nachweisen. Vgl. Vofs M. Br.[2] II p. 298, Suhle p. 27.

35 = ι 521.

36—52 wird von Guttmann (a. O. p. 58) gegen die Jenenser Herausgeber gut verteidigt, denen die Aphrodite in diesen Versen nicht gefiel.

37. ἔμμορε hesiodeische Form (Thiele p. 48), der ganze Versschlufs = Hes. Th. 414. 426.

38. εὖτε θέλοι habe ich nicht zu ändern gewagt, da der Hymnus verhältnismäfsig jung ist. Barnes und Abel schrieben mit D εὖτ' ἐθέλοι, Wolf, Ilgen, Hermann mit M εὖτ' ἐθέλῃ, weil es sich hier nicht blofs um die Vergangenheit handle.

42—44 strichen Ilgen und die Jenenser (p. 11), 41—44

Guttmann (p. 60), beide zu Unrecht, da der Verfasser überall seine mythologische Gelehrsamkeit auskramt, wie schon Matthiae bemerkte.

44. κέδν' εἰδυῖα ändern Hoffmann (p. 188) und Thiele (p. 39) und neuerdings Sterret in κεδνὰ ἰδυῖα. S. auch Laroche h. Textkr. p. 286, Hartel hom. St. III p. 34, Flach p. 16. Aber richtiger reservierte Windisch (p. 24) ἰδυῖα für die hom. Formel ἰδυίῃσι πραπίδεσσι und ἀμύμονα ἔργα ἰδυῖα. Auch Knös de dig. (p. 107) las κέδν' εἰδυῖα. Nach Aristarchs Ansicht ist nur in der adjektiven Verwendung ἰδυίῃσι πραπίδεσσιν das Iota vorn zu schreiben. Cf. Ludwich h. Textkr. I p. 201.

46. ὄφρα τάχιστα ist hier höchst ungeschickt gebraucht.

48. Die verschiedenen Modi belegt Baumeister mit Ο 598, μ 156, χ 443.

52 strichen Matthiae und Guttmann (p. 60).

54. ἐν ἀκροπόλοισιν ὄρεσσιν = Ε 523, τ 205. — ἐν ὄρεσι πολυπιδάκου Ἴδης erinnert an κατ' ὄρος πολυπιδάκου Ἴδης aus den Kyprien (bei Ath. XV 682 c, Welcker Ep. Cykl. II 510). Wenn hier eine Entlehnung vorliegt, kann sie nur von dem Verfasser der Kyprien aus dem Hymnus geschehen sein. Beide Gedichte enthielten eine Schmückung der Aphrodite. Im Hymnus besorgen dieselbe (vs. 61) die Chariten, in den Kyprien die Chariten und Horen. Während es h. Ven. 64 einfach heifst, sie trage schöne mit Gold gezierte Gewande, weben und färben jene dieselben mit allerlei Frühlingsblumen. Solche Übertreibungen verraten immer den Nachahmer. Doch ist die Sache sehr unsicher.

57. Köchlys Konjektur ἔκπαγλος ist unnötig, wie schon Baumeister mit Rücksicht auf Γ 45, Ε 423 ἔκπαγλ' ἐφίλησα bemerkte.

59—62 = ϑ 362—65. Auch in der Odyssee heifst es: ἐς Κύπρον ἵκανε ἐς Πάφον, nur dafs der Verfasser des Hymnus einschob θυώδεα νηὸν ἔδυνεν. Danach hätte er fortfahren sollen ἐν Πάφῳ. Ferner setzt der Verfasser der Schamhaftigkeit zuliebe den Gedanken ein, dafs die Göttin sich bei verschlossenen Thüren schmückt, und zwar ist vs. 60 = Ξ 169. An diesem Ineinanderarbeiten zweier verschiedener Stellen ist sicher der Nachahmer zu erkennen. Vgl. zu 97. 99. A. Matthiae (Anim. p. 323), Ilgen (p. 485), Wolf und Guttmann (p. 61) strichen 59. 60.

59. Hermann und Franke schreiben ἔνθα τε. Aber auch ϑ 363 ist δέ überliefert.

ΕΙΣ ΑΦΡΟΔΙΤΗΝ. 265

60—63 strich Thiele (p. 41) als Interpolation. Doch durfte das Salben und Baden auf keinen Fall hier ausgelassen werden. S. Helbig das hom. Epos p. 179.

63 = Ξ 172. Der Vers ist mit seltener Einstimmigkeit seit Ernesti als eine Glosse von den Herausgebern hier gestrichen worden. Dafs er entbehrlich ist, gebe ich zu; aber da der Verfasser sich einmal mit geborgtem Gut behalf, so ist nicht abzusehen, warum er nicht auch noch diesen Vers so gut wie 169 aus Ξ entnehmen konnte. ἀμβρόσιος ist aufserdem für den Verfasser wohl nicht s. v. a. ἄμβροτος gewesen, wie Ruhnken Ep. cr. I p. 52 meinte, sondern etwa mit Et. M. (80, 32) = θεῖος θαυμαστός, ὃν(?) οὐχ οἷόν τε ἅψασθαι.

66. εὐώδεα Κύπρον ist hier unerklärlich; es wird erst aus Ξ 173 verständlich, wo es von dem Salböl der Hera heifst: τοῦ καὶ κινυμένοιο Διὸς κατὰ χαλκοβατὲς δῶ ἔμπης ἐς γαῖάν τε καὶ οὐρανὸν ἵκετ' ἀυτμή.

67. θοῶς πρήσσουσα κέλευθον, eine Variante des hom. ῥίμφα π. κ. Ξ 282, welche Stelle wohl dem Verfasser vorschwebte. Übrigens hat M ῥίμφα natürlich nicht aus Überlieferung, sondern aus der Belesenheit des Urhebers der Recension geschöpft.

68 = Θ 47. Es schwebte aber wohl vor Ξ 283, da Ξ 282 im vorigen Verse benutzt war. Daraus folgt, dafs Thiele (p. 41) vs. 68 mit Unrecht tilgt.

70. Dafs Aphrodite von wilden Tieren umschmeichelt wird, stammt aus dem Kirkeabenteuer κ 219, wie schon Lenz (p. 65) richtig erkannt hat. Apoll. Rhod. erzählt A 1144 f. Ähnliches von der Rhea. Vgl. übrigens den Kommentar zu h. XIII (magna mater), wo unsre Stelle als Original jenes Hymnus erwiesen wird. Stellt es sich somit heraus, dafs die Macht über die Tiere nicht Eigentum der Rhea ist, so zerrinnt die Identifizierung der Aphrodite mit der Kybele, wie sie Baumeister (p. 250), Preller (Myth.[3] I p. 530 A. 2) und besonders Thiele (p. 59 f.) hier fanden, in nichts. Die gleiche Macht über die Tiere wie hier hat auch die Venus des Lucrez I 16.

76. Baumeister verglich εἶσεν δὲ Σχερίῃ ζ 8 und 162, ϑ 66. Hermann und Franke schrieben hier und 79 εὗρ' ἐν σταθμοῖσι.

77. θεῶν ἄπο κάλλος ἔχοντα = ϑ 457 von Nausikae.

80. διαπρύσιον κιθαρίζων. Auch Kirke singt κ 227 recht vernehmlich: δάπεδον δ' ἅπαν ἀμφιμέμυκεν.

82. μέγεθος καὶ εἶδος, sie nimmt Gestalt und Gröfse einer

Jungfrau an. Beides steht auch h. Cer. 276 von der Annahme der göttlichen Gestalt und Schönheit.

84. ὁρόων ἐφράζετο. Vgl. Ω 352 τὸν δ᾽ ἐξ ἀγχιμόλοιο ἰδὼν ἐφράσσατο.

85. Das Digamma vor εἵματα zu wahren, schrieb A. Matthiae εἶδος καὶ μέγεθος καὶ εἵματα; Flach tilgte weniger gut τε vor καί; Fick schreibt neuerdings ganz schlecht (s. Abel p. XVII) τ᾽ ἰδέ; Hoffmann (p. 188) strich gleich den ganzen Vers. Doch werden alle diese Versuche zu schanden durch vs. 233.

86. Was hier vom πέπλος, wird Σ 610 vom θώρηξ des Achill gesagt (φαεινότερον πυρὸς αὐγῆς). Aus derselben Quelle stammt auch im folgenden der Frauenschmuck. Cf. Σ 400 χάλκευον δαίδαλα πολλά, πόρπας τε γναμπτάς θ᾽ ἕλικας, κάλυκάς τε καὶ ὅρμους und vs. 163 unsers Hymnus. Hier (vs. 86) fehlen die πόρπαι, welche Helbig (a. O. p. 190) wohl mit Recht = περόναι fafst. Der Unterschied zwischen ἕλικες und κάλυκες ist sehr schwierig. S. Schol. Σ 401. Helbig deutet (p. 193) ἕλικες nicht unwahrscheinlich als Spiralbroschen; die κάλυκες kann er nicht genauer bestimmen.

87. ἐπιγναμπτός nur hier. Barnes teilt: ἔπι γναμπτάς, was ungriechisch ist. Baumeister schrieb ἐυγναμπτὰς (im Text) oder εὐγνάμπτας (in den Anm.), beides falsch, da εὔγναμπτος (nach Thiele p. 48) nur zwei Endungen hat. Auch scheint die Präpos. nicht gleichgiltig zu sein. Ich verstehe: Sie hatte die Helikes und Kalykes eingeschnappt, also das Kleid befestigt.

89/90. ἐλάμπετο fasse ich mit Franke unpersönlich: Um die Brust leuchtete es wie Mondenglanz. Es ist natürlich der Glanz des Geschmeides zu verstehen, nicht der Glanz der Haut. Baumeister vergifst, dafs Aphrodite als αἰδοίη kommt.

93. 94 tilgt Thiele (p. 46) mit Unrecht. Man braucht die Stelle nur ohne die Verse zu lesen, um zu erkennen, dafs die breite Manier des Verfassers hier einen Zusatz verlangt, wie er zu χαρίτων νυμφάων gemacht ist. — 93 habe ich mit Barnes, Ilgen, Hermann, Franke χρυσέῃ geschrieben, 98 desgl. νυμφέων. Baumeister behielt χρυσῆς und νυμφῶν bei. Eine Korreption des υ in χρυσέῃ nimmt an Flach (p. 20 A. 20).

94. θέμις ἠυγενής. Vgl. Δ 427 εὐηγενέος Σώκοιο.

95. Über die Chariten als Genossinnen der Götter vgl. Preller M.[3] I p. 396.

97. 99 = Τ 8. 9. Wieder ist wie in vs. 60 eine be-

ΕΙΣ ΑΦΡΟΔΙΤΗΝ.

nutzte Stelle interpoliert. Es ist daher kein Grund 98 mit Ruhnken, Ilgen, Hermann, Franke, Baumeister zu tilgen. Der Interpolator ist der Verfasser selbst. Auch ζ 123 sind die Bergnymphen neu hinzugekommen gegenüber der Iliasstelle. Sind die Oreaden jüngeren Ursprungs? Übrigens fehlt vs. 97 in E, wohl nur durch Zufall.

102. ὥρῃσι πάσῃσι könnte ja, wie das Lex. Hom. v. Ebeling angiebt, heifsen zu allen Zeiten, doch nach h. Cer. 399 und namentlich nach h. XXV 12 ist es mir zweifellos, dafs hier **alljährlich** zu übersetzen ist.

103 ist Nachahmung von Z 476, wo Hektor bittet δότε δὴ καὶ τόνδε γενέσθαι ἀριπρεπέα Τρώεσσιν. Statt ἄνδρα schrieb Schneidewin (Phil. IV p. 764) ἀνδρῶν, was Baumeister ohne Not in den Text aufnahm. Hermann vermutete αἰεί. Und allerdings hat h. Apoll. 151 dieselbe Verwechselung zwischen αἰεί und ἄνδρα stattgefunden. Aber ἄνδρα scheint vom Dichter beabsichtigt zu sein, da Anchises noch kein Mann ist. Zwar wird N 465 f. ein Schwager Ἀλκάθοος genannt, der ihn erzogen habe, als er klein war, wonach auch Akusilaos (Schol. Υ 307) zu seiner Ansicht kam, dafs Aphrodite dem Anchises sich ergab ἤδη παρηκμακότι. Aber Akusilaos mufs unsern Hymnus nicht gekannt haben. Die Königskinder weiden in der Jugend die Herden der Väter, wie es ja auch von Paris berichtet wird, demgemäfs macht denn auch das Wesen des Anchises einen jugendlichen Eindruck. Er ist nach 133 unverheiratet; denn er soll die Aphrodite den Eltern zeigen, ob sie ihnen als Schwiegertochter tauge, Aphrodite will angeblich (127) die κουριδίη ἄλοχος des Anchises werden. Damit fällt, was Thiele (p. 66) aus dem reifen Alter des Anchises geschlossen hat. Eine andere Abweichung von Homer s. zu 111.

104. εἰσοπίσω bei Soph. Phil. 1105. Hermann schrieb nach homerischer Weise stillschweigend ἐξοπίσω.

105. ἐΰ ist wegen des folgenden ὄλβιον κτλ. vollständig überflüssig, daher habe ich ἔα geschrieben.

108. Die χαμαιγενέες ἄνθρωποι hat schon Hes. Th. 879, nach unsrer Stelle auch h. Cer. 352.

109 = π 187.

111. Der Phryger Otreus stammt aus Γ 186. Dort bringt Priamus ihm und dem Mygdon Hilfe gegen die Amazonen, hier herrscht er über ganz Phrygien.

112. εὐτείχητος nur hier, gut verteidigt von Suhle (p. 21) als regelrechte Bildung von τειχέω.

113. Es wäre wohl möglich, daſs es im Original geheiſsen hätte ἡμετέρην τε καὶ ὑμετέρην, da E auch an der zweiten Stelle ὑμετέρην überliefert.

114. Suhle bemerkt (p. 18) mit Recht, daſs διαπρό hier wie διαμπερές bei Homer gebraucht ist. Es ist das ein gedankenloser Gebrauch einer homerischen Formel (cf. E 66) wie vs. 46.

116. Über das überlieferte δήτοι s. Hermann zu vs. 226. Hermann schrieb daher δ' ἤτοι, ihm folgten Franke und Baumeister. Doch verträgt sich ὧς mit δ' ἤτοι sehr schlecht, wie schon Ilgen bemerkte. Wolf schrieb daher ἦ τοι.

118 = T 183. Auch dort raubt Hermes(!) die Polymele aus dem Chorreigen der Artemis, allerdings für sich, nicht für einen andern.

120. Der Versschluſs ist = Hes. Sc. 204.

123. ἄκληρόν τε καὶ ἄκτιτον, Land, in welchem keine Ackerfluren (κλῆροι) und keine Städte sind. εὔκτιτος Anakreon 14, 5 Bergk. — ἦν διὰ faſst als Anastrophe Mommsen (Frankf. a. M. 1879 p. 19).

125. ἐδόκουν ändert Suhle (p. 12) kaum mit Recht in ἐδόκευν. S. Koehn p. 45 f.

126. Statt καλέεσθαι vermuten Guttmann (p. 63) und Herwerden (Revue 2, 198) κλινέεσθαι. Jener verglich α 366 πάντες δ' ἠρήσαντο παραὶ λεχέεσσι κλιθῆναι. Suhle (p. 22) verteidigt den passiven Futurgebrauch von καλέεσθαι.

127. τεκεῖσθαι nahm schon Baumeister als fut. II atticum. Buttmann (G. G. I § 95 A. 15) schrieb dafür τεκέσθαι.

130. κρατερὴ δέ μοι ἔπλετ' ἀνάγκη = κ 273.

133. ἀπειρήτην. Das Wort hat bei Homer nur zwei Endungen (Thiele p. 48).

134. κέδν' εἰδυῖαν. Vgl. zu vs. 44.

135. ὁμόθεν γεγάασιν. Cf. Eurip. Iph. Aul. 503 τὸν ὁμόθεν πεφυκότα. Den Vers streicht Hoffmann (p. 135) samt dem folgenden, w. m. s.

136 f. Ruhnken hat mit Recht einen Vers gestrichen. Der zweite Vers εἴ τοι ἀεικελίη γυνὴ ἔσσομαι ἠὲ καὶ οὐκί verdankt sicherlich einem Schreibfehler seine Entstehung. In M ist in 136 überliefert οὔ σφιν ἀεικελίη νηὸς ἔσσομαι κτλ. νηός ist natürlich durch den Itacismus entstanden. Immerhin aber könnte die

ΕΙΣ ΑΦΡΟΔΙΤΗΝ.

Variante alt sein und zu dem zweiten Verse Veranlassung gegeben haben, der zuerst an den Rand geschrieben, dann aufgenommen wurde. Die Pariser Klasse (ABCP) nahm nur einen Vers auf und zwar οὔ σφιν ἀεικελίη γυνὴ κτλ., was einer Kontamination aus 136 und 137 gleichkommt. Von den Neueren strichen Wolf, Hermann einfach vs. 136; Ruhnken, Ilgen, Franke, Baumeister werfen 137 aus, schreiben aber εἴ σφιν, also ebenfalls mit einer Kontamination aus beiden Versen. Ich halte 136 ebenfalls für echt, belasse aber mit Windisch (p. 54 Anm.) οὔ σφιν im Text. — Wieder wird übrigens hier das Schickliche betont: Ich will eine anständige Schwiegertochter sein, nicht eine unanständige.

140. οἳ δέ (γε) τε χρυσόν κεν ἅλις ist natürlich verdorben. Seit Matthiae liest man gewöhnlich οἱ δέ κέ τοι χρυσόν τε. Doch dürfte der Überlieferung näher liegen, was ich geschrieben habe: οἳ δ᾽ ἤτοι χ. κεν ἅλις κτλ.

141. Der Versschluſs ist hier = A 32. ἄποινα ist hier in dem Sinne wie das homerische μείλια gebraucht. Wieder also sehen wir eine homerische Formel verändert. Suhle (p. 22) faſst ἄποινα als Lohn wie bei Pindar, doch sieht man nicht recht, wofür hier der Lohn sein sollte. Übrigens steht ἄποινα in der gewöhnlichen Bedeutung vs. 211.

142. γάμον δαίνυ scheint hier s. v. a. rüste die Hochzeit zu bedeuten.

146. Hier schrieb Wolf θνητή γε; diese Stelle stützt vs. 110. Beide sind daher auch gleich zu behandeln.

148. ἀθανάτου δὲ ἕκητι schreiben Hermann und Abel.

150. 151 erinnern an P 502: οὐ γὰρ ἔγωγε Ἕκτορα .... σχήσεσθαι ὀΐω πρίν γ᾽ ἐπ᾽ Ἀχιλλῆος καλλίτριχε βήμεναι ἵππω. Hier hat πρίν einen guten Sinn, in unsrer Stelle erwartete man eine andre Konstruktion. Auch das darauffolgende αὐτίκα νῦν will zu dem Futurum σχήσει πρὶν κτλ. wenig passen.

152 f. Wolf, Hermann, Franke lesen προῖοι. Es ist ja gar keine Frage, daſs der Optativ zu dem Nachsatz besser passen würde; aber dann würde statt οὐδ᾽ εἴ κεν wohl οὐδ᾽ εἰ μὲν oder was Franke und Köchly wollten οὐδ᾽ εἰ καί stehen, also zwei Änderungen auf einmal stattfinden müssen. Denn der Optativ ist nur in der schlechteren Pariser Handschriftenklasse überliefert, während die bessere Überlieferung den Konjunktiv προίη

bietet, zu dem οὐδ' εἴ κεν sehr gut pafst. Nur der Accent war zu ändern und προιῇ zu schreiben.

157. S. zu h. Cer. 194.

164 = Σ 401. Auch dort ist das Digamma von ἕλικες vernachlässigt. S. Abel p. XVIII.

165. Die Schreibung von M ἠδ' empfehlen Windisch (p. 51) und Thiele (p. 39), weil die kurze Form ἰδέ niemals an dieser Stelle stehe. Hoffmann (p. 188) behält natürlich ἰδέ.

169. ἦμος δ' mit Präsens nicht bei Homer Suhle (p. 22).

170. τε streicht Hoffmann (a. O. p. 188).

172. Die Handschriften haben hier ἡ/δυμος, ebenso h. XVIII 16 (E). Im h. Merc. ist ἥδυμος fest. Vgl. Baumeister zu h. Merc. 241, Suhle (p. 25), La Roche (Textkr. p. 316), Flach (p. 17).

173. Man las bisher allgemein πὰρ κλισίῃ. Doch ist erstens der Ausdruck höchst unbestimmt (man müfste etwas Ähnliches verstehen wie π 158 κατ' ἀντίθυρον κλισίης) und zweitens ἄρα κλισίῃ überliefert. Ein Schlufssigma ist oft genug abgefallen, so dafs κλισίης da gestanden haben dürfte. Auch αὐτίκ' statt στῆσεν liegt nicht so fern. — Dafs diese Stelle im h. Cer. 188 nachgeahmt ist, darüber s. die Vorbemerkung zu diesem Hymnus (p. 259) und zu h. Cer. 188. — Übrigens ist die Verwandlung gar nicht so übel motiviert: Sieh, ob ich noch bin, wie du mich vorher sahst.

176. Das überlieferte ἐξ ὕπνου τε verteidigt Hermann, wie mir scheint, mit nicht zutreffenden Analogien. Die drei Verba ἀνέγειρεν, ἔφατ', ὀνόμαξεν stehen nicht gleichwertig nebeneinander.

180. δή με πρῶτον schrieb Hermann, um die attische Korreption fortzuschaffen. Aber schon Franke verwies auf vs. 114. 131. 187.

181. Der Versschlufs = ξ 485. Köchly schrieb ἀνόρουσεν.

182 klingt an an Γ 396 καί ῥ' ὡς οὖν ἐνόησε θεᾶς περικαλλέα δειρὴν στήθεά θ' ἱμερόεντα καὶ ὄμματα μαρμαίροντα, θάμβησέν τε κτλ.

183 erinnert an π 179 ταρβήσας δ' ἑτέρωσε βάλλ' ὄμματα μὴ θεὸς εἴη.

185 = χ 311. 343. 366.

189. Die Befürchtung bezieht sich wieder auf das Kirkeabenteuer. Dort fürchtet Odysseus, Kirke fordre ihn zum Beilager auf ὄφρα με γυμνωθέντα κακὸν καὶ ἀγήνορα θείης; er läfst sie schwören: μή τί μοι αὐτῷ πῆμα κακὸν βουλευσέμεν ἄλλο. Ein ähnliches Unheil fürchtet Anchises.

190. βιοθάλμιος ist nach Vofs (Myth. Br. II p. 298, wiederholt von Baumeister und neuerdings von Suhle p. 23) ein junges Wort. Doch hat schon Pindar ζωθάλμιος Ol. 7, 19.

191. Dafs Homer schon θεαῖς und ἀκταῖς habe, bemerkt Hermann z. St.

192. Schon 107 wurde Aphrodite Tochter des Zeus genannt, wie *E* 312. Vgl. Preller I p. 274.

194 = δ 825.

195. Hermann und Franke schrieben οὐ γάρ τοι δεῖος um das Digamma von δέος zu retten.

197. 198 = *Υ* 306. 307: νῦν δὲ δὴ Αἰνείαο βίη Τρώεσσιν ἀνάξει καὶ παίδων παῖδες, τοί κεν μετόπισθε γένωνται. — ἐκγεγάονται ist eine sehr schwierige Form. Buttmann (G. G. II p. 137) hielt sie für ein Futur von γέγαα, Lobeck für ein redupliziertes Präsens, was der Form wie der Bedeutung nach gewifs richtig ist. Die Futurbedeutung ist hier durchaus nichts Seltenes. Es bedarf daher der Konj. von Ilgen ἐκγεγαῶτες oder von Baumeister ἐκγεγάοντες nicht, zumal die letztere Form ebenfalls ein Unikum sein würde.

200 erinnert an *Σ* 85 ἤματι τῷ ὅτε σε βροτοῦ ἀνέρος ἔμβαλον εὐνῇ. Es war daher ὅτε τε statt ἕνεκα zu schreiben, was ohnehin nicht pafst. Hermann, Wolf(?), Franke schrieben οὕνεκ᾽ ἄρα, trotzdem οὕνεκα vorhergeht. Baumeister und Thiele (p. 22) suchen die Überlieferung vergebens zu halten. Suhle und Abel schreiben ὅτι ῥα.

201. ἀγχίθεοι δὲ μάλιστα κτλ. Als Subjekt ergänze οἳ ἀφ᾽ ὑμετέρης γενεῆς. Im Homer sind die Phäaken ε 35, τ 279 ἀγχίθεοι.

202. Hermann und Franke schrieben mit Recht αἰέν, weil αἰεί gewöhnlich die letzte Silbe lang hat.

204. Der Raub des Ganymed geschieht in der Ilias *Υ* 234 von den Göttern: τὸν καὶ ἀνηρείψαντο θεοὶ Διὶ οἰνοχοεύειν κάλλεος εἵνεκα οἷο, ἵν᾽ ἀθανάτοισι μετείη. Hier raubt ihn Zeus damit er Mundschenk der Götter sei. Die Sachlage ist dadurch nicht unbedeutend verschoben. Dachte der Verfasser schon an den Adler des Zeus? — ἥρπασεν ὃν διὰ κάλλος schrieben Hermann und Franke im Hinblick auf Hes. Th. 914. — ἐπιοινοχοεύειν behält Baumeister, wie Ilgen, Hermann, Franke. ἐπί erklärt Baumeister dadurch, dafs Ganymedes nicht der einzige Mundschenk der Götter ist. Das ist sehr gesucht. Eher kann man

ΕΙΣ ΑΦΡΟΔΙΤΗΝ.

an ἐπιβουκόλος und ähnliche Worte erinnern. Barnes und neuerdings Suhle (p. 13) trennen ἔπι ab.
206. Der Versschluſs ist = h. Cer. 398.
207. Der rote Nektar findet sich schon T 38. 293.
210. 212. Statt γόασκεν würde Homer γοάασκεν und statt ἀρσίποδας vielmehr ἀερσίποδας sagen.
215. ἀγήρως ist hier überliefert, desgl. h. Cer. 243, dagegen h. Cer. 261 ἀγήραον.
219. ὣς δ' αὖ s. ζ 219. Nach Hermann, Wolf und Franke ist hier ὡς zu schreiben mit dem Sinne = ἢ οἵη, was doch erst nachgewiesen werden soll.
220. Nach Υ 237 ist er ein Sohn des Laomedon und ein Bruder des Priamus. Das Genauere s. in dem trefflichen Artikel Eos von Rapp in Roschers Myth. Lexikon p. 1261 f.
222. Die Versbetonung von ζώειν auf der ersten Silbe ist ungewöhnlich.
224—247 tilgt Hoffmann Quaestt. hom. II p. 190; hauptsächlich wegen der Länge von ῥεῖ in 238; doch s. m. Anm. zu 238; dagegen Kaiser in den hom. Abhdlgen. (p. 101), Suhle (p. 11). Diese Verkürzung kann schon deshalb nicht gebilligt werden, weil schon eine Geschichte, die des Ganymedes, ausführlich erzählt wurde.
225. ἀποξύειν γῆρας braucht I 446 Phoenix passend von sich; hier wird es von Tithonus weniger passend gebraucht.
226. δή τοι änderte Hermann hier und 116. (w. m. s.) 231. 238 in δ' ἤτοι. — Die πολυήρατος ἥβη des Tithonus war sprichwörtlich. Vgl. Tyrt. frgm. 9, 5 οὐδ' εἰ Τιθωνοῖο φυὴν χαριέστερος εἴη.
228. Über ἔθειραι s. zu h. VI 4.
230. Zu γένειον εὐηγενές vergleicht Ilgen passend Eur. Ion 242 εὐγενῆ παρηίδα, Hel. 135 εὐγενῆ δέρην.
231. Den Hiat hinter ἤτοι tadelt mit Recht Hoffmann (a. O.).
233. Hoffmann möchte σίτῳ δ' ἀμβροσίῳ καὶ κτλ. schreiben, wenn er nicht die Partie 224—247 für unecht hielte.
238. ῥεῖ ἄσπετος giebt einen unerträglichen Hiat. Cf. Hoffmann (p. 190) und Flach (p. 21 A. 22), der übrigens lieber ῥέει ἄσπετον lesen will. ῥέει ἄσπετος steht Σ 403. Da diese Stelle auch sonst (s. zu 163) benutzt ist, so wird sie auch hier dem Verfasser vorgeschwebt haben. Ist das richtig, so wird erstens die Konj. Hermanns τρεῖ ἄσπετος unangemessen und zweitens die Ernestische Erklärung „strömt mächtig dahin" bestätigt. Preller (I p. 360)

ΕΙΣ ΑΦΡΟΔΙΤΗΝ. 273

spricht nach dem Vorgange Ilgens falsch von einem „Wispern". Er dachte wohl an die spätere Verwandlung des Tithonus in eine Cikade, von der hier noch nichts steht. Dieser letzte und späte Ausläufer der Sage stammt schwerlich aus dem Hymnus, wie Rapp in Roschers Myth. Lex. u. Eos p. 1263 annimmt, sondern, wie Welcker G. G. I p. 686 sah, aus dem Gleichnis *I*' 151. — Übrigens ist noch zu beachten, dafs Tithonus hier vollständig abgesperrt ist. Es könnte jetzt nicht mehr heifsen: $\dot{\eta}\grave{\omega}\varsigma$ δ' $\dot{\epsilon}\varkappa$ $\lambda\epsilon\chi\acute{\epsilon}\omega\nu$ $\pi\alpha\varrho$' $\dot{\alpha}\gamma\alpha\nu o\tilde{v}$ $Ti\vartheta\omega\nu o\tilde{\iota}o$ $\check{\omega}\varrho\nu v\vartheta$' $\varkappa\tau\lambda.$, wie *Λ* 1, ε 1.

238. 239. $o\dot{v}\delta\acute{\epsilon}$ $\tau\iota$ — $\mu\acute{\epsilon}\lambda\epsilon\sigma\sigma\iota\nu$ ist λ 394 von der Mutter des Odysseus gebraucht.

242 f. erinnern an ζ 244 $\alpha\check{\iota}$ $\gamma\grave{\alpha}\varrho$ $\dot{\epsilon}\mu o\grave{\iota}$ $\tau o\iota\acute{o}\sigma\delta\epsilon$ $\pi\acute{o}\sigma\iota\varsigma$ $\varkappa\epsilon\varkappa\lambda\eta$-$\mu\acute{\epsilon}\nu o\varsigma$ $\epsilon\check{\iota}\eta$.

246. $\nu\eta\lambda\epsilon\iota\acute{\eta}\varsigma$ nicht bei Homer, aber Hes. Th. 770. Suhle p. 10. — $\check{\epsilon}\pi\epsilon\iota\tau\alpha$ bezieht sich auf das vorhergehende $\tau\acute{\alpha}\chi\alpha$, also dann = nach kurzer Zeit. Schneidewin versuchte ohne Not $\tau\acute{o}\tau\epsilon$ $\pi\tilde{\alpha}\sigma\iota\nu$.

247. $\varkappa\alpha\mu\alpha\tau\eta\varrho\acute{o}\varsigma$ findet sich nach Suhle (l. l.) erst bei Herodot wieder.

248 f. = *Π* 498 f. Dort heifst es $\check{\epsilon}\sigma\sigma o\mu\alpha\iota$ $\check{\eta}\mu\alpha\tau\alpha$ $\pi\acute{\alpha}\nu\tau\alpha$ ganz wie hier am Anfang des Verses. Kämmerers [von Abel aufgenommene] Umstellung $\check{\epsilon}\sigma\sigma\epsilon\tau\alpha\iota$ $\epsilon\check{\iota}\nu\epsilon\varkappa\alpha$ $\sigma\epsilon\tilde{\iota}o$ $\delta.$ $\check{\eta}.$ $\pi.$ ist also unnötig.

250. $\check{o}\alpha\varrho o\iota$ s. zu XX (Poseidon) 3.

253. Hermann verschmähte die hübsche Konjektur Matthiaes aus metrischen Gründen. Doch s. zu 180. Martin V. L. II p. 23 schrieb $\sigma\tau\acute{o}\mu\alpha$ $\chi\epsilon\acute{\iota}\sigma\epsilon\tau\alpha\iota$, was von Wolf, Hermann, Baumeister in den Text aufgenommen wurde, offenbar nur, um überhaupt einen lesbaren Sinn zu geben. Denn die Bedeutung „mein Mund wird es nicht mehr fassen", d. h. „ich werde es nicht mehr auszusprechen wagen", ist eine sehr gezwungene. Dem Sinne, aber nicht der Form nach besser ist Buttmanns (Lexil. II p. 119) und Frankes $\sigma\tau\acute{o}\mu\alpha$ $\chi\acute{\eta}\sigma\epsilon\tau\alpha\iota$ von $\chi\acute{\alpha}\sigma\varkappa\omega$! Sprachlich unmöglich ist Buttmanns (a. O.) zweite Konjektur $\dot{\alpha}\chi\acute{\eta}\sigma\epsilon\tau\alpha\iota$ = $\dot{\eta}\chi\acute{\eta}\sigma\epsilon\tau\alpha\iota$ mit kurzem $\breve{\alpha}$. Die von Buttmann angeführten Stellen h. Cer. 480, h. XVIII 18 werden jetzt schon längst anders gelesen.

255. $\dot{o}\nu o\mu\alpha\sigma\tau\acute{o}\nu$ schrieb Martin V. L. II p. 23.

258 habe ich mit Herwerden (a. O.) statt des überlieferten $\nu\acute{v}\mu\varphi\alpha\iota$ $\mu\iota\nu$: $\nu\acute{v}\mu\varphi\alpha\iota$ $\mu o\iota$ geschrieben.

259. Der Versschlufs = Hes. Theog. 2.

260 erklärt Hermann (z. St.) mit numerantur. Sehr viel

ΕΙΣ ΑΦΡΟΔΙΤΗΝ.

Schwierigkeiten machte das Wort den Früheren. S. Ilgen z. St. — Übrigens strich Groddeck 260—274 als diesem Gedicht ursprünglich fremd. Ilgen (p. 496) folgte ihm, nahm aber noch 275. 276 in die Klammer auf, um den Widerspruch mit dem Folgenden zu beseitigen. S. zu 257 f. und Baumeister p. 252. Des letzteren Hoffnung, dafs niemand mehr die Partie streichen werde, hat sich nicht erfüllt, wie die Jenenser und Guttmann (p. 58) beweisen.

262. Über καλός s. zu 29. Hermann und Abel schreiben ἀθανάτοις.

263. Σειληνός findet sich bei Homer weder im Singular noch im Plural. Vofs (M. Br.² II p. 298) schlofs daraus auf verhältnismäfsige Jugend des Hymnus. Auffällig sind die Silenen hier bei Hermes, es werden die Satyrn erwartet. Nach Preller (M.³ I p. 605) würde dies auf kleinasiatischen Ursprung deuten; ich möchte daraus lieber das verhältnismäfsig hohe Alter des Hymnus entnehmen. Übrigens ist der Unterschied kein grofser. Vgl. Paus. I 23, 5 τοὺς γὰρ ἡλικίᾳ τῶν σατύρων προήκοντας ὀνομάζουσι Σειληνούς. — τε hinter Σειληνοί tilgte Hermann (zum h. Ap. 36), ihm folgten Wolf und Franke. Baumeister blieb bei der Überlieferung.

268. Das pluralische ἕ ist einzig in seiner Art. S. Kühner A. Gr. I p. 459 A. 4. Es ist wohl gedankenlos aus δ 355 Φάρον δέ ἑ κικλήσκουσι entnommen. Auch das Asyndeton, mit welchem in der Überlieferung der Vers beginnt, würde nach Hermanns Ausführung (h. p 99) wohl erklärlich sein, da im folgenden die nähere Ausführung des Vorhergehenden geboten wird; doch scheint mir ἠλίβατος von den Bäumen nicht passend gesagt zu sein. Es war daher Schneiders Konjektur (Z. f. A.-W. 1840 p. 95) ἠλιβάτοις aufzunehmen. Um das Asyndeton fortzuschaffen habe ich dann vs. 267 ἐν δ' οὔρεσιν geschrieben. Matthiae tilgte den Vers, Hermann, Welcker (Götterl. III p. 57) und Baumeister diesen und den nächsten. Doch bemerkte schon Franke, dafs die Angabe der heiligen Haine durchaus notwendig sei, weil sonst kein Mensch vor einem Nymphenmorde sicher war.

275 f. tilgen Matthiae, Franke, Baumeister, Abel; Hermann und neuerdings Suhle (p. 2) streichen 277. 278. Dafs die vier Verse so, wie sie überliefert sind, sich nicht miteinander vertragen, liegt auf der Hand. Selbst wenn man, wie Ilgen, einen Unterschied zwischen δείξουσι (276) und ἄγουσα (278) machen

ΕΙΣ ΑΦΡΟΔΙΤΗΝ. 275

und etwa sagen wollte: Die Nymphen sollten den Aineias bringen und zeigen, Aphrodite selbst aber wollte ihn dem Vater übergeben, so steht dagegen doch, wie Franke bemerkt, dafs ein Knabe von 5 Jahren unmöglich als mannbar bezeichnet werden kann. In ἥβη liegt also der Hauptanstofs. Dafs Aphrodite selber kommen will, streitet nicht, wie Hoffmann (p. 189) glaubt, mit 285 f., wo sie die Sache möglichst zu verbergen sucht. Sie würde ja den Knaben wieder in aller Stille bringen. Vielleicht ist also nichts zu streichen, sondern nur ἥβη in ὥρῃ zu emendieren und die Geburtsstunde darunter zu verstehen. Vgl. ο 126 πολυηράτου ἐς γάμου ὥρην. Wörtlich heifst die Stelle natürlich: „Wenn ihn die Zeit (der Geburt) ergriffen", d. i. ans Licht gebracht hat.

277. ὄφρα κε ist allein in E erhalten, aber schon früher von Barnes durch Konjektur gefunden worden.

281 = ι 502. Ebendort steht auch φάσθαι, welches Matthiae in vs. 285 statt des überlieferten φασί einsetzte. Die Verteidigung Thieles (p. 26) ist vergeblich.

287. Nach Hygin. f. 94 war es wirklich das Schicksal des Anchises wegen seiner Schwatzhaftigkeit vom Blitz erschlagen zu werden. Nach andern wurde er nur gelähmt (Serv. zu Aen. 2, 649) oder geblendet (Serv. zu Aen. 1, 617. 2, 687). Roscher Myth. Lex. p. 338. Die erste Version könnte wohl aus unsrer Stelle entstanden sein, die zweite und dritte aus 188 f., wie auch Preller Myth.[3] I p. 293 andeutet.

292. Abel schreibt ohne Grund οὐρανὸν ἠνεμόεντα. ἀστερόεις ist hier natürlich Epith. ornans.

IV.
ΕΙΣ ΤΗΝ ΔΗΜΗΤΡΑ.

Litteratur.

ed. D. Ruhnken. Lugd. Bat. 1780.
rec. et illustr. Mitscherlich. Lips. 1786 und 87.
übersetzt und erläutert v. Joh. H. Vofs. Heidelberg 1826.
ed. F. Bücheler. Lips. 1869.

Ignarra Emendationes in h. in Cererem. Neapoli 1784.
Sickler Paulina. Hildburghausen 1821.
Behaghel zu Homers H. an Demeter. Heidelberg 1844.
Schürmann de h. in C. aetate. Münster 1850.
Probst de h. in Cererem. Cöln 1850.
Cobet ad h. in Cererem Mnemos. X (1861).
Gemfs de h. in C. I. Berlin 1872.
Gutsche Quaestiones de h. in C. Halle 1872. I 45—87.
Wegener Philol. XXXV (1876) p. 227—254 (anerkannt von Mannhardt p. 217 f.).
Flander de interpolationibus h Cer. Parchim 1879.
A. Ludwich zum homerischen Demeter-Hymnos Fleckeisens Jahrbb. 119 p. 303—308. (1879).
K. Francke de h. in C. compositione, dictione, aetate. Kiel 1881.
Dittmar Prolegomena in h. in C. Halle 1882.

A. Matthiae Animadversiones p. 348—421.
Groddeck Commentatio p. 43—47.
Lenz N. Bibliothek LXV p. 66—76.
G. Hermann in s. Ausgabe ep. ad Ilgen. p. 95—112.
Preller Demeter und Persephone. Hamb. 1837.
Schwenck Commentar zur Übers. p. 278—308.
Schneidewin Philol. IV p. 760 ff.
Hoffmann Quaestiones homericae II p 190—194.
Stoll Animadversiones in h. Hom. Weilburg 1861 p. 11—22.
van Gent Misc. crit. Mnemos. VII p. 219.
Windisch de h. Homeri maioribus. Leipzig 1867.
Flach das nachhesiodische Digamma Bezzenberger Beitr. II p. 24—27.
Fietkau de carminum Hesiodeorum atque hymnorum quatuor magnorum vocabulis non homericis. Königsberg 1866.
Sterret qua in re h. Homerici quinque maiores inter se differant. Boston 1881.
Förster Raub und Rückkehr der Persephone. Stuttg. 1874. Analekten dazu Philol. IV. Suppl. Bd. p. 631—726.
K. Lehrs Populäre Aufsätze[2] p. 275—300.
A. Zimmermann de Proserpinae raptu et reditu fabulae etc. Lingen 1882.
Mannhardt Mytholog. Forschungen Strafsburg 1884 p. 202 ff.
Fick in Bezzenbergers Beiträgen IX p. 195—246.

O. Müller LG.³ I p. 127 f.
G. Bernhardy LG.³ II 1 p. 223.
Th. Bergk LG. I p. 768.
Sittl LG. I p. 198.

Inhalt. Die Tochter der Demeter Persephone (vs. 493) wird auf der nysischen Ebene (17), als sie mit den Töchtern des Okeanos Blumen pflückte, insbesondere Narzissen, welche Gaia eigens zu diesem Zwecke hatte hervorsprießen lassen (9), vom Hades (79) im Einverständnis mit dem Vater Zeus auf seinem Wagen entführt. Ihren Hilferuf nach dem Vater (21) hörte nur Hekate aus ihrer Höhle und Helios, nicht aber Zeus, der sich weit weg zu einem Opfer begeben hatte. Hades aber führte die Widerstrebende und Hülferufende mit sich fort. Solange sie noch auf der Oberwelt war, hatte die Jungfrau noch Hoffnung, und schrie, daß die Berge und die Tiefen des Meeres wiederhallten. Da hörte sie die Mutter (39). Verzweifelt, in Trauergewändern, Fackeln in den Händen, sucht sie die Tochter Hekate begegnet ihr, ebenfalls mit einer Fackel, sie hat den Raub vernommen, aber nicht gesehen. Darum gehen sie zu Helios. Von ihm erfährt sie die Wahrheit.

Da meidet sie den Olymp und durchwandert verkleidet die Erde, bis sie [nach Eleusis] an den göttlichen(?) Brunnen kommt. Dort treffen sie die Töchter des Keleos. Als die Göttin sich erbietet, die Dienste einer Amme oder Schaffnerin zu übernehmen, da wird sie ins Haus geholt zur Pflege des Demophon, des jüngstgebornen Sohnes des Keleos und der Metaneira. Die göttliche Erscheinung und Gröfse der Fremden flöfst der Königin Scheu und Furcht ein. Im stummen Schmerze sitzt Deo, denn diesen Namen hatte sie sich gegeben (122), da, ohne zu sprechen, ohne zu essen, bis die Magd Iambe sie erheitert. Darauf trinkt sie zwar nicht den gebotenen Wein, aber sie fordert und erhält einen Mischtrank und wird dann von Metaneira förmlich in Dienst genommen. Das Kind gedeiht wunderbar, da die Amme es mit Ambrosia salbt und nachts in Feuer legt, um es unsterblich zu machen. Die Mutter belauscht sie und schreit entsetzt auf, als sie das Kind mitten im Feuer sieht. Da giebt sich Demeter zu erkennen; sie verkündet dem Demophon hohe Ehre und beständigen Krieg mit Athen(?); für sich verlangt sie einen Tempel oberhalb [des Brunnens] Kallichoron. Nachdem sie noch verheifsen, die Anweisung zu ihrem Dienst selbst zu geben, verschwindet sie in göttlicher Hoheit (282).

Der Tempel wird gebaut. Darin bleibt Demeter fern von den Seligen und läfst die Saat nicht aus der Erde steigen, so dafs die höchste Gefahr für das Leben der Menschen und die Opfer der Götter eintritt. Zeus fordert die Zürnende durch Iris auf in den Olymp zu kommen, aber vergebens. Darauf erscheinen sämtliche Götter und bieten herrliche Gaben. Aber noch weigert sich Demeter von ihrem Zorn zu lassen, bis sie die Tochter wieder gesehen. Da mufs Hermes in den Erebos gehen und den Hades bitten, die Persephone zu entlassen. Freundlich willigt der Fürst der Unterwelt (358) ein, die Gattin zu entlassen. Hat er ihr doch heimlich einen Granatkern zu essen gegeben, so dafs sie wiederkehren mufs.

Die Freude des Wiedersehens ist grofs. Demeter gebärdet sich wie eine Mänade des Berges; sie erkundigt sich natürlich gleich, ob sie im Hades gegessen, denn dann müsse sie vier Monate des Jahres unten bleiben. Persephone erzählt, dafs sie gegessen, und giebt zugleich Bericht über ihre Entführung. Unter diesen Gesprächen werden beide wieder froh. Auch Hekate findet sich ein. Dann sendet Zeus die [Mutter der Demeter] Rheia aus, um Demeter in den Olymp zu holen; Demeter folgt der lieben Botin. Vor ihrem Weggang aber nimmt sie die Unfruchtbarkeit von der Erde und belehrt die Könige über die Orgien, welche den Eingeweihten selige Hoffnung im Tode gewähren.

Seit der Zeit wohnen die Göttinnen im Olymp, und glücklich ist der, dem sie wohlwollen.

Die Urteile über diesen Hymnus gehen, was den Zustand seiner Überlieferung anbelangt, weit auseinander. Nach Ruhnken (praef. p. V) und Vofs besitzen wir den Hymnus noch in seiner ursprünglichen Gestalt; auch Baumeister tilgte nur vs. 82 und 477. Selbst Bergk (LG. I p. 770) strich nur vs. 195—205 (Iambe). Dagegen war für A. Matthiae (p. 77) alles, was hinter vs. 305 folgt, späterer Zusatz. Preller schnitt jede Hindeutung auf die Mysterienfeier heraus. Hermann findet auch in diesem Hymnus zwei Recensionen kontaminiert. Auf demselben Boden steht Wegener. Bücheler (p. 3) glaubt, dafs mehrere kleinere Hymnen hineingearbeitet seien (vgl. zu vs. 403). Er legte auch Wert auf die in M überlieferte Überschrift τοῦ αὐτοῦ ὕμνοι εἰς Δ.

ΕΙΣ ΤΗΝ ΔΗΜΗΤΡΑ.

Dagegen hat Gemſs (p. 44) gut bemerkt, daſs derselbe Plural ὕμνοι überall auch über dem h. Ven. steht. Auf Büchelers kritischem Standpunkt steht Förster. Die Hand eines orphischen Interpolators findet Stoll (a. O. p. 13) an vielen Orten. Es fehlt auch nicht an einer Mittelpartei, zu welcher Guttmann und Flander gehören, die nicht eine so groſsartige Interpolation wie die Ebengenannten annehmen; aber doch glaubt Guttmann, daſs Pausanias ein vollständigeres Exemplar als wir gehabt habe, und Flander wirft immerhin noch eine ganze Anzahl Verse als unecht aus. Mein eigner Standpunkt ist näher zu Voſs hin als zu Preller. Nach meiner Meinung ist dem Hymnus mehr durch gute Konjekturen als durch Streichen und Lückenansetzen zu helfen.

Nicht mehr Einigkeit herrscht über die Abfassungszeit des Hymnus. Daſs ihn Ignarra nach Pausanias, Ilgen vor Pausanias setzten, darüber lächelt man heute; auch Baumeister (p. 280) ist mit seiner Ansetzung auf die Pisistratidenzeit (Ol. 55—67) fast allein geblieben. Nur Windisch (p. 67) stimmte ihm bei. Die Mehrzahl der Forscher hat sich J. H. Voſs entweder ganz oder doch annähernd angeschlossen, der den Hymnus auf Ol. 30 setzte. (Cf. Welcker Götterl. II p. 546, Schürmann a. O., Duncker Gr. Gesch. VI p. 122 A. 220, Förster Raub und Rückkehr p. 34, von Wilamowitz Aus Kydathen p. 124.) Jedenfalls spricht für ein verhältnismäſsig hohes Alter die einfache Form der Sage, wie sie oben wiedergegeben ist. Weder Triptolemos noch die erste Belehrung über den Ackerbau, noch Dionysos haben eine Stelle in demselben. Doch hat die Sprache schon sehr viel Modernes, dem späteren Attischen sich Näherndes: ὄχοισιν (19) θυσίαισιν (369) κόρη (440) ἧρος (457) ᾠδή (494) τοκῆες (137?) θέλω (160) ἐλεινός (285?) θυσιῶν (312, 368) ἀδικεῖν (368) ἐρέω (407) τηρεῖν, ἐπιτηρεῖν (142, 245) καλεῖν (173), die Dative (plur.) auf οις (11 und öfter), auf αις (40, 308, 441). Daſs das Digamma nur noch in alten hom. Formeln vorkommt, hat Windisch erwiesen. Cf. über die Vernachlässigung desselben Hoffmann (p. 191). Vielleicht dachte sich der Verf. des Hymnus die Rosse des Sonnengottes schon geflügelt (s. zu 88). Daſs aber die aufgenommenen Kleider (177) eine jüngere Zeit verraten sollen, wie K. Francke (p. 26) meint, vermag ich nicht einzusehen. Auch Homers ἑλκεσίπεπλοι hätten, wenn sie laufen wollten, ganz ebenso verfahren müssen.

Daſs die Heimat des Dichters Attika sein müſste, hat zuerst

Voſs behauptet. Dafür sprechen allerdings das Thema (der Preis der Orgien), die Lokalkunde und namentlich die obenerwähnten attischen Worte. Vgl. O. Müller (p. 127), Duncker (A. G. VI p. 122 A. 2), Schürmann (p. 47), Flander (p. 1), Windisch (p. 66), Flach (p. 24). Dagegen haben sich erklärt Preller (p. 381), Dittmar (p. 17f.) und Francke (p. 25). Namentlich der letztere wies auf eine Anzahl nicht-attischer Formen hin: *νεογνός* (144) *εὐήρυτος* (106) *κουρήιος* (108) *γλήχων* (st. *βλήχων* 209) *φαινολίς* (51) *σχήσεισθα* (366), *λιμός* fem. (312). Vorsichtiger erklärte daher schon Bergk (I p. 769) den Dichter für einen Ionier. Nichtattischen Ursprung behauptet auch von Wilamowitz Aus Kydathen p. 125.

Daſs der Hymnus nur für Attika Interesse haben konnte, liegt so sehr auf der Hand, daſs darüber kaum zu reden ist. Daſs er aber für den panathenäischen Agon bestimmt war (Preller p. 70, Welcker Ep. Cykl. I p. 392, Baumeister p. 280), läſst sich nicht erweisen (s. Bernhardy a. O.). Es ist sogar unwahrscheinlich, da Rhapsodenvorträge erst seit den Pisistratiden an den Panathenäen stattfanden (Bergk LG. I p. 769). Soviel aber steht fest, daſs der Verfasser den h. Ven. (s. zu vs. 189 und die Vorbemerkungen zum h. Ven. S. 259) gekannt hat.

Erklärung.

1. Über den Namen *Δημήτηρ* s. die sorgfältige Auseinandersetzung bei Mannhardt p. 202 ff. Er suchte in dem 1. Teile des Wortes das kret. *δηαί* = *ζειαί* und erklärte „die Kornmutter". „Doch ist nach Baunack die Überlieferung falsch und und vielmehr *δειαί* anzusetzen." O. Crusius Beiträge zur griech. Mythologie (p. 10 A. 3). — *θεάν* ist hier und 171 mit Recht von Voſs in *θεόν* verwandelt, wie vs. 292 erhalten ist.

2. Vgl. Hes. Th. 913: ἣν Ἀιδωνεὺς ἥρπασεν ἧς παρὰ μητρός· ἔδωκε δὲ μητιέτα Ζεύς.

4. Das überlieferte *χρυσάορου* bei Demeter wird belegt mit dem Orakelspruch des Bakis Herod. VIII 77; Mitscherlich führte Lykophrons *Δημήτηρ ξιφηφόρος* an. Vgl. die Scholia Vet. zur Stelle. Ruhnken und neuerdings Cobet (Mnemos. X p. 312) schreiben *χρυσοθρόνου*. Bücheler vermutete überzeugend *ὡρηφόρου*, was 54. 192. 493 steht, doch s. 454.

5. *βαθύκολποι*. Vgl. h. Ven. 258. Lehrs Ar.[3] p. 111, ganz besonders aber Helbig das hom. Epos p. 135 f. Der Schau-

ΕΙΣ ΤΗΝ ΔΗΜΗΤΡΑ. 281

platz des Raubes wird nicht genannt. Schol. Hes. Theog. 914 ist es der Okeanos, was vielleicht erst aus unsrer Stelle erschlossen ist. Doch werden auch Hera ($\overset{*}{\Xi}$ 202) und Hephaistos (Σ 402) am Okeanos erzogen. Nach Bakchylides (Bergk Poetae lyr. III p. 587 frgm. 64) ging der Raub in Kreta vor sich, bei Ovid, Claudian und andern in Henna in Sicilien.

8. ἔφυσε schrieben Ilgen, Baumeister und Abel. Der Zusatz δόλον wird erklärt durch ϑ 494 δουρατέου ἵππου . . . . ὅν ποτ' ἐς ἀκρόπολιν δόλον ἤγαγε δῖος Ὀδυσσεύς. — Der Narkissos war das Trugmittel auch bei Pamphos: Paus. 9, 31, 9: κόρην τὴν Δήμητρος φησὶν ἁρπασϑῆναι παίζουσαν καὶ ἄνϑη συλλέγουσαν, ἁρπασϑῆναι δὲ οὐκ ἴοις ἀπατηϑεῖσαν, ἀλλὰ ναρκίσσοις. In den späteren Versionen der Sage tritt diese Blume zurück. Förster p. 31. Daſs übrigens Pausanias den hom. Hymnus nicht citierte, hat seinen Grund sicher darin, daſs es ihm hier auf einen recht alten Zeugen ankam. Vgl. Paus. 8, 37, 9: καϑὰ Ὅμηρος καὶ ἔτι πρότερον Πάμφως ἐποίησαν. So schon Ilgen (p. 500), Baumeister (p. 275). Übrigens ist die Narcisse in Attika besonders häufig. Cf. Soph. Oed. Col. 681 f. — καλυκῶπις. Vgl. h. Ven. 284.

9. πολυδέκτης, 430 πολυδέγμιον „der grofse Wirt" Preller Gr. Myth.[3] I p. 660.

10. τότε zu ändern ist kein Grund. Offenbar konnte nur die kolossale Gröſse der damaligen Hyazinthe die Götter und Menschen mit Staunen erfüllen. Bücheler und Abel schreiben mit Wyttenbach δέ τε.

11. ἠδέ, nicht ἰδέ ist fest an dieser Verbindung (Ludwich p. 303) und an dieser Versstelle. S. zum h. Ven. 165.

12. τοῦ καὶ ἀπὸ ῥίζης (γλώσσης) Α 249. — κάρη. Windisch verteidigt κᾶρα ohne Not; der Schreiber dachte wohl ein attisches α purum herzustellen.

13. Ruhnkens Änderung κηώδει ist allgemein angenommen, obwohl das Wort von Blumen sonst nicht vorkommt. Anders εὐώδης h. XVIII 26. Ludwich (p. 303) versuchte neuerdings κηώεντ' ὀδμῇ· πᾶς δ' κτλ. oder κηώδης δ' ὀδμῇ πᾶς τ'.

14. Die Stellen über die lachende Erde hat Voſs gesammelt: Τ 362, Hes. Th. 40, h. Ap. 118, Theognis 9, Ap. Rhod. Arg. Δ 1171, Aesch. Prom. 90.

15. ἄμφω undekliniert bei den späteren Epikern häufig Francke (p. 12). Daher schrieb Cobet ἀμφοῖν, vielleicht richtig.

16. καλὸν ἄϑυρμα h. Merc. 32. — εὐρυάγυια sonst nur von

ΕΙΣ ΤΗΝ ΔΗΜΗΤΡΑ.

Städten. Baumeister vermutet nicht unwahrscheinlich εὐρυόδεια. Doch s. δίκα εὐρυάγυια bei Terpander frg. 6 Bergk. Anth. lyr. p. 178.

17. *Νύσιον ἄμ πεδίον*. Nach Bergk (I p. 770) ist die nysische Ebene eine mythische Lokalität am Okeanos. Vgl. auch Förster (p. 26). Ähnlich wird bei Duncker G. G. VI p. 132 Nysa gefafst. Es ist auch nicht gelungen, eins der vielen Nysai (s. zu 33, 9) überzeugend mit Demeter in Beziehung zu bringen. Förster (p. 268) plädiert für das karische. Nach O. Müller (Eleus. § 35) soll die Erwähnung von Nysa andeuten, dafs Dionysos schon damals teil an den Weihen hatte. Doch ist das bei dem sonstigen Inhalt des Hymnus nur eine vage Vermutung. Preller (Myth. I p. 624 A. 2) hält die Stelle für verdorben und konjiziert: νείατον oder μέσσατον.

18. *πολυώνυμος*. Vgl. Preller Myth. I p. 659. Übrigens ist der Vers = 32, daher von Bücheler gestrichen. Doch sind solche Wiederholungen im Geschmack des Dichters: 57 = 68. 166—168 = 221—223. 444 ff. = 462 ff. Auch findet sich das doppelte Subjekt πατροκασίγνητος und Κρόνου υἱός vs. 32, wie hier ἄναξ — Κρόνου υἱός.

19. *ὄχοισιν* behielt auch Bücheler, ὄχεσφι(ν) schrieben Vofs, Cobet und Abel (p. 313). — Den Wagen des Hades zu entfernen, wie Wegener (p. 228) wollte, ist gar kein Grund. Vgl. Paus. 9, 23, 4: χρυσήνιος (sc. ῞Αιδης) δῆλα ὡς ἐπὶ τῆς κόρης τῇ ἁρπαγῇ. Umsoweniger ist dazu Grund, da auch nachher (376), um Persephone zu entsenden, der Wagen benutzt wird. Auch Orph. hymn. 18, 14 heifst es: τετρώροις ἵπποισιν ὑπ᾽ Ἀτθίδος ἤγαγες ἄντρον δήμου Ἐλευσῖνος, τόθι περ πύλαι εἰσ᾽ Ἀίδαο.

21 resp. 22—37 tilgten A. Matthiae, Lenz, Stoll (p. 11 ff.), Gemfs (p. 22), Preller (p. 81). Dagegen erklärte sich Baumeister (p. 284) und K. Francke (p. 5). Der Hauptanstofs ist der, dafs vs. 22 f. niemand ihren Ruf hört, nicht einmal die Gespielinnen (s. u.), und gleich darauf Hekate und Helios als wachsame Götter sich zeigen. Doch s. zu 23 und 24.

21. *ὕπατος καὶ ἄριστος* T 258. — *κεκλομένη* mit Accus. schon Σ 391: κέκλετο δ᾽ ῞Ηφαιστον.

23. Der Vers ist mindestens am Schlusse verdorben, aber vielleicht auch noch weiter. Dem in vs. 24 folgenden Bedingungssatze nach müfste hier notgedrungen stehen: ἤκουσ᾽ ἄν, was ich geschrieben hätte, wenn nicht auch der Schlufs des

Verses verdorben wäre. Man kann daher nicht mit absoluter Gewifsheit sagen, dafs hier stehe: niemand hörte u. s. w. Viel wahrscheinlicher hiefs es einstmals: niemand hätte sie gehört u. s. w. Alle Schlüsse, die man aus $ἤκουσεν$ gezogen hat, sind daher voreilig, bis der Vers völlig geheilt sein wird. — $ἐλαῖαι$. Ruhnken schrieb $ἑταῖροι$; doch würde dann $ἀγλαόκαρποι$ einen andern Sinn annehmen müssen (mit glänzenden Händen) als vs. 4. Dasselbe Bedenken gilt gegen Ilgens $ἔλειαι$ [von Abel aufgenommen], ein Wort, das nicht einmal vorkommt. Mir scheint $ἀγλαόκαρποι$ auf Demeter oder ihre Tochter gehen zu müssen. Man könnte daher schreiben $ἤκουσ' ἂν φωνὴν θεᾶς$ (einsilbig s. zu 55) $ἀγλαοκάρπου ἐλεινήν$. Vgl. 285 $τοῦ δὲ κασίγνηται φωνὴν ἐσάκουσαν ἐλεινήν$. Von Wilamowitz Aus Kydathen p. 125 A. 43 erkennt $ἐλαῖαι$ als richtig, aber unattisch an.

24. $ἀταλὰ φρ$. Die Bedeutung zart, jugendlich (cf. $Σ$ 567, Hes. Th. 989) ist hier, wie Baumeister bemerkt, übergegangen in zärtlich, gütig. — Der Vater der Hekate heifst Hes. Th. 377, 400 Perses. — Warum Hekate hört, dafür lassen sich verschiedene Gründe anführen. Erstens ist sie als $πρόπολος$ und $ὀπάων$ mit Demeter eng verbunden (vs. 441); zweitens wird sie hier durch die Fackel (52) deutlich als Göttin der Nacht charakterisiert. Der Gedanke, welcher der Einführung der Hekate und des Helios zu Grunde liegt, ist durchsichtig genug. Der Raub ist am Tage geschehen, darum kann ihn Hekate von ihrer Höhle aus (25) zwar hören, aber nicht sehen (57), Helios aber mufs denselben mitangesehen haben, darum giebt er die schliefsliche Auskunft.

25. $ἄντρον$ wird geschützt durch Ap. Rhod. $Γ$ 1213 $κευθμῶν ἐξ ὑπάτων$. Ob an eine bestimmte Höhle, etwa die zerynthische zu denken ist (s. Preller Myth. I p. 257), mufs dahingestellt bleiben.

26 ist ganz gewifs unecht, wie Bücheler, Förster (p. 36 A.) und Flander (p. 11) annehmen. Dafs Helios den Raub gesehen hat, ist schon bemerkt; $ἄϊεν$ aber auf das Sehen zu beziehen, geht kaum an; aufserdem klappt vs. 27 unangenehm nach. Eben dafs Helios alles sieht und alles hört ($Γ$ 277, T 239, $λ$ 323, $μ$ 323) war der Grund ihn hier hinzuzufügen.

27. $ὃ δὲ νόσφιν ἧστο$, natürlich absichtlich (Franke, Baumeister z. St.). Die Absicht ausdrücklich auszusprechen hielt der Dichter nach vs. 3 ($δῶκεν δὲ ... Ζεύς$) nicht mehr für nötig.

Wegener (p. 229 f.) benutzt diese Unterlassung, um eine Version des Hymnus zu konstruieren, in welcher Zeus nicht um die Entführung wußte.

28. πολυλλίστῳ ἐνὶ νηῷ. Vgl. h Ap. 347 νηοῖσι πολυλλίστοισι.

29. Cobet (a. a. O.) will, vielleicht mit Recht, δέχμενος schreiben.

30—32 verwarf Ilgen (p. 513) als bloße Wiederholung von 17 ff. Daß sie allenfalls entbehrlich wären, ist zuzugeben. Da sie aber einmal dastehen, so ist das Zurückwenden der Erzählung zu Hades gar nicht ungeschickt. Nur 31 verwarf K. Francke (p. 6); doch über das doppelte Subj. s. zu 18. Nur 32 strich A. Ludwich (p. 303 f.).

31. πολυδέγμων in Ἀιδωνεύς mit Voß zu ändern ist umsoweniger Grund, da πολυσημάντωρ offenbar das regierende Substantiv ist wie vs. 17 ἄναξ πολυδέγμων.

35. 36 tilgt Bücheler als mit 37 übereinstimmend, Mitscherlich, K. Francke (p. 10), Flander (p. 11) streichen 37. Beides mit Unrecht. Es liegt aber durchaus keine bloße Wiederholung in 37 vor. Man hat, wie es scheint, in 35. 36 μητέρα als Objekt gefaßt, es ist aber Subjekt. Der Sinn ist: Solange sie den Himmel . . . . noch sah, und sie noch hoffte, daß die Mutter und die ewigen Götter [den Raub] sehen würden, da tröstete sie die Hoffnung [nämlich daß sie durch ihr Schreien doch etwas erreichen werde], und sie schrie, daß die Berggipfel und die Meerestiefen wiederhallten. Gemß (p. 24) wollte 35. 36 als Parenthese fassen, um die Verse zu retten.

37. μέγα statt μέγαν vermutet Gemß (p. 24). — ἀχνυμένη περ schrieb Cobet (a. O.) unnötig. — Nach vs. 37 nehmen seit Hermann alle Herausgeber eine Lücke an. Allerdings wird uns nicht gesagt, daß und wo er mit ihr unter die Erde ging, doch war dem Dichter das wohl nebensächlich, da es ihm hauptsächlich darauf ankam zu sagen, daß Persephone schrie und Demeter sie hörte. Nach dem orph. Hymnus 18 war der Eingang zum Hades in Attika, bei Claudian (2, 306) in Tainaron.

40. Den Dativ χαίταις behielten Wolf, Baumeister, Bücheler, Abel; vgl. 308, 441; Hermann schrieb χαίτης ἀμβροσίης.

45. κυάνεον κάλυμμα trägt auch Thetis Ω 93. — ἤθελεν entspricht unserm „hatte Lust", „mochte"; vgl. Φ 366; „niemals

ΕΙΣ ΤΗΝ ΔΗΜΗΤΡΑ. 285

ist οὐκ ἤθελεν = non poterat", wie G. Nitzsch zu γ 121 ganz richtig bemerkte.

46 tilgt Bücheler, ihm folgt Francke (p. 9). Der Ictus von οἰωνῶν ist freilich ungewöhnlich, doch s. (εἶναι) zu h. Ven. 222. — ἐτήτυμος — ἦλθεν = X 438.

47—62 streicht Stoll p. 13 f., wie alles, was sich auf Hekate bezieht.

47. ἐννῆμαρ. Daſs im Anschluſs an das neuntägige Fasten der Demeter auch die Mysten neun Tage hätten fasten müssen (Preller p. 89 f., Duncker A. G.[5] VI p. 232), ist eine aus dieser Stelle gezogene, unglaubwürdige Folgerung. S. Schoemann Alt.[2] II p. 374. — Δηώ noch 211, 493, ist nach Mannhardt (p. 295) nicht direkt aus Δημήτηρ, sondern aus Δημώ abgeleitet (?).

48. Demeter hat mehrere Fackeln, doch wohl zwei, in der Hand. Nach Ovid (Fast. 4, 493, Metamm. 5, 442) steckt sie zwei Fackeln am Ätna an; noch Ungeheuerlicheres bringt Claudian (III 443) vor. Mit einer Fackel begnügt sich Statius (Theb. XII 270).

49. 50. Auch Callim. h. VI 12 heiſst es von der suchenden Demeter: οὐ πίες οὔτ᾽ ἄρ᾽ ἔδες τῆνον χρόνον οὐδὲ λοέσσα.

50. χρόα βάλλετο λουτροῖς schützt Matthiae durch Eur. Or. 303: λουτρά τ᾽ ἐπὶ χροΐ βάλε (ἐπιβαλοῦ χροΐ Hermann).

51. φαινολὶς ἠώς. Schon Ruhnken verglich Sappho frgm. 95: ϝέσπερε πάντα φέρων, ὅσα φαινολὶς ἐσκέδασ᾽ αὔως κτλ.

51. σέλας „Fackel" sonst erst spät. Apoll. Rhod. Γ 293, Δ 808. Die Fackel am Tage kennzeichnet symbolisch die Göttin der Nacht: sie bedeutet ursprünglich das Mondlicht (Preller Myth.[3] I p. 258). Die Ἑκάτα δᾳδοφόρος nennt Bakchylides frgm. 40 Νυκτὸς μελανοκόλπου θυγάτηρ.

53. ἀγγέλλουσα, sie hieſs deshalb ἄγγελος Preller Myth.[3] I p. 259. Matthiae vermutete ἄγχι θέουσα, besser Ludwich (304) ἐγκονέουσα, cf. η 340.

54. Δημήτηρ wollte Franke durch 75 schützen. Dort ist θυγάτηρ allerdings noch eher als Apposition zu Δήμητερ zu erklären, hier nicht. Sehr schlecht schreibt Abel: πότνια Δημήτηρ, ὡρηφόρος, ἀγλαόδωρε. — ὡρηφόρος „die zur Kornreife günstige Zeit herbeiführend" Mannhardt (p. 227).

55. θεῶν einsilbig noch 23 (?). 260. 326 (?); schon ξ 251, Hesiod Th. 44 wird θεός einsilbig gebraucht. — οὐράνιοι θεοί nicht homerisch. Stoll. p. 14.

57. Das blofse γάρ steht B 39, T 49, [P 403 jetzt γάρ ῥ´]
und wird von Ruhnken, Hermann, Baumeister auch hier belassen.
Vofs, Bücheler, Cobet lesen φωνῆς μὲν γὰρ ἄκουσ'. Vorher schon
vermutete Wassenberg γὰρ μὲν ἄκουσ'.
58. δ' ὦκα ist sinnlos; ταῦτα liegt der Überlieferung nicht
so fern; es steht auch vs. 434. Nach vs. 58 nahmen Hermann,
Wolf, Franke, Baumeister, Bücheler, Gemfs (p. 25), Ludwich
(p. 305), Abel eine Lücke an. Hermann findet es wunderlich,
dafs Demeter der Hekate, die zugiebt nichts zu wissen, folge; jene
müsse also den Weg zum Helios bezeichnet haben. Er ändert
daher: σοὶ δ' ὦκα λέγοι νημερτέα sc. Ἥλιος, ὃς πάντ' ἐφορᾷ καὶ
πάντ' ἐπακούει. Aber wo steht, dafs Demeter folgt? Ohne ein
Wort zu verlieren eilt sie mit ihr zu Helios. Sollte Demeter das
nicht wissen, dafs Helios alles weifs, so gut wie sie hernach (396)
weifs, dafs Persephone vier Monate im Hades bleiben mufs, da sie
den Granatkern gegessen. Die Rede der Hekate schliefst mit πάντα.
62. σκοπός. Vgl. Pind. Ol. I 86: Ὀλύμπου σκοποί.
63. στὰν — προπάροιθεν = Ω 286, ο 150.
64. Hermann las θέας ὕπερ „bei deinem Anblick", wobei
gerade das deinem fehlt, später vermutete er (bei Franke) θεᾶς
ὕπερ „für eine Göttin", wie schon Vofs vor ihm. Geistreich ist
Ilgens Vermutung Θέας ὕπερ, aber auch hier würde man μητρὸς
notwendig erwarten. Peerlkamp (bei Cobet) schrieb θεὰν θεός.
θεὰν σύπερ fand Ludwich (p. 306). Er vgl. Λ 508, I 301,
Λ 796, M 349. Der Sinn ist durchaus passend: „scheue du
doch wenigstens" u. s. w.
67. δι' αἰθέρος ἀτρυγέτοιο = P 425.
68. ἀτὰρ — ὀφθαλμοῖσιν = 57.
70. καταδέρκεαι ἀκτίνεσσι ist ungeschickt mit ἐπὶ γαῖαν
und κατὰ θάλατταν verbunden; vgl. λ 16 οὐδέ ποτ' αὐτοὺς ἠέλιος·
φαέθων καταδέρκεται ἀκτίνεσσιν.
72. 73 strich Bücheler als blofse Wiederholung von 71.
Aber sie sind unentbehrlich, da Demeter ja den Inhalt ihrer
Bitte noch nicht ausgesprochen hat. Vgl. γ 92, welche Stelle
Bücheler vorgeschwebt haben mag: τούνεκα νῦν τὰ σὰ γούναθ'
ἱκάνομαι, εἴ κ' ἐθέλῃσθα κείνου λυγρὸν ὄλεθρον ἐνισπέμεν,
εἴ που ὄπωπας κτλ.
76. Das σέ Ruhnkens (auch Vofs und Cobet p. 314 ver-
langen es) ist der Deutlichkeit halber nicht zu entbehren. Vgl.
auch Flach (p. 28).

ΕΙΣ ΤΗΝ ΔΗΜΗΤΡΑ

77. An οὐδέ nahm Wegener (p. 233) vielleicht mit Recht Anstofs. Ob οὔ νύ τις zu schreiben wäre?

82. 83. ἄπλητος zuerst Hes. Th. 153. 315. 709. — Schneidewin (Philol. III p. 662) und Bücheler streichen γόον .... ἔχειν als Glossem, Baumeister und Flander (p. 11) οὐδέ .... χόλον. Dafs aber weder die Klage noch der Groll der Demeter Grund zum Anstofs geben, sah Gemfs (p. 26). Hermann schrieb χόλον und bemerkte, dafs die Formel οὐδέ τί σε χρή sich immer auf etwas Vorangegangenes beziehe. Es kommt hinzu, dafs T' 67 ähnlich steht: νῦν δ᾽ ἤτοι μὲν ἐγὼ παύω χόλον· οὐδέ τί με χρὴ ἀσκελέως αἰεὶ μενεαινέμεν. Aber χόλον in zwei Versen hintereinander durch Konjektur herzustellen, geht nicht an. Wir haben eben anzuerkennen, dafs der Verfasser die Formel οὐδέ τί σε χρή von etwas Neuem gebraucht, was ja absolut nicht falsch ist.

85. 86. διάτριχα wollte Lobeck Elementa path. I p. 627 teilen, doch s. Schneider zu Callim. h. I 61. — Die Stelle ist eine Nachahmung von Hes. Theog. 424 ff. οὐδέ τί μιν Κρονίδης ἐβιήσατο οὐδέ τ᾽ ἀπηύρα, ὅσσ᾽ ἔλαχεν .... ἀλλ᾽ ἔχει ὡς τὸ πρῶτον ἀπ᾽ ἀρχῆς ἔπλετο δασμός. — Statt ὁμόσπορος schreiben Schneidewin und Abel höchst unnötig πατρὸς Διός. Demeters Bruder ist er ja ebenfalls.

87. Dafs das erste τοῖς demonstrativ ist, bemerkt Franke (z. St.).

88. 89. τοί — ἅρμα == Hes. Sc. 341 f. — Über ὁμοκλῆς mit Spir. len. s. Schneider zu Callim. h. IV 158. — τανύπτεροι scheint, nach dem kurzen Vergleich 108 ὥστε θεαὶ, zu ἵπποι zu gehören. Dann würde schon hier Helios die Flügelrosse haben, welche Euripides (El. 466) ihm giebt.

92. νοσφισθεῖσα ist nicht == ἀπέβη oder ἀπέστιχε, sondern == ἠλεύατο, sie mied den Olymp. Vgl. II 562. Wegeners Schlüsse (p. 234) aus dem Worte werden damit haltlos.

97 steht fast wörtlich bei Apollodor I 5, 1: ἔπειτα πρὸς Κελεὸν ἐλθοῦσα τὸν βασιλεύοντα τότε Ἐλευσινίων.

99. Das überlieferte παρθενίῳ φρέατι ist. rätselhaft. Zunächst wird eine Präposition vermifst, dann ist die Form φρέατι anstöfsig. Ionisch heifst sie φρείατι, weshalb Cobet (p. 317) φρείατι Παρθενίῳ schrieb, und im Attischen hat φρέατι ein langes α. Endlich wird der Brunnen nicht wieder erwähnt. Dagegen findet sich 272 eine andre Örtlichkeit Καλλιχόρου καθύπερθεν, an welcher Demeter ihren Tempel haben will, man weifs aus unserm

Hymnus nicht, weshalb. Eher erwartet man denselben bei dem Partheniosbrunnen. Sind beide Örtlichkeiten identisch? Nach Apollodor I 5, 1 wenigstens setzte sich Demeter auf den Stein ἀγέλαστος neben dem Brunnen Καλλίχορον. Daher habe ich Wolfs Schreibung πὰρ θείῳ φρ. angenommen. Orpheus Argonaut. 729 bezeichnen allerdings ein und denselben Flufs mit Παρθένιος und Καλλίχορος. Daher nehmen Förster (p. 12), Flander (p. 12) die Identität beider an. Pausanias wieder unterscheidet (1, 38, 6) denBrunnen Kallichoron, ἔνθα πρῶτον Ἐλευσινίων γυναῖκες χόρον ἔστησαν καὶ ᾖσαν εἰς τὴν Θεόν, von einem Brunnen Ἄνθιον, bei welchem nach Pamphos Demeter safs μετὰ τὴν ἁρπαγὴν τῆς παιδὸς γραΐ εἰκασμένη (Paus. 1, 39, 1).

105. Statt Keleos nennt schol. Nicand. Alex. 130 den König Hippothoon, den Eponymos der Phyle, zu welcher Eleusis gehörte (Preller Dem. u. Pers. p. 108 f.), während der Muttername Metaneira bleibt. Keleos und Metaneira haben Pausanias (1, 39, 1) nach Pamphos, Apollodor (I 5, 3 u. 4), Suidas s. v. Ἰάμβη, schol. Hephaestion p. 87 = Eustath. Od. p. 1684.

106. εὐήρυτος. Vgl. εὐηγενής h. Ven. 230.

108—110. Nach Pausanias (1, 38, 3) nannten Homer und Pamphos die Töchter in gleicher Weise: Διογένεια, Παμμερόπη, Σαισάρα, also drei statt vier Töchter mit anderen Namen. Die Lösung dieser Schwierigkeit ist verschieden versucht worden. Hermann strich in seiner Ausgabe 108—110, später (s. Franke z. St.) veränderte er 108: τρεῖς ὡσεί τε θεαί. Franke nahm diese Konjektur in den Text und strich vs. 109—110. Beide müssen natürlich auch 146 den Namen Kallidike für interpoliert halten. Es ist allerdings auffällig, dafs 146 nicht Kallithoe als älteste, sondern Kallidike, die schönste, das Wort ergreift. Doch wer darf dem Dichter darin Vorschriften machen? Auch dafs der Vers 110 = Hes. Th. 79 ist, macht ihn bei der Unfreiheit des Dichters nicht verdächtig; siehe zu 88. 89. Flander (p. 9) und Förster (p. 33) streichen nur 108 und 110. Diese alle gehen von der Voraussetzung aus, dafs auch dieser Hymnus ursprünglich nur drei Töchter gekannt habe. Scheinbar erhält diese Voraussetzung Unterstützung durch 285 ff., wo die Töchter des Keleos sich um den weinenden Demophon bemühen. Es werden dort allerdings nur drei beschäftigt, aber würden wir daran Anstofs nehmen, wenn die Notiz des Pausanias nicht vorhanden wäre? Andre nehmen einen Gedächtnisfehler des Pausanias an (Preller p. 68, Baumeister

p. 294, Flander p. 9, Förster p. 33). Da aber Pausanias die Okeaniden richtig citiert (s. zu 419), so liegt doch die Annahme viel näher, dafs im Text des Pausanias etwas ausgefallen ist. Es wird zu schreiben sein: καλεῖ δὲ σφᾶς οὗ κατὰ ταὐτὰ καὶ Ὅμηρος . . . . . Διογένειαν καὶ Παμμερόπην καὶ τρίτην Σαισάραν. In der Lücke stand, wie sie Homer nannte. Die Verschiedenheit der Namen kam niemand überraschen. Appollodor I 5, 4 nennt Praxithea, die doch sicher auch eine Tochter sein soll.

111. ἔγνον schrieb Cobet (a. O. p. 317). Vgl. ἔβησαν, (ἔ)βαν.

113. χαμαιγενέων vermutete Bücheler (noch einmal Herwerden p. 198) und schrieb Abel.

118. ἐπέεσσιν ἀμείβετο. Diese Verbindung findet sich schon λ 81: ἐπέεσσιν ἀμειβομένῳ. Hoffmann (p. 191) schreibt des Digamma halber δὲ ἔπεσσιν.

122 = σ 5 Ἀρναῖος δ' ὄνομ' ἔσκε κτλ. — Das überlieferte Δώς pafst nicht in den Vers. Der Möglichkeiten zur Veränderung bieten sich sehr viele (Baumeister p. 295). Aber wer sagt uns, dafs Demeter einen falschen Namen annehmen mufs? Da der Name Δηώ schon vs. 47 stand, so sehe ich keinen Grund, hier einen andern zu wählen. Man kannte ja auch den Namen der Göttin schwerlich in Eleusis, da sie selbst (vs. 274) die Anweisung für ihren Dienst geben will. Auch wird man auf vs. 445 = 462 achten müssen, wonach Demeter sich **die Ehren unter den Unsterblichen wählen darf**. Es handelt sich also auch hier wie im h. Apoll. und h. Merc. um die Anordnung der Verehrung einer Gottheit. Vgl. zu 486.

123. Κρήτηθεν. Schoemann Alt.[2] II p. 364 meint, der Dichter wolle andeuten, dafs der Dienst der Göttin von Kreta stamme.

126. Θορικός. Über den Accent s. Lentz Herodian I 152, 10. Weil Demeter fremd ist und sich verirrt hat, streicht Lentz (a. O.) den Vers, hat aber keine Nachfolge gefunden. — Die Konstruktion κατέχειν νηΐ ist nicht homerisch. K. Francke (p. 17) vergleicht Thuc. 7, 33, Soph. Tr. 220, Herod. 7, 188, 1.

127. 128. In der Überlieferung gehört ἠδὲ καὶ αὐτοί zum Folgenden. Die Schiffer also bereiten sich ebenfalls (wie wer?) das Abendmahl. Von ihrem Aussteigen ist nichts gesagt. Seit Franke wird hinter αὐτοί interpungiert. Dann folgt ein Asyndeton. Hermann schwankte, ob δεῖπνον δ' ἠρτύνοντο zu schrei-

ben oder eine Lücke anzusetzen sei. In seiner Ausgabe that er das letztere (Baumeister folgte), in Frankes Ausgabe versuchte er: οἱ δὲ καὶ αὐτοὶ δεῖπνον ἐπηρτύνοντο, wobei der obige von Hermann selbst angeführte Anstofs bleibt. ἀρτύνω kommt aber bei Homer im Medium gar nicht vor, im Aktiv heifst es anknüpfen (K. Francke p. 17). Daher schrieb Vofs δ᾽ ἐντύνοντο nach o 500, Bücheler τ᾽ ἐντύνοντο.

129. Die Situation ist eine ähnliche wie ξ 347 ff. Auch dort wollten die Thesproter den Odysseus, wie er fingiert, verkaufen; auch dort nahmen sie das Abendbrot (ἑσπέριοι 345) am Strande ein. Wir haben also hier in homerischer Weise δεῖπνον allgemein als Mahlzeit und δόρπον speziell als Abendmahlzeit zu fassen. Ausführlich handeln über beide Worte Lehrs Arist.[3] p. 129, Baumeister (p. 297), desgl. Robert im Hermes XIX p. 469, der aber, weil er § 345 ff. übersehen hat, zu einer unbegründeten Polemik gegen Aristarch kommt. Die Landung geschieht bei Homer immer abends, daher auch h. Apoll. 511.

132. τιμή Kaufpreis (= ὦνος) nicht homerisch. S. Gemfs (p. 18).

134. Cobet (p. 319) versuchte: ἥτις γαῖ᾽ ἥδ᾽ ἐστί. — Der Versschlufs = ν 233 = h. Ap. 468.

137. τοκῆες zweisilbig. Bekker Α 151 hat ἱππῆες statt des handschriftlichen ἱππεῖς hergestellt. Vgl. über diese Form Kühner Ausf. Gramm. § 128 A 6. G. Meyer G. G. p. 299. — οἰκτείρατε . . . . τέων kann nicht richtig sein. Cobet schrieb dem Sinne nach richtig ἐμοὶ δ᾽ αὖτ᾽ εἴπατε κοῦραι κτλ. Ihm folgte Abel. Ruhnken suchte den Fehler in τέων und schrieb τέως. Doch ist dieser Gebrauch des Demonstrativums spät. Vgl. XVIII 25 τόθι.

140. ἀφῆλιξ ist nach Moeris (p. 82) attisch.

144. διδασκήσαιμι ist eine sichere Emendation v. J. H. Vofs. Vgl. διδασκῆσαι Hes. O. 64, ἐκδιδάσκησε Pind. Pyth. IV 217. — Für den Inhalt vergl. χ 422 δμωάς, τὰς μέν τ᾽ ἔργα διδάξαμεν ἐργάζεσθαι.

146. Καλλιδίκη. S. zu 110. Bücheler denkt auch hier an Kallithoe. — In der nachfolgenden Rede vermifst Gemfs eine Angabe der Stadt; doch antwortet Kallidike nur auf die Frage: τέων πρὸς δώμαθ᾽ ἵκωμαι (138).

147. θεῶν δῶρα die „Schickung", wie Hes. Th. 445 ἀθανάτων δὲ δόσεις παντοῖαι θνητοῖσιν ἐπέρχοντ᾽ ἀλλ᾽ ἐπιτολμᾶν χρὴ δῶρ᾽ ἀθανάτων, οἷα διδοῦσιν ἔχειν. σ 142 sind δῶρα θεῶν die Gaben des Glücks, wie der Zusammenhang lehrt.

150—152. Bücheler betrachtet τιμῆς und vs. 151. 152 als Interpolation. Aber durch Wegnahme der Verse wird auch nicht eine einzige Schwierigkeit im Folgenden beseitigt.
152 Versschluſs == Hes. Th. 86.
153—155 strich Matthiae, doch werden sie durch Pausanias (1, 38, 2) geschützt: ἐπονομάζει (sc. Ὅμηρος) δὲ ἀγήνορα ἐν τοῖς ἔπεσι τὸν Εὔμολπον. Zwar ist ἀμύμονος Εὔμ. überliefert in den Handschriften; da aber der Name des Eumolpos nur hier mit einem Adj. vorkommt, so ist kein Zweifel, daſs unsre Stelle gemeint ist von Pausanias. Nach Gemſs (p. 30) liegt ein Irrtum des Pausanias vor, was mir einer so bestimmten Angabe gegenüber unglaublich erscheint. Ruhnken vertauschte daher wohl nicht mit Unrecht die Epitheta in diesem und in dem folgenden Verse, las also ἀγήνορος Εὐμόλποιο und ἀμύμονος ἡμετέροιο; desgleichen Abel. Daſs die Namen hier im Genetiv folgen, darf uns nicht wundern. Wenn auch Kallidike (150) die Männer zu nennen verspricht, so ist doch klar, daſs sie nur der Frauen wegen genannt werden. — Von den hier genannten Namen findet sich Diokles Plut. Thes. 10 als König von Eleusis, Dolichos als Sohn des Triptolemos Steph. Byz. s. v. Eustath. zu B 625. Herod. π. μ. λ. 10, 11, Polyxeinos nur hier. Über Keleos s. zu 105. Triptolemos gilt der späteren Sage als Sohn des Keleos (Apollod. I 5, 2) und wird als der erste Pflüger (cf. Paus. 1, 38, 6 ἅλως Τριπτολέμου) verehrt Über ihn s. Preller Myth. I p. 634 ff. Eumolpos ist der Ahnherr des Eumolpidengeschlechts. Über ihn s. Duncker A. G.[5] VI p. 231 A. Da 475 Dolichos und Polyxeinos(?) fehlen, schrieb Lentz hier 154 πληξίπποιο βίη und 155 καὶ πολιούχου πατρός vielleicht allzukühn, aber jedenfalls auf richtiger Spur.

156 πορσαίνω zieht Ruhnken mit κατά zusammen.

157. κατὰ πρώτιστον ὀπωπήν kann nicht richtig sein; auch Ignarras κ. π. ὀπωπῆς giebt keinen besseren Sinn. Vielleicht ist zu lesen: κατὰ γρηώδε' ὀπωπήν.

159 tilgt Mitscherlich ohne zwingenden Grund.

160. Die erste Vershälfte = ρ 277. ἐθέλεις verlangten Hermann, Cobet (p. 321), Windisch (p. 58) mit Recht, weil es auch ρ 277 steht.

164. τηλύγετος bedeutet nach Curtius (Et.[5] p. 490) „zart". Jedenfalls heiſst es hier nicht spät geboren, da ὀψίγονος folgt. Vgl. K. Francke p. 18.

165 tilgt Matthiae als überflüssig. Bücheler vermutet πολύευκτος statt πολυεύχετος.

166. τόνγε θρ. habe ich mit vs. 221 geschrieben, da erfahrungsmäfsig gewöhnlich die erste Stelle verdorben wird. τόν γ' ἐκθρέψαιο schrieben an beiden Stellen Hermann, Baumeister. Bücheler liefs beides unverändert.

167. ῥεῖα behielt Brunck; Hermann und Baumeister schrieben ἦρα nach 222. Bücheler beliefs beides.

170. Sämtliche Herausgeber behalten κυδιάουσαι. Vgl. h. Ven. 267 τηλεθάουσαι, h. VI 14 μειδιάων, 41 τηλεθάων.

172. ὅσσ' nahm auch Bücheler auf, Baumeister und Abel behielten ὡς mit Rücksicht auf 296, 417, wo Bücheler ὡς beläfst. Fontein schrieb auch dort ὅσσ'. Hoffmann (p. 191) wollte ὡς εἶδον lesen.

174. K. Francke (p. 26) findet hier in dem Aufheben des Kleides eine Analogie zu den Vasenbildern des 6. Jahrhunderts. S. Einleitung zum Hymnus p. 279.

177. ἀμφὶ — ἀΐσσοντο = Ζ 509 (vom Pferde). Dafs sich der Verfasser eine lose Haartracht dachte, dürfte eher ein Zeichen jüngerer Zeit sein als das Aufheben der Gewänder. S. Helbig das hom. Epos p. 157 ff.

178. κροκήιος hat dieselbe Dehnung wie 108 κουρήιος.

183. θεῆς hier und 280 nennt Sittl (Phil. 43 p. 12) mit Recht eingeschwärzt. Schon Hermann, Wolf, Franke, Bücheler schrieben θεᾶς, wie denn auch 210 θεᾷ überliefert ist. Vgl. über den Wechsel von η und α in diesem Worte Schneider Callim. I p. 146 (zu I 37) und über dasselbe Schwanken in Ἑρμείας zu h. XVIII 36.

187. ὑπὸ (ἐπὶ) κόλπῳ ἔχουσα = Ζ 400. Die Parallelstelle lehrt die Richtigkeit von ἐπί auch hier. ὑπὸ κ. ο 469 bedeutet doch etwas ganz andres.

188—211 strich Preller (p. 94) als späteren Einschub, mit ihm Stoll (Animadv. p. 16) und noch neuerdings Gemfs (p. 13), Mannhardt (p. 213); Bergk (p. 770) tilgte nur 195—205. Gegen die Streichung sind Baumeister, Flander (p. 4), K. Francke (p. 6). Matthiae und Hermann strichen nur Iambe vs. 202—205.

Man hat zunächst an dem göttlichen Auftreten Demeters Anstofs genommen (so Wegener p. 236). Doch schon vs. 159 fiel den Mädchen die hoheitvolle Erscheinung auf: δὴ γὰρ θεοείκελός ἐσσι. Götter können eben ihr Inkognito nicht ganz aufrecht erhalten. So ist auch Aphrodite (Γ 387) γρηΐ παλαιγενέϊ ἐϊκυῖα und wird (397) doch erkannt. Die ganze Verkleidung ist auch hier nur sehr äußerlich. Welche Magd könnte denn so auftreten, wie hier Demeter? Sie spricht nicht, sie nimmt nicht, was ihr geboten wird, sie verlangt vielmehr den κυκεών und erhält ihn. Ebenso ungerechtfertigt ist die Magd Iambe hier verdächtigt worden. Wer natürlich, wie Preller (p. 98) und noch kürzlich Gemß (p. 31), meint, daß der Name Iambe aus dem Versmaß Iambos stamme, den mythischen Ursprung des letzteren darstelle, der kann natürlich nur annehmen, daß Iambe erst nach Archilochos (Ol. 20) in die eleusinische Sage gekommen sei. Vgl. Preller p. 100 Anm. 54. Es ist aber, dächte ich, an und für sich ebenso möglich, daß der Iambos sich nachträglich einen mythischen Ursprung gesucht und in der Magd Iambe gefunden habe. Für diese Möglichkeit spricht, daß die Neckereien an den Demeterfesten schwerlich metrisch abgefaßt waren, wenigstens ist davon keine Spur erhalten. Daß die Magd Iambe (Schol. Hephaest p. 169 und Eustath. p. 1684, Schol. Nicand. Alex. 130) in jambischen Versen gesprochen habe, ist eine Nachricht, die sich deutlich genug als post festum gemacht zeigt. Flach (Gesch. der Lyrik p. 223) hatte also keine Ursache zu sagen, der Jambus und seine Verwendung sei in den attischen Eleusisdienst eingedrungen. Meines Erachtens beweist die Kombination der Iambe mit dem Iambos vielmehr die Ursprünglichkeit und Echtheit dieser Partie. Auch hatte man ja noch eine andre Iambe zur Erklärung des Versmaßes in petto (Schol. Heph. l. l. Eustath. l. l.), welche mit den eleusinischen Mysterien nichts zu thun hatte. Über einen dritten Grund s. zu 212.

188. 189 zeigt sich deutlich als Nachahmung des h. Ven. 173 f. μέλαθρον ist im h. Ven. richtig vom Deckbalken gebraucht, da Aphrodite sich im Zimmer befindet, hier aber wird es von der Oberschwelle angewandt, wie der Zusammenhang (ἐπ᾽ οὐδὸν ἔβη ... μελάθρου κῦρε ... πλῆσεν δὲ θύρας) ergiebt. Anders urteilen Dittmar (p. 21) und Abel (p. 53).

191. Nach diesem Verse nahm Bücheler eine Lücke an, desgl. nach 197 und 211.

194. Der Versschluß = h. Ven. 159.

195. Über den Versschluß s. zu 202.

196. Daß πηκτὸν ἕδος ein „gemeiner Sessel" sei, meint Preller p. 95 A. 42.

199 ist nach E 879 gebildet: τούτην δ' ούτ' έπεϊ προτιβάλλεαι ούτε τι έργω. Daher wollten Hermann und Hoffmann hier schreiben ούτε έπει, doch s. Windisch p. 63.

201. μινύθουσα setzt nach Wegener (p. 238) eine längere Zeitdauer (Wochen) voraus. Auch ἧστο?

202—205 tilgen Matthiae und Hermann als unklassisch, Franke hält sie wenigstens für interpoliert (s. auch Gemfs p. 34); Baumeister allein verteidigt sie: sie sind nötig, da in ihnen erklärt wird, warum Demeter Speise annimmt.

202. χλεύη ist nach Moeris (p. 406) attisch statt γέλως. Am Schlufs ist natürlich noch weniger als im h. Ven. mit Hoffmann (p. 191) κεδνὰ ἰδυῖα zu lesen.

203. παρασκώπτω findet sich erst bei Plutarch Demosth. 9 wieder. Vielleicht πολλὰ παρὲκ? — Statt ἐτρέψατο vermutet A. Ludwich (p. 306) προτρέψατο.

204. ἵλαον σχεῖν θυμόν geht zurück auf Hes. Opp. 338 ὥς κέ τοι ἱλαὸν κραδίην καὶ θυμὸν ἔχωσιν. Die Länge des α in ἵλαος auch schon A 583 ἱλαὸς Ὀλύμπιος ἔσσεται ἡμῖν.

205. εὔαδεν s. zu h. Ven. 9. — Statt ὀργή schrieb Vofs ἑορταῖς, Ludwich (p. 306) λήροις; in beiden Fällen macht der Dativ Schwierigkeiten.

207 ff. Vgl. Schol. Nicand. Alex. 130: ἥτις Μετάνειρα παρέθηκεν αὐτῇ τράπεζαν καὶ ἐκέρασεν αὐτῇ οἶνον ἐπὶ τῇ θλίψει. Ἡ δὲ θεὸς οὐκ ἐδέξατο λέγουσα μὴ θεμιτὸν εἶναι πιεῖν αὐτὴν οἶνον ἐπὶ τῇ θλίψει τῆς θυγατρός, ἀλφίτων δὲ κυκεῶνα ἐκέλευσεν αὐτῇ κατασκευάσαι, ὃν δεξαμένη ἔπιεν ..... ὅτι δὲ διὰ γλήχωνος ἔπιεν ἡ Δημήτηρ καὶ διὰ τὴν χλεύην τῆς Ἰάμβης ἐγέλασεν ἡ θεά, ἐν τοῖς εἰς Ὅμηρον ἀναφερομένοις ὕμνοις λέγεται.

208. Die Abkürzung ἄλφι statt ἄλφιτα führt Strabo (VIII p. 560) auf Antimachos, Suidas (s. v.) auf Epicharmos zurück. S. Ruhnken z. St., Windisch p. 66.

209. γλήχων ist nach Bekker (Anecdott. I p. 30) jonisch für attisches βλήχων. Über die Identität beider s. Curtius Etym.[5] p. 481.

210. κυκέω zweisilbig wie vs. 137 τοκῆες. — Gefastet und und den Kykeon getrunken zu haben mufste der Einzuweihende bekennen. Lobeck Aglaoph. p. 25, Duncker A. G.[5] VI p. 235. Die Formel findet sich bei Clemens Alex. protr. 18: ἐνήστευσα, ἔπιον τὸν κυκεῶνα, übersetzt bei Arnobius (V p. 175). Auf die Einfachheit des eleusinischen Kykeon macht aufmerksam Preller (Dem. und Pers. p. 98 A. 50).

ΕΙΣ ΤΗΝ ΔΗΜΗΤΡΑ.

211. Die Korrektur Vossens ἐπέβη ist sicher. Vgl. h. Merc. 166. 173, Hes. Th. 396. Ruhnken erklärt: (sacri honoris) compos est facta vel sacro honore frui coepit. Nur die erstere Bedeutung paſst h. Merc. 465. Sie wird daher die einzig richtige sein. Der Sinn ist dann: Seitdem die Göttin (damals) den Kykeon angenommen, wurde sie teilhaft des Brauchs (für alle Zeiten). — πολυπότνια wird geschützt durch h. Orph. XL 16. Bücheler behielt ἕνεκεν und schrieb: δεξαμένη δ᾽ ὁσίης ἕνεκεν πίε πότνια Δηώ.

212. χαῖρε hat Anstoſs bei Preller (p. 45) und Stoll (Anim. p. 16) erregt. „Es müſste das erste Wort sein, welches gesprochen würde." Daſs das nicht wörtlich zu nehmen ist, lehren namentlich σ 121, ϑ 408. Abgesehen davon hätte doch wohl Demeter das erste χαῖρε sagen müssen, wie ja auch 199 angedeutet wird: οὐδέ τιν᾽ οὔτ᾽ ἔπει προσπτύσσετο οὔτε τι ἔργῳ.

213. Derselbe Gedanke findet sich h. Ven. 131 f.: ἀλλά σε πρὸς Ζηνὸς γουνάζομαι ἠδὲ τοκήων ἐσθλῶν· οὐ μὲν γάρ κε κακοὶ τοιόνδε τέκοιεν, Ξ 472, Theocr. 25, 38. Die letztere Stelle stammt vielleicht aus unsrer: οὐ σέ γέ φημι κακῶν ἐξ ἔμμεναι οὐδὲ κακοῖσιν ἐοικότα φύμεναι αὐτόν· οἷόν τοι μέγα εἶδος ἐπιπρέπει. Doch s. auch ω 252: οὐδέ τί τοι δούλειον ἐπιπρέπει εἰσοράασθαι εἶδος καὶ μέγεθος.

216. 217 = 147. 148.

217. ζυγός ist sonst erst spät bezeugt: Cf. Callim. frgm. 467 Schneider: καὶ νήσων ἐπέτεινε βαρὺν ζυγὸν αὐχένι Μίνως.

220. Der zweite Halbvers = τ 404.

221—223 = 166—168, w. m. s. δοίη habe ich mit Matthiae und Bücheler geschrieben. Vgl. Hes. Opp. 188 οὐδέ κεν οἵδε γηράντεσσι τοκεῦσιν ἀπὸ θρεπτήρια δοῖεν. Ruhnken, Wolf, Hermann, Franke, Baumeister haben δοίην behalten. — Die homerische Form ist θρέπτρα Δ 478, Ρ 302.

227. θρέψασθ᾽ οὕ schrieben Baumeister und Abel mit Voſs, um die Krasis κοὐ wegzubringen.

228 f. Die Stelle ist noch immer nicht geheilt. Es ist nur soviel aus dem Zusammenhange zu ersehen, daſs vs. 228 zwei Schäden (ἐπηλυσίη — ὑποταμνόν) genannt werden, für welche die Göttin Heilung weiſs. Voſs versuchte οὔτε τομαῖον sc. φάρμακον. Übrigens vgl. auch die Behandlung der Stelle bei Lentz (p. 73). Ignarras Konjektur ὑποτάμνων, welche Abel aufgenommen hat, verstehe ich nicht. — ἐπηλυσίη s. zu h. Merc. 37. 229.

229. ἀντίτομον ist nach Hesych. s. v. = ἀλεξιφάρμακον. Statt ὑλότομον schrieb Vofs οὐλότομον. Hermann (bei Franke z. St.) billigte die Änderung. Er erklärte οὐλότομον herba penitus excisa im Gegensatz zu ὑποταμνόν cuius aliquid recisum est. Vofs fafste es als herba ad perniciem excisa, also wie οὐλόθυμος, οὐλοβόρος. Baumeister setzte οὐλότ. in den Text. Abel nahm eine Konjektur Bergks (οὐδοτόμοιο) auf.
230. ἐρυσμός = ἔρυμα. Der Vers erinnert an h. Merc. 37: ἐπηλυσίης πολυπήμονος ἔσσεαι ἔχμα. Was hier in die Zukunft gerückt erscheint, Mittel gegen drohendes Unheil, hat Ovid Fast. 538 ff. schon als wirklich ausgemalt: iam spes in puero nulla salutis erat. Das Kind ist dort todkrank und wird von Demeter geheilt. Es scheint die sikyonische Legende bei Paus. 2, 5, 5 die Veranlassung gewesen zu sein.
231. θυώδει δέξατο κόλπῳ = Z 483. An dem duftenden Busen der Göttin nahm Wegener (p. 240) Anstofs. Aber auch Aphrodite als γραῦς hat στήθεα ἱμερόεντα καὶ ὄμματα μαρμαίροντα Γ 397.
232. χερσίν τ'. Ilgen schrieb schon χείρεσιν, Cobet (p. 232) besser χείρεσσ' wie 253. Das τε ist hier durchaus überflüssig und störend.
234. Δημοφόωνθ'. Demophon wird in der späteren Sage vom Triptolemos gänzlich verdrängt (Preller D. u. P. p. 288). Eine eigentümliche Vermittlung zwischen beiden Sagen bietet Apollodor I 5, 2.
236. γάλα μητρός ist eine sichere Verbesserung G. Hermanns. Dieselbe erklärt zugleich das Ausfallen des folgenden Verses. Schon Mitscherlich sah, dafs die Bestimmung „bei Tage" fehlt. Vofs füllte aus: ἡματίη μὲν γὰρ καλλιστέφανος, Baumeister ἀλλὰ γὰρ ἤματα μέν μιν ἐυστέφανος Δ., Stoll (Fleckeisens Jahrbücher 79 p. 321) ἀλλά μιν ἡματίη μὲν ἐυστέφανος. Einen andern Weg schlug Matthiae ein, der ἡ δ' ἦμαρ statt Δημήτηρ las.
238 ff. Eine unverkennbare Nachahmung unserer Stelle ist Apoll. Rhod. Δ 871, wie schon Ruhnken erkannte. ἢ μὲν γὰρ βρoτέας αἰεὶ περὶ σάρκας ἔδαιεν | νύκτα διὰ μέσσην φλογμῷ πυρός· ἤματα δ' αὖτε | ἀμβροσίῃ χρίεσκε τέρεν δέμας (h. 238), ὄφρα πέλοιτο | ἀθάνατος (cf. h. 260) καί οἱ στυγερὸν χροΐ γῆρας (cf. h. 262) ἀλάλκοι. | αὐτὰρ ὅ γ' ἐξ εὐνῆς ἀνεπάλμενος εἰσενόησε | παῖδα φίλον σπαίροντα διὰ φλογός· ἧκε δ' αὐτὴν (h. 245) | σμερδαλέην ἐσιδὼν μέγα νήπιος (h. 243, 256), ἡ δ' ἀΐουσα (h. 250) | τὸν

μὲν ἄρ᾽ ἁρπάγδην χαμάδις βάλε κεκληγῶτα (h. 253). — Über die Behandlung des Kindes durch Demeter sagt Preller (D. u. P. p. 112): „Wie der Anhauch Verschönerung, das Salben mit Ambrosia göttliche Stärke und Behendigkeit verschaffte (Vofs z. Demeterh. S. 72), so scheint auch das ins Feuer legen ein Mittel gewesen zu sein, durch welches ein leiblicher Vorzug bewirkt werden sollte."

239. καταπνέω trans. Eurip. Rhes. 387.

240. Die Feuerweihe erklärte Vofs für orientalisch, doch wies schon Preller (a. O.) auf ähnliche Bräuche in Deutschland hin. — 240. 241 tilgte Bücheler als Glosse zu 235 unter Zustimmung von Flander (p. 12).

241. Spitzner (in der Rec. der Frankeschen Ausgabe) schrieb λάθρα ἑῶν, welches noch neuerdings K. Francke (p. 14) billigte. Baumeister und Cobet (p. 322) folgen Vofs wie ich. Abel schreibt λάθρῃ ἑῶν.

242. Vofs verglich Ω 630 θεοῖσι γὰρ ἄντα ἐῴκει und schrieb auch hier γάρ, was gar keinen Sinn hat.

243. ἀγήρως steht h. Ven. 215, h. Ap. 151, ἀγήραος 260. Über diese Formen s. La Roche hom. Textkr. p. 177. ποιεῖν, das als attisch in dieser Verbindung erklärt worden ist, belegte Gemfs (p. 18) durch α 235, ν 42, ψ 11.

244. In der Darstellung Apollodors (s. zu 234) lauscht nicht Metaneira, sondern Praxithea, über welche s. zu 108—110.

245. ἐπιτηρεῖν (das Simplex vs. 142) erst bei Thucydid. 5, 37 wieder.

246. καὶ ἄμφω πλήξατο μηρώ. Vgl. Μ 162, ν 208 ᾤμωξέν τε καὶ ὣ πεπλήγετο μηρώ und Xen. Cyrop. VII 3, 6: ταῦτα ἀκούσας ὁ Κῦρος ἐπαίσατο ἄρα τὸν μηρὸν κτλ.

247. ἀάσθη (⌣ _ ⌣). Die Betonung ist ungewöhnlich. Hoffmann (p. 192), Bücheler und Flander (p. 12) verwerfen den Vers, schwerlich mit Recht. Freilich heifst es ν 208 f. ᾤμωξέν τ᾽ ἄρ᾽ ἔπειτα καὶ ὣ πεπλήγετο μηρώ | χερσὶ καταπρηνέσσ᾽ ὀλοφυρόμενος δὲ προσηύδα. Aber Einschübe sind bei Nachahmern nichts Seltenes. Vgl. zum h. Ven. v. 63. Ebensowenig kann die Vernachlässigung des Digammas von ᾧ (Hoffmann a. O.) ein Grund zur Verwerfung sein.

249 habe ich mit Wolf und Baumeister belassen, wie er überliefert ist. Hermann nahm hauptsächlich Anstofs an der Verlängerung πυρί. Er schrieb ξείνης᾽ ἥδ᾽ ἐν πυρὶ πολλᾷ, Vofs

ξείνη δὲ μὲν ἐν πυρὶ πολλῷ, Schneidewin (Philol. IV p. 764) ξείνη σε πυρὸς μένει οὔλῳ, Bücheler τί ξείνη σ' ἐν πυρὶ πολλῷ. Flach (p. 28) tritt Hermann bei, Abel folgt Schneidewin.

251. 252 erinnert stark an Ap. Rhod. *Δ* 875 ff. s. zu 238. 252 verlangt Bücheler τὸν δὲ χολωσαμένη, weil er 253 tilgt; auch Flander (p. 12) streicht den Vers. Für Wegener (p. 242) dagegen ist vs. 253 ein Hauptbeweis, daſs dieser ganze Teil des Hymnus ursprünglich auf Peleus und Thetis ging. Mir scheint der Vers zwar ungeschickt zu sein, da als Subjekt zu ἔτικτε jeder zunächst Δημήτηρ ergänzen muſs, aber dem Verfasser zuzutrauen. Das Miſsverständnis ist durch 219 wenigstens erschwert.

254 schrieb Cobet (l. l.) mit Recht ἔθεν ἧκε, da θῆκε kaum mit -δε locale verbunden werden kann.

255 streicht Bücheler mit Matthiae. Es ist ein ganz ähnlicher Zusatz wie 247; also auch ebenso zu beurteilen. Hermann schrieb κοτέουσα, weil das Verbum bei Homer nur im Medium und zwar mit σσ vorkommt.

257 f. ist nachgeahmt in den Orph. Fragm. 32, 6 f. *θῆρες οἰωνοί τε βροτῶν τ' ἀλιτήρια φῦλα, ἄχθεα γῆς, εἴδωλα τετυγμένα μηδαμὰ μηδὲν εἰδότες οὔτε κακοῖο προσερχομένοιο νοῆσαι φράδμονες οὔτ' ἄποθεν μάλ' ἀποστρέψαι κακότητος οὔτ' ἀγαθοῦ παρεόντος ἐπιστρέψαι τε καὶ ἔρξαι ἴδριες, ἀλλὰ μάτην ἀδαήμονες ἀπρονόητοι.* Bücheler bemerkt, daſs der orph. Dichter möglicherweise *φράδμονες* las. Voſs, Franke, Baumeister strichen *καὶ* vor *ἀφράδμ.*, um die attische Korruption zu vermeiden. G. Hermann (z. St.) wagte das nicht.

259. νήκεστον schrieb Voſs nach Hes. Opp. 283.

260. ἴστω γὰρ θεῶν ὅρκος erklärt sich als Abkürzung von O 37: *Στυγὸς ὕδωρ, ὅστε μέγιστος Ὅρκος δεινότατός τε πέλει μακάρεσσι θεοῖσιν.* Es war daher mit Wolf zu interpungieren: ἴστω γάρ, θεῶν ὅρκος, ἀμείλικτον Στ. ὕδωρ.

261. ἀγήραον s. zu 243.

263. Cobet (p. 323) vermutete ὅπως ἀλύξει oder ἔστ' ἔτ' ὅπως ἀλύξει unter Zustimmung von Koehn (Quaest. epp. et gramm. p. 29). — γῆρας schrieb Huschke vielleicht richtig, da dasselbe auch bei Apoll. Rhod. (s. zu 238) wiederkehrt.

264. Die unvergängliche Ehre fand Mitscherlich anstöſsig, doch ohne Grund. Unsterblichkeit und unvergängliche Ehre sollte er erhalten, jetzt bekommt er nur das letztere.

266—268 strich Ilgen als Randglosse; auch Bücheler scheint

die Verse für Einschub zu halten, da er vor und hinter denselben eine Lücke ansetzt; hinter denselben übrigens seit Hermann sämtliche Herausgeber. Da aber nicht einmal der Wortlaut der Verse 266—268 sicher ermittelt ist — nur Ignarras und Ilgens συνάξουσ' (268) statt des überlieferten συναυξήσουσ' erfreut sich der Zustimmung von Hermann, Wolf, Franke, Bücheler —, so bleibt die Ansetzung einer Lücke immer höchst problematisch. Hermann meinte, in der Lücke sei der Tod des Demophon erwähnt gewesen, Franke (z. St.), es habe etwas zum Ruhme des Demophon darin gestanden; der Tod desselben sei genügend (262) angedeutet. Die Überlieferung des Textes spricht von einem Bürgerkriege der Eleusinier (αἰὲν ἐν ἀλλήλοισι), von welchem sonst nichts bekannt ist. Daher schrieb Matthiae αἰὲν 'Αθηναίοισι, Baumeister (p. 311) stimmte bei. Doch wird als Führer dieses athenischen Krieges immer Eumolpos genannt. Thuc. 2, 15, Isocr. Paneg. 19, Lyc. in Leocr. 24, Apollod. 3, 15, 4. Paus. 1, 38, 3. S. Lobeck Aglaoph. p. 207. Aufserdem ist die Zeitbestimmung für diesen Krieg αἰὲν . . . ἤματα πάντα (268) mehr als auffällig. Creuzer Symbolik IV p. 282 ff., 307 ff. dachte an die eleusinischen Spiele, eventuell auch an die βαλλητύς (Hermann an Creuzer p. 1—3). Göttling (J. L. Jena 1853) trat bei und schrieb statt des überlieferten συναυξήσουσ' wenig ansprechend ἀλύξουσ', da dies viel eher das Aufhören der Kämpfe bedeuten würde. Stoll (p. 16 ff.) und Crusius (Beiträge zur gr. Myth. Leipz. 1886 p. 20) wiederholten die Creuzersche Vermutung die βαλλητύς betreffend. Cf. Hesychius s. v. βαλλητύς· ἑορτὴ 'Αθήνησιν ἐπὶ Δημοφῶντι τῷ Κελεοῦ ἀγομένη und Athen. IX 406 D. Sie verstehen einen Scheinkampf mit Waffen, wie deren Lobeck Agl. p. 678. 899 nachgewiesen hat, also irgend eine bäuerliche Ceremonie. Jedenfalls würde die Hauptschwierigkeit damit überwunden sein, was diese Verse mit Demophon zu thun haben; auch αἰὲν . . . . ἤματα πάντα würde von Kampfspielen für sich passend sein, weniger in Verbindung mit ὤρησιν κτλ.; πόλεμος καὶ φύλοπις αἰνή aber bleibt anstöfsig. Eine auffallende Ähnlichkeit mit unsrer Stelle hat übrigens der Vers bei Artemid. I 8 (Lobeck Agl. p. 206): ταύροις ἐν Ἰωνίᾳ παῖδες Ἐφεσίων ἀγωνίζονται καὶ ἐν Ἀττικῇ παρὰ ταῖς θεαῖς ἐν Ἐλευσῖνι· Κοῦροι Ἀθηναῖοι (Lobeck l. Ἀθηναίων) περιτελλομένων ἐνιαυτῶν.

270. τιμάοχος kommt nur noch h. Ven. 31 und dort von Hestia durchaus berechtigt vor. Hier dagegen auffällig, da

Demeter selber ihren Dienst erst ordnet. Es ist also wohl sicher, dafs hier wie vs. 189 f. der h. Ven. das Original ist. Dadurch wird dann auch im folgenden Verse τέτυκται geschützt und Stolls Konjektur (Fleckeisens Jahrbücher 79 p. 321) ἀθανάτων θνητοῖσιν empfohlen. Es bleibt nur noch das unmetrische ὄνειαρ fortzuschaffen. Buttmann, Vofs, Ilgen, Abel schreiben θνητοῖς τ' ὄνειαρ, Hermann, Franke, Baumeister θνητοῖσί τ' ὄναρ κτλ. Die Kürzung ὄνειαρ läfst sich schwerlich mit τοκῆες 137 rechtfertigen; aber ebensowenig kommt ὄναρ statt ὄνειαρ vor. Das Umgekehrte ὄνειαρ „Traum" findet sich Anthol. 6, 310. 7, 42. Unter diesen Umständen erscheint die Synizese immer noch als das Empfehlenswertere. — Für τέτυκται statt τέτυγμαι vgl. h. 28, 3, aufserdem P 248.

272. ὑπὸ πτόλιν las Vofs nach Α 181, Σ 281.

273. Καλλιχόρου καθύπερθεν. Ebenso steht Kallichoron ohne Zusatz Eurip. Suppl. 392: Καλλίχορον ἀμφὶ σεμνὸν, Καλλίχορον ὕδωρ 619. Ein Brunnen Pausan. 1, 38, 6: Ἐλευσινίοις δέ ἐστι μὲν Τριπτολέμου ναός, ἔστι δὲ Προπυλαίας Ἀρτέμιδος καὶ Ποσειδῶνος πατρός, φρέαρ τε καλούμενον Καλλίχορον, ἔνθα πρῶτον Ἐλευσινίων αἱ γυναῖκες χορὸν ἔστησαν καὶ ᾖσαν ἐς τὴν θεόν. S. zu 99. Die Einfassung dieser Quelle ist noch vorhanden (Duncker A. G. VI p. 227 wohl nach Bursian G. G. I p. 331).

274. 275 tilgt Preller (p. 102), dagegen ist Gemfs (p. 38).

275. εὐαγέως ἔρδοντες = 370. εὐαγής zuerst wieder Soph. Oed. T. 921. — μένος ist aus 369 zu entnehmen und passender als das Ruhnkensche νόον.

276. μέγεθος καὶ εἶδος ist nicht mit Ruhnken zu ändern in μέγεθός τε καὶ εἶδος. S. zu h. Ven. 82.

277 klingt an Hes. Sc. 6 an: τῆς καὶ ἀπὸ κρῆθεν βλεφάρων τ' ἄπο κάλλος ‿ _ _ τοῖον ἄνθ' οἷόν τε πολυχρύσου Ἀφροδίτης.

279. Ich habe mit Ruhnken und Bücheler ξανθὴ δὲ κόμη κτλ. geschrieben, doch ist es sehr wohl möglich, dafs der Verfasser die schon bei Homer erstarrte Form mit einem Plural konstruierte (Franke z. St.).

282. γούνατ' ἔλυντο schrieben Wolf, Franke, Baumeister, Bücheler mit M. Vofs versuchte γοῦνα λέλυντο.

283. δηρὸν δ' ἄφθογγος γένετο χρόνον. Vgl. Ibyc. 21 δαρὸν δ' ἄνεω χρόνον ἧστο τάφει πεπηγώς (Bergk. Anthol. lyr. p. 234). Die hom. Formel heifst: οἳ δ' ἄρα πάντες ἀκὴν ἐγένοντο σιωπῇ.

284. ἀπὸ δαπέδου nach Dittmar (p. 34) wegen des ursprünglichen δjάπεδον, meines Erachtens eher aus falscher Analogie. Vgl. ἀπὸ ῥίζης 12, ἀπὸ ἕο 253.

285. ἐλεεινήν behielten nur Hermann und Bücheler.

286. ἀπ' εὐστρώτων λεχέων erinnert an h. Ven. 157 ἐς λέχος εὐστρωτων.

289. Derselbe Versschlufs 245.

290. ἐλούεον ist eine unmögliche Form. Nach verschiedenen Vorschlägen Ilgens schrieb Bücheler im engsten Anschlufs an die Überlieferung ἔλουόν τε σπείρων τε. Das Baden findet unzweckmäfsig A. Ludwich (p. 307 f.); er schreibt ἐλώφεον ἀσπαίροντα, bemerkt aber auch, dafs das Wort meist intransitiv ist.

292. παννύχιοι. Preller (p. 97) und Baumeister bemerken mit Recht, dafs hier wohl der Ursprung der παννυχίς angedeutet werden soll (über welche s. Aristoph. Ranae 326—462). Gemfs (p. 12) leugnet diese mystische Hindeutung mit Unrecht. Denn es ist auch noch darauf aufmerksam zu machen, dafs die Frau, welche sonst an der Seite des Mannes ἐν μυχῷ ὑψηλοῖο δόμοιο schläft, hier in der Nacht für sich schaltet und erst am Morgen dem Gatten Mitteilung macht. Es wäre sonst unbegreiflich, dafs Keleos von dem nächtlichen Treiben nichts gemerkt haben sollte, wenn hier nicht ein mystischer Brauch zu Grunde läge.

295. εὐρυβίης schon Hes. Theog. 931.

297. Das überlieferte πολυπείρονα λαόν bleibt trotz aller Erklärungsversuche unbegreiflich. πολυπείρων findet sich nur noch Orph. Argon. 33 πολυπείρονας οἴμους. Hier hat es die Bedeutung „mannigfach". Bücheler verglich Orph. Argon. 1066 πυλυπάμονα λαόν, was ich in den Text gesetzt habe.

299. ἐπὶ — κολωνῷ = 273. Vgl. Hes. frgm. 76.

301. ὃ — αἴση = 235.

Alles hinter 301 folgende strich Matthiae als dem Hymnus fremd.

303. Hoffmann wollte βάν ῥ' ἴμεν οἶκον ἕκαστος lesen, wobei das Digamma von οἶκος immer noch vernachlässigt bleibt.

307. αἰνότατον δ' ἐνιαυτὸν . . . . καὶ κύντατον. Vgl. 90: ἄχος αἰνότερον καὶ κύντερον.

312. λιμός ist nach Photius Lex. p. 224 im Attischen nur maskul.

ΕΙΣ ΤΗΝ ΔΗΜΗΤΡΑ.

313. θυσιῶν wird gegen Hermanns Konjektur (wiederholt von Stoll p. 18 unten) θυέων durch 369 geschützt.
315. Ἶρις χρυσόπτερος. Vgl. Θ 398 Ἶριν δ᾽ ὤτρυνε χρυσόπτερον. Statt δέ, welches Franke, Baumeister und Bücheler behielten, schrieb Wolf Ἶριν δὴ κτλ.
317. ὣς ἔφαθ᾽ nach einer indirekten Rede ist nicht homerisch nach Bergk LG. I p. 769, doch vgl. vs. 449 und Hes. Op. 69. Apoll. Rhod. Δ 236, 1121. Es ist daher kein Grund mit Voſs und Bücheler vs. 316 ἠύκομον — 317 ὣς ἔφαθ᾽ zu streichen, zumal das nackte Δήμητρ᾽ nicht im Stil des Dichters wäre.
318. τὸ μεσηγὺ schrieb Ilgen nach h. Ap. 108. Theocr. 25, 116.
320. εὗρεν δ᾽ ἐν schrieben Ruhnken, Matthiae, Hermann, Wolf, Franke, Bücheler, Dittmar (p. 38); Ruhnken schrieb εὗρε δ᾽ ἐνί, Baumeister εὗρεν ἐνί.
321. φωνήσασ᾽ ἔπεα. Das fehlende Digamma mit Hoffmann herzustellen ist kein Grund. S. Windisch p. 63.
322. ἄφθιτα εἰδώς ist gebildet wie πεπνυμένα εἰδώς χ 361, κεδνὰ ἰδυῖα u. ä., heiſst also „ewig". Ω 88 [ὄρσο Θέτι| καλέει Ζεὺς ἄφθιτα μήδεα εἰδώς veranlaſste Ruhnken hier ebenso zu schreiben, vielleicht richtig. Denn auch h. Ven. 43, Hes. Th. 545, 561 kommt dieselbe Redensart vor.
326. Die Einfügung von πατήρ ist noch die leichteste Art den Vers zu bessern, daher seit Valckenaer von Hermann (bei Franke), Baumeister, Bücheler und Abel angenommen, ἄναξ fügte Gent (p. 219) ein, θεοὺς μάκαρας Ζεὺς schrieben Fontein, Wassenberg, Wolf, Hermann (z. St.); αὖτις ἔπειτ᾽ ἆρ Ζεύς schrieb Voſs. Statt αὖτις las Hermann viel schlechter αὐτίκ᾽.
329 streichen auch Bücheler und Flander (p. 13). Zeus hat die Ehren zu vergeben, wie es 443, 461 geschieht. Vgl. auſserdem h. Ven. 29, h. Merc. 471, Hes. Th. 393, 423. Übrigens folgen h. Merc. 471 f. ebenso aufeinander δῶρα und τιμαί. Vielleicht ist der Einschub des Verses dadurch veranlaſst worden.
333. Statt οὐ πρίν schrieb Hermann ἤ (nach Voſs bei Ruhnken), Elmsley (Oed. Col. 270) καὶ πρίν, Franke, Wolf, Baumeister lieſsen οὐ stehen, Bücheler strich es und schrieb epischer γαίης.
341. κατόρουσε ist nicht zu tadeln. Es kam dem Dichter darauf an das Ziel ὑπὸ κεύθεα γαίης zu bezeichnen.
343 f. τέτμε δὲ τόν γε . . . . ἥμενον ἐν λεχέεσσι. Vgl. Ω 702 τὸν δ᾽ ἄρ᾽ ἐφ᾽ ἡμιόνων ἴδε κείμενον ἐν λεχέεσσι. Trotz

dieser Übereinstimmung ist hier sicher das Ehebett gemeint. Vgl. *A* 1, ε 1 ἠὼς δ' ἐκ λεχέων παρ' ἀγανοῦ Τιθωνοῖο | ὤρνυθ', α 366 παραὶ λεχέεσσι κλιθῆναι, h. Ven. 126.

345 f. Bücheler hielt die Verse nicht für alt; doch ist bei einer so verdorbenen Stelle das Streichen nicht ratsam. Die Ausgaben von Ruhnken, Hermann, Wolf, Franke, Bücheler geben den verdorbenen Text der Handschr. wieder. Die Emendationsversuche gehen sehr weit auseinander. Es ist kein Wort von ἠδ' — βουλήν, was unberührt geblieben wäre. Nicht einmal, auf wen die Worte gehen, ist sicher. Während sie früher Matthiae und Baumeister auf Persephone bezogen, alle übrigen auf Demeter, meint nun Bücheler, sie müfsten auf den Pluton gehen. Er möchte lesen οὐδέ πω ἤδη ⟨οἷά οἱ⟩ ἔργα θεῶν μακάρων μητίσατο βουλή. Wie wenig überzeugend diese Vermutung ist, brauche ich kaum zu bemerken. Baumeister setzte sich folgende Lesung zusammen: ἢ δ' ἔτ' ἄπλητον (Vofs) ὀργισθεῖσα (Ignarra) θεῶν μακάρων μηνίετο βουλῇ (Matthiae), welche der Büchelers bei weitem vorzuziehen ist. Abel folgte Baumeister. G. Hermann schrieb (Orph. p. 757) ἢ δ' ἐπ' ἀλάστοις ἔργοισιν μακάρων ⟨ὀλοὴν⟩ μητίετο βουλήν.

348. Ἄιδη schrieben Ruhnken, Baumeister, Bücheler, Ἀΐδη Hermann, Wolf, Franke.

350. ἐρέβεσφιν schrieb Franke, neuerdings Koehn (Quaest. epp. et gramm p. 27).

352. παύσειεν verteidigte K. Francke (p. 19). Aber die beigebrachten Stellen Hes. Sc. 449, Aristoph. Ran. 580 enthalten nur den längst bekannten intrans. Imp. παῦε.

353. χαμαιγενεῖς auch h. Ven. 108 und Hes. Theog. 879 heifst nur auf der Erde geborne, nicht aus der Erde geborne, wie Preller (D. u. P. p. 33) anzunehmen scheint. Vgl. χαμαιευνάς und χαμαιεύνης.

358. μείδησεν . . . . ὀφρύσιν. Vgl. Hermesianax bei Athen. 13, 597 C Κώκυτόν τ' ἀθέμιστον ἐπ' ὀφρύσι μειδήσαντα. ὑπ' ὀφρύσι Ap. Rhod. *Γ* 1024, mit blofsem Dativ Pind. Pyth. IX 66 ἀγανᾷ χλιαρὸν γελάσας ὀφρύι. — Das Lächeln des Hades erklärt Wegener (p. 250) mit Recht aus dem Umstand, dafs Persephone den Granatkern schon gegessen hat (s. zu 373), oder mit anderen Worten die Vermählung schon geschlossen hat. Dafs dies die Bedeutung des Essens des Granatkerns ist, bemerkte zuerst Preller (D. u. P. p. 116, Mythol. I p. 628), neuerdings Hehn (Kultur-

ΕΙΣ ΤΗΝ ΔΗΜΗΤΡΑ.

pflanzen p. 195). Diese Bedeutung wird geleugnet und das Essen als ἐνάγισμα gedeutet von Wafsner de heroum cultu Kiel 1883.
363 strich Bücheler: „imperite corrasa verba". Das Urteil ist zu hart, schon deswegen, weil δυσθυμαίνω nur hier vorkommt. Übrigens liegt hier wohl noch ein tieferer Schade zu Grunde. Erstens fehlt in diesem und dem vorhergehenden Verse dringend μοί; zweitens fehlt in der ganzen Rede „komm wieder".
366—370 strich Preller (p. 114 A. 94) und schrieb 365 ἐνθάδ᾽ ἰούσῃ, was aber so einen höchst überflüssigen Zusatz bildet. Ihm folgte Stoll (Anim. p. 18). 368—70 tilgte Bücheler: poetae etiam inferioris quam qui antegressos duo fecit. Auch hier ist der Text nicht sicher. Aufserdem spricht gegen die Streichung, dafs sowohl die Rede des Hermes als die des Pluton aus je 10 Versen besteht.
366. δεσπόσσεις schrieb Vofs, Baumeister und Bücheler, δεσπόζῃς Ruhnken, Ilgen, δεσπόσσῃς Wolf. Das Wort findet sich erst wieder bei den Tragg. S. Preller (l. l.) und K. Francke (p. 14).
367. σχήσεισθα schrieb Boissonade, Baumeister, Bücheler, σχήσησθα Ruhnken, Hermann, Wolf, Franke.
368. ἀδικεῖν, ein attisches Wort nach Preller (p. 114 A. 94).
369. θυσίαισι. Die attische [Kühner A. Gramm. I p. 300] Form änderte Hermann in θυέεσσι, Ruhnken, Hermann (im Text), Franke, Wolf, Abel lesen θυσίῃσι, Baumeister, Bücheler behielten θυσίαισι.
372. αὐτός hat Anstofs erregt, doch s. h. Ap. 140.
373. Vgl. Apollod. I 5, 3: *Διὸς δὲ Πλούτωνι τὴν κόρην ἀναπέμψαι κελεύσαντος ὁ Πλούτων ἵνα μὴ πολὺν χρόνον παρὰ τῇ μητρὶ καταμείνῃ ῥοιᾶς ἔδωκεν αὐτῇ φαγεῖν κόκκον*. Ovid. Met. 5, 536. — Wenn man das Essen des Granatkerns als Vollzug der Vermählung auffafst, dann erklärt sich auch λάθρῃ befriedigend: insgeheim. ἔδωκε (373) ist als Plusqpf. aufzufassen.
374. Bücheler behält ἀμφὶ ἓ νωμ. und vergleicht Δ 497 ἀμφὶ ἓ παπτήνας. νωμᾶν absolut ist nicht homerisch. Vgl. Herod. 4, 128, Plato Cratyl. 411 D: *τὸ νωμᾶν καὶ τὸ σκοπεῖν ταὐτόν*. ἀμφὶ ἓ νωμ. könnte nur heifsen: bei sich bedenkend, wie schon Ilgen erklärte mente agitare. Santen übersetzte: clamque bipartivit, und diese Auffassung ist von Hermannn (bei Franke) adoptiert worden. S. auch Preller (p. 114) „aber schon hatte sie mit ihm von der Granate gegessen". Doch ist dieser Sinn nur mit Gewalt in die Stelle zu bringen. Auch Apollodor, der fast wörtlich (s. zu 373) vs. 373 wiedergiebt, weifs von einer Teilung

nichts. Passow s. v. bezog ἀμφὶ ἓ auf Persephone und erklärte in Bezug auf sie einen Anschlag machend. Ich bin daher auf Hermanns frühere Erklärung (Ausg.) zurückgegangen und habe ἀμφὶς νωμ. geschrieben „seorsim tribuens"

377. πολυσημάντωρ Ἀιδ. = 84.

380. Die homerische Formel ist τὼ δ' οὐκ ἀέκοντε πετέσθην E 366 u. ö. Daher ist auch hier ἀέκοντε zu lesen. Auffallend aber ist σεῦε διὲκ μεγάρων, obwohl die Erklärer bisher nichts darüber bemerkt haben. Wer spannt die Pferde im Saal an? Doch wird der Hades als ein grofses Haus gedacht, wie die Redensarten beweisen: δῦναι δόμον Ἄιδος εἴσω Γ 322 u. w. ö. εἰς Ἀίδεω ἰέναι δόμον εὐρώεντα κ 512 u. ö. Daher werden die Pferde 376 nicht, wie Vofs wollte, ἐν προθύροισιν angespannt, sondern προπάροιθεν scil. Περσεφόνης und jetzt (380) durch den weiten Saal getrieben.

382. Das überlieferte ὕδωρ mit langem ῡ in thes. ist sonst erst spät bezeugt, daher schrieb Hermann οὔτ' ἄρ' ὕδωρ; des Digammas wegen vermutete Suhle (p. 20) οὔτε ὕδωρ, Hoffmann erkannte die Verlängerung einfach an (Quaestt. hom. II 12).

383. οὔτ' ἄκριες ist für die epische Poesie auffallend zwischen ἀθανάτων ἵππων und ἔσχεθον ὁρμήν gestellt.

384. τέμνον. Auch γ 175 ist τέμνειν überliefert, aber von Bekker in τάμνειν geändert. Doch ist τέμνον an unsrer Stelle bis jetzt unberührt geblieben.

385. Die Besserung Ruhnkens ἄγων ist sicher; cf. B 558.

387. ἠΰτε μαινάς. Derselbe Vergleich X 460 μαινάδι ἴση, Z 389 μαινομένῃ ἐϊκυῖα und von Demeter Ovid. Fast. 4, 457: mentis inops rapitur, quales audire solemus Threicias passis maenadas ire comis. Ruhnken vermutete ὄρος κατὰ (l. κάτα) δάσκιον ὕλη.

388. ἑτέρῳ (M). Den Vers füllte aus Hermann: ἀφ' ἅρματος ἀΐξασα, Vofs ἐπεὶ ἴδε καλὰ πρόσωπα. Vgl. Π 427 Πάτροκλος δ' ἑτέρωθεν ἐπεὶ ἴδεν, ἔκθορε δίφρου.

389. Ilgen füllte aus κατεναντίον ὦκα μάλ' ὥς τ' οἰωνός, Vofs κατορούσ' ὀχέων ἄπο παμφανοώντων.

390 ff. Ich setze Ilgens Wiederherstellung her:

ἄλτο θέειν [κύσε δ' οἱ κεφαλὴν καὶ χεῖρε λαβοῦσα·
τῇ δὲ [κατὰ βλεφάρων χαμάδις θερμὸν ῥέε δάκρυ
ἀ[μφαγαπαζομένη· θαλερὴ δέ οἱ ἔσχετο φωνή.
[ὀψὲ δὲ δή μιν ἀνειρομένη πρὸς μῦθον ἔειπεν.

Übrigens hat im letzten Verse (p. 93) nach Bücheiers Vermutung κούρην μὲν am Anfange gestanden.

394. Ilgen füllte aus μή ῥα τί μο[ι πάσσῃ ἐνέρων παρ' ἄνακτι, besser Vofs μή ῥά τί μο[ι ἐπάσω τῆς εἰν Ἀίδαο.

395. Ilgen füllte aus ἐξαύδα μ[ὴ κεῦθ' ἵν' ἴδωμαι ἀληθές.

396. Bücheler füllte aus ὥς μὲν γάρ κεν ἰοῦσα π[αρ' ἄλλοις ἀθανάτοισι. Die älteren Ausfüllungen sind unbrauchbar, weil sie den Spuren der Handschrift nicht folgen.

397. πάντεσσι — = h. Ven. 206.

399. Bücheler vermutet: εἰ δ' ἐπάσω τι, πάλιν μὲν ἰοῦσ' κτλ.

400. Die älteren Ausfüllungen beruhen auf der Änderung der 2. Hand (m) τριτάτην μοῖραν εἰς (?) ἐνιαυτόν und können daher wegbleiben. — Auch bei Apollodor 1, 5, 3 heifst es: Περσεφόνη δὲ καθ' ἕκαστον ἐνιαυτὸν τὸ μὲν τρίτον μετὰ Πλούτωνος ἠναγκάσθη μένειν, τὸ δὲ λοιπὸν παρὰ τοῖς θεοῖς. Preller bemerkte (D. u. P. p. 119) mit Recht, dafs der 3. Teil der Winter sei, mit Unrecht aber wollte er hieraus einen Beweis finden, dafs der H. vor Meton abgefafst sei; denn der 3. Teil wird nicht gerade als der hinterste hingestellt, es könnte auch der vorderste sein. S. Baumeister (p. 329).

402 wird am besten von Fontein ausgefüllt: ὁππότε δ' ἄνθεσι γαῖ' εὐώ[δεσιν εἴαρος ὥρῃ.

403 schrieb Vofs zweifellos richtig: θάλλῃ, τόθ' ὑπὸ ζόφου ἠερόεντος.

405. Vor diesem Verse wird seit Ruhnken allgemein eine Lücke angenommen. Hermann dachte an folgende Ausfüllung: λέξον δ' ὅπως ἦλθες ὑπὸ ζόφον ἠερόεντα. Aber auch so erscheint dieser Übergang zur zweiten Frage immer noch höchst gewaltsam. Zum mindesten fehlt doch καὶ „sage aber auch, wie du" etc. Merkwürdig ist auch die Reihenfolge der Fragen. Wegener (p. 250) verlangte mit Recht die umgekehrte Ordnung. Ob aber eine gröfsere Interpolation vorliegt? Bücheler sagt von der Stelle: varia carmina inscite composita in diverbium. Es erscheint mir allerdings höchst wahrscheinlich, dafs vs. 405 nachträglich eingefügt ist, um die ausführliche Erzählung von dem Raube 415 ff. einzuleiten. So erklärt sich die abgerissene Frage am einfachsten und besten. Aber ob nun 415 ff. unecht sind? Da in vs. 435 ein längeres Plaudern angenommen wird, so werden wir diese Partie nicht streichen können. Es ist daher anzunehmen, dafs vs. 405 nachträglich eingeflickt ist, um vs. 415 ff.

ΕΙΣ ΤΗΝ ΔΗΜΗΤΡΑ.

nicht unvorbereitet zu finden. — Die älteren Konjekturen über vs. 405, die nicht von der Überlieferung ausgehen, siehe bei Bücheler.

407. ἐρέω steht schon bei Hes. Opp. 202, Theog. 796. Es ist also nicht mit Hermann: ἀληθέα πάντ' ἀγορεύσω zu schreiben.

408. ἦλθ' ist sehr unsicher überliefert; da über ὠκύς noch ein Obelos steht, so vermutet Bücheler: εὖτέ μοι Ἑρμείας ἐριούνιος ἄγγελος ἦλθε. Bücheler nahm also an ἦλθε (408) . . . ἐλθεῖν (410) ebensowenig Anstofs als Wolf.

412. In demselben Sinne wie Ruhnken, nur weniger gut schrieben Matthiae εἶθαρ, Ilgen ἄντ' ἄρ'. — ὁ λάθρη ist nach Bücheler sehr unsicher überliefert, daher habe ich mit Ruhnken ὅγ' αὐτός geschrieben. Jedenfalls ist λάθρη unpassend, da Persephone von der Sache weifs. Fällt λάθρη, so fällt damit auch ein Hauptvorwurf gegen 414.

413. Die Änderung Büchelers ἐδωδῇ beruht auf der Beibehaltung von λάθρη. Wer aber λάθρη für interpoliert hält aus 373, der kann ruhig den κόκκος als μελιήδης ἐδωδή bezeichnen.

414 streicht Bücheler mit Mitscherlich. S. zu 412. Bücheler (p. 4) glaubt sogar, er stamme von einem Byzantiner des 10. Jahrhdts. Anstöfsig ist zuerst die Form ἄκουσαν, doch s. Hoffmann Quaestt. h. II 193. προσαναγκάζω ferner findet sich erst bei Thuc. und Platon wieder. Doch schrieben statt με πρὸς Fontein μέρος, Vofs πάρος, was vielleicht das Richtige trifft.

415—433 strich Hoffmann (a. O. p. 192). Doch bezeugt Pausanias 4, 30, 4 die Verse ausdrücklich: πρῶτος ὧν οἶδα ἐποιήσατο ἐν τοῖς ἔπεσιν Ὅμηρος Τύχης μνήμην ἐποιήσατο δὲ ἐν ὕμνῳ τῷ εἰς τὴν Δήμητρα (sic) ἄλλας τε τῶν Ὠκεανοῦ θυγατέρας καταριθμούμενος ὡς ὁμοῦ Κόρῃ τῇ Δήμητρος παίζοιεν καὶ Τύχην ὡς Ὠκεανοῦ καὶ ταύτην παῖδα οὖσαν κτλ. Hoffmann tadelte, dafs diese Erzählung unverlangt erfolge. Da aber, wie ich schon zu 405 bemerkte, ein längeres Plaudern angenommen wird, so läfst sich gegen die Episode kaum etwas Begründetes einwenden. Darin wird uns auch 431 ἔκθορ' ἄναξ nicht wankend machen. S. die Vorbemerkung über das Digamma.

419 ff. Es sind im ganzen 23 Namen, mit Persephone 24. Bei Hesiod Th. 362 stehen 41 Namen. Dennoch fehlen dem letzteren von den im Hymnus genannten Leukippe, Phaino, Melito, Iache, Rhodope. Zusammen aber stehen auch Ἠλέκτρη καὶ Ἰάνθη

(h. 419, Hes. 349), Ῥόδειά τε Καλλιρόη τε (h. 420, Hes. 351), Τύχη und Ὀκυρόη (h. 421, Hes. 360), Ἰάνειρά τε Ἀκάστη τε Ξάνθη τε (h. 422, Hes. 356). Somit erscheint die Aufzählung des Hymnus als eine absichtliche Verkürzung aus Hesiod. Bei Pausanias (a. O.) fehlt vs. 420, wohl aus Flüchtigkeit, da sonst die Namen ebenso überliefert sind, wie schon Ruhnken urteilte. Hermann allerdings hielt den Vers 420 nicht für alt, ebenso Guttmann (p. 33. 34). Nach Franke las ihn Pausanias an einer andern Stelle, was denn doch eine sehr unglaubwürdige Annahme ist, da die Namen sonst richtig überliefert sind.

425. Dafs Athene und Artemis mit Demeter und Persephone verbunden sind, dafür ist zu vergl. Eur. Hel. 1315, Diodor 5, 3, Pausan. 8, 31, Valerius Flacc. 5, 345, Statius Achill. II 150, Claudian 1, 228; sie fehlen aber bei Ovid durchaus. Da aber vs. 5 nur von den Töchtern des Okeanos die Rede war, beide Göttinnen aufserdem sehr unpassend an letzter Stelle genannt werden, so haben Matthiae, Hermann, Wolf, Franke, Bücheler, K. Francke (p. 9), Foerster (p. 35), Flander (p. 7), Gemfs (p. 41) den Vers mit Recht gestrichen.

427. καὶ -- = vs. 7.

428. λείρια sind hier statt der ἴα in vs. 6 gesetzt, sonst stimmen die Blumen.

429. ὥσπερ κρόκον ist sicher verdorben, aber unsicher die Heilung, Bücheler schrieb mit Vofs ὑπείροχον, welches auch h. XI 2 absolut gebraucht wird. Spitzner schrieb ὑπέρτατον, Bothe ὑπέρκοτον, Ilgen εὔχροον, Vofs πέλωρ κακόν und ὑπερήφανον, Jacobs μοι εἰς δόλον, Hermann (z. St.) höchst unglücklich ὥσπερ κόνιν; das Richtige traf seine andre Vermutung αἰπὺν δόλον. Wolf, Franke, Baumeister behielten die handschriftliche Überlieferung im Text.

430. αὐτάρ behielten aufser Ilgen sämtliche Herausgeber im Text. Doch ist αὐτάρ hier in der fortgehenden Erzählung unpassend. Ilgen schrieb αὐτή. — περὶ χάρματι ist gebraucht wie Aesch. Pers. 697, Choeph. 541 περὶ (ἀμφὶ) τάρβει, Choeph. 35 περὶ φόβῳ, Pindar Pyth. 5, 78 περὶ δείματι.

431. τῇ steht freilich auch vs. 16, ist aber hier metrisch falsch.

433. Vgl. η 297 ταῦτά τοι ἀχνύμενός περ ἀληθείην κατέλεξα.

434—436. In jeder Zeile kommt θυμός vor, weshalb Bücheler die Stelle einen Cento nennt.

438. Das Subst. γηϑοσύνη kommt im Plural erst wieder vor bei Ap. Rhod. B 878, Δ 620.

439—441. Hekate streichen hier Mitscherlich, Hermann, Preller. Aufserdem schien die attische Form κόρη anstöfsig zu sein. Aber Francke (p. 15) wies κόρη nach bei Sappho frgm. 62, vgl. auch Hoffmann Quaestt. hom. p. 192. Alcaeus frgm. 14. Gemfs (p. 41) strich nur 441 als zu gelehrt. Aber die ganze Stelle und insbesondere vs. 441 wird geschützt durch Philodemus (cf. Jahns Jahrbb. 1865. p. 524): λέγουσι δέ τινες καὶ τὴν Ἑκάτην ὀπαδὸν Ἀρτέμιδος εἶναι, Δήμητρος δὲ λάτριν Εὐριπίδης, Ὅμηρος δ' ἐν τοῖς ὕμνοις πρόπολον καὶ ὀπάονα, Σοφοκλῆς δὲ τροφόν. — πρόπολος war der technische Ausdruck. Vgl. Lobeck Agl. 1235.

442. ταῖς δὲ μέτ' schrieben Hermann, Baumeister, Bücheler, doch kommt die Anastrophe von μετά bei Homer nicht vor. Ruhnken, Ilgen, Franke schrieben μετ', also μεθιέναι. μεθιέναι heifst aber bei Homer nicht schicken, sondern loslassen. Daher erinnerte Bücheler an Aristarchs μετάγγελος O 144, Ψ 199. Lehrs Aristarch³ p. 108.

443. Rheia ist hier noch von Demeter völlig verschieden, während bei Euripides (Helena vs. 1301 ff.) die Verschmelzung vollzogen ist. Nach Preller (Myth. I p. 537) fand der Rheadienst unter den Pisistratiden in Athen Eingang. Dafs Pindar ein eifriger Verehrer der Kybele war, ist bekannt. Cf. Pyth. 3, 78. Die freundschaftliche Verbindung der Rhea mit Demeter, wie sie im Hymnus hervortritt (458), würde, wenn das obige Datum der Einführung und der attische Ursprung des Hymnus sicher wäre, erst nach dieser Zeit haben stattfinden können und damit also eine Zeitbestimmung für unsern Hymnus gewonnen sein. Leider ist der attische Ursprung des Hymnus (s. die Einl.) ebenso unsicher als die Zeit der Einführung des Dienstes der grofsen Mutter in Athen. — Schon Il. O 187 ist Rheia die Mutter der drei Kronidenbrüder, nach Hes. Theog. 454 auch der drei Göttinnen Hestia, Demeter (s. vs. 60 unsres Hymnus), Hera. Es würde also genügen zu sagen: Zeus entsendet die Rheia als die Mutter, welche auch 461 beginnt δεῦρο, τέκος, κτλ. Aber die ausdrückliche Bemerkung, dafs Rheia zuerst (458) bei Rarion die Erde betreten habe, macht doch den Eindruck, als wenn es sich hier um die erste Einführung eines neuen Dienstes handle, der mit dem eleusinischen in Verbindung trat. Vgl. aber Preller

Dem. u. P. p. 50. — Die Form ῾Ρείη ist hier geschützt durch das Metrum. Göttling zu Hesiod. Theog. 135 wollte sie nur den alexandrinischen Epikern zueignen.

443. Fonteins Konjektur Δημήτερα ist sicher, da Rheia nachher nicht 460 λιπαροκρήδεμνος heifst, was sich nicht mit κυανόπεπλος 443 vertragen würde. Vgl. den dunklen Schleier der Demeter vs. 45 und der Thetis Ω 93.

447. Aus dieser Dreiteilung des Jahres ergiebt sich zwar nicht, warum die ältere Zeit nur drei Horen kannte (Hes. Theog. 903. Vgl. Lehrs pop. Aufs. p. 82), aber das ergiebt sich, dafs die Griechen das Jahr in drei nicht in vier Teile teilten.

448. Nach 448 setzte Hermann zu den Orph. Hymnen 29, 13 eine Lücke an; Bücheler, Flander (p. 13) sind ihm gefolgt, trotzdem Hermann in s. Ausg. seine frühere Meinung ausdrücklich zurücknahm. Der transitive Gebrauch von ιείω findet sich schon bei Soph. O. C. 248 (χάριν), Eur. Alc. 978.

449. Bücheler (p. 4) und Flander (p. 13) streichen den Vers als byzantinische Interpolation. Doch ist ὡς ἔφατ᾽ nach indirekter Rede bei einer Botschaft genau in derselben Weise vs. 316 gebraucht; der Gen. ἀγγελιάων aber ist von Ruhnken sicher richtig in ἀγγελίῃσιν verbessert worden. Wenn der Vers fehlte, so würden wir eine Lücke anzusetzen haben.

451. Über den Spir. lenis bei ᾿Ράριον s. schol. BL zu Α 56. — ἄρουρα φερέσβιος h. 29, 9.

452 f. Die Verse sind verdorben. Zwar das in zwei Versen hintereinander folgende φερέσβιος läfst sich durch θυμός 435 ff. schützen, aber verdächtig bleibt es, da zu ἀτὰρ τότε ein verb. fin. erwartet wird. Vielleicht φέρεν βίον? Ruhnken suchte den Fehler nur in ἔκηλον und schrieb ἀλλ᾽ ἀπέτηλον ἔστη καὶ πανάφυλλον, etwas anders Fontein ἀλλ᾽ ἀπέτηλον εἰστήκει καὶ ἄφυλλον. Baumeister allerdings erklärte tranquillum immotum ab aratro, als wenn man nicht die Pflugarbeit schon hinter sich gehabt hätte und nun ängstlich auf das Hervorkommen der Saat gewartet hätte. Aber ἔκηλον scheint deswegen doch richtig zu sein. S. zu 456.

454. Wie Bücheler χρυσαόρου vs. 4 in ὡρηφόρου veränderte, so hier (p. 7) καλλισφύρου in ὡρηφόρου mit weit geringerer Wahrscheinlichkeit.

455. ἀσταχύεσσιν und bald darauf 457 ἀσταχύων. Daher schrieb Ruhnken sehr elegant ἀνθερίκεσσι. Wer vs. 456 f. mit Matthiae und Bücheler als Glossem streicht, bedarf der Kon-

jektur Ruhnkens nicht, die sich auch sonst empfiehlt, wie sich gleich zeigen wird.

456 f. Nicht Σ 550 f. hat dem Verf. vorgeschwebt, sondern Hes. Sc. 288 ff. οἵ γε μὲν ἥμων αἰχμῆς ὀξείῃσι κορυνιόεντα πέτηλα βριθόμενα σταχύων, ὡσεὶ Δημήτερος ἀκτήν, οἳ δ' ἄρ' ἐν ἐλλεδανοῖσι δέον καὶ ἔπιτνον ἀλωήν. Diese Stelle zeigt, daſs vs. 457 βρισέμεν ἀσταχύων von abgemähten Ähren zu verstehen ist. Dann steht nichts im Wege vs. 455 κομήσειν ἀσταχύεσσιν von den stehenden Ähren zu fassen. Der Sinn wird von Franke so wiedergegeben: sed mox futurum erat, ut (ille ager) longas spicas emitteret vere procedente, tum pingues sulci [humi] gravarentur segete (demensa), pars autem in manipulos collecta iaceret. Genauer hätte er im ersten Gliede gesagt: spicas emissas haberet; denn der Dichter hat das Bild der Ernte vor Augen und will sagen: Jetzt stand das Feld still (ἔκηλον), blattlos da, bald aber sollte sich fröhliches Ernteleben darauf regen.

456. ἦρος kontrahiert findet sich schon bei Stesichorus (frgm. 34 Bergk), Ibycus (frgm. 1), Sappho (frgm. 39), Alcaeus (frgm. 45).

457. δίδεσθαι wiederholte Cobet (p. 326).

458. Es fehlt notwendig γῆς zu ἐπέβη.

459 streicht Hoffmann (Quaestt. hom. p. 192) als spätere Interpolation wegen δ' ἴδον.

463. ἅς κεν ἕλοιο schrieb Ilgen nach 445.

466. Hermann, Franke, Baumeister, Bücheler ergänzen statt παρὰ μητρὶ vielmehr παρὰ σοί τε.

467. Andre Ergänzungen: Voſs noch ὥς ἄρ' ἔφη τελέ[εσθαι, Hermann ὥς τοι ὑπέστη ἔσ]εσθαι, Bücheler καὶ ἑοῖ αὐτῷ ἔσ]εσθαι oder ᾧ ἐνὶ οἴκῳ ἔσ]εσθαι. Die Zahl läſst sich leicht vermehren.

468. Bücheler vermutet: ξύνθεο μῦθον] ἐμόν.

469. Bücheler vermutet: ἀσπερχὲς μενέ]αινε.

472. Die Ausfüllung trifft das Original (Bücheler z. St.).

474—483 streicht Preller, 478—483 Ilgen, 481—483 Hermann. Die Verse sind bezeugt bei Pausan. 2, 14, 3: ἔστι γὰρ καὶ Ὁμήρῳ πεποιημένα ἐς Δήμητρα, ἐν δὲ αὐτοῖς καταλέγων τοὺς διδαχθέντας ὑπὸ τῆς θεοῦ τὴν τελετὴν Δυσαύλην οὐδένα οἶδεν Ἐλευσίνιον· ἔχει δὲ οὕτω. Es folgen 475—477.

477 ist überliefert χρησμοσύνη, was keinen Sinn hat. Pausanias (l. l.) giebt δρησμοσύνη, was bisher von allen Herausgebern anstandslos in den Text genommen wurde. Es dürfte aber doch zu

erwägen sein, ob nicht die Erklärungen im Et. M und bei Hesych. (*θεραπεία ὑπηρεσία*) auf *δρηστοσύνῃ* o 321 gehen und dann auch hier *δρηστοσύνη* zu schreiben wäre. — Am Ende giebt Pausanias *πᾶσιν* statt *καλά*. Ob er den folgenden Vers nicht las in seinem Exemplar? Dann könnte er unecht sein, wofür die Wiederholung der Namen Triptolemos und Diokles sprechen könnte. Das ist möglich. Ebenso möglich aber ist, daſs Pausanias, wie oben (s. zu 419), ungenau citierte; dann könnte vs. 478 doch in seinem Exemplar gestanden haben. Als unecht strichen den Vers Mitscherlich, Matthiae, Hermann, Wolf, Franke, Baumeister, Flander (p. 7). Der letztere meint, wie Franke, der Vers sei von jemand hinzugesetzt worden, der daran gedacht habe, daſs oben (154) Polyxeinos unter den Königen war. Warum wurde da Triptolemos und Diokles wiederholt und Dolichos vergessen?

Anders entschied sich Ruhnken, der vor 478 eine Lücke ansetzte, in welcher der Töchter des Keleos gedacht worden wäre, von denen es bei Paus. 1, 38, 3 heiſst: *τὰ δὲ ἱερὰ τοῖν θεοῖν Εὔμολπος καὶ αἱ θυγατέρες δρῶσιν αἱ Κελεοῦ κτλ.* Auch Bücheler nahm vor 478 eine Lücke an. Jedenfalls deutet unser Hymnus mit keiner Silbe auf priesterliche Verrichtungen der Keleostöchter, wenn man nicht etwa die *παννυχίς* (292) dahin rechnen will.

479. Mitscherlich dachte an *παρελθέμεν*, Ilgen an *παρεκθέμεν*, Matthiae, Hermann und Baumeister schrieben *παρεξίμεν* „übertreten" vielleicht richtig; denn das ε in *παρεξέμεν*, wie Ruhnken, Franke, Bücheler lesen, ist nicht mehr zu lesen. Weder *παρεξίμεν* (migrare), noch *παρεξέμεν* (neglegere) paſst recht. Da *πυθέσθαι* und *ἠχέειν* folgt, „fragen" und „reden", so kann nur etwas wie „lehren" dagestanden haben.

480 streicht Bücheler und Flander (p. 13). Aber auch hier sind wir auf einer sehr verderbten Stelle. Statt *ἀχέειν* schrieb Bothe *οὔτε χέειν*; Mitscherlich, Ilgen, Hermann, Welcker (G. G. II p. 516 A. 5) *χανεῖν*. Buttmann im Lexil 2 p. 118 verteidigte *ἀχέειν* (= *ἠχεῖν*), was der Bedeutung nach wohl möglich ist, unmöglich aber der Form nach. Es ist daher *ἠχέειν* mit Synizese zu lesen. Vgl. zu 137 *τοκῆες* und 404 *ἐρέω*. — Statt des trefflichen *ἄγος* von Valckenaer schlägt Cobet *σέβας* vor (a. a. O. p. 329); *ἄχος* behielt meines Wissens nur Welcker (a. O.).

481 ff. Ähnliche Aussprüche über die Hoffnungen, welche die Mysterien dem Eingeweihten bieten, s. bei Lobeck Aglaoph.

I p. 69 ff., Preller s. v. Eleusinia in Pauly's Realencyklopädie III p. 108. Nützlich ist auch die Anmerkung Ilgens z. St.

482. Statt ἄμμορος schrieb Hermann ἔμμορος; ihm folgte Wolf.

483 ist wohl ἠερόεντι zu schreiben, was vs. 80, 402, 446, 464 steht, wie Bücheler anmerkt.

486 ff. streicht Ilgen als jüngere Zuthat. Die Ursache der Streichung ist der ähnliche Wortlaut, doch sind ja Wiederholungen genug zur Sprache gekommen. Dafs vs. 486—490 allenfalls fehlen könnten, ist zuzugeben.

488. Scol. 3 (Bergk Anthol. lyr. p. 349): Πλούτου μητέρ' Ὀλυμπίαν ἀείδω Δήμητρα στεφανηφόροις ἐν ὥραις σέ τε, παῖ Διός, Φερσεφόνη κτλ.

491—496 strich Hermann mit Ilgen als jüngere Zuthat, Hoffmann (Quaestt. hom. p. 192) entweder 491—496 oder 492. 493.

491. Ruhnkens ἀλλ' ἄγ' haben fast alle Herausgeber angenommen, selbst Hermann. Bücheler und Abel schreiben nach einer Konj. Hermanns (Epist. p. 112) ἵλαθ', wodurch alle Verbindung mit dem Vorhergehenden gelöst wird. Zu ἀλλ' ἄγ' vgl. h. Ap. 165 ἀλλ' ἄγεθ' ἱλήκοι κτλ.

492. Die Verehrung der Demeter auf Paros bezeugt ihr Beiname Δημητρίας (Steph. Byz. s. v. Πάρος) und die Sage vom Kabarnus (s. ebendort). Es gab von Archilochus einen Hymnus auf Demeter und Persephone (schol. Aristoph. Aves 1762, Preller Dem. u. P. p. 28 f.). Wie alt man sich den Kult der Göttinnen dort dachte, geht daraus hervor, dafs Polygnot die Grofseltern des Archilochus in der Lesche abbildete, die Grofsmutter mit der Lade der Demeter. Paus. 10, 28, 1. Preller (a. O.). — Über den Demeterkult von Antron ist nichts überliefert. Über den Accent des Wortes s. Spitzner zu B 697.

494. Diesen Vers, den G. Hermann ev. noch halten wollte, tilgte Cobet (a. O.), trotzdem er auch h. XII, 2 steht.

495. πρόφρων verbesserte schon Ruhnken. — Die kontrahierte Form ᾄδῆς, noch h. Ap. 20, steht nie bei Aeschylos, zweimal bei Sophokles El. 88, Ai. 630, öfter bei Euripides, sehr oft in der Komödie. K. Franke (p. 15).

V.
ΕΙΣ ΑΦΡΟΔΙΤΗΝ.

Einleitung.

Der zierliche Hymnus ist ein wirkliches Prooimion für einen Rhapsodenwettkampf (vs. 19), wie allgemein anerkannt wird, Groddeck (p. 5 n. 1), Müller (LG.³ I p. 121), Bergk (LG. I p. 746 A. 12), Sittl (LG. I p. 199), Baumeister (p. 335); dafs er aber, wie Baumeister (p. 335) lehrt, in Kypern selbst verfafst ist, wage ich nicht zu behaupten. Die Ähnlichkeit mit dem frgm. der Kypria (Ath. XV 682) ist trotz Welcker Ep. Cyklus² I p. 282 ganz unsicher (vgl. Bergk LG. I p. 753). Eine Verwandtschaft zwischen diesem und dem h. Ven. (III) ist ebensowenig zu entdecken, dagegen die Bekanntschaft mit Hes. Theog. 193 ff. (zu vs. 1) sicher.

1. Vgl. Hes. Th. 193 f. ἔνθεν ἔπειτα περίρρυτον ἵκετο Κύπρον, ἐκ δ' ἔβη αἰδοίη καλὴ θεός. Auch χρυσοστέφανον καλήν folgt Hes. Th. 17 hintereinander. — Abel (ed. p. 87 n.) vermutet, der Anfang habe gelautet: αἰδοίης χρυσοστεφάνου καλῆς Ἀφροδίτης μνήσομαι.

2. πάσης Κύπρου, ausgeführt h. IX 5.

5. χρυσάμπυκες Ὧραι. Über die Horen vgl. die schöne Auseinandersetzung von Lehrs pop. Aufs. p. 77—91. — Den ἄμπυξ scheidet Helbig Das hom. Epos p. 157 A. 3 vermutungsweise als hohes Diadem von der στεφάνη, dem schmalen.

7. στεφάνην εὔτυκτον. Vgl. Σ 597 καί ῥ' αἱ μὲν καλὰς στεφάνας ἔχον.

8. ἐν δὲ τρητοῖσι λοβοῖσι. Vgl. Ξ 182 ἐν δ'. . . . εὐτρήτοισι λοβοῖσι.

9. ἄνθεμ' ὀρειχαλκοῦ. ἄνθεμον heifst der Sing. nach schol. B zu Ψ 885. Pind. Ol. 2, 72 steht ἄνθεμα χρυσοῦ. — Das Metall ὀρείχαλκος „Bergkupfer" findet sich zuerst Hes. Sc. 122. S. auch Callim. 5, 19. Nach Bergk (LG. I p. 111 A. 101) ist die hybride Form aurichalcum (αὐρόχαλκος) die frühere, ὀρείχαλκος davon abgeleitet.

10. ἀργύφεος von den Händen auch Ap. Rhod. Δ 1404.

11. Ähnlich heifst es in den Kyprien (l. l.) εἵματα . . . . οἷα φοροῦσ' Ὧραι.

12. Hermann schrieb mit Matthiae ἐκοσμείσθην. Wenn auch die Zahl der Horen beweglich ist (Lehrs a. a. O. p. 82 f.), von

Pausanias (9, 35, 1) sogar ausdrücklich überliefert wird, daſs in Athen nur zwei Horen, Θαλλώ und Καρπώ, verehrt wurden (vgl. noch Paus. 3, 18, 9), so ist doch wegen der Bekanntschaft unsers Dichters mit der Theog. Hesiods der Dual zurückzuweisen. Hes. Th. 902 hat drei Horen. Hermann hielt aber den Dual statt des Plurals für möglich, wegen der verhältnismäſsig späten Abfassungszeit des Hymnus. Aber gesetzt auch, daſs die späte Abfassungszeit des Hymnus sicher wäre, so würden wir doch noch nicht die Berechtigung haben, dergleichen Seltenheiten in den Text hineinzukorrigieren.

16. Überliefert ist δεξιόωντο; dieselbe Form steht auch Ap. Rhod. B 756. Bei Homer N 675 δηιόωντο, Γ 187, Δ 378 ἐστρατόωντο. Doch sind diese Formen mit Recht jetzt auf die Proskriptionsliste gesetzt worden. Vgl. Christ. Ilias proll. p. 176. — ἠρήσαντο κτλ. klingt an α 336 πάντες δ᾽ ἠρήσαντο παραὶ λεχέεσσι κλιθῆναι an.

18. Zwar heiſst schon bei Solon frgm. 19 (Bergk A. l. p. 19) Aphrodite: Κύπρις ἰοστέφανος. Da sie aber hier in vs. 1 χρυσοστέφανος heiſst, wozu auch vs. 7 paſst: κρατὶ δ᾽ ἐπ᾽ ἀθανάτῳ στεφάνην ἐΰτυκτον ἔθηκεν, so ist es wohl sicher, daſs hier mit der Pariser Handschriftenklasse das ältere Adjektiv ἐυστέφανος herzustellen ist. So urteilt auch Hollander (p. 12 Anm. 1).

19. ἑλικοβλέφαρος. Vgl. Hes. Th. 16 ἑλικοβλέφαρόν τ᾽ Ἀφροδίτην. Das Wort ist bis jetzt wohl durchweg mit den Wimpern zusammengebracht und sehr verschiedenartig erklärt worden (s. Lex. Hom. s. v.); warum nicht mit den Lidern, wie doch καλλιβλέφαρος? Dann erhalten wir den guten Sinn: mit runden Augenlidern, d. h. wenn ich recht verstehe, mit schön geschnittenen Augen. Vgl. ἑλικοβόστρυχος.

20. ἐντύνειν ἀοιδήν heiſst hier nicht, wie μ 183 stimmen, sondern günstig zubereiten, Gunst verschaffen.

VI.
ΔΙΟΝΥΣΟΣ Η ΛΗΣΤΑΙ.

Dionysos, der Sohn der Semele (vs. 1) und des Zeus (vs. 58), erscheint als Jüngling in der ersten Jugendblüte und wird von tyrrhenischen Seeräubern gefangen genommen. Als keine Fessel ihn hält, mahnt der besonnene Steuermann, ihn wieder ans Land zu setzen; doch der Kapitän des Schiffes hofft auf reiches Lösegeld. Da offenbart sich die Wundermacht des Gottes stärker. Wein rauscht über das Schiff, am Segel rankt sich Wein, am Mast schwarzer Epheu empor, die Ruderpflöcke tragen Kränze. Schon ahnt den Schiffern nichts Gutes; da verwandelt sich der Gott in einen Löwen (dazu schafft er eine Bärin) und tötet (ἕλ') den Kapitän. Die Schiffer springen ins Meer und werden zu Delphinen, der fromme Steuermann aber wird mit Gütern gesegnet.

Die Bestrafung der tyrrhenischen Schiffer durch Dionysos war ein beliebtes Thema. Vgl. Ovid Metamm. 3, 576 ff. Apollodor 3, 5, 3, Nonnus 45, 105 ff., Philostrat imagg. I 19, Hygin fab. 134 und P. Astron. 17 nach dem Naxier Aglaosthenes, ferner die bildlichen Darstellungen am Denkmal des Lysikrates (Wieseler D. A. K.² I p. 150) und auf einer Gemme (A. Z. 1875 p. 13). Die erste Andeutung findet sich Eurip. Cyclops 11 f. Die Darstellung unsres Hymnus zeichnet sich vor den übrigen Berichten durch eine gewisse Einfachheit aus, aber trotzdem kann der Hymnus nicht alt sein. Zwar dafs zuerst Praxiteles (geb. ca. 390) den Bakchos jugendlich bildete, hilft zur Zeitbestimmung nicht soviel, wie Baumeister (p. 338) und noch neuerdings Sittl (LG. I p. 199) glaubte; denn schon Bergk (LG. I p. 753) erkannte, dafs es sich in unserm Hymnus nicht um das wirkliche Aussehen des Gottes, sondern um eine Verwandlung handelt. Ich füge noch hinzu, dafs die Verwandlung nach dem Muster derjenigen des Hermes in der Odyssee gebildet ist. Auch die Erwähnung der Tyrrhener (vs. 8) führt nicht weiter. Wenn aber Herodot (4, 33) die Erwähnung der Hyperboreer von seiten Homers mit den Epigonoi belegt, so könnte man schliefsen (s. Flach in Bezzenbergers Beiträgen II p. 39), dafs er unsern Hymnus noch nicht gekannt haben wird; doch ist ein solches argum. ex silentio immer mifslich. Es bleibt nur die Sprache, welche einen sehr jungen Eindruck macht. Vgl. namentlich αὐτὸν (22), den Gebrauch von ὅδε (19, 27), das attische ἐρεῖ (30), das junge ἐκάθητο (14), die Dat. plur. auf οις (5, 12, 16, 21) und den Artikel 55 τῷ ἐμῷ . . . θυμῷ. Beachtenswert ist vielleicht noch die Stellung des Hymnus in unsrer Sammlung vor dem offenbar ganz späten 7. auf Ares und der von den übrigen Hymnentiteln abweichende Titel Διόνυσος ἢ λῃσταί, wozu

ΔΙΟΝΥΣΟΣ Η ΛΗΣΤΑΙ.

sich Analogieen genug im Theokrit finden. Schon Groddeck meinte (p. 64), dafs der Hymnus oder vielmehr „das Fragment", da er überall Fragmente ältrer Poesieen witterte, mitsamt seinem Titel aus irgend einer Handschrift in die Hymnensammlung gekommen sei. Nach dem allen erscheint es mir sehr wohl möglich, dafs der Hymnus erst in alexandrinischer Zeit entstanden, sicher, dafs er erst um diese Zeit in die Sammlung gekommen ist.

Die Vermutung Welckers (Ep. Cyklus I p. 367 A. 653), dafs der Hymnus mit den übrigen an den brauronischen Dionysien gesungen sei, ist von ihrem Urheber als so unsicher hingestellt worden, dafs sie von Baumeister (p. 339) nicht wieder aufgenommen werden durfte.

Der poetische Wert des Hymnus ist gering. Wenn auch Preller (Myth. I p. 562) von einem schönen Gedicht spricht, Bergk (LG. I p. 753) den eleganten Stil desselben rühmt, Bernhardy (II 1, 338) gar Lebhaftigkeit und Glut in demselben findet, so kann ich meinerseits in dieses Lob nicht einstimmen. Unklar bleibt der Schauplatz der Scene, welche nach Ovid (Met. 3, 582), Aglaosthenes, Apollodor (3, 5, 3) und Hygin (f. 134) in der Nähe von Naxos spielt; geschmacklos ist die Einwirkung des Gottes geschildert, so namentlich die Bärin, von der niemand weifs, wozu sie da ist und was sie thut; nachlässig ist der Ausdruck, wie denn von vs. 4—10 sieben Sätze mit δέ koordiniert werden.

Erklärung.

1. ἀμφὶ Δ. Vgl. denselben Anfang h. 18, 21, 33. Terpander frgm. 2 bei Bergk (Anth. lyr. p. 177) ἀμφί μοι αὖτε ἄναχθ' ἑκατηβόλον ἀειδέτω φρήν und das μέλος bei Bergk (Anthol. p. 367) μοῖσά μοι ἀμφὶ Σκάμανδρον εὔρρων ἄρχομ' ἀείδεν, ferner h. Merc. 57 ἄειδεν .... ἀμφὶ Δία Κρονίδην καὶ Μαιάδα καλλιπέδιλον und θ 267 ἀείδειν ἀμφ' Ἄρεος φιλότητος ἐυστεφάνου τ' Ἀφροδίτης.

2. ἐφάνη. Warum, wird nicht gesagt. Nach Nonnus 45, 129 und Hygin p. a. 17, Apollodor 3, 5, 3 will er mitfahren; nach Ovid Met. 3, 582 wird er betrunken am Strande gefunden und erwacht erst allmählich.

3 f. ἀκτῇ ἐπὶ προβλῆτι = ε 408, κ 89, ν 97. — νεηνίῃ ἀνδρὶ ἐοικώς = κ 278 vom Hermes entlehnt; statt πρωθήβη steht dort πρῶτον ὑπηνήτη, τοῦπερ χαριεστάτη ἥβη. Auch Athene verkleidet

ΔΙΟΝΥΣΟΣ Η ΛΗΣΤΑΙ.

sich v 222 ἀνδρὶ δέμας ἐικυῖα νέῳ ἐπιβώτορι μήλων παναπάλῳ. Dafs κ 278 dem Verfasser des Hymnus vorgelegen hat, wird um so sicherer, da gleich in vs. 5 wieder ein Odysseevers benutzt ist.

4. πρωθήβῃ. Dafs D. hier nicht notwendig als puer delicatus gedacht sein mufs, darüber s. die Einl. zu diesem Hymnus. Vgl. dagegen Ovid Met. 3, 607: virginea puerum ...: forma; Philostr. (l. l.) nennt ihn θῆλυς. Näher dem Hymnus steht Nonnus (vs. 120) νόθην δ᾽ ὑπεδύσετο μορφήν. — ἔθειραι vom Haupthaar h. Ven. 228. Vgl. jetzt Hacht qq. hom. Königsberg 1882 p. 20 ff., der schon π 176 aus der handschriftlichen Überlieferung die Bedeutung Menschenhaar konstatiert.

5. φᾶρος — ὤμοις = ο 61. Köchly (Opusc. I p. 219 f.) änderte περὶ λιπαροῖς, weil die στιβαροὶ ὦμοι nicht zu vs. 1 νεηνίῃ ἀνδρὶ pafsten. Doch handelt es sich hier um zwei homerische Formeln.

6. πορφύρεον. Ausführlicher Nonnus (l. l.) πέπλα . . . . . Τυρίῃ πεπαλαγμένα κόχλῳ. Derselbe giebt dem Dionysos noch eine goldene Halskette und ein blitzendes Diadem, um die Habsucht der Schiffer noch mehr anzuregen. — τάχα δ᾽ . . . . . προγένοντο „kamen zum Vorschein" Σ 525 ebenfalls bei Gelegenheit eines Raubzuges gebraucht. ἐυσσέλμου ἐπὶ ν. schrieb Köchly und mit ihm Abel; doch folgt in vs. 7 ἐπὶ οἴνοπα πόντον.

7. ἐπὶ οἴνοπα πόντον wie bei einem Verb. der Bewegung; besser wäre ἐνὶ οἴνοπι πόντῳ.

8. Τυρσηνοί werden allerdings Hes. Th. 1016 erwähnt, aber dort offenbar die etrurischen, welche das Lex. Hom. von Ebeling auch hier versteht. Aber wahrscheinlicher sind hier wohl die Inseltyrrhener gemeint, über welche vgl. O. Müller Orchom. Beil. I p. 437 ff. und Kiepert A. Geogr. § 286, 292. Wenigstens deutet nichts auf die westlichen Tyrrhener hin, dagegen spricht für die Inseltyrrhener, dafs vs. 29 als Ziele angegeben werden Ägypten, Kypros, die Hyperboreer. — Statt οἳ δὲ ἰδόντες wollte Köchly καί μιν ἰδόντες lesen. Doch ist die Form des Hymnus gerade hier sehr mangelhaft. Vgl. 6 und 7 τάχα — θοῶς, 9 τάχα δὲ . . . αἶψα δέ.

12. υἱὸν . . . βασιλήων wegen des Purpurmantels in vs. 6.

14. ἐκάθητο zuerst bei Aristophanes Eccl. 152, Aves 510, Ach. 638, Thuc. 3, 97; 5, 6. Cf. Kühner A. G. G. I p. 671.

15. Der Steuermann ist auch bei Ovid l. l. 610 der getreue

ΔΙΟΝΥΣΟΣ Η ΛΗΣΤΑΙ. 319

Warner. Derselbe erkennt den Gott sogleich an seiner Schönheit, nicht, wie hier, an seiner Stärke.

18. καρτερόν und οὐδέ wurde bisher durch ein Fragezeichen getrennt, es gehört aber zusammen. καρτερόν hängt zwar formell von δεσμεύεθ᾽ ἑλόντες ab, aber es ist gleich ἐπεὶ καρτερός ἐστιν οὐδὲ κτλ. Über die Schwierigkeit in der Setzung des Fragezeichens s. Bekker h. Bl. I p. 203 f.

19. ἦ γάρ ist als Beteurungspartikel zu fassen. — Übrigens ist es eine wunderlich zerfahrene Art der Vermutung: entweder ist er Zeus oder Apollon oder Poseidon, denn er gleicht nicht sterblichen Menschen u. s. w. Ebenso gut hätten alle übrigen Götter aufgezählt werden können.

22. αὐτόν habe ich wieder hergestellt. Dieses abgeschwächte αὐτός findet sich schon M 204, π 370. Baumeister schrieb αὖτις.

24. ὄρση ἐπ᾽ schrieb Barnes unnötigerweise. τε fügte Hermann hinzu.

25. ἀρχὸς ναυτάων auch ϑ 163.

26. ἅμα δ᾽ ἕλκεο hat Franke (z. St.) gut erklärt: simul h. e. mecum pande velum, adiuva me in expandendo velo. Es ist dann im folgenden vs. 27 nicht nötig σύμπανϑ in σύμ πάνϑ᾽ auseinander zu ziehen.

27. ὅδε δ᾽ αὖτ᾽ ἄνδρεσσι μελήσει. Dieselbe Wendung Z 492, Τ 137, α 358, λ 353, φ 352. Unter diesen Stellen pafst für die unsrige λ 353 noch am ersten, weil es sich in beiden nicht um einen Gegensatz zwischen Männern und Weibern handelt, sondern beidemal etwa ἄνδρες = πάντες steht.

29. Ὑπερβορέους. Über die Etymologie s. jetzt Curtius Grundz.[5] p. 348. Alles sonstige über die Hyperboreer findet man bei K. O. Müller Dorier I p. 267—279. Wo der Verfasser des Hymnus sich die Hyperboreer denkt, ob im Norden oder im Westen, ist nicht mit Sicherheit auszumachen. Doch erinnert die Zusammenstellung Ägypten, Kypros, Hyperboreer an Pindar Isthm. 6, 34. Danach urteilt das Lex. Hom. von Ebeling (s. v. Ὑπερβ.) mit Recht, dafs hier die Hyperboreer des Nordens gemeint seien.

30. Eine wunderliche Aufzählung, mag man erklären: „Er wird nennen seine Lieben, seine Besitztümer, seine Brüder" oder „seine Freunde, seine Besitztümer, seine Verwandten". Über κασίγνητος in dieser weiteren Bedeutung s. jetzt das Lex. Hom. von Ebeling. Jedenfalls wird die Vaterstadt vermifst. Indes

kann dergleichen bei einem solchen Machwerk nicht auffallen. Köchly's Interpolation der Verse (Opusc. I p. 220) ändert den Dichter.

32. Auffällig ist, dafs es von dem Kapitän heifst: ἱστόν τε καὶ ἱστία ἕλκετο νηός. Köchly und mit ihm Abel nehmen daher hinter εἰπὼν eine Lücke an. Doch haben sie in vs. 26 ἅμα δέ übersehen. Dort wird befohlen: Ziehe mit (mir), worauf er selber hier (im Imperf.) zu ziehen beginnt. Es ist alles in Ordnung.

33. Die handschriftliche Überlieferung ἔμπνευσεν δ' ἄνεμος μέσον ἱστίον ist unhaltbar. ἐμπνέω kann transitiv nur gebraucht werden in Verbindungen wie μένος etc. Hier müfste unbedingt der Dativ stehen wie Eurip. Cyclops 19 ἄνεμος ἐμπνεύσας δορί = νηΐ. Da nun die Stelle sonst an β 427 genau anklingt, ἔπρησεν δ' ἄνεμος μέσον ἱστίον, so war auch hier ἔπρησεν geboten.

34. καττάνυσαν. Vgl. Ovid Met. 3, 663 vela deducunt.

35. Da schon 33 aus β 427 stammte, so ist es nicht zweifelhaft, dafs θοὴν ἀνὰ νῆα μέλαιναν aus β 430 entnommen ist. Vgl. auch noch T 331 θοῇ ἐνὶ νηῒ μελαίνῃ. Unnötig ist daher die Konjektur Köchly's: οἶνος μὲν πρώτιστον ὅλην κτλ.

36. εὐώδης. β 339 heifst das Öl εὐῶδες und gleich dahinter findet sich οἶνος ἡδύποτος. Beides ist hier verbunden. — ὤρνυτο δ' ὀδμὴ ἀμβροσίη erinnert an ι 211 ὀδμὴ δ' ἡδεῖα . . . . ὀδώδει θεσπεσίη. — Die Weinquellen hat auch Nonnus übernommen, der wahrscheinlich unsern Hymnus gekannt hat. Vgl. Nonnus l. l. p. 147 f. πρύμνης δ' ἡδυπότοιο διαινυμένης διονύσου οἶνον ἀναβλύζουσα μέθης βακχεύετο πηγή.

37. Statt λάβε πάντας ἰδόντας schrieb Gent (p. 219) λάβεν ἄντα ἰδόντας; Flach (a. O.) vermutet entweder λάβε θαῦμα ἰδόντας oder λ. πάντα ἰδόντας, doch nur des Digammas wegen.

38. So wie hier der Weinstock um das Segel, der Epheu um den Mast, so zieht sich bei Ovid der Epheu allein um die Segel und schmückt dieselben mit seinen Blütendolden. Bei Nonnus schlingt sich der Epheu um den Mast (dieser aber ist zu einer belaubten Cypresse geworden), die Rebe um das Steuer. Bei Philostrat ist das Schiff des Bakchos in eine Laube von Weinlaub und Epheu verwandelt.

41. Vgl. Ovid l. l. 665: gravidis distinguunt vela corymbis.

43. Hermann und Franke schrieben nach dem Mosc. νῆ'

ΔΙΟΝΥΣΟΣ Η ΛΗΣΤΑΙ.

ἤδη, Jacobs νῆα θοὴν, Köchly νῆα πάλιν. Wenn auch νῆα hier sehr wohl gelesen werden kann, so ist doch die Konjektur nicht völlig überzeugend, da πελᾶν schon Aesch. Prom. 282 absolut gelesen wird. Die früheren (Ilgen, Wolf, Matthiae) lasen mit J. Barnes Μηδεΐδην; Ruhnken (Ep. cr. I. p. 60) versuchte Μήδην δή. Aber schon Franke bemerkte mit Recht, dafs der Name des Steuermannes hier etwas spät kommen würde. Derselbe heifst übrigens bei Ovid Met. 3, 696, Hyg. fab. 134 Acoetes. Nonnus, der unserm Hymnus am nächsten steht, nennt gar keinen Namen. Es ist daher wohl denkbar, dafs hier ein Adverbium zu suchen ist, wie νηπιέη oder etwas Ähnliches.

44. Dafs ὃ δ' auf Dionysos geht, mufs man aus dem Zusammenhange erraten.

45. νηὸς ἐπ' ἀκροτάτης. Derselbe Platz wird 47 ἐπὶ σέλματος ἄκρου genannt. Homer würde νηὸς ἐπ' ἰκριόφιν sagen.

47. ἂν δ' ἔστη μεμαυῖα. Dafs hier die Bärin gemeint ist, sollte durch ein besondres Subjekt kenntlich gemacht sein. Jacobi schrieb daher ἣ δ' ἔστη μ. Doch scheint ἂν vom Dichter mit Absicht gesetzt zu sein, um den Gegensatz auszudrücken: die Bärin droht von unten (sie richtet sich auf), der Löwe von oben (er blickt hinab).

48. δεινὸν ὑπόδρα ἰδών· Vgl. O 13, Hes. Sc. 445 δεινὰ δ' ὑπόδρα ἰδών (ἰδοῦσ'). Köchly schrieb, um die Zusammenstellung δεινὸν ὑπόδρα zu vermeiden, θῦνεν. Doch bemerkte Baumeister (p. 342) mit Recht, dafs ὑπόδρα ἰδών nicht zu einem Verbum der Bewegung passe.

50. 51. Köchly schrieb unter Billigung Baumeisters (p. 342) ἐπόρουσεν ἀρχὸν ἔπ'. Baumeister meint, man wisse bei der überlieferten Lesart nicht, was mit dem Kapitän geschehen sei. Meines Erachtens giebt die Überlieferung das besser als die Konjektur Köchlys. Während der Löwe bei Köchly nur losspringt auf den Kapitän, „fafst", d. h. „erlegt" er ihn nach der Überlieferung. Diese Bedeutung von ἕλε ist so gewöhnlich in der Ilias, dafs es besondrer Beispiele nicht bedarf. — ἐξαλύοντες veränderte Barnes ohne Not in ἐξαλέοντες. Das erstere wird geschützt durch Nonnus l. l. vs. 152: ἐβακχεύοντο δὲ λύσσῃ εἰς φόβον οἰστρηθέντες.

53. Auch hier sollte die Veränderung des Subjekts deutlicher bezeichnet sein. S. zu 44. 47.

55. Das verdorbene δῖε κάτωρ ist immer noch nicht ge-

heilt. Weder Martins Versuch (V. L. IV p. 3) der Erklärung (κάτωρ = κάστωρ Steuermann von κάζω) noch die bisherigen Emendationsversuche sind befriedigend. Ich erwähne von den letzteren zunächst folgende: H. Stephanus schrieb δῖε πάτωρ, Wolf δῖ᾽ ἐλατήρ, Ilgen δῖ᾽ ἄκτωρ. Doch bemerkte schon Baumeister (p. 342), dafs δῖε hier mifsfalle. Er suchte den Namen des Steuermanns hier (s. zu 43). Köchly schrieb: θάρσει, φίλε πάτερ; aber wenn man sich soweit von der Überlieferung entfernen will, läge es näher zu lesen: θάρσει μηδέτι τάρβει ἐμῷ κεχ. θ. Doch wäre es auch möglich, dafs Dia, der alte Name von Naxos, hier erwähnt war. Vgl. Ovid Met. 3, 690: Excute corde metum Diamque tene.

57. Διὸς — μιγεῖσα = h. Merc. 4 = h. XVII 4. Zur Sache vgl. Hes. Th. 940: Καδμείη δ᾽ ἄρα οἱ Σεμέλη τέκε φαίδιμον υἱὸν μιχθεῖσ᾽ ἐν φιλότητι.

58. οὐδέ πη ἔστιν κτλ. Hat Bergk (LG. p. 747) aus dieser Phrase geschlossen, dafs manche Sänger den Dionysos vorzugsweise anriefen?

VII.

ΕΙΣ ΑΡΕΑ.

Dafs dieser Hymnus in Ton und Sprache von allen übrigen abweicht, darüber herrscht allgemeine Übereinstimmung. Die Mehrzahl der Forscher seit Ruhnken (Ep. crit. I p. 60) rechnet ihn zu den orphischen Hymnen. Vgl. Groddeck p. 59, O. Müller LG. p. 121, Bernhardy LG. II I p. 221, Sittl LG. I p. 195, Baumeister p. 343, Bücheler h. Cer. p. 1, Stoll in Roschers Myth. Lexicon p. 482. G. Hermann nahm ihn in seine Sammlung der orphischen Hymnen als no. 88 auf und bemerkte: Piaculum fecissem, nisi hunc hymnum, qui inter Homericos legitur, Orphicis addidissem. Bergk (LG. I p. 752) aber sprach diesem Verfahren jede Berechtigung ab, vielleicht beeinflufst durch A. Matthiae, der den Hymnus noch lieber zu den philosophischen rechnen wollte. Vgl. auch O. Müller LG. I p. 121 A. 3 und Abel p. 93. Doch wenn Matthiae urteilte, dafs im letzten Teile des Hymnus die Bitte enthalten sei, das Herz von schlechten Begierden (pravis libidinibus) zu reinigen, so ist das nicht völlig zu unterschreiben. Der Gedankeninhalt ist nicht so sehr verschieden von dem orph.

ΕΙΣ ΑΡΕΑ.

Hymnus 65; während dort Ares gebeten wird inne zu halten in seinem Thun und sich zu den Werken des Friedens zu wenden, bittet der Dichter hier um ein friedlich gesinntes Herz. Die Kriegslust heifst (12) κακότης πικρή und (13) ψυχῆς ἀπατηλὸς ὁρμή, die Gesetze des Friedens dagegen sind ἀπήμονες (16). In der ganzen ersten Hälfte unterscheidet sich der Hymnus in nichts von den orphischen.

Es ist daher merkwürdig genug, wie dieser Hymnus unter die homerischen gelangen konnte. Nach Baumeister (p. 103) wäre er von dem Hersteller unsrer Sammlung aus Unkenntnis als homerisch aufgenommen worden, da aber soviel aus dem, was in der Einleitung zu den Hymnen gesagt ist, feststeht, dafs die Alexandriner auch die kleineren homerischen Hymnen schon kannten, so müfste zum mindesten eine nachträgliche Ergänzung der Sammlung angenommen werden. Bücheler dagegen (p. 1) und Guttmann (h. cr. p. 43) schieben seine Aufnahme einem Schreiberversehen zu. Der erstere meint, der Hymnus sei zu der Zeit in unsre Sammlung geraten, wo die homerischen Hymnen mit den orphischen verbunden wurden. Da aber diese Verbindung der homerischen und der orphischen Hymnen keine ständige ist, so bleibt die Vermutung Büchelers ebenso unsicher als die Baumeisters.

1. ὑπερμενέτα, wie πολισσόε (vs. 2) und βιότης (vs. 10) sind nur in diesem Hymnus vorkommende Worte. — βρισάρματος heifst Ares auch Hes. Sc. 441, χρυσεοπήληξ Athene bei Callim. 5, 43.

3. καρτερόχειρ nur noch in dem ganz späten Epigr. Anth. Pal. 9, 210. — δορυσθενής schon Aesch. Choeph. 158.

4. Wenn Ares hier Vater der Nike und Bundesgenofs der Themis genannt wird, ist das ein rein symbolischer Ausdruck ohne alle mythologische Grundlage. Hes. Th. 384 ist Nike Tochter der Styx und des Pallas.

5. τύραννος. Cf. Aesch. Prom. 224 ὁ τῶν θεῶν τύραννος. Archil. frgm. 25, 3 μεγάλης δ᾽ οὐκ ἐρέω τυραννίδος. Vgl. Bergk Poett. lyrr. II p. 390. Nach dem Schol. Soph. Oed. Tyr. Arg. ist das Wort jung: ὅτι δὲ νεώτερον τὸ τοῦ τυράννου ὄνομα δῆλον. οὔτε γὰρ Ὅμηρος οὔτε Ἡσίοδος οὔτε ἄλλος οὐδεὶς τῶν παλαιῶν τύραννον ἐν τοῖς ποιήμασιν ὀνομάζει. Kürzer ebenso Schol. Aesch. Prom. 224. Das Wort wird hier in dem Sinne „Gewaltherrscher" gebraucht.

6. σκηπτοῦχος substant. König der Tapferkeit, d. i. der

Tapferen. Vgl. Orph. 55, 11. — παραυγέα κύκλον ἑλίσσων. Nach Preller Myth. I p. 269 wäre hier die Sonne gemeint, was schwerlich richtig ist. Nach der gewöhnlichen Erklärung, die in vs. 10 πρηὺ καταστίλβων σέλας eine gute Stütze hat, handelt es sich hier um den Planeten Mars, der bekanntlich in rotem Lichte erglänzt. Vgl. Bergk a. O. p. 752.

7. αἰθέρος ἑπταπόροις ἑνὶ τείρεσιν erklärte schon Matthiae durch Proclus h. IV 7 εἴτε καὶ ἑπτὰ κύκλων ὑπὲρ ἄντυγας αἰθέρα ναίεις. Bergk bemerkte, daſs vor Anaximander an Sphären nicht zu denken ist. Doch würde in Anaximanders Zeit wohl niemand diesen Hymnus setzen.

8. τριτάτης ὑπὲρ ἄντυγος wird durch die eben citierte Proclusstelle erklärt.

9. κλῦθι καταστίλβων wird durch h. Orph. 3, 9; 27, 11; 33, 27 geschützt. Hemsterhuys und Ilgen schrieben κατάστιλψον. — εὐθαρσέος in DM ist eine offenbare Besserung des in E und einigen Handschriften der Pariser Klasse überlieferten εὐθαλέος, welches gewöhnlich das α kurz hat, aber doch auch mit langem α vorkommt. εὐθηλῇ schrieb schon Jacobs Anth. Pal. 9, 247.

10. βιότης vielleicht νεότητα? „Das Wort βιότητα weist in sehr späte Zeit" Bernhardy LG.³ II I p. 417.

16. Ares ein Friedensbringer? Zu Grunde liegt, wie schon A. Matthiae erkannte, die Anschauung, daſs derjenige, welcher den Schaden bringt, ihn auch heilen kann.

17. Wolf und Ilgen schrieben mit Barnes βιαίας, doch verteidigte Baumeister mit Recht βιαίους mit Plato Rep. 3, 399 A. und Legg. 10, 885 A.

VIII.
ΕΙΣ ΑΡΤΕΜΙΝ.

Ein wertloses Machwerk, dem durch Athetesen schwerlich aufzuhelfen ist. Artemis begiebt sich in dem Hymnus nach Klaros zu dem sie erwartenden Bruder. Daraus hat man (vgl. O. Müller LG.³ I p. 122 und Baumeister p. 344) geschlossen, daſs beide an einem Feste gefeiert wurden, was immerhin möglich wäre. Ihr Weg führt die Göttin über Smyrna nach Klaros. Daraus folgert Bergk (LG. I p. 752) unter Zustimmung von Duncker

(A. G.⁵ 5, 198), dafs der Hymnus nach· der Ionisierung Smyrnas verfafst sei, Flach (Gesch. d. Lyrik I p. 42) das gerade Gegenteil. In Wirklichkeit läfst sich daraus weder das eine noch das andre schliefsen.

1. ἕκατος s. I 1.

2 = I 199, eine lästige Wiederholung von vs. 1; aber da das Ganze nichts wert ist, wird man schwerlich mit Guttmann (p. 41) den Vers tilgen wollen.

3. ἄρσασα von ἄρδω. Vgl. Herod. 5, 12 ἦρσε τὸν ἵππον und. Euphor frgm. 75 Mein. οἳ δ' οὔπω Σιμόεντος Ἀχαιΐδας ἤρσαμεν ἵππους. — Warum der Meles, an dem Smyrna liegt, hier genannt wird, ist nicht recht abzusehen. Weder dieser noch Smyrna haben für den Apollonkult irgend welche Bedeutung; doch glaubt Welcker (Ep. Cykl. I p. 367 A. 653), dafs damit eine Anspielung auf Homer beabsichtigt sei.

4. ἅρμα διώκειν findet sich schon Aesch. Pers. 84, Herod. 7, 140.

5. In den Aufzählungen der Kultstätten Apollons (Apoll. Rhod. A 307 f., Ananius bei Bergk Anth. lyr. p. 167, Ovid Metam. 1, 225) fehlt Klaros nie. — Der Wein von Klaros ist nicht besonders berühmt, doch wuchs an der ganzen Küste ein treffliches Gewächs. S. Strabo 14, 15 p. 637.

6. ἑκατηβόλος heifst Artemis nur hier, wie Guttmann p. 41 bemerkte.

7. Die Besserung θεαί θ' ist auch von G. Hermann gefunden und durchaus notwendig, weil ἀοιδῇ sonst nur zu ἅμα πᾶσαι passen würde. Zugleich ist zu einem Gegensatz σὺ μὲν . . . θεαί δέ kein Grund. — Bücheler bei Guttmann (a. O.) wollte lesen: θεά, ἵλαμαι δέ σ' ἀοιδῇ, wozu das folgende αὐτὰρ ἐγὼ κτλ. nicht mehr pafst, weshalb dann der ganze Vers mit Ilgen gestrichen wird. Die ganze Konjektur aber ist unnötig, weil vs. 7 ebenso 14, 6 lautet.

8. Der Vers ist abgeschmackt weitläufig. Aber wer 2 hinter 1 folgen liefs, konnte auch 8 hinter 7 vertragen.

9. Über die Formel ἄλλον ἐς ὕμνον, welche noch h. Cer. 293, 18, 11 steht, vgl. Bergk LG. I p. 746 A. 12.

IX.
ΕΙΣ ΑΦΡΟΔΙΤΗΝ.

Aus diesem Hymnus, welcher der kyprischen Aphrodite gilt, wollte Welcker (Ep. Cykl.² I p. 282) schliefsen, dafs am Feste der Kypris in Salamis rhapsodiert wurde, dafs der Hymnus wohl gar ein Prooimion zu den Kyprien sei. Es bedarf keiner langen Auseinandersetzung, um diesen Schlufs als äufserst problematisch zu erkennen.

1. *Κυπρογενέα*. Vgl. Hes. Th. 199. — *Κυθέρεια* ist als Nom. pr. gebraucht wie θ 288, σ 193, namentlich aber vgl. Plato El. 26 ἡ *Παφίη Κυθέρεια* und Hes. Th. 386: *Κυπρογενὲς Κυθέρεια*.

2. Was sind die *μείλιχα δῶρα*? Theognis 1304, 1332 ist es die Schönheit. Doch s. Mimnerm. Nanno 1, 3 *κρυπταδίη φιλότης καὶ μείλιχα δῶρα καὶ εὐνή*. — *ἐφιμερτῷ* und *ἐφιμερτὸν* habe ich mit Lennep hergestellt, wie es in E vs. 3 überliefert ist. Die Betonung ist dieselbe wie in *ἐφαπτός, ἐφεκτός* u. ä.

3. *ἄνθος*. Franke ergänzt zu *φέρει* sc. hominibus. Das ist schwerlich richtig. Sie selber heifst ja *Ἄνθεια* und ist immer mit Blumen bekränzt. S. Preller Myth.³ I p. 283, Roscher Myth. Lex. p. 398. Doch ist der Singular immer noch bedenklich. Sollte *ἔσθος* zu schreiben sein? Die Kleidung der Aphrodite spielt sowohl im 3. als im 5. Hymnus eine grofse Rolle.

4. 5. Die Varianten von M sind aus dem Bestreben hervorgegangen den Übelstand zu verbessern, dafs erst die Stadt Salamis und dann die ganze Insel Kypros genannt wird. Anders urteilt Hollander die hdschr. Überl. der hom. Hymnen p. 32.

X.
ΕΙΣ ΑΘΗΝΑΝ.

1. *ἐρυσίπτολις* heifst Athene schon Z 305 und noch h. 27, 3. Wie es dort zweifelhaft ist, ob Athene „Stadtretterin" oder „Stadtzerstörerin" heifsen soll, so auch in unserm Hymnus. Ebeling Lex. Hom. s. v. erklärt zwar urbem tutans, patrona urbis, was allerdings in vs. 4 deutlich ausgedrückt ist, aber in vs. 3 auch die andre Bedeutung. Ähnlich urteilte schon Franke:

Poeta Minervam ἐρυσίπτολεν invocavit h. e. eam deam, quae quum bellorum moderatrix sit, victoriamque quibus velit det adimat.ve, urbes populorum nunc vastet nunc tueatur.

5. Das Fehlen einer Übergangsformel merkt an Bergk LG. p. 746 A. 10.

XI.
ΕΙΣ ΗΡΑΝ.

Da dem Hymnus die Schlufsklausel fehlt, so vermutete Bücheler bei Guttmann (p. 46), dieselbe sei vom Schreiber des Archetypus weggelassen, da der folgende Hymnus eingeschoben werden sollte. Doch ist die Vermutung unsicher, da eine nachträgliche Einschiebung von seiten eines Abschreibers sich für h. XII nicht beweisen läfst.

1. Die Quantität ἀείδω ($\smile - \smile$) findet sich noch h. XVII 1, XXXI 1 und Callim. h. I 304.
2. ἀθανάτην haben alle Handschriften, auch E. Dasselbe behielten Ilgen, Hermann, Wolf. Erst Franke schrieb nach Matthiae ἀθανάτων mit der Bemerkung: „Vulgo ἀθανάτην, quod quam laudem contineat Iunonis non video." Doch heifst sie bei Clemens Alex. (Strom. I 418) ganz ähnlich Ὀλυμπιὰς βασίλεια Ἥρη Ἀργείη. — Über die hervorragende Schönheit der Hera s. Preller Myth.[3] I p. 138.
3. κυδρήν übersetzt Preller Myth.[3] I p. 135 durch „gestreng, eifrig".
4. Ein Beispiel der Verehrung der anderen Götter für Hera s. O 85.

XII.
ΕΙΣ ΔΗΜΗΤΡΑΝ.

Das kurze Poem ist ein blofser Cento. vs. 1 = h. Cer. 1, vs. 2 = h. Cer. 493 und vs. 3 = Callim. h. VI 134. Es könnte zweifelhaft sein, ob der Vers des Callimachus das Original des unsern bietet, aber da der Hymnus des Callimachus ebenfalls an Demeter gerichtet ist, so wird man kaum anders urteilen können, als dafs hier aus den 3 zusammengerafften Versen ein Neues geschaffen ist. Nach Guttmann (p. 44) fiele die Entstehung des XII. Gedichts in die byzantinische Zeit, Guttmann stützte sich namentlich auf die Schlufsformel ἄρχε δ' ἀοιδῆς und meint, dafs dieselbe nur von den Musen passend sei. Wenn es aber vom Sänger ϑ 499 heifst ϑεοῦ ἤρχετο, so kann wohl auch vom Gotte in übertragener Weise stehen: ἄρχε δ' ἀοιδῆς. Es wird daher am sichersten sein, nur soviel zu behaupten als man beweisen kann und sich damit zu begnügen, dafs das Machwerk hinter Callimachus entstanden sein mufs.

Damit fällt erstens die Meinung Frankes (Praef. p. XVII), welcher das Gedicht für die Einleitung eines längeren Hymnus hielt. Dagegen spricht auch noch, dafs vs. 2 so aus h. Cer. 493 zurecht gemacht ist, dafs er den Satz schliefst, was im Original nicht der Fall ist. Zweitens fällt die Meinung Baumeisters, nach welchem das Poem von einem fremden Rhapsoden in Attika gesungen sei; denn τήνδε πόλιν (vs. 3) könne kein Athener sagen. Aber da vs. 3 aus Callimachus stammt, so müfste man annehmen, dafs auch das Gedicht des Callimachus für Attika bestimmt gewesen wäre. Aufserdem wies Guttmann· τήνδε πόλιν aus einem attischen Skolion nach. S. Bergk Anth. lyr. p. 349 Nr. 2.

2. Φερσεφόνεια ist nach Baumeister in D A B C überliefert. Ob in D, ist mir zweifelhaft, da die Ed. princ. nach Baumeister Περσεφόνεια hat. Περσεφόνεια steht in M sowohl hier wie h. Cer. 493. E scheint Φερσεφόνεια zu haben, da Hollander zu Baumeisters Φερσεφόνεια nichts bemerkt.

3. σάου haben alle Handschriften. Zwar schrieb man seit Barnes hier σάω, wie die Codd. des Callimachus a. O. Aber schon Cobet und Herwerden Quaestt. epp. et elegg. p. 59 verlangten σάου für ν 230 und ρ 595.

XIII.

ΕΙΣ ΜΗΤΕΡΑ ΤΩΝ ΘΕΩΝ.

Der Name der Göttermutter, Rheia, fehlt hier, steht aber h. Cer. 442. 459.

1. Vgl. h. Orph. 26, 1, wo Gaia μήτηρ μακάρων θνητῶν τ' ἀνθρώπων genannt wird.

3. σύν τε. Vgl. ω 387 ἦλθε Δολίος, σὺν δ' υἱεῖς. — βρόμος αὐλῶν auch h. Merc. 452.

4. 5 erinnern an h. Ven. 70. 74. Dort finden sich zusammen Wölfe und χαροποὶ λέοντες, dort auch ἔναυλοι σκιόεντες. Das ist kaum zufällig. Da nun Rheia eine Hauptkultstätte auf dem Ida hatte, so mag dem Verfasser die mater Idaea hier vorgeschwebt haben. — ὑλήεντες ἔναυλοι finden sich auch h. XXV 8; unsre Stelle zeigt deutlich, daſs es hier s. v. a. (Fluſs-)Thal bedeuten soll, ein Sinn, den es bei Homer nicht hat.

6 = VIII 7.

XIV.
ΕΙΣ ΗΡΑΚΛΕΑ ΛΕΟΝΤΟΘΥΜΟΝ.

Daſs der Titel des Hymnus byzantinisch ist, hat schon Baumeister nachgewiesen. Derselbe sollte wohl eine Nachahmung des Theokritischen Ἡρακλῆς λεοντοφόνος (id. 25) sein. Dann liegt aber auch der Verdacht nahe, daſs der ganze Hymnus byzantinisches Fabrikat ist. Indes ist auf den Titel allein nicht viel zu geben, da eine gewisse Verschiedenheit zwischen Titel und Hymnus sich auch sonst zeigt. S. zu 23, 1. Jedenfalls aber wird das Gedicht nicht jünger sein als das folgende, vielleicht sogar stammen beide von demselben Verfasser.

Baumeister (p. 347) hält das Gedicht für attisch, weil Herakles zuerst in Attika göttlich verehrt wurde. Er citiert Diodor. 4, 39: Ἀθηναῖοι πρῶτοι τῶν ἄλλων ὡς θεὸν ἐτίμησαν θυσίαις τὸν Ἡρακλέα. Ist aber die Entstehung des Gedichts eine so späte, wie ich vermute, so ist die göttliche Verehrung des Herakles kein Beweis für den attischen Ursprung. Groddeck (p. 48) und Ilgen (p. 590) hielten das Gedicht für die Einleitung einer Heraklee, eine Meinung, die schon von Baumeister (a. O.) zurückgewiesen wurde.

2. λ 265 heiſst Theben εὐρύχορος Θήβη, was hier nicht in den Vers passen würde.

4—6. Die Lesung von M erkannte schon G. Hermann (Ep. p. CXIV) für eine jüngere Recension. Sie sind ebenso zu beurteilen wie h. IX 4 f., nämlich als beabsichtigte Verbesserungen. S. auch meine Vorrede p. XII. Statt ἀθέσφατον würde Homer ἀπείρονα und statt κατά wohl ἐπί haben. Es scheint das attische καὶ κατὰ γῆν καὶ κατὰ θάλατταν vorgeschwebt zu haben.

5. πομπῇσιν ὕπ' Εὐρυσθῆος wie Z 171 θεῶν ὑπ' ἀμύμονι πομπῇ. Die Bedeutung „Auftrag" für πομπή ist nicht homerisch, doch s. schon Eurip. Herc. fur. 580 Εὐρυσθέως πομπαῖσι.

6. Der Form nach würde χ 47 sehr gut hier passen: πολλὰ μὲν ἐν μεγάροισιν ἀτάσθαλα, πολλὰ δ' ἐπ' ἀγροῦ. Doch hat ἀτάσθαλα hier nicht denselben Sinn.

8. καὶ — ἥβην = λ 603.

9. δίδου — ὄλβον = h. XIX 8 = Callim. h. I 96. Übrigens fehlt auch hier eine Übergangsformel zum nachfolgenden epischen Vortrag. S. Bergk LG. I p. 746 A.

XV.
ΕΙΣ ΑΣΚΛΗΠΙΟΝ.

Baumeister (p. 348) gesteht nicht zu wissen, wann und wo der Hymnus entstanden ist. Groddeck (p. 49) witterte in demselben wieder ein episches Fragment. Die drei ersten Verse citiert schol. Pindar. Pyth. III 8 unter der Marke: ἐν δὲ τοῖς Ὁμηρικοῖς ὕμνοις. Damit ist doch ein gewisser chronologischer Anhalt gegeben. Die Geburt des Asklepios Δωτίῳ ἐν πεδίῳ stammt aus den grofsen Eöen des Hesiod (s. Strabo IX 442, XIV 647). Ob der Hymnus sich noch genauer an Hesiod anlehnte, mufs dahingestellt bleiben. Die verschiedenen Überlieferungen über die Geburt des Asklepios s. bei Haupt. Opusc. III p. 353, O. Müller Orchom. p. 199, Schultz Phlegyersagen N. J. 1882 p. 345—350, v. Wilamowitz Isyll von Epidauros p. 13 ff.

1. Nebeneinander stehen das ionische ἰητῆρα und das attische νόσων. — Ἀσκληπιός stammt nach Eschweilers überzeugender Ausführung (Brühl 1885) von ἀσκάλαϝος = ἀγλαός. Auch v. Wilamowitz Isyll v. Epidauros p. 44 geht auf ἄσγλα = αἴγλη zurück.

2. Koronis heifst nach Preller (I p. 404) die Mutter des Heilgottes, weil die Krähe ein langlebiger Vogel ist. Eine andre Erklärung giebt A. Schultz (a. O.).

3. Φλεγύου. Der Scholiast citiert Φλεγύα mit dorischem Genetiv. Dafs Φλεγύα aus Pindar stammt, erkannte schon Bau-

meister. Derselbe behielt es wie Wolf, Ilgen, Hermann im Texte. Guttmann (p. 28) hätte sich dabei beruhigen sollen. Franke schrieb nach einer Vermutung G. Hermanns Φλεγύω, um eine epische Form herzustellen. Aus demselben Grunde vermutete Ernesti Φλεγύαο, Barnes Φλεγύεω. Aber wo man νόσων (in vs. 1) dulden mufs, kann Φλεγύου nicht anstöfsig sein. — Über Phlegyas, den Eponymos des Phlegyervolkes s. oben S. 151, ferner O. Müller Orchom. p. 188, Schultz a. O. p. 349.

4. θελκτῆρ'. Durch dieses Wort wird vielleicht auf das geheimnisvolle Heilverfahren der Asklepiaden angespielt.

XVI.
ΕΙΣ ΔΙΟΣΚΟΥΡΟΥΣ.

Die Verse sind nichts wie eine Verkürzung von h. XXXII, wie schon Baumeister (p. 369) und Bergk (LG. I p. 750) erkannt haben. Die Entstehung des Poems dürfte daher in dieselbe Zeit fallen wie die von XII, XVII und XXIV.

1. ἀείδεο mit Franke in ἀείσεο zu ändern liegt bei einem so späten Machwerk kein Grund vor, zumal XIX 1 derselbe Anfang wiederkehrt.

3. τοὺς — κορυφῆς = h. XXXII 4.

4. κελαινεφέι Κρονίωνι = h. XXXII 5.

5 = XXXII 18. — Auch hier fehlt ein Übergangsvers zu nachfolgendem epischen Vortrag, wie Bergk LG. p. 746 A. 10 bemerkt hat.

XVII.
ΕΙΣ ΕΡΜΗΝ.

Während noch A. Groddeck (p. 27) glaubte, der Hymnus sei ein Fragment, welches der Verfasser unsrer Sammlung aus einer andern Quelle entnommen habe, ist man jetzt darüber einig, dafs derselbe direkt aus h. Merc. stammt. S. schon Ilgen (p. 589), G. Hermann (Ep. p. XXXVII), O. Müller (LG.[3] I p. 120), Bergk (LG. I p. 750). Man hat verschiedene Gründe der Entstehung des Hymnus ersonnen. Nach Franke (zu h. Merc. 65) war der gröfsere Hymnus so schlecht überliefert, dafs der erste Schreiber froh war, als er die ersten Verse abgeschrieben hatte und schnell einen Schlufs anhängte; nach Schneidewin (Phil. III p. 660) schrieb ihn ein Gräculus auf, um den leeren Raum seines Exemplars zu füllen; nach Baumeister (p. 187 n.) und Abel (p. 96) schrieb ihn ein Grammatiker an den Rand seines Exemplars. Alle diese Vermutungen sind höchst wohlfeil. Man hätte sehen sollen, dafs gerade die Verse aus dem gröfseren Hymnus entnommen sind, die sich auf die Geburt des Gottes beziehen, ganz wie in dem vorigen Hymnus. Beide Hymnen sind also ganz gleich zu beurteilen. Da nun auch h. XV nichts weiter als die Geburt des Asklepios enthält, dieser Hymnus aber vom Schol. Pind. citiert wurde, so ist anzunehmen, dafs h. XVI und h. XVII aus derselben Zeit stammen, wie h. XV.

1. Über die Quantität von ἀείδω (— ‿) s. zu XI 1. — Die Änderung Κυλλήνιον Ἀργειφόντην hat schon Baumeister richtig als eine Besserung aufgefafst gegenüber dem h. Merc., wo der Muttername vs. 1 und 3 und zwar in doppelter Form angegeben wird.

4. Ἄτλαντος θυγάτηρ. Über diese Genealogie s. Preller Myth.³ I p. 382. — Die Veränderung schafft den gleichen Versanfang in vs. 4 und 7 des h. Merc. weg.

vs. 5 u. 9 sind durch die Formen ἀλέεινεν statt ἠλεύαθ' und λάνθανε statt λῆθων Daktylen an Stelle der Spondeen gesetzt. In beiden Fällen aber sind beide Formen schon homerisch.

10 = h. Merc. 579.

11 = h. Ven. 294, h. VIII 9.

12. Der Vers würde auch für sich allein den Hymnus schliefsen können. Nach Ilgen (p. 589) und Hermann (Ep. p. XXXVII) stammte er von einem andern Rhapsoden; nach Schneidewin (a. O.) habe der Verfasser des Hymnus auch gleich den doppelten Schlufs hinzugefügt; Franke (p. XVII) und Baumeister halten ihn für einen fremden Zusatz, der erstere für ein Glossem. Und dabei wird es sein Bewenden haben müssen. —χαριδῶτα. Das Beiwort beruht vielleicht auf o 320 διάκτορος, ὅς ῥά τε πάντων ἀνθρώπων ἔργοισι χάριν καὶ κῦδος ὀπάζει. Vgl. Preller Myth.³ I p. 338.

XVIII.
ΕΙΣ ΠΑΝΑ.

Litteratur.

Ruhnken Ep. crit. I p. 62—76.
A. Matthiae Animadvv.
Groddeck Comm. p. 50—54.
A. Köchly Opusc. I p. 213 ff.
Lenz N. Bibl. 65 p. 78.
A. Koehn Observationes de homerico in Pana hymno Guben 1876 Progr.
Flach Das nachhes. Digamma in Bezzenbergers Beitr. II p. 39 f.
v. Wilamowitz Aus Kydathen p. 124.
Guttmann De h. h. hist. crit. p. 49 f.
Vofs Myth. Br. I p. 80 ff.
Baumeister Comm. p. 350.
G. Bernhardy LG.[3] II I p. 221.
Bergk LG. I p 751.
Sittl LG. I p. 199.
Preller Myth.[3] I p. 614 ff.

Der Inhalt des schwierigen Hymnus ist folgender: Singe den Pan, o Muse, der mit den Oreaden zusammen auf den Bergwiesen schwärmt. Er aber streift [bei Tage] umher durch das Gebüsch, bald angezogen durch weiche Wiesen, bald auf steilen Bergen die Herden behütend; oft auch eilt er durch die Berge und jagt durch die Schluchten als Vertilger der Raubtiere. Dann aber des Abends kehrt er unter süfsem Flötenschall von der Jagd zurück; dann tanzen und singen mit ihm an der dunklen Quelle die Nymphen des Berges; er aber rührt die flinken Füfse, ein Luchsfell um die Schultern, ergötzt durch die lieblichen Lieder (26). Sie singen aber die seligen Götter und den hohen Olymp, so z. B. auch die Geburt des Pan (27—46).

Schon aus der Inhaltsangabe geht hervor, dafs der Hymnus in zwei Hauptteile zerfällt. Es ist daher erklärlich, dafs Groddeck (p. 50) die beiden Teile verschiedenen Verfassern zuschrieb, weniger erklärlich, dafs er bis auf den heutigen Tag Gläubige fand (vgl. Guttmann p. 53). Groddeck witterte überall epische Fragmente, darum glaubte er, der zweite Teil stamme aus irgend einer Theogonie, Lenz (p. 78) dachte an die grofsen Eöen. Gegen Groddeck erklärten sich Ilgen (p. 577), Baumeister (p. 350) und neuerdings Koehn (p. 8 n.). Matthiae, der zuerst (in den

Animadvv.) Groddeck gefolgt war, nahm seine Zustimmung in der Ausgabe zurück. Die Gründe Groddecks waren folgende: 1. „Die Geburt des Gottes hätte müssen vorangestellt werden." Dagegen ist einfach auf h. Merc. 59 ff. hinzuweisen, wo Hermes in derselben Weise auf der neu erfundenen Kithara seine Geburt singt. Ganz gleich in der Anlage, nur dafs der 2. Teil nicht ausgeführt wird, ist h. XXVI (in Dianam). 2. „Der Verfasser wiederholte sich selbst, denn vs. 2 ist gleich 37" (!). 3. „Zwischen vs. 27 ($ὑμνεῦσι$) und 29 ($ἔννεπον$) findet ein Tempuswechsel statt." Derselbe Wechsel aber findet sich auch zwischen vs. 10 und 12. 4. „Die Erzählung ist in der zweiten Hälfte weniger lieblich." Darauf antwortete schon Ilgen (p. 574), dafs dies nicht am Dichter, sondern am Stoff liege. Schwerwiegender wäre, wenn wahr wäre, was Guttmann (p. 53) behauptet, dafs der erste Teil sich durch seine Sprache als junges Dichtwerk zeige. Er weist hin auf $πίση$ (2), $παρατρέχω$, $ἔκλαγεν$, den Sing. $σφιν$ (19). Auch das Relativum $τόθι$ (25) und $ῥεῖθρον$ s. v. a. Flufsufer gehört dahin. Aber auch der 2. Teil hat dergleichen. Vgl. $νύμφη$ s. v. a. Tochter, $τιθήνη$ in der Bedeutung „Mutter" (38), die Form $Ἑρμείην$ (28), der Accus. $χέρα$. Man wird daher den Hymnus, so wie er ist, belassen müssen.

Aus den eben berührten Eigentümlichkeiten der Diktion ergiebt sich auch die Abfassungszeit des Gedichts. Der Hymnus mufs danach in die alexandrinische Zeit (so Guttmann a. O., Sittl LG. I p. 199) fallen oder wenigstens nicht viel früher. Vofs (Myth. Briefe I p. 84) setzte ihn zwischen Hesiod und Pindar, Baumeister (p. 350) noch weiter herunter nach der Schlacht bei Marathon, weil die Verehrung des Pan, der weder bei Homer, noch bei Hesiod vorkommt, erst seit den Perserkriegen in Athen Platz griff. S. darüber Herod. 6, 105, Simonides frgm. 133 (Bergk Anthol. p. 300) und im allgemeinen Preller Myth." I p. 614.

Fällt der Hymnus aber in eine so späte Zeit, wie oben angenommen wurde, so wird man ihn weder wie Baumeister (p. 350) für ein Prooimion für die Panathenäen erklären, noch überhaupt wie v. Wilamowitz den attischen Ursprung desselben mit Sicherheit behaupten können (s. zu vs. 46).

Schliefslich erwähne ich noch (nach Koehn p. 5) die nur in diesem Hymnus vorkommenden Worte $ἀγλαέθειρος$ (5), $φιλόκροτος$ (2), $μηλοσκόπος$ (? 11), $χοροηθής$ (? 3), $τερατωπός$ (36), $λιγύμολπος$ (19), $ἀνακέκλομαι$ (5).

ΕΙΣ ΠΑΝΑ.

1. ἀμφί s. zu VI 1. — Dafs es auch noch andre Genealogieen des Pan gab, darüber s. Preller Myth.³ I p. 616.
2. Die Handschriften bieten hier ebenso konstant αἰγοπόδην wie vs. 37 αἰγιπόδην. Hermann, Wolf, Franke schreiben an beiden Stellen αἰγιπόδην, Ilgen und Baumeister behalten jedes an seiner Stelle. — Die Ziegenfüfse Pans erwähnt bereits Simonides frgm. 133 (Bergk Anthol. p. 300): τὸν τραγόπουν ἐμὲ Πᾶνα τὸν Ἀρκάδα τὸν κατὰ Μήδων τὸν μετ' Ἀθηναίων στήσατο Μιλτιάδης. — δικέρωτα, die regelmäfsige Bildung s. κ 158 ὑψίκερων. — πίση änderte Ilgen in πίσεα, doch bemerkte Hermann mit Recht: Elegantis hic est, sed recentioris poetae hymnus. Aufserdem vergleicht Koehn (p. 15) ὄρη h. Merc. 95, τεμένη h. Ven. 267, τεύχη h. XXVII 15.
3. δενδρήεντα sonst Epitheton von ἄλσεα h. Ap. 235, während πίσεα ποιήεντα heifsen Υ 9, ζ 124, h. Ven. 99, wie Koehn (p. 12) bemerkt. — ἄμυδις zusammen mit, nicht bei Homer. — χοροήθεσι νύμφαις. Orph. XXIV 2 heifsen die Nereiden χοροπαίγμονες. Das singuläre χοροήθεσι ersetzt M. Schmidt (p. 164) durch das ebenfalls singuläre χορογήθεσι.
4. αἴτε — κάρηνα ist eine poetische Umschreibung für Oreaden. — κατ' αἰγίλιπος πέτρης wie I 15, Π 5 zusammenzufassen verbietet das nachfolgende κάρηνα. Es könnte nun κατὰ zu στείβω gehören, sodafs eine Konstruktion herauskäme wie Soph. Oed. Col. 467 κατέστειψας πέδον, doch s. Nauck (zur Stelle) und Guttmann (p. 49 f.). Es wird daher κατὰ zu κάρηνα gehören und στείβω intransitiv stehen. Die Änderungen von Köchly (p. 216) στείχουσι und Baumeister (p. 351) λείπουσι setzen die Lesart der Parisini κέλευθα voraus, die allerdings auch Guttmann (p. 50) für die echte erklärt.
5. ἀνακεκλόμεναι nur hier. — νόμιον θεόν. S. über diesen wichtigsten Beruf des Pan Preller Myth.³ I p. 611, daher ist er auch ein Sohn des Hermes. — ἀγλαέθειρος ist von Köchly (p. 216) angefochten worden als dem folgenden αὐχμήενθ' widersprechend. Er vermutete οὐλοέθειρος und verwies auf τ 246 οὐλοκάρηνος. Doch schützte schon Koehn (p. 5) die überlieferte Lesart, indem er wie Preller (a. O.) erklärte „mit stattlichem Haarwuchs". Das Wort ist eine Nachbildung des Epithetons der Demeter ἀγλαόκαρπος, bei welchem man auch weniger an die Schönheit als an die Menge der Früchte zu denken pflegt.
6. αὐχμήενθ' nur hier, daher verschieden versucht. Martin

(V. L. IV p. 18) schrieb αἰχμῆενθ'. danach Barnes αἰχμητήν, Ruhnken αὐχήενθ', Köchly (p. 216) λαχνήενθ'. Doch verteidigte schon Ernesti die Überlieferung durch Plat. Symp. 203 C, wo es vom Eros heifst: πένης ἀεί ἐστι καὶ πολλοῦ δεῖ ἁπαλός τε καὶ καλός, οἷον οἱ πολλοὶ οἴονται, ἀλλὰ σκληρὸς καὶ αὐχμηρὸς κτλ.

7. Die bisher nur aus den Parisini bekannte Lesart κέλευθα hat sich auch in E und anderen Handschriften wiedergefunden. πετρήεντα κάρηνα beruht nur noch auf D und kann daher nur den Wert einer Konjektur beanspruchen. Wolf, Franke, Baumeister thaten daher wohl daran, wenn sie κέλευθα schrieben. — Der Inhalt des Verses drückt das Epitheton ὀρεσσιβάτης Soph. Oed. Tyr. 1100 aus.

8 ff. Die Gliederung des Satzes ist ungeschickt. Es bleibt unklar, ob der Verfasser eine Dreiteilung oder eine Zweiteilung wollte. Streift der Gott durchs Gebüsch 1. an den Flufsufern, 2. auf den Bergen? Oder streift er 1. durchs Gebüsch, 2. am Bach entlang und 3. auf den Bergen? Mag man sie entscheiden, wie man wolle, klar ist soviel, dafs die Thätigkeit des Pan als Hirt bezeichnet werden soll, während vs. 12 und 13 ihn Berge und Thäler als Jäger durchstreifen lassen.

9. ἐφελκόμενος ist überliefert und genau so wie Thuc. I 42, 4 zu verstehen. Baumeister schrieb ἐφεξόμενος, welches zwar durch Batr. 100 ὀχθῆσιν ἐφεξόμενος μαλακῇσιν und andere Stellen wie Anthol. III 24, Aristoph. Aves 774, Apoll. Rhod. Γ' 995 gestützt werden kann, aber hier unnötig ist. So urteilte schon Guttmann (p. 51). — ῥείθροισιν μαλακοῖσιν versteht Guttmann (p. 50) vom Baden, doch ist hier ῥεῖθρον in der späteren Bedeutung Flufsufer gebraucht.

10. διοιχνεῖ ist intransitiv gebraucht wie διῆλασε (vs. 13).

11. κορυφὴν μηλόσκοπον ist überliefert und wird gewöhnlich erklärt: Berg, von welchem man die Ziegen überschauen kann. Doch heifst μηλόσκοπος in der That von Ziegen überschaut, vgl. μηλόνομος. Vielleicht ist μηλοσκόπος zu lesen. Erst damit treten 9—11 in einen klaren Gegensatz zu 12—14. Dort durchstreift Pan Berg und Thal und hier durchstreift er Berg und Thal, aber dort als Hirt, hier als Jäger. Übrigens wird auch Artemis in dem schon obenerwähnten Hymnus XXVI 11 θηροσκόπος genannt.

12. οὔρεα ἀργινόεντα. Vgl. B 647. 656 ἀργινόεις als Beiwort von Städten. Da es sich hier um die Jagd handelt, so ist

ΕΙΣ ΠΑΝΑ.

an das Kraut αἴγιλος (Theocr. 5, 128) nicht zu denken und also nicht mit Martin (a. O.) αἰγιλόεντα zu schreiben.

13. θῆρες ist hier in dem homerischen Sinne „Raubtiere" gebraucht.

14. Die schwierigen Worte τότε δ᾽ ἕσπερος ἔκλαγεν οἷος zu heilen sind verschiedene Versuche gemacht worden. Martin dachte an den Pan νόμιος und schrieb τότε δ᾽ ἐς σπέος ἔξαγεν οἴας, wobei unbeachtet geblieben ist, daſs eben von dem Jäger Pan die Rede war. Statt ἔξαγεν schrieb Barnes ἤλασεν, Matthiae ἔκλαγεν in dem Sinn: er ruft die Schafe von der Weide; auch Ilgen folgte Martin und schrieb ὅτε, wo denn glücklich kein einziges Wort mehr unkorrigiert geblieben ist. Einen andern Weg schlug Hermann ein mit τοτὲ (so hat D) δ᾽ ἕσπερος ἔκλαγεν οἷος in dem Sinn: „des Abends bläst er allein", woraus Baumeister (p. 352) machte: ποτὶ δ᾽ ἕσπερον ἔκλαγεν οἴμην. Vom Blasen versteht auch Küchly die Stelle, doch hat seine Interpolation mit besonnener Textkritik nichts mehr gemein. Franke nahm im wesentlichen Hermanns Konjektur auf, er schrieb aber τότε und erklärte: τότε sic dictum est, ut ad id ipsum, quod sequitur, ἕσπερος (i. e. ἑσπέριος) et ἄγρης ἐξανιὼν referatur. Darin hat Franke jedenfalls recht, daſs hier ein Gegensatz zwischen dem Treiben des Pan bei Tage und am Abend beabsichtigt ist; aber οἷος scheint mir von Hermann nicht richtig getroffen zu sein. Pan ist nicht allein. vs. 3 heiſst es φοιτᾷ ἄμυδις νύμφαις, sie begleiten ihn und vs. 19 heiſst es wieder: σὺν δέ σφιν τότε νύμφαι . . . . φοιτῶσαι κτλ. Könnte ἤλασεν αὖλιν statt ἔκλαγεν οἷος dagestanden haben? — Das Adj. ἕσπερος findet sich zuerst bei den Tragikern (Koehn p. 11).

15. ἄκρης ἐξανιών kann nicht richtig sein, da Pan vs. 21 sich auf einem Berggipfel befindet. Zu Piersons ἄγρης ἐξανιών vgl. θήρης ἐξανιών Apoll. Rhod. Γ 69. ὑπὸ δονάκων ist wegen der Analogie mit h. XX 1 = δόναξι zu fassen. Er bläst auf der Flöte. — μοῦσαν ἀθύρειν. In demselben Sinn gebraucht Ap. Rhod. Γ 949 μολπὴν ἀθύρειν. Noch näher steht Plut. Alex. 67 πολλὴ δὲ μοῦσα συρίγγων καὶ αὐλῶν . . . . κατεῖχε πάντα τόπον.

16. Über ἥδυμον s. h. Ven. 172. — παρατρέχω „übertreffen" schon Eurip. Herc. fur. 1019. Über das in E überlieferte doppelte ἄν s. Kühner Ausf. Gramm. II p. 213 — μέλεα. Schon Theognis (761) braucht es von Kithar- und Flötenmusik.

17. Es ist natürlich die Nachtigall gemeint. Die übrigen Stellen über den Nachtigallengesang zählt Guttmann (p. 52 A. 28) auf: τ 518; Aesch. Ag. 1116, Suppl. 54; Soph. El. 103. 1076, Ai. 626, Oed. Col. 670; Eurip. frgm. 775. 12, Nauck. — πολυανθές heifst der Frühling auch Mimnerm. II 1.

18. Das überlieferte ἐπιπροχέουσα χέει behielt Franke, aber er selber nennt die Lesart lectionem inficetam. Ilgens ἀχέει fand zwar den Beifall von Matthiae und Buttmann (Lexil. II p. 117), ist aber metrisch nicht zu rechtfertigen. Ruhnkens Vorschlag ἰαχεῖ nahmen Hermann und Wolf auf, nur dafs sie ἰάχει schrieben. Spitzners Konjektur ἐπιπροιεῖσα χέει fand den Beifall von Guttmann (p. 53) und Abel. Am schlechtesten schrieb Baumeister ἐπιπροχέουσα ἵει. Ich habe ἠχέει geschrieben, nach Soph. Trach. 863: ἠχεῖ τις οὐκ ἄσημον, ἀλλὰ δυστυχῆ κωκυτὸν εἴσω.

19. Das singularische σφιν findet sich noch h. XXIX 9(?), Aesch. Pers. 760, Soph. Oed. Col. 1490 (Herm.), Callim. h. I 12. S. darüber Hermann Orph. p. 792. 797. — λιγύμολποι nur hier, doch vgl. Hes. Sc. 206 μοῦσαι Πιερίδες λιγὺ μελπομένης εἰκυῖαι.

20. πύκα. Gegen die Kürzung des überlieferten πυκνά sprach sich aus Baumeister (p. 353) und Ludwich (Fleckeisens Jahrbb. 1874 p. 237).

21. Über die Bedeutung dieser Stelle vgl. Roscher Hermes der Windgott (p. 51).

22. θορών. Den überlieferten Genetiv χορῶν erklärt Franke durch h. Merc. 226 ἔνθεν ὁδοῖο wenig glaublich. — Über Pan als Tänzer vgl. Aesch. Pers. 433 φιλόχορος, Scol. 5 (Bergk Anth. p. 350): Ὦ Πάν, Ἀρκαδίας μεδέων κλεεννᾶς ὀρχηστά, h. Orph. XI 9: εὔσκοπε θηρητήρ Ἠχοῦς φίλε σύγχορε νυμφῶν, Soph. Ai. 699 θεῶν χοροποί᾽ ἄναξ, Pindar frgm. 67.

24. λαῖφος λυγκός. Vgl. Vergil. Aen. VIII 282, Ecl. X 26. Welcker Götterlehre I p. 456.

25. ἐν μαλακῷ λειμῶνι sc. ἀγαλλόμενος schliefst sich am besten an διέπει vs. 23 an, so dafs das dazwischen Befindliche eine Parenthese wird. — Das relative τόθι s. Theocr. 22. 199, Hom. Ep. 4, 1, G. Hermann zu h. Ven. 159, Koehn p. 11.

28. Ἑρμείην ist hier ebenso fest wie vs. 40 Ἑρμείας überliefert. Über die Form mit η vgl. Callim. h. III 69. Ich habe dieselbe hier beibehalten, wie die übrigen Herausgeber, Franke allein schrieb auch hier Ἑρμείαν. — Statt οἷον schrieb Köchly οἶον, schwerlich richtig.

ΕΙΣ ΠΑΝΑ.

30. πολυπίδακα μητέρα μήλων (θηρῶν) = h. Ven. 68.
31. ἔνθα — τέμενος = ϑ 148, h. Ven. 159. — Den Genetiv Κυλληνίου erklärt Ameis zu ζ 157.
32. Die überlieferte ionische Form ψαφερότριχα habe ich nicht geändert. ψαφερός bedeutet nach Curtius Etym.[5] p. 705 dunkel. Vgl. Eurip. Rhes. 716 ψαφαρόχρους.
33. πόϑος statt des hom. ἵμερος findet sich schon Hes. Sc. 41. — ἐπελϑών ist von Matthiae ohne Not in ὑπελϑών verwandelt; vgl. Soph. frgm. 607: ἔρως ἄνδρα ἐπέρχεται. — ϑάλε indes ist schwerlich richtig, Ruhnken schrieb λάϑε, Köchly (p. 215) λάβε, Lobeck (Parall. p. 557) κέλε, vielleicht schrieb der Dichter δάκε.
34. νύμφῃ in der Bedeutung Tochter nur hier? — Dryops faſst Preller (Myth.[3] I p. 611) als „Waldmann". Übrigens vermutete Barnes Δρυόπης, besser Ilgen und Baumeister Δρυόπῃ.
36. τερατωπός nur hier. Koehn (p. 5) vergleicht δεινωπός Hes. Sc. 250, δείνωψ Soph. Oed. Rex.
37. Abel liest φιλόκροτον, wie mir scheint, ohne Not.
38. τιϑήνη heiſst hier „Mutter", wie Coluth. 372. Es bedarf daher der geistvollen Vermutung Köchlys ἀτίτηνον nicht.
39. ἀμείλιχος unerfreulich s. v. a. fürchterlich. Vgl. Hes. beim Schol. Ap. Rhod. A 156 ὄφις ἀμείλιχος.
40. χέρα erst bei den Tragg. Koehn p. 15. — Auffällig ist ϑῆκεν, nicht durch seine Konstruktion mit εἰς, sondern deshalb, weil es hier = λάβε steht. Die Konjektur εἷλε von Köchly ist leider nicht besser, da εἰς χέρα dazu gar nicht paſst.
42. ἐς ἀϑανάτων · ἕδρας. ἕδρα hat hier nicht wie bei Homer die Bedeutung Sessel, sondern Sitz, wie etwa Homer sagt: Ὄλυμπος ϑεῶν ἕδος Koehn p. 10.
43. Der Hase war das Symbol der Satyrn. S. darüber Preller G. Myth.[3] I p. 602.
46. περίαλλα, nicht bei Homer, aber schon bei Pindar Pyth. XI. 5, Soph. Oed. Rex 1218. — ὁ βάκχειος Διόνυσος. Über diesen Beinamen des Dionysos s. Preller Myth.[3] I p. 549. Schon Groddeck (p. 54) hebt die nahe Verwandtschaft zwischen Pan und Dionysos hervor. Vgl. Lucian Diall. deor. 22, 3 καὶ ὁ Διόνυσος οὐδὲν ἐμοῦ ἄνευ ποιεῖν δύναται ἀλλὰ ἕταιρος καὶ ϑιασώτην πεποίηταί με καὶ ἡγοῦμαι αὐτῷ τοῦ χοροῦ, ferner das oben citierte Skolion (Bergk Anth. p. 350): Ὦ Πάν, Ἀρκαδίας μεδέων κλεεννᾶς ὀρχηστὰ Βρομίαις ὀπαδὲ νύμφαις.

47. Dergleichen etymologische Spielereien finden sich schon bei Homer nicht wenige. Z 201 (πεδίον Ἀλήϊον), Τ 91 (ἄτη), Μ 183 (Δάμασος), α 60 (Ὀδυσσεύς), σ 6 (Ἴρος), τ 406 (Ὀδυσσεύς). Die wirkliche Etymologie (Πάν = πάων) zuerst bei Voſs Myth. Br. I p. 82, jetzt auch bei Preller Myth." I p. 611; doch ist Curtius (Etym.⁵ p. 270) über dieselbe nicht ganz sicher.

48. Die Besserung ἵλαμαι ist ganz sicher, da derselbe Fehler h. XX 5 in E wiederkehrt. Weiter ab liegt Barnes' Konjektur λίτομαι, welche bisher allgemein recipiert war.

XIX.
ΕΙΣ ΗΦΑΙΣΤΟΝ.

Hephaistos wird im Bunde mit Athene als Lehrer der Menschheit gepriesen. Beide werden namentlich in Attika gemeinsam verehrt. Vgl. Schoemann Alt.² II p. 450, Preller Myth.³ I p. 146. Baumeister (p. 356) schloſs daraus, daſs der Hymnus in Attika gesungen sein müsse; vgl. Abel p. 99. Doch ist der Gedanke ein so allgemeiner, daſs daraus ein solcher Schluſs nicht zu ziehen ist. Vgl. Plato Protag. 321, wo Prometheus das Feuer aus der Werkstatt der Athene und des Hephaistos entwendet. Damit soll nicht gesagt sein, daſs etwa der Platonische Gedanke auch der des Dichters gewesen wäre. Vielmehr denkt der letztere wohl nur an die Erfindungen, die mit Hilfe des Feuers gemacht sind, und in zweiter Linie an die weiblichen Handarbeiten der Athene. Groddeck (p. 54) hielt das Gedicht wieder für ein episches Fragment, strich aber vs. 5—7, mindestens vs. 5, da ihm die Wiederholung Ἥφαιστον κλυτόμητιν (κλυτοτέχνην) vs. 1, 5 und ἔργα ἐδίδαξεν (δαέντες) vs. 2 und 5 auffällig erschien.

1. ἀείδεο habe ich mit Wolf, Ilgen, Hermann beibehalten, vgl. h. XVI 1. Franke und Baumeister schrieben ἀείσεο. — κλυτόμητις, noch Anth. Plan. 4, 43, bei Homer κλυτοτέχνης.

6. τελεσφόρον εἰς ἐνιαυτόν heiſst hier nicht wie Τ 32 ein Jahr lang, sondern wie δ 86 das ganze Jahr hindurch.

XX.

ΕΙΣ ΑΠΟΛΛΩΝΑ.

Über den Schwanengesang s. die gelehrte Auseinandersetzung von J. H. Voſs in den Myth. Br. II p. 112. Wichtig ist von allen dort angeführten Stellen für uns Aristoph. Aves 769: τοιάνδε κύκνοι ..... συμμιγῆ βοὴν ὁμοῦ πτεροῖς κρέκοντες ἴακχον Ἀπόλλω . . . . ὄχθῳ ἐφεζόμενοι παρ' Ἕβρον ποταμόν. Vers 3 unsers Hymnus ist der Aristophanesstelle so ähnlich, daſs man ein Abhängigkeitsverhältnis der einen von der andern denken muſs. Wenn man das ungeschickte ἐπιθρώσκων, ferner die Nachsetzung von Πηνειόν erwägt, so wird man die Aristophanesstelle für das Original halten müssen. Der Peneios wird statt des Hebros gewählt sein mit Rücksicht auf den Kult des Apollon im Tempethal. Vgl. Müller Dor. I p. 202. Moschos 3, 14 läſst die Schwäne am Strymon singen, andre anderswo. — ὑπὸ πτερύγων. Schon Voſs (a. O. p. 122) faſste es = πτέρυξιν. Damit stimmt die oben citierte Aristophanesstelle und Anacreont. 58, 9 ἅτε τις κύκνος Καΰστρῳ ποικίλον πτεροῖσι μέλπων ἀνέμῳ σύναυλος ἠχῇ. Ob zu dieser Meinung Homers B 462 ἀγαλλόμενοι πτερύγεσσι κλαγγηδὸν καθιζόντων Veranlassung gab, muſs dahingestellt bleiben. Jedenfalls dachte man sich die Sache ähnlich wie das Zirpen der Cikaden bei Hes. O. 582: ἠχέτα τέττιξ δενδρέῳ ἐφεζόμενος λιγυρὴν καταχεύετ' ἀοιδὴν πυκνὸν ὑπὸ πτερύγων. Vgl. auch Alcaeus frgm. 39 (Anth. Bergk. p. 215) ἄχει δ' ἐκ πετάλων Ϝάδεα τέττιξ πτερύγων δ' ὕπο κακχέει λιγύραν (πύκνον) ἀοίδαν κτλ. und zu h. XVIII 15.

2. ποταμὸν παρὰ δινήεντα Πηνειόν. Bei Callimachus heiſst es von demselben Flusse h. II 149 θοὰς δ' ἐστήσατο δίνας nämlich bei der Geburt Apollons.

4. πρῶτον καὶ ὕστατον. Vgl. Hes. Theog. 34, Theogn. 3, Theocr. 17, 3. Daſs die Wendung formelhaft ist, sieht man aus I 97.

5. Es fehlt auch hier ein Hinweis auf nachfolgenden epischen Vortrag. S. Bergk LG. I p. 746 A. 10.

XXI.
ΕΙΣ ΠΟΣΕΙΔΩΝΑ.

1. ἀμφί s. zu h. VI 1. — μέγας θεός heifst Poseidon auch bei Callim. h. IV 30.
2. γαίης κινητῆρα. Vgl. Pindar Isthm. IV 32, wo er ὁ κινητήρ δὲ γᾶς genannt wird.
3. πόντιος heifst Poseidon schon bei Arion (Bergk Anthol. p. 195). — Ἑλικώνιος ἄναξ heifst Poseidon Υ 404. Aristarch leitete das Wort von dem Berge Ἑλικών ab (Etym. M. 547, 15) und zwar aus sprachlichen Gründen. Den Poseidon Ἑλικώνιος verehrte man in Priene (Her. 1, 148), aber auch in Athen (Rhode Rh. Mus. Bd. 37 p. 408 A. 1). Noch wird der Helikon, wie hier, genannt im hom. Epigr. 6, 2: εὐρυχόρον μεδέων ἠδὲ ζαθέου Ἑλικῶνος. Es ist daher nicht nötig mit Martin V. L. III p. 4 und Holsten zu Steph. Byz. p. 111 (neuerdings auch von Flach p. 43 gebilligt) Ἑλίκην τε zu schreiben mit Rücksicht auf Θ 203.

5 könnte ebenso gut von den Dioskuren stehen; anders nennt Pamphus (Paus. VII 21, 9) ihn ἵππων τε δωτῆρα νεῶν τ᾽ ἰθυκρηδέμνων, doch s. auch das melische Fragment bei Bergk (Anth. lyr. p. 230) Κοιλωνύχων ἵππων πρύτανις, Ποσειδάν.

7. Hermann glaubte hier einen Orphiker zu hören. Er dachte vielleicht an h. LXIV 12 f.: ἀλλὰ μάκαρ . . . . . . εὐμενὲς ἦτορ ἔχων μνήμην σέο πέμπε, φέριστε. Wenn das Gedicht auch nicht zu den orphischen gehören sollte, so ist es jedenfalls nicht jünger als das vorige, wie denn wohl überhaupt die Hymnen XIX—XXIV gleichzeitig entstanden zu sein scheinen. Gemeinsam ist ihnen die Unbedeutendheit, ferner, dafs sie nicht, wie Hymnen XIV—XVII die Geburt, sondern irgend einen einzelnen Zug zum Preise des Gottes hervorheben. Sie schliefsen sich ungezwungen an VIII bis XVII an.

XXII.
ΕΙΣ ΥΠΑΤΟΝ ΚΡΟΝΙΔΗΝ.

Auch hier liegt, wie in h. XXI, ein allgemeiner Gedanke zu Grunde: Der höchste Gott waltet über dem Schicksal der Menschen mit Gerechtigkeit. Themis als πάρεδρος des Zeus besingt Pindar Ol. VIII 21: ἔνθα σώτειρα Διὸς ξενίου πάρεδρος ἀσκεῖται Θέμις. Schwerlich ist in unserm Hymnus Themis als Gattin des Zeus aufzufassen, wie Groddeck (p. 70) wollte. Vielmehr ist Zeus und Themis wohl nur eine Variation der gewöhnlicheren Zusammenstellung Zeus und Dike, von welcher es schon Hes. O. 258 heifst: Δίκη πὰρ Διὶ πατρὶ καθεζομένη Κρονίωνι und ausführlicher Orph. h. LXII: Ὄμμα Δίκης μέλπω .... ἣ καὶ Ζηνὸς ἄνακτος ἐπὶ θρόνον ἱερὸν ἵζει οὐρανόθεν καθορῶσα βίον θνητῶν πολυφύλων. Über diese Stelle s. Lobeck Aglaoph. 391 ff. Im übrigen sehe ich keinen Grund, diesen Hymnus von den vorhergehenden und nachfolgenden zu trennen und mit Baumeister (p. 103) als von orphischem Charakter zu bezeichnen.

2. τελεσφόρος dürfte hier schwerlich, wie Baumeister nach dem Vorgange Passows annahm, den Sinn von: allgewaltig haben, sondern vielmehr s. v. a. vergeltend sein. Zeus steht hier zusammen mit Themis. Wenn auch nicht diese, so wird aber Dike in dem bezeichneten Sinne τελεσφόρος genannt Soph. Ai. 1390: τοιγάρ σφ' Ὀλύμπου τοῦδ' ὁ πρεσβεύων πατὴρ μνήμων τ' Ἐρινὺς καὶ τελεσφόρος Δίκη κακοὺς κακῶς φθείρειεν.
— Auffällig ist die einstimmig überlieferte dorische Form Θέμιτι; cf. Abel p. 100.

3. ἐγκλιδὸν findet sich bei Apoll. Rhod. A 790 in der Verbindung ἐγκλιδὸν ὄσσε βαλοῦσα die Augen niederschlagend, den Blick senkend. Hier aber scheint das Wort „seitwärts gelehnt" zu bedeuten. — ὄαροι steht hier nicht in der gewöhnlichen Bedeutung „Liebesgekose", sondern in der weiteren „trauliches Gespräch."

4. Auch hier fehlt eine Bemerkung über nachfolgenden epischen Vortrag. S. Bergk a. O. p. 746 A. 10.

XXIII.
ΕΙΣ ΕΣΤΙΑΝ.

Hier wie in h. XXVIII zeigt die Überschrift die attische Form ἑστία, während in den Hymnen selbst überall die ionische Form ἱστίη überliefert ist. Ebendasselbe ist in den Hymnen X, XI und anderen der Fall. Da nun die Titel in D mehreremal am Rande nachgetragen sind, die Hymnen dann jedesmal fortlaufend an die vorangehenden herangezogen werden (s. zu X, XXI und zu dem gegenwärtigen die Lesarten), so dürfen wir schliefsen, dafs diese Titel erst später hinzugesetzt wurden. Dafs das erst in byzantinischer Zeit geschehen sein kann, geht aus dem Titel von XIV hervor. S. p. 329. Sie passen auch nicht immer. So sollte h. XXIV betitelt sein, wie in der Pariser Handschriftenklasse überliefert ist: εἰς μούσας ἀπόλλωνα καὶ δία und h. XXVIII εἰς ἑστίαν καὶ ἑρμῆν, wie Martin schrieb.

In dem Hymnus wird Hestia eingeladen, der Hymnus ist also ein ὕμνος κλητικός. S. Weniger Coll. der 16 Frauen p. 6. Und zwar wird die delphische Hestia eingeladen zu kommen. Über diese s. Preller Myth.[3] I p. 346, A. Mommsen Delph. p. 11. Zweifelhaft ist es, wohin, in welches Haus (vs. 4) Hestia im Verein mit Zeus geladen wird. Preller (a. O.) dachte sich den Tempel des pythischen Apollon unter dem Hause; doch bemerkte Baumeister treffend, dafs dazu (vs. 2) *Πυϑοῖ ἐν ἠγαϑέῃ* nicht passe. Er selbst verstand ein Privathaus, vielleicht ein Königshaus darunter; desgl. Abel. Aber es ist höchst unwahrscheinlich, dafs Hestia in so feierlicher Weise zusammen mit Zeus in ein Privathaus eingeladen würde. Ich vermute, es handelt sich hier um einen neuerbauten Zeustempel, welchen Hestia mit dem höchsten Gotte bewohnen soll. — Übrigens halten Groddeck (p. 61), Matthiae, Baumeister (p. 359), Bergk (LG. I p. 750) den Hymnus für ein Fragment. Da der folgende Hymnus mit Ausnahme der Schlufsformel rein aus Hesiod stammt, auch Hymnus XX sich schon als entlehnt herausstellte, so wäre es wohl möglich, dafs vs. 1—3 aus einem uns verlorenen älteren Gedichte stammt.

1. *Πυϑοῖ ἐν ἠγαϑέῃ* = ϑ 80, Hes. Th. 499.
2. *ἀμφιπολεύειν* Homer würde sagen *ἀμφιβέβηκας*. Doch

s. Herodot. 2, 56 von einer Priesterin ἀμφιπολεύουσαν ἐν Θήβῃσι ἱρὸν Διός.

3. ἀπολείβεται ὑγρὸν ἔλαιον = η 107. Was hier von Hestia, wird Callim. h. II 38 von Apollon gesagt: αἱ δὲ κόμαι θυόεντα λείβουσιν ἔλαια. Ob hier eine Nachahmung von seiten des Callimachus oder von seiten des Verfassers unsres Hymnus vorliegt? Für das erstere dürfte sprechen, dafs Callimachus sich zuerst ziemlich geschraubt ausdrückt: die Haare triefen von Öl, es ist aber nicht λίπος, sondern πανάκεια. Übrigens sieht man aus der Stelle des Callimachus soviel, dafs mit dem salbentriefenden Haar eine besondere Schönheit bezeichnet werden soll. S. jetzt auch Helbig Das hom. Epos p. 170.

4. Das überlieferte ἐπέρχεο ist korrupt. Ich habe mit Barnes, Ilgen und Wolf ἐνηέα geschrieben. Barnes dachte auch noch an εὔφρονα. Näher läge ἐπίφρονα, was auch insofern passend wäre, da Hestia βουλαία ist. Franke suchte den Fehler in θυμὸν ἔχουσα, ihm folgte Schneidewin (Phil. IV p. 47), indem er εὐμενέουσα allerdings mit Hiat schrieb, welches Baumeister in den Text aufnahm.

5. χάριν δ᾽ ἅμ᾽ ὄπασσον ἀοιδῇ. Nach Bergk (p. 746 A. 18) ist das eine Anspielung auf einen Rhapsodenwettkampf. Das ist nicht unmöglich; aber warum kann denn der Sänger die Worte nicht von seinem Gesange ohne alle Beziehung auf andre gemeint haben? Bei einem Wettkampf würde man erwarten ἐμῇ ἀοιδῇ oder etwas Ähnliches. S. zu XXIV 6.

XXIV.
ΕΙΣ ΜΟΥΣΑΣ ΚΑΙ ΑΠΟΛΛΩΝΑ.

Es gab eine Zeit, wo man vs. 2—5 dieses Gedichts für das Original der Hesiodstelle Theog. 94—97 hielt. Vgl. Ilgen p. 587 nach dem Vorgange von Barnes, ferner Schoemann Hes. Theog. Berl. 1868 p. 44. Die Mehrzahl freilich erkannte immer dem Hesiod die Priorität zu. Vgl. Matthiae (p. 9 nach Ernesti), G. Hermann, Franke, Baumeister (p. 103), Müller (LG.³ I p. 122), Bernhardy (LG. II, I p. 221). Nach den vorangegangenen Beispielen (s. den Kommentar zu XII, XVI, XVII) ist es schon an und für sich wahrscheinlich, dafs die letztere Meinung die richtige sein wird. Es kommt hinzu, dafs drei verschiedene Hesiodstellen (Theog. 1 = h. 1, Theog. 94—97 = h. 2—5, Theog. 104 = h. 6) zu dem Hymnus benutzt sind. Derselbe ist also, als was ihn Guttmann (p. 44) bezeichnet, ein Cento. Eine genaue Vergleichung von Hes. Theog. 94 ff. und h. 2—5 erweist die Priorität der Theogonie zweifellos. Die Andeutung des Hymnus (vs. 4) ἐκ δὲ Διὸς βασιλῆες ist hier ganz versprengt, und der Grund ihrer Einfügung absolut unbegreiflich. Klar dagegen wird dies bei Hesiod, der von den Königen ausgegangen ist. Ebenso bleibt es im Hymnus unklar, wen denn die Musen eigentlich lieben, den Sänger oder den König, bei Hesiod wird das nachträglich durch den vs. 100 klar gestellt.

Ist somit die Herkunft des Hymnus zwar festgestellt, so bleibt doch die Zeit der Entstehung ungewifs. Groddeck (p. 22) glaubte, er stamme von einem Grammatiker, der Beispiele für Hymnen sammelte; Guttmann (p. 44 ff.) behauptet, der Hymnus sei Cento eines byzantinischen Grammatikers. Die Gründe dafür sind nicht recht durchschlagend. Er stützte sich hauptsächlich auf die Überlieferung in

vs. 1. *Μουσάων ἄρχομαι*, indem er den Indikativ für beabsichtigt und für einen metrischen Schnitzer hielt. Das ist unmöglich. Wer den Hymnus aus Hesiod zusammensetzte, speziell vs. 1 aus Hes. Theog. 1 bildete, dem konnte der Konjunktiv bei Hesiod μουσάων . . . . . ἀρχώμεθ᾽ nicht entgehen. ἄρχομαι ist daher einfacher Schreibfehler, wie h. XXV 13 ὑράων statt ὡράων.

2—5 = Hes. Theog. 94—97. vs. 3 ist bei Hesiod überliefert ἐπὶ χθόνα, doch ist der Dativ das Gewöhnlichere, auch bei Homer.

6. *χαίρετε, τέκνα Διός* = Hes. Theog. 104. — *ἐμὴν τιμήσατ᾽ ἀοιδήν* ist nach Bergks wahrscheinlicher Vermutung (LG. I p. 746 A. 12) eine Anspielung auf einen Rhapsodenwettkampf. Dafs jedenfalls ein episches Lied auf den Hymnus folgte, geht aus vs. 7 hervor.

XXV.
ΕΙΣ ΔΙΟΝΥΣΟΝ.

Mit diesem Hymnus beginnt eine neue Reihe von Gedichten.
1. κισσοκόμης heifst ein Satyr Anthol. Pal. 6, 56. — Διόνυσον. Die Messung ∪ ∪ - ∪ kommt bei Homer noch nicht vor. Vgl. Roschers Myth. Lexikon p. 1026. Nach v. Wilamowitz Aus Kydathen p. 224 ist sie attisch. Bei der Gelegenheit bemerke ich, dafs ich auch die neuste Etymologie des Namens Διόνυσος = δι-ονύ χιος (Baunack Inschr. v. Gortyn p. 66 ff.) für ebenso unsicher halte als die früheren.

5. Νύσης ἐν γυάλοις ist gesagt wie Hes. Theog. 449 γυάλοις ὕπο Παρνησοῖο, h. Ap. 396 γυάλων ὕπο Παρνησοῖο. Über Nysa s. h. XXXIV.

6. μεταρίθμιος ἀθανάτοισιν. Die gleiche Konstruktion steht bei Apoll. Rhod. A 205: ὃ καὶ μεταρίθμιος ἦεν πᾶσιν ἀριστήεσσιν.

7. τόνδε. Dafs das Wort unhomerisch sei, bemerkte schon G. Hermann (z. St.). — πολύυμνος heifst Bakchos auch Eurip. Ion 1074.

8. φοιτίζω findet sich erst bei Apoll. Rhod. Γ 54 φοιτίζουσαι, ferner bei Callim. frgm. 148 Schneider. — Über καθ' ὑλήεντας ἐναύλους s. den Kommentar zu h. XIII 5.

9. Epheu und Lorbeer sind Attribute sowohl des Apollon als des Dionysos. Vgl. Hahne de fano Delphico p. 27. Aesch. frgm. 394 wird dem Apoll der Lorbeer, Eurip. frgm. 480 dem Bakchos der Lorbeer zuerteilt.

10. ἄσπετος möchte Baumeister lesen, doch ist ἄσπετος ὕλη so gebräuchlich bei Homer, dafs eine Änderung nicht geraten erscheint.

11. πολυστάφυλος nur hier vom Dionysos.

12. ἐς ὥρας. Die Interpretation dieser Worte ist für die Auffassung des ganzen Hymnus wichtig. Wenn auch ὥρα nicht gerade ein ganz bestimmter Ausdruck für Zeitangaben ist, so wird doch durch die Gegenüberstellung ἐς ὥρας (vs. 12) und ἐς τοὺς πολλοὺς ἐνιαυτούς der Zeitraum eines Jahres ganz bestimmt bezeichnet. Es ist zu vergleichen Plato Ep. 7 p. 346: μένε . . . . τὸν ἐνιαυτὸν τοῦτον, εἰς δὲ ὥρας ἄπιθι. Der Sänger, welcher zu einem Dionysosfeste eingeladen ist, wünscht also übers Jahr und alle Jahre wieder zu kommen. Welches Fest und wo es gefeiert wurde, müssen wir dahin gestellt sein lassen. Franke (z. St.) dachte an ein Winzerfest, Baumeister an die attischen

Brauronien. Doch waren diese vierjährig, womit unser Hymnus nicht in Einklang zu bringen ist.

13 strich Franke als Zusatz eines Grammatikers, der da glaubte, dafs hier um langes Leben gebeten werden solle. Doch nach meiner eben gegebenen Erklärung wird man den Vers wohl an seiner Stelle belassen.

XXVI.
ΕΙΣ ΑΡΤΕΜΙΝ.

Es wäre sehr interessant, die Entstehungszeit dieses Hymnus genau festzustellen, da in demselben (vs. 14) der Name Delphi vorkommt. Nach O Müller (Dorier I p. 211, nachgesprochen von Baumeister p. 361, Duncker A. G.[5] V p. 211 A. 4) wird der Name Delphi hier und von Herakleitos (cf. Plutarch Pyth. orac. c. 21) für uns zuerst genannt. Doch ist das Citat des Herakleitos von Plutarch nicht des Ortsnamens wegen gemacht, daher fraglich, ob der Name Delphi wirklich bei Herakleitos stand: οἶμαι δὲ γινώσκειν τὸ παρ' Ἡρακλείτῳ λεγόμενον, ὡς ὁ ἄναξ, οὗ τὸ μαντεῖόν ἐστι τὸ ἐν Δελφοῖς οὔτε λέγει οὔτε κρύπτει ἀλλὰ σημαίνει. Und von dem vorliegenden Hymnus sagt O. Müller (a. O.), dafs er einer der jüngsten sei, Duncker (a. O.) nennt ihn sehr spät. Das Urteil Dunckers ist sehr unbestimmt, das Müllers halte ich für falsch. Mir scheint der Hymnus in seinem ganzen Charakter nicht von den letzten Hymnen abzuweichen. Da nun h. XXXII vom Verfasser des h. XVI benutzt ist, so kann unser Hymnus keiner der jüngsten sein. Für die Abfassungszeit ergiebt sich aus dem Hymnus selbst (s. zu vs. 15), dafs er nach dem h. Apoll. verfafst sein mufs.

1. χρυσηλάκατον κελαδεινήν Π 183, Υ 70, h. Ven. 16. 118.

2. παρθένον αἰδοίην. Dafs der jungfräuliche Charakter der Artemis von vornherein eignet, ist die Meinung Prellers, doch s. Schreiber in Roschers Myth. Lex. p. 580. — ἐλαφηβόλος heifst sie schon bei Anakreon (Bergk Anthol. p. 230): γουνοῦμαι σ' ἐλαφηβόλε, ξανθὴ παῖ Διός, ἀγρίων δέσποιν' Ἄρτεμι θηρῶν κτλ. Vgl. auch Soph. Trach. 214 und im allgemeinen Preller Myth.[3] I p. 245 A. 4.

5. ἄγρῃ τερπομένη. Vgl. ζ 104, wo es von Artemis heifst: ἢ κατὰ Τηΰγετον περιμήκετον ἢ Ἐρύμανθον, τερπομένη κάπροισι καὶ ὠκείῃς ἐλάφοισιν. — παγχρύσεα τόξα. Wenn auch

ΕΙΣ ΑΘΗΝΑΝ.

Gold das allgemeine Metall der Götter ist, so heifst doch Apollon ἀργυρότοξος wohl deshalb, weil das blasse Metall zu dem Todesbogen besser zu passen schien. Daher fällt der goldne Bogen der Artemis hier auf. Über die Wendung τόξα τιταίνειν s. den Kommentar zu h. Apoll. 4.

7. ἰαχεῖ. Das Präsens ἰαχέω sprach Hermann zu h. XVIII 18 den Epikern ab. Doch findet sich ἰαχεῦσα bei Callim. h. IV 146, der Aorist ἰάχησα h. Cer. 20. Ich bin daher mit Baumeister zur Überlieferung zurückgekehrt. — ἐπιδάσκιος zu ändern sehe ich gar keinen Grund. Man vgl. die daktylischen Wörter ἐπιβουκόλος, ἐπιδείελος, ἐπιείκελος, ἐπικαίριος, ἐπικήριος.

8. κλαγγὴ θηρῶν mifsfiel Barnes, er schrieb daher τόξων, welches Ruhnken in νευρῶν änderte. Ilgen nahm νευρῶν in den Text auf, doch hat er nicht angegeben, was der Plural bedeuten soll. Aufserdem findet sich κλαγγή von Tiergeschrei λ 605 (οἰωνῶν) und h. XIII 4 (λύκων . . . . λεόντων).

10. πάντῃ ἐπιστρέφεται. Das Medium kommt bei Homer nicht vor; doch s. schon Hes. Theog. 753 γαῖαν ἐπιστρέφεται, Theog. 648 γαῖαν ἐπιστρέφεται, Anacreon 2, 4 (Bergk p. 235) ἐπιστρέφεαι δ᾽ ὑψηλῶν κορυφὰς ὀρέων.

13. Artemis war Mitbewohnerin des grofsen Tempels in Delphi, wie Wieseler (J. J. 1875 p. 673) nachgewiesen hat. Vgl. Preller Myth.[3] I p. 238, Mommsen Delphika p. 106.

14. Δελφοί (böot. Βελφοί) ist von δελφύς abzuleiten, wie Curtius Et.[5] p. 479 nachweist, „wohl von seiner Lage in einer tiefen Schlucht". Vgl. auch Ulrichs Reisen I p. 29 τὸ καστρὶ τὸ 'γγαστρωμένο.

15. Die Begleiterinnen der Artemis sind sonst die Nymphen. Vgl. ζ 105. Der Chor der Musen und Charitinnen aber stammt aus h. Apoll. 197—199.

18. ἐξάρχω mit dem Acc. bei Homer nur B 273, später öfter. — ὄπ᾽ ἰεῖσαι. Vgl. μ 192, Hes. Theog. 830.

20. ἔργμα findet sich schon Hes. O. 799. S. zu XXVIII 12.

XXVII.
ΕΙΣ ΑΘΗΝΑΝ.

Dieser Hymnus ist sicher von demselben Verfasser als der vorangehende. So wie jener erinnert auch dieser an den h. Apoll. Vs. 14—16 haben entschiedene Ähnlichkeit mit h. Apoll. 7—12.

Vgl. namentlich vs. 15 = h. Apoll. 7 und vs. 16 = h. Apoll.

12. Ferner haben h. XXVI und XXVII einige Wendungen gemeinsam. Vgl. den Kommentar zu vs. 3 und 10. Die Geburt der gewappneten Athene aus dem Haupte des Zeus hatte nach dem schol. Apoll. Rhod. Arg. *Δ* 1310 zuerst Stesichoros behandelt: πρῶτος Στησίχορος ἔφη σὺν ὅπλοις ἐκ τῆς τοῦ Διὸς κεφαλῆς ἀναπηδῆσαι τὴν Ἀθηνᾶν. Danach setzten Heyne (zu Apollodor I 3, 6) und Groddeck (p. 58) den Hymnus hinter Stesichoros. Zwar bemerkte Bergk (LG. I p. 753), dafs schon bei Hesiod (Theog. 924) sich dieselbe Vorstellung zeige; indes kann man die bewaffnete Athene dort höchstens hineintragen, nicht herauslesen. Groddeck (a. O.) fand in dem Umstand, dafs Hephaistos als Geburtshelfer (vgl. Apollodor I 3, 6, Lucian Diall. deor. 8) hier und bei Hesiod fehlt, einen besonders altertümlichen Zug der Sage. Schwerlich mit Recht. Die ganze Sage kann kaum entstanden sein, ohne dafs man sich klar zu machen gesucht hätte, wie Athene aus dem Haupte des Zeus heraus kam. Ich halte darum die Beihilfe des Hephaistos für ebenso alt als die ganze Sage. Und wenn wir Schreibers (Abhandlungen des arch. epigr. Seminars zu Wien 1880 I) einleuchtender Darstellung folgen, so bildete schon Pheidias den Hephaistos bei der Darstellung der ganzen Scene am Parthenon ab. Und nach einigen schwachen Spuren zu urteilen (s. zu vs. 3 ἀλκήεσσα, 4 Τριτογενῆ) dürfte der Hymnus in die Zeit nach Pheidias fallen. Die Auslassung des Hephaistos erklärt sich ganz ungezwungen bei Hesiod durch die gedrängte Darstellung, in unserm Hymnus dadurch, dafs der Akt der Geburt eigentlich bei Beginn des Hymnus schon vorüber ist.

2. ἀμείλιχον ἦτορ ἔχουσαν = *I* 572, wo es von der Erinys gebraucht wird.

3. παρθένον αἰδοίην = XXVI, 2. — Über ἐρυσίπτολις vgl. den Komm. zu X, 1. — ἀλκήεσσα findet sich nur noch bei den späteren Epikern.

4. Τριτογενῆ statt des homerischen Τριτογένειαν findet sich noch Anthol. Pal. 6, 10, 1: Τριτογενὲς Σώτειρα κτλ. 9, 153, 4 Τριτογενοῦς, Her. 7, 141 in dem berühmten Orakelspruch: τεῖχος Τριτογενεῖ ξύλινον διδοῖ εὐρύοπα Ζεύς κτλ.

7. πρόσθεν scheint Schwierigkeiten zu machen. Das Lex. Hom. von Ebeling ist in Zweifel, ob es vor — her oder angesichts bedeutet. Es ist aber wohl das Zweite das Richtige und

der Sinn des Satzes so wiederzugeben: Sie sprang vor dem aigishaltenden Zeus von dem unsterblichen Haupte herab. Vgl. ο 164 δεξιὸς ἤιξεν πρόσθ' ἵππων.

8. ὤρουσεν. Bei Homer und Hesiod steht die Form immer ohne Augment.

10. Die überlieferte Lesart ist metrisch unhaltbar, wie Barnes sah. Ilgen verwies auf h. XXVI, 8, um seine Konjektur ὑπὸ βρίμης zu stützen: δεινὸν ὑπὸ κλαγγῆς θηρῶν, ihm folgten auch Franke und Baumeister; Hermann und Wolf schrieben mit Ruhnken ὑπὸ βρίμῃ. Beides ist griechisch, wie schon Franke bemerkte, aber ὑπὸ βρίμης liegt der Überlieferung näher.

12. ἅλμη in der Bedeutung die „Salzflut" findet sich bei Aesch. Pers. 392, Eurip. Med. 1286.

13. στῆσεν.... ἵππους. Es sind natürlich die Sonnenrosse gemeint. Wäre es wohl möglich, dafs hier jemand an eine reisige Athena (ἱππία) denken konnte und das Et. M. p. 474, 30 s. v. Ἱππία· ἐκλήθη οὕτως ἡ Ἀθηνᾶ, ἐπεὶ ἐκ τῆς κεφαλῆς τοῦ Διὸς μεθ' ἵππων ἀνήλατο, ὡς ὁ ἐπ' αὐτῆς ὕμνος δηλοῖ unsern Hymnus gemeint hätte? Freilich steht bei Bekker Anecdd. I p. 350 statt ὕμνος — μῦθος. Vgl. Bergk. Poet. lyr.[4] III p. 555.

14. εἰσότε steht in sämtlichen Handschriften, ist daher beizubehalten; vgl. Schneider zu Callim. h. VI 150; εἰς ὅκε, welches bisher alle Herausgeber hatten, stammt aus der ed. princ.

XXVIII.
ΕΙΣ ΕΣΤΙΑΝ.

Hestia kommt nach Preller (Myth.[3] I p. 343) bei Homer noch nicht als Göttin vor, wohl aber Hesiod. Theog. 454, wo Hestia, Demeter, Hera als Schwestern genannt werden. Über ihre Verbindung mit Hermes vgl. Welcker Gr. Götterl. II p. 697 und Preller a. O. p. 363. Daher hat schon Groddeck (p. 73) völlig das Rechte getroffen, wenn er annahm, dafs beide Gottheiten hier besungen werden, weil sie gemeinsam in einem Tempel verehrt wurden. Er berief sich auf vs. 9 ναίετε δώματα καλὰ κτλ. Mir scheint aus diesen Worten hervorzugehen, dafs der Hymnus ebenso wie h. XXIII zur Einweihung eines neuen Tempels (καλὰ δώματα) gesungen wurde. Baumeister meinte wieder, derselbe könne gesungen sein inter amicos in epulis. Bei der Martinschen Um-

ΕΙΣ ΕΣΤΙΑΝ.

stellung des vs. 9, welche Baumeister adoptierte, konnte er freilich kaum anders erklären. Der Stil des Gedichts ist eher lyrisch als episch, namentlich in der Satzverbindung. Das Ganze teilt sich ungezwungen in dreizeilige Strophen, wenn man den Schluſs von zwei Zeilen für sich bestehen läſst.

1—3 erinnert sehr stark an h. Ven. 31. 32.

2 = E 442.

3. ἀΐδιον zuerst bei Hes. Scut. 310. — Die handschriftliche Lesart ἔλαχε wird von Baumeister gut verteidigt; doch bleibt die 3. Person ungeschickt — πρεσβηΐδα τιμήν. An und für sich wird hier nicht klar, ob πρεσβηΐδα τιμήν hier heiſst „als Ehre des Alters", weil sie die älteste Tochter des Kronos ist (so Groddeck p. 74. Preller Myth.³ I p. 343) oder „als hohe Ehre". Für letztere Auffassung spricht namentlich h. Ven. 32 παρὰ πᾶσι θνητοῖσι θεῶν πρέσβειρα τέτυκται.

4—6 strichen Ilgen und Hermann Ep. p. CXV als Interpolation. Ilgen nahm besonders Anstoſs an dem wiederholten τιμήν. Wer mit mir Strophen in dem Gedicht findet, kann τιμήν mit Wolf ertragen. Sonst müſste die Konjekturalkritik helfen. Ernesti und Matthiae suchten den Fehler im 3. Vers und schrieben der erstere πρεσβηΐδα γαῖαν, der letztere πρεσβηΐδα ἁγνήν, Franke suchte den Fehler richtiger in vs. 4 und schrieb γέρας καὶ τίμιον. Näher dürfte liegen πίονα, da es im h. Ven. 29 heiſst: τῇ δὲ πατὴρ δῶκεν καλὸν γέρας ἀντὶ γάμοιο καί τε μέσῳ οἴκῳ κάτ' ἄρ' ἕζετο πῖαρ ἑλοῦσα. — σοῦ in vs. 4 paſst wenig zu dem in demselben Satze folgenden Ἱστίῃ.

5. πυμάτῃ könnte sachlichen Anstoſs erregen. Nach der allgemeinen Überlieferung (vgl. z. B. Ath. I 28 p. 16) spendete man dem Hermes zuletzt beim Weggehen. S. Schoemann Alt.² II p. 232. Wie kann da Hestia zuletzt kommen? Franke bemerkte gut, daſs man nicht nur den Anfang, sondern auch den Schluſs mit der Hestia begann. Daher das Sprichwort ἀφ' Ἑστίας ἄρχεσθαι. Preller Myth.³ I p. 347.

6. ἀρχόμενος σπένδει kann wegen des vorhergehenden Plural θνητοῖσιν nicht richtig sein. Pierson (Verisim. p. 162) schrieb εὐχόμενοι σπένδον, was in ἀρχόμενοι σπένδον zu verwandeln sein wird, da ἀρχόμενοι wegen des eben Auseinandergesetzten nicht fehlen kann.

9. Der Vers 9 hat Anstoſs erregt. Martin V. L. I p. 27 stellte ihn hinter vs. 11, wonach nun Hermes und Hestia die

schönen Häuser der Menschen bewohnen. Ein seltsamer Gedanke, von dem man nicht begreift, wie er die Billigung von Barnes, Franke, Baumeister finden konnte. Ilgen setzte weit verständiger den Vers hinter vs. 12. Ernesti strich ihn als Interpolation. Es ist zuzugeben, dafs, wenn der Vers nicht da wäre, der Sing. ἐπάρηγε (vs. 10) sich leicht und angenehm auf καὶ σύ μοι (vs. 7) beziehen würde. Aber er mufs stehen bleiben, da er zu dem gröfseren Teile des Hymnus das Prädikat enthält. Der Sinn ist: Hestia (vs. 1).... und du, Argostöter ..... bewohnet freundschaftlich dieses Haus.

10. Es wäre gewifs besser, wenn Hermes noch einmal ausdrücklich bezeichnet würde, aber die Beziehung läfst sich um so eher ergänzen, als wir ja hier den Beginn einer neuen Strophe vor uns haben.

12. ἔργματα haben hier E und D, XXVI 20 und XXXI 19 nur D. Vergleiche darüber Schneider zu Callim. h. I 92. ἔσπεσθε ist schwierig. Eine befriedigende Erklärung der Stelle giebt es nicht. Groddeck schreibt (p. 75) nisi corruptela laboret (sc. versus), poetica inversione posita accipi debet pro vulgari: νοῦς καὶ ἥβη ἕπονται ὑμῖν. Über diese Umstellung der Begriffe sind auch die Neueren nicht herausgekommen. Franke erklärte ἔσπεσθε durch impertire soletis. Er nahm νόῳ und ἥβῃ als Objekt dazu; Baumeister fafste ἔσπεσθε ebenso, zog aber ἔργματα καλά in der Bedeutung: schöne Erfolge hinzu: soletis impertire prudentiae et iuventuti bonos eventus. Dafs diese Erklärung gezwungen und diese Bedeutung ἔργματα fremd ist, brauche ich kaum zu erwähnen. Die Stelle ist, wie Groddeck richtig fühlte, korrupt. An der Hand von h. XXVI 20 könnte man vielleicht schreiben: εἰδότες ἔργματα καλὰ νόον θ' ἕσπεσθε καὶ ἥμιν. Welcker (Gr. Götterl. II 697) suchte eine andere Lösung. Er erklärte: „Stehet bei dem Sinn und Verstand der Jugend" (!) und strich vs. 10 f. als gleichlautend.

XXIX.
ΕΙΣ ΓΗΝ ΜΗΤΕΡΑ ΠΑΝΤΩΝ.

Groddeck rechnete (p. 60 ff.) den Hymnus unter die orphischen. Baumeister betonte (p. 365) mit Recht dagegen den von dem orphischen ganz abweichenden Stil. Zudem sind die von

Groddeck aufgezählten Verse, welche sich gleichen sollen, nur höchst oberflächlich verwandt, so dafs daraus kein bestimmter Schlufs zu ziehen ist. Sicher aber ist, dafs der h. Cer. dem Verfasser vorgelegen hat. S. zu 7—8 und zu 18—19. Es kommen noch hinzu die späten Worte παμμήτειρα (1) oder ἠυθέμεθλος (1), der Sing. σφιν (9). Der Hymnus nähert sich insofern dem vorigen, als er sich an den Gott wendet, was aufser in diesen beiden nur noch in h. XXIII und h. XXXIII geschieht.

1. παμμήτειρα führt auf ein Maskul. παμμήτηρ, über welche Form Lobeck Phryn. p. 659 zu vergleichen ist. — ἠυθέμεθλος nur hier. Vgl. über dieses Epitheton Preller Myth.³ I p. 525 A. 4.

3. ἐπέρχεται. Die Lesart von D ὑπέρχεται ergiebt den Sinn: „alles was in das Erdinnere heruntergeht", was hier viel zu gesucht ist. Es soll hier einfach gesagt werden: du ernährst alles, was auf Erden, im Meere und in der Luft lebt.

5. Zu τελέθουσι ist ἄνθρωποι nur schwer aus dem folgenden θνητοῖς ἀνθρώποισι (vs. 7) zu ergänzen. — Es wird hier angespielt auf die Eigenschaft der γῆ, von welcher sie den Namen κουροτρόφος führt. Vgl. Preller Myth.³ I p. 526.

6. Wie sie das Leben giebt, so nimmt sie es als χθονία. Preller Myth.³ I p. 524.

7 f. Vgl. h. Cer. 486—489: μέγ᾽ ὄλβιος, ὅντιν᾽ ἐκεῖνοι προφρονέως φίλωνται..... αἶψα δέ οἱ πέμπουσιν Πλοῦτον, ὃς ἀνθρώποις ἄφενος θνητοῖσι δίδωσι. Aus dieser Parallelstelle ergiebt sich zugleich, dafs τιμήσῃς zu schreiben ist, wie schon Franke vermutete. Das Futurum würde auch futurischen Sinn ergeben. Die Verwechslung ist häufig genug. Vgl. h. Merc. 43, h. Apoll. 43. — τῷ δ᾽ ἄφθονα πάντα πάρεστι erinnert an h. Apoll. 536 τὰ δ᾽ ἄφθονα πάντα παρέσται. Ilgen schrieb daher richtig τῷ δ᾽ aus ABC statt τῷ τ᾽.

9. σφιν dürfte doch Singular sein wie h. XVIII 19. Matthiae und Franke wollten es als Plur. fassen wegen des folgenden 11. Verses. Doch ist dieser Vers ziemlich scharf von dem Vorhergehenden geschieden. — βρίθει absolut, vgl. h. Orph. 67, 5 καὶ τέχναι βρίθουσι.

10. εὐθηνεῖ mit Dativ Aristot. gen. anim. 4, 6. Das Subjekt zu εὐθηνεῖ ist nicht wie Baumeister will, ἄρουρα — denn was sollte das für einen Sinn ergeben: κατ᾽ ἀγροὺς ἄρουρα εὐθηνεῖ? —, sondern ὁ ὄλβιος. Der Satz ist also dreigliedrig: der Acker trägt ihm, er wird reich an Vieh auf dem Lande und

sein Haus füllt sich mit Schätzen. — ἐμπίπλαται ist überliefert in EDP. Sollten wirklich die Pariser Handschriften ἐμπίμπλαται haben? Übrigens vgl. Lobeck Phryn. p. 96. — Das substantivische ἐσθλά findet sich schon κ 523, Hes. O. p. 116.

13. Matthiae wollte ἀδροσύνη statt εὐφροσύνη schreiben, doch ist die Änderung unnötig, da hier wohl die gymnischen Spiele verstanden werden sollen.

14. Ich habe mit Lobeck (Path. I p. 289) φερεανθέσιν geschrieben. Es ist das eine Verbesserung der Konjektur Ernestis φερεσανθέσιν, die Matthiae und Ilgen aufnahmen. Waardenberg vermutete περιγήθεσιν. Hermanns εὐανθέσι beruht auf der schlechteren Handschriftenklasse; wohlfeil ist Abels Konjektur: πολυανθέσιν, außerdem wäre aus πολυανθέσιν niemals περεσανθ. geworden.

15. Franke behielt mit der ed. princ. χαίρουσι bei, was sich durch die Analogie von vs. 13 begründen läßt.

16. Statt ἄφθονε schrieb Matthiae ἄφθιτε. Vgl. Orph. h. XIV 1 Ζεῦ ἄφθιτε.

17. θεῶν μήτηρ heißt sie schon bei Solon frgm. 36 (Bergk Anthol. p. 21): μήτηρ μεγίστη δαιμόνων Ὀλυμπίων (ἄριστα) γῆ μέλαινα.

18. 19 sind = h. Cer. 494. 495.

XXX.

ΕΙΣ ΗΛΙΟΝ.

Der Hymnus zeigt sich durch seinen Schluß deutlich als Prooimion eines epischen Gedichtes an; nach Groddeck (p. 59) hätte dasselbe Genealogien enthalten, wie die großen Eöen Hesiods. S. zu vs. 18. Daß der Hymnus von demselben Verfasser als der folgende ist, behaupteten Bergk LG. I p. 751 A. 28 und vor ihm schon Schwenck Übers. der Hymnen p. 345, beide, ohne ihre Behauptung zu beweisen. Ich bin derselben Meinung aus folgenden Gründen. Erstens ist der Umfang beider Hymnen gleich: abgesehen vom Schlusse jedesmal 16 Verse. Zweitens kommt es bei beiden dem Verfasser darauf an, den Glanz dort der Sonne, hier des Mondes zu schildern. Drittens zeigen beide in ihrer Schilderung eine frappante Ähnlichkeit. Vgl. h. XXX

10 ff., λαμπραὶ δ' ἀκτῖνες ἀπ' αὐτοῦ αἰγλῆεν στίλβουσι ....
παρειαὶ λαμπραὶ .... πρόσωπον τηλαυγές· καλὸν δὲ περὶ
χροΐ λάμπεται κτλ. mit h. XXXI 3 ff. ἧς ἄπο αἴγλη ......
αἴγλης λαμπούσης· στίλβει κτλ. Auch die Schlufsformeln
sind ganz ähnlich. Vgl. h. XXX 18 ἐκ σέο δ' ἀρξάμενος κλήσω
μερόπων γένος ἀνδρῶν ἡμιθέων κτλ. und h. XXXI σέο δ' ἀρχόμενος κλέα φώτων ᾄσομαι ἡμιθέων κτλ. Baumeister (p. 368) hebt
noch die seltsamen Genealogien (es ist wohl Euryphaessa h. XXX
und Pandia h. XXXI gemeint) und ferner den schwülstigen Stil
beider hervor und gelangt zu demselben Schlufs; desgl. Abel
p. 105. Über die mutmafsliche Abfassungszeit s. den Komm. zu
h. XXXI.

1. Ἥλιον. Diese Form steht zuerst ϑ 271. — Für αὖτε
weist Baumeister (p. 366) hin auf Terpander (frgm. 2 Bergk
Anthol. p. 177) ἀμφί μοι αὖτε ἄνακτ' ἑκαταβόλον ἀδέτω ἁ φρήν.

2. φαέθων ist Beiwort des Helios schon Α 735, ε 479 =
τ 441, λ 16, χ 388. — Εὐρυφάεσσα heifst die Mutter des Helios
nur hier. Hes. Theog. 371 heifst sie Theia, aber auch dort
stammen Helios, Selene, Eos von demselbigen Elternpaar. Vgl.
Pindar Isthm. V 1. Bei Hygin Praef. fabb. heifst die Mutter
Aethra, doch s. Muncker z. St.

6. ῥοδόπηχυς Ἠώς eine Variante des gewöhnlicheren ῥοδοδάκτυλος ἠώς. Vgl. Hes. Theog. 247 Εὐνείκη ῥοδόπηχυς.

7. Ἠέλιον τ' ἀκάμαντ' ἐπιείκελον ἀθανάτοισιν stammt aus
Λ 60 ἠϊθέον τ' ἀκ. ἐ. ἀ. Da die Stelle Nachahmung ist, so
darf man auch nicht mit Matthiae ἀριδείκετον oder mit Bothe
ἐπιήρανον schreiben. Ob übrigens der Verfasser den Helios als
einen deus inferioris ordinis hinstellen will, wie Franke meint,
ist mir zweifelhaft wegen der nachfolgenden glänzenden Schilderung.

8. ὃς φαίνει θνητοῖσι καὶ ἀθανάτοισι θεοῖσι erinnert an γ 3
ἵν' ἀθανάτοισι φαείνοι | καὶ θνητοῖσι βροτοῖσιν.

9. ἵπποις ἐμβεβαώς. Vgl. E 199: ἵπποισιν μ' ἐκέλευε καὶ
ἅρμασιν ἐμβεβαῶτα.

10. σμερδνὸν (δέρκεται) kann hier in dem Zusammenhange
nur s. v. a. blendend heifsen. Über die Etymologie des Wortes
vgl. jetzt Curtius Et.⁵ p. 691. Auf die sittliche Bedeutung des
Helios, der alles hört und alles sieht, der infolge dessen bei den
Eidschwüren angerufen wurde (s. Preller Myth.³ I p. 352), geht
der Hymnus nicht ein.

10. χρυσῆς. Die epische Form χρυσέης ist, wenn überhaupt,

ΕΙΣ ΗΛΙΟΝ. 357

nur in den Pariser Handschriften überliefert. Wo wir Ἥλιον (1), φαίνει (8) dulden müssen, können wir auch χρυσῆς stehen lassen. — ἀπ' αὐτοῦ ist geschützt durch h. XXXI 3 ἧς ἄπο, sonst läge es nahe ἄπωθεν zu schreiben.

11. Hermann erklärte παρειαί von den Helmwangenstücken, doch soll das Wort in dieser Bedeutung erst nachgewiesen werden. Franke verglich zwar μέτωπον κόρυθος Π 70, aber hier ist die Bezeichnung durch den Zusatz κόρυθος völlig klar, was an unsrer Stelle nicht der Fall ist. Das Lex. Hom. von Ebeling nimmt das Wort mit Recht von den Wangen des Helios. Was man aber mit den Wangen παρὰ κροτάφων und ἀπὸ κρατός anfangen soll, ist mir nicht recht begreiflich. Es war daher mit Pierson (Verisim. p. 164) und Ilgen περὶ κροτάφοισι τ' ἔθειραι zu schreiben.

13. Vgl. Bergk Anthol. lyr. p. 377 Nr. 97: ὡς ἄρ' εἰπόντα μιν ἀμβρόσιον τηλαυγὲς ἐλασίππον πρόσωπον ἀπέλιπεν ἀμέρας.

14. Ein sehr schwieriger Vers. G. Hermann erkannte, daſs πνοιῇ ἀνέμων zu λάμπεται gehört. Vielleicht ist aus λεπτουργές ein passendes Partizipium herauszulocken. Hinter ὑπὸ δ' ἄρσενες ἵπποι setzte Hermann eine Lücke an, ihm folgten Franke und Baumeister. Diese Meinung ist schon deshalb unwahrscheinlich, weil beide Hymnen auf die gleiche Länge berechnet sind. Natürlich kann man nicht schreiben, wie Hermann ganz richtig sah: ὕπο δ' ἄρσενες ἵπποι, das würde aus dem Ton des Ganzen herausfallen, aber ὑπὸ läſst sich auf λάμπεται beziehen, es ist dann aber besser ὑπό τ' zu schreiben.

15. εὖτ' ἄν schrieb Matthiae wegen des nachfolgenden Konj. πέμπῃσι. Vgl. auch im folgenden Hymnus vs. 7. — στήσας ...... ἅρμα .... θεσπέσιος πέμπῃσι kann nicht nebeneinander bestehen. Ruhnken suchte den Fehler in θεσπέσιος und schrieb ἑσπέριος, welches bis jetzt unbestritten in den Ausgaben stand. Warum indessen gerade die Abendzeit hervorgehoben werden soll für die Schilderung des leuchtenden Helios, ist gar nicht abzusehen. Diejenigen, welche eine Lücke im Text annehmen, können sich natürlich verschiedenes ausgefallen denken. Nach meiner Meinung aber ist θεσπέσιος unberührt zu lassen. Da der Widerspruch zwischen den beiden Worten στήσας und πέμπῃσι besteht, so muſs eins von diesen verdorben sein. Ich habe ὅγ' ἰθύσας geschrieben. Vgl. Pindar frgm. 258 ἰθύει δελφὶς τάχιστα.

18 f. giebt eine deutliche Bezeichnung des epischen Heldengesanges: ἡμίθεοι heifsen die Heroen M 23, Hes. O. 158. — Die Vermutung Matthiaes (θεαί) wird durch den Schlufs von h. XXXI unterstützt. Dafs die Musen gemeint sind, unterliegt für mich keinem Zweifel.

XXXI.
ΕΙΣ ΤΗΝ ΣΕΛΗΝΗΝ.

Dafs dieser Hymnus von demselben Verfasser als der vorige ist, wurde in den Vorbemerkungen zu h. XXX ausgeführt; dafs er nicht alt ist, macht Vofs (Myth. Br. II p. 7) wahrscheinlich, indem er auf die geflügelte Selene (1) verwies, ferner auf Pandia (15) und endlich auf das junge Wort ἐνδιάομαι (16). Etwas Genaueres wird sich kaum ermitteln lassen. Gerhard (Trinkschalen p. 15) rechnet wegen der geflügelten Selene den Hymnus zu den orphischen, ähnlich wie Baumeister (p. 103). Groddeck dagegen rechnet ihn (p. 59) nicht zu den orphischen. Auch mir scheint der Ton dieses Hymnus wie der des vorigen von dem h. VI sehr verschieden zu sein. Ich bemerke noch, dafs die Herkunft der Selene nicht angegeben ist, wohl weil der Sänger dieselbe in h. XXX vorweg genommen hatte.

1. εὐειδῆ ist eine treffliche Besserung Bothes. Vgl. Sappho frgm. 3, 1 ἄστερες μὲν ἀμφὶ κάλαν σελάνναν. Skythinos (Bergk Anth. p. 169, 1) τὴν λύρην ἁρμόζεται Ζηνὸς εὐειδὴς Ἀπόλλων. — τανυσίπτερος. Über die beflügelte Selene s. Vofs Myth. p. 7.

2. ἴστορες ᾠδῆς. Es ist zu vergleichen Apoll Rhod. Arg. A 188 ἴστορε δ᾽ ἀμφὼ ἠμὲν ναυτιλίης ἠδ᾽ Ἄρεος εὐχετόωντο. Über diese Bedeutung von ἴστωρ vgl. Lehrs Arist.² p. 109. — Die kontrahierte Form ᾠδή steht schon h. Cer. 495.

3. ἄπο stützt h. XXX 10. Auffällig aber ist der Accus. bei ἑλίσσεται, weshalb Hermann nicht sehr ansprechend vermutete: ἧς αὔγλη περὶ γαῖαν ἑλίσσεται. Franke wollte die Überlieferung halten und erklärte: a qua splendor in terram volvitur. Doch bezweifle ich mit Baumeister die Möglichkeit, dafs das Griechisch sein könne. Eher könnte ἑλίσσεται hier die Bedeutung umgeben, wie das Aktiv, haben. Lohsee (brieflich) vermutet ἐπέσσυται. — οὐρανόδεικτος nur hier.

ΕΙΣ ΤΗΝ ΣΕΛΗΝΗΝ. 359

4. *κρατὸς ἀπ' ἀθανάτοιο* = *A* 530. Der Glanz geht wirklich von ihrem Haupte aus, wie bei der Medea Orph. Arg. 1225: ἀπὸ κρατὸς γὰρ ἔθειραι πυρσαῖς ἀκτίνεσσιν ἀλίγκιοι ἠώρηντο· στίλβε δὲ καλὰ πρόσωπα φλογὸς δ' ἀπέλαμπεν ἀυτμήν.
5. Die überlieferte Lesart ist metrisch falsch, daher schob Barnes τε ein: στίλβει δέ τ' ἀλάμπετος ἀήρ. So schreiben Ilgen, Wolf und Baumeister. Pierson (Veris. II 2 p. 165) nahm noch an ἀλάμπετος Anstofs, doch wird dasselbe gut geschützt durch Ilgen (z. St.). Ruhnkens Konj. στίλβη δ' ἐπιλάμπεται ἀήρ laboriert daran, dafs αὔγλης und στίλβη dann fast hintereinander stehen. Besser ist Hermanns στίλβει δ' ἀπολάμπετος ἀήρ, aber der Barnesschen Lesung nicht vorzuziehen, da ἀπολάμπετος = ἀλάμπετος denn doch eine schwierigere Änderung ist. Abel schreibt nach einer sehr matten Vermutung Baumeisters δ' εὐλάμπετος ἀήρ.
6. στέφανος. Über den goldenen Strahlenkranz der Selene s Vofs Myth. Br. II p. 7. Preller Myth.³ I p. 362. — ἐνδιάονται. Das Medium nur hier. Vofs Myth. Briefe II p. 7 erklärt falsch tagen, besser wird es von ἔνδιος abgeleitet: unter dem Himmel sich ausbreiten. Das Aktiv steht zuerst bei Theocr. XVI 38 μυρία (ἔκκριτα μῆλα) ἐνδιάασκον ποιμένες κτλ. Vgl. über das Wort noch Ruhnken Ep. crit. I p. 79.
9. πώλους. Vgl. Eurip. Phoen. 175 ὦ λιπαροζώνου θύγατερ Ἀελίου Σελαναία, χρυσεόκυκλον φέγγος, ὡς ἀτρεμαῖα κέντρα καὶ σώφρονα πώλοις μεταφέρων ἰθύνει.
11. διχόμηνος, eigentlich Doppelmond, der nach zwei Seiten hin abnimmt. Eine andre Form διχόμηνις steht Apoll. Rhod. Arg. *A* 1231 mit dem Scholion πληροσέληνος.
11 f. Es ist überliefert ὅτε ..... πλήθει ..... τελέθωσιν. Statt der Matthiaeschen Änderung πλήθῃ, welche Wolf, Hermann, Franke aufnahmen, schrieb Baumeister ὃ δὲ ..... πλήθει ..... τελέθουσι mit doppelter Änderung. Aufserdem würden 2 parenthetische Sätze hinter einander folgen: ὃ δὲ ..... πλήθει und τέκμωρ ..... τέτυκται. — Der Satz mit ὅτε ist nichts als Erklärung zu διχόμηνος. Dafs hier der Vollmond der Frühlingsnachtgleiche gemeint sei, vermutet Preller (Myth.³ I p. 363) im Hinblick auf Arat. Phaen. 748: τοὺς πάντας ἀμείβεται εἰς ἐνιαυτὸν Ἥλιος μέγαν ὄγμον ἐλαύνων. Warum dann der Mond gerade am leuchtendsten sein soll, ist schwer abzusehen. Ich meine, dafs hier nicht ὄγμος die Bahn steckt, sondern vielmehr ὄγκος

der Umfang, die Masse, der Körper. Vgl. Parmenides vs. 103 πάντοθεν εὔκυκλον σφαίρης ἐναλίγκιον ὄγκῳ.

13. τέκμωρ καὶ σῆμα wird von Baumeister richtig auf die Zeitrechnung bezogen.

15. Statt des überlieferten Πανδείην schrieb Hermann πανδίην. Diese Tochter ist für uns so gut wie unbekannt. Cf. O. Müller LG.³ I p. 123 Anm. 13. Preller I p. 363. [Ob dieselbe Photius s. v. Πάνδια genannt wird, ist mir sehr fraglich, weil τῆς Σελήνης auch Erklärung zu Πανδίας sein kann. Vgl. Ulpian zu Demosth in Mid. p. 517, 3 Πάνδια οἱ μὲν Διὸς ἑορτὴν ἐνόμισαν οἱ δὲ Πανδίαν τὴν Σελήνην νομίζουσιν ..... ἦγον οὖν καὶ τῆς Σελήνης ἑορτὴν μετὰ τὰ Διονύσια.]

17—20 hielt Groddeck für Interpolation eines Abschreibers; sehr mit Unrecht, da der Hymnus doch einen Schlufs haben mufste.

19. Vgl. α 338 ἔργ᾽ ἀνδρῶν τε θεῶν τε, τά τε κλείουσιν ἀοιδοί.

XXXII.

ΕΙΣ ΔΙΟΣΚΟΥΡΟΥΣ.

Die Flügel der Dioskuren (vs. 13) lassen den Hymnus erst auf eine sehr junge Zeit setzen. Vgl. Vofs Myth. Briefe II p. 8. O. Müller Orch. p. 459. Welcker Ep. Cykl. II p. 168. Baumeister p. 369. Der letztere hebt aber bereits hervor, dafs der Hymnus älter sein mufs als h. XVI (s. den Komm. zu vs. 4) und jünger als Theocr. XXII (s. zu vs. 14). Was den letzteren Punkt anbetrifft, so ist die Darstellung Theokrits schwülstig und überladen, die des Hymnus verhältnismäfsig einfach, also wohl früher entstanden. Vergl. auch Abel p. 107.

1. ἀμφί. S. zu VI 1. — Statt ἑλικώπιδες las Ruhnken und Heringa Ἑλικωνίδες.

2. Διὸς κούρους.... Τυνδαρίδας ahmt Hes. Theog. 316 Διὸς υἱός....Ἀμφιτρυωνιάδης nach.

3. Etwas variiert aus Γ 237, λ 300.

4. Ταϋγέτου haben sämtliche Codd. auch hier. S. den krit. Komm. zu h. XVI 3. — Ich glaube, dafs auch hier ursprünglich κορυφῆς stand, welches der Verfasser von XVI vorfand.

ΕΙΣ ΔΙΟΝΥΣΟΝ.

5. *Κρονίωνι.* Nach λ 299 sind sie Söhne des Tyndareus.
6. *τέκε παῖδας* ist in einen Begriff zusammenzuziehen. Vgl. β 489 *τὸν Ἀλφειὸς τέκε παῖδα.* — Für das Ganze vgl. Theocr. XXII *ὑμνέομεν....ἀδελφοὺς ἀνθρώπων σωτῆρας.....ναῶν θ' αἳ....χαλεποῖς ἐνέκυρσαν ἀήταις.*
7. *νεῶν* die einzige Form mit ε in den Hymnen, s. vs. 8 und XXI 5. — Derselbe Versschlufs findet sich auch N 334, γ 283.
10. *ἀκρωτήριον* vom Schiffsschnabel Herod. 8, 121. Xen. Hell. 2, 3, 8 sind sie Siegeszeichen. Es ist daher nicht denkbar, dafs sie am Hinterschiff angebracht waren. Folglich ist hier *πρυμνὴ = νηύς,* überhaupt *ἀκρωτήρια πρύμνης = ἴκρια νηός.*
12. *τὴν δ'....θῆκαν ὑποβρυχίην.* Vgl. ε 319 *τὸν δ' ἄρ' ὑπόβρυχα θῆκε.*
13. *ξουθῇσι πτερύγεσσι.* Vgl. Anth. Pal. VII 192 *Οὐκέτι δὴ πτερύγεσσι λιγυφθόγγοισιν ἀείσεις, ἀκρί.....ξουθᾶν ἐκ πτερύγων ἡδὺ κρέκουσα μέλος.*
14. Vgl. Theocr. XXII 19: *αἶψα δ' ἀπολήγουσ' ἄνεμοι λιπαρὰ δὲ γαλάνα ἂμ πέλαγος.*
15. *λευκὴ ἅλς* „klar". Vgl. κ 94, ψ 282.
16. Matthiae versuchte *πλόου σφίσιν,* doch ist die Baumeistersche Konjektur vorzuziehen. Nicht übel schreibt Abel *π. λύσιν.*
18. Hier ist ganz gewifs an Reiter zu denken, nicht an Wagenkämpfer, wie Vofs a. a. O. will.

XXXIII.

ΕΙΣ ΔΙΟΝΥΣΟΝ.

Von den beiden Fragmenten dieses Hymnus ist das erste überliefert bei Diodor 3, 66. Die Verse 8 und 9 werden von demselben Diodor noch 1, 15 und 4, 2 citiert. Dafs das Fragment aus den homerischen Hymnen stammt, sagt Diodor ausdrücklich 1, 15 *μεμνῆσθαι δὲ τῆς Νύσης καὶ τὸν ποιητὴν ἐν τοῖς ὕμνοις κτλ.,* ebenso 3, 66 *ὁ ποιητὴς ἐν τοῖς ὕμνοις* und 4, 2 *καὶ τὸν Ὅμηρον δὲ τούτοις μαρτυρῆσαι ἐν τοῖς ὕμνοις.* Vers 8 und 9 wird auch vom Schol. Apoll. Rhod. B 1211 citiert, hier scheinbar von Herodoros. Da aber Herodor Argonautika in

ΕΙΣ ΔΙΟΝΥΣΟΝ.

Prosa schrieb (Müller Dorier II p. 464, Baumeister p. 371), so nahm schon Wesseling eine Lücke hinter Ἡρόδωρος an, in welcher nach seiner Meinung Ὅμηρος ausgefallen war. Guttmann H. cr. p. 6 stellt die Möglichkeit dieser Ergänzung zwar nicht in Abrede, er vgl. schol A 761 Ὅμηρος ἱστορεῖ, doch glaubt er, daſs Dionysios von Mitylene oder Apollodoros (περὶ θεῶν) ausgefallen sei. Aber könnte nicht Herodor die Homerstelle citiert (Hermann p. 154) und der Scholiast Herodor für einen Dichter gehalten haben, ähnlich wie der Schol. des Pind. Pyth. 3, 14 (v. Wilamowitz Isyll v. Epidauros p. 78 f.)?

Das zweite Fragment ist überliefert im cod. M(oscovicensis) unter der Überschrift Ὁμήρου ὕμνοι. Über diese Überschrift s. die Vorbemerkung zum h. Cer. Bergks Vermutung (LG. I p. 744 A. 2), daſs zwei gröſsere Hymnen in der Sammlung gestanden hätten, hat daher ebensowenig Berechtigung als die Büchelers über jenen Hymnus. Aus der Beschaffenheit der Handschrift (es fehlt in dem Quinionen das 1. Blatt von Lage Ιδ) hat Thiele Phil. 34 p. 203 in scharfsinniger Weise geschlossen, daſs uns ca. 208 Verse verloren sind, mithin der ganze Hymnus aus ca. 220 Versen bestanden habe. Die abweichende Aufstellung Büchelers (h. Cer. p. 2), wonach der Hymnus ungefähr 400 Verse gehabt habe, beruht auf einem Rechenfehler.

Beide Fragmente vereinigte zuerst A. Matthiae. Die Zusammengehörigkeit bezweifelt Baumeister (p. 372) ohne Grund. Das zweite Fragment bildet den Schluſs des Hymnus, wie schon Groddeck (p. 72) erkannte.

Betreffs der Abfassungszeit vermutete Duncker (G. d. A.[5] 6 p. 230), daſs in dem Hymnus die Identifizierung von Dionysos und Osiris vorausgesetzt werde. Ähnlich urteilte schon Diodor 1, 15. Aber Dunckers Vermutung beruht auf der Voraussetzung, daſs das vs. 8 erwähnte Nysa das von Herodot 2, 146; 3, 97 gemeinte, in Äthiopien an dem Vereinigungspunkt des weiſsen und blauen Nil belegene sei. Vgl. noch Duncker G. d. A.[5] 4 p. 419. Daſs aber hier nicht das äthiopische, sondern das arabische Nysa gemeint sein kann, lehrt die Stelle so deutlich, daſs es schon dem Diodor nicht entgangen ist. Vgl. auch Groddeck p. 71. Derselbe Diodor führt 3, 65 (g. Ende) für das arabische Nysa auch den Antimachos an: τῶν δὲ ποιητῶν τινες, ὧν ἐστι καὶ Ἀντίμαχος, ἀποφαίνονται τὸν Λυκοῦργον οὐ Θρᾴκης ἀλλὰ τῆς Ἀραβίας γεγονέναι βασιλέα καὶ τῷ τε Διονύσῳ καὶ ταῖς

ΕΙΣ ΔΙΟΝΥΣΟΝ.

βάκχαις τὴν ἐπίθεσιν ἐν τῇ κατὰ τὴν Ἀραβίαν Νύσῃ πεποιῆσθαι.
Einen gewissen Anhalt für die Zeitbestimmung gewährt der Umstand, dafs vs. 18. 19 οὐδέπῃ κτλ. wörtlich in dem h. VI 58. 59 stehen. Wären die Verse, wie Baumeister (p. 372) annimmt, aus dem h. VI hierher übertragen, so würde h. XXXIII jünger sein als h. VI, der selber ein sehr junges Aussehen hat. Mir aber scheint gerade das Gegenteil richtig zu sein. Der mit οὐδέ πῃ beginnende Satz tritt in h. XXXIII natürlich ein, im h. VI aber unvermittelt und überraschend. Es mufs daher h. XXXIII älter als h. VI sein.

1. Dafs der Anfang des Hymnus verloren ist, liegt auf der Hand. Es kann aber wohl nicht viel fehlen, weil die Partie den Dionysos ähnlich apostrophiert, wie Callimachus den Zeus (h. Jov. I 6). Übrigens bemerkte schon Ruhnken die Ähnlichkeit beider Stellen, doch ist sie nicht eine derartige, dafs man die eine aus der andern ableiten könnte. — Δράκανον ist nach Strabo XIV 1, 19 ein Vorgebirge und Städtchen der Insel Ikaria bei Samos. Darum kann aber Ikaros doch wohl wieder Ikaria sein. Es giebt zwar noch eine Insel Ikaria im pers. Meerbusen (Strabo XV 3, 2); aber da der Gedankengang des Dichters der ist: du bist nicht in bekannten Gegenden geboren, sondern πολλὸν ἀπ' ἀνθρώπων (vs. 7), so mufs eine griechische Gegend gemeint sein.

2. Naxos wird auch bei Diodor 4, 66 als Geburtsland des Dionysos genannt. Nach Stephanos (s. v. Νύσα) gab es dort ein Nysa. — εἰραφιῶτα heifst nach Sonne bei Curtius Et.[5] p. 342 der Befruchter.

3. Elis gilt als ein Stammland des Gottes. Vgl. Preller Myth.[3] I p. 569. Die wichtigste Stelle s. bei Bergk Anth. lyr. p. 356 Ἐλθεῖν ἥρω διόνυσε Ἀλείων ἐς ναὸν ἁγνὸν σὺν Χαρίτεσσιν ἐς ναὸν τῷ βοέῳ ποδὶ θύων. ἄξιε ταῦρε, ἄξιε ταῦρε.

5. Noch häufiger wird Theben sein Geburtsland genannt. Preller a. O. p. 546.

8. Statt ὕπατον ὄρος giebt der Schol. zu Apoll. Rhodius ὕπατον κέρας. Vielleicht ist κέρας das Richtige. S. Hermann z. St.

10. Hermann bezieht οἱ, um es begreiflich zu machen, auf Semele, Matthiae schrieb καί σοι, ihm folgte Baumeister. Doch bemerkte schon Hermann, dafs man dann καί τοι schreiben müsse. Ruhnken, Wolf, Franke behielten καί οἱ bei.

11 ist immer noch verdorben. Hermann erklärte zwar ut

haec numero tria sunt, sic tibi tertio quoque anno sacra fient, aber was diese drei Dinge sein mögen, weifs niemand. Übrigens bemerkte Lobeck (Aglaoph. p. 585), dafs diese Verse denen des Orpheus (bei Olympiod. zu Plat. Phaedr. c. 32) ähnlich seien: Ἄνθρωποι δὲ τεληέσσας ἑκατόμβας πέμψουσιν ἐν ὥραις ἀμφιέτεσσιν κτλ.

13—15 = A 528—530. Diese Verse sind von allen Herausgebern mit Ausnahme Ruhnkens und Wolfs als unecht angesehen. Ilgen, Franke und Baumeister hielten sie für den Zusatz eines Schreibers, Hermann für die Interpolation eines Rhapsoden.

17—19 betrachten Hermann, Franke, Baumeister als Interpolation; doch s. meine Vorbemerkung zu diesem Hymnus.

KRITISCHER NACHTRAG.

I. 3. ἐπὶ σχεδὸν ELD.
6. βίον ELD | ἐχάλασε M.
9. ἦσεν M.
16. ὀρτιγυη M (sic).
17. πρὸ L, ebenso 26.
18. ἀγχτάτω L.
19. πάντοσσ' M.
20. γάρ τε LD γαρτοι E | μόνος L.
22. ἄδον M.
25. ἠώς LD ἠὼς E.
30. ὅσσυς LD.
31. αἴγινα alle.
32. ἀγχίαλος die Pariser.
35. Σχῦρος Baumeister, σχύρος alle.
38. ἢ νῆσος E (Hollander), νῆσον E (Abel), ἥνησων L | λιπαροτάτη E.
41. in D hinter 35; s. Einl. p. 2.
42. μεερόπων L.
44. πετρήδεσα L.
50. ἐπάεα L.
51. κέλ⁶ (sic) L.
52. τίονα L.
54. οὔτ' Hermann, auch im Text zu verbessern, οὐδ' die Hdschrr.
55. Nach Abel οἰσεῖς E, nach Wilam. οἴσεις, nach Holl. οἰστεῖς | φήσεις D, φήσεις Laur. 31, 32.
56. εἰ δέ E. Eberhard, auch im Text zu verbessern, αἱ die Hdschrr.
64. δεξαίμιν L.
68. ἔσσασθαι L.
71. ἴδης E (Hollander, v. Wilam., ἤδης E (Abel).
78. ἀκηδεάχητεϊ λάων L (Hollander).
79. μεύγαν L (?) | ὁμόσσαι alle.
80. τεύξειν fehlt M.

I. 87. ἢ μη L, ἢ μιν M.
88. κωμὸς M.
92. ὠδίναιθι E (Abel).
94. Θέμιστε M.
96. μεγάροις LD.
102. ἐύκτισμένης E (Hollander).
106. ἐπέεσιν L.
110. ἀπὸ μεγ. M.
112. ἔχοντες E (Hollander).
115. μογοστόλος E.
116. μενήνυσε M.
117. φοίνικε M.
119. πρὸς φόωσδε M | ἅπασσαι EL; alle?
120. σε ἧιε LD.
122. στροφὸν alle.
124. ἀμβροσίν L (Holl.).
127. ἄβροτον M (Thiele).
130. ἀθανάτῃσι E, ·ῃσι LM.
132. τ' alle.
134. ἑκατηβόλοις E (Abel).
135. ἅπασσα EL.
136. καθαρῶσα D.
139. ῥρίον D, ῥιον M.
142. ἰλασκάξες M.
144 f. πρωονες— ἄλαδε fehlt L.
145. ποταμοί M (ohne θ).
146. ἐπετέρπεο M.
151. ἀθάνατος M.
156. θ'οὗ M statt ὅου.
158. ἀπόλλονα M.
162. κρεμβαλιαστήν M (Thiele).
166. μετόπισθε nur D.
171. ἀποκρίνασθε E (nach Hollander), ὑποκρίνεσθε M.
172. οὐκεῖ statt οἰκεῖ M.
173. ἀριστεύσουσι Barnes.
181. αὐτός γάρ M | περικλύστον M.
184. ἔχων τε (τὲ) θυώδεα EMD, ἑχόντε θ. L, ἔχοντε θ. die Par. | τεθυωμένα Barnes.
186. νοήμημα L.

I. 187. πρὸ M (Thiele).
193. γήαρος L.
197. οὔτε E (λάχεια fehlt), οὔτε λαχεῖα M.
199. ἰοχαίερα D (sic).
200. ἀγανή od. ἀγανή M (Thiele).
204. μέγα M.
207. πάντοσ' M.
208. μνηστῆσιν E (Wilam.), μνηστήρσιν (Abel)!
210. ἐλατινιονίδη L D, ἐλατινονίδη M.
213. ἐνέλιπεν P.
214. ἢ ὡς die übrigen.
216. πετρίην M (Thiele).
217. ἠμαθέοντα D.
218. περρεβοῦς M.
219. streiche das (?) hinter E.
220. τό τοι οὐχ ἄδε ed. pr., τό τοι οὐ χάδε LD, τ. τ. οὐχάδε E (Abel), τῶ τ'οὐχάδε M.
222. εὐριπον E (Abel).
223. ἴξες P und die übrigen ἀπ' M, ἐπ' die andern.
224. μυκάλισσον M | τέμμισον M. τελμησσὸν die Pariser Kl.; im Text lies Μυκαλησσὸν und Τευμησσὸν mit zwei σ.
226. πώ τις M (Thiele).
227. streiche das Fragezeichen hinter E.
230. ὂν χηστον E (Abel), ὄγχηστον L.
233. ἐκ δὲ διφρ. M.
234. κεῖνον M | κρατέουσι M (Thiele).
235. ἀγῇσιν Cobet, auch im Text zu verbessern.
237. πρώτιστ' ELD.
244. ὡς statt βῆς D | τοι ἄδε nur M, οἱ ἄδε P und die Pariser.
245. τεύξασθαὶ τε νηὸν καὶ D.
246. πρὸ M (Thiele).
249. πολλοὶ ἀγινήσουσ' M.
250. πείειραν M (Thiele).
252. τοῖσι nur DM, τοῖσιν auch L.
260. τελειέσσας E (Abel) und die Par.
263. πηγῶν M.
269. Κρίσῃ mit einem σ und so immer M, Κρίσσῃ die andern | Παρνησοῖο M,

I. Παρνασοῖο D, Παρνασοῖο die andern.
274. περικτιόνων D.
277. ἐκκιες L.
278. φλεγίων M.
279. ναιετάεσκον M.
282. S. 269.
284. πέτρος M.
285. ἔνθ' M.
291. οἵ δ' ὅσοι EL ed. pr. Reg.
293. Θεμιστεύσοιμι E (Hollander) LD.
294. μείλια L.
301. καλλίρροος DM.
304. τανύποδ' M.
306. τύφλον (Wilam.), τυφλόν (Abel) E.
307. ἤνεκ' ἄρα M gehört unter vs. 308.
314. ἐμοῖο τέκεν M | γλαυκώπην D.
319. θέτις fehlt L.
322. σχέτλια M.
326. μέν τοι LD, μὲν τοὶ E (Holl.), μέντοι ἔγωγ' ἐκθήσομαι M.
327. μεταπρέπει D.
331. streiche (?) hinter E. | χωομενός περ L.
336. ἄνδρες θεοί τε LM.
340. φωνήσασα M.
342. οἴετο D, ᾤετο M.
345. ἐς Hermann, εἰς die Hdschrr.
346. strich Hermann ποικινὰς M streiche das Fragezeichen hinter E.
347. πολυκλίστοισι M.
348. βοῶπες L.
350. ἐπιτελλομένου M ἐπίλυθον M.
352. τυφῶνα πῆμα θεοῖσιν M.
353. βοῶπες L.
356. τῷ γ' M.
358. κρατέρον LM χαλεποῖσι EL.
363. πίθεν D, πιθεῦ M | βοτιανείρῃ E (Abel).
364. ζωοῖσι (Wilamowitz) ζωοῖσιν (Abel) E | δηλομοκροτοῖσιν L (ein Wort).
367. τυφωνεὺς M.
368. οὐδὲ alle.
370. ὅσσ' ἐκάλυψε M und die Par.
371. κατέπησεν M | ἱερὸν Martin.
372—374. D am Rande von zweiter Hand.

KRITISCHER NACHTRAG. 367

I. 374. πέλας M.
375. βοῖβος M.
376. καλλίροος M nnd die Par.
377. κεχολωμένοι L (ein Wort).
380. προρρέειν D, καλλίρρον L (ρρ Hollander).
384. ποιήσατο M.
385. καλλιρόου LM.
386. εὐχετόωντι E (Abel).
390. streiche das (?) hinter E.
391 - 393 *folgt in* E *hinter* 397.
391. ἄρ' M, ἄρα die andern.
393. l. im Text κνωσοῦ. κνωσ-σοῦ E (Wilam.), κνώσου E (nach Abel), Κνώσσου M (Thiele), Κνώσσου P. Ricc. 1 Laur. 70, 35. Κνώσου der Ambr. S. 31.
394. τε ῥρέξουσι E (Wilam.), τε ῥρέξουσι E (Abel), τε ῥρέξουσι L.
402. ἐπεφράσσατο E (Wilam.), ἐπιφ- (Abel), ἐπιφράσ(σ)αιτο P u. die Par.
403. ἀνασείασκε keine Handschr. aufser M. | δουρὸς M.
406. ἔλνον E (Wilam.), λύον E (Abel), οὐδὲ λύον P.
407. NachAbel hätte E π ρ ῶ τ α.
411. ἴξον M | τερψιβρότον M.
415. φράσσασθαι M.
417. ἀμφισορούσει E (Abel).
419. πολοπόννησαν E (Abel).
420. ἢ ἐν E (Wilam.), ἦεν E (Abel) | πνοίην δ' M.
423. θρύων E.
426. αἰπειοί D.
430. παρενίσατο M.
432. streiche (?) hinter E.
434. παιγίζων L.
436. ἄψορρον M.
439. λιμέν' L, λιμένα die andern, E (?), λιμένος δ' ἄμ. M.
442. πωτόντο M.
445. κρίσιν M.
446. ἄλογοι E (Abel).
447. ὑπόρριπῆς E (Abel).
448. πετέσθαι D.
450. εἰλιμένος hat D (Hollander).
455. ψυχᾶς L.
458. αὐτῇ M | ἀλφιστάων M.
459. ὁπόταν E (Abel) | ἐπὶ χθ. M.
460. ἀδικότες M.
464. καταθνητοῖσ᾿ = καταθνητοῖσην L, κατὰ θν. DM.

I. 467. ἐτήτυμον L (Hollander).
468. ἐκγεγάασκεν E (Wilam.), ἐκγεγάασσιν E (Abel) L.
470. ἐς Hermann, εἰς die Hdschrr.
475. κεῖνοι M | Κνωσὸν schon Wolf.
476. οὐκέθ' EL (Hollander) DM, οὐκέτ' keine.
481. θαλάσσις L.
487. λύσατε M.
489. εἴσσης E (Abel).
491. ἐπικαίοντες γ' M.
492. εὔχεσθε D | δὴ ἔπειτα Hermann.
493. ἠερρειδέι L (Hollander), ἠερειδέι L (Abel).
496. δέλφειος E (Wilam.), -ιος E (Abel), δέλφιος DP (al.).
505. βῆσαν M | ῥηγμῆνι M (Thiele).
514. βὰν ἴμεν M.
516. βιμάς L (Hollander), βιμάς L (Abel).
517. ἰῃ παιήον' L (Holl.).
519. μελιγνρυν M (ohne Accent).
522. τετιμημένος MB.
528. καὶ fehlt M.
529. l. ἐϋλείμων im Text.
534. ῥηϊδίας M.
536. παρέσθαι M.
540. γ' ἔπος D | ἔσπεται M.
543. δεδμήσασθ' ὄμματα M.
544. δ' ἐνὶ φ. M.
546. ἀοιδῆς L.

II. Überschr. ὕμνος E (mit Accent).
II. 1. ὑμνεῦουσα L.
5. μ . . ἀρων L.
εἰς
11. μῆς M, μεῖς D.
12. ἐς Hermann, εἰς die Hdschrr.
25. χελὴν E (Abel).
37. αἰχμὰ E (Abel).
42. M am Rande ἐξετό, nicht ἔξετο.
59. ὀνομακλυτὸν M.
72. ἀκειρασίους auch D (Hollander).
78. ὄπισθεν D.
81. συμμιότων E (Abel), συμμίστων L.
91. πολὺ οἱ νήσεις M.
94. ἔσσενε E (Treu), ἔσενε E (Abel), doch L ἔσκενε. ἔσενε auch CM.
102. εὐρυμετώτους L.

II. 108. τύνη M (statt τέχνην).
109. ἐνίαλλε M.
111. πύρια L (Hollander).
114. φῦσαν Hemsterhuys, φῦζαν M.
116. ὑποβρυχίας L DP (Hollander).
119. ἐκκρίνας nur M | διαιώνας M.
124. κατὰ στυφελῆ M ἐπὶ Barnes, ἐνὶ die Hdschr.
125. ταμετ᾽ ἄσσα D, nicht τάμετ᾽ ἄσσα.
127. χαρμοφέρων M | εἰρύσατο E (Abel), streiche (?) hinter E.
136 fehlt in M.
137. οὐλοκάρηβα M.
141. παννύχιον M | κατέλαμπε M.
148. ἄντρον M.
150. ἐσυμένης L (?).
157. δύσαχ᾽ M, nicht δύσταχ᾽.
158. ληΐοῖδος E.
163. τινύσκεαι D (mit Acc.)
168. Auch P hat ἄπαστοι wie L, AC nach Baum. ἄπλιστοι, B ἄπαστοι.
169. ἀεξόμεθ᾽ M.
171. πολυλήϊλον E (Abel).
175. φιλητέων hat E (Abel).
183. Διὸς fehlt L, nicht M.
196. θαῖμα L (Hollander).
202. ὀφθαλμοῖσιν M (Thiele) | ἴδοιο Barnes, ἴδοιτο alle auſser M.
210. ἐπιστράδην E (Treu), ἐπιτροπάδην (Abel).
217. πορφυρέην L.
229. ἐς Hermann, εἰς die Hdschr.
232. πόαν M (nicht ποήν).
238. ὀλοσποδὸς M.
239. ἓ αὐτόν Hermann, ἑαυτόν die Hdschr.
240. συνέελσε Gemoll, συνέλασσε die Hdschr., συνέλασε nur D.
242. εἱνέτεον τέ E (Abel).
259. ἐρήσεις EL | μετ᾽ M, ἐν die andern.
271. διὲκ Stadtmüller, nicht Gemoll.
273. ὀσποχθῶν L.
274. δ᾽ ἐθέλεις Hermann, δὲ θέλεις alle.
284. καθίσειν Gemoll.
286. δραύλους E (Abel).

II. 289. μὴ fehlt M | πῆματον M τε fehlt D | ἰαυσης aus -εις D.
292. αὔχος M.
294. κρατοὺς L (?).
297. ἐσυμένως L (Abel).
304. φατ᾽ ὅτε δ᾽ ἀντ᾽ L (Hollander).
320. δὴ ἔπειτα Hermann, δ᾽ ἤπειτα die Hdschr.
325. εὐμιλίη M.
342. εὐθυπόρον δ᾽ E (Treu), ohne Accent E (Abel).
352. στιβὸν (ohne Acc.) M.
361. ὠμάρταξε LP.
365. καταρ᾽ ἕξετο L.
367. ἐς Hermann, εἰς die Hdschr.
368. ξεὺς L.
376. τάδετ᾽ L E (Abel) D.
381. μάλ᾽ P.
387. ἐπαΐξων L. pr. m. Hollander.
389. ἐξιγέλασεν E (Abel).
394. ὄπτη E (Abel), ἱψιμα auch L.
398. ἐπ᾽ ohne δ᾽ M und die Par.
400. ἧχ᾽ οὐ δή D, ἧχ᾽ οὐ δή E (Holl.), ἧχ᾽ οὐ E (Abel), ἧχ᾽ οὐ δή L (Hollander), ἧχ᾽ οὐ δή L (Abel), ὅχου δὲ M, ἧχ᾽ οὐ P.
423. ἐρωτὸν L (Abel).
426. ἔπετο E.
436 lies μηχανιῶτα E, nicht -ῶτα.
453. ἄλλο M statt ὧδε.
455. ἐρωτὸν L.
459. τὸν δ᾽ E (Abel).
468. θοάσσεις M.
475. π statt τοι M.
493. θ᾽ ἕξουσι M.
507—512 strich schon Matthiae.
509. ἀγγυάλιξεν M.
522. ἐκτετάτισται E (Abel).
525. ἔσσεσθαι E (Abel).
530. ἀκήριον aus ἀκήραον L, ἀκήραον P (al) AC.
533. διαμπερὲς M (statt διο τρεφές).
534. ἄλλων M.
539. χρυσόρραπι E (Abel).
542. περιτραπὼν M.
543. καὶ μὴ M.
550. υἱός nicht υἱὸς M.
552. σεμναὶ M.
555. παρνησσοῖο, nicht -ησοῖο M.
560. θυῖωσσι E (Abel).

KRITISCHER NACHTRAG.

II. 565. ἦν D, εἰ L, wohl alle übrigen.
571. χθονὸν L.
576. νομίζων M | ὁμίλει E (Abel).
III. 3. ἐδαμάσατο DM.
4. διιπετέα M.
6. κυθέρεις L.
8. γ' αἰχιόχοιο M.
13. σκύτινα καὶ D.
20. πτόλις ed. pr.
28. ἔσεσθαι DM.
38. εὖτ' ἐθέλοι D.
56. δ' ἔπειτα E (Abel).
59. βωκός E (Abel).
84. θαύμαινέν τε E (Abel).
90. ὅμοι E (Abel).
120. ἀπείρητος M mit Acc.
123. ἄκτιστον E (Abel).
135. γεγάασσιν ELP.
139. δέ τε M | χρυσόν κεν auch L (nach Hollander), χρυσόν καὶ L (Abel)!
160. ἐκ τῶν für ἄρκτων M.
168. θεὰ EL.
187. εἴειπει M (Thiele).
188. πρὸ M.
199. καὶ fehlt D.
201. ἄγχι θεοὶ D [nicht ἀγχιθεοὶ (Abel)] P, ἀγχιθέοι δὲ (soll heifsen ἀγχιθεοί) L, ἀγχίθεοι δὲ E (Treu).
203. ἤτοι E (Treu), ἤτοι E (Abel)!
206. τετιμένον M.
207. κρατῆρος ELDP, κρητῆρος nur M | ἀφύσσειν M.
213. εἶπεν τὲ haben DLP.
215. ἴσα E auch nach Abel.
220. ἐπιείκελλον E (Abel).
225. D hat ξύσαιτ' (Treu), nicht ξῦσαι τε (Abel).
226. δ' ἤτοι M | μὲν fehlt M.
231. E hat δή τοι (Treu), nicht δή τοι (Abel).
246. Hat M τό γ'?
248. μετ' alle aufser M (ἐν). Vgl. II 259.
255. ἀπεπλάγχθη M.
256. ζώνην M.
257. ἐπεὶν M.
258. μοι Herwerden, μιν die Hdschrr. | θρέτουσι L (Hollander), θρέγουσι (Abel).

III. 263. σεληνοί τε E (Treu), σιληνοί τε (Abel).
264. χυμῷ L statt μυχῷ.
277. ὄφρα κε E (Treu).
281. νῦν M statt νιν.
287. εἰ δὲ μὲν E.
294. ἐς ἄλλον ὕμνον E (Abel)?
IV. 153 f. ἠμὲν — ἠδὲ Matthiae, ἡ μὲν — ἡ δὲ M.
196. κῶα M.
203. παρασκώπτουσ' ἑτρ. Vofs, παρασκώπτουσα τρ. M.
220. πολυήρατος M.
254. ἦκε schon Matthiae.
258. προγνώμεναι Matthiae, προγνώμενοι M.
333. streiche κού πρὶν Fontein und lies πρὶν γαίης Bücheler.
414. προσηνάγκασε M.
428. ῥοδέας Heyne.
477. δρησμοσύνην Ruhnken, nicht Gemoll.
483. ἠερόεντι auch Abel.
V. 1. αἰδοίην L (?)
4. ἤνυκε M.
6. δόξαν τ' E (Treu), δόξαντ' E (Abel).
7. εὔτικτον ELD, εὔτυκτον M.
VI. 18. νηὓς M.
19. ἠ L.
21. ἵκελος E (Hollander), ἵκελος E (Abel).
23. μήδ' D.
24. ὄρση L.
29. ἦες L.
33. ἄρ EM, ἄρ LD.
36. κελάρυξ' E (Abel)?
46. λαυσιαύχενα E (Abel)?
48. ἐς Hermann, εἰς die Hdschrr.
53. das erste δ' fehlt in E.
55. τῷ 'μῶ EDH, τώμῶ P.
VII. 7. τείρεσσιν M. (Thiele).
VIII. 6. ἦσθαι M (Thiele).
X. 2. ἡ E.
XII. 1. δημητέρ' ABC, δημήτερ' P.
XIII. 3. τύπανα E am Rande von 2. Hand (Hollander).
6. zu θ' ἅμα M vgl. VIII 7 | ἀοιδῆς E.
XVII. 4. Mit diesem Vers endet M, die Rück-

XVII. seite ist leer. Cf. Einl. p. 3. Dieselbe Notiz unter XVIII. 4 ist zu streichen.
   12 strich Ilgen.
XVIII. 22. θορών Köchly (Accent).
   31. τέμνος E (Abel).
XX. 1. σύ E (Hollander), σὺ E (Abel).
XXIV. 4. ὅδ' ist überliefert EDP, also wohl in allen. S. zum folgenden H.
XXV. 9. αἶδ' EDP. Accent und Spiritus sind zusammengezogen, ebenso im folgenden Verse.

XXVI. 18. αἶδ' EDP.
XXVIII. 4. τιμήν auch E (Accent).
XXVIII. 4. τιμήν EDP (Hollander), τιμήν (Abel).
   6. ἀρχόμενοι σπένδον Gemoll, ἀρχόμενος σπένδον die Hdschrr.
XXIX. 2. ἐστί E (Hollander), ἐστὶ E (Abel).
XXX. 7. ἥλιον D.
   10. streiche: ἀπ' αὐτοῦ die Hdschrr.
   11. τέ E (Hollander) τὲ D.
XXXIII. 11. τριετήροισιν (nicht τριστ.) M.
   12. τελειέσσας M, verb. Ruhnken.

Nachtrag zum Kommentar.

I 84—86 streicht Kaibel im Hermes XVIIII 249 als Interpolation. Sein Hauptgrund ist das Fehlen des τε in der Überlieferung von vs. 86. Doch fehlt τε in den Hdschrr. öfter, z. B. I 336, VI 24, XXVI 22, XXXII 15, XXXII 19. Daraus sind also keine Schlüsse zu ziehen.

III 38 war εὖτ' ἐθέλοι zu schreiben, da ἐθέλω in dem jüngeren Hymnus auf Hermes hergestellt ist und zwar wegen II 466 mit Recht.

IV 19 dagegen ist vielleicht wegen vs. 414 (und 380?) ἄκουσαν zu schreiben.

I. WORTREGISTER.

Ἀάσθη (⏑ _ ⏑) IV 247.
ἀγήρων, -αον IV 243 (III 215).
ἄγκαλον II 82.
ἀγλαέθειρος XVIII 5.
ἀγχίαλος I 32.
ἀδικεῖν IV 368.
ἀδμωλή (?) II 325.
ἀδύτους II 247.
ἀείδεο XIX 1.
ἀείδω (⏑ _ ⏑) XI 1.
ἄελπτος I 91.
Ἀξαντίδα (?) κούρην I 209.
ἀθρόας (_ ⏑ ⏑) II 106.
ἀθύρειν λαῖφος (?) II 152.
ἀθύρειν μοῦσαν XVIII 15.
ἄθυρμα IV 16.
αἰγιπόδην (?) XVIII 2.
αἰγλήεις I 40.
ἀίδιον XXVIII 3.
αἱμυλομήτης II 13.
αἰών II 41.
ἀκηδέα I 78.
ἀκηράσιος II 72.
ἄκληρος III 123.
ἄκμητοι I 520.
ἀκρωτήριον XXXII 7.
ἄκτιτος III 123.
ἀλάμπετος (?) XXXI 5.
ἀλκήεσσα XXVII 3.
ἄλμη XXVII 12.
ἄλφι IV 208.
ἀμαρυγαί II 45.
ἀμαρύσσων II 278.
ἀμβολάδην II 426.
ἀμβρόσιος II 230, III 63.
ἀμείλιχος XVIII 39.
ἄμυδις XVIII 3.
ἀμφί VI 1.
ἀμφιπολεύειν XXIII 2.
ἄμφω indecl. IV 15.
ἀνακλίνω II 119.
ἀνακτορίη I 234.

ἀναπιλήσας (?) II 41.
ἀναπνέω I 231.
ἀνασσείσασκε (?) I 403.
ἀνέειλε II 239.
ἄνθεμον V 9.
ἀνακεκλόμεναι XVIII 5.
ἀντῆς (?) II 288.
ἀντίτομον IV 228.
ἀπαλόχροας III 14.
ἀπείρητος 3 End. III 133.
ἀπέκ I 110.
ἀπέκρυψε (⏑ ⏑ _ ⏑) II 393 f.
ἄπλητος IV 82.
ἄποινα = μείλια (?) III 141.
ἀπονοσφισθῶσι II 562.
ἀποτιμάω II 35.
ἀργινόεντα XVIII 12.
ἀρθμός II 524.
ἀρτύνειν δεῖπνον (?) IV 127 f.
ἄρχωμαι (?) XXIV 1.
αὐγή II 361.
αὐτάγρετος II 474.
αὖτε XXX 1.
αὐτοτροπήσας (?) II 86.
αὐχμήεις XVIII 6.
ἀφήμως (?) I 171.
ἀφῆλιξ IV 140.

Βαθύκολπος IV 5.
βάλλετο χρόα IV 50.
βεόμεσθα I 528.
βίαιος 2 End. VII 17.
βιοθάλμιος III 190.
βιότης VII 10.
βοείας (?) I 487.
βουκολέειν (?) II 167.
βοῦς und βόας II 22.

Γενετή (?) II 440.
γεράσμιος II 122.
γηθοσύναι IV 438.
γηρύετο II 426.

24*

γλαυκῶπιν III 8.
γλήχων IV 209.
γονή (?) I 90.
γρηώδης (?) IV 157.

Δειμαίνω (?) II 407.
δειράς I 281.
δεδίσκεαι (?) II 163.
δενδρήεις XVIII 3.
δεσμά und δέσματα I 129.
δεσπόζω IV 366.
δεξιόοντο V 16.
διαμπερές (?) I 295.
διαπρό III 114.
διαπρύσιαι III 19.
διαπυρπαλίμησεν (?) II 225.
διατιθέναι I 254.
διατρίβειν κέλευθα II 348.
διάτριχα IV 85.
διδασκέω IV 147.
δίδεσθαι (?) IV 457.
διπέτης oder διπετής III 4.
δικέρατα XVIII 2.
διοιχνεῖ intr. XVIII 10.
διχόμηνος XXXI 11.
διώκειν ἅμα VIII 4.
δόνακες II 47.
δορυσθενής VII 3.
δυήπαθος II 486.
δυσηχής I 64.
δυσθυμαίνω IV 363.

Ἐ plur. III 268.
ἐγκιθαρίζειν (?) II 17.
ἐγκλιδόν XXII 3.
ἔθειραι VI 4.
ἐθέλω I 46. II 274.
εἰδυῖα, nicht ἰδυῖα III 44.
εἰσοπίσω III 104.
ἐκάθητο VI 14.
ἔκατος I 1.
ἑκατηβελέτιο I 157.
ἑκατηβόλος Ἄρτεμις VIII 6.
ἑκατόμβη I 249.
ἐκγεγάονται (?) III 197.
ἐλάμπετο III 89.
ἔλειαι (?) IV 23.
ἐλελιγμένος (?) II 305.
ἑλικοβλέφαρος V 19.
ἑλικτός II 192.
ἕλικες Subst. III 86.
Ἔλος (?) I 410.
ἐλούεον (?) IV 290.
ἐμάρηνε II 140.

ἐμβαλέδην II 411.
ἔμμορε III 37.
ἔναυλοι XIII 4.
ἐνδιάονται (?) XXXI 6.
ἔνδοθι I 92.
ἐνηής (?) XXIII 4.
ἐντεύειν ἀοιδήν V 20.
ἐξάρχω trans. XXVI 18.
ἐπάρχομαι I 125.
ἐπείγεσθαι trans. (?) II 86.
ἐπηετανός II 61.
ἐπήρατος I 529.
ἐπιβήσομαι II 166.
ἐπιγναμπτός III 87.
ἐπιξαμελῶς II 487.
ἐπιοινοχοεύειν III 201.
ἐπιστρέφομαι trans. XXVI 10.
ἐπισχεδόν I 3.
ἐπιτηρεῖν IV 215.
ἐποίχεσθαι λίκνον II 150 f.
ἐπρήσεν (?) VI 33.
ἐπωλένιον (?) II 133.
ἐπωπητήρ (?) II 15.
ἔργα Bedeutung II 127.
ἔργμα oder ἔργμα XXVIII 12.
ἔρδω IV 107.
Ἑρμείης XVIII 28.
Ἑρμῆς II 1.
ἑρόεις II 31.
ἑρυσίπτολις X 1.
ἐρσμός = ἕρμα IV 230.
ἕρως II 149.
ἐσθλά XXIX 10.
ἕσπερος Adj. XVIII 11.
ἕσπεσθε (?) XXVIII 12.
ἕσω Praepos. II 5.
ἕταιρεῖος II 58.
εὐαγής IV 275.
εὔβους oder εὔβως I 54.
εὐγενής III 94.
εὐειδής (?) XXXI 1.
εὐηγενὶς γένειον III 230.
εὐήρυτος IV 106.
εὐθήλης oder εὐθαρσής VII 9.
εὐθηνέω XXIX 9.
εὐθύ(ς) II 342.
εὐλαβέως (?) II 83.
εὐμπλίη (?) II 325.
εὐρυάγυια IV 16.
εὐρυβίης IV 295.
εὐτείχητος III 112.
εὐτροπίαι (?) II 245.
ἐφελκόμενος XVIII 9.
ἐφιμερτός IX 2.
ἔχμα II 37.

Ζάϋεος I 523. II 503.
ζήτει II 22.
ξητεύειν II 392.
ξυγός II 47. IV 217.
ξώειν (ι _) III 222.

"Ήβη (?) III 275.
ἡγήτορα φωρῶν (?) II 14.
ἠδέ nicht ἰδέ IV 11.
ἤδυμος III 172. II 241.
ἤϋελεν IV 45.
ἤιος oder ἴηιος I 120.
ἡμίϋεοι XXX 18.
ἦρος contr. 456.
ἠυϋέμεϋλος XXIX 1.
ἠχέειν (?) IV 480.

Θάομαι I 123.
ϋαύμασεν II 414.
ϋέλοι (?) III 38. Vgl. S. 370.
ϋεός einsilbig IV 55.
ϋεή (?) IV 183.
ϋεράπναι I 157.
ϋερμός 2 End. II 110.
ϋρεπτήρια IV 221 ff.
ϋυίσωσι II 560.
ϋυσίαισι IV 369.
ϋυσιῶν IV 313.
ϋυώδης κόλπος IV 231.

Ἰαχέω XXVI 7.
ἴλαμαι XVIII 48.
ἴλαος (ᾱ) IV 204.
ἱππῆες zweisilb. IV 137.
Ἰστίη im Text p. 344.
ἴστορες ᾠδῆς XXXI 2.
ἴχνια II 76.

Καϋέσωσι (?) I 150.
καί τε II 92. III 3.
καλός (ᾰ) III 29.
κάλυκες III 86.
καματηρός III 247.
κάρη (?) IV 12.
καρτερόχειρ VII 3.
καταδέρκεται ἐπί IV 70.
καταπνέω IV 239.
καταστείβω (?) XVIII 4.
καταστίλβω VII 9.
καταστρέφω I 72.
καταστύφελος I 124.
κατέμπαλιν II 77.
κατόρουσε IV 341.
κάτωρ (?) VI 55.
κεραιστής II 336.

κέρτομος II 338.
κηώδης (?) IV 13.
κιϋάρα oder κίϋαρις II 509.
κισσοκόμης XXV 1.
κλαγγή XXVI 8.
κληροπαλής II 129.
κνημός I 283.
κόρη IV 439.
κοτέσσομαι I 329.
κρεμβαλιαστύς I 162.
Κρῖσα, nicht Κρίσσα p. 115.
κροκήιος IV 178.
κυκέω zweisilb. IV 211.
κῶμος II 481.

Λαγχάνω II 429.
λάξυμαι II 316.
λησίμβροτος II 339.
λιγύμολποι XVIII 19.
λιϋορρίνοιο (?) II 48.
λιμός Fem. IV 312.
λιπαρός I 38.
λοχεύειν = τίκτειν II 230.
λύρη II 423.

Μέλαϋρον IV 188 f.
μέλος XVIII 16.
μέλω trans. II 436.
μέταξε oder μέτασσα (?) II 125.
μεταμέλπομαι I 197.
μετήορα II 488.
μηλόσκοπος oder μηλοσκόπος (?) XVIII 11.
μηχανιῶτα II 436.
μνησταί (?) I 208.
μολπή II 452.
μοῦσα II 447.
μυρσινοειδής II 81.

Ναυσίκλειτος I 31.
νεήφατος II 443.
νέμω II 188.
νεόλουτος (?) II 241.
νεύω trans. IV 446.
νεῶν XXXII 7.
νηλειής III 246.
νημερτής II 369.
νομοὶ ἀοιδῆς (?) I 20.
νοσφίζεσϋαι IV 92.
νύμφη XVIII 34.

Ξουϋαὶ πτέρυγες XXXII 13.

Ὄαροι XXII 3.
ὄγκος (?) XXXI 11.
ὁδοιπορίην ἀλεγύνων (?) II 84 f.

οἶμος ἀοιδῆς(?) s. ὕμνος ἀ. II 451.
οἰοπόλος II 314.
οἰωνός II 213.
ὀλολυγή III 19.
ὀμνύναι ἐπί(?) II 519.
ὁμοκλή, nicht ὁμοκλή IV 88 f.
ὁμοργάζω II 361.
ὄνειαρ (⏑⏑⏑)(?) IV 269.
ὀνομακλήδην II 59.
ὀπηδεῖν(?) I 530.
ὀργίονες att. ὀργεῶνες I 389.
ὄρθρος II 98.
ὀρείχαλκος V 19.
ὀρσολοπεύειν II 308.
ὀσίη II 130.
ὄσσα II 443.
οὐλυέθειρος(?) XVIII 5.
οὐλόποδ᾽ οὐλοκάρηνα II 137.
οὐρανόδεικτος XXXI 3.

Παμμήτειρα XXIX 1.
Πανδίη(?) XXXI 15.
παννύχιος II 141.
πανομφαῖος(?) II 473.
παρασκώπτω IV 203.
παρατρέχω XVIII 16.
παρειαί XXX 11.
Πειρέσιαι I 32.
περᾶν(?) II 133.
περίαλλα XVIII 46.
περιζαμενῶς II 495.
περιστρέφω II 409.
περιτροπέω II 542.
πίση XVIII 2.
πλανοδίας II 75.
πόθος XVIII 33.
πολισσόε VII 1.
πολυδέκτης Subst. IV 9.
πολυεύχετος IV 65.
πολυοινήσεις(?) II 91.
πολυπάμων(?) IV 297.
πολύπυργος I 42.
πολυστάφελος XXV 11.
πολύυμνος XXV 7.
πομπή XIV 5.
πόρπη III 86.
πορτιτρόφος I 21.
ποταί(?) II 544.
πρέσβειρα III 32.
πρεσβηίς (τιμή) XXVIII 4.
προοίμιον p. 114.
προασαναγκάζω IV 414.
προσβαίνειν πρός I 281.
προρρεῖν I 380.
προφύλαχθε(?) I 538.

πρύτανις I 68.
πύθεν I 363.
Πυθώος(?) I 299
πύκα ?, XVIII 20.
πυληγενής I 398.
πυληδόκος II 15.
πυρί IV 249.
πυρπαλαμᾶσθαι II 357

Ῥάριον IV 451.
ῥεῖθρον XVIII 9.
ῥικνός I 317.
ῥοδόπηχυς XXX 6.
ῥυστάζειν (?) II 279.

Σάνδαλον st. σανδάλιον II 79
σάον XII 3.
σατίνη III 13.
σαῦλα βαίνειν II 28
σέλας IV 51.
σκηπτοῦχος Subst. VII 6.
σμερδαλέον (?) II 54.
σμερδνόν XXX 10.
σοφίη II 483.
σπινθαρίς, nicht σπινθάρυξ I 412.
σπονδαῖος II 332.
στρεφόμεσθα trans. I 175.
σύμβολος(?) II 527.
συνήθειαι(?) II 485.
συνέελσε(?) II 240.
σφίν Sing. XVIII 19.

Τεκεῖσθαι Fut. III 127.
τεκμήρατο I 285.
τελεσφόρος XXII 2.
τέμνω statt τάμνω IV 384.
τερατωπός XVIII 36.
τετελεσμένος II 572.
τετρήνας(?) II 48.
τηλύγετος IV 164.
τιμάοχος III 31.
τιμή = ὦνος IV 132.
τιθήνη = μήτηρ XVIII 38.
τόδε Adv. II 269.
τόθι Rel. XVIII 25.
τοκῆες zweisilb. IV 137.
τομαῖον(?) IV 228 f.
τόξον = τόξα I 7.
τρίβος II 448.
τριπέτηλος II 530.
τριτογενής XXVII 4.
τύραννος VII 5.

Ὕδωρ (ῡ) IV 382.
ὑλότομον(?) IV 229.

ὕμνος ἀοιδῆς II 451.
Ὑπερβόρεοι VI 29.
ὑπερμενέτα VII 1.
ὑποβλήδην (?) II 415.
ὑποβρυχίας (?) II 116.
ὑποταμνόν (?) IV 228.
ὑπωλένιον (?) II 433.

Φαινολὶς ἠώς IV 51.
φερεανθής (?) XXIX 14.
φερέσβιος I 341.
Φερσεφόνεια XII 2.
φηλητής, nicht φιλ. II 67.
φιλοκυδής II 481.
φοινόν = αἷμα (?) I 361.
φοιτίζω XXV 8.
φραδμοσύνη I 99.
φρέατι zweisilb. IV 99.
φώρα und φωρά II 385.

Χαῖρε IV 212.
χαμαιγενής III 108. IV 353.
χαριδῶτα XVII 12.
χαρμόφρων (?) II 127.
χαροπός II 194.
χέρα XVIII 40.
χλεύη IV 202.
χοροήθης XVIII 3.
χοροίτυπε Accent II 31.
χρυσάορα Accus. I 123.
χρυσῆς XXX 10.

Ψαφερόθριξ XVIII 32.

Ὠιδή XXXI 2. IV 495.
ὥρα XXV 12.
ὠρηφόρος IV 54.
ὤρουσεν XXVII 8.
ὡς ἔφατ' IV 449.

II. SACHREGISTER.

Aigai I 32.
Aigina I 31.
Aigokane(?) I 34.
Amarynthos(?) I 211.
Anchises III 103. 287.
Aphrodite Etymologie III 1.
Apollon und Artemis Zwillingsgeschwister? I 16.
Artemis ἑκατηβόλος VIII 6.
— εὔκλεια III 20.
— ihr goldner Bogen XXVI 5.
Athenes Geburt I 389 ff. XXVII p. 349.
Azanen? I 209.

Balletys IV 266.

Delos schwimmend p. 118.
— umgiebt ein goldner Schein I 135.
— Apollontempel auf dem Kynthos I 141.
Delphi Etymologie XXVI 14.
— zuerst erwähnt p. 348.
— Tempel des Apollon I 296.
— Drache daselbst I 300.
Demeter Etymologie IV 1.
— χρυσάορος IV 4.
Dionysos Etymologie XXV 1.
— zweimal geboren III 23.
— εἰραφιώτα Etymologie XXXIII 2.
Dyme I 425. (p. 174).

Eileithyia I 97.
Epheu und Lorbeer XXV 9.
Erde, die lachende I 118. IV 14.
Etymologische Spielereien I 372. (XVIII 47).
Europa I 251.
Euryphaessa, Mutter des Helios XXX 2. p. 356.

Feuerweihe IV 240.
Feuerzeug II 108.
Frauenschmuck III 86.

Geranostanz I 30.

Haartracht IV 177.
Hades als Haus gedacht IV 381.
Harmonia I 195.
Hase XVIII 43
Hekatombe I 249.
Hephaistos al. Geburtshelfer XXVII (p. 349).
Herakles λεοντόθυμος XIV (p. 329).
Hermaion II 30.
Hermesgrotte als Tempel gedacht II 148.
— stab II 529.
Hestia, Spenden an sie XXVIII 5.
Honig als Götterspeise II 559.
Hymnus p. 101 f.

Iambe und Jambus IV 188.
Ichnaia s. Themis.
Ischys I 210.

Kallichoron IV 99.
Kastagnettenmusik I 162.
Kastalia I 300.
Kentaurengestalt II 221
Kithara und Kitharis II 423. 509.
— älteste Form p. 192.
— siebensaitig p. 193 und II 51.
Klaros αἰγλήεσσα I 40.
Knidos αἰπεινή I 43.
Koryphasische Grotte II 134.
Krieg der heilige I 542.
Krisa I 269.
Kyllene II 2.

SACHREGISTER.

Kynaithos p. 119.
Kypros εὐώδης III 59.

Landmarken I 30 ff.
Lato nicht an Stelle der Hera I 5.
Lustrationsfeuer I 36.

Megamedes(?) II 99.

Nachtigallengesang XVIII 17.
Narkissos IV 8.
Niesen II 294.
Nysa IV 17 und p. 362.

Öl, die Haare triefen von XXIII 3.
Opfer, Schlufsspende beim p. 139.
Orakel nur nach günstiger Vorbedeutung II 546.
Ortygia I 16. p. 123.

Päan I 518.
Pan Etymologie XVIII 47.
Pandia(?) XXXI 15.
Partheniosbrunnen(?) IV 99.
Peiresiai(?) I 32.
Peloponnesos I 250.
Persephone, wo geraubt IV 5.
Phlegyas I 209.
Phlegyer I 278. XV 3.
Phorbas I 211.
Phorminx II 64.
Poseidon Helikonios XXI 3.
Prooimion p. 102.

Prytanen I 68.
Pylos I 423.
Pythien, Wettrennen bei den p. 119.
Pytho Etymologie I 372.
Python I 372.

Rhenaia I 44.
Rinder der Götter II 71.

Samos ὑδρηλή I 41.
Sandalen p. 193.
Satyrn III 263.
Schwanengesang XX (p. 341).
Selene Genealogie II 99.
— geflügelt XXXI (p. 358).
Silene III 263.
Syrinx II 511.

Telphusa I 244.
Thrien II 552.
Tithonos III 238.
Triopas I 213.
Trophonios und Agamedes I 296.
Typhaon und Typhoeus I 306.
Tyrsener VI 8.

Vers spondeischer I 31.
Vollmond διχόμηνος XXXI 11.

Würfelorakel II 128.

Zwölfgötter II 128.

24**

DRUCKFEHLER.

Einl. S. 11 Z. 1 lies h. Ven. 215 statt 214.
„   „ 11 „ 7 „ „ „   245 „ 244.
Text I 54 l. οὔτ' εὐμηλον.
      61 „ φάτο (mit Accent).
     158 „ αἴ τ' st. αἴτ'. Ders. Fehler ist zu verb. 241. 248, 288, 432, 518.
     224 „ Μυκαλησσὸν und Τευμησσὸν.
     235 „ ἀγῆσιν, auch unter dem Text.
     379 „ ἐξαπαφοῦσα.
     393 „ Κνωσοῦ. Vergl. 475.
     416 „ πέλωρον, (Komma st. Punkt).
     427 „ οὔρῳ, (Komma).
   II 181 „ αἴ κ' st. αἴκ'.
     225 „ καρπαλίμοισιν (mit Accent).
     277 „ εἰσί· (Kolon st. Komma).
  III 79 „ ὁ δ' ἐν (Accent).
      98 „ Ἄρτεμις (Spirit. Accent).
     146 „ γυνή τέ σε (Accent).
     147 „ ὀνομάκλυτός st. ὀνομάκλυτος. Vergl. 111.
     164 „ πόρπας τε ohne Komma.
     267 „ καλαί, Accent. Ders. Fehler ist zu verb. 277. 279, 293.
   IV 43 „ οἰωνός, (Accent).
      57 „ ἄκουσ' (Accent).
      60 „ Ῥείης (Spir.) desgl. 75.
      62 „ Ἥλιον (Spir.).
     108 „ θεαί (Accent).
     289 „ ἐκ (ohne Accent).
     464 „ τοι.
   VI 14 „ ὅ.
 XXVII 10 „ βρίμης st. βρίμης.

Aus dem erkl. Kommentar merke ich folgendes an:
S. 108 l. zweimal Eileithyia st. Eileithuia.
  124 Z. 3 v. u. l. h. Cer. 495 (st. 494).
  125 Z. 1 v. o. l. πορτιτρόφον.
  179 Z. 19 v. o. l. Tragg. st. Trogg.
  181 Z. 4 v. u. l. Saiteninstrumente Saargemünd 1882 Progr.
  225 Z. 15 v. u. l. ὀδμή (Accent).

Printed in Germany by
Amazon Distribution
GmbH, Leipzig